ספר ותן ברכה

ליקוטים וביאורים בהלכות ברכת הנהנין

ספר ותן ברכה

ליקוטים וביאורים בהלכות ברכת הנהנין

הלכות ברכות

THE HALACHOS OF Brochos

by RABBI YISROEL PINCHOS BODNER
LAKEWOOD, NEW JERSEY

FELDHEIM PUBLISHERS *Jerusalem / New York*

First printing Kislev 5750/Dec. 1989
Second printing Adar 5750/Mar. 1990
Third printing Kislev 5754/Dec. 1994
Fourth printing (with minor corrections and revisions) Sivan 5756/May 1996

First printing Kislev 5754/Dec. 1994
Second printing (with minor corrections and revisions) Sivan 5756/May 1996

ISBN 0-87306-832-7 hardcover
ISBN 0-87306-835-1 paperback

FELDHEIM PUBLISHERS
200 Airport Executive Park
Nanuet, N.Y. 10954

FELDHEIM PUBLISHERS
POB 35002
Jerusalem, Israel

Printed in Israel

ספר זה מוקדש לעילוי נשמות

אדוני אבי ר׳ **מנחם מענדל** בן ר׳ **נחום** ז״ל
נפטר י״ט תמוז תשכ״ו

ואמי **צפורה פיגא** בת ר׳ **אשר אנשיל**
נפטרה כ״ה חשון תשל״ה

זקני ר׳ **נחום** ב״ר **פינחס** ז״ל
נפטר בשם טוב ז׳ טבת תשכ״ג

וזקנתי **איטא** בת ר׳ **ישראל**
נפטרה בשם טוב י״ב אלול תשכ״ג

אשר לא מנעו שום עמל מנפשם
להדרכני במסירות נפש
בדרכי התורה והיראה ומדות טובות

יהי זכרם ברוך.

Table of Contents

Foreword from Harav Hagaon Rav Segal, shlit'a ix

Acknowledgments xiii
Preface — The Essence of a Brocha 1

Making a Brocha
Chapter 1 — Prerequisites for Making a Brocha 7
Chapter 2 — Reciting a Brocha 29
Chapter 3 — Hefsekim — Interruptions While Making a Brocha 41

Using a Single Brocha For Numerous Items
Chapter 4 — The Principle of Ikar and Tofel 53
Chapter 5 — Bread Exempts Foods Eaten During a Meal 81
Chapter 6 — Wine Exempts Other Beverages 99
Chapter 7 — Using a Single Brocha for Numerous Items 109

Terminating The Effects Of a Brocha
Chapter 8 — Change of Mind—Hesech Hadaas 123
Chapter 9 — Change of Location 133
Chapter 10 — Length of Time a Brocha is Effective 155

Making Brochos in The Correct Order
Chapter 11 — Priority of Brochos 165

Making a Brocha For Another Person
Chapter 12 — Being Motzi Others 183

Unrequired and Invalid Brochos
Chapter 13 — When a Brocha is Not Required 197
Chapter 14 — Brocha L'vatolah — Brocha in Vain 209
Chapter 15 — Mistakes in a Brocha 219
Chapter 16 — Doubts and Alternatives 233

Addendums
Addendum One — Brocha Achrona 245
Addendum Two — Breads and Products of the Bread "Family" 259

BROCHA ACHRONA

The Halachos of Bentching

Chapter 17 — The Torah Obligation of Bentching 279
Chapter 18 — Reciting Bircas Hamozon 301
Chapter 19 — Foods Covered By Bircas Hamozon 325

Al Hamichya, Al Hagefen, Al Hoetz, and Borei Nefoshos

Chapter 20 — M'ayn Shalosh *(Al Hamichya, Al Hagefen and Al Hoetz)* 345
Chapter 21 — Borei Nefoshos 373

BROCHA RISHONA

Borei Pri Hoetz, Hoadoma, Hagofen and Shehakol

Chapter 22 — Fruits and Vegetables 391
Chapter 23 — Juices and Soups 425
Chapter 24 — Wine and Other Beverages 443
Chapter 25 — Shehakol 453

Hamotzi and Mezonos

Chapter 26 — Bread and Bread Products 459
Chapter 27 — Mezonos 479

Addendums

Addendum 3 — Forgot R'tzei or Yaaleh V'yavo *(How To Be Yotzi Without Bentching a Second Time)* 509
Addendum 4 — Rice and Rice Products 517
Addendum 5 — Breakfast Cereals 523

Glossary 534

Index 541

Handbook: Quick Reference Guide

Responsa From Hagaon Rav Shloma Zalman Auerbach, Shlit'a .... ט
Index to Rulings From Hagaon Rav S. Z. Auerbach, Shlit'a .... א

הסכמת הגר"מ פיינשטיין זצ"ל
על הספרים הקודמים שנתחברו על ידי

RABBI MOSES FEINSTEIN
455 F. D. R. DRIVE
New York, N. Y. 10002
—
ORegon 7-1222

משה פיינשטיין
ר"מ תפארת ירושלים
בנוא יארק

בע"ה

הנה ראיתי את חבורו של הרה"ג כש"ת מוהר"ר ישראל פינחס באדנער שליט"א אשר הוא [illegible]

משה פיינשטיין

בע"ה

הנה ראיתי קצת מחיבורו של הרה"ג כש"ת מוהר"ר ישראל באדנער שליט"א אשר הוא על הלכות מוקצה וענייניה באופן מסודר ומבורר בלשון אנגלית המדוברת במדינתנו ושהוא דבר נחוץ מאד דנוגע בכל שבת ושבת לכל אחד ואחד ויש חסרון ידיעה אצל ההמון עם ואף לבני תורה, הכל נעשה בדקדוק רב ובעיון גדול. וגם היה הרה"ג שליט"א מבואי אלי לישא וליתן בהלכה למעשה בענינים אלו וראיתי בו שירד לעומקה של הלכה בזה וראוי לעלות על שלחן מלכים ומאן מלכי רבנן ויישר כחו וחילו לאורייתא שיצליח להוציא לאור עולם הספר החשוב הנחוץ הזה ולברר הלכה בהרבה ענינים קשים בכל מקצועות התורה לזכות הרבים ועל זה באתי על החתום [illegible]

נאום משה פיינשטיין

הסכמת הגר"י ווייס על ספר הקודם
שנתחבר על ידי

RABBI I. J. WEISS
CHIEF RABBI
OF JERUSALEM
JERUSALEM, RECHOV YESHAYAHU 20

יצחק יעקב ווייס
רב ואב"ד
לכל מקהלות האשכנזים פעיה"ק ירושלם תובב"א
פחים שו"ת מנחת יצחק
ירושלים, רחוב ישעיהו 20

בס"ד. ירושלים. עה"ק ת"ו

הן הראה לפני האברך היקר הרב המופלג בהפלגת חכמים מוה"ר ישראל באדנער שליט"א מלייקואוד באה"ב את חיבורו אשר חיבר על הלכות מוקצה ועניניה לברר וללבן כמה פרטים הנוגעים להלכה זו וכבר הי' לעיני גדולי התורה וראו את הספר ותפארת מלאכתו ויהללוה, ואמנם מחמת רוב הטרדא לא יכלתי לעיין בהם הרבה רק אפס קצהו ראיתי בו והפרט מעיד כל הכלל כי דבר גדול עשה וראוי הספר להפיצו חוצה להורות לרבים את הדרך ילכו בה בהלכה זו מההלכות התלוים בשערה וחפץ ד' בידו יצליח ונזכה שתחל שנה וברכותי' שנה גאולה וישועה קרובה לבוא בביא משיח צדקינו בבי"א

ובעה"ח בכל חותמי ברכות יום א' צו"ג חשמ"א לפ"ק פעה"ק ת"ו

יצחק יעקב ווייס רב ואב"ד פעה"ק ת"ו

בע"ה

RABBI ARYEH MALKIEL KOTLER
BETH MEDRASH GOVOHA
LAKEWOOD, N.J. 08701

ארי' מלכיאל קוטלר
בית מדרש גבוה
לייקוואוד, נ. דז.

מע"כ ידידי ויקירו הרה"ג הנעלה יקר הרוח מוהר"ר פנחס בודנר שליט"א מיחידי סגולה בהתקשרותו לתורה, אשר נשאו לבו והבינו מדעו לעשות תורתו קבע כדי לזכות בכתרה של תורה, והנה לו בעומקה של הלכה בעיון ומסירות, וכבר איתמחי גברא בחיבוריו הראשונים על מלאכת אורג ועל הלכות מוקצה וכעת הניף ידו שנית בחיבור שלם על הלכות ברכות ואף שאינני בא בגדר המסכימים ובפרט בספר הלכה. בכ"ז כשלוחי דבקשתו קאתי וכבר העיד אאמו"ר זצ"ל על חיבוריו הראשונים שבחיבוריו סדורות לו תלי תלים של הלכות גדולות, הן לאגור ולסדר המפורשות והמוארות, הן להעיר על הסתומות והעלומות, ולהכנס לבית הספק בדברים הטעונים ביאור ובירור וכן דן לפני החכמים לעשות מצותיו אצל גדולי המורים שליט"א ולהאיר המעיינים לאור בית הסוגיא של מעיינות תורתם ואף הם נתנו לבקשתו את הסכמתם ותמכוהו ועודדוהו בעבודת הקודש, ובוודאי כמעשהו אז כן מעשהו עתה בחיבורו על הלכות ברכות

ויזכה להמשיך בדרכו מתוך מנוחת הנפש והרחבת הדעת ויפוצו מעינותיו חוצה, להגדיל תורה ולהאדירה, ונזכה להגיע לזמן של ריבוי הדעה כמים לים מכסים

הכו"ח לכבוד התורה ומלומדיה ב' לס' ויצאו מים חיים כ"י חשון תשן

ארי' מלכיאל קוטלר
בלאאמו"ר הגר"ש זצוק"ל

Rabbi SH. Z. AUERBACH
Jerusalem

הרב שלמה זלמן אויערבאך
פעיה"ק ירושלם תובב"א

ב"ה

נפעלתי לראות
שהנכם מדפיסים כעת ספרו של
רבינו הרמב"ם בשלמות ובדיוק מושלם
לזכות הרבים
ולהגדיל תורה ולהאדירה.

שלמה ז. אויערבאך

Rabbi CHAIM P. SCHEINBERG
KIRYAT MATTERSDORF
PANIM MEIROT 2.
JERUSALEM, ISRAEL

הרב חיים פנחס שיינברג
ראש ישיבת "תורה אור"
ומורה הוראה דקרית מטרסדורף
ירושלים טל. 521513

הנה שלח אלי הרה"ג מוהר"ר ישראל פינחס באדנער שליט"א כמה עלים מחיבורו על הלכות ברכות ועניניה לברר וללבן כמה פרטים הנוגעים למעשה בדיני ברכות הנהנין ובעזהי"ת הוא עומד לקובעם ולהדפיסם. והנה מלבד שגדרתי בעדי מכבר מלתת הסכמות חושבני שאחרי ראותי את מכתביהם של ידידי הגאונים הגדולים רבי משה פיינשטיין ורבי שניאור קוטלר זצ"ל בחון מעלת ערכו של המחבר וספריו ממילא מיותר הסכמתי. אולם זאת לא אמנע מלהביע בשער בת רבים את רוב גובריה וחיליה של הרה"ג המחבר שליט"א לנחות בעומקה של הלכה ולאסוקי שמעתתא אליבא דהלכתא, כאשר חזיתי נכוחה כשבא עמי בדברים פא"פ במו"מ של הלכה, ובטוחני שגם ספרו יהיה לאור גדול לכל המתאווים לדרוך בנתיב ההלכה בעומק העיון.

ובזה אתי ברכה לכבוד תורתו שכה יוסיף חיל ואומץ להמשיך בדרכו הסלולה בבירור עניני הלכה ולהגדיל תורה ולהאדירה מתוך נחת והרחבת הדעת. ויתברך מאת אדון כל בבריות גופא ונהורא מעליא וכל טוב סלה אמן.

הכו"ח לכבוד התורה וחכמיה

המצפה לישועת ד' הקרובה

חיים פנחס שיינברג

ב״ה

RABBI SIMON SCHWAB
736 WEST 186TH STREET
NEW YORK, N. Y. 10033
STUDY: 923-5936
RES: 927-0498

פ׳ [illegible] תשמ״ט

שמעון שוואב
רב דק״ק
קהל עדת ישרון
נוא־יארק, נ. י.

הנה ידידנו הרב המופלג [illegible] מחוכם וירא-שמים מרבים
מהור״ר ישראל פינחס באדנער שליט״א הוציא כבר [illegible]
לחקור [illegible] והנה ונכנס [illegible] דבריו בספריו על ה׳ [illegible] רעש התורה
[illegible] אשר עליהם קיבל הסכמות מגדולי הדור — [illegible]
פרטי׳ על כל פרט ופרט בלשון המחוברת [illegible]
דבוק על [illegible] [illegible] ודקדוקיהן ובוונותיהן הכל [illegible]
מידות [illegible] וגם הוסיף הערות ומראי מקומות הרבה מאד [illegible]
אחרונים ואחרונים והכל מסודר יפה להקל על המעיין
[illegible] שמעתם [illegible] להורות [illegible] פסקי דינים שלהלכותיהם עד
אברכא [illegible] להוציא [illegible]
הנני מתשחק [illegible] מפר כמטאוה [illegible] על ענין [illegible] למעשה אלא
[illegible] ברכה [illegible] — אולם הנה דרך [illegible]
ולאחר את העסק [illegible] הספר חן וחסד [illegible] ויתהלל
[illegible] ראה הנה [illegible] הספר [illegible] גדולה [illegible]
הלכה [illegible] הקטנים עם הגדולים, ולכן ויתברך ידידנו הגדול המחבר
דרכים [illegible] [illegible] [illegible] לקרב [illegible] ולקדש [illegible]
[illegible]

שמעון שוואב

RABBI M. STERN
RABBI OF CONG. K'HAL YESODE HATORAH
FORMERLY CHIEF RABBI OF DEBRECEN
1514 — 49TH STREET
BROOKLYN, N. Y. 11219
851-5193

משה שטערן
אב"ד דעברעצין ונייהייזל יצ"ו
בעהמ"ח שו"ת באר משה ז"ח
בלאאמו"ר הרא"ש, בעמ"ח ספרי גפי אש ומליצי אש וש"ס
ברוקלין יע"א

[illegible]

הן הגיע לפני מאת הרה"ג המופלא ומופלג בהפלגת
חכמים ונבונים מוה"ר ישראל פינחס בערנעט שליט"א
קונטרסים מלאים על כל גדותיהם הלכות עמוקות
בעניני ברכות והי' לי לעונג רוחני לראות איך
מבאר ומעין בכל ענין וענין והוא תועלת גדול לכל הרוצה
להבין ולדעת ההלכות העמוקות ומסובכות בהל' [illegible]:
ואשרי לו ואשרי חלקו שזכה לכך ומזכה לנפשו:
רוצה להוציאו על מזבח הדפוס ולזכות את הרבים
ויאמין [illegible] שיתעוררו בני מדרש ובני [illegible]
כדי שידעו את [illegible] [illegible]
ספרי [illegible] על ה' [illegible] [illegible]. [illegible]
על [illegible] [illegible] להלכה ולמעשה [illegible]
וע"ז באתי [illegible] [illegible] לסדר [illegible] שנת תש"ן לפ"ק
פה ברוקלין יע"א

משה שטערן
אבד"ק דעברעצין [illegible]

Rabbi J. W. SEGAL
40 BROOM LANE, SALFORD, M7 0FJ
Telephone: 061-792 2543

Principal
Manchester Talmudical College
"Saul Rosenberg House", Seymour Road
Manchester, M8 6BQ. Telephone: 061-740 0214

ב"ה

יהודא זאב סגל
ראש הישיבה, מנשסתר

אור ליום ג' כ"ו טבת תשנ"ה לפ"ק

לכבוד הרב הרה"ג ר' ישראל פנחס בודנר שליט"א

קבלתי העתקה מחבורו על הברכות באנגלית, ומלבד כי חיבורו תועלת גדולה הן מצד הדינים
הן להעיר את המחשבה מה ענינן של ברכות ולהרגיש האמת והדרך שהוא נותן הודאה לה' יתברך
והנני מברכו שיזכה להפיץ עוד הרבה בחיבורים כאלה ויתברך מה' יתברך בכל טובות

ידידו יהודא זאב סגל

FOREWORD

From Harav Hagoan Rav Yehuda Zev Segal שליט"א, Manchester Rosh Hayeshiva

It is important for us to know and to understand that a brocha is a key to acquiring *yiras shomayim*.

איתא במס׳ מנחות (דף מ"ג ע"ב) חייב אדם לברך מאה ברכות
בכל יום שנאמר ועתה ישראל מה ד׳ אלוקיך שואל מעמך וכו׳

The *gemarah* teaches us that we must make at least one hundred brochos each day. The reason being that *Chazal* understood that through reciting brochos one would be inspired and grow in his spiritual level and fear of Hashem. As the Rambam explains, (Hilchas Brochos 1.3,1.4) "Brochos were instituted so that one should constantly remember and fear Hashem."

However, this goal can only be attained if one recites his brochos in the manner *Chazal* intended.It is only in this way that one can attain spiritual heights in *Yiras Shomayim* and appreciate the kindness that Hashem bestows on us. The *Rosh* writes in his sefer (*Orchas Chaim l'hoRosh* 38):

מכל מאכל אשר יאכל ומכל משקה אשר ישתה, אל תהיה בלי
ברכה תחלה וסוף. וכון בה כאשר תוכל כי מדי דברו בו,
אל תהי כאמור: "בפיו ובשפתיו כבדוני ולבו רחק ממני."

"From all foods that you eat, and from all beverages that you drink be sure to make the proper brochos before and after. Take care to have intent (*kavonah*) to the fullest extent of your capability. Be mindful at all times when speaking before *Hashem* not to be like those (referred to in *Yeshayah* 29) who "with their mouth and lips they honor Me, but their hearts are far away from Me"! (*Orchas Chaim l'hoRosh* 38)

What the *Orchas Chaim l'hoRosh* teaches us is simply to be aware, while reciting a brocha, that we must concentrate on the words that we are saying when addressing Hashem.

The question that one might ask is: What can I do to prepare myself to make a brocha with the correct concentration?

Before we begin to make a brocha, we must first stop and consider what we are about to do.

When we say *shehakol niyehe bidvoro* we must realize that *everything* comes from *Hashem*.

When we make a brocha on an apple, we should consider the many wonderous occurrences that resulted in that apple; the development of the tree from a seed, the miraculous design of the fruit, etc. In this manner, one can prepare oneself to make a brocha as it should be made and thus enhance one's *Yiras Shomayim*.

Although we realize the great importance of saying a brocha properly, and not just with our mouth and lips, it is understandably quite difficult for us to change our habits and everyday practices overnight.

What advice can be given to a person who understands his obligation to thank *Hashem* and honor Him, who sincerely wants to do so not only with his mouth but with his heart as well — but, nevertheless, finds it to be an almost impossible task?

Reb Chaim Volozhiner zt'l (*Ruach Chaim* 1.13) writes about a person who constantly learns Torah *shelo l'shmo* (e.g., he learns Torah in order to gain honour or fame, etc.). He says that although it is necessary to start learning in that manner, it is important that he doesn't continue to learn in this fashion for the rest of his life.

He likens this situation to a servant who was asked to fetch something from on top of a high roof which can only be reached by climbing a very long ladder. The servant must start at the bottom rung. If the servant continues up the ladder one rung at a time the master will not be angry with him even if he never reaches his goal, as long as he keeps moving up the ladder. However, if the servant stops climbing, he will surely incur the wrath of his master.

This lesson is applicable to brochos as well as to all areas of our *avodah*.

Following the advice of *Reb Chaim Volozhiner*, a person should try to reach his goal step by step and not expect to attain perfection all at once. A person who wishes to make brochos with the proper *kavona* should start by designating one specific time each week during which he will endeavour to recite each brocha with great concentration and *kavona*.

I would suggest that the most appropriate time for this is on Shabbos. Initially, one can start off by having *kavona* for three brochos. The following Shabbos one can endeavour to have *kavona* for four or five brochos gradually increasing the number of brochos each Shabbos. One can then carry on with this procedure during the other days of the week.

Once we start climbing the ladder, we will be able to go higher and higher towards attaining *yiras shomayim*. By training ourselves to think before making a brocha, we can go on to elevate ourselves to think before we speak, so that our speech will be free of *loshon horo*, untruths, and other prohibited forms of speech. Once we start to have *kavona* for brochos, we will find that we are able to improve our *kavona* for our *t'filos*, and ultimately improve our *kavona* in the performance of all mitzvos.

In this manner, rung by rung, we will raise ourselves to be *mekadesh shaim shomayim* with our entire behaviour.

SPECIAL ACKNOWLEDGEMENT

Words are incapable of expressing my feelings of *hakoras hatov* to *Harav Shlomo Gissinger, shlit'a*, my esteemed *chavrusa*, *Posek*, Rav, and very dear friend.

Despite the heavy burden of his *k'hillah* and of the *k'lall*, Rav Shlomo laboriously toiled with me side by side in helping form and polish this sefer. He tirelessly sifted through the text, revising, questioning, criticizing, verifying and weighing each and every word. His knowledge of *Shas* and Poskim along with his *siyatah d'shmaya* in uncovering the *emes* caused many dark passages to become illuminated. His proficiency in researching halachic sources and responsa (*sifrei shaylos u'tshuvos*) resulted in the addition of dozens of important *mareh mekomos* and responsa throughout this sefer.

Without his collaboration and assistance this sefer would not have been possible.

ACKNOWLEDGEMENTS

I am greatly indebted to *Harav Hagaon* Rav Shneur Kotler, *zt'l*. When I was working on my previous sefer *The Halochos of Muktza* Rav Shneur *zt'l* offered encouragement and went out of his way in securing for me the support and assistance of the *gedolei hador*. Rav Shneur's assistance resonates throughout this sefer as well.

I am also indebted to the *Roshei Yeshiva* and *Talmidim* of *Beth Medrash Govoha* — this great, dynamic citadel of Torah, which my *rebbeim Harav Hagaon* Rav Aaron and *Harav Hagaon* Rav Shneur *zt'l*, built and nurtured. The more than one thousand students of Beth Medrash Govoha are imbued with a wide spectrum of Torah knowledge and provide an atmosphere charged with wisdom and dedication to Torah. In this environment, one can immerse himself in any particular Torah subject, and receive expert assistance and support.

I respectfully wish to express my thanks to *Harav Hagaon* Rav Elyashuv, *shlit'a* for the cooperation and time given during the numerous sessions spent in obtaining his rulings and opinions.

I also respectfully thank *Harav Hagaon* Rav Shlomo Zalman Auerbach, *shlit'a*, for his time and cooperation in rendering rulings and opinions which add immensely to the worth of this sefer.

I also wish to respectfully extend my thanks to *Harav Hagaon* Rav Chaim Pinchas Sheinberg, *shlit'a*, who over the past three years, graciously gave many hours of his valuable time clarifying many difficult issues and offering rulings on many questions of halacha.

I further wish to respectfully express my gratitude to *Harav Hagaon* Rav Yehuda Zev Segal, *shlit'a* for the time he graciously gave, for his words of *chizuk*, and gracing this sefer with his foreword.

It is impossible to express the extent of my gratitude to *Harav* Yaakov Forchheimer, *shlit'a*, *av beis din* of Lakewood, who gave of his expertise to painstakingly edit this sefer passing each and every statement and most reference sources under his meticulous scrutiny. Without his assistance this sefer would not have been possible.

I am greatly indebted to my very dear friend and *chavrusa*, Rabbi Dovid Moshe Reinman. As we toiled together learning and assimilating the subject matter, his creativity and clarity were invaluable towards creating this sefer. He is truly a partner in creating the framework and infrastructure of this work which bears his mark though not his name.

I am much indebted to my dear friend Rabbi Yitzhok Sokol who invariably can be found in a major role behind the scenes at so many *zickuy ho'rabim* projects. His advice, logic, and sheer talent added immeasurably to the structure, clarity, and lucidity of this sefer.

I further wish to express my sincere thanks to Rabbi Yaakov Bursztyn, who critically proofread the entire text and submitted many corrections and improvements.

I would also like to acknowledge the valuable assistance I received from *Harav Hagaon* Rav Chaim Sholom Deutch, *shlit'a* who graciously gave of his time and made available numerous articles dealing with hilchos brochos which he has published.

A great thanks to Rabbi Sholom Kamenetsky. His deep wisdom and profound knowledge greatly enhanced the author's erudition.

Special thanks to *Harav Hagoan* Rav Chaim Kreiswirth *shlit'a*, Rabbi Shayah Portnoy, Mordechai B. Brandeis, Rabbi Yechezkel Danziger, Rabbi Hillel Danziger, Rabbi Mishael Luwish, Rabbi Yosef Weiss, Rabbi Yitzchok Zisow, Rabbi Dov Kreiswirth, and my esteemed *mechutan* Rabbi Avrohom Gurewitz, *shlit'a*.

A large *yasher koach* to Mrs. Eli Bursztyn for typing and preparing the Hebrew portion of this manuscript, to Mrs. Avrohom Klein for engineering the conversion and transmission of this text, and to Rabbi Zev Gottlieb for his typesetting craftsmanship. May Hashem grant each of them *kol mishalos lebayhen l'tova*.

Gratitude to my *aishes chayil*, Chaya, goes beyond the confines of words. She personifies the passage: "Many daughters have attained valor — but you have surpassed them all." I can only repeat the words of *Rebbi Akiva* — The Torah knowledge which I acquired and the Torah knowledge which I convey to others is hers. May *Hashem* grant that our children, Nachum and Batsheva, Mayer and Fagie, Mindy and Aron, Esty, and Moishy, and our grandchildren, be sincere servants of *Hashem* and honest guardians of His Holy Torah.

Preface

The Essence of a Brocha[a]

"Don't throw stones into a well from which you drank!"

Talmud *Baba Kama* 92b

Rashi states:[1] "Since the rivers protected Moshe as an infant, the plagues were not brought upon them by Moshe. Rather, the plague of blood as well as the plague of frogs were inflicted through Aharon".

In a similar vein *Rashi*[2] explains the passage, "And Hashem said to Moshe — Say to Aharon: take your staff and smite the sand ... and there shall be lice in the entire land of Egypt" as follows: It was not appropriate for the sand to have been smitten by Moshe because the sand shielded him by concealing the body of the Egyptian whom he killed. The Torah is giving us a lesson in *derech eretz*: Don't throw stones into a well from which you drank![3]

[a] This preface is based, to a large degree, on an essay by *Hagaon Rav* Shlomo Volbe in his *sefer "Alay Shure"* and on the writings of *Rabbenu Bachya*. Although it is entitled "The Essence of a Brocha", it does not even begin to scratch the surface of the profundity that is embodied in a brocha.[1.1]

[1] רש״י שמות פרק ז׳ פסוק י״ט.

[1.1] וז״ל שו״ת הרשב״א (חלק ה׳ סי׳ נ״א) ויש בענין הברכות סוד עמוק יבינהו מי שיזכה הש״י אותם לעמוד בסוד התורה עכ״ל. ועיין בספר החינוך (מצוה ת״ל) וז״ל ואני המעורר אין מחשבתי שישיג שכלי אפי׳ כטיפה מן הים באמתת הענין כי כבר הוגד לי ושמעתי מפי החכמים כי יש בדברים אלה יסודות חזקים וסודות נפלאות יודיעום חכמי התורה לתלמידיהם כשהם נבונים וכשרים ובכל מעשיהם נאים אבל רוב חפצי להשיג בזה קצת טעם ישיאני לדבר בו. ואולי היתה טובה השתיקה אבל האהבה תקלקל השורה. עכ״ל.

[2] רש״י שם פרק ח׳ פסוק י״ב.

[3] ב״ק דף צ״ב ע״ב.

The extent to which one is obligated to express his appreciation is awesome! Water and sand are oblivious to the appreciation being expressed to them. If there is an obligation to show appreciation to inanimate objects, how much stronger is the obligation to show appreciation to a human benefactor. How much stronger still is the obligation to express appreciation to Hashem, the ultimate benefactor!

A child of three can say "thank you" to his parent, especially if the parent instructs the child to do so. As the person grows in wisdom, experience and sensitivity, his appreciation deepens, and his expressions of gratitude are no longer something he does by rote. As a wise and sensitive adult, he can express his gratitude in a meaningful way.

Many three year old children recite brochos. What a lost opportunity it would be if a person expressed his gratitude to Hashem thousands of times in his lifetime, with the sensitivity and depth of a three year old.[4]

Growth starts by simply considering the meaning of the words of a brocha.[5]

The words *boruch atoh* are often misunderstood to mean "bless you" or "praise you" (Hashem). To presume that Hashem could benefit from our praises is completely illogical.[6] Would we take notice of a

4 וז״ל ס׳ החסידים סי׳ מ״ו כשהוא נוטל ידיו או שמברך על הפירות או על המצות השגורות בפי כל אדם יכוין לבו לברך לשם בוראו אשר הפליא חסדו עמו ונתן לו הפירות או הלחם להנות מהם וציונו על המצות ולא יעשה כאדם העושה דבר כמנהג ומוציא דברים מפיו בלא הגיון הלב ועל ד״ז חרה אף ד׳ בעמו ושלח לנו ביד ישעיה ואמר יען כי נגש העם הזה בפיו ובשפתיו כבדוני ולבו רחק ממני ותהי יראתם אותי מצות אנשים מלומדה. עכ״ל הובא במ״ב סי׳ ה׳ ס״ק א׳.

5 ז״ל השו״ע סי׳ ה׳ יכוין בברכות פירוש המלות עכ״ל והוסיף הלבוש (שם) וז״ל שאם לא כן הוי האדם כעוף המצפצף שאין מבין מה שמצפצף עכ״ל.

6 כ״כ הרשב״א בשו״ת (ח״ה סי׳ נ״א) וכ״כ רבינו בחיי (ידוע שרבינו בחיי היה תלמיד של הרשב״א) בספר כד הקמח אות ברכה וז״ל הרבינו בחיי אין הברכות צורך הגבוה אלא צורך הדיוט, כי כיון שהוא מקור הברכה וכל הברכות משתלשלות ממנו, כל הנמצאים המברכים אותו אין כל ברכותיהם כדי לו, כי הוא הנמצא הקדמון שהמציא הנמצאים כלם ואין מציאותם אלא ממציאותו והכל צריכין לו, ומציאותו תספיק בעצמו לא יצטרך לזולתו כלל וכו׳, ואם כולם יברכוהו כל היום ויספרו תהלותיו כל היום וכל הלילה לא יחשו מה יתרבה בכך ומה יתנו לו, או מה מידם יקח, אין התועלת והריבוי כי אם אלינו. כי מי שמברך על מה שנהנה הוא מעיד על ההשגחה שהוא ית׳ המציא מזון לשפלים כדי שיחיו ובזכותם התבואה מתברכת והפירות מתרבין עכ״ל, וכעין זה כתב החינוך מצוה ת״ל. וע״ע ערוך השולחן סי׳ ה׳ סעי׳ א׳.

compliment being offered to us by a microbe? The Rishonim explain that the word *boruch* used in a brocha means 'source' and 'wellspring'[6.1] of (e.g., You, Hashem are the source of bread, You, Hashem are the source of fruit, etc.[7])

Hashem's Name is written *Yud Kay Vav Kay* which signifies " He Was, He Is, and He Will Always Be." It is recited "*Ad-noy*," which signifies "Master of all."

Many Poskim rule that upon saying Hashem's Name, one must be mindful of both meanings of His Name, i.e., "He was, He is, and He will always be" and "Master of all".[8]

The word "*Elokeinu*," our G-d, means that He is almighty, all-capable, and all-powerful. According to many Poskim one is required to be mindful of this meaning each and every time he recites the word *Elokeinu* in a brocha.[9]

When we say *melech haolom* we address the fact that not only did Hashem create the particular item that we are about to eat, but he actively managed its allocation and distribution. Figuratively speaking, the Creator stamps every apple with the address of the person for whom it is intended.[10]

In the closing phrase of a brocha, the form of the verb indicates that the action took place in the past and is currently taking place. For example, the word *borei* does not mean 'He created', but rather 'He created and continues to create'. What we are saying is that Hashem not only created the universe and all it contains, but also continues to actively cause it to exist. If, for a fraction of a second, He were to stop willing everything into being, then people, matter and the entire universe would simply disappear into nothingness.[b] [11]

[b] This concept of what would happen if *Hashem* were to stop willing us into existence, is best illustrated by the following example:

An old man is having a dream. In his dream two people are having a conversation.

6.1 מלשון בריכת מים (רבינו בחיי שם).

7 רשב"א, רבינו בחיי, וספר החינוך שם. וכ"כ אבודרהם בתחילת סדר שחרית של חול וז"ל ברוך אינו לשון פועל אלא כמו רחום חנון שהוא עצמו הוא מקור הברכות עכ"ל.

8 ראה פרק ב' הערה 13. וז"ל הח"א כלל ה' סי' א' וייֵרא ויזדעזע איבריו בשעה שמזכיר השם עכ"ל.

9 שם הערה 15.

10 כך שמעתי מהגר"מ סלומון שליט"א משגיח דישיבת גייטסהעד והוא מספר החינוך שם וז"ל החינוך והוא המלך עליהם לשלחם על כל אשר יחפוץ עכ"ל.

11 ערוך השולחן סי' קס"ז סעי' ז' וז"ל ולכן

Thus, a remarkable opportunity exists to express one's gratitude in a profound and meaningful way, simply by understanding the meaning of the words being recited. The Talmud refers to yet another dimension of making brochos. Making a brocha sets into effect a mechanism which causes *shefa* (abundance, plenty) to be released to mankind.[12] When a righteous person makes a *borei pri hoetz*, for example, the fruit crops become plentiful.[13]

Reb Chanina bar Popa said[14] "Anyone who derives pleasure from this world without making a brocha is (in a sense) stealing from Hashem,

The first person is discussing his house, the neighborhood, and a problem he is encountering with one of his children's teachers. The second person talks about his new car, challenges at work, and the possibility of moving to another state. Suddenly, a thought flashes through the second person's mind and he breaks out in cold sweat! "Do you realize", he says, "that our houses, our jobs, our cars, our families, our whole world is in jeopardy! We exist only in this old man's dream. As soon as he wakes up our existence is over".

Matter, energy, and the universe is continuously being willed into existence by *Hashem*. Were He to decide not to do so, we, like the people in the dream, would simply cease being.

אומרים לשון שכולל הכל דעל דבר זה שאוכל הוא לשון עבר ועוד הוא לשון הוה כלומר שגם כעת ברגע זו בורא עכ״ל (ועיין שם בסוגריים שציין להמ״א בסי׳ ר״ד ס״ק י״ד) והנה דברי הערוך השולחן מיוסדים על מש״כ החכמת מנוח דף ל״ח אכן מהמ״א סי׳ קס״ז ס״ק ח׳ משמע דלא ס״ל כהח״מ, ומסי׳ ר״ד משמע דכן ס״ל כהח״מ אמנם המחצית השקל בסי׳ קס״ז עמד על זה וכתב דממש״כ המ״א בסי׳ ר״ד משמע שתפס עיקר דברי החכמת מנוח הנ״ל. וע״ע בשערי תשובה סי׳ ר״ד אות כ׳.

12 איתא בברכות ל״ה ע״ב דהנהנה בלא ברכה גוזל מכנסת ישראל ופי׳ רש״י שם שכשחטאו (ואכלן בלי ברכה) הפירות לוקין, ופי׳ המהרש״א שם וז״ל כי הברכות מורידין שפע הברכה מלמעלה על הפירות עכ״ל. וז״ל רבינו בחיי (שם) והמברך על מזונו ממשיך כח העושר על הנפרדים (פי׳ מלאכים) ומשם אל העולם השפל. וע״ע מש״כ בהערה לקמן בסמוך. (ועיין היטב בנפש החיים שער ב׳ פרק ד׳ ותמצא בענין זה סוד נפלא.)

13 שו״ת הרשב״א (חלק ה׳ סי׳ נ׳) וז״ל וכך מדת השי״ת שכך חייבה חכמתו שע״י תפלת חסידיו וברכותיהם יתרצה ויתרבה טובו למברכיו ומכירי טובו עכ״ל. וכ״כ רבינו בחיי בכד הקמח (שם) וז״ל ואע״פ שהוא ית׳ מקור הברכה מצינו שהוא חפץ בברכות נבראיו למען הצדיקים להגדיל ולהאדיר שכרם ותגמולם לעולם הבא למען יהיה העולם הזה מתברך בשפע מזונות וריבוי הטובה. ועיין בערוך השולחן סי׳ רט״ו סעי׳ ד׳ הטעם להא דאיתא דאין עונין אמן אחר ברכת עצמו נראה לו דהנה ע״י הברכה נשפע שפע של מעלה ועניית אמן הוא לחזק הדבר שוודאי כן הוא ואינו מן הראוי שהאדם יחזיק עצמו שהוא כדאי שעל ידו תלך שפע הברכה ולכן הוא מגונה והאחר יכול לומר כן ולא בעצמו.

14 ברכות ל״ה ע״ב.

14.1 מלכים א׳ פרק י״א פסוק כ״ח.

stealing from his fellow Jew and a comrade of *Yeravam ben Nevat.*"[c] By neglecting to make the brocha, he not only withholds the expression of gratitude due to Hashem, he also causes the flow of abundance to be withheld from his fellow Jew.[15]

Many people aspire to become *yirei shomayim*. *Chazal*[16] analyzed the passage[d] "And now *Yisroel* what does Hashem ask of you but to fear Hashem, your G-d"[17] and derived from it that one is obligated to make at least one hundred brochos a day.[18] Thus, the frequent act of making a brocha, when done correctly, is a foolproof means for instilling in oneself *yiras shomayim*.[19]

c *Yeravam*, one of King Solomon's ministers,[14.1] became king when a large part of the nation revolted against King Solomon's son.[14.2] *Yeravam* introduced idol worship to the Jewish Nation.[14.3]

In *Yeravam's* philosophy many autonomous forces governed worldly events. These forces were not subject to *Hashem's* direct control. When one takes food without making a brocha, he is demonstrating that he subscribes to a similar philosophy. It is as if he is saying that foods evolve naturally. He is declaring that the autonomous force called nature, rather than the direct management of *Hashem* produced the food which he is eating.[14.4]

Yeravam is synonymous with one who transgresses and causes others to transgress. Says *Rashi*, "persons who do not make brochos invariably cause others to do the same."[14.5]

d *Devorim* 10.12

14.2 מלכים א׳ פרק י״ב. ועיין בסנהדרין דף ק״א ע״ב מפני מה זכה ירבעם למלכות מפני שהוכיח שלמה.

14.3 שם. ותנן בסנהדרין דף צ׳ ע״א כל ישראל יש להם חלק בעולם הבא חוץ מג׳ מלכים ירבעם אחאב ומנשה.

14.4 מהרש״א שם.

14.5 רש״י שם ד״ה לירבעם.

15 רש״י שם ד״ה וכנסת ישראל.

16 איתא במדרש במדבר רבה (פרק י״ח, כא) שבכל יום היו מתים מישראל מאה אנשים בא דוד ותקן להם מאה ברכות, כיון שתקנם נתעצרה המגפה. ועיין בספר יוסף אומץ סי׳ נ׳ וז״ל מצאתי בס׳ המנהיג (שהוא חד מרבוואתא קמאי בסוף האלף החמישי) וז״ל דבר זה מסורת בידינו מאבותינו למשה מסיני שיש עלינו מאה ברכות בכל יום מן התורה מן הנביאים מן הכתובים וכו׳ ודרשו חכמים שכשהודיעוהו לדוד שהיו מתים מישראל בירושלים מאה בכל יום עמד ותקן מאה ברכות ונראים הדברים שאחר שיסדם משה רבינו ע״ה שכחום וחזר ויסדם כלפי מה שראה שהיה מתים בכל יום ושוב שכחם וחזרו חכמי התלמוד ויסדם עכ״ל. וכ״כ רבינו בחיי בכד הקמח (שם).

17 איתא במס׳ מנחות (דף מ״ג ע״ב) חייב אדם לברך מאה ברכות בכל יום שנאמר ועתה ישראל מה ד׳ אלוקיך שואל מעמך ופי׳ רש״י (שם) מה ד׳ אלוקיך, קרי ביה מאה.

18 שו״ע סי׳ מ״ו סעי׳ ג׳.

19 שמעתי מהגר״מ סלומון שליט״א משגיח דישיבת גייטסהעד.

It is a big task that has been handed to us — the obligation to pause[20] and focus on reality at least one hundred times a day. The reality that Hashem was, is and always will be, that He gave us our bodies and our souls, our Torah and our *Mitzvohs*, that it is He who continuously wills us and every atom of matter into existence, and it is He who is constantly showering[21] us with pleasures.

It is our obligation to seize these profound opportunities and to use them to express our acknowledgment and gratitude in a correct and meaningful way!

On Studying Hilchos Brochos

The Talmud states: "One who derives benefit from this world without first making a brocha is *mo'al* (guilty of sinfully embezzling from Hashem). What is his remedy? Let him go to someone who can teach him *hilchos brochos*, so that he may avoid embezzling before he starts![22]"

The *Maharsho* explains that this pronouncement was made specifically with regard to the study of *bircas hanehenin* (the brocha made for food, drink or smell) since there are many intricacies involved in their use. When making a *bircas hanehenin* uncertainties often arise wherein the wrong brocha is made. In these cases it is as if he has not made a brocha at all, or worse yet, his brocha is a *brocha l'vatolah*.[e] Therefore let him study *hilchos brochos*, and review his studies until he becomes proficient in these *halachos*.[23]

[e] See Chapter 14.

[20] כמש״כ בכד הקמח שם וז״ל וצריך הוא שיתבונן תחלה במחשבתו למי מברך ואחר כך יברך. וכן הזכיר דוד ע״ה: ארוממך אלהי המלך ואברכה שמך לעולם ועד, ארוממך במחשבה תחלה, ואחר כך אברכה שמך עכ״ל. ועיין מש״כ בריש פרק ב׳ ובהערה 1 שם.

[21] ועיין בס׳ יד הקטנה במנחת עני ריש הל׳ ברכות וז״ל ולכך אינו משפיע עלינו במין מזון אחד לבד למען יהיה קיום לחי להיות חי. אלא הוא משפיע עלינו בההנאות שונות לאין מספר. למען ייטיב לנו בכל הטוב והחסד אשר יש בנו כח לקבל. ואלו היה בנו עוד כח יותר היה משפיע עלינו עוד מיני טובות יותר כי לרב טובו אין קץ. עכ״ל.

[22] מס׳ ברכות דף ל״ה ע״א.

[23] מהרש״א שם ד״ה מעיקרא.

CHAPTER 1

Prerequisites For Making A Brocha

Introduction

This chapter discusses important prerequisites[a] for making a brocha.

In Section A, we discuss the prohibition of making a brocha in the presence of persons who are improperly clad. For example, although a man may make a brocha in the presence of other men who are wearing bathing suits, he may not do so in the presence of his wife while she is so clad.

In Section B, we discuss being adequately dressed while making a brocha. For example, although one may make a brocha while clad only in a bathing suit, one may not make a brocha while wearing only a bathrobe without fastening its belt.

In Section C, we discuss the halachos of having one's head covered while making a brocha. For example, if one places his shirt sleeve over his head, this also, is considered a sufficient head covering, and a brocha may be made.

In Section D, we deal with the prohibition of making a brocha in the presence of soiled diapers or other foul materials.

In Section E, we discuss other prerequisites for making a brocha. For example, after scratching one's head one should not make a brocha until he cleans his hands.

In Section F, we examine some practical applications of the halachos discussed in this chapter.

[a] A prerequisite is that which is required beforehand.

Note: In all of the cases discussed in this chapter wherein reciting a brocha is prohibited, *davening* or speaking *divrei Torah* is also prohibited. For example, in Section A.2 we discuss that a man may not make a brocha in front of a woman whose arms are exposed from the elbow and above or whose legs are exposed from the knees and above. Although we only address the prohibition of making a brocha, it should be noted that he may also not *daven* or speak *divrei Torah* in front of a woman so dressed.

A. Not In The Presence of Unclad Persons

An important prerequisite for making a brocha is to ascertain that it is not being said in the presence of persons who are inadequately clad.[1] (The halachic definition of nakedness is dissimilar with regard to men and women. The definition with regard to an unclad man is discussed in Part 1 below; the definition with regard to an unclad woman is discussed in Part 2).

The Poskim enumerate five types of cases (delineated in the footnote below) whereby one is prohibited from making a brocha due to nakedness.[b] One of these cases refers to not making a brocha while seeing another person's nakedness, which will be discussed in this section.

[b] The following are cases whereby one is prohibited from making a brocha due to nakedness.[1.1] One may not make a brocha...

1. while seeing his own nakedness (i.e., facing his private parts while reciting the brocha). Making a brocha while looking at one's nakedness is prohibited *Min HaTorah*, from the Torah.

2. while facing another person's nakedness (the halachic definition of nakedness is dissimilar with regard to men and women; these halachos may be found in Shulchan

[1] איתא בגמ׳ (ברכות כ״ה ע״ב) דאסור מן התורה לקרות ק״ש כנגד הערוה דכתיב לא יראה בך ערות דבר והובא להלכה בטוש״ע סי׳ ע״ה ועיין בבה״ל ריש סי׳ ע״ד דה״ה לכל דבר שבקדושה.

[1.1] פמ״ג סי׳ ע״ד הובא בביאור הלכה ריש סי׳ ע״ד.

1. In Front of an Unclad Man

A brocha may not be made in front of a male[2] (nine years of age or

Aruch O.C. 75) This is also a Torah Prohibition.

3. while unclad, even though he cannot see his private parts while making the brocha. For example, he is standing unclothed in one room, and sticks his head out the door in order to make a brocha. Even though he cannot see his nakedness, nevertheless, since he is standing unclothed he may not make a brocha. This is also a Torah prohibition, (according to most Poskim).[1.2]

4. while his heart "sees" his nakedness (i.e., he is not wearing a belt or trousers which separates his heart from his private parts). This prohibition is *d'rabbonon*, of Rabbinic origin.[1.3] Technically, this applies only to men; however, it is also preferable for women to make a demarcation between their heart and their private parts.[1.4]

5. while his heart "sees" another person's nakedness, i.e., he does not see the unclad person with his eyes — however, his body is facing an unclad person. This prohibition is of Rabbinic origin.[1.5]

The Shulchan Aruch (O.C. 74.5) states that one may not make a brocha while touching his private parts with his hands or with any one of his limbs. For example, if one is sitting (e.g., squatting) or standing in a position such that his private parts are touching his leg he may not make a brocha.[1.6]

1.2 עיין ט״ז סי׳ ע״ה ס״ק ב׳ דבכלל לא יראה בך הוא שלא יהיה ערום בשעת אמירתו (אע״פ שאינו רואה ערותו) וכ״כ הפמ״ג ריש סי׳ ע״ד והמ״ב סי׳ ע״ה ס״ק י״ט.

1.3 שו״ע סי׳ ע״ד סעי׳ א׳ ועיין בגר״ז וז״ל והחכמים הוסיפו שהמקומות אשר ה׳ שוכן בהם בקרבנו שהם ראשו ולבו של אדם הקורא או מתפלל צריך ג״כ שלא יהיו רואים את הערוה דהיינו שלא יהיה עם הערוה תחת מכסה א׳ בלי הפסק וחציצה ביניהם עכ״ל.

1.4 הנה בסי׳ ע״ד כתב הב״י בשם הא״ח שהנשים יכולות לברך כשהן לובשות החלוק אע״פ שאינן מפסיקות למטה מן החזה לפי שערוותן למטה מאד וממילא לא שייך בהן לבן רואה את הערוה והב״ח חולק על הב״י וכתב שהוראת הא״ח אינה נכונה וגם נשים צריכות להפסיק בין לבן לערוותן. והנה ביו״ד סי׳ ר׳ מסקי הט״ז והש״ך כהא״ח דהנשים יכולות לטבול ולברך במים צלולים אע״פ שלבן רואה את ערוותן אכן כתב הט״ז דלכתחלה יש לעשות חיבוק ידים ולהפסיק בין הלב להערוה. וכ״כ החכמת אדם כלל קכ״א סי׳ י״ד דלכתחלה תדבק ידיה למטה מלבה כדי להפסיק בין ערוותה ללבה. כל זה מבואר במ״ב סי׳ ע״ד ס״ק ט״ז.

1.5 רמ״א סי׳ ע״ד סעי׳ א׳ ועיין בערוה״ש שם סעי׳ ט׳ וי׳ דפליג על דין זה.

1.6 אמנם במקור חיים סי׳ ע״ה סעי׳ א׳ כתב וז״ל לולי דמסתפינא לחלוק על הא״ח וראב״ד מסברא אמינא דשרי כיון דהיינו רביתא ודרך ליגע בהם ואין הרהור כלל, וכמדומני שאין העולם נזהרין בזה כלל, עכ״ל.

וע״ע בצמח צדק (לפ״ג דברכות) דדין איברים נוגע בערוה לא שייך באשה עיי״ש.

2 שו״ע סי׳ ע״ה סעי׳ ד׳, ח״א כלל ד׳ סי׳ א׳ ועיין מש״כ בהערה 1.

older[e]) [4.1] whose nakedness is uncovered — i.e., whose private parts[4.2] are uncovered). One may not make a brocha in front of an unclad person even if he is a member of one's own family (e.g., one's son, one's brother, one's husband).

This prohibition applies to making a brocha in front of an unclad Jew or non-Jew,[2.4] married or single.[2.5]

Even if the person who is making the brocha does not see the unclad man (e.g., his eyes are closed, the room is dark, etc.), nevertheless, since he is facing him, he is prohibited from making a brocha.

However, if one is not facing the unclad person, he may make a brocha, even though the unclad person is present. Therefore, if a member of one's household is unclad and one wishes to make a brocha, he should turn his body (i.e., it is not sufficient to simply turn his face) so as not to face the unclad person, and then make the brocha.[3]

B'dieved

B'dieved if a brocha was made while facing a man whose private parts

[c] Some Poskim rule that it is preferable not to make a brocha while facing the nakedness of a male even if he is under nine years of age. According to this view a brocha should not be made even while facing the nakedness of a one day old infant.[2.2]

2.1 רמ״א שם וז״ל ויש מתירין נגד ערות קטן כל זמן שאינו ראוי לביאה וכן עיקר, וכ״כ הגר״ז (סי׳ ע״ה סעי׳ ז׳) דכן עיקר, וכן סתם הח״א (שם), וכ״כ המ״ב שם ס״ק כ״ג.

2.2 גר״ז שם בשם הרמב״ם (פ״ג מהל׳ ק״ש הל׳ ט״ז) ח״א שם בשם י״א ועיין כה״ח שם אות ל״ב.

2.3 ולענין אם עגבות יש בהן משום ערוה עיין מש״כ לקמן בהערה 4.2, ועיין בפסקי ריקאנטי (הובא בכה״ח סי׳ ע״ה אות ל׳) דאפי׳ למ״ד עגבות אין בהן משום ערוה דוקא באשה אמרינן הכי אבל באיש יש בהן משום ערוה, אכן המעשה בצלאל שם תמה עליו ונשאר בצ״ע.

2.4 שו״ע סי׳ ע״ד סעי׳ ד׳.

2.5 פשוט.

3 כתב המחבר בסי׳ ע״ה סעי׳ ו׳ וז״ל היתה ערוה כנגדו והחזיר פניו ממנה או שעצם עיניו או שהוא בלילה או שהוא סומא וכו׳ מותר לקרות עכ״ל והב״ח חלק על המחבר ופסק דעצימת עינים לא מהני (וה״ה דאסור לקרות או לברך כנגד הערוה בלילה או סומא) וכן פסקו המ״א סק״ט והט״ז סק״ב וכן פסקו הגר״ז סעי׳ ט׳ והח״א כלל ד׳ סי׳ ג׳ והמ״ב בסי׳ ע״ה ס״ק כ״ט והערוה״ש סעי׳ י״א דלא מהני עצימת עינים.

וע״ע בגר״ז סי׳ ע״ה סעי׳ ט׳ שאין צריך להפך גופו לגמרי אלא אפי׳ אם רק החזיר גופו עד שנעשית הערוה לו מן הצד סגי. וכ״כ המ״ב בס״ק כ״ט.

were uncovered, the brocha, according to many Poskim, is valid. Accordingly, a new brocha may not be made.[4] [d]

2. In Front of an Unclad Woman

A brocha may not be made in front of a female (three years of age or

[d] See Chapter 16, Section B.

[4] **בדיעבד אם בירך כנגד צואה או כנגד ערוה וכדומה**

א. בירך במקום שראוי להסתפק מצואה וכדומה

איתא בברכות (כ״ב ע״א) היה מתפלל ומצא צואה כנגדו וכו׳ הואיל וחטא אע״פ שהתפלל תפלתו תועבה וכו׳ וכתב הב״י בסי׳ ע״ו דמיירי במקום שראוי להסתפק ולתלות שיש שם צואה (כגון מקום שמצויים בו קטנים) הילכך פשע מתחלה ולכך תפלתו תועבה אבל אם אינו ראוי להסתפק וכו׳ אינו צריך לחזור ולהתפלל.

וכתבו התוס׳ במס׳ עירובין (דף ס״ד ע״א ד״ה שיכור) וז״ל וצ״ע אם יש להשוות ברכות לתפלה לענין צואה עכ״ל ומוכח עוד שם דאפי׳ לענין תפלה אם התפלל כנגד מי רגלים (דאיסורו רק מדרבנן) דא״צ לחזור ולהתפלל וכש״כ בשאר ברכות שאין לחזור ולברך.

ולענין הלכה, בשו״ע סי׳ קפ״ה סעי׳ ה׳ כתב דלגבי צואה נסתפקו התוס׳ והרא״ש אם צריך לחזור ולברך ומשום מי רגלים פשיטא שאינו חוזר לברך. והפמ״ג (א״א סי׳ ע״א אות ה׳) פסק דאם בירך במקום שראוי להסתפק מצואה אינו חוזר ומברך משום חומר דלא תשא את שם ה׳ אלקיך לשוא. וכ״פ הח״א בכלל ג׳ סי׳ ל״ג ובנ״א שם אות ו׳ וכ״כ הגר״ז (ועיין תהלה לדוד סי׳ קפ״ה) וכן פסקו הקיצור שו״ע (סי׳ ה׳ סעי׳ ח׳) והקצות השולחן (סי׳ י׳ סעי׳ ט״ו) והכף החיים (סי׳ קפ״ה אות י״ד).

אמנם המ״ב בסי׳ קפ״ה ס״ק ז׳ כ׳ וז״ל ולדינא דעת הע״ת והא״ר בשם הב״ח וכו׳ דצריך לחזור ולברך בהמ״ז עכ״ל [ונסתפקנו אי כוונת המ״ב להחמיר רק בבהמ״ז מטעם ספק דאורייתא לחומרא, (וכן משמע מע״ת סי׳ קפ״ה אות ו׳) או שכוונתו להכריע דגם בשאר ברכות צריך לחזור ולברך אכן מדברי הב״ח (סי׳ צ״ט) שהובא במ״ב הנ״ל משמע להדיא דנקטינן לחומרא בין בבהמ״ז בין בשאר ברכות וכ״כ הא״ר סוף סי׳ קפ״ה וכ״כ הע״ת (בסי׳ צ״ט) ועיין במ״ב ובבה״ל שכתבו דלדעת הרמב״ן ודאי צריך לחזור ולברך אף בשאר ברכות. ועיין בתהלה לדוד לסי קפ״ה שתמה על מש״כ הגר״ז דמספק אין לחזור ולברך דכיון דהתוס׳ והרא״ש נסתפקו בדבר והרמב״ן פשיטא לי׳ דחוזר ומברך למה נקט כספיקו של תוס׳ ולא כפשיטותו של הרמב״ן, ונשאר בצ״ע.

והנה לדינא בשאר ברכות היות דלפי הח״א והפמ״ג ודעמייהו א״צ לחזור ולברך ולפי המ״ב ודעימי׳ אולי צריך לחזור ולברך (וכדעת הרמב״ן והב״ח) אצלנו הרי זה לכל היותר רק ספק אם לחזור ולברך ובכי הא הדרינן לכללא דספק ברכות להקל, ומ״מ אם אפשר לנקוט אחת מהעצות שכתבנו בפרק ט״ז כדי לאפוקי נפשיה מפלוגתא (כגון שלא לאכול עד שישמע ברכה מאחר ויכוון לצאת וכמש״כ הכה״ח סי׳ קפ״ה אות י״ד) נכון לעשות כן].

ב. בירך בשוגג כנגד צואה או כנגד ערוה וכדומה.

אם בירך במקום שאינו ראוי להסתפק ואח״כ מצא שם צואה וכש״כ כשבירך ואח״כ מצא כנגדו אשה פרוצה שאינה מלובשת כראוי (שאינו עובר איסור דאורייתא כמו גבי כנגד צואה) או שבירך במקום ששמע קול זמר של אשה ולא ידע שאסור לברך בכה״ג או שהיה במטה וכסה עצמו בסדין

older[e]) [4.1] whose nakedness is uncovered i.e., whose private parts[4.2] are uncovered.

This prohibition applies to members of one's family (e.g., his sister, his mother etc.) to daughters who are over the age of three and even to one's wife.[4.3]

a. Eyes Closed

Even if the person who is making the brocha does not see the unclad woman (e.g., his eyes are closed, the room is dark, etc.), nevertheless, since he is facing her, he is prohibited from making a brocha.[4.4]

b. B'dieved

B'dieved if a brocha was made while facing a woman whose private parts were uncovered, the brocha, according to many Poskim, is valid. Accordingly, a new brocha may not be made.[4.5]

[e] Some Poskim rule that it is preferable not to make a brocha while facing the nakedness of a female even if she is under three years of age. According to this view a brocha should not be made even while facing the nakedness of a one day old infant. (Also see footnote c).

ולא ידע שצריך להפסיק ולחוץ בין לבו לערוותו בכל הני כיון שלא פשע כלל ברכתו ברכה לכו"ע וא"צ לחזור ולברך, דהא אפי' אם התפלל או קרא ק"ש בשוגג כנגד צואה בכה"ג אינו חוזר (כמש"כ הב"י סי' ע"ו).

ג. בירך במזיד כנגד צואה או כנגד ערוה וכדומה

עיין באות א' דלפי הח"א (והנ"א) דשם אפי' בנודע לו שאסור לברך ובירך במזיד מ"מ יצא בדיעבד וא"צ לחזור ולברך אכן הבה"ל בסי' קפ"ה (ד"ה אם) האריך לסתור ראיותיו וכתב דמסתברא מאד דלכו"ע (אם עבר ובירך במזיד) חוזר ומברך עכ"ל. ולמעשה צ"ע.

4.1 ראה הערות 2.1, 2.2.

4.2 ולענין העגבות כתב הב"י בסי' ר"ו דיש בהן משום ערוה. והשיג עליו המ"א (שם ס"ק ה') והעלה דאין בהן משום ערוה (ר"ל דנחשבות רק כמקום שדרכה לכסותו ויכולה היא לברך לעצמה אף אם עגבותי' מגולות) והא"ר (סי' ע"ד ס"ק ה') חולק ומסיק להלכה דיש בהן משום ערוה (ואינה יכולה לברך כשעגבותי' נראין, אבל סגי לכסות הקמטים שבין העגבות) וכ' בצמח צדק וז"ל והסברא שיהי' בהן ערוה יותר מבכל גופה י"ל דשם נקב האחור דשייך בו ג"כ תשמיש שלא כדרכה עכ"ל. והמ"ב בסי' ע"ד ס"ק י"ז הביא המחלוקת ולא הכריע אמנם בסי' ר"ו ס"ק ט"ז כתב דיש להחמיר לכתחלה, וע"ע מש"כ לעיל בהערה 2.3.

4.3 ראה הערות 5.7, 6.

4.4 עיין מש"כ לעיל בהערה 3 דאפי' אם עצם עיניו אסור לברך כנגד הערוה וכתב המ"ב בסי' ע"ה ס"ק א' ובבה"ל ד"ה במקום דה"ה אם אינו כנגד ערוה ממש רק כנגד טפח מגולה באשה (במקום שדרכה לכסותו) מ"מ לא מהני עצימת עינים ואסור לברך כנגדה אכן בנידון זה (טפח מגולה באשה) אם א"א בענין אחר יש לסמוך על המתירין לברך כנגדה בעצימת עינים. וע"ע בהערה 9 לקמן.

4.5 ראה הערה 4.

3. Improperly Clad Woman

The halachic definition of nakedness is dissimilar with regard to men and women. With regard to a man, nakedness refers only to the private parts themselves. With regard to a woman, however, the halachic definition of nakedness[f] *also* applies[5] to area(s) below the neck,[5.1] and to the elbows and above,[5.2] or knees and above,[5.3] and to the voice of a

[f] There is, however, a prohibition of improperly gazing at a woman which applies to any part of a woman including her face, her hands, etc. The halachos of improperly gazing at a woman are discussed in Shulchan Aruch E.H. 21.

[5] איתא בגמ׳ (דף כ״ד ע״א) א״ר יצחק טפח באשה ערוה וכו׳. וכתב הרמב״ם (פ״ג מהל׳ ק״ש הל׳ ט״ז) וז״ל וכל גוף האשה ערוה לפיכך לא יסתכל בגוף האשה כשהוא קורא ואפי׳ אשתו ואם היה מגולה טפח מגופה (ר״ל ממקום מכוסה שבה) לא יקרא כנגדה עכ״ל וכן נפסק בשו״ע סי׳ ע״ה סעי׳ א׳. וכתב הרשב״א דטעם שאסרו לקרות כנגד טפח מגולה הוא כדי שלא ליתי לידי הרהור אבל כנגד פניה ידיה ורגליה שדרכן להיות מגולין מותר לקרות דלא אתי לידי הרהור הואיל ורגיל בהן וכ״כ הלבוש (הובא במ״ב שם ס״ק ב׳) וכ״כ בגר״ז שם סעי׳ א׳ ובח״א כלל ד׳ סי׳ ב׳. ועיין באג״מ א״ח ח״ד סי׳ ט״ו אות א׳ שאין הטעם משום הרהור בשעת ק״ש דהא הרהור אסור בכל היום וכשרואה אשה בלא כוונת תאוה לא חיישינן להרהור וכשמסתכל בכוונת תאוה אסור להסתכל אפי׳ במקומות המגולין מצד איסור הרהור אלא טעם שאסור לקרות כנגד טפח מגולה באשה הוא דבשביל שבראיית בשר אשה ממקומות המכוסים שייך שיבא לידי הרהור משום הכי נחשב זה ערוה ונגד ערוה הא אסור לקרות ק״ש.

[5.1] עיין מש״כ בהערה הנ״ל ועיין בספר הליכות בת ישראל פרק ד׳ הערה כ״ב.

[5.2] מ״ב סי׳ ע״ה ס״ק ב׳ וס״ק ז׳, וכתב עוד המ״ב דאפי׳ במקומות שרגילין לילך מגולה כדרך הפרוצות מ״מ אסור. ומה שכתבנו בפנים דאסור לברך כשזרועותיה או למטה מצוארה מגולה לדעת המחבר (שם) היינו דוקא במגולה טפח או יותר ובמגולה פחות מטפח אינו אסור אמנם לפי הרמ״א באשה אחרת אפי׳ פחות מטפח אסור. ועיין בהערה לקמן בסמוך דכנגד שוקה י״א דאפי׳ באשתו אסור בפחות מטפח.

[5.3] איתא בגמ׳ (ברכות כ״ד ע״א) אמר רב חסדא שוק באשה ערוה וכתב הטור בסי׳ ע״ה וכן אם שוקה מגולה אסור לקרות כנגדה. ועיין בב״ח שהקשה לאיזה צורך נקט רב חסדא שוק יותר משאר מקומות ומתרץ דמש״ה נקט שוק דבשוק אפי׳ פחות מטפח חשוב נמי ערוה וכן פסק הט״ז (שם ס״ק א׳) וכ״כ במ״ב (שם ס״ק ז׳) בשם י״א. אבל הב״י פי׳ דמש״ה נקט ר״ח שוק דלא תימה דכיון דהשוק אינו מקום צנוע באיש ה״ה דאינו מקום צנוע באשה קמ״ל דשוק הוי כשאר מקומות שדרכה לכסותן ולפ״ז איסורו דוקא בטפח ומש״ה השמיט המחבר שוקה דדינו כשאר מקומות שהם בטפח, כן פי׳ הפמ״ג בכוונת המחבר, וכן פסקו הערוה״ש שם סעי׳ ג׳, והחז״א סי׳ ט״ז אות ח׳ (וכן פסק הגר״ז מעיקר הדין אלא שכתב דנכון לחוש לדברי הט״ז).

עוד כתב הפמ״ג וז״ל דשוק היא מארכובה, נמצא כל הרגל עד ארכובה שקורין ״קניא״ (ברך) וכו׳ אפשר אין חשש עכ״ל, וכן פסק המ״ב בס״ק ב׳ וכן מצדד החז״א (סי׳ ט״ז אות ח׳) אלא שכתב דקשה להכריע. ויש חולקין על המ״ב וסוברים שאף למטה מה״קניא״ נקרא שוק עיין מש״כ לקמן בהערה 5.5.

woman singing.[5.4] According to many Poskim, exposure of the legs below the knees also constitutes nakedness.[5.5]

According to some Poskim, the prohibition of making a brocha while facing exposed elbows and above, knees and above, etc. applies to girls three years of age and older. Other Poskim rule that the prohibition starts at a later age (see Hebrew footnote below).[5.6]

The prohibition of making a brocha while facing an improperly clad woman (i.e., exposed elbows and above, knees and above, etc.) applies to Jewish and non-Jewish women[5.7], married or single[5.8], young or old, sightly or unsightly.[5.9]

It applies to members of one's family (e.g., his mother,[6] sister, etc.) to daughters who are over the age of eleven[6.1] and even to one's wife.[6.2]

The prohibition of making a brocha while facing an improperly clad woman also applies to the exposed hair of a married[7] Jewish woman.[7.1]

5.4 שו״ע סי׳ ע״ה סעי׳ ג׳ ועיין מש״כ לקמן בהערות 42-49.

5.5 ועיין בס׳ שו״ת שבט הלוי ח״א סי׳ א׳ שכ׳ דכן משמע מהב״י דגם למטה מהברך נחשבת שוקה ותמה על ראיותיו של המ״ב הנ״ל. ועיין בס׳ מקו״ח (מבעל חוות יאיר) וז״ל ומה הוא שוק נר׳ שהוא עצם התחתון הארוך הזקוף אף כשאדם יושב עכ״ל (ועיין בגר״ז סי׳ ע״ה סעי׳ א׳ וז״ל אבל כנגד שוקה אסור אע״פ שהשוק אינו מקום צנוע באיש שדרכו להיות מגולה במקום שהולכין בלא אנפלאות עכ״ל הרי דלפי הגר״ז גם חלק הרגל שלמטה מהברך נכלל בשוקה). וע״ע בחזו״א או״ח סי׳ ט״ז אות ח׳ שמסתפק בזה.

5.6 עיין בה״ל סי׳ ע״ה ד״ה טפח, ומהבה״ל משמע דגם לענין טפח באשה ערוה האיסור הוא מבת ג׳ שנה ויום אחד אמנם החזו״א (או״ח סי׳ ט״ז אות ח׳) חלק עליו וכתב וז״ל זו שאין יצר עליהן מחמת קוטנן הדעת נוטה שלא אסרום חכמים ואין כאן שיעור בשנים אלא לפי מציאותן וקטנות גופן עכ״ל. ובבן איש חי (שנה א׳ פר׳ בא דין ח׳) כ׳ דיש להחמיר בקטנה היכא דאפשר.

5.7 שו״ע סי׳ ע״ה סעי׳ ד׳.

5.8 ועיין במ״ב שם ס״ק ו׳ דבאשה אחרת בין פנויה בין א״א י״א דאפי׳ פחות מטפח אסור לברך כנגדה.

5.9 בן איש חי פרשת בא דין י״ב וי״ג לענין שער וקול זמר ופשוט דה״ה לענין טפח מגולה.

6 מקור חיים שם.

6.1 בה״ל סי׳ ע״ה ד״ה טפח, דבבתו האיסור מתחיל מי״א שנה ואילך.

6.2 שו״ע סי׳ ע״ה סעי׳ א׳. ועיין עוד בשו״ע סי׳ ע״ג ובנ״כ שם.

7 שו״ע שם, ועיין אג״מ אה״ע ח״א סי׳ נ״ז וח״ד סי׳ ל״ב אות ד׳. ושו״ת מחזה אליהו סי׳ קי״ח וקי״ט.

7.1 שו״ע שם סעי׳ ב׳.

ואם דרכן של נשים נשואות ללכת פרועי ראש — כ׳ בערוך השולחן (סי׳ ע״ה סעי׳ ז׳) וז״ל אוי לנו שעלתה בימינו כך מיהו עכ״פ לדינא נר׳ שמותר להתפלל ולברך נגד ראשיהן המגולות עכ״ל. וכ״כ הבן איש חי (שם דין י״ב), אמנם במ״ב (ס״ק י׳) מחמיר, והסכים עמו בחזו״א (סי׳ ט״ז ס״ק ח׳). ובשבילי דוד, ובאג״מ (או״ח סי׳ מ״ב) כ׳ דבשעת הדחק יש לסמוך ע״ז ולהקל.

It does not apply to the hair of an unmarried Jewish female or to the hair of a non-Jewish woman.[8]

a. Cases Where Closing the Eyes is Permitted

In cases where one cannot avoid facing a woman who is not properly clad (i.e., exposed elbows and above, knees and above, etc.) one may close his eyes or face downward and make a brocha.[g] [9]

For example, if one is at a function where women who are not adequately clad are opposite him, he may close his eyes and make a brocha.[10]

b. B'dieved

If a brocha was made while seeing an improperly clad woman, the brocha, according to many Poskim, is valid. Accordingly, a new brocha may not be made.[11] [h]

c. Woman in Front of Another Woman

A woman is permitted to make a brocha in front of another woman

[g] provided that the other person's private parts are covered.

[h] Also see Chapter 16, Section B.

וכ״כ באג״מ אבן העזר סי׳ קי״ד, ואג״מ או״ח ח״ד סי׳ קי״ב אות ד׳ אמנם במ״ב (ס״ק י׳) איתא דאף אם נתגלה קצת מהן אסור.

[8] במ״ב סי׳ ע״ה ס״ק י״ב כתב שהח״א נסתפק בזה אכן באג״מ או״ח ח״ד סי׳ ט״ו אות א׳ פסק דאינו נחשב כטפח מגולה.

[9] כתב הגר״ז סי׳ ע״ה סעי׳ א׳ דיש לסמוך על עצימת עינים כשא״א בענין אחר וכ״כ המ״ב שם ס״ק א׳. וע״ע בחזו״א סי׳ ט״ז ס״ק ז׳.

[10] עיין מש״כ לקמן בהערה 54 דאם הנשים מלובשות בבגדים דקים ונראה טפח מבשרה ממקום שדרכה להיות מכוסה מותר אף לכתחלה לסגור העינים ולברך.

[11] עיין מש״כ בהערה 4. וע״ע בשו״ת חלק לוי סי׳ ל״ה.

[11.1] בערוך השולחן (סעי׳ ה׳) הסתפק אם רשאה אשה לברך נגד טפח מגולה באיש במקום שרגיל להיות שם מכוסה — ונוטה להקל. וכ״כ בהדיא במקור חיים.

ובענין אי מותרת אשה לשמוע קול זמר של

who is improperly clad (i.e., exposed elbows and above, knees, etc.) but may not make a brocha in front of another woman whose private areas are uncovered.[12]

(See Section F.3 through F.7 for applications of these halachos).

B. Person Making Brocha Should Be Adequately Dressed

One is prohibited (by Torah law) from making a brocha while being unclad (see footnote [b]).

Additionally, Chazal prohibited making a brocha while one's heart "sees" his nakedness (i.e., he is not wearing a belt or trousers which separates his heart from his private parts).[13] A separation is created when one wears a belt, *gartel*, pants, undershorts, etc.

For example, if one is wearing a bathrobe without a belt (and not wearing pants, etc.), since there is no separation between his heart and the areas below, a brocha may not be made.[14]

Therefore, if one wishes to make a brocha while wearing a bathrobe or gown, he should tie the belt before making the brocha. If there is no belt, he should hold the material of the robe firmly against his body at the heart or below (thereby creating a separation).[15]

איש, עיין יביע אומר ח״א סי׳ ו׳ אות ד׳ וה׳ ובמלואים.

12 כתב הרמ״א בסי׳ ע״ה סעי׳ א׳ וז״ל ונראה מדברי הרא״ש דטפח באשה ערוה אפי׳ לאשה אחרת עכ״ל ועיין בפר״ח אות א׳ שהביא בשם הרשב״א דיש חילוק בין ערותה ממש ובין שאר גופה דלפני ערותה אסור מן התורה משום לא יראה בך ערות דבר משא״כ שאר גופה דאסור רק מטעם הרהור וממילא באשה אחרת דליכא הרהור מותר וסיים דכן עיקר. וכן פסק הגר״ז בסי׳ ע״ה סעי׳ ב׳ דהעיקר כסברת הרשב״א (ועיין בח״א כלל ד׳ סי׳ ח׳ שהביא ב׳ הדיעות ולא הכריע) וממ״ב סי׳ ע״ה סק״ח משמע דמצדד כדעת הרשב״א שכתב דהאחרונים מסכימים עם הרשב״א ודעתם שגם הרא״ש מודה לזה. ומהאג״מ (הובא לעיל בהערה 5) משמע דביאר דעת הרמ״א עפ״י דבריו שם דטעם האיסור לברך כנגד מקומות המכוסים הוא משום דשייך לבא מהן לידי הרהור ולכך נחשבין לערוה — וממילא אפי׳ אשה אחרת אסורה לקרות כנגדן אע״פ שהיא אינה מהרהרת מ״מ כבר יש להן דין ערוה.

13 עיין מש״כ בהערה 1.3.

14 כתב הטור בסי׳ ר״ו וז״ל לא יברך כשהוא ערום וכתב הב״י דלאו דוקא ערום אלא אפי׳ לבו רואה את הערוה אסור. ובסי׳ ע״ד כתב המחבר דאסור לקרות ק״ש כשלבו רואה את הערוה וכו׳ שם בערוך השולחן (סעי׳ ה׳) דרק לענין ק״ש ותפלה וגם לכל הברכות יש קפידא אבל לענין תלמוד תורה אין קפידא בלבו רואה את הערוה (וכן משמע מהגר״ז סי׳ ע״ד סעי׳ א׳). אמנם במקור חיים כתב דלבו רואה את הערוה אסור גם בדברי תורה וכן איתא במחזיק ברכה סי׳ ע״ה אות א׳ וכ״כ במ״ב שם ס״ק א׳.

15 שו״ע סי׳ ע״ד סעי׳ א׳ וכתב שם המ״ב

B'dieved, if one made a brocha without demarcating his heart from his lower parts, the brocha, according to many Poskim, is valid. Accordingly, a new brocha may not be made.[16] [1]

> **Note:** Although one may make a brocha even when not fully dressed as long as his nakedness is covered and he has separated his heart from his private parts (e.g., while dressed only in shorts), nevertheless, the Poskim rule that it is preferable to be fully clothed when making a brocha.[16.1] (Also see Section C.)

C. His Head Must Be Covered

When making a brocha one's head must be covered.[17] If one merely places his own hand on his head, his head is not considered covered[18]. If, however, another person places their hand on his head it is considered covered.[19] If one places his shirt sleeve over his head, this also is considered a sufficient head covering.[20]

B'dieved if one made a brocha with his head uncovered, the brocha is valid.[20.1]

[1] Also see Chapter 16, Section B.

(ס"ק ב') וז"ל פי' דידביק הטלית על לבו כדי שיהא הפסק בין לבו לערוה עכ"ל. וכ"כ הח"א כלל ד' סי' ט'. ועיין במ"ב סי' ע"ד ס"ק י"ד וסי' צ"א ס"ק ח' מש"כ בשם דה"ח וז"ל וה"ה אם בגדיו מונחים דבוקים ממש על הבטן ומפסיקים בין לבו לערוה עכ"ל. ועיין עוד בבה"ל סי' ע"ד סעי' ב' ד"ה ואם.

16 מ"ב סי' ע"ד ס"ק ה'. ועיין עוד מש"כ בהערה 4.

16.1 עיין מש"כ לקמן בהערה 37.

17 שו"ע סי' צ"א סעי' ג' וסי' ר"ו סעי' ג'. גר"ז סי' צ"א סעי' ג' וסי' ר"ו סעי' ז' ח"א כלל א' סי' ט' מ"ב סי' ב' ס"ק י"ב.

18 שו"ע סי' צ"א סעי' ד' ורמ"א סי' ע"ד ס"ב בשם תה"ד סי' י'. גר"ז שם סעי' ד' ח"א כלל א' סי' ט'. ועיין במ"ב סי' ב' ס"ק י"ב דבשעת הדחק יש מקילין בזה, עיי"ש.

19 בשו"ע סי' צ"א סעי' ד' כתב דמשמע דחשיבא כיסוי ובמ"ב סי' ע"ד ס"ק ט' כתב בשם הפרי חדש וש"א דמהני וכ"כ בגר"ז וח"א הנ"ל.

20 מ"ב סי' ב' סקי"ב וסי' צ"א סקי"י בשם הב"ח.

20.1 פמ"ג בפתיחה אות ו', ערוה"ש סי' ר"ו סעי' ו' (ועיין עוד באג"מ או"ח ח"ד סי' מ' אות כ"ד דס"ל דאיסור הזכרת השם בגילוי ראש לא

D. Not in the Presence of Diapers, Foul Material

1. Diapers, Odors, etc.

a. Free of Waste Substances

The place where the brocha is being made[j] must be free of waste substances[21.3], dirty diapers[21.4], and the like[k] even if there is no odor emanating from them.[21.5]

b. Free of Odors

The place where the brocha is being made must also be free of odors[22]

[j] If the waste product is in back of him or to his side, and is not emitting an odor, a brocha may be made, providing that he is at least seven feet away from the substance.

However, a brocha may not be made while facing waste substances (even if there is no odor), unless they are beyond the range of vision.[21] This prohibition applies even when it is dark or when one's eyes are closed.[21.1]

Even if the waste substances are in another room, one may not make a brocha while facing them through an open window or door.[21.2]

[k] Regarding which substances render a site unfit for reciting a brocha, see Shulchan Aruch O.C. 76 and 77. Regarding making a brocha in the presence of bedpans, see Shulchan Aruch O.C. 87. Other details relevant to these halachos may be found in Shulchan Aruch O.C. 76 through 88.

ברור כ״כ כאיסור הזכרת השם כנגד ערוה או צואה).

[21] שו״ע סי׳ ע״ט סעי׳ א׳, ועיין בהקדמת הבה״ל לסי׳ ע״ט.

[21.1] שם.

[21.2] איתא בשו״ע סי׳ ע״ט סעי׳ ב׳ דאם היתה הצואה בבית (פי׳ חדר) אחד והוא בבית אחר ורואה אותה דרך פתח פתוח לפי הרא״ש מותר לקרות (אם אין לה ריח רע) ולפי הרשב״א דוקא כשאינו רואה אותה. וכתב הגר״ז (שם סעי׳ ה׳) דהעיקר כסברת הרא״ש ואעפ״כ טוב לחוש לדברי הרשב״א (שלא לקרות אם רואה אותה) אמנם הח״א כתב (כלל ג׳ סי׳ ט״ז) דכיון שהוא איסור דאורייתא אזלינן לחומרא ועיין בבה״ל (שם ד״ה אבל להרשב״א) שכתב דמדברי השו״ע משמע שמצדד יותר להרשב״א.

[21.3] שו״ע סי׳ ע״ו סעי׳ ח׳, סי׳ ע״ט סעי׳ א׳, סי׳ פ״א סעי׳ א׳.

[21.4] אם הצואה מכוסה בחיתול פמפר (המצופה בפלסטיק) ומי שרוצה לברך עומד יותר מד׳ אמות ממקום שכלה הריח מותר לברך לכו״ע ולענין צואת תינוק שאינו יכול לאכול כזית דגן בכדי אכילת פרס עיין שו״ע סי׳ פ״א סעי׳ א׳ ובנו״כ שם.

[21.5] כן מוכח משו״ע סי׳ פ״ב סעי׳ א׳ וכ״כ הגר״ז סי׳ ע״ט סעי׳ א׳.

[22] שו״ע סי׳ ע״ט סעי׳ א׳.

from waste substances[l], garbage or any rotting substance. [22.3] In places where an odor is present, it is not sufficient to be out of range of the odor. One must be at least seven feet away from the point where the odor ends.

If the waste substances are enclosed in a plastic bag through which the odors do not emanate,[22.4] a brocha may be made even if one is standing right next to the bag. Even if the bag is transparent and the waste substances are visible, nevertheless, since they are covered by the plastic bag, a brocha may be made.[22.5]

c. In the Presence of Child Wearing Diaper

Similarly, one may make a brocha in the presence of a child wearing diapers provided that there are no body wastes exposed nor any odor.[23]

A person wishing to make a brocha in the presence of a child wearing diapers is not required to check the diaper[m] prior to making the brocha.[23.1]

d. Other Odors

In cases where there is a foul odor as a result of gas which was

[l] If the odor is coming from waste substances in a different room, according to some Poskim, one may make a brocha as long as he does not smell it (i.e., he need not be seven feet from where the odor ends).[22.1]

Similarly, if a waste substance is covered and there is an odor coming through the covering, one may make a brocha as long as he does not smell the odor.

According to most Poskim, even in these cases, one may not make a brocha unless he is at least seven feet from where the odor ends.[22.2]

[m] Needless to say if he perceives an odor he may not make a brocha.

[22.1] כן הורה הגרי"א הענקין זצ"ל בספר עדות לישראל עמוד ק'.

[22.2] מ"ב סי' ע"ט ס"ק י"ז ועיין בה"ל ריש הסימן אות ז'.

[22.3] מ"ב סי' ע"ט ס"ק כ"ג.

[22.4] ראה הערה 22.2.

[22.5] נלמד משו"ע סי' ע"ו סעי' א'.

[23] שם.

[23.1] כך שמעתי מהגרי"ש אלישיב שליט"א.

passed one should wait until the odor dissipates[23.2] or he should move out of the range of the odor[23.3] before making a brocha.

2. Open Bathroom Door

If the door of a bathroom adjacent to a person making a brocha is open but there is no odor, a brocha may be made.[24]

3. Personal Hygiene

If the level of one's personal hygiene[n] is not up to the halachic standard, he may not recite a brocha. These halachic requirements are discussed in the Hebrew footnote below.[25]

E. Other Prerequisites

1. No Food in Mouth

When making a brocha, one's mouth should be entirely free of food.[26]

[n] i.e.,with regard to cleansing oneself of waste matter.

23.2 איתא בברכות כ״ה ע״א בעו מיניה מרב ששת ריח רע שאין לו עיקר מהו וכו׳ ופי׳ רש״י הפחת רוח (של אדם) ע״כ. וסיים שם בגמ׳ דאסור לקרות ק״ש וכתב המחבר בסי׳ ע״ט סעי׳ ט׳ דבין אם יצא ממנו הריח רע בין אם יצא מחבירו אסור לקרות ק״ש עד שיכלה הריח וכתב בח״א כלל ג׳ סי׳ כ״ג ובמ״ב שם ס״ק ל״א דה״ה שאסור לברך שום ברכה עד שיכלה הריח.

23.3 כתב המ״ב סי׳ ע״ט ס״ק ל״ב וז״ל דאם הוא רוצה יכול להרחיק למקום שלא נשמע שם הריח ודי ואין צריך ד׳ אמות עכ״ל.

24 אג״מ אה״ע חלק א׳ סי׳ קי״ד ויותר מזה כתב הגריי״א הענקין זצ״ל בספרו עדות לישראל עמוד ק׳ דבתי כסאות שלנו אין להם דין בית הכסא. ולענין אם צריך להרחיק ד״א ממקום שכלה הריח עיין מ״ב סי׳ ע״ט ס״ק י״ז ובה״ל שם ריש הסי׳ אות ז׳.

25 כתב המחבר בסי׳ ע״ו סעי׳ ה׳ וז״ל צואה בפי טבעת אפי׳ היא מכוסה אסור לקרות לדברי הכל אפי׳ אינה נראית כשהוא עומד ונראית כשהוא יושב עכ״ל (ועיין במ״ב [שם] ס״ק ב׳ דכל הלכות אלו ל״ד לק״ש דה״ה לכל דבר שבקדושה) וכתב הח״א כלל ג׳ סי׳ ב׳ (הובא במ״ב ס״ק י״ח) וירחץ פי הטבעת היטב במים וכו׳ ואפי׳ בדיעבד שעבר והתפלל אפשר דצריך לחזור ולהתפלל ולכן צריך ליזהר מאד עכ״ל.

26 מסקנת הגמ׳ ברכות דף נ׳ ע״ב דצריך לפלוט המאכל מתוך פיו (היכא דלא ממאיס) כדי שיהא פיו ריק בשעת הברכה דכתיב ימלא פי תהלתך. והובא בשו״ע סי׳ קע״ב סעי׳ ב׳ ועיין

B'dieved, if one moved the food to one side of his mouth and made the brocha, it is valid.[27] (Also see Chapter 15, Section C.1).

2. Clean Hands

One should not make a brocha if his hands are dirty.[28] Similarly, one should not make a brocha if he touched parts of his body which are usually covered, or if he scratched his head[29] and had not yet cleansed his hands.[o]

Preferably he should wash his hands. Should washing them be difficult, he should wipe them on anything which will cleanse them.[30]

If he does not know whether or not he touched his body or scratched

[o] There are two types of cases wherein the hands must be cleansed: a. one touched a substance associated with *ruach ro'oh* (a spiritual contaminant), e.g., waste substances b. one's hands became soiled from a non-*ruach ro'oh* contaminant, e.g., mud.

Hands which touched substances associated with *ruach ro'oh* should preferably be washed with water. Furthermore the entire hand[29.1] (up to the wrist) should be washed.

Hands which became soiled from substances not associated with *ruach ro'oh* need not be washed with water, and only the area which became soiled must be cleansed.[29.2]

מש״כ בפרק ט״ו הערות 7 עד 10.

27 ב״ח ריש סי׳ קע״ב, פמ״ג מ״ז שם אות ב׳, ערוה״ש שם סעי׳ א׳.

28 איתא בס׳ חסידים (רמז נ״ח ותתנ״ג) שהאוכל וידיו מלוכלכות בתבשיל ורוצה לשתות יין יקנח ידיו ואח״כ יברך על היין שנא׳ שאו ידיכם קודש וברכו את ד׳ (תהלים קל״ד, וכעין זה כתב המאירי בס׳ בית יד חלק השני) והובא במ״א בקיצור בסי׳ קפ״א ס״ק ט׳. וכ׳ הפמ״ג שם (בא״א) שה״ה כשרוצה לברך איזה ברכה שהיא וידיו מלוכלכות שצריך לקנחם, והובא בשעה״צ (שם אות ל״ב). וכ״כ הפמ״ג במש״ז סי׳ ד׳ ס״ק ט״ו, ובסי׳ צ״ב ס״ק ג׳. וע״ע תהלה לדוד סי׳ קפ״א אות א׳.

29 רמ״א סי׳ צ״ב סעי׳ ז׳, ח״א כלל ז׳ סי׳ ג׳, וכן מוכח ממ״ב סי׳ צ״ב ס״ק כ״ט ובה״ל ד״ה והסיח.

29.1 ואם נגע ביד אחת במקום מטונף אין צורך ליטול אלא אותה יד. כ״כ בח״א כלל מ׳ סי׳ י״ח הובא בכה״ח סי׳ ד׳ אות פ״ו ועיי״ש מש״כ בשם הלב חיים.

29.2 פמ״ג שהובא לעיל בהערה 28. מ״ב סי׳ תרי״ג ס״ק ו׳ בשם דרה״ח.

30 ח״א כלל ז׳ סי׳ ג׳ מיקל רק בדיעבד בנקיון בעלמא אע״פ שיש לו מים, ואמנם המ״א סי׳ ד׳ ס״ק כ״ח ובסי׳ צ״ב ס״ק ה׳ כתב בשם שו״ת הרשב״א (סי׳ קנ״ג) דדי בנקיון בעלמא אף אם יש לו מים. וכ״כ בגר״ז שם סעי׳ ו׳. וכל זה מדין התלמוד אבל בזוהר (הובא בכה״ח סי׳ ד׳ אות ק״ז וסי׳ קנ״ח אות נ״ג) איתא דאסור לברך בידים מסואבות כל זמן שיש עליהם ר״ר דהיינו עד שיטלם במים. וכ׳ המ״ב (ס״ק ס״א) דראוי להחמיר כן ביש לו מים. וע״ע שו״ת יביע אומר ח״ד סי׳ ב׳.

his head, etc., he is not required to cleanse his hands prior to making a brocha.[31] [p]

3. Not While Intoxicated

When drinking an alcoholic beverage one should try to recite all brochos (which might subsequently be needed for that eating session) before he becomes intoxicated.

According to some Poskim, if he is intoxicated to the extent that he is unable to speak properly before a king, he should not make a brocha.[q] However, *b'dieved*, if he made a brocha, it is valid[r].

[p] According to some Poskim, if one touched dirt from his nose or ears he should cleanse his hands prior to making a brocha.[32]

[q] Unlike *sh'ma* and *sh'mona esrei* which may not be recited even if he drank only one *reviis* of wine and is able to speak properly before a king.

[r] If one is intoxicated to the extent that he does not know what he is doing, the brocha is invalid even *b'dieved*.[33]

[31] שו״ע סי׳ ד׳ סעי׳ כ״ג, מ״א שם ס״ק כ״ו, מ״ב שם ס״ק נ״ט ובסי׳ צ״ב ס״ק כ״ה.

[32] רמ״א שם, גר״ז שם סעי׳ ז׳, ח״א כלל כ״ב סי׳ ט׳. אכן המ״ב סי׳ צ״ב ס״ק ל׳ כתב דהגר״א והמו״ק הקילו בצואת האוזן והאף. ועיין בכה״ח סי׳ ד׳ אות צ״ז דאפי׳ להמחמירים היינו כשצואת האף והאוזן רכה ולחה אבל יבשה ודאי לא חמירא מצואה ממש. עוד הובא שם דאף אם קנח במפה לא יגע בזוהמה שעל המפה. ועיין בא״א (בוטשאטש) סי׳ צ״ב שכתב דלגבי צואת האף והאוזן מהני לכו״ע נקיון כל דהוא והמחמיר תע״ב כפולה וכתב עוד דחומרא על לחות אוזן וחוטם אינו רק חומרא בעלמא ומדת חסידות לאשר נקל עליו להזהר בכך היטב, עכ״ל.

[33] איתא בירושלמי תרומות פרק א׳ הלכה ד׳ רבי זעירא בעי קומי רבי איסי שיכור מהו שיברך א״ל ואכלת ושבעת וברכת ואפי׳ מדומדם וכו׳ הובא בב״י סי׳ קפ״ה וכתב עוד שם וז״ל וכתבו התוס׳ בריש פרק אין עומדין (לא: ד״ה מכאן) ואפי׳ מדומדם פי׳ ואפי׳ הוא שתוי ושכור עכ״ל. (ועיין במרדכי בעירובין פרק הדר (סי׳ תקי״ב) וז״ל פי׳ מדומדם שבטורח יכול להוציא הדיבור מפיו עכ״ל) ולענין לברך שאר ברכות כשהוא שיכור כתב הרמ״א בסי׳ צ״ט סעי׳ א׳ דיכול לברך אע״פ שהוא שיכור. וכ״כ הגר״ז שם סעי׳ א׳ והערוה״ש שם סעי׳ ו׳. וכתב המ״ב שם סקי״א בשם הגר״א והפמ״ג דיש להחמיר לכתחלה אם הוא שיכור כ״כ שאינו יכול לדבר לפני המלך אכן בדיעבד אם בירך בכה״ג אין צריך לחזור ולברך אבל אם בירך אחר שהגיע לשכרותו של לוט אפילו בדיעבד אינו ברכה. וע׳ בה״ל סי׳ קפ״ה סעי׳ ה׳ ד״ה או שהיה שיכור.

4. Other Restrictions

One may not make a brocha if he has a need to go to the bathroom.[34] [s] *B'dieved,* if the brocha was made it is valid.[35]

F. Applications

1. Making A Brocha In Bed

When making a brocha while sitting in bed, it is preferable that one be fully clad in pajamas or robe, or fully covered.[36]

a. If one is wearing only a robe (without pajamas), he should make sure it is tied, or he should press the material firmly against his chest, to create a separation between his heart and lower parts.[36.1]

b. If he is clad only in pajama bottoms, trousers or shorts it is preferable that he cover the rest of his body with a sheet or blanket before making the brocha.[36.2]

c. If he is entirely unclad, he should cover himself with the blanket[36.3] and press the blanket against his chest.[36.4]

d. Alternatively, (e.g., he is too cold to remove his hands from under

[s] For more details see Shulchan Aruch O.C. 92.1.

34 כ׳ החיי״א (כלל ג׳ סי׳ א׳) כתיב ברכי נפשי את ד׳ וכל קרבי את שם קדשו — וכיון שצריך האדם לברך את ד׳ בכל קרביו, אסור לברך עד שינקה הקרבים מצואה ומי רגלים, ונפסק הכי בשו״ע סי׳ צ״ב סעי׳ א׳ ורמ״א שם, ומ״ב שם ס״ק ו׳. ואם יכול להעמיד עצמו שיעור פרסה — המ״ב (שם ס״ק ז׳) מביא מחלוקת בזה — דעת הפמ״ג להקל — והשע״ת (סי׳ ו׳ ס״ק ד׳) מחמיר.

35 חיי״א כלל ג׳ סי׳ ה׳, מ״ב שם לענין ק״ש ממשמעות הפמ״ג, והרמב״ן, וע׳ בה״ל שם.

36 עיין מש״כ לקמן בהערה 37.

36.1 שו״ע סי׳ ע״ד סעי׳ א׳ וסעי׳ ג׳ ועיין מש״כ לעיל בהערה 1.4.

36.2 ואף דאין לבו רואה את הערוה כיון שלובש מכנסים (עיין מ״ב שם ס״ק א׳) מ״מ אינו נכון לברך כשהוא ערום ממתניו ולמעלה כמש״כ לקמן בהערה 37.

36.3 עיין לעיל בהערה 1.2 דבכלל לא יראה בך הוא שלא יהיה ערום בשעת אמירת הברכה.

36.4 שו״ע סי׳ ע״ד סעי׳ א׳ מ״ב שם ס״ק ב׳.

the covers) he may wrap his arms[t] around himself, between his chest and lower parts.[36.5]

2. Making A Brocha At A Swimming Pool

Technically, one may make a brocha while wearing a bathing suit.[u] However, it is preferable to make a brocha while fully clothed.[37] If possible, one should don a bathrobe or a shirt or drape a towel around himself before making the brocha. If this is difficult, he is permitted to make a brocha in his bathing suit,since the bathing suit serves as a separation between the heart and lower parts.

3. Dinner Guests Who Are Not Adequately Clad

When one finds himself in a situation where improperly clad women are seated at his table and they may feel hurt or embarrassed should he turn away from them in order to make a brocha, he should inconspicuously close his eyes or look down and make the brocha.[38]

4. Making a Brocha in an Office, Store, Public Place

When making a brocha in one's office or place of business, care must be taken not to make the brocha while facing Jewish or non- Jewish

[t] One should take care not to touch his body with his hands, see Section E 2 above

[u] Provided that his head is covered (as explained above in Section C) and that there are no undressed men or even partially undressed women within sight (as explained above in Section A 1 and 2).

36.5 שו״ע סי׳ ע״ד סעי׳ ג׳.

37 כתב המחבר בסי׳ ע״ד סעי׳ ו׳ וז״ל היתה טליתו חגורה על מתניו לכסותו ממתניו ולמטה אע״פ שממתניו ולמעלה הוא ערום מותר לקרות ק״ש עכ״ל והנה משמע דמותר לכתחלה לקרות בשמגולה ממתניו ולמעלה. וכן משמע מלשון הגר״ז סעי׳ ז׳ ומל׳ הח״א כלל ד׳ סי׳ ט׳ אכן המ״ב בסי׳ ע״ד ס״ק כ״ב כתב דרק במקום הדחק מותר לקרות ולברך כשלבו מגולה דלכתחלה ודאי אינו נכון לעשות כן ומקורו מהתבואות שור יו״ד סי׳ א׳ אות ע״א שמדייק כן מהפרישה (אות ל״ו). וכ״כ בבה״ל סי׳ צ״א ד״ה יצא וז״ל ונר׳ דרק במי שנאנס מתירין בק״ש ממתניו ולמעלה ערום וכו׳ אבל בלאו הכי לא עכ״ל. וע״ע בן איש חי (פר׳ בא סי׳ ד׳).

38 עיין במ״ב סי׳ ע״ה ס״ק א׳ (דיש לסמוך על עצימת עינים כשא״א בענין אחר) ושמעתי מהגרח״פ שיינברג שליט״א דבנידון כזה יש לסמוך על עצימת עינים, ועיין מש״כ בהערה 9.

employees,[39] clients, co-workers or customers who are not adequately clad.[39.1]

One is permitted, however, to make a brocha while facing a non-Jewish female whose hair is uncovered.[40]

For example, if one's desk is situated so that he sits facing a non-Jewish female secretary, receptionist, or co-worker, the likelihood is that she does not always dress in accordance to Orthodox Jewish tradition. Thus, if her sleeves do not cover her elbows, or the neckline or hemline are not within the halachic parameters, one must turn so as not to face her when making a brocha.

Similarly, if one is employed in a store which is open to the public, he should take care not to make a brocha in a place where he might be confronted with an improperly clad female customer while in the middle of making a brocha.

If one is served coffee while attending a meeting with non-Jewish female clients, and feels that he cannot turn away from them without embarrassing them, he should inconspicuously look away (e.g., pretend to look through his papers or check documents in his briefcase, etc.) and make the brocha.[41]

5. Woman Singing

One may not make a brocha while hearing the voice of a woman singing. This applies to Jewish and non-Jewish women.[42]

This also applies to one's wife,[43] daughters (over 11 years old)[44], sisters[45], and other family members[46]. For example, one should not make

39 שו"ע סי' ע"ה ס"ד.

39.1 עיין מש"כ לעיל בפנים ובהערות 4.1-10.

40 אג"מ א"ח ח"ד סי' ט"ו אות א'.

41 מ"ב סי' ע"ה ס"ק א', וע' מש"כ בהערה 38.

42 מ"ב שם ס"ק י"ז ואג"מ או"ח ח"ד סי' ט"ו אות ב'.

43 ולענין אי מותר בכלל לשמוע לקול זמר של אשתו נדה עיין בפתחי תשובה יו"ד הל' נדה סי' קצ"ה ס"ק י' שנשאר בצ"ע ובגלל כן כ' באג"מ (יו"ד ח"ב סי' ע"ה) ולכן מהראוי להחמיר. וע' בלחם ושמלה שם ס"ק כ' ובערוה"ש ס"ק כ"ג שכתבו בפשיטות לאיסור.

44 שולחן שלמה סי' ע"ה סעי' ג'. וע"ע בהערה 6.1.

45 דעת הגרי"ש אלישיב שליט"א הובא בספר הליכות בת ישראל פרק ו' אות ט"ז (השני) דאין להקל לכתחלה.

46 פשוט.

a brocha while his wife or daughters are singing *zemiros.*[47]

Regarding making a brocha [v] while listening to the recorded voice of a female singer,[48] a competent halachic authority should be consulted.

If one must be in a place where he cannot avoid hearing the voice of a woman singing (e.g., he is an employee in a restaurant which has a female vocalist) he is not required to refrain from making brochos.[49]

6. Nursing an Infant

One should not make a brocha (or speak *divrei Torah*) while facing his wife as she nurses an infant, unless she covers herself.[50]

7. Sheer Clothing

Sheer clothing is not considered adequate covering. For example, even if a woman's sleeves extend to the wrist but are, nevertheless sheer, since the areas from the elbow and above can be seen through the material, a brocha may not be made while facing her.[51] Similarly, sheer stockings are not adequate covering for those areas of the leg which must be covered while making a brocha.[52]

One may, however, close his eyes and make a brocha while facing a woman who is wearing sheer clothing.[53]

[v] Regarding listening to a recording of a woman singing even when not making a brocha, or accepting employment in a place where one cannot avoid hearing the voice of a woman singing, a competent Halachic authority should be consulted.

47 ועיין בספר הליכות בת ישראל שם בשם יוסף אומץ סי׳ תר״ג ושו״ת באר שבע בקונט׳ באר מים חיים אות ג׳.

48 עיין שו״ת יביע אומר חלק א׳ או״ח סי׳ ו׳.

49 ח״א (מב״י בשם מרדכי) הובא במ״ב סי׳ ע״ה ס״ק י״ז ומסיק שם המ״ב וז״ל אך יאמץ לבו לכוין להקדושה שהוא עוסק ולא יתן לבו לקול הזמר עכ״ל.

50 ח״א כלל ד׳ סי׳ ו׳, מ״ב סי׳ ע״ה ס״ק ג׳. וע״ע בן איש חי פר׳ בא סי׳ י׳.

51 שו״ע סי׳ ע״ה סעי׳ ה׳, ח״א כלל ד׳ סי׳ ג׳, מ״ב סי׳ ע״ה ס״ק כ״ה.

52 עיין בבית ברוך כלל ד׳ אות ח׳ דגרבי ניילון (״ניילון סטאקינגס״) הוי בכלל בגד דק, ופשוט.

53 מ״ב שם ס״ק כ״ה בשם הח״א ופמ״ג (מ״ז אות ב׳) דערוה בעששית או במים (או מכוסה בבגד

8. Window

If one's window faces a street from which inadequately clad women are apt to be seen, he should be careful not to make a brocha while facing that window. If the window is shut (i.e., the improperly clad woman can be seen through the glass) one may close his eyes and make the brocha.[54]

9. Chemical Odors

We have seen that a brocha may not be made where a foul odor is present. This prohibition applies only to odors emanating from waste material and the like. It does not apply to odors emanating from chemical sources. Therefore, a brocha may be made in a place beset with the odor of tar, fresh paint, kerosene and the like.[55]

דק) שרי כשעוצם עיניו, וזה אף להחולקים על המחבר וסוברים דבעלמא לא מהני עצימת עינים, כאן לכו"ע שרי.

[54] עיין מש"כ בהערה הקודמת. ולענין לברך כנגד צורת אשה שאינה מלובשת כראוי או בתמונה או בטלויזי' וכדומה עיין במנחת יצחק ח"ב סי' ק"ד דאם הראיה מעוררת הרהורים לא טובים פשוט דאסור. וע"ע יביע אומר ח"ו סי' י"ב, ויחוה דעת ח"ד סי' ז'.

[55] מ"ב סי' ע"ט ס"ק כ"ג, וכ"כ בן איש חי פר' בא דין כ"ז, פתח הדביר סי' פ"ו.

CHAPTER 2

Reciting a Brocha

Introduction

In this chapter, we discuss many important halachos affecting the recital of a brocha.

Section A deals with issues to be cognizant of when preparing to make the brocha. For example, before a person begins to recite a brocha he must first determine the appropriate brocha for the item he plans to eat.

In Section B, we discuss the requirement of grasping the item while making a brocha. For example, is a brocha valid if it was recited on food that was in a refrigerator or on water in a water fountain?

Section C deals with the halachos which govern the actual recital of a brocha. For example, is the brocha valid if one formulated the brocha in his mind without actually reciting the words?.

In Section D, we discuss making a brocha while being engaged in an activity. For example, must a person who is learning or clearing off the table pause while reciting a brocha?

In Section E, we discuss the requirement to eat from the food upon which the brocha was made. For example, if one makes a brocha on an apple and, before eating from it, finds another one which looks more appetizing, may he switch it for the better apple?

A. Preparing to Make a Brocha

1. Plan the Appropriate Brocha Before Starting

When a person recites Hashem's Name in a brocha, he must be cognizant of how he plans to end the brocha. This is necessary because it is not respectful to say Hashem's Name without knowledge of the purpose for which it is being said.[1]

Therefore, before a person begins to recite a brocha, he must first determine the appropriate brocha for the item he plans to eat.

For example, if one is about to make a brocha on a fruit and melon salad and is unsure if it will require a *borei pri hoadoma* or a *borei pri hoetz,*[a] he may not begin to recite the brocha until he determines which brocha will be required.

B'dieved, if one started to recite the brocha without knowing which specific brocha was required but, nevertheless, recited the correct brocha, the brocha is valid.[b]

2. Have in Mind Other Foods to be Covered

A brocha does not always cover foods (of the same brocha category) which are subsequently brought. For example, if someone makes a brocha on an apple and subsequently decides to have some other fruit, in many cases a second brocha will be required.

Therefore, in cases where one may possibly eat additional items, the Poskim advise to have specific intention when making the brocha to include any additional food or drink (of the same brocha category) which

[a] The correct brocha for a fruit salad which contains both, fruits of the *borei pri hoadoma* category and of the *borei pri hoetz* category, would be determined according to which ingredient is the majority, as discussed in Chapter 4, Section D.3. For example, if there is more melon than other fruits, the correct brocha would be *borei pri hoadoma.*

[b] Even if he recited Hashem's name with intention to conclude with an incorrect brocha, but recited the correct brocha, it is valid as discussed in Chapter 15.

[1] ח״א כלל ה׳ סי׳ י״ד. עוד כתב הח״א (שם סי׳ כ״ו) בשם ס״ח קודם שמברך על המאכל צריך כל אדם לכוין לבו לברך לשם בוראו אשר הפליא חסדו עמו ונתן לו המאכל וצוהו על המצוות וכו׳. וע׳ במ״ב סי׳ ס׳ ס״ק י׳ וז״ל כל הברכות שהם ג״כ דרבנן לבד מברהמ״ז אם לא כיון בהם לצאת (ידי חובתו) יצא בדיעבד עכ״ל. משמע דלכתחילה צריך כל אדם שיכוין בלבו שרצונו בזה לצאת ידי חובת המצוה (שצוו חז״ל לברך קודם שיהנה). וע״ע בערוך השולחן סי׳ ס׳ סעי׳ ח׳.

may be subsequently brought. (This subject is explained in detail in Chapter 7).

B. Item Upon Which the Brocha is to be Made

1. In Right Hand

The item upon which one is about to make a brocha should be grasped in the right hand.[2] [c] A left-handed person should grasp it in his left hand.[3] An ambidextrous person should hold it in his right hand. If one is wearing a glove, it is preferable that he remove it before making the brocha.[4]

2. Item Was Not In His Hand When He Made The Brocha

If one did not grasp the food in his hand, the brocha is still valid, provided that the food was before him at the time he made the

[c] After making the brocha, one is not required to continue grasping the food in his right hand.

2 איתא בגמ׳ ברכות דף מ״ג ע״ב ב״ה אומרים אוחז את היין בימינו ואת השמן בשמאלו מברך על היין וחוזר ומברך על השמן וכו׳. וכתב הב״י סי׳ רי״ב דכי קתני וחוזר ומברך על השמן היינו לומר שמחזיק השמן בימינו בשעת ברכת השמן כשם שהיין בימינו בשעת ברכת היין וכן כוונת הטור שם וכ״כ הטור להדיא בסי׳ ר״ו וז״ל כל דבר שמברך עליו לאוכלו או להריח בו צריך לאוחזו בימינו כשהוא מברך עכ״ל והובא בשו״ע סי׳ ר״ו סעי׳ ד׳, וסי׳ רצ״ו סעי׳ ו׳. וטעם האחיזה כתב הלבוש בסי׳ ר״ו סעי׳ ד׳ שהוא כדי שיכוין לבו שמברך על זה הפרי. וכעין זה כתב בסי׳ קס״ז סעי׳ ג׳ על הדין של השו״ע שם שאין לברך קודם שיתפוס הלחם (עיי״ש במאמר מרדכי ס״ק י׳ שהשוה דברי הלבוש אהדדי) אמנם במ״א שם כתב שטעם אחיזת הפת הוא משום דבעינן לברך סמוך לעשייתן וכ״כ בגר״ז סעי׳ ו׳ וערוה״ש שם סעי׳ ט׳. (ועיין בפמ״ג א״א סי׳ קס״ז אות ט׳ שתמה על המ״א.) והמ״ב בסי׳ ר״ו ס״ק י״ז הביא טעמו של הלבוש ובסי׳ קס״ז הביא טעמו של המג״א, וצ״ע.

ועיין בספר זה השולחן שכתב דהך אחיזה אינה הגבהה אלא בנתינת יד ימינו על המאכל סגי.

3 שו״ע סי׳ קפ״ג סעי׳ ה׳ רמ״א סי׳ תרנ״א סעי׳ ג׳ וכן פסק הגר״ז סי׳ קפ״ג סעי׳ ז׳ והח״א כלל מ״ו סי׳ ז׳ והמ״ב בסי׳ ר״ו סקי״ח.

4 עפ״י פמ״ג א״א סי׳ קס״ז ס״ק י׳, ועיין בח״א כלל ה׳ סי׳ ז׳ שלא יאחוז הדבר שמברך עליו על ידי כלי וכיוצא בו שאין זה דרך כבוד אלא אם כן הוא דבר שדרכו לאכול בכף וכיוצא בו. ועיין במ״ב סי׳ ר״ו ס״ק י״ח דעל דרך הקבלה אין לתחוב הפרי שמברך עליו בסכין אף שיאחוז הסכין בימינו. וע״ע בכה״ח שם אות ל״א ול״ב דע״פ קבלה לא יאחז הפרי בכף של ברזל ולא יתחוב ויאחז הפרי במזלג של ברזל.

brocha.[4.1] If he made the brocha and then the food was brought to him, it is not valid and a new brocha must be made.[5] [d]

3. Water Fountain

One may drink water directly from a water fountain, even though the water which he will ultimately drink is not in front of him when the brocha is being made. This is permitted because the water which he will ultimately drink will definitely be there[7] when he concludes the brocha.[8] One should, however, make sure that the water fountain is operable before starting his brocha.[9]

If there is a cup handy, he should preferably put some water in the cup, hold it in his right hand, and then make the brocha.[10]

[d] According to many Poskim, if he had intended to eat the item and it was accessible to him, the brocha is valid.[6]

For example, if one made a *borei pri hoetz* with intention to eat an apple which was in his refrigerator, since he had specific intent to eat the apple and it was accessible to him, the brocha is valid. If he was unable to access the apple at the time he made the brocha, it is not valid.

4.1 מ״ב סי׳ ר״ו ס״ק י״ז.

5 כתב הטור בסי׳ ר״ו אין מברכין לא על אוכל ולא על משקה עד שיביאוהו לפניו בירך ואח״כ הביאוהו לפניו צריך לברך פעם אחרת וכתב הב״י וז״ל ונ״ל שדין זה וכו׳ הוא מאי דאמרינן בירושלמי (פרק כיצד מברכין הל׳ א׳) אהן דנסיב פוגלא ומבריך עליה והוא לא אתי בידיה צריך לברוכי עליה זמן תנינות עכ״ל. פי׳ מי שבירך על הפרי קודם שבא לידו אינו יוצא וצריך לחזור ולברך. וכתב המ״ב ס״ק י״ט ואפילו כוון דעתו עליהם בשעת הברכה ג״כ לא מהני כיון שאז לא היו לפניו ולא היה להברכה על מה לחול עכ״ל. ע״ע בגר״ז סעי׳ ט׳.

6 מ״ב סי׳ ר״ו ס״ק י״ט בשם הא״ר והפמ״ג. וע״ע מש״כ בפרק ג׳ הערה 31.

7 טור סי׳ ר״ו וז״ל אבל העומד על אמת המים מברך ושותה אע״פ שהמים ששותה לא היו לפניו כשבירך מפני שלכך נתכוון תחלה עכ״ל. ועיין בב״י ד״ה אין מברכין ובמ״ב ס״ק י״ט דלא דמי למש״כ השו״ע בסעי׳ ה׳ שאין מברכין על אוכל עד שיביאוהו לפניו ואם בירך קודם שבא לפניו צריך לחזור ולברך דהתם לא היה להברכה על מה לחול משא״כ הכא ודאי יבואו המים ונחשב כאילו היו בפניו בשעת הברכה.

8 ואע״פ שאינו רואה את המים שעתיד לשתות מוכח מהמ״ב דמותר לברך שכתב שם בס״ק י״ט ואם היה הדבר שבירך עליו מונח בתיבה וכו׳ כגון שהוא בחדר הסמוך לו וכו׳, והתם הרי אינו נראה לו.

9 פשוט.

10 דהא לכתחלה צריך לאחוז המאכל ביד ימין וכמש״כ לעיל בהערה 2.

C. Reciting the Brocha

The following are halachos which govern the actual recital of a brocha:

1. Slowly and with Proper Kavonah

The Talmud states, "One should not toss a brocha from his mouth" (*Brochos* 47a). The Rishonim derive the following two halachos from this statement:

a. Not in Haste

A brocha should be said slowly and deliberately. One should not rush through a brocha as if he is carrying a heavy burden and cannot wait to free himself of it.[11]

b. Understand What Is Being Said

When making a brocha, one is required to be mindful of the meaning of the words which he is saying.[12] *B'dieved*, if one recited the brocha without being mindful of the meaning of the words which he was saying the brocha is, nevertheless, valid.[12.1]

> **Note:** One should not talk to a person who is making a brocha so that the brocha can be made with the proper *kavonah*.

Proper Kavonah of Hashem's Name

Hashem's Name may not be recited as written. It is written *Yud Kay Vov Kay* which signifies "He was, He is, and He will always be." However, it is recited "*Adonoy*," which signifies "Master of all."[13]

Many Poskim rule that upon saying this Name of *Hashem* one must be mindful of both meanings of His Name — i.e., "He was, He is, and He

11 רש״י ברכות מז. ורא״ש שם (סי׳ י״ז) ומאירי שם ורוקח סי׳ ש״ל.

12 מאירי שם ושו״ע סי׳ ה׳ כפי׳ הגר״א שם.

12.1 מ״ב סי׳ ס׳ ס״ק ז׳, וע״ע בשעה״צ סי׳ קצ״ג אות ג׳.

13 שו״ע סי׳ ה׳.

will always be" and "Master of all." Some Poskim rule that it is sufficient to have in mind "Master of all."[14]

When reciting the word "*Eloheinu*," our G-d, one should have in mind that He is all-mighty, all-capable, and all-powerful.[15]

2. Audible

A brocha must be recited loud enough so that one hears himself say the entire brocha. *B'dieved*, if a brocha was whispered so quietly that he could not hear it, as long as the words were actually recited, it is valid. However, if one merely formulates the brocha in his mind without actually reciting the words, it is not valid.[16]

In cases where one is unable to recite a brocha audibly (e.g., one has laryngitis), according to some Poskim, one is permitted to formulate a brocha in his mind without reciting the words.[17] [e]

[e] Also see Chapter 16 Section C.

14 מ״ב סי׳ ה׳ ס״ק ג׳ בשם הגר״א ועיין שם בהגר״א שחלק על המחבר גם בפירוש כתיבתו וס״ל דביאורו הוא ״נמצא קיים״ ולא ״היה הוה ויהיה״ וע״ע במעשה רב (הוצאת מרכז הספר תשמ״ז) סי׳ מ״א אות י״ב וי״ג וז״ל שם ובשאר מקומות אם ירצה לכוון כוונת כתיבתו פירושו ״נמצא וקיים״ עכ״ל. וכתב עוד המ״ב שם וז״ל ובמקום שנכתב בא״ד לכו״ע אין צריך לכוין אלא שהוא אדון הכל. עכ״ל.

15 שו״ע שם.

16 שו״ע סי׳ ר״ו סעי׳ ד׳ וסי׳ קפ״ה סעי׳ ב׳ וכ״כ המחבר לענין ק״ש בסי׳ ס״ב סעי׳ ג׳. ועיין במ״ב סי׳ קפ״ה ס״ק ג׳ שכתב דיש שכתבו דטוב לעולם לברך בקול רם כי הקול מעורר הכונה וכו׳.

17 הנה בסי׳ ס״ב סעי׳ ד׳ כתב המחבר דאם מחמת חולי או אונס אחר קרא קריאת שמע בלבו יצא וכתב הרמ״א דאף לכתחלה יעשה כן. ונחלקו הפוסקים בדין זה י״א שאינו יוצא ממש דהא קיי״ל דהרהור לאו כדיבור ומש״כ המחבר ״יצא״ לא לגמרי קאמר אלא שהקב״ה יראה לבבו ויתן לו שכר המחשבה אבל בעצם אינו יוצא וכן פסק הגר״ז סי׳ ס״ב סעי׳ ג׳ והמ״ב שם ס״ק ז׳ ובסי׳ קפ״ה ס״ק ב׳, וכן פסק הערוה״ש בסי׳ ס״ב סעי׳ ו׳ ובסי׳ ר״ו סעי׳ ה׳. ולפ״ז כשיסתלק האונס אם עדיין לא עבר זמן ק״ש חייב לחזור ולקרות (פר״ח סי׳ ס״ב ס״ק ד׳ ומ״ב ובה״ל שם בשם הרבה אחרונים). וי״א דיצא לגמרי שכל הברכות אפי׳ בהמ״ז יוצא אדם י״ח בהרהור בדיעבד (וסומכין על הרמב״ם והסמ״ג דסוברים דבכל דבר חוץ מק״ש הרהור כדיבור דמי בדיעבד) כן הביא הגר״ז (סי׳ קפ״ה סעי׳ ג׳) בשם י״א ומסיק שם הגר״ז דבשאר ברכות שהן מדברי סופרים יש לסמוך ע״ז בשעת הדחק ולצורך גדול וכן פסק הח״א בכלל ה׳ סי׳ ט״ז דאם הוא אונס ודחוק לשתות בלילה וכיוצא בו (והוא במקום שמותר בהרהור ואסור בדיבור) מותר לסמוך על שיטת הרמב״ם והסמ״ג ויהרהר הברכה בלבו. וע״ע מש״כ בזה בפרק ט״ז.

3. Clearly Enunciated

The words of a brocha must be enunciated clearly and distinctly.[f] In many cases, if words are deleted, not enunciated clearly, or slurred to the extent that the meaning is changed, the brocha is invalid.

To illustrate, if the words "melech ho-olom" are deleted from a brocha it is not valid. Thus, if one slurred his words to recite "moch ho-olom" in place of "melech ho-olom," the brocha is not valid. Similarly, if one slurs the words "bo-pri hoetz" in place of "borei pri hoetz," the brocha is not valid.[18]

It is especially important to enunciate *Hashem's* Name correctly. Many people incorrectly pronounce *"Ad'noy"* when saying a brocha quickly. The correct pronunciation is *Adonoy*, with the accent on the third syllable (*"noy"*).[18.1]

4. Languages

It is preferable to recite a brocha in Hebrew.[19] Ideally, persons who do not understand Hebrew should endeavor to learn the meaning of the Hebrew text so that they may recite the brocha in its ideal form[g] (since, otherwise, according to some Poskim they may not recite the brocha in Hebrew).[19.1]

[f] The Darkei Moshe (*Ram'a*) states, "One should not skip a single word, and be as careful in enunciating each and every word as if counting money". (Tur O.C. 5)

[g] If one has familiarized himself with the meaning of the brocha but cannot read

[18] עיין כה"ח סי' ה' אות ב' אחר שהביא דברי הג"מ הובא בד"מ סי' ה' דצריך אדם ליזהר שלא ידלג שום תיבה כאילו מונה מעות כתב בשם הא"ר שהביא הא"ח וז"ל ומזה יש להעיר על קצת בני אדם שמברכים במרוצה ומגמגמים בלשונם ואין מוציאין התיבות כהלכתן וזה נוסח ברכתן "בכתא דוני אלינו מך העולם וכו'" ולא די שנהנים מן העולם הזה בלא ברכה שכל ברכה שאין בה הזכרת שם ומלכות אינה ברכה אלא שאין זה כבוד המקום שמדברים לפניו בלשון מגומגם שלפני מלך בשר ודם אין עושים כן אלא שמדברים לפניו באימה ויראה ק"ו בן בנו של ק"ו לפני מלך מלכי המלכים הקב"ה ואוי לה לאותה בושה וכו' עכ"ל.

[18.1] שע"ת סי' ה' ס"ק א' ומ"ב ס"ק ב'.

[19] ב"ח ריש סי' קצ"ג הובא במ"ב סי' ס"ב ס"ק ג' וסי' קפ"ה ס"ק א' ובה"ל שם ד"ה יכול.

[19.1] עיין מ"א סי' ק"א ס"ק ה' וביד אפרים שם. ועיין בגר"ז סי' קפ"ה סעי' א' שהביא די"א שאם אינו מכיר הלשון אינו יוצא י"ח ואפי' בלשון הקודש וי"א שבלה"ק יוצא אדם י"ח אע"פ שאינו מבין הלשון וכתב שכן נוהגים אע"פ שראוי להחמיר כסברא הראשונה (וע' במ"ב סי' ס"ב ס"ק

A brocha recited in a language other than Hebrew is valid providing that the person making the brocha understands what he is saying,[20] and that the Hebrew text is accurately translated.[20.1]

A brocha recited in Hebrew by one who does not understand the meaning of the text is nevertheless, valid.[21]

D. Reciting a Brocha While Engaged in Activity

1. Working, Learning, etc.

One may not recite a brocha while working,[22] engrossed in Torah thoughts,[23] or while engaged in any other activity.[24]

To illustrate, if one is studying, opening his mail, or clearing off the

Hebrew, he should recite along with someone else who is saying the brocha or read from a transliteration of Hebrew (or ask the reciter to be *motzi* him with the brocha — see Chapter 12).

ג׳ ובהה״ל שם ד״ה יכול). ע״ע בערוה״ש סי׳ קפ״ה סעי׳ ג׳ דהיודע להה״ק ועבר ובירך בלע״ז יצא מן התורה אלא שעבר עבירה.

[20] שו״ע סי׳ ר״ו סעי׳ ג׳ וסי׳ קפ״ה סעי׳ א׳ וסי׳ ס״ב סעי׳ ב׳. ועיין באג״מ א״ח ח״ב סי׳ מ״ט דכשבירך ברכה בלשון אנגלית אסור לחזור ולאמרו בלשון הקודש דהוי ליה ברכה לבטלה.

[20.1] יד אפרים סי׳ ק״א, מ״ב סי׳ ס״ב ס״ק ג׳.

[21] עיין במ״א סי׳ ס״ב ס״ק א׳ דסובר דבברכת הפירות וברכת המצוות יוצא אפי׳ אינו מבין הלשון ופסק כן הגר״ז שם (סעי׳ ב׳) דבדיעבד יצא משום סב״ל אבל המ״ב ס״ק ג׳ חולק וכתב בשם הרבה אחרונים (עיין שם בבה״ל ד״ה יכול) דגם בברכת הפירות והמצות אינו יוצא כשאינו מבין הלשון, ורק בלה״ק יוצא אף כשאינו מבינו דכן כתב הלבוש בסי׳ קצ״ג.

[22] איתא בירושלמי ברכות פרק ב׳ הל׳ ה׳ והובא בב״י (סוסי׳ קפ״ג וסי׳ קצ״א) א״ר מנא זאת אומרת שאסור לעשות מלאכה בשעה שיברך ונפסק הכי בשו״ע בסי׳ קפ״ג סעי׳ י״ב ובכי׳ קצ״א סעי׳ יג׳ וכתב הט״ז בסי׳ קצ״א שם הטעם דנכלל במש״כ בתורתינו ואם תלכו עמי בקרי פי׳ אף שתלכו עמי דהיינו עשיית המצוות מ״מ היא בדרך מקרה ועראי וכתב המ״א שם דאפי׳ תשמיש קל אסור לעשות (וביאר במחה״ש דזיל בתר טעמא דטעמא משום דנראה שעושה המצוה דרך ארעי כמ״ש הט״ז וזה שייך גם בתשמיש קל). וכ״כ הח״א בכלל ה׳ סי׳ ט״ו וכ״פ הגר״ז (סי׳ קפ״ג סעי׳ י״ד) והמ״ב (סי׳ קצ״א ס״ק ה׳) שם.

[23] ט״ז הנ״ל הובא במ״ב שם ס״ק ה׳ ובערוה״ש שם סעי׳ ה׳.

[24] ט״ז ומ״א בהערה 22 וז״ל הגר״ז בסי׳ קפ״ג סעי׳ י״ד אפי׳ תשמיש קל אסור לעשות אע״פ שאינו מונעו מלכוין ואצ״ל שלא יעסוק בדבר שצריך לשום לבו אליו ואפי׳ הוא דבר מצוה כגון עסק התורה שנמצא פונה לבבו מכונות הברכה וזה אינו נכון לכתחלה גם בשאר ברכות שכיון שכולם צריכים כונה לכתחלה לד״ה עכ״ל.

table,[25] he must pause from his studies or task in order to recite the brocha.[h]

Similarly, if one is in the middle of reciting a brocha, he may not gesture, motion, snap his fingers or engage in similar forms of non-verbal communications.[26]

For example, if the phone starts ringing while one is in the middle of reciting a brocha, he may not snap his fingers in order to indicate that someone should answer the phone.

B'dieved, if one recited the brocha while working, learning, gesturing, or performing a task, the brocha is valid.[27]

2. Sitting, Standing or Walking

One may either stand[28] or sit[28.1] while reciting a *bircas hanehenin*[i] (the brocha made for food, drink or smell).

[h] Similarly, one should not recite a brocha while washing or drying his hands.[25.1] According to some Poskim this applies to *n'tilas yodayim* as well.[25.2] Other Poskim rule that one is permitted to recite the brocha while drying the hands, since drying the hands is part of the *n'tilas yodayim mitzvah*.[25.3]

[i] However, according to many Poskim, *birchos hamitzvah* should be made while standing.[28]

[25] כה״ח אות ה׳.

[25.1] חסד לאלפים סי׳ ה׳ סעי׳ ב׳.

[25.2] חסד לאלפים סי׳ קנ״ח ס״ג, בן איש חי (ש״ר פ׳ שמיני) אות ז׳, רבי חיים פלאג׳י סי׳ כ״ב אות ד׳. (וע״ע במ״ב סי׳ קנ״ח ס״ק מ״א).

[25.3] יפה ללב (או״ח סי׳ קנ״ח אות ט׳) בשם קשל״ה, שלמת חיים סי׳ קי״ג.

[26] שבילי דוד סי׳ ס״ג אות ד׳. אמנם אם יש שם איזה דבר שמטרידו מלכוין בשעת הברכה אולי יש להקל ולהתיר רמיזה בכה״ג כדאיתא כעין זה בשערי תשובה (סי׳ ק״ד סעי׳ א׳) שמתיר לרמוז בידיו כדי להשתיק תינוק המטרידו בתפילתו.

[27] בה״ל סי׳ קצ״א ד״ה בעודו מברך.

[28] איתא בירושלמי כל הברכות מעומד וכתב הא״ח (הל׳ ציצית אות כ״ז הובא בב״י ריש סי׳ ח׳) דעל ברכות המצוות קאמר ולא על ברכות הנהנין, הרי דאין צריך לברך ברכות הנהנין בעמידה. והא דאיתא בגמ׳ ברכות דף נ״א ע״ב והילכתא בכולהו יושב ומברך כתבו התוס׳ דדוקא בבהמ״ז צריך לישב משא״כ בשאר ברכות. וע׳ פמ״ג בפתיחה להל׳ ברכות אות י״ח, וז״ל קיי״ל ברכת המצוות בעמידה ונהנין מיושב נמי עכ״ל. וע׳ע בהגר״א סי׳ ח׳ סעי׳ א׳ ובברכ״י סי׳ ח׳ אות ב׳ ושיורי ברכה שם, ושו״ת מנחת אלעזר ח״א סי׳ מ״ח.

[28.1] ולענין אי שרי לברך כשהוא מיסב עיין בספר ויגד משה (סי׳ י״ט ס״ק כ׳) שהביא מחלוקת בזה, הבית דוד (הספרדי) אוסר וכ״כ בחסד לאלפים סי׳ קפ״ג סעי׳ י׳ ובפסקי מהרח״א ובזכור לאברהם מקילים. ולכאו׳ כן נראה ממתניתין מ״ב ע״א הסבו אחד מברך לכולן ושם מ״ג ע״א כיצד סדר הסבה.

Some Poskim advise however, that it is preferable to be seated while reciting the brocha in order to make the brocha with more *kavonah*.[28.2]

One may recite a brocha while walking[28.3] or riding[28.4] to his destination. This is permitted because if a person would be required to stop and detain himself in order to make a brocha, he would tend to have less *kavonah* while making the brocha. If one will not feel disturbed by stopping, he should stop and make the brocha.[28.5]

E. First Bite from Item Upon Which the Brocha was Made

One is required to eat (at least the first bite) from the food upon which the brocha was made.

To illustrate, one selects an apple from a bowl of fruit which was on the table. He takes it in his hand and makes a brocha. Before he starts eating the apple, he sees another apple which looks more inviting than the one he selected. He may not, at this point, switch apples. Rather, he must take (at least) the first bite from the apple which he was holding when he made the brocha.[29]

a. B'dieved

If one was unable to take the first bite from the food he had selected (e.g., it was damaged, rotten, etc.), but at the time he made the brocha he

28.2 עיין בכה״ח סי׳ קפ״ג אות נ״א שהביא מהחסד לאלפים (שם סעי׳ י׳) והבן איש חי (פ׳ חקת אות ד׳ אהא דאיתא בשו״ע סי׳ קפ״ג סעי׳ י״א שגם ברכת מעין שלש צריך לאומרה מיושב), דה״ה לכל ברכות הנהנין דטוב ליזהר לישב בשעת אמירתן.

28.3 איתא בשו״ע (סי׳ קפ״ג סעי׳ י״א) דאם היה מהלך בדרך ואוכל א״צ לישב ולברך לפי שאין דעתו מיושבת עליו. והתם הוא לענין ברכת המזון וכש״כ לענין שאר ברכות. וכ״ז דוקא כשהיה מהלך בדרך באופן שאם יתעכב יוטרד אבל כשהולך אנה ואנה בביתו צריך לישב ולברך (כדאיתא שם סעי׳ ט׳). וכן כתב בחסד לאלפים (סי׳ ה׳ סעי׳ ב׳) לענין כל הברכות דאסור להלוך אנה ואנה בשעה שמברך דאסור לברך ה׳ דרך עראי (עיין מש״כ לעיל בהערה 22) וכ״כ במקור חיים סי׳ ס״ג סעי׳ א׳ לענין ק״ש וברכותיה.

28.4 כה״ח סי׳ קפ״ג אות נ״ב בשם א״ר לענין ברכת המזון. ונר׳ דכש״כ בשאר ברכות. (וע״ע א״ר לסי׳ ס״ג סעי׳ ג׳).

28.5 עיין במאירי (ברכות דף נ״א ע״ב) וז״ל אבל היה מהלך בדרך ומתירא מלהתעכב מברך אף בהלוך, ישוב הדעת עדיף עכ״ל. משמע דמי שאינו מתירא מלהתעכב עדיף שיברך בישיבה.

29 שו״ע סי׳ ר״ו סעי׳ ו׳. וז״ל הגר״ז שם סעי׳ י״א לפי שהברכה חלה על זה שאחז בידו כשבירך וזה פוטר את כולם ע״כ וכ״כ הביאור הלכה ד״ה רק. וכתב המ״ב שם ס״ק כ״ו בירך על פירות

had intention to eat additional foods, he may take the first bite from one of those items.[30]

For example, one took a few grapes from the refrigerator and made a brocha, having in mind to eat more grapes some minutes later. After making the brocha he realized that the ones he was holding were rotten. Since he had intended to eat other grapes, he may, *b'dieved*, take the first bite from the other ones.

Furthermore, even if he did not have specific intent to eat other items, but there were other foods before him at the time he made the brocha, he may take the first bite from one of those items.[31]

In the above example, if he selected grapes from a bowl of fruit, then discovered that they were rotten, he may take his first bite from any other fruit in the bowl before him.

ובעודו מברך הביאו לו פירות יותר יפים יאכל מהראשונים תחלה כיון שבירך עליהם וכו׳. ועיין בעולת תמיד סי׳ ר״ו אות ה׳ וז״ל נטל פרי בידו, והיינו דוקא בכה״ג אבל אם היה לפניו גל תפוחים ונתן עיניו באחד לאכלה ואח״כ נראה האחרת יותר יפה א״צ לחזור ולברך וכ״כ בתשובות הר״מ מטראני ח״א סי׳ רכ״ד עכ״ל, והובא לשון המבי״ט בכה״ח סי׳ ר״ו אות מ׳.

[30] המחבר בסי׳ ר״ו סעי׳ ו׳ כ׳ דאם נטל בידו פרי ובירך עליו ואח״כ נפל או נמאס צריך לחזור ולברך אע״פ שהיה מאותו מין לפניו יותר כשבירך על הראשון. וכתב הרמ״א וז״ל רק שלא היה עליו דעתו לאוכלו. וכתב הבה״ל (שם) דאף שמלשון הרמ״א משמע שהוא מפרש דברי המחבר, באמת חולק עליו דלפי המחבר אפי׳ אם בתחלה כשבירך היה בדעתו על הכל לאכלן אין הברכה חלה על האחרים רק על מה שהיה בידו ולפיכך כשנפל הפרי מידו אינו רשאי לאכול מן האחרים וצריך לחזור ולברך ולהרמ״א אם עכ״פ היה בדעתו לאכול אחרים אז חלה הברכה גם על האחרים ולפיכך כשנפל הפרי מידו מותר לאכול מן האחרים ואינו צריך לחזור ולברך. (דלא כמש״כ הכה״ח סי׳ ר״ו אות מ״ב דלא פליגי המחבר והרמ״א לענין בדיעבד עיי״ש.)

[31] עיין בהערה לעיל בסמוך ועוד כתב המ״ר (שם ס״ק כ״ו) והבה״ל (הנ״ל) דיש פוסקים שמקילים יותר וסוברים דאפי׳ אם בתחלה כשבירך לא היה בדעתו על הכל לאוכלן רק שהיו מונחים לפניו על השולחן אמרינן דבסתמא היה דעתו גם על מה שהיו לפניו וחלה הברכה גם עליהם ולפיכך כשנפל הפרי מידו מותר לאכול מן המונחים לפניו וא״צ לחזור ולברך, וסיים דספק ברכות להקל.

CHAPTER 3

Hefsekim: Interruptions While Making a Brocha

Introduction

This chapter deals with various type of *hefsekim*. A *hefsek* is an interruption which can invalidate one's brocha. This is explained in Section A.

Section B deals with the *hefsek* of speaking. For example, one may not speak after reciting the brocha before eating some of the food. Thus, if the phone rings while one is making a brocha, he must first take a bite and be sure to swallow some food before saying "hello".

Section C deals with the *hefsek* of pausing. After making a brocha, one is required to immediately eat or drink some of the food without pause or delay. For example, if a brocha is being made on packaged food, the package should be opened before the recital of the brocha.

In Section D we discuss the *hefsek* of gesturing, motioning, snapping fingers, and the like. For example, one made a brocha and was about to eat, when his wife suddenly rushed in looking for the car keys. He snapped his fingers to get her attention, and pointed to the drawer where the keys were to be found. It was incorrect to do either of these actions.

In Section E we discuss the *hefsek* of changing location. For example, if one made a brocha while inside his house and walked outside the house to eat the food, the brocha is invalid. (The subject of changing location is discussed in detail in Chapter 9).

A. Hefsekim

A *hefsek* is an interruption or break which affects the validity of a brocha.

A *hefsek* can occur:

1. In the middle of a brocha (e.g., one interrupts the recitation of a brocha by speaking before finishing his recital), or

2. Between the recital of a brocha and the eating of the food (e.g., one finishes reciting the brocha, but speaks before taking the first bite).

The halachos regarding a *hefsek* in the middle of a brocha are sometimes more stringent than those regarding a *hefsek* between a brocha and eating the food, as will be seen in the next three sections.

B. Hefsek: Speaking

1. Speaking Before Eating Some of the Food

When a person makes a brocha, he is required to eat or drink some of the food immediately.[1] One may not utter even one word[2] until some of the food is swallowed.[3]

1 איתא בפרק כיצד מברכין דף מ׳ ע״א אמר רב טול ברוך טול בו׳וך אינו צריך לברך וכו׳ ופי׳ רש״י שאם הבוצע הפסיק בדיבור קודם שטעם מן הלחם והושיט למי שאצלו ואמר לו טול מפרוסת הברכה אע״פ ששח בינתים אין צריך לחזור ולברך ואע״ג דשיחה הויא הפסקה הך שיחה צורך ברכה ולא מפסקא. הרי דאם שח שלא לצורך הסעודה הוי הפסק וצריך לחזור ולברך. וכתב המחבר בסי׳ קס״ז סעי׳ ו׳ וז״ל יאכל מיד ולא ישיח בין ברכה לאכילה ואם שח צריך לחזור ולברך עכ״ל.

2 עיין לעיל בסמוך דאם הפסיק בשיחה בין ברכה לאכילה צריך לחזור ולברך, ונסתפקו איזה פוסקים אם הפסק זה שוה להפסק שתיקה דלא נחשב הפסק אא״כ שהה יותר משיעור תוך כדי דיבור (דהיינו ג׳ תיבות שלום עליך רבי) או״ד לא אמרו שיעור תכ״ד אלא לשתיקה אבל אם הפסיק בשיחה אפי׳ בתיבה אחת הוי הפסק. ובח״א כלל ה׳ סי׳ י״א נשאר בצ״ע בנידון זה (ועיין שם בנ״א שמצדד לומר דמסברא, וממשמעות לשון המחבר, וממשמעות לשון הבה״ג שהובא בא״ר דהוי הפסק) ומ״מ המ״ב בסי׳ קס״ז ס״ק ל״ו ובסי׳ ח׳ ס״ק ל״ה ובסי׳ ר״ו ס״ק י״ב פסק דאף אם הפסיק רק בתיבה אחת ודאי הוי הפסק. וע״ע בספר מאסף לכל המחנות סי׳ כ״ה ס״ק ע״ב.

3 מ״ב סי׳ קס״ז ס״ק ל״ה ובה״ל שם ד״ה ולא ישיח.

For example, if the phone rings while one is making a brocha, he must first take a bite and be sure to swallow some food before saying "hello".

If one made a brocha at his office and his employer or an important client greets him or asks him a question before he has had a chance to swallow some food, he must remain silent until he swallows some food.[4]

a. Should Not Answer Amein Before Eating Some of the Food

Since speaking between a brocha and eating some of the food is considered an interruption, one may not answer *Amein* to another person's brocha before swallowing some of the food.[5]

b. Should Not Answer Kaddish Before Eating Some of the Food

If one made a brocha on some food in shul and heard the *chazan* reciting the *kaddish*, he may not answer *Amein Y'hay Shmay Rabboh* before swallowing some of the food. Similarly, if he hears the *chazan* reciting the *K'dusha*, he may not answer until after he has swallowed some of the food.[6]

If one can not swallow some food in time to answer, he should

[4] אע״פ שמותר להפסיק בק״ש מפני הכבוד והיראה (כמש״כ השו״ע בסי׳ ס״ו) מ״מ בין ברכה לאכילה אסור כ״כ המ״א בשם הכ״מ בסי׳ ר״ו סק״ד וכ״כ הגר״ז שם סעי׳ ג׳ והמ״ב שם ס״ק י״ב.

[5] ובדיעבד אם ענה אמן אחר ברכת חברו קודם שטעם מהמאכל י״א שצריך לחזור ולברך, כ״כ הפנים מאירות (ח״ב סי׳ ה׳) והובא בפמ״ג (סי׳ ר״ו א״א ס״ק ד׳) ובשערי תשובה (סי׳ קס״ז ס״ק י״א) אמנם בשו״ת בנין עולם (סי׳ ה׳) התיר אף לכתחלה לענות אמן לאותה ברכה עצמה. ועיין בכף החיים (סי׳ קס״ז אות ס״א) שכתב בזה ספק ברכות להקל מחמת השיטות שהביא בהל׳ תפלין (סי׳ כ״ה אות ס״ד) לענין הפסק בן של יד לשל ראש וכעין זה כתב הדרכי תשובה (סי׳ י״ט סוף ס״ק ס״ז) לענין הפסק בברכת השחיטה.

[6] עיין ברש״י ותוס׳ (ברכות דף מ׳ ע״א) שהביאו ראיה דשיחה נחשבת הפסק מהא דאיתא במנחות שח בין תפלין לתפלין צריך לברך, והשוו הראשונים דיני הפסק בין ברכה לתפלין לדיני הפסק שבין ברכה לאכילה וכמש״כ הב״י בסי׳ כ״ה בשם המרדכי, וגבי תפלין כתבו הטור והב״י בשם הרא״ש דלא יפסיק אפי׳ לענות אמן יהש״ר וממילא ה״ה שאסור להפסיק בין ברכה לאכילה אפי׳ לענות אמן יהש״ר וכן פסק המ״ב בסי׳ ר״ו ס״ק י״ב.

ולענין אם שגג וענה אמן יהש״ר כתבו הגר״ז (סי׳ כ״ה סעי׳ כ״א) והבה״ל שם (סעי׳ י׳ ד״ה אם שמע) דצריך לחזור ולברך אכן בכה״ח סי׳ ר״ו אות י״ט ובסי׳ קס״ז אות ס״א כתב דכיון דאיכא פלוגתא אי צריך לחזור או לא אין לחזור דקיי״ל ספק ברכות להקל. ועיין עוד מה שכתבנו בהערה לעיל בסמוך.

remain silent and have intent to be *yotzei* with the *chazan's* recital of the *Amein Y'hay Shmay Rabboh* or *K'dusha.*[7]

c. B'dieved

If one did speak before taking the first bite, his brocha is not valid and a second brocha is required.[8]

If one first put some food in his mouth, started chewing it, and then spoke before swallowing,[a] it is questionable whether, *b'dieved*, the brocha is valid.[9] *

d. Exception: Spoke About Things Needed for the Meal

If (*b'dieved*), one spoke in order to obtain something needed for the food upon which he made the brocha, it is not considered an interruption and the brocha is valid.[10]

For example, if between *bircas hamotzi* and swallowing some of the bread he asked for salt, the brocha is valid.

Furthermore, even if his request is for something that will be needed during the course of the meal, it is not considered an interruption. For example, a guest appears just as one made a *bircas hamotzi*. Before eating the bread the host quickly asks his guest to wash. Since his request was

[a] If he had started to taste the food (i.e., the saliva swallowed was imbued with taste) and then spoke — his brocha is valid. *b'dieved.*[9]

* Also see Chapter 16, Section B.

7 שו״ע סי׳ כ״ה סעי׳ י׳ (ועיין בהערה הקודמת שהשוו הראשונים הפסק בין ברכה לאכילה להפסק שבין ברכה להנחת תפלין).

8 שו״ע סי׳ קס״ז סעי׳ ו׳.

9 ע׳ בגר״ז סי׳ קס״ז סעי׳ ט׳ ובסדר ברכת הנהנין פרק ט׳ אות א׳ וז״ל ואם שח בעודו לועס יש להסתפק אם צריך לחזור ולברך עכ״ל ועיין בבה״ל סי׳ קס״ז סעי׳ ו׳ ד״ה ולא ישיח שהביא מחלוקת הפוסקים היכא דבדיעבד עבר ושח בשעה שהוא לועס בפיו אם צריך לחזור ולברך או לא. ועוד כתב שם דמשמע מהח״א דאם שח עכ״פ אחר שבלע הטעם שיש בפיו מן הלעיסה אע״פ שלא בלע קצת מהאוכל דאין צריך לחזור ולברך. וע״ע שו״ת הלק״ט ח״ב סי׳ ל״ג.

10 עיין מש״כ לעיל בהערה 1 דדוקא אם שח שלא לצורך האכילה הוי הפסק אבל אם שח לצורך האכילה (טול ברוך) אינו צריך לחזור ולברך ועיין בב״י בסי׳ קס״ז ד״ה ויאכל מיד שהכריח מדברי הרמב״ם (פ״א מהל׳ ברכות הל׳ ח׳) שכל שהשיחה מענין האכילה לא הוי הפסק וא״צ שתהא שיחה מענין פרוסת אותו מאכל שבירך עליו בדוקא. וכן פסק בשו״ע שם סעי׳ ו׳.

related to the meal, it is not considered an interruption, and his brocha is valid.[11]

Initially, one should not speak for any purpose, even to obtain something needed for the meal, until some of the food has been swallowed. For example, if after making a brocha one discovers that salt had not been brought to the table[b], he should eat the bread without salt rather than ask someone to bring it.[12]

To further illustrate, a person was served a cup of coffee and made a brocha, but before taking the first sip he was told that sugar had not been added. If possible, he should drink the first sip of coffee as is. If it is difficult for him to drink coffee without sugar, he may request the sugar.[13] [c]

2. Speaking During Recital of a Brocha

One may not speak, (even a single word) in the middle of reciting a brocha.

a. *B'dieved*

If one did speak (even a single word) in the middle of reciting a *brocha*

[b] It is proper to bring salt to the table before starting the meal. (Shulchan Aruch O.C. 167.5)

[c] Another application of this halacha: the head of the household made a *bircas hamotzi* while one of the family members, Reuven, was in the midst of washing his hands. Reuven

11 שו״ע שם תנו לפלוני לאכול ועיין במ״ב ס״ק ל״ט דאפי׳ לא אמר שיתנו לו מפרוסת המוציא אלא אמר לב״ב שיתנו לו ככר שיברך בעצמו מ״מ מעניני סעודה הוא. וכן מבואר מדברי הב״י שהבאנו לעיל בסמוך.

12 רמ״א סי׳ קס״ז סעי׳ ו׳ ומקורו בכל בו (ודלא כמרדכי הובא בא״ר סי׳ תקצ״ב) ועיין במ״ב ס״ק מ״א וז״ל ואפי׳ אם היה פת שאינו נקי דצריך להמלח ג״כ אסור להפסיק קודם שיבלע מעט עכ״ל וממילא כ״ש בפת שלנו שהיא נקייה ואינה צריכה מלח.

13 ונידון זה עדיף משאר צרכי סעודה דהוי כצרכי הפרוסה של הברכה ומ״מ לכתחלה אסור להפסיק אפי׳ לצורך הפרוסה של הברכה כמש״כ הגר״ז סעי׳ ט׳ בהבנת דברי הרמ״א סעי׳ ו׳, וע׳ שערי תשובה סי׳ ר״ב ס״ק א׳ דלכתחלה יתן הסוכר לתקנו קודם שיברך כדי שיברך על דבר שהוא מתוקן.

rishona for food or drink,[d] the brocha is invalid.[14]

b. Hefsek Even If Spoke About Things Needed for the Meal

We discussed above (1.d) that if one spoke before taking the first bite in order to obtain something needed for that meal, it is not considered an interruption. This exception does not apply to speaking in the middle of reciting a *brocha rishona*. If one spoke in the middle of making a *brocha rishona*, even for the purpose of obtaining something needed for the meal, the brocha is invalid. (e.g., if one asked for salt in the middle of reciting a brocha, he must make a new brocha).[15]

3. Communicating By Uttering Sounds

One should not communicate by uttering sounds in the middle of reciting a brocha.[15.1] For example, if one wishes to instruct a family

may answer *Amein* and then recite the *al n'tilas yodahyim* before drying his hands, and then eat the *challah*. The recital of *al n'tilas yodahyim* is not considered an interruption since it was needed for the meal.[13.1]

[d] This halacha applies to "short" brochos — e.g., *brocha rishona* for food and drink. Interruptions in a "long" brocha are dealt with in their respective sections in Shulchan Aruch.

13.1 שו״ע סי׳ קס״ז סעי׳ ז׳. ועיי״ש במ״ב ס״ק מ״ה ומ״ו.

14 כתב הרמב״ם בסוף פרק י׳ מהלכות תפילה דבאמצע התפלה (שמונה עשרה) לא יפסיק לענות קדושה או אמן יהא שמיה רבה מברך ואין צריך לומר שאסור להפסיק באמצע אמירת שאר ברכות לענות קדושה או אמן יש״ר. וכתב הכ״מ וז״ל ועוד יש לפרש דכיון דבאמצע תפלה אפי׳ בין ברכה לברכה באמצעיות לא יפסיק כ״ש דלא יפסיק באמצע שום ברכה משאר ברכות מברכת הנהנין או ברכת המצוות. ועיין בבה״ל סי׳ ס״ו סעי׳ ג׳ ד״ה לקדיש שהביא דברי הכ״מ להלכה. וכ״כ הח״א בכלל ה׳ סי׳ י״ג וז״ל ואם דיבר באמצע ברכה אם היא ברכה קצרה כברכת הפירות וברכת המצוות צריך לחזור ולברך לכ״ע אפי׳ היה לצורך הסעודה עכ״ל. וע״ע בבה״ל הנ״ל ביאור החילוק בין ברכה ארוכה דלא הוי הפסק וברכה קצרה דהוי הפסק.

וע״ע בח״א כלל ה׳ סי׳ י״ד שנשאר בצ״ע בענין מי שנסתפק באמצע ברכה איך לסיים אם מותר להפסיק ולשאול.

15 ח״א כלל ה׳ סי׳ י״ג.

15.1 חסד לאלפים סי׳ ה׳ סעי׳ א׳ וע״ע מש״כ בפרק ב׳ הערות 26-22 שאסור לעשות מלאכה בשעה שמברך ואפי׳ תשמיש קל כגון לרמוז בעיניו אסור, דנכלל במש״כ בתורתינו ואם תלכו עמי בקרי ונר׳ דה״ה לענינינו.

member to be quiet, he should not say "shh" while in the middle of reciting the brocha.[e]

Also, after making the brocha one should not communicate by uttering sounds until some of the food is swallowed.[15.2] For example, if one wishes to convey that the food is tasty, he should not say "mmm" until some of the food is swallowed.[f]

B'dieved, however, if one communicated by uttering sounds during the recital of a brocha or before swallowing some of the food, the brocha is valid.[15.3]

C. Hefsek: Pausing

1. Pausing Before Eating Some of the Food

After making a brocha, one is required to immediately eat or drink some of the food without delay.

a. B'dieved

According to some Poskim, if there was a delay[16] of more than *toch k'dei dibur*[g], the brocha is not valid. Other Poskim rule, however, that,

[e] Similarly, one may not gesture or engage in other forms of non-verbal communication while reciting a brocha, as discussed in Chapter 2, Section D.1.

[f] Similarly, one may not gesture etc. until after he has swallowed some food as discussed below in this chapter, Section D.

[g] which means "within the time it takes to say a phrase". Chazal defined this phrase to be *"Sholom Alecha Rebbi"*.[16.1]

15.2 ראה הערה 28 ונר׳ דה״ה לענינינו.

15.3 כך שמעתי מהגרח״פ שיינברג שליט״א דהואיל ולא שח מלה שלמה לא הוי הפסק.

16 איתא בירושלמי ההוא דנסיב פוגלא והוא לא אתא בידיה וכו׳ פי׳ אחר שבירך היה לו עיכוב ואע״פ שלא הפסיק בדיבור מ״מ כיון דלא אכלו מיד נחשב כהפסק וצריך לחזור ולברך, וכן כתב בשבלי הלקט סדר ברכות סי׳ קס״ו, וכן פסק הב״י בסי׳ ר״ו (ועיין נ״א כלל ה׳ אות ט׳).

16.1 איתא בב״י סי׳ ר״ו (ד״ה וז״ל שבלי הלקט) שיעור תוך כדי דיבור הוא ד׳ תיבות שלום עליך רבי ומורי וכן כתב הט״ז שם ס״ק ג׳, אבל הכה״ח (הובא בחדושי הגהות) מחק תיבת ומורי דצ״ל שלום עליך רבי, וכן פסק המ״א ס״ק ד׳ דשיעור תכ״ד הוי ג׳ תיבות אלו וכ״כ הבן איש חי (שנה א׳ פ׳ בלק אות ג׳) והגר״ז סי׳ ר״ו סעי׳ ג׳ והמ״ב שם ס״ק י״ב.

b'dieved[17] the brocha is valid.[18] Therefore, if a delay occurred, since making a new brocha is questionable, the Poskim state that a second brocha should not be made.[19] [h]

b. Applications

Since there is a requirement to eat immediately after making a brocha, one should make all necessary preparations before making a brocha, in order that the food may be eaten without delay.[20]

Therefore:

i. If the brocha is being made on packaged food, the package should be opened before recital of the brocha.[21]

ii. If the food requires washing, it should be done before starting the brocha.[22]

iii. If the food requires inspection for insects prior to eating[23] (e.g., lettuce, parsley, cabbage, spinach, etc.), a small amount should be inspected and made ready to eat before making the brocha.

iv. If the food to be eaten is extremely hot, at least a small amount should be allowed to cool off so that it can be eaten immediately after the brocha is made.[24] When eating hot food,

[h] See Chapter 16, Section B. for what to do in cases where the validity of a brocha is in doubt.

17 מ״א שם ס״ק ד׳ בשם האבודרהם וכ״כ הגר״ז שם סעי׳ ג׳ והח״א כלל ה׳ סי׳ ט׳ (ועיי״ש בנשמת אדם אות ט׳) והמ״ב שם ס״ק י״ב.

18 ובלבד שלא הסיח דעתו בינתיים (מ״ב שם וגם לא שינה מקומו אחר הברכה (ח״א שם) ואצ״ל שלא דיבר בינתיים (כנ״ל).

19 מ״א, גר״ז, ח״א, מ״ב ושעה״צ שם.

20 של״ה הובא במ״א סי׳ ר״ו ס״ק ד׳ ובא״ר סי׳ ר״ב אות א׳ וכ״כ במ״ב סי׳ ר״ו ס״ק י״ב.

21 כה״ח סי׳ ר״ו אות כ״ב.

22 שם.

23 נלמד ממש״כ המ״ב סי׳ ר״ו ס״ק י״ב וז״ל כשאוכל אגוז ישברנה ואח״כ יברך דאין כדאי להפסיק הרבה בין הברכה לאכילה ועיין בכה״ח שם שכתב דאם הביאו לפניו מאכל ויש בו איזה דבר שצריך להסירו יסיר ואח״כ יברך. ועיין במ״א סי׳ ר״ו ס״ק ד׳ ובח״א כלל מ״ט סי׳ י״ג ובמ״ב הנ״ל עוד טעם שצריך לפתוח אגוז וכדומה דשמא התליע הגרעין ואינו ראוי לאכילה כלל ונמצא שבירך לבטלה.

24 א״ר ומ״ב שם.

one should not make the brocha and then blow on it, rather blow first.[25]

v. If the food requires shelling, it should be done prior to making the brocha.[26]

2. Pausing During Recital of a Brocha

One should not pause in the middle of reciting a brocha. *B'dieved*, if one did pause in the middle of reciting a brocha, the brocha is valid.[27]

D. Hefsek: Gesturing, Motioning, Snapping Fingers, etc.

1. Gesturing Before Eating Some of the Food

After making a brocha, one may not gesture, motion, snap his fingers or engage in similar forms of non-verbal communication with

25 בן איש חי פרשת בלק אות ג׳.

26 מ״ב סי׳ ר״ו ס״ק י״ב וכ׳ השערי תשובה ריש סי׳ ר״ב דאע״פ דצריך לברך על השלם כדאיתא בשו״ע סי׳ קס״ז סעי׳ א׳ כאן אינו נפסד בהסרת הקליפה דכיון דהקליפה לא חזיא כלל אינו נחשב כחלק הפרי ולפיכך כשמברך על הגרעין הרי הוא בשלמותו. ע״ע א״ר ריש סי׳ ר״ב מש״כ בשם ספר חסידים.

27 כתב המחבר (סי׳ ס״ה סעי׳ א׳) דאם הפסיק באמצע קריאת שמע ושהה כדי לגמור את כולה אם היה ההפסק מחמת אונס (כגון שמצא צואה במקום שהוא שם ואסור לגמור) מ״מ יצא ואין צריך לחזור ולקרות אכן הרמ״א חלק ופסק דאם שהה ברצון א״צ לחזור ולקרות אבל אם שהה מחמת אונס (כגון שהיה צואה במקום שהוא שם) והפסיק כדי לגמור את כולה אינו יוצא וצריך לחזור ולקרות. (דבאונס חשיבא השהייה הפסק כיון שלא היה אז יכול לקרות). ובסי׳ תכ״ב אות ה׳ חילק הד״מ בין שהה בק״ש דהוא דאורייתא ובין שהה בהלל ומגילה שהם דרבנן. והב״ח, הלבוש והא״ר כתבו שאפי׳ בדרבנן אם שהה מחמת אונס והפסיק כדי לגמור את כולה צריך לחזור. ומסיק שם המ״א (ס״ק ט׳) דהרוצה להחמיר יחזור ויקרא בלי ברכה משמע דה״ה אם הפסיק באמצע ברכה דרבנן דאין לחזור ולברך. והבה״ל בסי׳ ס״ה סעי׳ א׳ ד״ה קרא הביא את המ״א הנ״ל וכתב דלפי דברי הפמ״ג בסי׳ תר״צ אות ז׳ יש לעיין אם יחזור ויברך. החי״א בכלל ה׳ סי׳ י״ב השוה ברכות לק״ש ופסק דאם שהה באמצע הברכה מחמת אונס צריך לחזור ולברך (ועיין שם בנשמת אדם אות י״ג). ואפי׳ לפי הח״א אינו חשוב הפסק אא״כ לא היה יכול לקרות מחמת שהאיש אינו ראוי (כגון שהתחיל לברך והתחילו מי רגליו שותתים על ברכיו) או מחמת שהמקום אינו ראוי (כגון שהתחיל לברך ומצא שם צואה, או שבירך מהלך והגיע למבואות המטונפות) אבל אם שהה מחמת אונס אחר (כגון מחמת לסטים) א״צ לחזור ולברך.

ולענין אם שהה מחמת אונס בתוך ברהמ״ז עיין בסי׳ קפ״ג במ״א ס״ק י״א (הובא בבה״ל ריש סי׳ ס״ה).

other people, until after he has swallowed some of the food.[28]

For example, one made a brocha and is about to eat. Suddenly, his wife rushes into the kitchen looking for the car keys. He snaps his fingers to get her attention and points to the drawer where the keys may be found. It was incorrect to do either of these actions.

a. *B'dieved*

B'dieved, if one did gesture, etc., most Poskim rule that the brocha is valid.[29]

2. Gesturing During Recital of a Brocha

One may not gesture, etc., while reciting a brocha. (See Chapter 2, D.1)[30]

28 כתב בהלכות קטנות ח״א אות נ״ז (הובא בבאר היטב סי׳ כ״ה ס״ק ח׳) שאלה רומז בעיניו מורה באצבעותיו אי הוי הפסק בין תפלה לתפלה ופסק דהוי הפסק דהא דאיתא שח בין תפילה לתפילה לאו דוקא דיבור אלא כל שהסיח דעתו מהם מברך שתים הרי דרומז בעיניו הוי הפסק ואפי׳ בדיעבד אינו יוצא ואם עשה כן בין ברכה לאכילה צריך לחזור ולברך. אבל המאמ״ר שם סוף אות ח׳ נשאר בצ״ע למעשה בדבריו ובכה״ח שם אות נ״ז מסיק דרק לכתחלה אין לעשות כן אבל בדיעבד לא הוי כדיבור ואינו צריך לחזור ולברך וכן משמע מגר״ז סי׳ כ״ה סעי׳ כ׳, וכן משמע ממ״ב סי׳ כ״ה ס״ק כ״ט.

(ויש להקשות על ההלק״ט שפסק דרמיזה בעיניו הוי הפסק ואפי׳ בדיעבד צריך לחזור ולברך מהא דמפורש בגמ׳ יומא יט: דאסור לרמוז בעיניו בשעה שקורא ק״ש וכתב הרמב״ם פ״ב מהל׳ קריאת שמע הל׳ ח׳ דרק לכתחלה אסור מטעם דהוי כעושה מצוה דרך עראי ומבואר שם דבדיעבד לא הוי עיכוב ואינו צריך לחזור ולקרות וא״כ איך כתב ההלק״ט דאפי׳ בדיעבד הוי הפסק. ושמעתי מידידי הרב דוד משה ריינמאן שליט״א דדוקא בין ברכה למעשה ס״ל להלק״ט דהוי הפסק דכשרומז בעיניו הסיח דעתו מהברכה משא״כ רמיזה בשעת אמירת הברכה אין סברא לומר שהסיח דעתו ולפיכך לא הוי הפסק ומ״מ אסור דהוי כעושה מצוה דרך עראי).

ולענין עשיית מלאכה בשעה שמברך עיין פרק ב׳ הערה 22, ולקמן בסמוך הערה 30.

ולענין אי מותר לרמוז לצורך הברכה שמברך עיין בשע״ת ריש סי׳ ק״ד שכתב דמותר.

29 עיין מש״כ לעיל בסמוך.

30 עיין מש״כ בפרק ב׳ הערה 22 דאסור לעשות מלאכה בשעה שמברך מפני שנראה כקורא עראי ובסי׳ ס״ג סעי׳ ו׳ כתב המחבר וז״ל הקורא ק״ש לא ירמוז בעיניו ולא יקרוץ בשפתיו ולא יראה באצבעותיו וכו׳ מפני שנראה כקורא עראי (ועיין בערוה״ש סי׳ קפ״ג ס״ח שכתב דאסור לרמוז בעיניו בשעה שמברך ברהמ״ז), ומשמע דכמו שאסור לעשות מלאכה בשעת אמירת הברכה ה״ה שאסור לעשות כל דבר שמראה שמברך דרך עראי.

E. Hefsek: Changing Location

When a person makes a brocha in one location, he must take the first bite of food in that same location. If he takes the first bite in a different location, the brocha is not valid.[31]

For example, if one made a brocha while inside his house and walked outside the house to eat the food, the brocha is invalid.

Regarding which changes of location will invalidate a brocha (e.g., a change from one building to another), and which changes will not invalidate a brocha (e.g., a change from one side of a room to another), see Chapter 9.

[31] ביו״ד סי׳ י״ט סעי׳ א׳ כתב הרמ״א וז״ל ואם שחט בבית המטבחים שהוא מקום מטונף יברך בריחוק ד׳ אמות קודם שיכנס לשם ולא ידבר עד אחר השחיטה עכ״ל והמ״א באו״ח סי׳ קס״ו ס״ק ג׳ תמה על הרמ״א דכשבירך בבית אחרת לכו״ע נחשב שינוי מקום והוי הפסק ואיך התיר הרמ״א לברך מבחוץ. (ועיין בדרכי תשובה יו״ד סי׳ י״ט אות כ״ח ול״א ועיין בשערי תשובה או״ח סי׳ קס״ו אות ב׳ שהביא אחרונים המתרצים דברי הרמ״א ועיי״ש בנתיב החיים) וכן פסק הח״א בכלל ה׳ סי׳ י׳ וז״ל אבל בירך בבית זה והלך לבית אחר אפי׳ היה דעתו עליו בשעת ברכה וכו׳ צריך לחזור ולברך עכ״ל וכן משמע דעת הגר״ז סי׳ קס״ז סוף סעי׳ ט׳ (ועיין בערוה״ש יו״ד סי׳ י״ט סעי׳ ה׳ שחילק בין ברכת הנהנין לברכת המצוות ועכ״פ לענין ברכת הנהנין פסק דהוי הפסק).

CHAPTER 4

The Principle of Ikar and Tofel

Introduction

One of the most significant and relevant rules in Hilchos Brochos is the principle of *ikar* and *tofel*. The Mishna in Brochos (44a) states, "The rule is; Whenever there is an *ikar* (primary food) and with it a *tofel* (subordinate food), make the brocha on the *ikar* and exempt the *tofel*." With this statement the Mishna introduces the concept that when one food item is subordinate to another, whether eaten in a mixture, a combination, or individually, the brocha on the *ikar* (primary) exempts[1] the *tofel* (subordinate).

When various food items are combined we must determine the proper brocha. For example, potatoes require a *borei pri hoadoma* and meat requires a *shehakol*. Determining the correct brocha or brochos for goulash (potato and meat stew) is a bit more difficult. Are two brochos

[1] יש לחקור בטעם הדבר שהטפל נפטר בברכת העיקר, אם הטעם הוא דבטל הטפל בעצמותו להעיקר ונחשב כאילו אינו וממילא אין על הטפל חיוב ברכה כלל, או״ד אינו בטל בעצם להעיקר ויש עדיין עליו חיוב ברכה אלא שברכת העיקר פוטרת את הטפל וכמו שמצינו במי שאוכל הרבה פירות מפרי העץ שמברך רק על הראשון ופוטר בברכתו את השאר. ונפק״מ כגון שלא היה הטפל לפניו בשעה שבירך על העיקר ולא כוון בברכתו להוציא את הטפל, שאם נאמר שהטפל בטל לעיקר ונחשב כאילו אינו, אזי א״צ לברך עליו עוד, אך אם נאמר שברכת העיקר פוטרת את הטפל, בכה״ג שלא כוון להוציא את הטפל יצטרך לברך עליו בפני עצמו. ועיין בחזו״א (או״ח סי׳ כ״ז אות ט׳) שהביא ראיה לדרך השני הנ״ל דברכת העיקר פוטרת את הטפל מהא דכ׳ התוס׳ ברכות דף מ״ד ע״א ד״ה באוכלי דאין העיקר פוטר את הטפל אא״כ היה הטפל לפניו או שהיה דעתו עליו בשעת הברכה, וכן פסק בשו״ע בסי׳ קע״ז סעי׳ ה׳ הרי להדיא דהטפל טעון ברכה אלא שנפטר בברכת העיקר, ולפיכך היכא שלא היה בדעתו לכלול הטפל כשבירך על העיקר אינו נפטר. וכן דקדק באגרות משה (או״ח ח״ד סי׳ מ״ב) מלשון המשנה פוטר את הטפלה. (וע״ע באג״מ או״ח ח״א סי׳ ע״ד ד״ה ואם) וכן משמע מהגר״ז סי׳ רי״ב סוף סעי׳ ח׳ דברכת העיקר כוללת גם את הטפל.

required, or do we view the goulash as a single entity which requires only one brocha? If the goulash is to be viewed as a new entity, does it take the identity (and brocha) of the meat or of the potatoes?

This chapter examines three basic categories of food combinations and their relation to *ikar* and *tofel*.

Section A, "Absolute *Tofel*"; pertains to cases where the *tofel* is not being eaten for its own accord at all — e.g., it is being eaten solely to offset a sharp or acrid tasting *ikar*.

Section B, Enhancers; pertains to cases where one food is eaten to enhance another food — e.g., blintzes and sour cream.

Section C, Single Entity Mixtures; pertains to foods mixed, cooked, baked or blended together e.g., stews, salads. In this section we define which type of mixtures are considered single entity mixtures (requiring only one brocha).

After determining that a particular food mixture is considered a single entity, we must then determine which ingredient or component of the mixture is considered the *ikar*, which is explained in Section D.

Section E, deals with foods which although eaten in combination with another food, are not considered as a single entity — e.g., an ice cream sandwich, tuna on crackers.

In Section F, general rules of *ikar* and *tofel* are discussed — e.g., if one finishes eating the *ikar* and has some of the *tofel* left over, he is not required to make a brocha on the left over *tofel* before he eats it. In Section G, some additional applications of *ikar* and *tofel* (e.g., breakfast cereals, knishes, various types of *cholent*) are discussed.

A. "Absolute Tofel"

1. Definition

If one eats two foods ("food a" and "food b"), and "food b" was eaten only because he ate "food a", then "food b" is considered an absolute *tofel* and does not require its own brocha.[2]

For example, if one eats herring ("a") and then eats a slice of vegetable or an olive ("b") to offset the taste of the herring. Since he is not eating the vegetable to enjoy its flavor, and were it not for the herring he would not have eaten the vegetable at all, the vegetable is considered *tofel* (subordinate) to the herring and is covered by the *shehakol* made on the herring.

> **Note:** The *tofel* is not covered unless it was on the table in front of him at the time he made the brocha or he had specific intent to eat it. This requirement to have the *tofel* in mind when making the brocha on the *ikar* is discussed more fully in Section F.1a.

Other Examples of Absolute Tofel:

i. After drinking some whiskey ("a"), one ate some chic peas ("b") in order to counteract its sharp taste. Were it not for the whiskey, he would not have eaten the chic peas at all. Since the chic peas were not eaten for enjoyment, and were it not for the whiskey he would not be eating them at all, they are considered an "absolute *tofel*". The *shehakol* brocha made for the whiskey included[a] the chic peas which were subordinate to it.[3]

ii. In order to stimulate an appetite one finds it helpful to eat some pickles or olives with his meat. Were it not for the fact that the

[a] see **Note** in text above.

[2] שו״ע סי׳ רי״ב סעי׳ א׳, ועיין עוד מה שכתבנו לקמן הערה 4.

[3] מ״א סי׳ רי״ב ס״ק ב׳ ומ״ב שם ס״ק ה׳, וראה מש״כ לקמן בסמוך בפנים דאפי׳ פת הבא בכסנין נטפל ליי״ש היכא שאוכלה רק למתק השתייה.

condiments stimulate his appetite, he would not eat them at all at that meal. Since he is eating the pickles and olives ("b") solely to be able to eat the meat ("a") and were it not for the meat he would not eat them at all, they are considered absolutely *tofel*.[3.1] The *shehakol* brocha made for the meat will cover the pickles or olives as well.[b]

2. Not Eaten Together with Ikar

An absolute *tofel* is covered by the brocha of the *ikar* even if one first eats the *ikar* and then eats the *tofel* afterwards.[4] (In other types of *ikar* and *tofel* if the *tofel* is eaten separately a separate brocha is required, see B.2)

[b] According to most Poskim if the pickles (or olives) are eaten first a *borei pri hoadoma* (or *borei pri hoetz*) would be required. According to all views if the meat is eaten first the *shehakol* made on the meat will cover them.[3.2]

3.1 איתא ברמ״א סי׳ רי״ב דגודגדניות נחשבות טפל לשתיי׳ וכתב הט״ז ס״ק ה׳ שאוכל הגודגדניות כדי לגרר תאוה לשתיי׳, ועיין בהערה לקמן בסמוך.

3.2 ברמ״א הובא בהערה הקודמת כתוב דאם אכל הטפל תחלה מברך עליה שהכל ועיין במ״ב ס״ק ט׳ ובשעה״צ אות כ״ד דיש מאחרונים שמפקפקין על דין זה וסוברים דאם אוכל הטפל קודם לעיקר אין עליו שם טפל כלל ואין לשנות מברכתו הראויה לו. ולפיכך כתבנו בפנים שאוכל העיקר מתחלה דבכה״ג א״צ לברך על הטפל לכל הדיעות.

4 משנה בברכות דף מ״ד ע״א הביאו לפניו מליח בתחלה ופת עמו מברך על המליח ופוטר את הפת וכו׳. וכתב המעדני יו״ט (אות ל׳) דמש״כ התנא בתחלה הוא לאשמעינן דאפי׳ אם לא אכל העיקר עם הטפל בבת אחת אלא שאכל הטפל אחר העיקר מ״מ נפטר הטפל בברכת העיקר. וכתב דכן כוונת הרי״ף וכן דעת הרא״ש (בסימן כ״ו דכתב שם הרא״ש דהא דאיתא אכל את הצנון פוטר את הזית מיירי אפי׳ בזה אחר זה שאכל הזית לבטל מרירות הצנון, ועיין עוד בתוס׳ יו״ט בפירושו על המשנה).

אמנם בספר לחם שמים (מרבינו היעב״ץ) כתב דמש״כ התנא פת עמו ר״ל דוקא אם אכל פת עם המליח ביחד אז נחשב הפת לטפל אבל אם אכל המליח ואח״כ אכל הפת לא נחשב הפת לטפל. וכ״כ היעב״ץ בספרו מור וקציעה סי׳ רי״ב וכ״כ בביאור מרדכי (להר״ם בנעט זצ״ל) אות ס״ז. והנה בביאור הגר״א (סי׳ רי״ב סעי׳ א׳ ד״ה תחלה) כ׳ דמדברי תר״י משמע דדוקא כשאכל הפת עם המליח הו״ל טפל וכן משמע דעת המחבר שם (סעי׳ א׳) אבל התוס׳ (שם ד״ה באוכל פירות גינוסר) כתבו דמיירי שאוכל הפת אח״כ, הרי דאף אם אכל הפת אח״כ מ״מ נחשב לטפל. וכתב בדמשק אליעזר שם דגם להתר״י דוקא פת לא נחשב טפל כשאוכלו בפני עצמו אחר אכילת העיקר, אבל בשאר דברים מודה התר״י דחשיב טפל אף באוכל הטפל בפ״ע אחר אכילת העיקר. ונוכל לומר כן בכוונת היעב״ץ.

ולענין הלכה בהרבה פוסקים מבואר דאפי׳ כשאוכל פת אחר העיקר מיקרי טפל. דכ״כ הגר״ז

3. Bread or Mezonos

Even bread or *mezonos*, which are usually considered too *choshuv* to be classified as *tofel*, are considered *tofel* when eaten in this subordinate manner.

For example, after sampling a taste of "hot" chili, one eats a bit of bread for no reason other than to soothe the harsh taste in his throat. Since the bread was not eaten to satisfy his hunger nor for its enjoyable taste, he is not required to make a *hamotzi* on the bread.[5] The bread is included in the *borei pri hoadoma* made on the chili.[c]

Similarly, after drinking some whiskey, one eats a bit of cake in order to counteract its sharp taste. Since the cake was not eaten for enjoyment or satiation, and were it not for the whiskey he would not be eating the cake at all, the *shehakol* made for the whiskey will cover[d] the cake.[6]

However, when the bread or cake are eaten not only to remove a harsh taste, but also for enjoyment or satiation, they are not considered *tofel*, and require their appropriate brocha.[7]

In situations such as these it can be difficult to determine the precise purpose for eating them — i.e., if he is eating the bread or cake solely to remove the harsh taste or also to satisfy hunger or derive enjoyment. The Poskim advise, therefore, not to eat cake or bread solely for the purpose of removing a harsh or acrid taste in this manner.[8]

[c] If one plans to eat less than a *k'zayis* of bread (as a *tofel*) he is not required to wash his hands (*n'tilas yodahyim*). If he plans to eat more than one *k'zayis* it is preferable that he wash — without reciting the brocha of *n'tilas yodahyim*.[5.1]

[d] see Note above after (A.1).

סי׳ רי״ב סעי׳ ה׳, הח״א כלל נ״ו סי׳ א׳ והמ״ב סי׳ רי״ב ס״ק ה׳. (וממ״ב ס״ק ז׳ משמע שמפרש כן בדעת הרמ״א.)

5 טור ושו״ע סי׳ רי״ב סעי׳ א׳, ועיין מש״כ בהערה הקודמת.

5.1 מ״ב סי׳ קנ״ח ס״ק י׳ (ועיין שם בשעה״צ אות י״א, וע״ע בשו״ת רמ״א סי׳ א׳ ובשל״ה הובא במ״א סי׳ רי״ב ס״ק ה׳).

6 מ״א סי׳ רי״ב ס״ק ב׳, ח״א כלל נ״ו סי׳ א׳. מ״ב ס״ק ה׳.

7 מ״א שם, גר״ז סעי׳ ב׳, ח״א כלל נ״ו סי׳ ב׳, מ״ב ס״ק ה׳.

8 מ״א סוס״ק ג׳ בשם השל״ה, מ״ב שם ס״ק ה׳.

B. Enhancers

1. Definition

When two distinct foods are eaten together, and one of the foods is eaten primarily to enhance the other, that food is considered a *tofel.*[9]

(Similarly, when one adds an ingredient to a mixture in order to enhance the mixture, that ingredient is also considered *tofel*. Enhancers in a mixture are discussed in Section D.2)

To illustrate, if one eats cream cheese on crackers he is required to make only one brocha — that of the crackers. Since the cream cheese is used to enhance the crackers it is regarded as subordinate, *tofel*, and is covered by the *borei menei mezonos.*[10]

a. Examples

The following are some typical examples of *tofel* eaten to enhance the *ikar*:[e]

(first item listed is *ikar*, second item is *tofel*)

- blintzes and sour cream
- rice cakes and peanut butter
- potato *latkes* and applesauce
- ice cream with fruit topping

[e] For additional applications see Section E. below.

[9] בברכות מ״א ע״ב איתא דפת פוטרת דברים הבאים מחמת הסעודה ופי׳ רש״י דברים הבאים מחמת הסעודה היינו ללפת בהן את הפת והקשו בתוס׳ על פירש״י מאי קמ״ל מתני׳ היא דתנן (מ״ד ע״א) מברך על העיקר ופוטר את הטפל. הרי לפי דברי התוס׳ כל דבר שבא ללפת את הפת נפטר מדין עיקר וטפל. (ועיין בתר״י מש״כ ליישב דעת רש״י ולדבריהם גם רש״י סובר בזה כתוס׳). ולא רק מאכלים המלפתים את הפת אלא ה״ה מה שאוכל עם איזה מין אחר ללפת בו דמה שאוכל ללפת נחשב רק כטפל וכמש״כ רש״י בספר הפרדס (דף ק״פ, הובא בשבלי הלקט סוף רמז קמ״ג ובמ״א סי׳ קס״ח סק״ל) שהמברך שהכל על בשר פוטר טיבולו שנעשה מיין ומלח, וכ״כ המ״ב סי׳ ר״יב סק״ו.

[10] מ״ב סי׳ רי״ב ס״ק ו׳.

b. According to One's Individual Taste

In some food combinations, one item is almost always eaten as an enhancer — e.g., horseradish on gefilte fish. In many instances, however, there is no definitive determination as to whether a particular food is eaten as the *ikar* or not. Different people eat foods for different purposes. The way to determine which is the *ikar* is to evaluate the intention of the person eating the food combination. This determination is totally subjective[11] as illustrated by the following example:

One eats some cottage cheese on a wedge of apple or melon. He eats it this way because he feels that the cottage cheese enhances the flavor of the fruit. To this person the fruit is the *ikar*, and the brocha on the fruit will cover the cheese as well.

Another person might eat a wedge of fruit with cottage cheese because he feels that the fruit enhances the cheese. For this person, the cottage cheese is the *ikar* and the *shehakol* made on the cheese will cover the fruit.

(Regarding cases where neither the cheese nor the fruit are eaten to enhance, see Section E.2a).

2. Only If Eaten Together With Ikar

The food being eaten to enhance is considered a *tofel* only if it is eaten together with the *ikar*. If it is not eaten together with the *ikar* a separate brocha will be required.[12]

For example, applesauce eaten to enhance potato *latkes* does not require a separate brocha when eaten together with the *latkes*. If the applesauce was eaten together with the *latkes* and a little bit was left over on the plate, that too remains *tofel* and does not require an additional brocha.[f] However, if after finishing the *latkes* one wishes to

[f] see Section F.5

[11] מ"א סי' קס"ח ס"ק ל' דברכת אורז וזופ"א תלויה בכוונת האוכל אם עיקר כוונתו על האורז מברך על האורז בומ"מ ופוטר את הזופ"א ואם עיקר כוונתו על הזופ"א מברך על הזופ"א ופוטר האורז ואם כוונתו על שניהם צריך לברך ב' ברכות, ועיי"ש בעולת תמיד ס"ק י'.

[12] שעה"צ סי' רי"ב אות כ"א. וע"ע בשו"ת אמרי יושר ח"ב סי' קי"ג אות ג'.

take additional applesauce, a separate brocha for the applesauce will be required.

3. Tofel is Mezonos

Usually when *mezonos* is eaten with another food, it is the other food that is being used to enhance the *mezonos*. For example, when one eats crackers and something with it (e.g., cheese, tuna) one's intention is, usually, to eat the crackers for satiation. Therefore, the cheese or tuna is generally considered the enhancer and is covered by the brocha on the crackers.[12.1] (However, if the cheese or tuna is not being eaten to enhance the cracker, two brochos are required as discussed in Section E.3f.)

In cases where the *mezonos* is being used to enhance the other food, the *mezonos* is considered *tofel*. However, since *mezonos* products are *choshuv*, even when they are used as enhancers, they do not become exempt from their brocha requirement.[12.2]

To illustrate, if one eats a bowl of cottage cheese and garnishes it with one or two crackers, the crackers are considered *tofel* and the *borei menei mezonos* will not exempt the cottage cheese. However, since the crackers are *mezonos*, they too require a brocha. (Also see Section E.2b)

Exceptions:

In the following cases, a *tofel* which is *mezonos* will be covered by the brocha of the *ikar*.

a. Rice

Although the brocha on rice is *borei menei mezonos*, it still does not have the *chashivus* of the five *mezonos* grains. If rice is used as an enhancer it is covered by the brocha of the food it is enhancing, and does not require a separate *borei menei mezonos*.[12.3]

12.1 עיין מ"ב סי' רי"ב ס"ק ו'.

12.2 נלמד ממ"א סי' ר"ה ס"ק ו' וסי' ר"ח ס"ק ז'.

12.3 עיין במ"א הנ"ל (סי' ר"ח ס"ק ז') ועיין במ"ב (שם ס"ק כ"ג) דמש"כ המ"א (דצריך לברך גם על הגרויפ"ן) ר"ל דוקא בה' מיני דגן דחשיבי אבל בשאר מינים (שאינם מה' מיני דגן) מברך ברכה אחת על העיקר. ולפי זה היכא שאכל אורז

b. Mezonos Eaten as an Absolute Tofel

A *mezonos* product which is eaten as absolute *tofel* is covered by the brocha on the *ikar* as explained above (A.3).

c. Mezonos Eaten in a Non-Significant Manner

Mezonos products which are eaten in a non-significant manner are not considered *choshuv*, and are covered by the brocha of the *ikar*.

For example, most people eat ice cream cones to enhance the taste of the ice cream. Therefore, the ice cream would require a *shehakol* and the cone (even though it is *tofel*) will require a *borei menei mezonos*. However, if one were to use an ice cream cone merely in place of a cup (i.e., to hold the ice cream and keep his hands from becoming soiled) rather than to enjoy its flavor, the cone would not require a separate brocha.[13]

C. Single Entity Mixtures

When various foods are combined into a mixture which is considered a single entity, only one brocha, that of the *ikar*, is required.

Determining the appropriate brocha for mixtures involves two issues. First, we must determine if the mixture in question is considered a single entity. This issue is dealt with in this section.

After we have established that a particular mixture is indeed considered a single entity, we must determine which ingredient is the *ikar*. This issue is dealt with in the next section (Section D).

1. Definition

We use the term "single entity", to connote a mixture of different foods combined into a single physical mass (which is intrinsically a single entity) or combined in such a way that it is **halachically** considered a single entity.[14]

כדי ללפת העיקר מברך על העיקר וא״צ לברך על האורז.

13 שו״ע סי׳ קס״ח סעי׳ ח׳, ומ״א שם ס״ק כ״ג ומ״ב ס״ק מ״ה. וכ״כ האגרות משה או״ח ח״ד סי׳ מ״ג.

14 ז״ל הפמ״ג (בפתיחה להל׳ ברכות אות

An example of a mixture which is intrinsically one entity is a drink made of two different juices. To illustrate, if grape juice (*borei pri hagofen*) was mixed with apple juice (*shehakol*), since each of the originally distinct juices combined to form a new entity, only one brocha is now required for this new compound.[15] [g] Its new identity is determined by whichever ingredient is the *ikar*. If, for example, the *ikar* is apple juice a *shehakol* is required.[16]

A mixture can also be **halachically** deemed a single entity, even though the distinct ingredients are not combined into a single physical mass.

This can occur when distinct ingredients are cooked or baked into a single mixture (e.g., chicken chow mein). That mixture is considered a single entity, and requires only one brocha — that of the *ikar*. This can also occur when distinct ingredients are cut into small pieces and mixed together (e.g., vegetables combined to create a salad or fruit combined to create fruit cocktail). That mixture is also considered a single entity and requires only one brocha — that of the *ikar*.[16.1]

[g] The definition of compound is any mixture wherein the parts combine to form one substance — e.g., salt into water.

י״א) והך תערובת לאו דוקא שאי אפשר להכיר (פי׳ דלענין תערובות איסור והיתר אין האיסור מתבטל היכא שאפשר להכירו כדאיתא ביו״ד סי׳ צ״ח סעי׳ ד׳ ברמ״א משא״כ לענין ברכות) אפי׳ כל אחד עומד בפני עצמו נמי בתר רוב אזלינן עכ״ל. ובאר דהטעם הוא הכלל דעיקר פוטר את הטפל אינו מדין ביטול אלא שתקנו חז״ל שאף שהטפל בעין (ויש עדיין עליו חיוב ברכה) מ״מ נפטר בברכת העיקר.

15 כתב השו״ע בסי׳ ר״ב סעי׳ ד׳ דאם עירב שמן ואניגרון מברכינן רק על העיקר. וכן גבי תערובות יין ושכר כתב הרמ״א שם סעי׳ א׳ דאזלינן בתר הרוב אם הרוב יין מברך בפה״ג ואם הרוב שכר מברך שהכל (וזהו מדין עיקר וטפל כמבואר במ״ב שם ס״ק ח׳). ואף דיש חולקין על הרמ״א כדאיתא במ״ב (ס״ק י׳ ובה״ל ד״ה ואם הרוב) מ״מ גם הם מודים שאינו מברך אלא ברכה אחת.

16 ואם העיקר הוא המיץ ענבים ברכתו בורא פרי הגפן, ודוקא באופן שאין המי פירות פוגמים בטעם היין וגם לא נתנו בו הרבה מי פירות עד שנתבטל טעם היין, דאילו נפגם או נתבטל טעם היין אין מברכין בפה״ג כברמ״א סי׳ ר״ב סעי׳ א׳ ובמ״ב שם ס״ק ז׳ וט׳ עיי״ש.

16.1 שמעתי מהגרי״ש אלישיב שליט״א, דאף אם לא בישל המינים ביחד כגון מאכל ״פרוט קאקטייל״ או סלט ירקות מ״מ כיון שעירב המינים וכוונתו לטעם חדש נחשב כמאכל אחד ומברך רק על המין העיקרי שבו. וכן שמעתי מהגרח״פ שיינברג שליט״א.

a. Ingredients Which Are Recognizable and Distinct

Most Poskim[17] rule that even those mixtures in which the ingredients are recognizable and distinct are nevertheless considered a single entity.[18] Thus, stews, casseroles and the like (consisting of small pieces mixed together), require only one brocha, since such mixtures are considered to be a single entity.[h]

[h] Some poskim rule, however, that foods which are recognizable and distinct even if cooked together, are not considered a single entity. According to this opinion, one is required to make separate brochos on the various components of a stew or *cholent*.[18.1]

If one wishes to fulfill this minority opinion a recommended procedure is as follows:

First make a *borei pri hoadoma* on the vegetables.

Next make a *shehakol* on a separate *shehakol* item not taken from the stew, with intention to exempt the stew meat.[18.2]

(Regarding removing the *tofel* and making a brocha on it first, see section F.3 of this chapter.)

17 הפמ״ג (הובא בהערה 14) והדרך החיים (בדין דברים המטוגנים אות י״ח) פסקו דאפי׳ אם המאכלים ניכרים ועומדים בפני עצמם מ״מ (לענין ברכה) נחשבים לתערובת אחת ומברך על העיקר ופוטר את הטפל. והח״א בכלל נ״ד סי׳ ט׳ כתב דצ״ע איך לברך על ״גרויפין״ שבישל עם תפוחי אדמה ומזונות שבישל עם שאר מינים הואיל ועומדים בפני עצמן ואינן מעורבים (והספק הוא אם תבשיל כזה נחשב כמאכל אחד לברך על העיקר ולפטור הטפל או דלמא נחשבו כב׳ מאכלים נפרדים וצריך לברך ב׳ ברכות) ומסיק שצריך לברך ב׳ ברכות. וכן פסק בכלל נ״א סי׳ י״ג דכיון דעומדים בפני עצמם וגם ניכרים בפ״ע נחשבים כב׳ מאכלים וצריך לברך ב׳ ברכות. וכן פסק הקיצור שו״ע סי׳ נ״ד סעי׳ ה׳ דיברך ב׳ ברכות. (ובלחם הפנים על הקיצור שו״ע שם למד כן בדברי הפמ״ג הנ״ל אמנם המסגרת השולחן שם אות ו׳ חלק עליו מחמת דברי הפמ״ג על סי׳ ר״ח סעי׳ ז׳).

18 עיין בהערה הקודמת והנה המ״ב סי׳ רי״ב ס״ק א׳ פסק כהפמ״ג והדה״ח דנחשב לתערובות ומברכים רק ברכה אחת (ועיין שם בשעה״צ אות ב׳ דאין לברך ב׳ ברכות דספק ברכות להקל). וכן פסקו הערוה״ש שם סעי׳ א׳ וקצות השולחן סימן נ״ח סעי׳ ה׳. וכ״כ בשם הגרי״ח זונענפלד זצ״ל בשו״ת שלמת חיים סימן קכ״ה. ועיין במסגרת השולחן סי׳ נ״ד אות ו׳ שהשיג על הקיצור שו״ע (שפסק כהח״א) וכתב דמלשון המחבר והמ״א משמע שלא כהח״א והביא שם מספר אוצר החיים על התורה וז״ל ויש שנהגו מנהג וכו׳ כשמבשלים לביבות קטנים עם פולין בקדרה אחת מברכים שתי ברכות בומ״מ ובורא פה״א והיא ברכה לבטלה עכ״ל . ושמעתי מהגרי״ש אלישיב שליט״א דמאחר שמהמחבר משמע דלא כהח״א וגם הח״א בעצמו מסופק קצת בדין זה אין צריך לחוש לשיטתו. ושאלתי אם נכון לכתוב שירא שמים יזהר לקיים שיטת הח״א, והשיב שלא לכתוב כן כיון דכל מקום שכתבו הפוסקים שירא שמים צריך לחוש לאיזה שיטה הו״ל חיוב על יר״ש לחוש והכא אף ליר״ש אין חיוב לחוש להח״א, אמנם אם רוצים להביא דעת הח״א יש לכתוב כלשון הבה״ל דמי שרוצה לקיים שיטת הח״א יעשה כך וכך. וכן שמעתי מהגרח״פ שיינברג שליט״א דאין צריכים לחוש להח״א.

18.1 דעת הח״א והקיצור שו״ע הובא בהערה 17.

18.2 כתבנו שיקח דבר אחר שברכתו כברכת

b. Eaten Together in a Single Spoonful

Not all foods cooked or mixed together are deemed a single entity. Only when the pieces are small and usually eaten together in a single spoonful, is the mixture deemed a single entity (e.g., a finely sliced stew, where the meat and vegetables are eaten together in a single spoonful).[19]

If, however, the various components are not eaten in one spoonful — e.g., roast chicken and whole potatoes — they are not deemed a single entity and two brochos are required.

> **Note:** Mixtures of liquids and solids such as chicken soup with noodles are not considered a single entity. Similarly, distinct solids, one on top of another (e.g., tuna on crackers) or eaten in sandwich fashion are not considered a single entity.[20] These types of combinations are dealt with in Section E.

D. Determining the Ikar Component of a Mixture

Once we have determined that a particular mixture is judged as one single entity (requiring only one brocha) we must then determine which component of the mixture is the *ikar*.

The following criteria are used to determine which ingredient is the *ikar*:

1. If the mixture contains a *mezonos*, the *mezonos* is deemed the *ikar*.[i]

2. If the mixture does not contain a *mezonos*, the ingredient being enhanced is the *ikar*.

[i] In certain cases *mezonos* is not deemed the *ikar*, as discussed later in this section

הטפל ויברך עליו ואח״כ יאכל הטפל דבעצה זו יוצא לד״ה ולא הוי ברכה שאינה צריכה ולא ברכה לבטלה. ועיין בבה״ל סי׳ רי״ב ד״ה אם שכתב דהרוצה לחוש לדעת הח״א ימעך המאכלים ויערבם ויאכלם ביחד. ולענין אם מותר לברך על הטפל תחלה (קודם ברכת העיקר) עיין מש״כ לקמן בהערה 55.

19 ערוך השולחן סי׳ רי״ב סעי׳ ב׳.

20 עיין מש״כ בהערה 36 39.

3. If the mixture contains neither *mezonos* nor enhancers, the majority ingredient is deemed the *ikar.*

1. Mixtures Which Contain Mezonos

Because of the *chashivus* — significance — of *mezonos,* [j] [21] when a *mezonos* food is added (to give flavor and/or sustenance[22]) to a (single entity) mixture, it is always considered the *ikar*[23]. Even if the other ingredients of the mixture are more expensive, more voluminous, or preferred, nevertheless, the *mezonos,* being more *choshuv,* is considered the *ikar.*

To illustrate, the correct brocha on *cholent* containing barley (a *mezonos* grain), beans, and small pieces of potatoes and meat, is *borei menei mezonos.*[k] Even though the barley is neither the majority ingredient nor the most preferred ingredient it is, nevertheless, considered the *ikar* component of the *cholent* since it is a *mezonos* grain.[24]

> **Note:** Although the correct brocha on rice is *borei menei mezonos,* it nevertheless, does not have the *chashivus* of the five *mezonos* grains to be considered the *ikar.* Rather, it is

[j] The Torah attributes much *chashivus* — significance — to the *mezonos* grains. Eretz sroel is acclaimed as being "a land of wheat and barley (included in "wheat" is spelt, cluded in "barley" are oats and rye). In addition, these grains have an intrinsic portance because of their role in sustaining human life.

[k] See Section G.6

21 טור ריש סי׳ ר״ח ושו״ע שם סעי׳ ב׳. וע״ע מש״כ בפרק י״א בענין מעלת מיני מזונות.

22 ראה מש״כ בהערות 27, 28.

23 פרק כ״מ דף ל״ו רב ושמואל דאמרי תרוייהו כל שיש בו מחמשת המינים מברכין עליו בורא מיני מזונות וכתבו הטושו״ע בריש סי׳ ר״ח שה׳ המינים חשובים שנשתבחה בהן ארץ ישראל ועוד יש להם מעלה כי עליהם יחיה האדם ואם עשה מהם פת מברך עליהם המוציא הלכך כשעשה מהם תבשיל כגון דייסא אפילו עירב עמהם דבש ושאר מינים הרבה יותר מהם מברך עליו בומ״מ ולבסוף על המחיה. עוד כתב המחבר שם (סעי׳ ט׳) דאפי׳ אם אין בו כזית דגן בכדי אכילת פרס מברכים בומ״מ (אם יש בו טעם דגן) ודלא כהרא״ה הובא בבה״ל סי׳ ר״ח סעי׳ ט׳ ד״ה מברך תחלה. וע׳ שו״ת אבני נזר (או״ח סי׳ ל״ח).

24 לענין ברכת פערי״ל גרויפי״ן עיין מ״ב סי׳ ר״ח ס״ק ט״ו. ועיין באג״מ א״ח ח״א סי׳ ס״ח דיש להורות לברך בומ״מ ולאחריו על המחיה. (וע״ע בספר מקור הברכה סי׳ ו׳ שכתב דלפי בירורו רובא דרובא של פערי״ל גרויפי״ן שמשתמשים בהן הן גרויפי״ן שהוסר קליפתן עם קצת מהגרעין עצמו

considered as an ordinary ingredient.[25] Also beverages such as beer, although made of the *mezonos* grains are not considered *mezonos*,[26] with regard to the brocha (of *borei menei mezonos*) and with regard to being considered the *ikar* in a mixture.[26.1]

a. Considered Ikar Only When Used in Significant Way

This rule, that a *mezonos* ingredient is always considered the *ikar* component of a mixture, applies only when the *mezonos* is used in a significant way — i.e., when it is added to give flavor[27] and/or sustenance[28] to the mixture.

In most cases, *mezonos* such as barley, flour, oatmeal, noodles and the like, are, in fact, used to give flavor and sustenance and therefore do become the *ikar* ingredient. In *cholent*, for example, the barley is added both for flavor and sustenance and is, therefore, deemed the *ikar* (see Section G.6).[29]

b. Considered Tofel When Used In Non-Significant Way

When a *mezonos* ingredient is used solely in a non-significant way, it is not considered *choshuv* and is not deemed the *ikar*.

ולפי זה בפערי״ל גרויפי״ן שלנו אף אם נשארו שלמים, מברך בומ״מ.) ועיין בערוה״ש (סי׳ רי״ב סעי׳ א׳) שכתב דעל תבשיל של פערי״ל גרויפי״ן מעורבים עם מיני קטניות ותפוחי אדמה והמה הרבה יותר מהגרופי״ן מ״מ מברך מיני מזונות.

25 טושו״ע סי׳ ר״ח סעי׳ ז׳, ערוה״ש סי׳ רי״ב סעי׳ א׳.

26 שו״ע סי׳ ר״ד סעי׳ א׳.

26.1 ועיין במ״א סי׳ רי״ב ס״ק א׳ ובמ״ב ס״ק א׳ דכן אם עירב קמח במים הרבה כ״כ עד שהוא רק כדי שיהא ראוי לשתיי׳ בכה״ג אין הקמח חשוב לעיקר ומברך שהכל.

27 רשב״א דף ל״ז ע״א ד״ה דובשא עיקר הובא בב״י ריש סי׳ ר״ח, (וע״ע בשיטת ריב״ב דף כ״ו ע״א מדפי הרי״ף וז״ל והני מילי כשאותו מין מחמשת המינין מעורב בתבשיל ליתן טעם אבל אם הוא נתון בתבשיל לשאר דברים ושלא ליתן טעם בתבשיל מברך על העיקר עכ״ל) מחבר סי׳ ר״ד סעי׳ י״ב כדביאר המ״א שם ס״ק כ״ה, ח״א כלל נ״ד סי׳ ט׳, מ״ב סי׳ ר״ד ס״ק נ״ז וסי׳ ר״ח ס״ק ז׳, וסי׳ רי״ב ס״ק א׳.

28 והיכא שנתן בו הקמח למאכל (דהיינו לסעוד את הלב) אם טעמו נרגש אז לכו״ע חשוב עיקר כמש״כ המ״ב סי׳ ר״ח ס״ק ח׳ אבל אם אינו מרגיש טעמו כלל, נחלקו בזה הט״ז והמ״א (לפי ביאור הא״ר סי׳ ר״ח ס״ק ג׳, פמ״ג פתיחה להל׳ ברכות דין י״א תנאי השני, ובה״ל סי׳ ר״ח סעי׳ ט׳ ד״ה מברך.) כדלהלן —

דעת הט״ז — (שם ס״ק ג׳, ובריש סי׳ ר״ב) דאף בכה״ג מברך בומ״מ שהוא העיקר, וכ״כ בס׳ אגורה באהליך וכן הוכיח הא״ר שם מהרשב״א לדף ל״ח (אמנם בקשתי שם ברשב״א ולא מצאתי).

דעת המ״א — (סי׳ ר״ד ס״ק כ״ה) דכל שאינו טועם המין דגן אין ברכתו בומ״מ, וכן מסיק בבה״ל שם לדינא.

29 עיין מש״כ לעיל בהערה 24.

The following are considered non-significant uses[30]:

- used as a binding or thickening agent[31]
- used to give color or aroma[31.1]
- used as a coating to prevent the food from sticking to the pan or to other pieces.[31.2]

For example, if flour was added to soup in order to thicken it, the flour does not become the *ikar* and the brocha on the soup does not become *mezonos*. To further illustrate, if matzo meal or bread crumbs are added to meat balls as a binding agent, the brocha on the meat balls does not become *mezonos*.

If, however, the *mezonos* is added both as a binder or coloring agent, etc., and also to give sustenance or flavor to the mixture, it is deemed the *ikar*.[32]

For example, if oatmeal was added to vegetable *latkes* both as a binder and also to give flavor or for satiation the oatmeal is considered the *ikar*.

2. Ingredient Used to Enhance Is Deemed Tofel

We have seen (Section B) that when one food is used to enhance another — e.g., blintzes and sour cream — the enhancing food is considered a *tofel*.

This criterion also applies when determining which of the ingredients in a (single entity) mixture will be considered the *ikar*.[33]

30 ז״ל הרמב״ם בפ״ג מהלכות ברכות הל׳ ה׳ בד״א כשהיה המין הזה חשוב אצלו ולא היה טפלה וכו׳ שכל דבר שמערבין אותו לדבק או כדי ליתן ריח או כדי לצבוע את התבשיל הרי זו טפלה, עכ״ל. והובא בשו״ע סי׳ ר״ד סעי׳ י״ב וסי׳ ר״ח סעי׳ ב׳ וסעי׳ ג׳. ועי׳ באב״נ (או״ח סי׳ ל״ח) שכ׳ דאם עירב מזונות לתבשיל כדי שיהא מרופרף (soft) או בשביל ריבוי נופח הוי כלדבק.

31 שו״ע סי׳ ר״ח סעי׳ ב׳ אם נתן הדגן לדבקו ולהקפותו בטל בתבשיל.

31.1 שו״ע סי׳ ר״ד סעי׳ י״ב.

31.2 נלמד מהא דכתב המחבר בסי׳ קס״ח סוף סעי׳ ח׳ ומש״כ עליו במ״א שם ס״ק כ״ג דאם נתן שם המזונות כדי שלא יטנפו הידים הו״ל טפל. וע״ע בחוברת לתורה והוראה חוברת ה׳ דף 21. ועי׳ בשעה״צ (סי׳ ר״ח ס״ק י״ג) בענין תערובות שיש בה רוב מהה׳ מינים אבל בא רק לדבק, וע״ע בשו״ת אבני נזר (או״ח סי׳ ל״ח אות ה׳).

32 משמעות המחבר בסי׳ ר״ח ס״ב והמ״ב בס״ק ח׳ ובס״ק י״א. וכן מורה לשון הריב״ב הובא בהערה 27, וע״ע באב״נ הובא בהע׳ 30.

33 מ״ב סי׳ רי״ב ס״ק א׳.

For example, if one stews small pieces of meat in a large amount of diced peppers and the peppers are added primarily to enhance the flavor of the meat, they are *tofel*. Even if the stew contains more peppers than meat, nevertheless, since the peppers are enhancers they are considered *tofel*. The *shehakol* on the meat will cover the peppers as well.

3. All Other Mixtures

Where there is neither a *mezonos* ingredient nor an enhancing ingredient, the majority ingredient is considered the *ikar*.[34]

For example, in a goulash stew consisting of small pieces[1] of meat and potatoes, if the volume of meat is greater than the volume of potatoes the correct brocha is *shehakol* which covers the potatoes as well. If there are more potatoes than meat the correct brocha is *borei pri hoadoma* which covers the meat as well.[34.1]

If it is not clear which ingredient is the majority, where practical, one should add (or remove) a bit of one of the ingredients on his plate in order to create a definite majority.[35] (For cases where this is not practical, see Chapter 16, Section B.)

E. Combinations Which are not Considered Single Entities

We have thus far seen (Sections C and D) that when separate foods

[1] Only when the pieces are small and usually eaten together in a single spoonful, is the mixture deemed a single entity. (See Section C.1b)

[34] איתא בפרק כ״מ דף ל״ז: דעל ריהטא דחקלאי (פי׳ תבשיל של דבש וקמח) מברך בומ״מ וכו׳. וכתב הרא״ש שם סי׳ ז׳ דבחמשת מיני דגן אזלינן בתרייהו למיחשבינהו לעיקר אפי׳ אם רובו ממין אחר הרי דבשאר תערובות ב׳ מינים (חוץ מה׳ מיני דגן) אזלינן בתר הרוב. וכן איתא במחבר סי׳ ר״ח סעי׳ ז׳ וברמ״א סי׳ ר״ב סעי׳ א׳ בשם הב״י בשם התשב״ץ. וכ״כ המ״א סי׳ ר״ד ס״ק כ״ה והט״ז סי׳ ר״ח ס״ק י׳. וכ״כ הפמ״ג בפתיחה להל׳ ברכות אות י״א.

[34.1] שמעתי מהגרי״ש אלישיב שליט״א דעל תערובת בשר וירקות כגון תערובת בשר ותפוחי אדמה מברך על הרוב ואם הרוב תפוחי אדמה מברך בפה״א ולא אמרינן דהבשר נחשב העיקר מחמת חשיבותו, אמנם היכא שאוכל הבשר לרפואה וכדומה ולולי הבשר לא היה אוכל התבשיל כלל אז נחשב הבשר עיקר אף כשהוא המועט.

[35] פמ״ג מ״ז סי׳ ר״ח אות ז׳.

are in a mixture which is judged as one single entity only one brocha is required. When foods are eaten in combinations which are **not** classified as a single entity — i.e., it is neither physically nor halachically a single entity — separate brochos are required for the various foods.

Determining the appropriate brocha for other combinations involves two issues. First we must determine that the combination in question is indeed **not** considered a single entity. This issue is dealt with in the first part of this section (E.1).

After we have established that a particular combination is indeed **not** considered a single entity, we must determine which brocha or brochos are appropriate for such combinations. This is dealt with in the second part of this section (E.2).

1. Combinations Which are not Single Entities

The following types of food combinations are not considered single entities:

a. Food Mixed With a Beverage

When solid food pieces are added to a beverage, (e.g. *mandelin* added to clear broth) the resulting product does not become a single entity. However, if the liquid and solid were cooked together (e.g., tomato-rice soup) the resulting product is considered a single entity.[36]

Furthermore, if the liquid is absorbed into the solid (e.g., cake dipped into whiskey, doughnut dipped into coffee) it is considered a single entity according to most Poskim[37]. (See application 3.d below).

36 איתא במ״א סי׳ קס״ח ס״ק ל׳ דאם אוכל אורז ויין וכוונתו על שניהם יברך על שניהם. וביארו האחרונים (תהלה לדוד סוף סי׳ קס״ח ושבילי דוד כללי ברכות כלל חמישי) דלח ויבש אינו נחשב כמאכל אחד ומשום הכי לא אזלינן בתר רוב (או בתר ה׳ מינים). וכ״כ בקצות השולחן סי׳ נ״ח סעי׳ ד׳. אמנם אם נתבשלו יחד נחשב כמאכל אחת כ״כ בלקוטי שושנים ח״א אות ט׳ ע״פ מש״כ הגר״ז סי׳ ר״ד סעי׳ י״ז וסי׳ ר״ב סעי׳ י״ג וכן שמעתי מהגרי״ש אלישיב שליט״א.

37 כתב המ״א (בסי׳ קס״ח ס״ק ל׳) בשם שבלי הלקט (סוף סי׳ קמ״ג) בשם רש״י (והוא בספר הפרדס) דהשורה פתו ביין או במשקה שקורין זופ״א הו״ל הפת עיקר ורק אם שותה המשקה דרך שתיי׳ אינו נטפל להפת, ומשוה המ״א שם פת או מזונות השרויה ביין להא דאיתא בתוספתא אורז ויין מברך על האורז ופוטר את היין (פי׳ מי שאוכל מאכל ביחד עם משקה אמרינן דמן הסתם כוונתו על המאכל והמשקה אינו בא רק ללפת את המאכל והוה טפל אצלו) והוסיף המ״א דאם עיקר כוונתו על שניהם, יברך על שניהם. הרי לדעתו בין בחתיכות קטנות המעורבות עם משקה (כגון הא דאורז ויין) ובין בחתיכה גדולה שנבלע בתוכה משקה אם כוונתו על האכילה וגם על השתיי׳ צריך לברך ב׳ ברכות. והשעה״צ שם ס״ק

b. Sandwich-Type Combinations

Two distinct foods eaten one on top of the other (e.g., fried egg on a rice cake) or sandwich style, not being a mixture, are not considered a single entity.[38]

This rule does not apply to cases in which the two solids are baked together to form one unique product. For example, if one eats sliced apple on a cracker, or pineapple filling on a cookie, the combination is not a single entity. However, if the fruit and cake are baked together to form a single product (e.g., fruit-topped danish) the combination is considered a single entity.[39]

2. Determining Which Brocha/Brochos to Make on Combinations Which are not Single Entities

Non-single entity combinations can be grouped into two categories:

a. foods other than *mezonos*, and

b. one of the components is a *mezonos* (except rice)[40]

a. Foods Other Than Mezonos

Generally, when two foods are eaten together in a combination which is not a single entity, two brochos are required.

However, if one of the foods is eaten to enhance the other, only one brocha is required.[41] (See B.1)

To illustrate: cottage cheese eaten on a wedge of fruit is not a single

ס״א תמה על המ״א דמכל הפוסקים משמע דמשקה שנבלע בתוך מאכל בטל להמאכל ואפי׳ אם כוונתו גם בשביל המשקה אינו מברך אלא על המאכל, וגם מדברי המ״א עצמו בסי׳ רי״ב ס״ק ג׳ מוכח דבכה״ג אינו מברך על המשקה. ועיין בשבילי דוד (סי׳ קס״ח אות ג׳) שכ׳ דבסי׳ קס״ח מיירי שאין המשקין נבלעין בתוך המאכל רק שאוכל חתיכות פת עם יין בכף אחד ומש״ה אם כוונתו על שניהם מברך ב׳ ברכות, אך בסי׳ רי״ב מיירי שנבלע המשקה בתוך המאכל ונעשו לגוש אחד ומש״ה בטל המשקה להאוכל. אמנם השעה״צ פי׳ גם כוונת המ״א בסי׳ קס״ח כפשטות לשונו שהמשקה נבלע בתוך הפת ודו״ק ועי׳ בהערה הקודמת.

38 מ״ב סי׳ קס״ח ס״ק מ״ה.

39 מ״ב שם.

40 ראה הערה 25.

41 ראה מה שכתבנו לעיל בהערות 9-12.

entity since the components are not mixed together.[m] If one eats this combination neither to enhance the fruit with the cheese nor to enhance the cheese with the fruit, he is required to make two separate brochos.[42] [n]

He should first make the brocha *borei pri hoetz* and eat some of the fruit (without cheese) and then make a *shehakol* and eat some of the cheese.[42.1] [o]

To further illustrate, if one eats warm milk with rice in order to enhance the rice, the milk would be covered by the brocha on the rice. If he really wanted the milk and added the rice to enhance the milk, then the brocha on the milk covers the rice. However, if he wanted both foods equally, since combinations of beverages and foods are not considered to be a single entity, two brochos are required.[43]

b. One of the Foods is Mezonos

When *mezonos* is eaten together with other foods in non-single entity combinations the following rules apply:

- If neither item is eaten to enhance the other, two brochos are required.
- Even if the *mezonos* is being used to enhance (e.g., ice cream on a graham cracker) two brochos are required.[43.1] [p]

[m] However if the fruit is diced and mixed with cheese it is considered a single entity and only one brocha is required, that of the *ikar*. (Regarding how to determine which component is the *ikar* see Section D).

[n] If, however, one eats either the cheese to enhance the fruit, or the fruit to enhance the cheese, only one brocha is required, as discussed in Section B.

[o] Regarding why the *borei pri hoetz* takes precedence to the *shehakol*, see Chapter 11.

[p] In cases where the *mezonos* is being used to enhance the other food, since *mezonos* products are *choshuv* even when they are used as enhancers, they do not become exempt from their brocha requirement. However, if the other food is eaten to enhance the

42 נלמד ממש״כ המ״ב סי׳ קס״ח סוף ס״ק מ״ה.

42.1 בתחלה מברך בורא פרי העץ ואח״כ שהכל, כדין קדימה בברכות, כמבואר בשו״ע סי׳ רי״א, ולקמן בפרק י״א. ועיין לקמן בהערה 47 הטעם שלא כתבנו בפנים דעת הח״א (כלל נ״ד סי׳ ט״ו והובאה במ״ב סי׳ ר״ה ס״ק י״א ובסי׳ ר״ח ס״ק כ״ג) שיותר טוב לברך שהכל על דבר אחר. וע״ע בהערה 50.3. וצ״ע אם צריך להפריד קצת גבינה כשמברך עליה שהכל ולטעום ממנה לבדה או שמותר לברך שהכל ולטעום מהגבינה והפרי ביחד.

43 מ״א סי׳ קס״ח ס״ק ל׳. וראה מש״כ לעיל בהערות 37, 36.

43.1 נלמד ממ״א סי׳ ר״ה ס״ק ו׳ וסי׳ ר״ח ס״ק ז׳ וע׳ מ״ב סי׳ קס״ח ס״ק מ״ה.

To illustrate: many people eat ice cream sandwiches because they enjoy both the ice cream and the cookie. As such two brochos should be made. Even if the cookie is eaten as an enhancer to the ice cream, it does not lose its brocha requirement.[q]

First, one should break off a piece of cookie and make the brocha *borei menei mezonos*. Next, one should eat some of the ice cream and make a *shehakol*.[44]

3. More Applications of Non-Single Entity Combinations

a. *Cereal and Milk*

Most people add milk to their cereal to enhance the flavor of the cereal. Therefore, even though the cereal and milk combination is not considered a single entity, nevertheless, the brocha on the cereal will cover the milk.[45] [r]

In the atypical case, when one adds milk not as an enhancer (e.g., he is on a high calcium diet and is also interested in drinking milk), two brochos are required.[46]

b. *Chicken Soup With Mandelin*

Most people regard *mandelin* (soup nuts) as enhancers to chicken soup. Therefore, the brocha on the *mandelin* will not cover the soup. However, since the *mandelin* are *mezonos* one is required to make a brocha on them as well. One should first make a *borei menei mezonos*, then a *shehakol*.[47]

mezonos (e.g., peanut butter on a cracker) the enhancer is *tofel* and will be covered by the brocha on the *mezonos*, as discussed in Section B.

[q] In the uncommon case that the wafer is eaten solely to hold the ice cream, not for the flavor it provides, it would not require a separate brocha, as discussed above (B.3c).

[r] Any milk left over in the bowl will also not require a separate brocha since the milk was covered by the brocha on the cereal.

ז' וע' מ"ב סי' קס"ח ס"ק מ"ה.

[44] אג"מ א"ח ח"ד סי' מ"ג. וע' הע' 42.1.

[45] אג"מ שם, וראה מש"כ לעיל בהערות 9-12.

[46] אג"מ שם.

[47] ע' לעיל הערה 43.1 וע' אג"מ שם. ולא כתבנו כאן בפנים דעת הח"א (כלל נ"ד סי' ט"ו הובאה במ"ב סי' ר"ה ס"ק י"א ובסי' ר"ח ס"ק כ"ג) שיותר טוב לברך שהכל על דבר אחר, דנר' שלא כתב כן הח"א אלא לגבי מים שבישלו בו

c. Chicken Soup With Matzo Balls, Kreplach, etc.

Often matzo balls are eaten together with soup as two distinct foods. As such, two brochos are required.

Soup which is eaten to enhance the flavor of the matzo ball will be covered by the *mezonos*, provided that the soup is eaten together (on the same spoon) with the matzo ball.[48] Soup which is eaten separately, will require a *shehakol*.[49] [rr]

d. Doughnut Dipped in Coffee

According to some Poskim, if one dips bread or cake into a beverage (e.g., eats his doughnut and also drinks his coffee by dipping the doughnut into the coffee and consuming both items together) it is not considered a single entity.[50]

However, most Poskim rule that liquids which are absorbed into solids are considered a single entity. In deference to the minority opinion, the Poskim advise to make separate brochos before eating them together.[50.1]

It is preferable that one first make a *borei menei mezonos* and eat some of the doughnut, then make a *shehakol* on some other food or drink.[50.2]

If making a *shehakol* on another food or drink is not possible or difficult, one may make a *shehakol* on the coffee (in the cup — not on coffee absorbed in the doughnut).[50.3]

[rr] In a case where the soup was eaten mainly to enhance the matzo ball, and a bit of soup was left over in the bowl, that bit of soup (even though it is eaten separately) will not require a new brocha. (Also see previous footnote.)

הלביבות דיש להסתפק שם אם ברכת המרק ג״כ בומ״מ כהלביבות מדין שלקות וממילא נכללו בברכת הלביבות, משא״כ בציור דידן מרק עוף ודאי אין ברכתו בומ״מ.

48 שם. וכעין זה כתב המ״ב בסי׳ ר״ה ס״ק י״ג.

49 אג״מ או״ח ח״ד סי׳ מ״ג.

50 מ״א סי׳ קס״ח ס״ק ל׳ הובא לעיל בהערה 37 עיי״ש.

50.1 מ״ב שם ס״ק ס״ה ושעה״צ שם אות ס״א ועיין מש״כ בהערה 37.

50.2 מ״ב שם ס״ק ס״ה בשם המאמר מרדכי (ס״ק כ״ד).

50.3 מאמ״ר שם דמעיקר הדין מה שלא נבלע בתוך הפת כיסנין אינו נחשב לטפל ובעי ברכה בפ״ע וע׳ כה״ח שם אות צ״ח. (והנה במ״א בסי׳ ר״ה סוס״ק ו׳ איתא דראוי לברך על המים תחלה ואח״כ על המזונות והקשה במחהש״ק על הסדר

After making two separate brochos, the doughnut and coffee may be eaten together.

e. Crackers and Tuna

The Poskim maintain that when crackers are eaten with another food (e.g., cheese, tuna) the other food is usually being used to enhance the crackers. (See Section B.3).

However, if the other food is not being eaten to enhance the cracker, since a sandwich type combination is not a single entity, two brochos are required.

For example, if one knows with certainty that he likes tuna more than crackers, but nevertheless, wishes to eat it with crackers because he enjoys the way they taste together, neither food is considered *tofel* to the other and two brochos are required.[8]

F. General Rules of Ikar and Tofel

1. Mechanics of Ikar and Tofel

The Rishonim explain the mechanics of *ikar* and *tofel* in the following way: Even though the *tofel* is subordinate to the *ikar*, the *tofel* is not considered to be so insignificant as to not require a brocha. Rather, we consider the brocha made on the *ikar* to extend to "cover" the *tofel* as well. According to this approach, when the brocha of the *ikar* cannot be applied to cover the *tofel*, a separate brocha on the *tofel* will be required.[51]

[8] The *borei menei mezonos* takes precedence to the *shehakol* as discussed in Chapter 11.

שהרי מדין קדימה בברכות צריך להקדים מזונות לשהכל. ותי׳ דמשום דלא הי׳ ברירא ליה להמ״א כ״כ דצריך לברך על המים היכא שכבר בירך על המזונות מש״ה אין להקדים מזונות. אכן בנתיב חיים שם גרס במג״א איפכא שיברך על המזונות תחלה ואח״כ על המים וכ״כ באג״מ א״ח ח״א סי׳ ס״ט וכן איתא במ״א דפוס פראג שנת תמ״ה. ומ״מ בנידון דידן אפי׳ לפי גירסת המ״א שלפנינו אין מקום להסתפק שמא ה״קאווי״ נפטר בברכת בומ״מ של הפת כיסנין, לא מדין שלקות דהא לא נתבשלו כאן ביחד ולא מדין מברכים על מין הרוב שבתערובות.) וע׳ כה״ח סי׳ קנ״ח אות כ״ג שהתעורר בזה לענין נטילת ידים.

[51] תוס׳ מ״ד ע״א ד״ה באוכלי ועיין מש״כ לעיל בהערה 1.

Accordingly, the following rules are derived:

a. Must Have Intention to Include the Tofel

When one makes a brocha on an *ikar*, he must have specific intention[t] to include the *tofel* (since the *tofel* must also be covered by a brocha). If he usually eats the *tofel* with the *ikar* or if the *tofel* is in front of him when he made the brocha, it is considered as if he had specific intention for the *tofel*.[52]

b. Left Premises After Making Brocha on Ikar

In many cases a brocha made in one location does not remain valid after leaving the location where it was made.[u] In such cases, if one made a brocha on an *ikar* and then left the premises, should he wish to eat some *tofel* when he returns, a brocha will be required. In this case, even though the *tofel* was originally included in the brocha of the *ikar*, since the original brocha on the *ikar* is no longer valid, a brocha is now required for its *tofel*.[53]

2. Brocha on Tofel After Making Brocha on Ikar

After a brocha has been made on an *ikar*, one should not attempt to be *machmir* by making a brocha on the *tofel*. Being *machmir* in this manner is not only unwarranted, but, more importantly, is a *brocha l'vatolah*.[54]

[t] In Chapter 7 we discuss the halachos of specific intention, with regard to covering numerous items with one brocha. For example, when one makes a brocha on an apple, that brocha will cover other types of fruit which will subsequently be eaten, provided that he has specific intent for additional fruit. However, if at the time he makes the brocha on the apple, he has no intention of eating additional fruit and he subsequently decides to eat other types of fruit, a new brocha is required.

[u] These halachos are discussed in Chapter 9.

52. מ״א סי׳ רי״ב ס״ק ב׳ בשם השל״ה ועיין מש״כ בפרק ז׳ הערה 17.

53 מ״א סי׳ רי״ב ססק״ב, מ״ב ס״ק ד׳.

54 מ״א סי׳ קס״ח ס״ק כ״ב בשם השל״ה וז״ל ואין להחמיר וליקח קצת תפוחים (טפל) מבפנים ולברך עליה בפה״ע דהוי ברכה לבטלה עכ״ל. והובא בח״א כלל מ״ג סי׳ ח׳, סידור הגר״ז פ״ג אות ז׳, מ״ב סי׳ קס״ח ס״ק מ״ג.

3. Brocha on Tofel Before Making a Brocha on the Ikar

According to many Poskim, a brocha made on the *tofel* before the *ikar* is a *brocha sheaina tzricha*, an unnecessary brocha.[v] Since the *tofel* will be eaten together with the *ikar*, in which case a brocha on the *tofel* will not be required, taking the *tofel* before the *ikar* causes an unnecessary brocha.[55]

For example, the correct brocha on a cherry danish is *borei menei mezonos*. Prior to making the *mezonos*, one should not remove some fruit in order to make a *borei pri hoetz* first. Doing so is not only unwarranted, but also prohibited, causing an unnecessary brocha to be made, (*gorem brocha sheaina tzricha*).[w]

4. Tofel to a Tofel

If one food item is *tofel* to another food which in itself is *tofel*, it too is covered by the brocha of the *ikar*.

For example, if one eats chopped liver spread on crackers (and his primary intent is to eat the crackers), the crackers are considered the *ikar* and the liver spread the *tofel*. If he decides[x] to add a pickle to enhance the liver spread, a new brocha on the pickle would not be required. The pickle enhances the liver which in turn enhances the cracker. Therefore, the brocha originally made on the cracker is considered to cover the pickle as well.[56]

[v] *Brocha sheaina tzricha* is explained in detail in Chapter 14.

[w] It is also contrary to the rules of priority of brochos, (see Chapter 11).

[x] See above F.1a

[55] נחלקו הפוסקים במי שמברך על הטפל לפני העיקר אי נחשב כגורם ברכה שאינה צריכה או לא. המ"א כתב (סי' רי"ב ס"ק ג') דאפי' היכא שהטפל חביב עליו אסור לברך על הטפל לפני העיקר דהו"ל גורם ברכה שאינה צריכה, וכ"כ הא"ר בשם הבה"ג והכל בו. והאבן העוזר חלק עליו ופסק דהא דאסור לגרום ברכה שאינה צריכה היינו דוקא היכא שיכול לפטור שני דברים בברכה אחת הראוי' להם משא"כ הכא גבי עיקר וטפל שאין הברכה על הטפל ברכה הראויה לה טוב יותר שיברך עליו ברכה אשר תקנו חכמים מלפטור אותו בברכת העיקר, והביא לזה ראיה מהירושלמי, וכ"כ הגר"ז (סי' רי"ב סוסעי' ח' וסי' רט"ו סעי' ד'). וע' בשעה"צ אות ט"ו שהדין עם המ"א.

[56] עיין במ"א סי' קס"ח ס"ק ל' שכתב בשם שבלי הלקט (רמז קמ"ג) בשם ר"ש (רש"י בספר

5. Tofel Left Over After Ikar is Finished

If one finishes eating the ikar and has some of the *tofel* left over, he is not required to make a brocha on the left over *tofel* before he eats it. Since the primary purpose of this remaining food was as a *tofel*, Chazal did not consider this leftover portion *choshuv* enough to require its own brocha.[57]

6. Brocha Achrona for Ikar and Tofel

Just as the *brocha rishona* (initial brocha) on the *ikar* covers the *tofel*, so too does the *brocha achrona* (concluding brocha) of the *ikar* cover the *tofel*.[58]

Guidelines for determining the correct *brocha achrona* for *ikar* and *tofel* combinations are discussed in Addendum 1, Section D.

G. Additional Applications

1. Breakfast Cereals

The correct brocha for breakfast cereals made from corn flour or other vegetable flours is *shehakol*.[59]

Often, however, cereals also contain flours of the five *mezonos* grains (wheat, barley, etc.). In mixtures which contain *mezonos*, the *mezonos* is

הפרדס) שהנותן יין בקערה עם המלח כדי לטבל בו הבשר אינו צריך לברך על היין משום דה״ל הבשר עיקר והיין טפל להבשר, וכבר נפטר הבשר בברכת המוציא דהבשר טפל להפת ולכן הוי היין ג״כ טפל לפת. ובסי׳ קע״ד במ״א ס״ק ט׳ כתב דא״צ לברך על האנוסי דטפל למשקה שטפל לפת והכריח דין זה ממה שהקשו התוס׳ (מ״ד ע״א ד״ה באוכלי) למה לא נטפל הדג מלוח והפת להפירות גינוסר, הרי דהפת נטפל להמליח והמליח להפירות. ועיין במ״ב סי׳ קע״ז ס״ק ה׳ שכתב בשם הפמ״ג (מ״ז סוף סי׳ קע״ז) דצנון וחזרת טפל להבשר והבש טפל להלחם, והביא הפמ״ג מקור לדבריו מדברי המ״א בסי׳ קע״ד הנ״ל. ועיין בשו״ת חתם סופר או״ח סי׳ מ״ז שהביא ראיה לדברי התוס׳ והמג״א מגמ׳ ברכות (לה:), ועיין בנשמת אדם כלל נ״ה.

57 מ״ב סי׳ קס״ח ס״ק מ״ו ממשמעות הט״ז והגר״ז, ערוה״ש סי׳ רי״ב סעי׳ ב׳. וע״ע אגרות משה או״ח ח״ד סי מ״ג.

58 שו״ע סי׳ רי״ב סעי׳ א׳.

59 שו״ע סי׳ ר״ח סעי׳ ח׳.

the *ikar*.[59.1] Even if the grain flour is the minority ingredient, if its purpose is for flavor or sustenance and it can be tasted[59.2] it is considered the *ikar*, and the correct brocha is *borei menei mezonos*.

2. Fried Fish

We have seen that if one of the ingredients of a single entity is a *mezonos* the *mezonos* is the *ikar*, provided that it is being used in a significant way.

There is a difference of opinion among the Poskim with regard to the appropriate brocha for fried fish (fish dipped in a thin coating of flour or matzo meal and fried).

According to some Poskim, since the *mezonos* is added to give flavor, it is considered the *ikar*. According to this view, the appropriate brocha for fried fish is *borei menei mezonos*.[60] Other Poskim are of the opinion that when a thin coating of *mezonos* is added to fish the *mezonos* is not being used in a significant manner, and is therefore not considered the *ikar*. According to this view, the appropriate brocha is *shehakol*.[61] [y]

[y] Regarding what to do in cases where the brocha is questionable, see Chapter 16, Section A.

59.1 ראה הערות 21, 22, 23, 27, 28.

59.2 ראה הערה 28.

60 שמעתי מהגרי״ש אלישיב שליט״א דמברכים בומ״מ דודאי נותנים הדגן לטעם ושייך בו הכלל דכל שיש בו מחמשת המינים מברכים בומ״מ. (פי׳ דהנה מפשטות דברי הרשב״א ושיטת ריב״ב שהבאנו לעיל בהערה 27 משמע דאם נתן המזונות לטעם אף ששאר הדברים הם באמת העיקר מ״מ מברכים רק על המזונות וה״ה כאן שנותנים המזונות להטעים המאכל.) ועיין בגינת ורדים כלל א׳ סי׳ כ״ב וז״ל ונראה לפרש דמולייתות הללו הבשר והגבינה שבהן הוא העיקר ולא עבדי בהו עיסה כדי לזון ממנה רק כדי לתת טעם בבשר ובגבינה ולהכשירן לאכילה ומן הראוי היה לברך עליהן ברכת הבשר והגבינה רק מפני דהך עיסה הויא מחמשת המינים לכך מברך עליהם ברכת העיסה וכו׳ דחשיבות זו ניתנה לחמשת המינים שאינם בטלים לגבי שאר דברים אע״ג דשאר דברים הוו הרוב והעיקר עכ״ל.

61 עיין חוברת לתורה והוראה (חוברת ה׳, עמ׳ 21 תשל״ה נערך ע״י הגר״א בלוט שליט״א) דעת הגר״מ פיינשטיין זצ״ל וז״ל אותן דגים שקורין פלאונד״ר או בשר שקורין קאטליט״ס וכו׳ מברכים שהכל דודאי הדג והבשר העיקר וציפוין אפי׳ ממיני דגן אפי׳ נותן טעם אינו אלא להטעים אכילתן ולהקל הכנתן עכ״ל. וכן שמעתי בשם הגר״י קמנצקי זצ״ל שמברכים עליו שהכל והזכיר שהציפוי אינו נתון לטעם עצמו רק להטעים הדג ומש״ה אינו חשוב. וגם שמעתי מפי הגרח״פ שיינברג שליט״א דמברכים שהכל.

The appropriate brocha for products made with a thick *mezonos* coating, however, such as fish made with a thick batter dipped coating, is *borei menei mezonos,*according to both views, since a thick coating is definitely added to give sustenance and/or flavor.[62]

3. Onion Rings

Generally onion rings are made with a substantial *mezonos* (batter dipped) coating and therefore require a *borei menei mezonos.*[63]

4. Knishes

In most instances, the dough covering of a knish is substantial, and therefore its brocha is *borei menei mezonos.*[64]

5. Cheese Cakes

In many cases, cheese cakes are made with a thin layer of dough. According to some Poskim, *mezonos* used in this manner is not considered *choshuv*, because the dough is being used merely to enrich the appearance of the cake. Since the *mezonos* is being used in an insignificant manner, the cheese is deemed the *ikar*, and the correct brocha would be *shehakol.*[65]

The correct brocha, however, for cheese cakes made with a thick dough is *borei menei mezonos.*[66]

62 שמעתי מידידי הגר״א בלוט שליט״א בשם הגר״מ פיינשטיין זצ״ל. וכן שמעתי מפי הגרח״פ שיינברג שליט״א.

63 ראה הערה לעיל בסמוך, וע״ע מש״כ בשם הגינת ורדים הובא בהערה 60.

64 ראה הערה 62, ועי׳ חוברת לתורה והוראה (שם עמוד 22) דכתב כן להדיא.

65 חוברת לתורה והוראה (הובא בהערה 61) וז״ל וכן אותן גלוסקאות של גבינה (טשיז־קייק) שעיקרו גבינה ונראה רק רקיק דק דק מסביב וגם למעלה ולמטה מברכים שהכל שהדבר ידוע שאין מתכוונין אלא לאכילת גבינה והמזונות אינה חשובה בפני עצמה ובא רק ליפות הגבינה עכ״ל.

66 שמעתי בשם הגר״מ פיינשטיין זצ״ל

6. Various Types of Cholent

We have seen that, generally, the appropriate brocha for *cholent* consisting of small pieces of potato, meat and barley is *borei menei mezonos.*[67] [z]

It is important to note, that if the *cholent* consists of large pieces which are not eaten together on the same spoonful or forkful, it is not considered a single entity and the various components requires their own separate brochos.[68]

There are a great number of variations of this food, all generically referred to as *cholent*.

Some types of *cholent* do not contain barley. If the primary ingredients are potatoes, beans or kasha the appropriate brocha is *borei pri hoadoma*.

Some *cholents* are of a soupy consistency. Since the gravy is intrinsically part of the *cholent* it does not require a separate brocha.

Some *cholents* contains *kishka* or *cholent kugel*. Generally the *kishka* or *kugel* does not become mixed into the *cholent* but is eaten separately (not in the same forkful). Therefore, a *borei menei mezonos* on the *kishka* will not exempt the *cholent* from its appropriate brocha.

Some *cholents* contain large portions of meat or chicken. Such pieces of meat, not being part of the single entity require a *shehakol.*[69]

[z] Even though the barley is neither the majority ingredient, nor the most preferred ingredient, it is, nevertheless, considered the *ikar* component of the *cholent* being that it is a *mezonos* grain. See D.1.

מידידי הגר"א בלוט שליט"א.
[67] ראה מש"כ לעיל בהערה 24.
[68] ראה הערה 19.
[69] שם.

CHAPTER 5

Bread Exempts Foods Eaten During a Meal

Introduction

In this chapter we will examine the halachic principle that the *bircas hamotzi* exempts most foods eaten during a meal from their respective brochos.

Some foods eaten during one's meal are not exempted by the *bircas hamotzi* and require their respective brochos. For example, fruit or candy served during a meal will often require a separate brocha.

In Section A, we will discuss the reasoning behind this halachic principle.

In Section B, we will see that foods such as meat, fish, etc., which are primarily eaten as a part of one's meal, are "covered" by the *bircas hamotzi*.

In Section C, we will see that foods such as fruit, dessert, candy, etc., which are primarily eaten as snacks rather than as a part of one's meal are usually not exempted from their respective brochos by *bircas hamotzi*.

At times, even a snack-type food may be covered by the *bircas hamotzi* — e.g., a fresh fruit salad. These situations are discussed in Section D.

In Section E, we will discuss cakes and other *mezonos* products eaten during a meal.

The chapter concludes with a discussion of some general rules in Section F.

A. The Principle That Bread Exempts Other Foods

Rav Pappa said, "The halacha is that foods primarily eaten as part of a meal (i.e., meat, fish etc.) are exempt from their respective brochos, even if they are subsequently eaten (during the meal) without bread. They are exempt both from the *brocha rishona* and the *brocha achrona*. However, those foods not primarily eaten as part of the meal (i.e., fruit, desserts, etc., which are not primarily eaten with bread) require their respective *brochos rishona*. They do not, however, require their respective *brochos achrona*, as they are "covered" by the *bircas hamozon*."

Talmud *Brochos* 41b

With this statement, the Talmud sets forth the halachic principle that the brocha on bread "covers" all other foods eaten as part of the meal.[1]

[1] בפרק כ״מ דף מ״א ע״א פליגי אמוראי בדין דברים הבאים בתוך הסעודה ומסיק הגמ׳ הלכתא דברים הבאים מחמת הסעודה בתוך הסעודה אין טעונים ברכה לא לפניהם ולא לאחריהם, ודברים הבאים שלא מחמת הסעודה בתוך הסעודה טעונים ברכה לפניהם ואין טעונים ברכה לאחריהם, וכו׳.

וביארו התוס׳ והרא״ש ותר״י בשם הר״י דדברים הבאים בתוך הסעודה היינו דברים הרגילים לאוכלן בתוך סעודה של פת כגון בשר ודגים וגם דייסא וכל מיני קדירה אפילו אם אינם באים ללפת את הפת אמנם נאכלים למזון ולשובע כמו הפת, נפטרים בברכת הפת, וכן פירשו האחרונים בכוונת התוס׳, עיין בית מאיר (סי׳ קע״ד סעי׳ ג׳) ובה״ל (סי׳ קע״ז סעי׳ א׳) ד״ה ללפת.

ודברים הבאים בתוך הסעודה שלא מחמת הסעודה הם פירות וכדומה שאין הרגילות ללפת בהן את הפת וגם אינם רגילים לבא למזון ולשובע בסעודת הפת (אדרבא דרכם לאכלם כל היום שלא בשעת הסעודה) ולכן לא שייכי לפת ואינם נפטרים בברכת הפת. וכפירוש זה של הרא״ש ותר״י בשם הר״י פסקו הטוש״ע בסי׳ קע״ז סעי׳ א׳.

והנה הפמ״ג בביאור ספיקת המג״א ס״ק א׳ כתב דיש לבאר שיטה זו בשני אופנים:

דרך א׳ — כעין דין עיקר וטפל מצד חשיבות הפת, שמכיון שפת היא עיקר הסעודה, תקנו חז״ל דכל דבר הבא מחמת הסעודה נפטר בברכת עיקר הסעודה לא זו בלבד שדברים הנאכלים ממש עם הפת נפטרים מדין עיקר וטפל אלא גם דברים הבאים למזון ולשובע נחשבים טפלים לפת ונפטרים בדין עיקר וטפל. ולפי זה אם אכל פחות מכזית פת או שלא היה תאב לאכול פת ואכל הפת רק כדי לפטור שאר המאכלים בכה״ג לא נעשה הפת עיקר הסעודה ואדרבה הפת כמעט טפלה היא ולא יפטרו שאר מאכלי הסעודה בברכת הפת.

דרך ב׳ — הא דפת פוטרת שאר מאכלי הסעודה אינו מדין הלכות עיקר וטפל אלא משום חשיבות המיוחדת שיש לברכת הפת. והוא כעין שיטת ר׳ חייא בסוגיות הנ״ל שפת פוטרת כל מיני מאכל אלא שר׳ חייא סובר דגם פירות נפטרים בברכת המוציא ואנן לא קיי״ל כוותיה בהא אלא כר״ה ור״נ שחולקים עליו וסוברים דפירות אינם נפטרים על ידה. וטעם הדבר הוא שלא תקנו חז״ל שברכת הפת יפטור רק דברים שנאכלים לאותה מטרה שהפת נאכלת בשבילה דהיינו למזון ולשובע, אבל דברים שמטרת אכילתם אינם אלא לתענוג וקנוח בעלמא הרי הם מסוג אחר של אכילה וא״א לפוטרם בברכת הפת.

ולפי דרך זה אפי׳ אם אוכל הפת רק לפטור

The Rishonim explain that this principle goes beyond the bounds of the principle of *ikar* and *tofel*. (The principle of *ikar* and *tofel* relates to a primary food exempting other foods from a brocha and is explained in detail in Chapter 4.)

Under the principle of *ikar* and *tofel*, when two foods are eaten together, the *tofel* food is covered with the brocha of the *ikar*. If, however, the *tofel* food is not eaten together with the *ikar*, it will generally require its own brocha.[a]

In contrast, bread, being the most important of all foods, is always considered the *ikar*. Thus, any "meal type food" eaten at the meal, even though it is not eaten together with the bread, is considered intrinsically *tofel* to the bread. Therefore, if one eats only one *k'zayis* of bread,[b] all subsequent foods eaten in that meal are considered *tofel* to that small amount of bread and are covered by its brocha, *hamotzi*.

We will see in the subsequent sections that foods normally eaten as snacks are often considered to have no connection with the meal and are not covered by the brocha made on the bread.

B. Meal-type Foods

Foods which are primarily eaten as part of a meal are exempted by the brocha made on the bread. These foods do not require their specific *brocha rishona*, as they are "covered" by the *hamotzi*, nor do they require their *brocha achrona*, as they are covered by *bircas hamozon*.[2]

[a] Thus, under the principle of *ikar* and *tofel*, generally only those foods actually eaten with the bread are exempt. For example, if one started eating bread and subsequently eats meat without bread, under the principle of *ikar* and *tofel*, the subsequently eaten meat would not be covered.

[b] Eating less than a *k'zayis* of bread is discussed in more detail later in this chapter, Section F.1

שאר המאכלים מברכתם או שאכל פחות מכזית פת שאין זה עיקר סעודתו מ"מ נפטרים כל המאכלים על ידה שהרי עכ"פ ברכת הפת חשובה ופוטרת כל המאכלים של אותו סוג. (ע"ע ערוה"ש שם סעי' ב' ואג"מ או"ח ח"ד סי' מ"א).

[2] שו"ע סי' קע"ז סעי' א', ועיין מש"כ בהערה לעיל בסמוך.

1. Included in this category are not only those foods that are actually eaten together with the bread (e.g., cheese, vegetables, cold cuts), but also all types of foods which are eaten for satiation[3]. Therefore, foods such as *cholent, kugel*, meat, farina, oatmeal, and the like, even though they are not necessarily eaten with bread, are also covered by *bircas hamotzi*. Similarly, cooked vegetables, casseroles, noodles, soups, and the like, which are generally eaten for satiation are exempted from their brocha by the *bircas hamotzi*, even though they are not eaten together with the bread.[4]

2. Beverages are also considered a meal-type food, in as much as they are generally used to facilitate the eating process or to quench the thirst caused by the food. They are, therefore, exempted by the *bircas hamotzi*.[5] Accordingly, beverages which are not used for meal-type purposes (e.g., whiskey when used to intoxicate) are not covered by the *bircas hamotzi*.

[3] כתבו תר״י שם בשם רבינו יצחק הזקן ז״ל וז״ל אלא דרכן של אלו לאכלן בשעת סעודה להשביע וכו׳ וכיון שמשביעין וכוונתו מתחלה עליהם להשביע אע״פ שאוכל אותם בלא פת אינו מברך עליהם כלל שנכללים עם הפת עכ״ל. וכ׳ ע״ז השל״ה בעמק ברכה כלל ד׳ שזהו הפירוש המחוור שבסוגיא. וכ״כ המ״ב סי׳ קע״ז סק״א וז״ל כיון שבאת להשביע עיקר סעודה היא ונטפלת להפת עכ״ל. וכ״כ בח״א כלל מ״ג ס״א ובערוה״ש ריש סי׳ קע״ז.

[4] שו״ע קע״ז סעי׳ א׳ ועיין בה״ל שם ד״ה ללפת.

[5] עיין בב״י סי׳ קע״ד והנה נחלקו הראשונים בענין משקים הבאים בתוך הסעודה אם נפטרים בברכת הפת. י״א דאינם נפטרים וצריך לברך עליהם ב״ר (דעת הראב״ד לפי י״מ). ולענין מים יש שמחמירים עוד וסוברים שאם שותה מים כמה פעמים בתוך הסעודה צריך לברך עליהם בכל פעם ששותה (מחזור ויטרי והגה״מ) אכן בתוס׳ (דף מ״א ע״ב ד״ה אי הכי) כתבו דא״צ לברך על משקין שבאין בתוך הסעודה וז״ל והלכך משקין הבאין מחמת הסעודה שבאין בשביל הפת לשרות המאכל, וגם א״א לאכילה בלא שתיה, והלכך פת פוטרתן עכ״ל. וכתב הב״י (בסי׳ קע״ד) דכן הוא דעת רש״י, ור״ת, וגדולי הצרפתים.

והמחבר (שם ס״ז) הביא שיטות הנ״ל וסתם כשיטת התוס׳ דא״צ לברך (והעתיק עצת הרא״ש שהרוצה להסתלק מן הספק ישב קודם נטילה במקום סעודתו ויברך על דעת לשתות בתוך הסעודה). וכן הכריע הרמ״א שם וכ׳ המנהג כסברא ראשונה.

והנה במג״א שם ס״ק ט״ו (הובא במ״ב ס״ק ל״ח) הביא עצה שיבקש מאחר שאינו תוך הסעודה להוציאו בברכה על המשקה, ובבה״ל (ד״ה והמנהג) הציע עצה אחרת וז״ל ואם יש לו יין, טוב שיפטור אותם ע״י שיברך על היין בתוך הסעודה שפוטר כל המשקין (א״ר) עכ״ל. (ובערוה״ש מביא עצת המחבר וכ׳ שהוא להעדפה בעלמא).

אמנם בספרי גדולי הפוסקים לא מצינו שיביאו עצות בנידון זה, ע׳ בגר״ז בסדר ברכת הנהנין פ״ד ה״ז, דרך החיים בענין ״ברכה לאוכל דבר בתוך הסעודה״ אות א׳, וח״א כלל מ״ג ס״א, שכתבו סתם דלא לברך על משקים בתוך הסעודה, וכן הוא מנהג העולם, ולכן כתבנו בפנים דעה זו.

a. Wine

Because of its *chashivus*, intrinsic significance, wine is not exempted by the *bircas hamotzi* and requires its specific brocha.[6] Regarding bread dipped into wine,[7] see Chapter 4, Section E.3d.

b. Whiskey

Whiskey is generally not consumed in order to aid in the eating process or to quench one's thirst. As such, a brocha would be required. However, whiskey is often used during a meal as an appetite stimulant, in which case it is considered a meal type food and is covered by the *bircas hamotzi*.[8] The Poskim indicate that the *minhag* is not to make a brocha on whiskey during a meal.

(Appetizers are discussed more fully in Section D.)

c. Coffee, Tea

Many people drink coffee or tea during a meal in place of

[6] גמ׳ ברכות מ״א ע״ב שאני יין דגורם ברכה לעצמו. ויש בזה ג׳ פירושים. בתוס׳ (שם ד״ה א׳ הכי) כתבו וז״ל פירש״י דבהרבה מקומות הוא בא ומברך עליו אע״פ שאין צריכין לשתות כגון בקידוש ובברכת אירוסין. ורשב״א פי׳ משום דצריך לברך על היין בפה״ג עכ״ל (משא״כ שאר משקין מברכים שנ״ב). ור״ח (הובא בתר״י) פי׳ שגורם ברכה לעצמו מפני שפוטר שאר משקין.

[7] עיין מש״כ בפרק ד׳ הערה 37.

[8] עיין מש״כ בהערה 25 שנחלקו הראשונים וגם האחרונים בדבר הנאכל תוך הסעודה כדי לעורר תאות המאכל אי נפטר בברכת הפת או לא. ובמ״א סי׳ קע״ד ס״ק י״א מסיק דכל שבא לעורר תאות המאכל נפטר בברכת הפת. אמנם לענין יין שרף כתב דכששותין אותה לפני האכילה הואיל ואין כוונת רוב בני אדם בשתייתה אז כדי לעורר תאות אכילה צריך לברך עליה. אכן באמצע הסעודה הואיל ודרך ב״א לשתות יי״ש אז כדי לעורר תאות המאכל אין צריך לברך עליה. ואחר הסעודה כוונתם כדי לעכל המזון שבמעיהם וצריך ברכה (שאין כוונה לעיכול נחשבת כבא מחמת הסעודה לפטור מברכה עיין הערה 17 אות ד׳). וע״ע מ״ב ס״ק ל״ט.

ובערוה״ש (בסעי׳ י״ב) השיג על מש״כ המ״א דלפני האכילה אינו בא לעורר תאות המאכל וז״ל ואיני יודע פי׳ לזה וזהו הכחשת החוש ובזמנינו הכל יודעים שהיי״ש הוא רק לעורר תאוות המאכל ולהשיב הלב לחזקה לאכילה וא״צ לברך עליה וכן מנהג כל העולם ופשוט הוא ואין לשנות. ועיין בשעה״צ שם אות מ״ב שכתב כן ממשמעות הט״ז והח״א, ושבס׳ גש״א כתוב שהכל תלוי בדעת האדם וטבעו.

other beverages. As such, a brocha is not required.[c]

C. Dessert-type Foods

Foods which are *not* primarily eaten as part of a meal (i.e., they are not primarily eaten with bread, nor are they eaten to satiate), rather, they are commonly eaten as snacks, are not exempt by the brocha made on the bread. These foods require their respective *brochos rishona*.[9] They are, however, covered by the *bircas hamozon* and do not require a separate *brocha achrona*.[10]

In Section D we will discuss specific instances where dessert type foods eaten during the meal do not require a brocha.

1. Fruit

Fruit requires its own specific brocha whether eaten at the end of a meal as a dessert, as one of the courses of the meal, or as a snack between courses.

[c] Some Poskim note that coffee[8.1] and tea[8.2] drunk after the meal are sometimes used to aid digestion and the like. Since in these cases the beverage is not used to help the eating process, it is not exempt. In cases where one contemplates that he might be drinking coffee or tea for this reason, he should take something that requires a *shehakol*, such as a sugar cube or a piece of candy and make the brocha with the intention to cover the coffee or tea as well.[8.3]

8.1 כתב המרדכי רמז קל״ה וז״ל ודברים הבאים שלא מחמת הסעודה בתוך הסעודה כגון תמרי ורמוני וכו׳ ואינם באים להשביע רק לעכל המאכל טעונים ברכה והובא במ״א סי׳ קע״ד ס״ק י״א, וכתב הח״א כלל מ״ג סי׳ י״א ולכן אם שותה יי״ש לאחר האכילה ידוע שכוונתו רק לעכל ולכן צריך לברך עליו והוסיף דנ״ל דה״ה כששותה קאוו״ע דעתו לעכל וכ״כ בקונטרס ליקוטים מבעל קיצור שו״ע זצ״ל בדרך החיים השלום דין ברכה לאוכל בתוך הסעודה אות ז׳. אבל המ״ב ס״ק ל״ט כתב ואינו מוכרח ונכון שיברך מתחלה על מעט צוקע״ר לפטור את הקאוו״ע. והערוך השולחן (סעי׳ י״ד) כתב דקאוו״א שייך לסעודה ופטורה מברכה.

8.2 ערוה״ש שם וז״ל אבל טיי אינו מהסעודה וצריך לברך עליו וכ״כ בברכת הבית (פרק כ״א סעי׳ כ״ג) בשם היעב״ץ.

8.3 עצת המ״ב הנ״ל.

9 טוש״ע סי׳ קע״ז סעי׳ א׳ וכמו שהבאנו בפנים בתחלת הפרק ובהערה 1.

10 שו״ע שם. ובגר״ז שם סעי׳ ב׳ נמצא תוספת ביאור וז״ל לפי שכל מה שבא תוך הסעודה הוא מכלל השביעה שנאמר בה ושבעת וברכת עכ״ל.

a. The requirement to make a brocha applies to both fruit of the tree and fruit of the ground. For example, if one eats a peach and wedge of watermelon during the course of the meal he must make two brochos, *borei pri hoetz* and *borei pri hoadoma.*[d]

b. The requirement to make a brocha on fruit eaten for dessert applies to cooked[11], baked, canned, dried or processed fruit[12], as well as to raw fruit. (However, foods prepared from fruit which are made primarily for use in a meal (for satiation) do not require a separate brocha. For example, fruit soup and pineapple fritters are considered meal-type foods, as discussed in Section D.4.)

c. A brocha is required on fruit even if one eats it regularly at the conclusion of every meal. Since fruit is intrinsically a dessert it is not covered by the *bircas hamotzi.*[13]

2. Ice Cream, Sherbet, Candy

When ice cream[14], sherbert, candy, and the like are eaten during the course of a meal or for dessert, a *shehakol* is required.[15]

Similarly, if one eats a sugar cube during the meal, a brocha is

[d] Regarding the correct brocha on fruit mixtures such as fruit cocktail, see Chapter 4.

11 מ״א סי׳ קע״ז ס״ק ב׳ וכ״כ המ״ב ס״ק ד׳ ח״ל וכן כל דבר שבא רק לקינוח ולא להשביע וכו׳ ואפילו הם מבושלים עכ״ל (וכ״כ בקצות השולחן סי׳ מ׳ ס״ב). ועיין מש״כ בהערה 24. ושאלתי מהגרי״ש אלישיב שליט״א בענין מה שראיתי כתוב על החפץ חיים זצ״ל שבסוף ימיו חזר בו ממש״כ במ״ב סי׳ קע״ז סוף ס״ק ד׳ שצריך לברך על מעט פירות מבושלים לקינוח סעודה (שקורין קאמפאט) וסבר שאין לברך עליהן. ועוד ראיתי כתוב (שם) על איזה צדיקים שהיו מדקדקים לאכול הקאמפאט עם פת. (וגם מרן הגר״א קאטלר זצ״ל היה מדקדק לברך מתחלה על פרי חי.) והשיב הגרי״ש אלישיב שליט״א שודאי צריכים לברך על קאמפאט וכן יש להורות להלכה ולמעשה אכן יש מן הגדולים שהחמירו על עצמם לברך על פרי חי, והנהגתם רק חומרא בעלמא. ושאלתי אם נכון לכתוב שירא שמים יזהר לברך מתחלה על פרי חי. והשיב שאין לכתוב כן דכל מקום שכתבו הפוסקים שירא שמים יזהר לקיים איזה הנהגה הו״ל חיוב על יר״ש לחוש לזה. והכא אף ליר״ש אין חיוב לנהוג כן.

12 כן נראה פשוט שנכללים במש״כ המ״ב הנ״ל.

13 שער הציון סי׳ קע״ז אות ז׳. ועיין מש״כ בהערה 24. וע״ע בספר תהלה לדוד סי׳ קע״ז אות א׳ שכתב וז״ל וכן המנהג פשוט שמברכין על כל מיני צימעסי״ן מפרי העץ אף שאין דרכן לאוכלן אלא בתוך הסעודה עכ״ל.

14 שמעתי מהגרש״ז אויערבך שליט״א דגלידה הבאה בתוך הסעודה בעי ברכה.

15 כתב המ״א בסי׳ קס״ח ס״ק כ״ב דמיני מתיקה הבאים לקינוח צריכים ברכה ואין הפת פוטרתן ועיין שם דמיירי אפי׳ אם נעשים מקמח

required[16]. However, if a sugar cube is held in the mouth in order to sweeten tea, it becomes *tofel* to the tea. In this case, if the tea is covered by the brocha on the bread, an additional brocha on the sugar is not required. (This aspect of *ikar* and *tofel* is explained in Chapter 4, Section F.4.)

3. Cakes, Crepe Desserts, etc.

Cake and other *mezonos* products (e.g., cherry crepe dessert) which are eaten primarily to satisfy one's urge for sweets, rather than to satiate his appetite, are not covered by the brocha on the bread, and (where all other halachic conditions are met) *borei menei mezonos* is required.

There are, however, a number of other halachic conditions to be considered in determining if a brocha is required. This subject is more fully discussed in Section E.

D. Instances In Which Dessert Foods Are Exempted

Although fruit and other dessert-type foods usually do require a separate brocha, if they are eaten as an integral part of the meal, they do not require a separate brocha.[17] The following are cases of fruit eaten as part of the meal:

1. Fruit Eaten as the Only Main Course

If fruit is served as the only main course, it is considered a meal-type food and does not require a separate brocha — e.g., a meal consisting of

(וכ״ש אם אין בו קמח כלל).

16 ראה הערה לעיל בסמוך. ועיין במ״ב סי׳ קע״ד ס״ק ל״ט שכתב דנכון שיברך תחלה על מעט צוקער משמע דבעי לברך על צוקער וכדומה ואינם נפטרים בברכת הפת.

17 מפני שהלכות אכילת פירות בתוך הסעודה יש בה פרטים רבים ע״כ אקדים לזה דברי הקדמה כדי להקל על המעיין. הנה יש חמשה אופנים של אכילת פירות.

א — האוכל פירות לעיקר סעודתו

כלומר שאינו אוכל שום דבר אחר לשובע בסעודתו חוץ מן הפת והפירות, שיטת הרא״ש הובא בטור סי׳ קע״ז היא דכיון שקבע עיקר סעודתו על הפירות נפטרו הפירות בברכת המוציא ואפי׳ לא אכל כלום מן הפירות עם הפת מ״מ נפטרים. ושיטת תר״י היא דדוקא אם בתחילת אכילת הפירות עשה מהן עיקר לפתן שאכלן עם הפת אז אפי׳ אם היה בדעתו לאכול אח״כ הפירות בלי פת נפטרים הפירות ע״י הפת כיון שבתחילת אכילתן אכלן עם הפת. והמחבר בסי׳ קע״ז סעי׳ ג׳

bread and butter, fruit platter, beverage and dessert. Since the fruit platter is the main course of this meal, we regard the fruit as a meal food, rather than dessert or snack type food, and no additional brocha is required.

Some Rishonim rule that even when fruit is served as the only main course, a separate brocha is required. However, even according to this view, if one starts eating the fruit with bread, he is not required to make

הביא ב׳ השיטות האלו וכתב שטוב שיאכל בתחלה מהפירות עם פת (כדי לקיים גם שיטת תר״י). והסביר הביאור הלכה שם (ד״ה טוב) דאין ר״ל שיטעום מעט עם הפת אלא צריך לעשותן עיקר לפתן שלו ולאוכלם בתחלה עם הפת, ובטעימה בעלמא לא מקרי קביעת סעודה.

ב — האוכל פירות בתוך הסעודה למזון ולשובע

כלומר שאוכל גם דברים אחרים עם פתו אבל כוונתו לאכול פירות ג״כ למזון ולשובע ולא לקנוח (למשל מי שאוכל אבטיח בתוך סעודתו ולא אכלו לקינוח או לגרר תאות המאכל אלא אכלו לשובע בתור מנה ראשונה). שיטת הרא״ש והטור והמרדכי (הובא בב״י סי׳ קע״ז) היא דכיון שלא קבע עיקר סעודתו על הפירות אף דכוונתו היא למזון ולשובע אינם נפטרים בברכת המוציא. ורק אם הובאו לאוכלם עם הפת והתחיל לאוכלם עם הפת אז אפי׳ אם לא אכלם עם הפת בסוף אכילתו נפטרים בברכת המוציא. ושיטת תר״י היא שאינו מספיק אם אכלם רק בתחלה עם פת אלא צריך לאוכלם גם בסוף עם פת ואז אע״פ שבינתיים אוכל מן הפירות בלא פת מ״מ כיון שבתחלה ובסוף אכלם עם הפת, וגם כשאכלם בלא פת באמצע היתה כוונתו לאוכלם עוד עם פת, נחשבים כבשר ודגים ונפטרים בברכת הפת. ומשמעות שיטת הסמ״ג והג״מ (עיין בב״י שם) היא דאפי׳ אם אכלם תחלה וסוף עם הפת אם אכל באמצע בלא פת צריך לברך. ובסי׳ קע״ז סעי׳ א׳ סתם המחבר דנפטרים דוקא היכא שאכלם עם פת תחלה וסוף. וכתב המ״א (ס״ק ג׳ הובא במ״ב ס״ק י׳) דירא שמים כשמביאין לו פירות באמצע סעודתו יאכל מהם מעט בלא פת ויברך ואח״כ יכול לאוכלם בין עם פת בין בלי פת.

ג — האוכל פירות שהוכנו באופן מיוחד למזון ולשובע.

כלומר שאף שאוכל גם דברים אחרים בתוך הסעודה (כבאות ב׳ הנ״ל) אכן אינו אוכל הפירות כדרך שאוכלים אותם כל היום לתענוג בעלמא רק עשה מהם מין תבשיל ודרך ב״א לאכול פירות באופנים אלו למזון. (למשל עשה מרק פירות דדרך העולם לאכול מרק פירות בתוך הסעודה במקום מרק עוף או מרק ירקות ואינה נאכלת כלל לקינוח) אותם פירות אינם נחשבים כפירות כלל רק כבשר ודגים ושאר תבשילין דנפטרים בברכת הפת, כן מוכח מהבה״ל ד״ה כגון.

ד — האוכל פירות בין חיים בין מבושלים תוך הסעודה לקינוח או לעכל מאכלו.

כלומר אם אוכל הפירות בתחילת סעודתו או בין מנה ראשונה למנה שניה וכדומה וכוונתו לתענוג ולקינוח או לעכל המאכל (ואין כוונתו להמשיך הלב לאכילה ולפתוח הבני מעיים) וכ״ש אם אוכל הפירות בסוף הסעודה לקינוח ממש, בכל אלו לכו״ע אינם נפטרים בברכת המוציא אפי׳ אם אוכלם בתחלה עם פת וגם היה בדעתו לאוכלם אח״כ בפת וגם אכלם בסוף עם הפת דמ״מ מה שאוכל בלי פת בעי ברכה. אכן מה שאוכל עם הפת ממש שפיר נפטר בברכת הפת מדין עיקר וטפל (כ״כ הב״י בשם הרשב״א).

ה — אוכל פירות בתחלה או בתוך הסעודה כדי להמשיך הלב לאכילה.

בדין זה פליגי הראשונים יש אומרים דכיון שנאכלים לעורר תאות המאכל ולגרום ריבוי האכילה הוי כמאכלים הבאים בתוך הסעודה ואינם טעונים ברכה וי״א דאעפ״כ אינם כבשר ודגים שהרי אינם משביעים ואינם נאכלים עם הפת ולפיכך בעי ברכה. ומסיק במ״א (סי׳ קע״ד ס״ק י״א) שיש להקל בזה ושלא לברך על פרי הנאכל

a separate brocha.[18] Even if his intention is to subsequently eat the fruit without bread, nevertheless, since the fruit is the only main course and it was eaten initially with bread[e], it is considered a meal type food and is exempted by the *bircas hamotzi*.[19]

2. Fruit Eaten as One of the Courses

If fruit is not eaten as the only main course, but rather as one of the other courses of the meal, it is not considered a meal type food and requires its own brocha.

However, if the fruit is eaten together with bread, a separate brocha is not required.

There is a dispute among the Poskim as to how much of the fruit must be eaten with the bread in order to be exempted by the *bircas hamotzi*. Most Poskim rule that since the fruit is being eaten as one of the courses of a meal, it is sufficient to start eating the fruit with bread and to finish eating the fruit with bread (even though one does not intend to eat all the fruit with bread). There is a view, however, that each bite of the fruit must be eaten together with bread in order to consider the fruit exempted by the bread.[20]

[e] By eating the fruit with bread one indicates that the fruit is being eaten as a meal type food.

לעורר תאות המאכל. ועיין מש״כ בזה בהערה 25.

18 בהערה לעיל בסמוך אות א׳ כתבנו דלפי שיטת הרא״ש לא בעי לאכול הפירות עם פת בתחלה אבל לפי שיטת תר״י אינו נפטר אא״כ בתחלה אכל הפירות עם הפת, ומש״כ המחבר שטוב לאכול תחלה עם פת, כ״כ לחוש לשיטת תר״י (כ״כ בביאור הגר״א), (וצ״ע בציון הבאר הגולה לדעת הסמ״ג ובסמ״ג מצוה כ״ז באמת אינו מוכרח להדיא משא״כ דברי תר״י מפורשים הם).

19 הנה לגבי מי שאוכל פירות בתוך הסעודה (עיין בהע׳ 17 אות ב׳) כתבו הפוסקים שטוב לאכול קצת פירות בפני עצמם קודם אכילתם עם פת ויברך עליהם בפה״ע או בפה״א ולגבי אוכל פירות לעיקר סעודתו (עיין הערה 17 אות א׳) לא הביאו עצה זו, והטעם דהתם כשאכל פירות בתוך הסעודה והתחיל האכילה בלי פת אז לכו״ע (אפי׳ להרא״ש) אינם נפטרים בברכת המוציא ולכן הוי עצה נכונה לברך מקודם על קצת פירות משא״כ כשקבע עיקר סעודתו על הפירות ס״ל להרא״ש דאף מה שאוכל תחלה בלי פת נחשב כבא מחמת הסעודה וא״צ לברך עליהם .נמצא דאי יברך על פירות תחלה יהי׳ ברכה לבטלה (לפי שיטת הרא״ש) מש״ה לא הביאו הפוסקים עצה זו. ופשוט.

20 כתבנו לעיל בהערה 17 אות ב׳ דשיטת הרא״ש והטור והמרדכי הוא דסגי בפת תחלה, ושיטת תר״י דבעי פת תחלה וסוף, ובב״י (סי׳ קע״ז) כתוב דעת הסמ״ג (מצוה כ״ז דיני שאר ברכות הסעודה) וכן צדד הג״מ (פרק ד׳ מהלכות ברכות אות ט׳) דמשמע דס״ל דאפי׳ אכלם בפת

The Poskim advise, therefore, that one should first make the appropriate brocha on the fruit and eat some of the fruit without bread.[21] Afterwards, he may continue to eat the fruit either with or without bread.[22]

3. Fruit Eaten For Dessert Entirely With Bread

If fruit is eaten for dessert, but one eats it entirely with bread, it becomes *tofel* to the bread and is exempt. For example, if one eats applesauce or sliced fruit with bread, the brocha of the bread exempts the applesauce or fruit.

Unlike fruit which is eaten for satiation, fruit which is eaten for dessert is not exempted unless it is eaten entirely with bread. Even if only one piece of fruit was subsequently eaten without bread, a brocha is required.[22.1]

4. Fruit Prepared For Use in Meal

Fruit cooked or made into a dish which is commonly served as a meal-type food does not require a separate brocha.

For example, fruit soup served as one of the courses of a meal is considered a meal-type food and is exempt.[23]

תחלה וסוף כל שאוכל בלי פת בעי ברכה. אמנם סיים הב״י דאין לחשוש לשיטה זו, דלא שבקינן כל הנך רבוותא דאמרי דסגי אם אכלם עם הפת תחלה וסוף.

21 מג״א ס״ק ג׳ בשם הב״ח והאגודה, והט״ז ס״ק ג׳ וכן פסקו הגר״ז בסעי׳ ג׳, והח״א (כלל מ״ג סי׳ ב׳) והמ״ב בס״ק י׳.

22 וכתב בח״א ובמ״ב שם דאם לא בירך עליהם בתחלה ואכלם אז עם פת, בדיעבד עכ״פ יאכל גם לבסוף עם פת.

22.1 ב״י סי׳ קע״ז אחר שהביא דברי התוס׳ ותר״י והרשב״א כתב וז״ל אלמא שהפירות עצמם שאוכל עם הפת אינם טעונים ברכה כלל אע״פ שאין עיקר סעודתו על הפירות ומ״מ נר׳ דכשאוכל מהם בלא פת צריך לברך לפניהם לעולם עכ״ל. וכ״כ הגר״ז סעי׳ ג׳, ח״א כלל מ״ג סי׳ ב׳, מ״ב סי׳ קע״ז ס״ק ח׳ ועיין שער הציון שם ס״ק י״ג.

שאלתי את הגרש״ז אויערבאך שליט״א אם מהני פה באמעריקא לאכול הפירות בתחלה ובסוף עם פת הואיל ואין כן הדרך כאן — ואולי אפי׳ אם אכל כל חתיכה וחתיכה עם פת לא מהני הואיל וכוונתו באכילת הפת הוא רק להוציא עצמו מספק ברכה — ובכה״ג אולי אין פת פוטר. והשיב דודאי מהני לאכול עם פת.

23 בה״ל ריש סי׳ קע״ז ד״ה כגון וז״ל והנה לפ״ז במדינות שיש שם ריבוי פירות מאד ומבשלין שם תמיד פירות למזון כמו במדינותינו בשאר תבשילין מסתברא לכאורה דיש לו דין שאר תבשיל עכ״ל.

However, fruits which are cooked for use as a dessert (e.g., stewed plums or applesauce), require a brocha even though they are cooked.[24]

5. Appetizers

a. Fruit Eaten As First Course — e.g., Grapefruit

Many Poskim rule that fruit eaten as an appetizer (i.e., to whet the appetite[f]) is considered a meal type food and is, therefore, exempted by the *bircas hamotzi*.

Some Poskim rule that fruit or other non-meal type foods even when eaten as appetizers are not exempt. The *minhag haolom* (generally accepted practice) is not to make a brocha on items which are definitely eaten as appetizers.[g] [25]

[f] technically, to start the digestive juices flowing.

[g] The Poskim advise, that if possible, one should make a brocha (and eat less than a *k'zayis* of fruit) before starting the meal, with intent to cover the fruit which will subsequently be eaten during the meal. Alternatively one should make a brocha on another fruit (i.e., one which is not serving as an appetizer) and have intention to cover the appetizer.

[24] כתב בשל״ה (כלל ד׳ אות ב׳) וז״ל ופירות מבושלים הבאים בתוך הסעודה נלע״ד דטעונין ג״כ ברכה לפניהם הואיל שאין רגילין לבא לעיקר הסעודה מקרי ג״כ שלא מחמת הסעודה עכ״ל הובא במ״א סק״ב, גר״ז סעי׳ ב׳ ח״א כלל מ״ג סעי׳ ד׳, מ״ב ס״ק ד׳. (וע״ע תהל״ד סי׳ קע״ז אות א׳.)

[25] **בענין פירות או שאר דברים שאדם אוכל כדי לעורר ולהמשיך תאות האכילה — פליגי הראשונים אי נחשבים כמאכלים הבאים מחמת הסעודה ונפטרים בברכת הפת או נחשבים כדברים שאינם באים מחמת הסעודה וטעונים ברכה.**

דעת הסוברים שלא לברך — (הובאו במ״א סי׳ קע״ד ס״ק י״א) הם תוס׳ (פסחים דף קט״ו ע״א ד״ה והדר), רש״י בברכות (דף מ״ב ע״ב ד״ה פטר את הפרפרת, וז״ל רש״י לפי גירסת הרש״ש אע״פ שאין צורך סעודה למלוי הכרס אלא למגרר אכילה), המרדכי (ברכות רמז קל״ו), תר״י (דף מה. מדפי הרי״ף על פירוש המשנה בירך על היין שכתב וה״ה לפירות ולשאר דברים כיוצא בהם שנכללים הם במה דתנן בירך על הפת פטר את הפרפרת) וכן דעת הרא״ש והטור (לפי הבנת המ״א במש״כ הטור בסי׳ ער״ב). ועיין במאמ״ר סוס״ק ט׳ שדחה ראי׳ זה מהטור.

דעת הסוברים שטעונים ברכה — הם ספר החינוך (מצוה ת״ל, הובא במ״א הנ״ל) ורשב״א על ברכות (מ״א ע״א ד״ה הביאו לפניהם, הובא בשעה״צ סי׳ קע״ד אות מ״ה. הנה אף שבשעה״צ אות מ״ה דייק מהרשב״א בחי׳ דס״ל דאף שבא לגרר תאוות האכילה מ״מ טעון ברכה, המגיה בהרשב״א ,דפוס מכון אור תש״מ בהגה 2, פקפק על ראייתו מדכתב הרשב״א ״שאף הן באין להנאת

Grapefruit, when served as a first course, is often eaten to whet the appetite, in which case a brocha would not be required.

Often fruit such as melon or fruit cocktail is served as a first course and identified as an appetizer. Some Poskim reason, that since melon, fruit cocktail, and the like, do not in actuality whet the appetite (or start the juices flowing), but rather are eaten as satiating first courses, a brocha would be required.[25.1]

Other Poskim rule that fruit such as melon or fruit cocktail which is served as an appetizer are, like any other appetizer, exempted by the *bircas hamotzi*.[25.2]

Because of this uncertainty, eating the fruit without a brocha would be questionable.

It is, therefore, advisable to follow a recommendation of the Poskim[h] and make a brocha before washing for the bread, with intention to cover

[h] These recommendations are made in a different case in order to bypass a similar uncertainty.

עצמן" ואולי לכן הצריך ברכה, משא"כ אם בא רק לגרר גם הרשב"א יודה דפטור מברכה, ויש קצת סעד לבעל הגה מהא דהשמיט המ"א דעת הרשב"א עיי"ש. וע"ע בתהל"ד (סי' קע"ו ס"ק א') דס"ל כשעה"צ והעיר לשיטתו על השמטת המ"א את שיטת הרשב"א. גם בספר נהר שלום (לסי' קע"ד) ובספר ביאור מרדכי (להר"ם בנעט, בס"ק ס"ו) כתבו דדעת הרשב"א כספר החינוך).

ולענין הלכה:

המג"א מסיק וז"ל ומיהו נ"ל לנהוג כתוס' ואין צריך לברך עליו. וכן פסקו הגר"ז בסדר ברכת הנהנין פרק ד' אות י' (לגבי יי"ש שבא לגרר), הח"א כלל מ"ג סי' ו' והמגן גבורים (הובאו בשעה"צ סי' קע"ד אות מ"ד) וכ"כ הערוה"ש סי' קע"ד סעי' י"ב. אכן בשעה"צ שם אות מ"ה הנ"ל כ' דיש לדחות ראיותיו של המ"א ונשאר בספיקא דדינא, ואף שספק ברכות להקל מ"מ הרוצה להסתלק מן הספק יאכל מאכל מאותו מין ברכה קודם הסעודה ויכוון להוציא גם את אלה. (ולכן למשל מי שרוצה לאכול אשכולית בתחילת סעודתו אף אם כוונתו לגרר תאות המאכל יראה לברך על קצתו לפני ברכת המוציא ולכוון לפטור בזה מה שאוכל תוך סעודתו.) ואם כבר בירך ברכת המוציא ורוצה לאכול פרי המגרר כאשכולית וכדומה, יקח פרי אחר שודאי אינו לגרר ויברך עליו, ויכוין לפטור גם את אלו. ואם קשה לו לקיים עצות הללו, בודאי אפשר לו לנהוג כמש"כ המ"ב ס"ק ל"ט שהעולם נהגו להקל בזה ויש להם על מה לסמוך.

25.1 כן שמעתי מהגרש"ז אויערבאך שליט"א והסביר לי דזה שקוראים פירות כאלו בשם "פארשפייז" אינו מורה דנאכלים כדי לעורר, והגע בעצמך דאילו יתחדשו ליתן "פארשפייז" של גלידה התעלה על הדעת שמפני כך יפטר מברכה, עכת"ד.

25.2 כך שמעתי מהגרי"ש אלישיב שליט"א ושאלתי איך יכולים לומר שפירות כאלו נחשבים כדברים הבאים לגרר תאות האכילה והלא החוש מעיד (וגם שמעתי מחכמי הטבע) שאינם גוררים

the fruit to be eaten during the meal.[26] The piece of fruit to be eaten before the meal should be smaller than a *k'zayis* to avoid complications with regard to the *brocha achrona*.[27]

Alternatively, if one has already made the *bircas hamotzi*, he could take a fruit definitely not being used as an appetizer (e.g., a fresh apple), make the brocha and have intention to cover the "appetizer" as well.[28]

b. Whiskey Used as an Appetizer

According to many Poskim whiskey is considered an appetizer. The *minhag haolam* (generally accepted practice) is not to make a brocha on whiskey consumed during[i] a meal, since appetizers are exempted by *bircas Hamotzi*.[29] Even if one drinks whiskey to toast a *lechayim* during a meal, the accepted practice is not to make a new brocha.[30]

6. Eaten as a Tofel to a Meal-Type Food

When a dessert-type food is eaten as a *tofel* to a meal-type food — e.g., applesauce eaten to enhance potato latkes, it is exempt from a

[i] However if one drinks whiskey after he was finished eating, since it is not being used is an appetizer, a brocha is required.[28.1]

את תאות האכילה, והשיב דאף שאינם מגררים את תאות האכילה מ״מ גורמים להכנת האכילה ולפיכך נחשבים בא מחמת הסעודה ונפטרים בברכת הפת.

26 כעין מש״כ במ״ב סי׳ קע״ד ס״ק ל״ט ובשעה״צ שם אות מ״ה.

27 כדי שלא ליכנס לספק ברכה אחרונה כדאיתא בשו״ע סי׳ תע״ג סעי׳ ו׳ ובמ״ב שם ס״ק נ״ג. (ואין להקשות ממש״כ המ״ב בסי׳ קע״ו ס״ק ב׳ אות א׳ דהרוצה לאכול מפירות קודם נט״י לסעודה ובדעתו לאכול פירות גם בתוך הסעודה אפי׳ אם אכל יותר מכזית א״צ לברך אחריהם שנפטרים בבהמ״ז, דהתם מברך כדי לפטור פירות שיש עליהן חיוב ודאית מש״ה שייך גם מה שאכל קודם נט״י לבהמ״ז, משא״כ כשברך לפני הסעודה כדי לפטור דבר שיש עליו ספק ברכה בכה״ג יש ספק אם נפטרים בבהמ״ז בזה כתבנו דצריך ליזהר מליכנס לספק ב״א, כן מוכח מהמ״א סי׳ קע״ז ס״ק ג׳ בענין פירות שנתבשלו עם בשר, וכן מוכח מהמ״ב סי׳ קע״ד ס״ק ל״ז).

28 ראה הערה 26.

28.1 מ״ב סי׳ קע״ד ס״ק ל״ט, וע״ע במ״ב שם שכ׳ דאם שתה מעט יי״ש להפיג השמנונית שבפיו אם רגיל בכך אז חשוב היי״ש בכלל טפל להאוכל ואין צריך לברך עליו.

29 עיין מש״כ לעיל בהערה 8.

30 ואע״פ שאין כוונתו לעורר תאות המאכל רק כדי לברך לחיים, מ״מ כיון דעכ״פ נתעוררה תאות המאכל א״צ לברך, כך שמעתי מהגרי״ש

brocha. The potato latkes are exempt since they are usually eaten as part of the meal (to satiate). The applesauce becomes subservient to the latkes which in turn are "covered" by the brocha on the bread.

Similarly, in some recipes which contain fruit, such as Polynesian chicken (consisting of pineapple and chicken), the fruit is a *tofel* and a separate brocha is not required.[31]

E. Cakes, Pies, etc.

Cakes serve a dual function. Like fruits or candies, cakes are often eaten as a dessert or snack in order to satisfy one's desire for sweets. Unlike fruits or candies, however, cakes are often eaten to satiate one's appetite. Accordingly, if cake is eaten for dessert, technically a brocha should be required. Alternatively, when cake is eaten for satiation, a brocha is not required.[32]

There is, however, another consideration which militates against making a brocha on cakes eaten during a meal. This consideration is, that if a particular type of cake could be halachically classified as bread, it would not require a separate brocha, even if eaten as a dessert.[33]

In order to understand this halacha it is necessary to understand what halachically constitutes bread. This is explained in Addendum 2.

אלישיב שליט״א.

31 קונטרס ליקוטים מבעל קיצור שו״ע זצ״ל בדרך החיים השלום דין ברכה לאוכל דבר בתוך הסעודה אות ג׳. (וככר ביארנו בפרק ד׳ דבתבשיל של כמה מיני אוכלים, המין שהוא המיעוט או אפי׳ אינו מיעוט אלא שבא להכשיר מאכל אחר נחשב לטפל כדאיתא בשו״ע סי׳ ר״ח סעי׳ ז׳ ומ״ב סי׳ רי״ב ס״ק א׳ וה״ה בתבשיל של פירות ובשר עוף שהפירות נעשים טפל להעוף והעוף בטל להפת כמש״כ שם הערה 56, עיי״ש . ואינו דומה להא דנסתפק המ״א בסי׳ קע״ז ס״ק ג׳ בפירות שנתבשלו עם בשר אם מברך עליהם תוך הסעודה שהרי שם הפירות ודאי הם העיקר לגבי הבשר והנידון הוא רק אם אותם פירות חשובים בא מחמת הסעודה או לא (וכמו שפירש הלבושי שרד שם) משא״כ כאן הפירות חשובים טפל להבשר. וע״ע במ״ב סי׳ קס״ח ס״ק מ״ג, וכ״כ הערוה״ש סי׳ קע״ז סעי׳ י׳.

32 שו״ע סי׳ קס״ח סעי׳ ח׳. מ״א שם ס״ק כ״ב דכן הדין לכל פת הבאה בכיסנין.

33 כן הכריע הבה״ל שם (ד״ה טעונים), דכיון שיש ספק בפירוש פת הבאה בכיסנין ונמצאים מסתפקים בכמה מיני עוגות אם מברכים עליהן המוציא או בומ״מ, ולכן להלכה יש לנהוג דרק על עוגה הנחשבת פת הבאה בכיסנין לרוב הדיעות אפשר לברך בומ״מ כשאוכלה לקינוח, אבל בעוגה שאינה חשובה פהבב״כ לרוב הדיעות, אין לברך, שהרי אולי פת גמורה היא וברכתה המוציא ואז נכללת בברכת המוציא שבירך כבר. ע״ע בדגול

Even if the product is definitely not classified as bread, if it is being eaten to satiate, a brocha is not required.

For example, apple pie is, according to all views, not classified as bread.[34] However, often people are partially hungry at the conclusion of their meal and eat the pie for additional satiation as well as for its dessert quality, in which case it would not require a brocha.[35]

The Poskim advise, that since in many cases making a brocha for cake eaten during the meal is questionable, one should have specific intent when making the *hamotzi* to exempt any cake he might subsequently eat during the meal.[36]

F. General Rules

1. Less Than a K'zayis of Bread

If less than a *k'zayis* of bread is eaten, it is questionable if the brocha on that small amount of bread covers the other foods. The Poskim explain, that since the amount of bread eaten is not *choshuv*, the other foods are perhaps not *tofel* to it. Since the foods will not be exempted by the *bircas hamotzi*, each food will require its specific brocha.[37]

If one plans to eat a *k'zayis* or more of bread at the meal, it is preferable to do so at the commencement of the meal.[38]

מרבבה (למ״א שם ס״ק כ״ב) שכתב דאין לברך תוך הסעודה אלא על דבר שהוא נחשב כסנין ״לדברי הכל״.

34 עיין בה״ל סי׳ קס״ח ד״ה טעונים, וכן ושמעתי מהגרח״פ שיינברג שליט״א ד״פאי״ תפוחים או מפירות נחשב פת הבא בכסנין לכל הדיעות.

35 שמעתי מהגרח״פ שיינברג שליט״א, דלמעשה ברוב הפעמים כוונת האוכל גם בשביל שביעה ורק בסעודות גדולות כמו חתונה וכדומה נאכלת רק לקינוח ולכן ראוי לחוש שלא לברך אפי׳ על פת הבא בכסנין ודאית אא״כ בטוח בדעתו שכוונתו רק לקינוח.

36 עצת הח״א כלל מ״ג סי׳ ט׳ הועתק בבה״ל הנ״ל ובדרך החיים דין ברכה לאוכל דבר בתוך הסעודה אות ו׳ וכן איתא בהלכה ברורה הובא בבה״ל סעי׳ י״ג ד״ה ויר״ש, וכ״כ כף החיים סי׳ קס״ח ס״ק מ״ט, ועיין לקמן בפרק ט״ז.

37 מ״א ריש סי׳ קע״ז ופמ״ג שם, אג״מ או״ח ח״ד סי׳ מ״א (ד״ה וגם) וז״ל אבל כשאכל פחות מכזית אין זה נחשב סעודה כלל וכיון שאין הלכה כר׳ חייא בפת צריך לברך על כל דבר ברכתו השייכת לו, ולכן אסור ליכנס לספק ויחליט תחלה אם יאכל כזית פת או לא כדי שידע אם צריך לברך על המינים שיאכל או שנפטרו בברכת הפת עכ״ל וע״ע מש״כ על זה בהערה 1.

38 מ״א סי׳ קס״ז ס״ק ז׳ ודגול מרבבה שם, ומ״ב שם ס״ק ל״ה.

If one insists on eating bread but does not want to eat a *k'zayis*, he should first make the appropriate brochos on the other foods to be eaten during the meal, then wash *n'tilas yodahyim* without saying the brocha,[39] and then make *bircas hamotzi* on the bread.[40] He will also not be required to recite *bircas hamozon* after the meal if he did not eat a *k'zayis* of bread.[41] He will, however, be required to make the appropriate *brocha achrona* on the other foods.[42]

2. K'zayis Within K'dei Achilas Praas

Even if a *k'zayis* of bread is eaten, if it is not eaten within *k'dei achilas praas*[j], it is questionable whether the other foods will be exempted. Therefore, in order to assure that the bread exempts the other foods, *l'chatchilla* a *k'zayis* of bread should be eaten within three minutes time.[43] If one does plan to eat a *k'zayis* of bread within *k'dei achilas praas* at some point during the meal, the other food will be exempted.[43.1]

3. Eating Bread Solely To Exempt

One should not eat bread solely for the purpose of exempting the other foods — e.g., he eats a *k'zayis* of bread to save himself the task of making numerous brochos. The Poskim question whether bread eaten for this purpose does, in fact, exempt the other foods.[44]

[j] See Addendum 1.

כר׳ חייא בפת צריך לברך על כל דבר ברכתו השייכת לו, ולכן אסור ליכנס לספק ויחליט תחלה

39 המחבר בסי׳ קנ״ח סעי׳ ג׳ כתב דאם אוכל פחות מכזית פת יש מי שאומר שאין צריך נטילה וחלקו הפוסקים בזה, הט״ז ודעימי׳ פסקו דאין צריך נטילה כלל אכן המ״א פסק שיטול בלי ברכה והגר״ז (סעי׳ ב׳) חשש לשיטת המ״א שיטול ידיו ולא יברך וגם המ״ב שם (ס״ק י׳) כתב דלכתחלה נכון להחמיר בזה.

40 דגם על פחות מכשיעור מברכים ברכה הראויה לאותו מאכל כדמפורש בטוש״ע סי׳ ר״י סעי׳ א׳.

41 שו״ע שם.

42 אג״מ או״ח ח״ד סי׳ מ״א.

43 אג״מ הנ״ל.

43.1 אפי׳ אם לא אכל הכזית בתחלת סעודתו רק בתוך הסעודה מ״מ פוטר שאר מאכלים כן משמע מאג״מ או״ח ח״ד סי׳ מ״א וכן שמעתי מהגרח״פ שיינברג שליט״א.

44 מ״א ופמ״ג ריש סי׳ קע״ז וע׳ מש״כ מזה

However, if the bread is eaten on a Shabbos (or Yom Tov), the other foods will nevertheless, be exempted[k].[45]

4. Foods Which Were Not Specifically Intended For the Meal

Generally, a brocha covers only those items which one intended to eat at the time he made the brocha.[l] When a person makes a *bircas hamotzi*, in most instances, he does not consciously think about which foods he plans to eat. The average person does not wish to limit himself to eating any specific foods. We assume, therefore, halachically, that when one sits down to a meal, he wishes to include any food in his house which he may subsequently eat.[46]

For example, one makes *bircas hamotzi* and sits down to a meal which he has prepared. Finding himself still hungry after completing all the prepared courses, he removes some food from the freezer and warms himself a "second supper." Since it is not uncommon to incorporate into a meal foods other than those which were initially prepared for the meal, it is considered, halachically, that he had intention to eat these frozen foods as well.

If it is one's practice to occasionally borrow food from a friend or neighbor when eating his meal, then the items brought during his meal are also included in his original brocha. Similarly, if one's relative or friend occasionally sends over food for him to eat during his meal, it is included in his brocha.[47]

However, if it is not his practice to receive food from outside sources, the food he receives is not covered by his *bircas hamotzi* and requires its appropriate brocha.[48]

[k] Since it is being eaten for the purpose of fulfilling the obligation to eat bread for the Shabbos meal, it is considered *choshuv*.

[l] These halachos are explained in Chapter 7.

בהערה 1 ועי׳ באגרות משה הנ״ל.

45 מ״א שם. ועי׳ לבושי שרד שם ומ״ב ס״ק ג׳.

46 שו״ע סעי׳ ד׳ ומ״ב ס״ק י״ח בשם המ״א.

47 רמ״א סוף סי׳ קע״ז דאנו נוהגים דאפי׳ אם שלחו לו מבית אחר אין מברכין עליו וכתב הלבוש (שם סעי׳ ג׳) הטעם מפני שבינינו מצוי ששולח אחד דורן לחבירו, וכ״כ הגר״ז (סעי׳ ה׳) בשמו, וכ״כ הערוה״ש סעי׳ ט׳ והקצות השולחן סי׳ מ׳ סעי׳ ו׳. הרי במקומות שאין דרך השכנים או הקרובים לשלוח זה לזה צריך לברך.

48 עיין מש״כ בהערה לעיל בסמוך.

CHAPTER 6

Wine Exempts Other Beverages

Introduction

R' Chiya stated, "Bread exempts all foods; wine exempts all beverages."[1]

Talmud *Brochos* 41b

In Chapter 5, we learned that the brocha on bread exempts all other foods eaten during a meal from their individual brocha requirements because bread is the most *choshuv* of all foods. In a similar vein, the brocha on wine exempts all beverages that are consumed in the same drinking session because wine is the most *choshuv* of all beverages.

For example, if one makes *kiddush* on wine Shabbos morning, he may drink fruit juice, soda, whiskey[2], coffee, and any other beverage without making any additional brochos (in accordance with the rules which will be discussed below).

> **Note:** When mention is made of wine in this chapter it includes grape juice as well. Regarding the halachic definition of wine and grape juice (e.g., how to classify wines diluted with water

[1] איתא בגמ׳ ברכות דף מ״א ע״ב א״ר חייא פת פוטרת כל מיני מאכל, ויין פוטר כל מיני משקים. ופסק הטור סוף סי׳ קע״ד כרבי חייא. וכתב הב״י (ד״ה ואם הביאו) דאע״פ שכתבו התוס׳ (ד״ה ויין) דלית הילכתא כר׳ חייא מ״מ הרא״ש וה״ר יונה והרשב״א פליגי על תוס׳ וס״ל דגבי יין הלכתא כר״ח. (ועיין במהרש״א שמפרש כוונת התוס׳ במש״כ דלית הלכתא כר׳ חייא שר״ל דליכא הכרח דהלכתא כר׳ חייא) וכן פסק המחבר בסי׳ קע״ד סעי׳ ב׳.

[2] כתבנו לעיל בפרק ה׳ (הערה ח׳) לענין פת פוטר כל מיני אוכלים ומשקים דאם שתה יי״ש בתוך הסעודה אינו נפטר בברכת המוציא אלא היכא ששתה היי״ש כדי לגרר תאות המאכל, וכאן לענין יין שפוטר כל משקין כתבנו דיין פוטר יי״ש בכל אופן כמבואר במ״ב סי׳ קע״ד סס״ק ל״ט.

or mixed with seltzer, etc.) see Shulchan Aruch O.C. 202.1 and 204.5.

A. Wine Exempts All Other Beverages

When one recites *borei pri hagofen* and drinks wine, all other beverages are exempted from their brocha requirements. The other beverages do not require a separate *brocha rishona* nor do they require a separate *brocha achrona*.[3] [a]

[a] If one drank less than a *reviis* (approx. three ounces) of wine and left the premises, he must make another brocha if he wishes to drink wine or other beverages in the second location. Regarding what constitutes a second location see Chapter 9. (Regarding a change of location after drinking a *reviis* or more of wine see ibid. Section D.2).

The *borei pri hagofen* remains effective for the wine and other beverages until such time as one is *meiseeach daas* from drinking. Regarding what constitutes being *meiseeach daas* see Chapter 8.

וטעם החילוק הוא משום דלענין יין שפוטר כל מיני משקין נקטינן כר׳ חייא דמחמת חשיבות היין אמרינן דכל המשקים ששותים ביחד עם היין נטפלים לו, ולפיכך נפטר היי״ש בכל אופן משא״כ לענין פת דפוטר כל מיני מאכל נקטינן כרב פפא (וכרב הונא ורב נחמן) דדוקא אותם מאכלים ומשקים הבאים מחמת הסעודה כגון להשביע או לגרר תאות המאכל או לשרות המאכל שבמעיו נפטרים בברכת הפת ולפיכך אם שתה יי״ש בתוך הסעודה שלא לגרר ושלא להשביע (ושלא לשרות) אינו נפטר בברכת הפת.

[3] שו״ע סי׳ קע״ד סעי׳ ב׳ וסי׳ ר״ח סעי׳ ט״ז. ופשוט דאינו חייב לברך ברכה אחרונה על היין אלא כששותה שיעור המחייבו בב״א ועיין בשעה״צ סי׳ ר״ח אות ע׳, והיוצא לנו מדבריו:

א — אם שתה פחות מכזית יין (דלכו״ע אינו חייב לברך ב״א על היין) ושתה גם יותר מרביעית משאר משקים צריך לברך בורא נפשות.

ב — אם שתה יותר מרביעית יין (דלכו״ע חייב לברך ב״א על היין) ושתה גם יותר מרביעית משאר משקים מברך מעין שלוש על היין ואין צריך לברך בנ״ר על שאר משקים דברכת היין פוטרתם.

ג — אם שתה יותר מכזית יין אבל פחות מרביעית ושתה גם יותר מרביעית משאר משקים בנידון זה יש ספק אם צריך לברך בנ״ר ונשאר השעה״צ בצ״ע. אמנם בספר עמק ברכה (פומרנץ) דיני ברכת הנהנין ס״ק ג׳ תמה על השעה״צ וכתב דודאי צריך לברך בנ״ר וכ״כ באג״מ או״ח ח״א סי׳ ע״ד.

1. Amount Of Wine Necessary to Exempt

According to many Poskim a brocha on wine will exempt other beverages only if one drinks a "significant" amount of wine.[b] The minimum amount considered significant (with regard to exempting other beverages) is a *m'lo lugmov*,[6] a cheekful, or approximately two

[b] According to some Poskim, the rule that wine exempts other beverages applies only in cases where one plans to drink many cups of wine.[4] Thus where one drinks only one or two cups of wine,[4.1] his *borei pri hagofen* will not exempt other beverages. Similarly, when one uses only one cup of wine for kiddush[4.2] (and does not plan to drink additional wine), his *borei pri hagofen* will not exempt other beverages.

According to most Poskim, however, even one cup of wine or less will exempt other beverages (provided that the requirements discussed in this section A.2 are met).[5]

4 שיטת הח"א בכלל נ"ה סי' ה' וז"ל שתה יין בדרך ארעי כוס א' או ב' ואין בדעתו כלל למשוך עצמו ביין וכו' צריך לברך (ברכה ראשונה) על שאר המשקין עכ"ל. ובסי' ו' כתב דאם אין בדעתו לקבוע עצמו על היין לשתות הרבה כוסות צריך לברך על שאר משקין. ועיין בנ"א שם אות א' שביאר טעמו דמשמע ליה מסוגיין דהא דאמר רבי חייא (דף מ"א ע"ב) דיין פוטר שאר משקין מיירי דוקא בקבע לשתות ובזה קיי"ל כרבי חייא אבל בשתיית ארעי גם ר"ח מודה דאינו פוטר (והביא ראיה לדבריו מלשון הרשב"א והלבוש עיי"ש). וכן איתא בספר אוהל מועד דרך א' נתיב ו', ובערוך השולחן סי' קע"ד סעי' ב'.

4.1 בענין שיעור קבע לשתיית יין בח"א הנ"ל כתב שדרך ארעי הוא כוס א' או ב', ובמ"ב ס"ק ג' כתב וז"ל וכ"ז בשלא קבע עצמו לשתות יין רק כוס זה עכ"ל.

4.2 עיין בהערה 4 שיטת הח"א והערוה"ש. וכתב עוד שם בסי' ו' דגם המקדש על היין (ולא קבע עצמו לשתות הרבה כוסות) צריך לברך על שאר משקין. אמנם הערוה"ש (סעי' ב') חולק לענין יין של קידוש ופוסק דיין של קידוש והבדלה עדיף מסתם שתיית יין — ולעולם מקרי קבע — ולפיכך המקדש או המבדיל על היין אפי' אם לא קבע עצמו לשתות הרבה כוסות פוטר שאר משקין.

5 בהערות קודמות הבאנו שיטת הח"א ודעמי' דס"ל דהא דיין פוטר שאר משקין מיירי דוקא כשקבע לשתות יין. אכן הרבה פוסקים לא ס"ל כן אלא סוברים דלא בעי קביעות (עיין בשעה"צ ס"ק ה'), הלא המה: הטור לפי פי' השל"ה כלל י"ב דין ב', והמחבר לפי הבנת השכנה"ג והא"ר אות ב' (וגם הנ"א הנ"ל הסכים דכן משמע מלשון המחבר) וכן משמע ממ"א סי' קע"ז ס"ק א' (כמו שדייק מדבריו בנ"א הנ"ל), וכן פסקו הדה"ח בהלכות קידוש והגר"ז בסי' קע"ד סעי' ד' וכן סתם המ"ב סק"ג ובבה"ל ד"ה יין (ועיין בשעה"צ הנ"ל שדחה ראייתו של הח"א מהרשב"א) ועיין בהערה הקודמת דעת הערוה"ש לענין כוס של קידוש.

6 בה"ל ריש סי' קע"ד ד"ה יין. ואף דבמ"ב חלק על הח"א הנ"ל דס"ל שאין יין פוטר שאר משקין אא"כ שותה הרבה כוסות מ"מ מודה דעכ"פ בעי לשתות מלא לוגמיו או יותר שהוא שיעור חשוב, דמייתבא דעתיה, ודלא כדה"ח ושו"ת יד יצחק (ח"ב סי' נ"ד סק"ב) דס"ל דבטעימת יין בעלמא סגי. ועוד עיין שו"ת מנחת יצחק (חלק ח' סי' י"ט).

ounces.[c] [7]

If one drank less than two ounces of wine, it is questionable if the other beverages served with the wine require a separate brocha. Since the requirement of a brocha for other beverages is questionable, one should not drink the other beverages without a brocha as they might indeed require one, nor should he make a brocha on them because a brocha might be unwarranted.[8]

It is advisable therefore, that when a person plans to drink wine and other beverages, he should drink at least two ounces of wine. If this is difficult for him, he should not make a *shehakol* on the other beverages but rather ask a friend who is about to make a *shehakol* to be *motzi* him. Alternatively, he may make a *shehakol* on an item which was not covered by the brocha on the wine (e.g., a piece of fish or a piece of sugar) while having intention to exempt the other beverages as well.[9]

2. Other Beverages Should be in Front of Him

According to many poskim,[10] only those beverages which are in front of the person at the time he makes the *borei pri hagofen* are exempted. According to this view, beverages which are subsequently brought to the table will require their appropriate brochos.

Many poskim add that if one has specific intention at the time he makes the *borei pri hagofen* to drink the additional beverages, they are

[c] The amount of liquid which constitutes a *m'lo lugmov* varies according to the size of one's mouth, but it is approximately 2 ounces for the average person.

7 עיין שו״ע סי׳ רע״א סעי׳ י״ג ובמ״ב ובה״ל שם, ועיין בקונטרס לתורה והוראה חוברת א׳ שע״פ הוראת הגר״מ פיינשטיין זצ״ל שיעור רביעית (לדיני דרבנן) הוא 3.3 ״אונציז״ ולפ״ז מלא לוגמיו של אדם בינוני (שהוא רוב רביעית), הוא 1.7 ״אונציז״ ועיין בספר שיעורין של תורה מהגר״י קניבסקי זצ״ל דלפי החזון איש שיעורו של רביעית הוא בערך 150 גרם, ולפ״ז מלא לוגמיו לאדם בינוני הוא בערך 80 גרם. וע״ע בהוספות פרק א׳.

8 לענין ברכה לבטלה וברכה שאינה צריכה עיין בפרק י״ד.

9 בה״ל הובא בהערה 6.

10 שיטת הט״ז (בסי׳ קע״ד ס״ק ב׳) דהא דנקטינן דיין פוטר כל מיני משקין הוא דוקא באופן שהמשקין הן לפניו על השולחן בשעה שבירך על היין, והביא דין זה מהמרדכי (פרק ו׳ אות ק״נ) שכתב וז״ל אבל היכא דאין המשקין לפניו והוצרך לברך על המשקין או השתא בזמן הזה ליכא קבע לשתות יין וכו׳ וכתב הבאור מרדכי

covered even though they were not in front of him.[11] [d]

For example, one comes home from shul early on Shabbos morning and is not ready to eat the *seuda*, but he does want to make *kiddush* and have some coffee and cake. Since at the time he made *kiddush* he intended to drink coffee,[11.2] the coffee is covered by his *borei pri hagofen* even though it was not in front of him when he made *kiddush*.

Therefore, the poskim advise[12], that all other beverages that one may wish to drink should be brought to the table before making the brocha on the wine.[13] If one did not have the beverages on the table but, nevertheless, had them in mind at the time of the brocha, no other brocha should be made.

However, if the beverages were not on the table, and he also did not have intention to drink other beverages at the time he made the brocha, a separate brocha on the other beverages is required.

[d] According to many Poskim beverages brought during a "wine drinking session" (i.e., more than two cups of wine) are exempted even though one did not have specific intent to drink them, nor were they on the table when he made the *borei pri hagofen*. It is, however, preferable even in a situation such as this, to bring the other beverages on the table before making the *borei pri hagofen*.[11.1]

שם דלפי זה להטור דס״ל דיש קבע ליין בזה״ז אם קבע על היין א״צ להיות המשקין לפניו. (ועיין בדגול מרבבה שם).

[11] גר״ז סעי׳ ד׳ ומקורו (כפי שציין שם סוס״ק כ״ד) הוא מהמ״א ס״ק י״א ועיין במ״ב ס״ק ג׳ שהביא הגר״ז הנ״ל והביא כן גם מהר״מ בנעט בספר באור מרדכי פרק ו׳ אות ק״ד ואות ס״ה. וכ״כ בפמ״ג א״א סי׳ ר״ח ס״ק כ״ד ובס׳ בן איש חי ש״ר פר׳ נשא אות ב׳.

[11.1] מ״ב שם ס״ק ג׳ וע״ע מש״כ שם, ועיין מש״כ לקמן בהערה 12.

[11.2] עיין מש״כ לעיל בהערה 4.2 שיש פוסקים דס״ל דקידוש לא מקרי קבע, ולכן כתבנו דבעי דעת.

[12] בסי׳ רי״ג נחלקו הטור והסמ״ג אי מהני הסיבה ליין בזה״ז להחשב קביעות, ובשו״ע שם סעי׳ א׳ נפסק דמהני הסיבה ליין. וכתב המחבר דלדידן ישיבה הוי כמו הסיבה (פי׳ מה שאנו מתוועדין לישב יחד בשולחן אחד ולאכול נחשב לקביעות, כ״כ במ״ב שם) .ואף שהרמ״א חולק לענין פירות מ״מ לענין יין מודה להמחבר שיש קביעות בזה״ז. ועיין במ״ב סי׳ קע״ד ס״ק ג׳ שכתב דאם קבע לשתות יין הסכימו כמה אחרונים דפוטר שאר משקים אפי׳ לא היו לפניו אלא שהוסיף שם דדוקא אם באו לפניו בעוד שהיין עדיין לפניו על השולחן או שעכ״פ היה בדעתו לשתות שאר משקים בעוד שלא גמר שתיית היין. וכ״כ המ״ב בסי׳ ר״ח ס״ק ע״ב. (ועיין מש״כ בהערה 4 בשם הח״א דבלא קביעות אין המשקים נפטרים ע״י ברכת היין אפילו אם היו לפניו או אפי׳ אם היה דעתו עליהם. ועיין בבאור מרדכי שם, ובדגול מרבבה.)

[13] כתבנו בפנים (על פי הגר״ז והמ״ב ועוד הרבה פוסקים) דהיכא דלא קבע על היין אין היין

Exception: Guest

A *borei pri hagofen* that a guest makes will cover all other beverages which his host will subsequently serve[14], even though they were not on the table at the time he made the *borei pri hagofen* nor did he have specific intent to drink the other beverages. The reason is that a guest, being dependent on his host, has the underlying intent to drink any beverage his host may subsequently serve. Therefore, when he makes the *borei pri hagofen* it is considered as if he had specific intent to drink other beverages as well.[e] (Also see Chapter 7 Section F.3)

B. Wine Before the Meal Exempts Wine Used During the Meal

Wine which is served during the course of a meal requires a *borei pri*

[e] It is preferable, however, that all the beverages be on the table prior to making the brocha on the wine.

[f] See Chapter 5.

פוטר שאר משקין אלא אם כן היו המשקים לפניו או שהיה בדעתו לשתותם בשעה שברך על היין.

ולכאורה קשה ממש״כ הפוסקים בסי׳ ר״ו על מה שפסק המחבר שם בסעי׳ ה׳ וז״ל מי שברך על פירות שלפניו (בסתמא, ובדלא קבע עליהם) ואח״כ הביאו לו יותר מאותו המין או ממין אחר שברכתו כברכת הראשון אינו צריך לברך עכ״ל ונחלקו האחרונים בביאור שיטת המחבר שם (עיין מש״כ בפרק ז׳) ומ״מ הסכמת הפוסקים (המ״א, הגר״ז, והמ״ב, ועוד) דהיכא שבירך על פירות ונשאר קצתם לפניו על השולחן בעת שהביאו לו אחרים דאינו צריך לחזור ולברך על הפירות שהביאו לו אח״כ אפי׳ פירות שאינם ממין הראשון. הרי שאפי׳ אם לא היו הפירות בפניו בשעה שבירך וגם לא היה בדעתו בשעה שבירך לאוכלם מ״מ אינו צריך לחזור ולברך. (למשל אם בירך בתחלה על תפוחים ולא היה בדעתו לאכול אגוזים וגם לא היו אגוזים בפניו על השולחן ואחר כך בעת שהיו עדיין תפוחים על השולחן הביאו לו אגוזים [או שאר מיני פירות] נפטרים בברכת בפה״ע שבירך בתחלה על התפוחים ואין צריך לחזור ולברך ברכה שניה על האגוזים). וכאן בסי׳ קע״ד (לענין יין פוטר שאר משקים ולא קבע לשתות יין) פסקו להיפך וכמש״כ המ״ב כאן (בסק״ג) וז״ל דאלו לא היו לפניו בשעת ברכה אף שהביאו המשקים לפניו בשעה שעומד עדיין היין לפניו לא מהני וצריך לברך עליהם.

ותירץ בספר באור מרדכי (הנ״ל בהערה 11) דבסי׳ ר״ו הברכה שבירך בתחלה היא אותה הברכה הנכונה ג״כ לפירות שהביאו אח״כ (בציור הנ״ל שניהם בפה״ע) ולכן כל הפירות הבאים אח״כ עד שהסיח דעתו מלאכול נפטרים בברכה שבירך בראשונה והיכא שלא כוון בדעתו לאכול עוד ולא היו פירות בפניו אמרינן דמן הסתם הסיח דעתו אלא אם כן נשאר מהפירות עדיין בפניו, משא״כ כאן בסי׳ קע״ד הברכה שברך על היין (בפה״ג) אינה הברכה הפרטית דשאר משקים אלא שתיקנו חז״ל דמחמת חשיבותו של יין נטפלים שאר

hagofen[f], as it is not covered by the brocha on the bread.[15] When one makes a brocha on wine before the meal and has intention to include the wine which will be served during the meal, a second brocha during the meal is not required.[g] [15.1]

If one makes a *borei pri hagofen* on wine served before the meal and the table in front of him was set with the wine which will be used during the meal, it is considered as if he had specific intent and a second brocha will not be required.[16]

Similarly, if wine is normally served at the meal, his brocha before the meal will cover the wine served during the meal.[17] [h]

However, if one did not have intention to include the wine which will be served at the meal, and the table was not set with wine for the meal, and wine is not normally served at his meal, a second brocha will be required.

Even in those instances that wine served during the meal does not require another brocha, nevertheless, wine served after *bentching* will require a new *borei pri hagofen*. Therefore, when a cup of wine is used for *bentching* or for *sheva brochos*, a *borei pri hagofen* is required.[18]

[g] With regard to specific intention for covering other items see Chapter 7.

[h] **Note:** If one made a *brocha achrona* on the wine he drank before the meal, his *borei pri hagofen* will no longer be effective to cover the wine which will be served at the meal.

משקים ליין וזה אינו שייך אלא אם כן ישתו אותם באותו קביעות של יין דהיינו היכא שקבע על היין ועדיין נשאר יין על השולחן, או שלא קבע על היין אבל היו לפניו שאר משקים כשברך על היין או כשהיה בדעתו לשתותם. (ועיין במ״א סי׳ ר״ו סק״ו שכתב סברא זו לבאר שיטת המרדכי שחילק בין מי שקבע לאכול פירות לדין יין שפוטר שאר משקים דוקא כשהמשקים מונחים לפניו.)

14 גינת ורדים כלל א׳ סי׳ א׳ ובשו״ת זרע דוד ח״ב סי׳ ד׳ וכדאיתא בשו״ע סי׳ קע״ט סעי׳ ה׳ לענין פירות, ועיין באגרות משה או״ח (ח״א ססי׳ קכ״ה) אימת אמרינן דדעתו על כל מה שיביא בעה״ב ואימת לא אמרינן כן.

15 שו״ע סי׳ קע״ד סעי׳ א׳.

15.1 שו״ע סי׳ קע״ד סעי׳ ד׳ ומ״ב שם ס״ק ו׳, ועיין בה״ל ד״ה לפני המזון.

16 כתבו התוס׳ (דף מ״ב ע״ב ד״ה ורב ששת) אהא דתנן ברך על היין שלפני המזון פטר את היין שלאחר המזון דה״ה שיין לפני המזון פוטר את היין שבתוך המזון וכן פסק המחבר בסי׳ קע״ד סעי׳ ג׳ ועיין מש״כ בהערות דלקמן.

17 תוס׳ שם, מ״ב סי׳ קע״ד סק״ז ושעה״צ שם אות י״ג.

18 טור וב״י סי׳ קע״ד.

C. Applications

1. Kiddush at Shul or at a Simcha

a. The Person Making Kiddush

One who makes *kiddush*, either for himself or to be *motzi* others, is required[i] to drink at least a *m'lo lugmov* in order to fulfill the requirements of *kiddush*.[19] Thus, the person making *kiddush* usually drinks enough wine to exempt all of the other beverages which he will drink at the *kiddush* (e.g., soda, beer, whiskey, etc.).[j]

b. Persons Who Were Yotzei By Listening to Kiddush

One who wishes to be *yotzei* by listening to someone else's *kiddush* and also intends to drink other beverages, should preferably drink more than a *m'lo lugmov* of wine.[19.1] [j]

If he drinks more than a *m'lo lugmov*, even though he did not personally make the *borei pri hagofen*, nevertheless, the *borei pri hagofen* is considered as his own and will exempt any other beverage which he subsequently wishes to drink.

If he drinks less than a *m'lo lugmov* [20] (e.g., he takes a sip from the *kiddush* cup) and then wishes to drink another beverage, it is questionable whether or not a *shehakol* is required. The poskim advise that he should either ask a friend to be *motzi* him or he should make a

[i] Regarding people who are unable to drink a *m'lo lugmov*, persons reciting *kiddush* in order to exempt others, and other halachos of drinking the *kiddush* wine, see Shulchan Aruch O.C. 271.

[j] Regarding changing location or being *meiseeach daas* from drinking, see footnote a.

Also, the other beverages are not exempted unless they were in front of him or he had specific intent to drink them when he made the *borei pri hagofen*, see above Section A.2.

19 סי׳ רע״א סעי׳ י״ג וע״ש בה״ל ד״ה צריך ולסעי׳ י״ד ד״ה שאם וע״ע בה״ל סי׳ קע״ד ס״ב ד״ה יין.

19.1 כמש״כ לעיל בהערה 6 לגבי המברך עצמו, וע״ע בגנת ורדים כלל א׳ סי׳ א׳ דמוכח מדבריו דלא סגי בכוונת המברך לפטור שאר משקין בברכתו אלא גם השומעים צריכים לכוון בשעת ברכתו לשתות שאר משקין.

20 עיין מש״כ לעיל הערה 7.

shehakol on something else (e.g., a piece of fish, a candy) and have intention to cover the other beverage.[21]

If, however, the listener does not drink any wine at all, a brocha on the other beverages will be required.[22]

2. Wine at Smorgasbords

At catered affairs and formal dinners, wines are often served at the reception before the meal, and again during the course of the meal. When a guest makes a *borei pri hagofen* on wine served during the reception, his underlying intent is to also cover anything the host will subsequently serve. Therefore, the brocha he makes at the reception will cover all wines and champagnes which will be served during the meal.[j] It will also cover all other beverages (e.g., whiskey) served before and during the meal.[23]

3. Havdalah

There is a difference of opinion among the Rishonim with regard to whether the *borei pri hagofen* of *havdalah* made immediately before the meal will cover wine served during the meal.[24]

Therefore, the Poskim advise that when making *havdalah* before a meal at which wine will be served, one should have specific intent to

21 בה״ל לסי׳ קע״ד ס״ב, הובא בהערה 19.

22 דה״ח, שו״ת יד יצחק ומנ״י הובאו בהערה 6, ודלא כערוה״ש (סי׳ קע״ד סעי׳ ג׳) שנסתפק בזה.

23 עיין לעיל בהערה 14.

24 איתא בשו״ע סי׳ קע״ד סעי׳ ד׳ שהמבדיל על השולחן פוטר היין שבתוך הסעודה (כמו שאר יין שלפני המזון שפוטר יין שבתוך הסעודה) וי״א שאין ברכת יין הבדלה פוטר יין שבתוך הסעודה (מפני שבא לצורך מצוה ולא לצורך הסעודה) ואם

exclude the wine which will subsequently be served. If this is done, a separate brocha will be required for wine which is subsequently served at the meal. In this manner one is *yotzei* according to all views.[k] [25]

[k] After the fact, if he did not have specific intent to limit his brocha to the *havdalah* only, he should not make another brocha on the wine which he subsequently consumes (if he had intent to drink wine at the meal).

נטל ידיו קודם ההבדלה פוטר היין שבתוך הסעודה לכו"ע. ולא כתבנו ציור זה בפנים הואיל ולא מצוי בינינו להבדיל בין נטילת ידים וברכת המוציא. ועיין במ"א שם סק"ו שפסק דכשקבע עצמו לסעודה חשוב כנטל ידיו, אמנם במ"ב ס"ק י"ג הביא שהא"ר חולק עליו ושכן משמע מביאור הגר"א.

[25] מחבר שם.

[25.1] ערוה"ש סי' קע"ד סעי' ז'.

CHAPTER 7

Using a Single Brocha for Numerous Items

Introduction

In this chapter, we will discuss various situations in which a single brocha may be used to cover many items. For example, one is served a bowl containing oranges, apples and other fruits and makes a brocha on an apple. If a short while later he wants to eat an orange, a new brocha should not be made because his original brocha is still valid. In other situations, however, if he wanted to eat an orange or even if he wanted to eat a second apple, a new brocha may be required.

In Section A, we will explain that the main criteria for determining whether a brocha will cover other items is the person's intent at the time he made the brocha.

In Section B, we discuss the correct procedure to follow when making a brocha for numerous items.

In Section C, we discuss the rule that a brocha made on a less *choshuv* item will not cover a more *choshuv* item. For example, if one selects an apple from a fruit bowl containing apples and grapes and makes a brocha on the apple (not having specific intent to cover the grapes), the grapes, which are more *choshuv* than the apples, are not covered.

Generally, all items which are on the table when a brocha is made are covered. For example, if beer, fish, eggs, and cheese were all on the table, and one made a *shehakol* on the fish, he may eat the other items or drink the beer without having to make a new *shehakol* because the items were in front of him at the time he made the brocha.This type of situation is discussed in Section D.

In Section E, we discuss what one should do, *b'dieved*, if he did not have anything in mind nor were the other food items in front of him when he made the brocha.

In certain cases, even if one does not have specific intent, all additional items that he wishes to eat will be covered. If a person usually drinks soda with his meat, the soda will be covered by the *shehakol* he makes on his meat, even though he did not specifically plan to have soda. These and other rules pertaining to specific intent are discussed in Section F.

> **Note:** When we refer, in this chapter, to a brocha being valid for subsequent items, we assume that there was no action which interrupts the validity of the brocha. For example, if after making the original brocha (and eating some of the food) one leaves the premises, goes to sleep, or makes a *brocha achrona*, in most cases, the original brocha will no longer be valid. (See Chapter 8.)

A. Specific Intention

Often, when a person takes an item and makes a brocha, his intent is only for the item he is about to eat. His brocha will not be valid for any additional items. He can, nevertheless, extend his brocha to cover other items by having specific intent to do so when he recites the brocha.[1]

For example, if a person makes a brocha on an apple thinking, "I want this brocha to be effective for any other fruit which might be brought," his brocha will remain valid for all additional fruit (of that brocha category) which may be brought.[a]

[a] The brocha will remain in effect until it is terminated, as explained in Chapters 8, 9, and 10.

[1] כמבואר בדברי הרמ"א סי' ר"ו סעי' ה' וכ"כ המ"א שם ס"ק ז' וז"ל כללו של דבר אם דעתו על כל מה שיביאו לו פשיטא דאין צריך לברך עכ"ל. וכ"כ הח"א כלל ס' סי' א', הגר"ז

Technically, "specific intent" means that at the time he makes the brocha he has in mind to extend his brocha to cover additional items. However, even if he doesn't specifically intend to extend his brocha to cover additional items, but rather, at the time he makes the brocha he merely plans to eat those other items, it is, still considered to be specific intent.[2] (For more details on the extent and limits of using specific intent, see Section F below).

B. Correct Procedure to Include Items Subsequently Brought

When a person makes a brocha and does not have specific intent to cover other items, he opens the door to an involved and complicated set of halachic issues. Since he himself did not set the boundaries for what he is planning to cover with his brocha, a halachic determination must be applied to determine what is covered. (The halachic issues involved, and the various opinions and rulings are discussed below in Section D.)

In cases where one might possibly eat additional items the Poskim advise as follows:

One should have specific intention when making the brocha to include any additional food or drink (having the same brocha) which may subsequently be brought[3].

Similarly, when one sits down to eat breakfast, lunch, or supper (without bread), and anticipates that he might eat additional foods[b] he

[b] I.e., other than those foods which are (on the table) in front of him at the time he makes the brocha.

בסדר ברכת הנהנין פרק ט׳ אות ה׳.

[2] הגר״ז בסדר ברכת הנהנין שם כתב וז״ל והוא שכשבירך היתה דעתו גם על השני לאכלו אפילו לא היה בדעתו בפירוש לפוטרו בברכה זו עכ״ל. וכ״כ בשו״ע שלו סי׳ ר״ו סעי׳ ט׳. (וכן מבואר בטור סי׳ קע״ד בשם הרא״ש וז״ל ישב קודם נטילה במקום אכילתו ויברך על המים על דעת לשתות בתוך סעודתו. וכן איתא בפסקי הרא״ש פרק ו׳ סי׳ כ״ט. הרי דלא בעי דעת לפטור, וסגי בדעת לשתות.)

[3] כתב הב״י ביו״ד סי׳ י״ט וז״ל ולכתחלה טוב ליזהר ולהיות דעתו בשעת ברכה על כל מה שיביאו לו עכ״ל. והעתיק הרמ״א הנ״ל דבריו באו״ח סי׳ ר״ו סעי׳ ה׳.

should have specific intent to include all subsequent foods[c]. For example, if his meal consists of steak and baked potatoes, when he makes the *borei pri hoadoma* on the potatoes, his intention should be to cover all other foods which require a *borei pri hoadoma*. Likewise, when he makes the *shehakol* on the steak, he should intend to cover all foods and drinks which require a *shehakol*

C. Items To Be Covered Must Be Less Choshuv

The Rishonim rule that when a brocha is made on two or more items (for example, apples and grapes) if the brocha is made on the more *choshuv*[d] item it will cover the less *choshuv* item. If, however, the brocha was made on the less *choshuv* item, it will not cover the more *choshuv* item, even if both items were in front of him at the time he made the brocha.[4]

For example, if one arbitrarily selects an apple from a fruit bowl containing apples and grapes (not because he likes the apples best) and makes a brocha on the apple (not having specific intent to eat the grapes), the grapes are not covered. The grapes, being of the seven

[c] which can be covered by the particular brocha he is making.

[d] The criteria used to determine which item (from amongst a group of items) is mos *choshuv* are the same as those used for determining which brocha takes priority – (discussed in detail in Chapter 11.) For example, fruit of the seven species take priorit over other fruit. Therefore, grapes, which are fruit of the seven species, are considere more *choshuv* than other fruits (not of the seven species).

There is a minority ruling that the item that one likes best is considered the mos

[4] כתב הרשב״א בחי׳ (דף מ״א ע״א ד״ה ולענין פסק הלכה) וז״ל ומסתברא דאפי׳ לר״י אם היו לפניו אתרוג וזית וקדם וברך על האתרוג אע״פ שאינו רשאי (דצריך להקדים החשוב) אינו צריך לחזור ולברך על הזית כיון שברכותיהן שוות והוא שנתכוון לפטור את הזית בברכת האתרוג וכו׳ אבל בלא מתכוון לא דאינו בדין שיפטור מי שאינו חשוב את החשוב דרך גררא אלא דרך כוונה וכו׳ ולפי פירוש זה אם היה אוכל תפוחים ובירך עליהן ואח״כ הביאו לפניו אגוזים אם התפוחים חביבים לו יותר פוטר את האגוזים בגררת ברכת התפוחים אבל אם אינם חביבים אינם פוטרים את האגוזים אלא א״כ נתכוון להם מתחלה עכ״ל. ר״ל דלאו דוקא כשאחד מהם מין ז׳ אלא אפי׳ אם אחד מהם חביב לו יותר (וה״ה אם אחד מהם נחשב יותר חשוב מחמת שאר תנאי חשיבות המבוארים בסי׳ רי״א בפוסקים) אמרינן דאינו מן הדין שיפטור האינו חשוב את החשוב דרך גררא. הובאו דבריו בב״י סי׳ ר״ו וסי׳ רי״א וברמ״א (בשם הב״י הנ״ל) סי׳ רי״א ובמ״א סי׳ רי״א ס״ק י״א ובמ״ב שם ס״ק ל״ב ובגר״ז סי׳ ר״ו סעי׳ י׳ ובסדר ברכת הנהנין פ״ט אות ו׳ וז׳, ובח״א כלל ס׳ סי׳ ב׳. (וע״ע במ״א סי׳ ר״ו ס״ק ח׳ ובמחה״ש שם ד״ה כ׳ מט״מ.)

of the seven species,[e] are more *choshuv* than the apple and, therefore, are not covered by the brocha made on the apple.[f] *

Only in instances where the person making the brocha has specific intention to cover both items, will the brocha made on the less *choshuv* item cover the more *choshuv* item.[5] (See footnote[p].)

In the above example, if at the time the brocha was made on the apple one had specific intention to include the grapes, the grapes would also be covered.

Other examples of a more *choshuv* food not being covered (where there was no specific intention) are as follows:

- A brocha on a cookie made of oats will not cover cookies made of wheat. (Although oats are also one of the seven species, it is less *choshuv* than wheat).[6]
- A *borei menei mezonos* made on noodles or farina will not cover crackers or cake (which are members of the bread family of products,[g] and are therefore more *choshuv* than noodles or cooked cereal).[7]
- One prefers chicken over beef and both are placed before him. He selects the beef and makes a *shehakol,* but subsequently wishes to eat some chicken. Since the chicken is more *choshuv* to him than the beef, the chicken is not covered by the *shehakol.*
- Another person, however, prefers beef to chicken. Since the beef is more *choshuv* to him than the chicken, the brocha on the beef covers

[e] The Torah praises Eretz Yisroel for the seven prominent species which grow there.

[f] A brocha made on the grapes, however, would be valid for the apples as well.

[g] See Addendum 2.

* There is a minority opinion that the food item that one enjoys and prefers more is considered the more *choshuv* (see pg. 170). In this example, if one prefers apples over grapes, the apples would be considered the more *choshuv*. Therefore, b'dieved, if the item he made the brocha on was selected because he prefers eating that item, he should not make another brocha. In this example, he should not make a new brocha on the grapes.

5 רשב״א ודעימי׳ עיין בהערה 4.

6 ראה פרק י״א הערה 8.

7 ז״ל הגר״ז בסדר ברכת הנהנין פרק ט׳ אות ז׳ לפיכך מי שהיה לפניו מעשה קדירה של ה׳ מיני דגן ופת הבאה בכסנין שברכתו ג״כ בומ״מ אלא שקביעות סעודה מועלת לו לברך המוציא וברך על מעשה קדרה לא פטר את הפת הבאה בכסנין אא״כ נתכוין בפירוש לפוטרם בברכה זו לפי שאינו בדין שיפטור מי שאינו חשוב את החשוב ממנו שלא בכוונה עכ״ל.

the chicken as well.[8]

B'dieved

B'dieved if one made a brocha on an item which is otherwise less *choshuv*, but is nevertheless the item he likes best, he should not make a brocha.[8.1]

If one made a brocha on an item which is otherwise less *choshuv* and is also not the item he likes best, the more *choshuv* item is not covered, even *b'dieved*.[9] (See footnote[h].)

D. All of the Items in Front of Him When Brocha is Made

When one makes a brocha without having any other food in mind, if the items he subsequently wishes to eat were in front of him (on the table) at the time he made the brocha, those items are covered.[11]

For example, if beer, fish, eggs, and cheese were all on the table and one made a *shehakol* on the fish, should he subsequently wish to eat the other items or drink the beer a new *shehakol* will not be required. In this case, even though he did not have specific intention to eat the eggs, cheese, etc., nevertheless, since they were in front of him when he made the brocha, they are covered.

Furthermore, even if the items which were in front of him are of a dissimilar class (i.e., solids and liquids), they will be covered by his original brocha. In the above example, the brocha on the fish will cover the beer even though they are dissimilar.[11]

[h] There is a dissenting opinion[10] that, *b'dieved*, a new brocha should not be made. Therefore, if one did not give priority to the more *choshuv* item and subsequently wishes

[8] עיין מש״כ בהערה 4 דמבואר מדברי הרשב״א ומהפוסקים דאם אחד מהמינים חשוב יותר ע״פ אחד מן התנאים שבסי׳ רי״א אמרינן דאינו בדין וכו׳.

[8.1] מ״ב סי׳ רי״א ס״ק ל״ג.

[9] עיין מש״כ בהערה 4 דכן פסקו רוב הראשונים והאחרונים (וכ״פ הרמ״א והגר״ז והח״א והמ״ב) ושמעתי מהגרי״ש אלישיב שליט״א שכן יש להורות.

[10] הגר״ז כ׳ בסדר ברכת הנהנין פרק ט׳ אות ז׳ וז״ל ויש חולקים (על הרשב״א ודעימי׳) ואומרים שאין חילוק כלל בין דבר החשוב לשאינו חשוב כל כך כל שברכותיהן שוות ואפי׳ יש לאחד דין קדימה על השני לכתחלה כששניהם לפניו הרי החשוב והמוקדם נפטר בברכת שאינו חשוב אף שלא נתכוין בפירוש לפוטרו, ולצאת מידי ספק ברכות צריך ליזהר לכתחלה להתכוין בפירוש לפטור גם החשוב בברכה זו כשאינו לפניו עדיין ואם ישנו לפניו יברך עליו תחלה עכ״ל, משמע דבדיעבד אין לחזור ולברך על החשוב דספק ברכות להקל אכן בשו״ע שלו סי׳ ר״ו סעי׳ י׳ סתם כרוב הפוסקים ומשמע אפי׳ בדיעבד צריך לחזור ולברך על החשוב ועיין עוד בערוה״ש סי׳ רי״א סעי׳ ט״ז ובכף החיים סי׳ ר״ו אות ל״ו ול״ט ובסי׳ רי״א אות כ״ד. ושמעתי מהגרח״פ שיינברג שליט״א שיש לסמוך על הערוה״ש שלא לחזור ולברך על החשוב.

[11] עיין לקמן בסמוך בהערות 11.4-11.1 חלוקי הדיעות במי שבירך ואח״כ הביאו לו

Exception:

Even though the brocha is valid for all of the items in front of him, when the brocha is made on the less *choshuv* item it will not cover the more *choshuv* item (as explained in Section C above).

E. Did Not Have Specific Intent to Cover Subsequent Items

There is an extensive difference of opinion among the Rishonim regarding someone who makes a brocha without having specific intent to include additional items which were not before him (at the time he recited the brocha). These views are explained below in the footnote[i].

to eat the more *choshuv* item it is preferable to avoid making a new brocha by using one of the alternatives outlined in Chapter 16 (Section B).

[i] **1.The Kolbo rules** that a brocha is valid only for those items which were in front of him at the time he made the brocha. All items which are subsequently brought to the table will, according to this view, require a new brocha.

To illustrate, if at the time one made a brocha on an apple there was an apple and an orange in front of him, the brocha is valid for those two fruits only. It will not be valid for any additional apples or oranges subsequently brought. [11.1]

2. The Baal Ho'itur rules that a brocha is valid for all items which are the same type as the one upon which the brocha was made, even though the subsequent items were not in front of him when the original brocha was made.

For example, a brocha made on apples will be valid for all subsequent apples which will be brought. A brocha on meat will be valid for additional meat subsequently served.

The *Baal Ho'itur's* position is based on the fact that when a person starts eating, it is not uncommon for him to be drawn into eating more of the same food. Thus, when one makes a brocha on an apple, even if he had nothing else in mind at the time he made the brocha, he may eat apples subsequently brought without making a new brocha.[11.2]

מאכלים אחרים מאותו מין ברכה, אכן כאן (כשהיו המאכלים לפניו בשעה שבירך) נפטרים לכל הדיעות.

11.1 ז"ל הכל בו סי' כ"ד מהלכות סעודה (דף י"ז מדפי הכל בו) כתב הר"ם כשאוכלין שני מיני פירות או שלשה או אפי' מין אחד אם אין כולן לפניו בשעה אחת מברך על כל אחד ואחד לבדו ברכה ראשונה לבד מפני היסח הדעת אבל לא ברכה אחרונה עכ"ל (והובאו דבריו בב"י סי' קע"ט). וכתב עוד הכל בו (שם בדף י"ח) דגם אם קבע לסעודת פת אין ברכת המוציא פוטרת אלא אותם מאכלים שהיו בפניו על השולחן בשעה שבירך ולא אותם המאכלים שיבואו אח"כ.

11.2 שיטת בעל העיטור הובאה בטור יו"ד סי'

The issue is: What is the general practice of people engaged in similar situations? If people under similar circumstances would generally not eat additional foods, the brocha will be deemed halachically invalid for subsequent foods. If, however, people would generally continue eating additional foods,[11.5] the brocha will be deemed halachically valid for the subsequent foods.

The following are the practical applications of what one should do, *b'dieved*, if he did not have specific intent and the other foods were not in front of him at the time he made the brocha :

1. Subsequent Item Is Of the Same Type

B'dieved, when one makes a brocha without having any other food in mind, if the item brought is of the same type as the one upon which the

3. The Sefer HaMitzvos Koton rules that the brocha stays in effect only as long as some of the original food (upon which the brocha was made) remains (on the table) before him.

To illustrate, a person was served a bowl of fruit containing apples and oranges. He selected one of the fruits, made a brocha and ate that fruit. Subsequently, peaches were brought. If one of the apples or oranges still remained before him, he may eat a peach without making an additional brocha.

The *Sefer HaMitzvos'* ruling is based on the judgment that a person is not finished with his eating session as long as some of the items (he started with) remain before him.[11.3]

Although a brocha is valid for additional items, a brocha made on solids will not be valid for liquids (unless both items are in front of him when making the brocha).[11.4]

י״ט וז״ל דוקא כשאינה ממין הראשונה כגון ששחט חיה והביאו לו עוף (אז אינו נכלל בברכתו שכבר ברך וצריך לברך שנית) אבל אם היא ממין הראשונה אין צריך לברך עכ״ל. וכתב הד״מ שם וברמ״א סעי׳ ו׳ דכן עיקר.

11.3 שיטת ספר המצות הובאה בטור יו״ד סי׳ י״ט (ועיין שם בב״ח שציין לסמ״ק סי׳ קנ״ו וכן כתב בבאר הגולה שם אות י׳ דהוא דעת הסמ״ק ודלא כדאיתא בב״י ע״י טעות הדפוס שהוא הסמ״ג) ובשו״ע יו״ד שם סעי׳ ז׳.

11.4 גר״ז סי׳ ר״ו סעי׳ ט׳ ועיין הערה 15, 16.

11.5 מ״ב שם ס״ק כ׳ וז״ל שכן דרך האדם לכנוס מאכילה קטנה לגדולה בסתמא. וע״ע חסד לאלפים שם סעי׳ ז׳.

brocha was made, even though it was not before him when the brocha was recited, a new brocha should not be made.[12]

For example, one made a brocha on an apple, and after a while he wants to eat another apple. Even though at the time he made the brocha, he did not have specific intent to have more fruit and there were no other apples in front of him, nevertheless, since the second item is also an apple, it will be covered by his original brocha.[j] An additional brocha should not be made.

2. Subsequent Item Is Not Of the Same Type

When one makes a brocha on a particular item (e.g., an apple) without having any other food in mind, if the subsequent item brought is a different type (e.g., an orange) even though it is in the same class of foods (i.e., both are solid food items), a new brocha will be required.

There is an instance, however, where the original brocha will remain valid for the subsequent item(s) even though it is of a different type than the original item. If some of the food, which was before him when he originally made the brocha, continues to remain before him, any subsequent items brought, even dissimilar items will, *b'dieved*, be covered.[14]

[j] If the subsequent item is of a different variety (e.g., the brocha was made on a red macintosh apple and he subsequently wishes to eat a green delicious apple) but of the same type (e.g., apple) it is covered by the original brocha.[13]

[12] כתב בדרכי משה (טור יו״ד שם אות ד׳) דדעת הטור באו״ח סי׳ ר״ו לפסוק כבעל העיטור (ועיין מש״כ בהערה 11.2 דלפי הרבה אחרונים דוקא במין אחד ס״ל לבעל העיטור דא״צ לחזור ולברך) וכתב שם הרמ״א דהעיקר כדעת בעל העיטור. ולפי פירוש זה אם בירך על תפוחים ואח״כ הביאו לו עוד תפוחים אין צריך לברך אבל אם הביאו לו אגוזים צריך לחזור ולברך.

ועיין בשעה״צ אות כ׳ דהרבה פוסקים כתבו שהמחבר (בסעי׳ ה׳) מיירי בסתם דעת ועל זה כתב המחבר דמי שבירך על פירות שלפניו ואח״כ הביאו לו יותר מאותו המין או ממין אחר שברכתו כברכת הראשון א״צ לברך, (וזה דלא כמו שפי׳ המ״א בדעת המחבר דלדבריו ס״ל להמחבר דבסתם דעת אפי׳ אם הביאו לו עוד מאותו המין שבירך עליו צריך לברך שנית). ולפי פירוש זה אם בירך על תפוחים ואח״כ הביאו לו אגוזים (וכגון שאינם חשובים יותר מהתפוחים כנ״ל בהערה 4) א״צ לברך. אכן הפוסקים (הגר״ז והמ״ב ס״ק כ״ב ובשעה״צ ס״ק כ״ג) חששו לדברי המ״א עכ״פ שלא לסמוך על הברכה הראשונה היכא שהביאו לו מין אחר (למשל אגוזים) אבל היכא שבירך על תפוחים והביאו לו עוד תפוחים פסקו דא״צ לברך.

[13] כך שמעתי מהגרי״ש אלישיב שליט״א.

[14] הגר״ז סי׳ ר״ו סעי׳ ט׳, מ״ב ס״ק כ״ב, ערוה״ש סעי׳ י״א.

For example, a person was served a bowl of fruit containing a pear and several apples. Without thinking about the other fruit, he made a brocha on a pear, leaving over the apples which remained in the bowl. Subsequently, he decided to have some peaches. If any apples or part of the pear (which were there at the time he made his brocha) are still on the table at the time the peach is brought, a new brocha should not be made.[k]

Exceptions:

a. If the brocha was made on a less *choshuv* item (as explained in Section C. above), according to most Poskim it will not cover the more *choshuv* items.

b. Brocha on Food Will Not Exempt Drinks

Although the brocha will be effective to cover items which will be subsequently served, it will not cover items of a different class[15] — i.e., if the brocha was made on solid foods, it will not be valid for drinks.[16]

For example, one ate fish upon which he made a *shehakol*. Subsequently, while some of the fish remained on the table, he brought out some beer. Since the second food, the beer, is a liquid, and the brocha was made on fish, a solid, the beer is not covered by the original *shehakol*.[l]

[k] Even though at the time the person made the brocha the only food he had in mind was the one he originally took to eat (in this case the pear), and even though the new item is not the same type as the original item (the new item is a peach), nevertheless, the subsequently brought fruits are not subject to a new brocha.

[l] However, the *shehakol* made on the fish will be valid for the beer if any of the

[15] כתב במ״א סי׳ ר״ו ס״ק ז׳ וז״ל ובסתם (שלא היה בדעתו לפטור כל מה שיביאו לו וגם לא היה נמלך מלאכול עוד) כל זמן שמונחים לפניו מהראשונים פליגי דלהכל בו צריך לברך וכו׳ ולהספר המצות אין צריך לברך. אבל שתה שכר והביאו לו דגים אע״פ שהוא ברכה א׳ צריך לברך עכ״ל. הרי אפי׳ לדעת הסמ״ק אם הביאו לו ממין אחר לגמרי אינו מועיל, והוסיף המ״א דאע״פ שבאים הדגים למתק השתיה (השכר) מ״מ אינם נפטרים בברכת השכר. וכ״כ הגר״ז סעי׳ ט׳ והמ״ב ס״ק כ״א והערוה״ש סעי׳ י׳ וש״א.

[16] כן משמע מלשון הגר״ז והמ״ב הנ״ל דר״ל שמין אחד מאכל והשני משקה וכן משמע ממחצה״ש שם וכן הוא בהדיא בגינת וורדים סי׳ ז׳.

F. Rules Relating to Specific Intent

The following are some rules relating to specific intent and guidelines for using specific intent:

1. One's Usual Practice is Considered as Specific Intent

If it is one's usual practice to eat a certain item after the first item, it is considered as if he had specific intent to do so. The second item will be covered even though he did not have specific intent to do so, nor was it in front of him at the time he made the brocha.[17] [m]

For example, if one usually drinks a soda with his meat, when he makes the brocha on the meat it is considered as though he meant to include the soda which will subsequently be brought and no further brocha is required.

2. Meal or Eating Session Considered as Specific Intent

When a person has bread with his meal, even if he does not have

following apply:[16.1]

1. Both the fish and the beer were before him when he made the brocha, or

2. He had specific intent while making the brocha on the fish to drink the beer as well, or

3. It was his usual practice to eat fish with beer (when it is one's normal practice to eat a second item, it is considered as if there was specific intent as explained in Section F.)

[m] If, however, the subsequent item brought is more *choshuv* than the item upon which the brocha had been made, a new brocha will be required.[17.1] See above Section C.

וכן משמע מקשו"ע סי' נ"ז אות ה'.

16.1 כתבו הפוסקים (מ"א וגר"ז ומ"ב וערוה"ש הנ"ל) דדוקא אם לא היה בדעתו לאכול דגים ושכר וגם שלא היו בפניו כשבירך אכן אם היה בדעתו לאכול דגים ושכר או אם היו שניהם לפניו בשעה שבירך שפיר דמי.

17 עיין בתוס' דף מ"ב ע"ב ד"ה ורב ששת דמתבאר מדבריהם דהיכא שרגיל לשתות יין בתוך הסעודה הו"ל כדעתו עליה ונפטר בברכה שבירך על היין שלפני הסעודה וכן איתא בטור סי' קע"ד, מ"א סי' רי"ב ס"ק ב' בשם השל"ה, מ"ב שם ס"ק ד'.

17.1 עיין בהערה 4) וכן משמע מהא דאיתא בדף מ"ב ע"ב שאין יין שבא לשרות פוטר יין שבא לשתות — אע"ג שרגילין היו לשתות יין בסעודת שבת ויו"ט.

specific intent to cover the foods which will be subsequently served at that meal, they are, nevertheless, covered. The reason for this is that during a meal it is quite common for a person to ultimately eat foods, which he had not planned to eat (and which were not in front of him) when he made the *hamotzi*. Therefore, it is considered as if his intention was to eat all foods subsequently served.[18]

Thus, when one makes a *bircas hamotzi* on bread, all foods which are eaten for satiation will be covered, even those foods which he did not initially plan on eating.[n]

Similarly, according to some Poskim, if one sits down to a meal not including bread, or to an eating session (i.e., he is not eating the food as a quick snack, rather, he plans to sit down and eat a liberal amount), even if he does not have specific intent to cover all foods which will subsequently be brought, they are nevertheless, covered (provided that they have the same *brocha rishona*).[19] [o]

3. Served by Host or Wife Considered as Specific Intent

a. Guest

A brocha that a guest makes will be valid for all additional items (of the same brocha category) which his host will subsequently serve him. Since the guest is dependent on his host, his underlying intention is that his brocha should not be limited to any specific food. Thus, his brocha extends to cover anything the host might serve (provided that they have the same *brocha rishona*).[20] [p]

[n] Regarding which types of foods are covered by the *bircas hamotzi* see Chapter 5.

[o] See footnote m.

[p] The guest's brocha is valid even if the subsequent items are more *choshuv* than the item upon which the brocha was made. We have seen (in Section C.) that when the person making a brocha has specific intention to cover both items, the brocha made on the less *choshuv* item covers the more *choshuv* item. When a guest makes a brocha it is

[18] ב״י סוף סי׳ קע״ז ושו״ע סעי׳ ד׳ וע׳ רמ״א שם סעי׳ ה׳ מ״ב ס״ק י״ח ועיין משי״כ סוף פרק ה׳.

[19] ח״א כלל ס׳ סי׳ א׳ הובא במ״ב סי׳ ר״ו ס״ק כ״ב (אמנם בשעה״צ שם כתב דממ״א אין ראיה לזה) וכן שמעתי מהגרי״ש אלישיב שליט״א ובפרט דבמדינתנו מצוי מאוד לקבוע סעודה שלא על הפת.

[20] תוס׳ דף מ״ב ע״א ד״ה אתכא וז״ל ונראה שאין צריך לברך (על הפירות שבעה״ב מביא לאורחין בזה אחר זה) לפי שסומכין על שולחן

Even in the case of a host who does not serve his guests until they request that which they desire, nevertheless, when the guest makes his brocha his intention is to cover all the subsequent foods which will be served.[21]

b. Wife, Mother

If someone relies on being served by his wife (or mother), his underlying intention is that his brocha should not be limited to any specific food. Therefore, his brocha extends to cover anything (of the same brocha category) she may serve.[22] (Also see Chapter 8, Section B.3b).

c. Specifically Intends Not to Rely on Host, Wife, etc.

However, if one intended to limit his meal (e.g., he is on a diet and decides he will only eat one course no matter how much the host, wife, etc., insists on serving him more) and later he decides to eat more, a new brocha will be required.[23]

d. Not Expecting Host to Serve More Food

In situations where (at the time of the brocha) the guest does not expect additional food to be served, nor does he expect to ask for more, if additional food is subsequently served a new brocha is required.

For example, a meeting is arranged at which the serving of food is not called for. The host, however, serves coffee to be polite. The situation does not call for additional food or beverages to be served, and the guest would feel uncomfortable asking for more. Should additional food or drinks be served, a new brocha would be required.[23.1]

בעה״ב עכ״ל. שו״ע סי׳ קע״ט סעי׳ ה׳, הגר״ז שם סעי׳ ז׳, ח״א סי׳ ס׳ כלל ה׳, מ״ב שם ס״ק י״ז. (ועיין שם בט״ז ובשעה״צ אות כ״ג ובערוה״ש סעי׳ ח׳ שהביאו מהרבה אחרונים שלא כהט״ז.)

20.1 רע״א בשם שו״ת גינת ורדים (הובא בבה״ל סי׳ רי״א סעי׳ ה׳ ד״ה ובלבד), ודלא כבעל מנחת פתים בשירי מנוזה לסי׳ קע״ט. וע״ע בקצות השולחן סי׳ נ״ו בבדה״ש אות ו׳.

21 ח״א כלל ס׳ סי׳ ה׳.

22 כן שמעתי מהגרי״ש אלישיב שליט״א ומהגרח״פ שיינברג שליט״א.

23 מ״א סי׳ קע״ט ס״ק ג׳, מ״ב שם ס״ק י׳.

23.1 אגרות משה או״ח ח״א סוף סי׳ קכ״ה.

4. Specific Intent Can Be Used to Exclude

One can have specific intent to **exclude** certain items from his eating session.[q] For example, if one is served a bowl of apples and resolves[r], "I will eat only one apple, no more!" his brocha is limited to that apple. Should he change his mind and desire to eat a second apple, a new *brocha rishona* will be required.[24]

Similarly, when one makes the brocha, *hamotzi* on bread, he can specifically limit the brocha's coverage to certain items only. For example, one is on a diet, and had specific intent to eat only chicken with his bread and nothing else. Since, at the time of the brocha, he had specific intent not to eat anything other than the chicken , all other foods which he subsequently wishes to eat will require a brocha.[25]

Furthermore, even if he had specific intent to eat only one slice of bread, any additional bread will require a new brocha.[26]

considered as if he had specific intent for all subsequent items which will be served, therefore his brocha will cover the more *choshuv* item as well.[20.1]

[q] One can also terminate his eating session by having specific intention to discontinue eating, at which point his original brocha will no longer be valid. This is discussed more fully in Chapter 8.

[r] either verbally or in his mind. [23.2]

[23.2] גר"ז סי' קע"ז סעי' ו', מ"ב סי' קע"ט ס"ק ג'.

[24] עיין מ"א סי' קע"ז ס"ק א' (על פי פירוש הפמ"ג שם) דאם אכל פחות מכזית פת צריך לכוון בשעה שמברך על הפת שלא להוציא שאר דברים בברכת המוציא. ח"א כלל ס' סי' ד', מ"ב סי' קע"ד ס"ק י"ח.

[25] שם.

[26] ח"א שם, לקוטים מבעל קיצור שו"ע בס' דרך החיים השלם דיני אוכל פירות והביאו לו עוד דין ד'. וכן מוכח מגר"ז בסדר ברכת הנהנין פ"ה אות א'.

Chapter 8

Change of Mind - Hesech Hadaas

Introduction

In previous chapters, we ascertained that one's brocha remains valid for the duration of his meal or eating "session." However, after one terminates his eating session, his original brocha is no longer effective. In this chapter, we discuss actions which cause a meal (or eating session) to terminate.

Section A deals with types of interruptions which cause a meal or eating session to end. For example, if one washes his hands for *mayim achronim*, his meal is considered as having ended. Should he then change his mind and choose to resume eating, it would be considered a new meal and a new brocha will be required.

In Section B, we discuss types of interruptions which do not cause a meal to be considered ended. For example, if one interrupts his meal to carry out a lengthy business negotiation,[a] he will not require a new brocha when he resumes eating.

[a] providing that he does not change location. Also see Chapter 10.

A. What Causes a Meal [or Eating Session] to End

1. Reciting Bircas Hamozon or Brocha Achrona

When a person recites the *bircas hamozon* on bread,[1] or the (appropriate) *brocha achrona* on other foods,[2] he clearly indicates that he has ended his meal. If he changes his mind[b] (e.g., he realizes that he is still hungry) and wants to resume eating, he must make a new *brocha rishona*.

[b] If one intended to continue eating, but mistakenly made a *brocha achrona*, it is questionable if a new brocha will be required.

To illustrate, one arrived late to a *sheva brochos* and before he had a chance to eat his main course he mistakenly joined with the *bentching*. As he recites the *bircas hamozon* he realizes that he had not yet eaten the main course and had not intended to end his meal.

According to some Poskim, since he did not really intend to end his eating session, it does not terminate and he may continue eating without a new *brocha rishona*.[2.1] Other Poskim rule that a *brocha achrona* terminates the eating session under all circumstances, and a new *brocha rishona* is required.[2.2]

Therefore, if one intended to continue eating but mistakenly made a *brocha achrona*, he may not make a new brocha, nor may he continue eating by relying on the original brocha.[2.3] (For practical solutions in this type of situation see Chapter 16, Section B.)

1 כתב הטור בריש סי׳ ק״צ דבהמ״ז הוי סילוק והיסח הדעת למה שלפניו ועיין בב״י שם דמבואר מהסוגיא דערבי פסחים (ק״ג ע״ב) דאפי׳ אמירת הב ונברך הוי היסח הדעת כ״ש ברכת המזון והביאו הגר״ז שם סעי׳ א׳ ומ״ב ס״ק א׳. (ועיין בחולין דף פ״ז ע״א שמוסיף הגמ׳ שם טעם דמשתא וברוכי בהדי הדדי לא אפשר, ועין בתוס׳ והרא״ש שם).

2 הגר״ז שם סעי׳ ז׳ וז״ל שכל ברכה אחרונה היא סילוק והיסח הדעת למה שלפניה וכו׳. וכ״כ בשבילי דוד כללי ברכות כלל ב׳ דין י״ח. וע״ע קצות השולחן סי׳ נ״ו סעי׳ י׳, ובדי השולחן שם אות י״ד.

2.1 כתב המ״א (סי׳ ק״צ ס״ק ג׳) וז״ל ונ״ל דאם טעה ובירך אחריה (ר״ל מעין ג׳ אחר כוס של בהמ״ז) א״צ לברך בתחלה כיון שהיה דעתו לשתות עוד עכ״ל ולפ״ז כתבנו בפנים דאם טעה ובירך לא נחשב סילוק והיסח הדעת ועיין שם בבה״ל ד״ה יברך מש״כ רעק״א שם בשם תשובת קרית מלך רב. וע״ע בשו״ת זכור ליצחק (הררי) סי׳ נ״ב.

וע״ע בתהל״ד שם אות ד׳ דאף לענין בהמ״ז דינא הכי דאם טעה ובירך לא נחשב סילוק והיסח הדעת (ודלא כהח״א כלל מ״ט סי׳ י״ד שחילק בין בהמ״ז לשאר ברכה אחרונה).

2.2 בגדי ישע ומאמר מרדכי הובאו בבה״ל הנ״ל. וכן סובר הערוך השולחן סעי׳ ב׳, (אכן לענין אמר הב לן ונברך בטעות כתב הערוה״ש סי׳ קע״ט סעי׳ ו׳ דלא הוי סילוק והיסח הדעת אמנם בח״א הנ״ל הביא ראי׳ מסי׳ תע״ז סעי׳ ב׳ דהב לן ונברך בטעות הוי היסח הדעת, וכ״כ בשבילי דוד שם דין י״ז).

2.3 הנה בבה״ל (הנ״ל) הביא שהגר״ז (סי׳ ק״צ סעי׳ ז׳) פסק כהמ״א הנ״ל דאם טעה ובירך

2. Preparing to Bentch or to Recite Brocha Achrona

When a person makes preparations to *bentch*[c] or to recite a *brocha achrona*, his (preparatory) actions strongly indicate that he has ended his meal or eating session. Therefore, as soon as one starts preparing to *bentch*,[d] even though he did not as yet begin to recite the *bircas hamozon*, according to many Poskim, it is considered a *hesech hadaas*, and his *brocha rishona*[e] ceases to be valid.[3]

> **Note:** When one is a guest at another's table, the host (rather than the guest) determines when the meal (or eating session) terminates. For example, if the guest started preparing to *bentch*, but the host was not ready to *bentch*, the eating session

[c] i.e., to recite the *bircas hamozon*.

[d] as defined below (2.a-2.c).

[e] According to some Poskim in addition to the requirement for a new *brocha rishona*, one must also make a *brocha achrona* for all food eaten after he started preparing to "bentch". However, most Poskim disagree with this view.[2.4]

ב"א אינו צריך לחזור ולברך ברכה ראשונה וכן פסק הח"א (כלל מ"ט סי' י"ד) לענין שאר ב"א (חוץ מבהמ"ז) ועוד הביא שיש אחרונים (הובאו בהערה הנ"ל) שחלקו על המ"א — וסיים דצ"ע למעשה, ומש"ה כתבנו בפנים דצ"ע (וע"ע כה"ח שם אות א'). ולמעשה יכול לסלק עצמו מהספק בעשיית אחת מן העצות שכתבנו בפרק ט"ז עיי"ש.

2.4 **בענין ב"א על מאכלים שאכל אחר היסח הדעת.**

א — י"א שצריך לברך ברכה אחרונה

המ"א סי' ר"ח ס"ק כ"ד כתב שמאכלים ומשקים שאוכל ושותה אחר שאמר הב לן ונברך צריכים ב"א בפנ"ע ואינם נפטרים בב"א שיברך על סעודתו למשל אם הסיח דעתו בתוך סעודת פת ואמר הב לן ונברך ואח"כ נמלך ואכל בשר צריך לברך בורא נפשות על הבשר ובהמ"ז על סעודתו. ורע"א ריש סי' קע"ט ציין למ"א הנ"ל וכן פסק הגר"ז בסי' קע"ט סעי' ד' וה' (דאע"פ שעדיין לא בירך בהמ"ז מ"מ כיון שהסיח דעתו קודם שאכלן נחשב כסעודה אחרת ואין בהמ"ז פוטרתן).

והנה המ"א כתב דינו למי שאמר הב לן ונברך (שצריך לברך ב"א) אבל באמת ה"ה בכל מקום שהסיח דעתו וצריך לחזור ולברך ברכה ראשונה ה"ה דבעי נמי ב"א, כ"כ הגר"ז הנ"ל (וע"ע תהל"ד סי' ר"ח ס"ק ו' וחזו"א סי' כ"ז ס"ק ד' וז', וקצות השולחן סי' מ"ב בבדי השולחן אות ז'.)

ב — י"א שאין צריך לחזור ולברך ברכה אחרונה.

השל"ה (בהג"ה סוף כלל י"ב, הובאו דבריו במ"א הנ"ל) סובר דאף דבעי לחזור ולברך ברכה ראשונה מ"מ לא בעי לברך ב"א ונפטר בבהמ"ז. וכן פסק הא"ר בסי' קע"ט אות ד' (הועתק בפמ"ג שם). והמאמ"ר (הובא בבה"ל סי' קע"ז סעי' ב' ד"ה למשוך) תמה על המ"א ומסיק ג"כ כהשל"ה וכן פסק המ"ב בסי' ר"ח ס"ק ע"ג. וכתב בשעה"צ (שם אות ע"ב) שהסכמת האחרונים דלא כהמ"א. וכן פסק הכף החיים שם אות פ"ג ובסי' קע"ט אות ה'. ועיין עוד בביאור הלכה סי' קע"ז סעי' ב' ד"ה למשוך.

3 שו"ע סי' קע"ט סעי' א'.

did not terminate. If the host says "let's *bentch*," since the guest is dependent on his host for his food, the host's decision to terminate the meal causes it to terminate for the guest as well.[4] [f] (Also see Section B.3).

The following actions are considered preparations for *bentching* and, if he wants to continue eating, a new *brocha rishona* is required.

a. Washing Mayim Achronim

Initially, after one washes *mayim achronim*, he should immediately *bentch*[6]. He should not resume eating nor delay his *bentching* for other reasons[6.1] (e.g., in order to carry on a conversation, or even to speak *divrei Torah*).[6.2]

[f] However, if when the host prepared to end the meal the guest specifically intended to continue eating, he may do so (and is not required to make a new *brocha rishona*).

The Poskim advise that he should mention to those around him that he does not wish to *bentch* at the present time. In this manner when he continues eating without making a new brocha, it will be understood that he had not terminated his meal (i.e.,his brocha is still in effect) and *maris ayin* will be avoided.[5]

[4] שו"ע סי' קע"ט סעי' ב'.

[5] עיין במ"א שם ס"ק ד' דהא דקי"ל דמשאמר בעה"ב הב לן ונברך הוי היסח הדעת זה דוקא כששתקו והסכימו לדבריו.והביאו המ"ב ס"ק י"א וכתב וז"ל וטוב שיגלה לפני המסובין שלא היה לו היסח הדעת שלא יחשבוהו כנמלך עכ"ל.

[6] **א — שיטת רוב הפוסקים דמותר לאכול אחר מים אחרונים (אחר שיברך ברכה ראשונה).**

הטור והב"י חולקים בריש סי' קע"ט — דלפי הטור מותר לברך ברכה ראשונה ולאכול אחר שנטל מים אחרונים, ולפי הב"י אסור — וסתמו רוב הפוסקים כהטור. הלא המה המ"א ס"ק ב' והט"ז ס"ק א' והגר"ז סעי' ה' והח"א כלל מ"ד סי א' והמ"ב ס"ק ב' (עיי"ש ובשעה"צ אות ה') והערוה"ש סעי' א' וב'.

ב — אם נכון לחוש ולהחמיר כדעת האוסרים.

כתב המ"א שם ס"ק ב' בשם הב"ח וז"ל ומ"מ בעל נפש יחמיר לעצמו לברך (בהמ"ז) תיכף אחר נ"י עכ"ל וכ"כ הח"א כלל מ"ד סי' א' . אכן הא"ר חולק על הב"ח והמ"א וכתב דאין ספק שאילו ראה הב"ח דברי הבה"ג הי' פוסק להלכה למעשה כהטור (דמותר אפי' לכתחלה) וכן משמע מהגר"ז שם ובסדר ברכת הנהנין פרק ה' אות ה' ומהערה"ש שם סע' ב'. אכן כתבנו בפנים דלכתחלה לא יאכל דכ"כ הבה"ל שם בריש הסי'.

[6.1] מ"ב ס"ק ב'.

[6.2] ארץ חמדה סי' י"ג סעי' א' ועיין שם שהביא בשם ספר נגיד ומצוה שפעם אחת בא אחד לפני האריז"ל וסיפר לו כי זה כמה ימים יש לו כאב בכתיפו והשיב לו האריז"ל שבא לו כאב זה מפני שהפסיק בין מים אחרונים לבהמ"ז בקריאת פרק משניות ועבר על מה דאמרו חז"ל תכף לנטילה ברכה ולכן על מה שעבר על תכף כואב לו הכתף כי אותיות תכף הם אותיות כתף. והובא בכה"ח סי' קע"ט אות א'.

If, however, there is a need to continue eating, he may do so,[6.3] but only after a new *brocha rishona* is made. Also, one may delay *bentching* for other reasons (e.g., to engage in an important conversation) if there is a pressing need to so.[6.4] [g]

b. Lifting the Cup of Wine

Lifting the cup of wine to *bentch* is comparable to washing *mayim achronim*. This, too, indicates that one has finished eating, and a new *brocha rishona* will be required.[7]

Initially, after one lifts the cup to *bentch*, according to some Poskim, *bircas hamozon* should immediately be recited.[7.1] Therefore, after lifting the cup, it is preferable not to continue eating, or to delay *bentching* for any reason.[7.2] [h]

c. Saying: "Let us Bentch," "Let Us Recite the Brocha Achrona"

When one says "Let's *bentch*," or "Please bring the wine for *bentching*," etc., while not being as conclusive as washing *mayim achronim* or lifting the cup of wine for *bentching*, it does, nevertheless, indicate that he has finished his meal.

There is a difference of opinion among the Rishonim regarding whether a new brocha will be required for one wishing to resume eating after saying "Let us *bentch*".[8] [i] Since this halachic issue is not resolved,

[g] When he is subsequently ready to *bentch* he should once again wash *mayim achronim*.[6.5]

[h] If he does continue eating, a new *brocha rishona* is required.

[i] According to the opinion of the *Rosh*, should one wish to resume eating or drinking

6.3 ראה הערה 6.

6.4 מ״ב שם ס״ק א׳ בשם דרך החיים (דיני היסח הדעת בסעודה דין ו׳).

6.5 מ״ב ס״ק א׳ וב׳, ועיין בשעה״צ שם אות ז׳.

7 שו״ע שם סעי׳ ג׳, מ״א שם ס״ק ה׳.

7.1 דעת המ״ב (שם ס״ק י״ג) וכה״ח אות י״ד בביאור כוונת המ״א הנ״ל. אמנם בדה״ח (שם דין ג׳) ביאר כוונתו באופן אחר ולדבריו כאן מותר אף לכתחלה לחזור ולאכול (ורק שיברך ברכה ראשונה) וכן משמע מהגר״ז סעי׳ ה׳.

7.2 אף דלעיל לענין נטל מים אחרונים כתבנו בלשון לכתחלה (עפ״י הבה״ל הובא בהערה 6) כאן (לענין נטל הכוס לברך) כתבנו רק בלשון נכון משום דיש לצרף דעת הדה״ח וגר״ז (שבהערה הקודמת) לדעת המקילים שהובאו בבה״ל הנ״ל.

8 איתא בפסחים (דף ק״ג ע״ב) דתלמידי דרב הוו יתבי בסעודתא קמי׳ דרב ייבא סבא, אמרו ליה

the Poskim advise that one should not resume eating after having said "Let us *bentch*," etc.[9] [j] (For a practical solution in this type of situation, see Chapter 16, Section B.)

i. Brocha Achrona

Similarly, at a meal without bread, by saying "Let us recite the *brocha achrona*", one demonstrates that his eating session is considered over. Therefore, after one says "Let us recite the *brocha achrona*", it is advisable that he should not resume eating.[10]

after saying "Let's bentch", etc., a new brocha will be required.

Rabbeinu Yonah and the *Ran*, however, are of the opinion that saying "Let's bentch", etc., is not a clear indication that one wishes to end his meal. They rule that one may resume **eating** without making a new brocha.

According to all views, one must make a new brocha should he wish to resume **drinking** without eating.[8.1]

Also, according to all views, if one prepared to *bentch* and **also** changed location a new brocha is required.[8.2]

[j] One may not arbitrarily choose to make a brocha since according to the opinion of *Rabbeinu Yonah* and the *Ran* it would be a *brocha l'vatolah*.[9.1]

הב לן ונברך לסוף אמרו ליה הב לן ונישתי (פי׳ אחר שאמרו הב לן ונברך נמלכו מלברך בהמ״ז ורצו להמשיך בשתיית יין) אמר להו הכי אמר רב כיון דאמריתו הב לן ונברך איתסרא לכו למישתי מאי טעמא דאסחיתו דעתייכו (פי׳ אמירת הב לן ונברך נחשבת כהיסח הדעת ואסורים לשתות). והנה בגמ׳ הוזכר היסח הדעת רק לענין שתיי׳ וכתב הרא״ש דלאו דוקא שתיי׳ דה״ה לענין אכילה דצריך לחזור ולברך, אבל הר״י והר״ן כתבו דהיסח הדעת הוי הפסק רק לשתיי׳ שאם רצה לחזור ולשתות צריך לברך אבל לענין אכילה לא הוי הפסק (דאכילה יש לה קבע שפעמים שאדם יושב בסעודה קטנה ונמשך לסעודה גדולה) ולפיכך אם אמר הב לן ונברך ואח״כ נמלך לאכול אינו צריך לחזור ולברך עד שיטול ידיו שכל שלא נטל ידיו לברך לא נסתלק לגמרי מאכילת הפת. והמחבר בסי׳ קע״ט סעי׳ א׳ הביא ב׳ דיעות הנ״ל ולא הכריע, (אמנם מלשון המחבר בסי׳ קצ״ז משמע דסתם כהרא״ש, ועיין מש״כ בהערה 9).

ולענין אם אמר תנו מים אחרונים עיין בהוספות למנחת פתים סי׳ קע״ט סעי׳ א׳ שנוטה לומר דלא דמי להב לן ונברך ולא הוי הפסק, והיכא דאמר תנו מים אחרונים לברך, נשאר שם בצ״ע. וע״ע בן איש חי פר׳ בהעלותך אות י״א.

8.1 ראה הערה הקודמת.

8.2 ביאור הלכה סי׳ קע״ח סעי׳ ב׳ ד״ה אם.

9 מ״ב ס״ק ט׳, ועיין בבה״ל שם ד״ה אין צריך לברך דרוב הפוסקים סוברים כהרא״ש אכן הגר״א פסק כהרר״י והר״ן, וסיים וז״ל וע״כ לא נוכל להכריע לדינא בזה ויש ליזהר שלא לאכול אחר שאמר הב לן ונברך דהוי ספק ברכה וכ״כ בדה״ח עכ״ל. וע״ע תהל״ד ס״ק ב׳ ד״ה ועפמ״ג. ולענין אם אמר הב לן ונברך בטעות עיין מש״כ לעיל בהערה 2.2

9.1 ע״ע פרק י״ד חלק ב׳.

10 ראה הערות 8, 9, דיש ליזהר בסעודת פת

ii. Shir Hamaalos

Although saying "Let us *bentch*" is considered a termination of one's meal, singing or reciting *shir hamaalos* is not considered a termination, since people occasionally resume eating after singing *shir hamaalos.*[11]

3. Decided to Stop Eating

There is a difference of opinion among the Rishonim regarding whether one is required to make a new *brocha rishona* should he wish to resume eating after having decided to stop.[12] The Poskim advise, therefore, that one should not resume eating or drinking after having decided to stop.[13]

It makes no difference, with regard to this halacha, whether the decision to stop eating was expressed verbally or merely resolved in his mind,[14] in either case it is advisable that one not resume eating.

For example, one is on a diet and after eating the first course resolves to eat no more. Subsequently, he changes his mind and decides to eat the main course after all. Since it is halachically questionable if a new brocha will be required, it is advisable that he not eat the main course. (For a practical solution in this type of situation, see Chapter 16, Section B).

4. Sleep

Sleeping in the middle of a meal constitutes a termination of the meal (or eating session). Should one wish to resume his meal after he wakes

שלא לאכול אחר שאמר הב לן ונברך. ועיין בפמ״ג (מ״ז אות ב׳, הובא בבה״ל ד״ה אם) דלדעת הר״י והר״ן לאו דוקא בסעודת פת אלא ה״ה אם קבע לאכול שאר מידי דמזון ואמר הב לן ונברך ברכה אחרונה לא הוי סילוק (וע״ע במ״ב שם ס״ק ד׳), וע״פ זה כתבנו בפנים דיש ליזהר שלא לאכול היכא שקבע על שאר מידי דמזון אחר שאמר הב לן ונברך ברכה אחרונה כדי שלא ליכנס לספק ברכה. אכן מהערוך השולחן סי׳ קפ״ד סעי׳ ח׳ (מדשינה ממש״כ בסי׳ קע״ט סס״ג) משמע דהוי סילוק, וכ״כ בקצות השולחן סי׳ מ״ב סעי׳ ט׳ וסי׳ נ״ו סעי׳ ט׳. ועיין בשבילי דוד כללי ברכות פ״ד סוף דין ט׳ ולסי׳ קע״ט סעי׳ א׳ שגם להפמ״ג אם קבע רק לפירות הוי סילוק לכו״ע.

11 שמעתי מהגרח״פ שיינברג שליט״א.

12 שו״ע שם סעי׳ א׳ ראה הערות 8, 9, ובה״ל שם ד״ה ואפי׳.

13 גר״ז בסדר ברכת הנהנין פרק ה׳ אות ג׳, בה״ל סי׳ קע״ט ד״ה אין צריך.

14 הגר״ז סי׳ קע״ז סעי׳ ו׳ בסוגריים והמ״ב

up, a new *brocha rishona* would be required prior to continuing.[15]

There is a difference of opinion as to what type of sleep and how much sleep constitutes a termination of one's eating session.[15.1] Some Poskim advise that one should make a *brocha achrona* before going to sleep.[15.2]

B'dieved, if one accidentally fell asleep at the table, and slept for up to an hour, a new brocha should not be made.[16]

> **Note:** In instances where a meal consisting of bread was terminated and a new *brocha rishona* is required, one must wash his hands before resuming to eat. However, he should not recite *al n'tilas yodahyim*.[17]

B. Interruptions Which Do Not Cause the Eating Session to End

The following types of interruptions do not cause the meal (or eating session) to terminate:

1. Involvement in Business

When one interrupts his meal to make a business call or to carry on an interview or negotiation with a colleague or client, even if the discussion is lengthy, it is not considered as if he terminated his meal

סי׳ קע״ט ס״ק ג׳.

15 כן מוכח משו״ע סי׳ קע״ח סעי׳ ז׳ וכ״כ בהדיא הגר״ז סי׳ קע״ח סעי׳ ח׳ דשינת קבע הוא סילוק והיסח הדעת לדברי הכל (ר״ל אפי׳ להר״י והר״ן הובאו בהערה 8), ח״א כלל מ״ד סי׳ ה׳, מ״ב סי׳ קע״ח ס״ק מ״ח.

15.1 עיין בהערה הקודמת והנה בנשמת אדם שם אות א׳ משמע דתלוי באופן השינה דהיינו כשנאנס בשינה הוי עראי וכשכוון לישון הוה קבע, אבל בגר״א שם השוה דין שינה דכאן להא דהל׳ תפלין (סי׳ מ״ד) עיי״ש ובשבילי דוד (כללי ברכות פ״ד דין י׳) כתב דאם ישן באופן שאין דעתו לחזור מיד הוי היסח הדעת ומה נקרא ״מיד״ זה כפי דרך בני אדם שקוראים מיד. ובכה״ח (אות ל״ט) ציין לסי׳ מ״ז בענין הפסק שינה לברכת התורה. וע״ע בדעת תורה סי׳ קע״ח שם.

15.2 מסגרת השולחן כלל מ״ב אות י״ח.

16 ח״א ומ״ב הובאו בהערה 15.

17 מ״א ס״ק ג׳, מ״ב ס״ק ט׳. ולענין שינת ארעי ע׳ ח״א כלל מ׳ סי׳ י״ז ונ״א שם אות ה׳.

and a new brocha is not required.[18] [k]

(Regarding cases where one had to leave the premises to conduct a business transaction, see Chapter 9.)

2. Davening

Interrupting one's meal to *daven*, is not considered a termination (provided that he has not changed locations — i.e., he *davens* in the place where he is having his meal).[19] Regarding cases in which one goes to shul in order to *daven* with a *minyan*, see Chapter 9.

3. Guest, Visitor, Husband

a. Guest, Visitor

When someone is a guest or visitor dining at someone else's house, even if he says, "Let's *bentch*" or decides to stop eating, he may change his mind and resume eating without having to make a new brocha.[20]

The reason for this is that his own decision to eat or stop eating is tentative, being subject to the actions of his host. Thus, although he may feel that he is finished, his host might serve another course, or might urge him to eat, causing him to change his mind and continue eating. Since at the time he made his brocha he knew that the continuation of his meal is subject to his host's intentions, his own actions (of saying, "Let's *bentch*," etc.) do not terminate his meal.[21]

[k] It is advisable, however, to *bentch* or make the *brocha achrona* prior to engaging oneself in what might become a lengthy discussion.[18.1]

18 רמ״א סוף סי׳ קע״ח, לבוש שם וז״ל כללא דמילתא כל דבר שדרך האדם לעשות לפעמים באמצע עסקיו דרך אקראי בעלמא מיקרי ולא הוי היסח הדעת עכ״ל, (והובא בכה״ח אות מ״א).

18.1 עיין ברמ״א סי׳ קע״ח סעי׳ ב׳ ובמ״ב שם ס״ק ל״ג דלכתחלה לא יעקור ממקומו דחיישינן שישהה עד שירעב ויפסיד בהמ״ז (או ברכה אחרונה) לגמרי. ועיין בבה״ל סי׳ ק״צ (ד״ה אחר דלכתחלה אינו רשאי לשהות הרבה אחר אכילה (אע״פ שלא הסיח דעתו) שלא יפסיד ברכה אחרונה ע״י שיעבור שיעור עיכול.

19 שו״ע סי׳ קע״ח סעי׳ ו׳.

20 גמ׳ ברכות דף מ״ב ע״א ותוס׳ שם ד״ה אתכא. שו״ע סי׳ קע״ט סעי׳ ב׳.

21 מ״א שם ס״ק ג׳ וז״ל דודאי דעתו אם ירצה

However, if he firmly decides that he wishes to stop eating and no matter what the host will serve and regardless of how much the host will insist, he will not continue eating, it would be considered a termination. In this case, should he change his mind, it is advisable not to resume eating.[l] [22]

b. Husband

According to some Poskim, if someone would hesitate to refuse food which his wife will serve, even if he says "Let's *bentch*" or decides to stop eating, he may change his mind and resume eating without having to make a new brocha.[23]

The reason for this is that his own decision to eat or stop eating is tentative, being subject to the dictates of his wife. Just as when someone is a guest and says, "Let's *bentch*" or decides to stop eating, he may change his mind and resume eating without having to make a new brocha, so too, when one is subject to the dictates of his wife, he may resume eating without having to make a new brocha.

For example, he may decide that he is finished eating, but his wife may say that she spent a long time preparing the next course, causing him to change his mind and continue eating. Since at the time he made the brocha he knew that his meal may be subject to the dictates of his wife, his own actions (of saying, "Let's *bentch*," etc.) do not terminate his meal.[m]

[l] see footnote i.

[m] However, if he firmly decides that he wishes to stop eating, and regardless of what his wife will serve and no matter how much she will insist he will not continue eating, it would be considered a termination. In this case, should he change his mind it is advisable not to resume eating, (see footnote i).

בעה״ב לאכול ולשתות עמו יאכל וישתה עמו עכ״ל. ומשמע לכאורה מדברי המ״א דאם ברור לו להאורח שאין דעת בעה״ב לאכול עוד לא אמרינן דעתו אתכא דבעה״ב, אמנם הפמ״ג שם פירש דר״ל שכיון שחייב האורח לשמוע לצווי בעה״ב מדין כל מה שיאמר לך בעה״ב עשה משום הכי ודאי ישמע לבעה״ב אם יבקש ממנו לאכול עוד. ולפי זה אפי׳ אם ברור להאורח שאין דעת בעה״ב לאכול עוד ואמר הב לן ונברך ואח״כ נמלך ממחשבתו הראשונה לא הוי היסח הדעת דמ״מ תלוי על דעת בעה״ב, וכ״כ בשעה״צ אות י״ג וי״ד ובבה״ל ד״ה לא.

ולענין אם כבר נטל האורח מים אחרונים עיין בבה״ל שם ד״ה אפי׳ שהביא מחלוקת אחרונים בזה, ועיין בתשב״ץ בחידושיו לברכות דס״ל ג״כ דלא הוי היסח הדעת.

22 מ״א שם, מ״ב ס״ק י׳.

23 שמעתי מהגרי״ש אלישיב שליט״א ומהגרח״פ שיינברג שליט״א, (ואמנם בדעת תורה סי׳ קע״ט סעי׳ ב׳ בשם הפמ״ג דלא אמרינן אתכא של אשתו סמיך ואם אמר הב לן ונברך הוי היסח הדעת).

CHAPTER 9

Change of Location

Introduction

In this chapter we deal with what happens when one changes location after having made a brocha. For example, one made a brocha and was in the midst of having a cup of coffee when he heard a friend arriving. He stepped outside to speak to his friend. When he returns to finish his coffee, a new brocha will be required.

In Section A, we discuss the rule that a change of location will terminate the effects of one's brocha.

In Sections B and C, we examine which types of changes are significant enough to cause one's brocha to terminate, and which changes are not. For example, leaving a building is considered a change of location. Changing one's seat from one side of a banquet ballroom to the other is not considered a change of location.

In Section D, we discuss an exception to the rule. One who was dining with a friend or a family member may leave the premises, then return to dine with him and is not required to make a new brocha.

In Section E, we discuss another exception to the rule: eating while traveling.

A change of location after eating bread or *mezonos* generally does not cause the effects of one's brocha to terminate. This is discussed in Section F.

Section G deals with the requirement of making a *brocha achrona* before leaving the site where one had been eating.

A. Change of Location Will Terminate One's "Eating Session" [a]

"Changing location will require (one) to make (a new) brocha."
Talmud *P'sachim* 101.b

Generally, when a person makes a brocha it will remain in effect for the duration of his meal or "eating session."[b] A person's meal or eating session is considered (by *Chazal*) to be in progress only if he does not leave the location where he had been eating.

Therefore, after one changes location, his brocha is considered to be no longer effective.[1]

For example, one starts eating fruit in his own house and then wishes to continue eating fruit in his friend's house. Upon leaving his house he ends the first "session" and upon beginning to eat in his friend's house he initiates a second "session."

Even if at the time one made the brocha he had specific intent to continue eating in another location, nevertheless, since he changed his location the eating session is considered ended and his brocha is no longer valid.[2]

Even if he takes the food that he was eating along with him, when he changes to another location his eating session terminates and a new

[a] There are a number of exceptions to this rule, see below paragraphs 1 through 4 and Sec. D and E.

[b] In the previous chapter, Chapter 8, we learned that certain actions cause an eating session or meal to end. For example, if one washes his hands for *mayim achronim*, his meal is considered as having ended. Should he then change his mind and resume eating, it would be considered a new meal and a new brocha will be required. This chapter discusses how and when a change of location will cause one's eating session to terminate.

[1] טור ושו״ע סי׳ קע״ח וכתב המחבר שם בסע׳ ב׳ וז״ל שכל המשנה מקומו הרי פסק אכילתו וכו׳ וז״ל הלבוש שם בסע׳ א׳ כשאדם קובע עצמו לאכול במקום אחד ובירך שם ברכת המוציא סברא הוא דמן הסתם היה דעתו על כל מה שיאכל באותו סעודה יאכל באותו קביעות באותו מקום שקבע שם סעודתו אבל אם משנה מקומו והלך מן המקום הזה לאכול במקום אחר הרי פסק סעודתו וכו׳ והובאו דבריו בקיצור במ״ב ס״ק ו׳ וס״ק י״ט. וכעין זה כתב הגר״ז שם סעי׳ א׳.

[2] רמ״א סי׳ קע״ח סעי׳ א׳, גר״ז שם, ח״א כלל נ״ט סי׳ ה׳, ערוה״ש סי׳ קע״ח סעי׳ י״א.

brocha is required.[3] Furthermore, even if he will return to his original location, should he wish to continue eating, a new brocha will be required.[4]

1. Exception: Continuous Eating

When one makes a brocha on an item and changes his location with the item still in his mouth, since there is no actual interruption to his eating, it cannot be considered to have ended when he exits, therefore the brocha remains valid. For example, if one starts chewing gum or sucking a candy in his house and continues eating it after exiting his house, a new brocha is not required for that piece of candy or gum.[5]

According to some Poskim if one leaves the house while eating an item (e.g., an apple) and continues without pausing between bites,[c] a new brocha is not required for the portion eaten in the subsequent location.[d] [5.1]

[c] When one eats in a continuous manner each new bite takes place *toch k'dei dibur* of the previous bite. When an action takes place *toch k'dei dibur* of the previous action it is considered as if both actions are occurring simultaneously. (*Toch k'dei dibur* means "within the time it takes to say a phrase". Chazal defined this phrase to be *"Sholom Alecha Rebbi"*).

[d] This exception also applies to those items which he took along with him (i.e., when he made the brocha he planned to eat more than one item and took additional ones along). For example, one made a brocha and planned to eat a bag of potato chips in his house. Shortly thereafter, he left the house taking the potato chips with him. As long as he continues to eat (without pausing between chips) he is not required to make a new brocha. However, if he purchases more potato chips along the way, (or if he pauses for longer than *toch k'dei dibur*) a new brocha will be required.

[3] כתבו הח"א כלל נ"ט סי' י' (הובא במ"ב ס"ק ל"ט) והגר"ז סי' קע"ח סעי' א' דה"ה אם אוחז המאכל בידו ואוכל והולך חוץ למקומו. (ודלא כדעת הר"ר אלי' מני הובא בס' זה השולחן, ועיין בכה"ח סי' קע"ח אות ט"ו).

[4] שו"ע סי' קע"ח סעי' א', גר"ז שם סעי' א', ח"א שם סי' ב'.

[5] אג"מ א"ח חלק ב' סי' נ"ז וז"ל יצא מזה דאותו חתיכה שהניח בפיו והלך עמה למקום אחר יכול לגומרה בלא ברכה אחרת לכו"ע אף להח"א (כלל נ"ט סי' י'). ועיין בדעת תורה (על סעי' ב' ד"ה ובדין) שנשאר בצ"ע אם צריך לברך אף כשהמאכל בפיו והולך למקום אחר ובהג"ה שם מנכדו שליט"א מביא שגם החזו"א אמר דיש בזה ספק ברכה.

[5.1] אג"מ שם שלא כהח"א הנ"ל, ועיין בכה"ח סי' קע"ח אות ט"ו שהקיל עוד יותר מזה. (ע"ע מש"כ בהערה הקודמת בשם הדעת תורה).

Although, according to this view, when one eats continuously, his brocha remains effective as he changes location, nevertheless, *l'chatchilla*, initially, one should stop eating prior to leaving the original location. After changing location, he should make a new brocha when he resumes eating.[6]

2. Exception: Someone Remains at the Table

If one was eating with friends or family members and leaves, he may continue to eat with them when he returns without making a new brocha. This subject is discussed more fully in Section D.

3. Exception: Leaving for A Few Moments

According to some Poskim, if one left the building for a few moments to perform a task which will not cause him to become distracted and forget about finishing his meal (e.g., to take in the mail or help his wife bring in some packages from the car), it is not considered a termination of his eating session. When he resumes eating he will not be required to make a new brocha.[7]

Many Poskim rule that even in such cases, the moment he steps outside the building, his eating session terminates. If he wishes to resume eating, he must make a new brocha.[7.1] [e]

[e] There is yet another view among the Poskim which rules as follows: If one left for a few moments while in the middle of a meal or drinking session it is not considered a

[6] אג״מ שם.

[7] הנה בסי׳ קע״ח סעי׳ א׳ העתיק המחבר לשון הרמב״ם (פרק ד׳ מהל׳ ברכות הל׳ ג׳) וז״ל היה אוכל בבית זה ופסק סעודתו והלך לבית אחר או שהיה אוכל וקראו חבירו לדבר עמו ויצא לו לפתח ביתו וחזר הואיל ושינה מקומו צריך לברך עכ״ל. ועיי״ש בראב״ד שהשיג עליו וז״ל הפליג בזה דכל לפתח ביתו לאו עקירה היא וכו׳ עכ״ל ביאור השגתו דמקורו של הרמב״ם הוא תוספתא ברכות פרק ד׳ הלכה י״ח קראו חבירו לדבר עמו וכו׳ הפליג צריך ברכה וכו׳ ומדתניא בלשון הפליג משמע דדוקא בהפלגה למקום רחוק הוי הפסק ולמה כתב הרמב״ם דביצא לפתח ביתו הוי הפסק. (ועיין בערוך השולחן סי׳ קע״ח סעי׳ ב׳ וז״ל ולי נראה שהרמב״ם מפרש הפליג בזמן כלומר ששהה איזה זמן מסויים כחצי שעה וכיוצא בזה עכ״ל).

וכתב המור וקציעה (סי׳ קע״ח דף פ״ה ע״ג) דבלא הפליג לא שייך כלל היסח הדעת להצריך ברכה אחרת וכ״ש שאינו חשוב היסח הדעת כשדעתו לחזור מיד למקום אכילתו שלא שינה מקום אכילתו ולא הסיח דעתו ממנו לגמרי דא״צ לחזור ולברך.

[7.1] ראה הערה לעיל בסמוך מש״כ בשם הרמב״ם ומה שהשיג עליו הראב״ד ועיי״ש בכ״מ

Since the requirement to make a new brocha in such cases is questionable, one should not change location in the middle of eating, even if only for a few moments.[7.3]

If one must leave for a few moments, he should not make a new brocha when he resumes eating. Rather, he should take an item (of the same brocha category) which was definitely not covered by his original brocha, and should make a brocha on that item, while having intent to cover the original food.[f]

Regarding what to do if he did leave for a few moments, and does not have another item[g] upon which to make the brocha, see Chapter 16.

4. Exception: Traveler

When one eats as he walks or travels, he generally does not intend to

termination of the session, and the brocha remains in effect when he returns. However, if he left in the middle of a snack, even though he left for only a moment it is considered a termination, and a new brocha is required.[7.2]

All of these Poskim concur that if one was in the middle of a meal consisting of bread or *mezonos* (i.e., he ate a *k'zayis* of bread or *mezonos* before he left) it is not considered a termination, as explained in Section F below. (See Section F regarding one who ate a *k'zayis* or more of one of the fruits of the seven species or drank a *reviis* or more of wine before he left. Also see below G.1).

[f] Also see Chapter 16, Section B. for other suggestions regarding what to do in situations where making a brocha is questionable.

[g] of the same brocha category which was not covered by his original brocha

שכתב דאין כאן מקום לתמוה דכיון שיצא מביתו הוי שינוי מקום (ר״ל דשייך לשון הפלגה כשיוצא מביתו למקום אחר). ולפיכך מיד כשיוצא מפתח ביתו ואפי׳ לא הפליג למקום רחוק ולא שהה שם זמן הרבה הוי הפסק וצריך לחזור ולברך. וכן משמע מהח״א כלל נ״ט סי׳ ב׳ ומ״ב ס״ק ב׳ וס״ק כ״ו. וכ״כ החז״א (פסחים ק״ב ע״א על תוד״ה כשהן) וכן פסק בשבילי דוד פ״ב סעי׳ ט״ז. (והא דכתבנו דכשיוצא מפתח ביתו הוי הפסק מיירי כשאכל פירות או שאר דברים שאינם טעונים ברכה במקומם כמו שנבאר לקמן בפנים בחלק ו׳.)

[7.2] גר״ז שם סעי׳ ח׳ ובסדר ברכת הנהנין פרק ט׳ אות י״ח, דאין שינוי מקום חשוב הפסק בסעודה אם חזר למקומו אלא כששהה חוץ למקומו כגון שהלך לדבר עם חבירו והפליג בדברים או שהלך להתפלל או שהלך לאיזה עסק ושהה בו וכל זה דוקא אם קבע במקום הראשון על מאכלים או משקים שקביעותם קביעות (כגון שכר). וכ״כ בקצות השולחן סי׳ נ״ז סעי׳ ז׳ והוסיף שם (בבדה״ש אות ח׳) בשם הגר״ז דגם קביעות לשתיית קאווי׳ נחשב קביעות במקומות שקובעין על שתיית קאווי׳.

[7.3] דאינו נכון להכניס עצמו לספק ברכות ע׳ ערוך השולחן סי׳ ר״ב סעי׳ ב׳.

establish himself in any one location. Thus in many instances, a traveler's brocha will remain valid despite the change of location. This subject is discussed more fully in Section E.

5. Changing Location After Eating Bread or Mezonos

Changing location after eating bread or *mezonos* (or according to some Poskim, fruit of the seven species) has different rules than other foods. In order to understand why a change of location after these foods is different from a change of location after other types of foods, see Section F.

B. What is Considered a Change of Location[8]

Not every change of location causes an eating session to end. In this

[8] **הקדמה מה נחשב שינוי מקום**

כתבנו לעיל דהאוכל במקום אחד ושינה למקום אחר צריך לחזור ולברך. ויש להקדים דיש ד׳ סוגי שינוי מקום שהוזכרו בש״ס ובפוסקים ואלו הם:

א — מבית לבית

כלומר שבירך בבית או במקום המוקף מחיצות כגון חצר המוקפת מחיצות וכדומה ואח״כ יצא מן הבית או מן החצר והלך לבית אחרת או הלך חוץ לבית לרחוב לכו״ע הוי שינוי מקום וצריך לחזור ולברך. ואין חילוק אם חזר אח״כ לתוך הבית או לא, וצריך לחזור ולברך. ולפי רוב הפוסקים אפי׳ אם המקום השני קרוב ממש לבית ויכול לראות מקומו הראשון משם וגם מתחלה כשבירך בתוך הבית היה בדעתו לאכול גם בחוץ או לחזור לבית ולאכול מ״מ הוי הפסק וצריך לחזור ולברך.

ב — מחדר לחדר

כלומר שבירך בחדר אחד ואח״כ הלך לחדר אחר באותו בית או הלך מבית לעליה, ומיירי היכא שב׳ החדרים הם תחת גג אחד. ונחלקו הראשונים בנידון זה, דיש סוברים דדוקא מבית לבית הוי שינוי מקום אבל מחדר לחדר לא הוי שינוי מקום כלל. אמנם הרבה פוסקים ס״ל דהוי שינוי מקום ואם בירך בחדר אחד ואח״כ הלך לחדר אחר אע״פ שב׳ החדרים הם תחת גג אחד מ״מ נחשב שינוי מקום וצריך לחזור ולברך. אכן לכו״ע אם בשעה שבירך היה בדעתו לאכול גם בחדר השני לא הוי הפסק וא״צ לחזור ולברך, ולפי רוב הפוסקים אם מהחדר השני יכול לראות מקומו הראשון ג״כ לא הוי הפסק.

ג — מפינה לפינה

כלומר שבירך בזוית אחת ושינה מקומו לזוית אחרת באותו חדר או שבירך בחצר המוקפת מחיצות ושינה מקומו מזוית לזוית בתוך אותו היקף מחיצות אינו נחשב שינוי מקום לפי רוב הפוסקים. ובאבן העוזר כתב דבמפינה לפינה בעינן רואה מקומו הראשון או דעתו לאכול במקום השני.

ד — במקום שאינו מוקף מחיצות

כלומר שבירך בשדה או בגינה שאינה מוקפת מחיצות ושינה מקומו למקום אחר באותה שדה או באותה גינה אינו נחשב מקום אחד כמו מפינה לפינה (סוג ג׳ הנ״ל) דאילו מפינה לפינה ב׳ המקומות הוו תוך היקף אחת משא״כ כאן, ומ״מ לא הוי כמבית לבית (סוג א׳ הנ״ל) דאילו התם ב׳ הבתים הוו שתי רשויות לגמרי משא״כ כאן, ולפיכך אם ממקום השני יכול לראות מקומו הראשון או אם כשבירך היה בדעתו לשנות מקומו לא נחשב הפסק לפי הרבה פוסקים.

section, we will examine types of location changes which the Poskim view as significant enough to be considered as terminating one's eating session, resulting in the original brocha becoming invalid.

1. Leaving a Building

If one leaves the building where he made a brocha, his eating session is considered terminated.[9] A change from one wing of a building to another wing is not considered a change of location, provided that both wings are under one roof.[10]

Separated buildings, even if owned and used by the same individual and on a single lot (e.g., a house with a pool cabana, detached garage or office in the back yard), are considered two separate locations.

A freestanding *succah* (i.e., one which is not adjacent to the house), is not viewed as an extension of one's house. Thus, one who started eating in his *succah*, then went into his house (or vice versa), will be required to make a new brocha if he wishes to continue eating.[11] (Regarding leaving the *succah* for a few moments see A.3. Regarding an attached *succah* see below C.5.)

2. Apartment House

A change of location from one tenant's apartment to another tenant's apartment will terminate the session even though both apartments are under the same roof. Since each apartment is the private domain of a particular tenant, a change from one apartment to another is regarded as a change from building to building.[12]

3. Building to Courtyard

A building and its courtyard, or backyard are considered two

[9] עיין מש״כ בהערה 1.

[10] דה״ח דיני קידוש במקום סעודה אות א׳, מ״ב סי׳ רע״ג ס״ק ח׳ וסי׳ קע״ח ס״ק י״ב, ערוה״ש סי׳ קע״ח סעי׳ י״א.

[11] עיין בגר״ז סי׳ רע״ג סעי׳ ד׳ בסוגריים וז״ל ואם אין הסוכה סמוכה לבית אלא אויר החצר מפסיק ביניהם ה״ז כמבית לבית או מבית לחצר עכ״ל. ולענין אכל בסוכה והלך לבית ועדיין יכול לראות מקום אכילתו עיין מש״כ בהערות 16, 18 לקמן. וע׳ בה״ל סי׳ רע״ג סעי׳ א׳ ד״ה ומבית לסוכה שהביא מדה״ח שס״ל דבעינן ג״כ שיראה מהבית מקום הסוכה עיי״ש.

[12] שמעתי מהגרש״ז אויערבאך שליט״א ומהגריי״ש אלישיב שליט״א.

separate locations. Even if the building and the courtyard are both the private property of one owner, when he exits the building to go to the courtyard, his eating session terminates. (Also see Hebrew footnote below).[13]

4. Leaving an Enclosed Yard

Enclosed outdoor areas such as fenced-in backyards, gardens or pool areas have essentially the same halacha as buildings, with regard to exiting after making a brocha.

Thus if one started eating in his fenced-in backyard, and then exited, his eating session is terminated. When he resumes eating, a new brocha is required.[14]

The rules which govern a change from one building to another (B.1) are applicable to a change from one enclosed yard to another.

The rules which govern a change from one person's apartment to his neighbor's apartment (B.2) are applicable to a change from one person's enclosed backyard to his neighbor's enclosed backyard (even if the yards adjoin one another).

Similarly, the rules which govern a change from a building to an open courtyard (B.3) are applicable to a change from an enclosed yard to an open courtyard.[15]

13 ולענין חצרות שמאחורי הבתים שנותנים שם שולחן וכסא ולפעמים נותנים גם "גריל" ואוכלים שם סעודות בפרט בימות הקיץ שמעתי מהגרי"ש אלישיב שליט"א דאם יצא מביתו לאותו חצר אעפ"כ נחשב שינוי מקום, וכן צדד הגרש"ז אויערבאך שליט"א אמנם מהגרח"פ שיינבערג שליט"א שמעתי דנחשב כאחד מחדרי הבתים ולפיכך אם מתחלה כשבירך היה לו דעת לאכל שם לא הוי שינוי מקום.

14 עיין מש"כ לעיל הערה 8, וכתב הב"י בסי' קע"ח ד"ה גרסינן בירושלמי בשם א"ח (הל' ברכות אות י"ח) דהמשנה מקומו מגן לגן צריך לברך ונחלקו הפוסקים אי מיירי דוקא בגן המוקף מחיצות או אפי' בגן שאינו מוקף מחיצות, הנה הגר"ז בסי' קע"ח סעי' ט' כתב וז"ל ומגן לגן המוקפים מחיצות כ"א בפ"ע אפי' הן סמוכים זה לזה צריך לחזור ולברך אפי' אם כשבירך היה דעתו על הכל לפי שהם כמו מבית לבית וכו' עכ"ל וכ"כ הערוה"ש סעי' י"ג דמיירי בגן המוקף מחיצות אכן המ"ב בס"ק ל"ט חולק וז"ל ואפילו אין הגן מוקף מחיצות כיון שכל אחד הוא בפני עצמו חשיב הוא כמו שני בתים עכ"ל (ולא ביאר מה נקרא גן אחד ומה נקרא שתי גנות ומשום מה נחשב כל אחד מקום בפני עצמו מאחר שאינם מוקפים.)

15 ולענין מחצר שאינו מוקף מחיצות לחצר שאינו מוקף מחיצות עיין מש"כ בהערה הנ"ל בשם הגר"ז והמ"ב. ולענין חצרות של ב' בעלי בתים עיין לעיל בסמוך מש"כ בפנים. ואם רואה מקומו

5. Exception: Within Sight of the Original Location

If the second location (in the yard or in the second building) is within sight of the original location, according to some Poskim, it is not considered a change of location. Other Poskim rule that even though he is within sight of the original location it is considered a change of location.[16] Therefore, one should initially not change his eating location from within a building to outside the building even if he remains within sight of the original location.[17]

B'dieved however, a new brocha should not be made.[18]

For example, after starting to eat some fruit one stepped into his yard to wait for something to be delivered. From his current vantage point he can see part of the room which was his original eating location (e.g., he can see his original site through an open door or window).[18.1] If he wishes to continue eating outside, or to resume eating inside, he should not make a new brocha.

הראשון, עיין מש״כ לקמן הערות 16-19.

16 איתא במ״א (סי׳ קע״ח ס״ק ב׳) דכשרואה מקומו הראשון לא מיקרי שינוי מקום וציין לסי׳ רע״ג ועיין במחה״ש דר״ל דאנן נקטי׳ בסי׳ רע״ג לענין קידוש במקום סעודה דברואה מקומו הראשון לא מקרי שינוי מקום וה״ה הכא. ובסי׳ רע״ג כתב המ״א (בס״ק ג׳) דמקורו מהא דאיתא (לגבי צירוף לזימון) בסי׳ קצ״ה ושם מבואר בהדיא דרואה מקומו מועיל אפי׳ מבית לבית. וכ״כ בפמ״ג (סי׳ קע״ח א״א אות ב׳) וז״ל וברואה משמע דמהני אפי׳ ב׳ בתים עכ״ל. ועיין בלבושי שרד שמסתפקא ליה בדעת המ״א אי ס״ל דראיית מקומו מועיל גם מבית לבית.

וכתב הגר״ז (שם סעי׳ א׳) דאם במקום שאכל יכול לראות את מקומו הראשון א״צ לחזור ולברך אפי׳ מבית לחצר, והבינו האחרונים (קצות השולחן סי׳ נ״ז סעי׳ ב׳, ברכות ישראל פרק ט׳ הל׳ י״ב ס״ק ע״א) דמ״ש הגר״ז ״אפי׳ מבית לחצר״ לאו דוקא מבית לחצר אלא ה״ה מבית לבית כל שרואה מקומו הראשון אין צריך לחזור ולברך. וגם מהח״א כלל נ״ט סי׳ ו׳ משמע כן.

ובמ״ב סי׳ רע״ג ס״ק ז׳ כתב להדיא דלהי״א שרואה מקומו מועיל להחשב קידוש במקום סעודה ל״ד מבית לחצר דה״ה מבית לבית א״צ לחזור ולקדש ובשעה״צ שם (אות ח׳) כתב דבדיעבד מפני חשש ברכה לבטלה יש לחוש לדעה זו. ובסי׳ קע״ח ס״ק י״ב משמע דמספקא ליה אבל מס״ק ל״ט משמע דאפי׳ בדיעבד אינו מועיל וצ״ע.

אמנם האבן העוזר (סי׳ קע״ח) פסק דראיית מקומו לא מהני אפי׳ מחדר לחדר וכ״ש דלא מהני מבית לבית.

17 כף החיים סי׳ קע״ח אות ד׳, וכ״כ בספר תוספות חיים על החיי אדם כלל נ״ט אות ב׳.

18 עיין מש״כ בהערה 16, אף דלפי האבן העוזר ואולי גם לפי מש״כ המ״ב בסי׳ קע״ח ס״ק ל״ט אין לסמוך על ראיית מקום מבית לבית אפי׳ בדיעבד מ״מ ספק ברכות להקל.

18.1 ולענין אם מפסיק מחיצה של זכוכית עיין בכף החיים סי׳ קצ״ה אות א׳ מש״כ בשם בעל פה״ד (אות א׳) דלא נחשב הפסק ומה שמסיק הכה״ח שם.

6. Walkway or Street Between the Locations

If there is a walkway or street between the two locations, even though he is within sight of the original location, it is, nevertheless, considered a change of location and the original brocha is not valid.[19]

C. What Is Not Considered Change of Location

1. Within a Room

One may change location from one site to another site within the same room, no matter how large it is. This is not considered a change of location and will, therefore, not terminate one's eating session. For example, if one made a brocha and started eating on one side of a large ballroom, he may change his seat and continue eating anywhere within the ballroom.[20] [h]

2. Within an Enclosed Yard

One may change location from one side of an enclosed area (e.g., a fenced-in yard, garden or ball court, no matter how large) to another

[h] Even if the second location is not within sight of the first location — e.g., a piece of furniture, an appliance or another obstruction stands between the two locations and blocks his view — since both locations are within the same room, the brocha remains valid.[20.1]

19 כתב המחבר בסי׳ קצ״ה גבי זימון יש מי שאומר שאם רשות הרבים מפסקת בין שני הבתים אינם מצטרפין בשום ענין. וכתב שם הט״ז ס״ק ב׳ דל״ד רה״ר ממש דאפי׳ שביל היחיד מפסיק ביניהם כמו שמפסיק בין הרשויות לפאה וכ״כ הא״ר בשמו וכן העתיקו הרבה פוסקים שם ובסי׳ רע״ג לעינן קידוש, ונראה דה״ה לענין ברכות וב״ה מצאתי כתוב כן בקצות השולחן סי׳ נ״ז בבדה״ש ס״ק ב׳, דהא דין זה דרואה מהני ציין המג״א (ס״ק ב׳) לסי׳ רע״ג ובסי׳ רע״ג איתא דרואה מהני ונלמד מדין זימון בסי׳ קצ״ה.

(ואין לומר דכיון דהביא המחבר דין דשביל מפסיק בשם יש מי שאומר וא״כ החולקים על שיטה זאת סוברים שאפי׳ אם מפסיק שביל אינו נחשב כב׳ מקומות ומאחר שתלוי דין זה בפלוגתא נימא דבדיעבד אין לברך מטעם ספק ברכות להקל דהנה ידוע דבהרבה מקומות כתב המחבר איזה דין בשם יש מי שאומר ואינו תלוי בפלוגתא כלל וכן כתב כאן הכה״ח בסי׳ קצ״ה אות ח׳ וז״ל לאו משום דאיכא פלוגתא אלא כי כן דרך מרן ז״ל (המחבר) דסברה יחידית שלא מצאה כ״א בפוסק אחד כותב אותה בשם יש מי שאומר עכ״ל.)

20 שו״ע סי׳ קע״ח סעי׳ א׳ דאע״פ ששינה מקומו מפינה לפינה א״צ לברך וכ״כ בסע׳ ב׳, וכתבנו דאף לכתחלה מותר כדאיתא בערוך השולחן סעי׳ י׳.

20.1 מ״א שם ס״ק ה׳ וס״ק ט׳, וכן משמע

side and it is not considered a change of location and the original brocha remains valid.[21]

Enclosed with Shrubs or Eruv (Tsuras Hapessach)

A yard enclosed with shrubs[i] or an *eruv* is considered like one large room. Accordingly, a move from one side of the yard to another is not considered a change of location.[21.1]

3. Open Area, Park

According to many Poskim, if one is eating in an open yard or park, and moves to a different site within the park, as long as he is within sight of the original place (provided that a street or walkway does not separate the two places), it is not considered a change of location and his brocha remains valid.[22]

4. Room to Room Within a Building

According to some Rishonim, when one makes a brocha in one room and goes to another room, it is considered a change of location.[23]

[i] Even if the shrubs enclosing the property do not constitute an acceptable enclosure with regard to carrying on Shabbos (e.g., they are less than 10 *tefachim* high), nevertheless, if the property is noticeably enclosed it is considered as one room.[21.2]

מח״א כלל נ״ט סי׳ י״ג וכן פסק הגר״ז בסי׳ קע״ח סעי׳ ט׳ וכ״כ המ״ב ס״ק ט׳.

21 עיין מ״א סי׳ קע״ח ס״ק ט׳ שכתב שהמשנה מקומו בתוך גן המוקף מחיצות דינו כמפינה לפינה בחדר אחד וס״ל להמ״א דכמו דמפינה לפינה כחדר אחד קיי״ל דאפי׳ אם אינו רואה מקומו הראשון לא הוי שינוי מקום ה״ה בגן המוקף מחיצות אפי׳ היכא שמפסיק דבר כמו אילן וכדומה לא נחשב שינוי מקום וכן משמע בגר״ז ס״ק ט׳ וכן כתב הח״א בכלל נ״ט סי׳ י״ג וכ״כ המ״ב סי׳ קע״ח ס״ק ל״ז.

21.1 שמעתי מהגרש״ז אויערבאך שליט״א ומהגרי״ש אלישיב שליט״א.

21.2 שמעתי מהגרי״ש אלישיב שליט״א.

22 כן פסק הגר״ז בסע׳ ט׳, וכ״כ הח״א כלל נ״ט סי׳ י״ב אלא שהוסיף דירא שמים יזהר במקום שאין מוקף מחיצות שיהיה דעתו מתחלה לכך. וע״ע מש״כ בהערות 16-20.

23 איתא בגמ׳ (פסחים ק״א ע״ב) יתיב ר׳ חסדא וקאמר משמיה דרב הונא הא דאמרת שינוי מקום צריך לברך לא שנו אלא מבית לבית אבל ממקום למקום לא. ונחלקו הראשונים בכוונת רב חסדא, רש״י (ד״ה ממקום למקום) פי׳ מבית לעליה (פי׳ דוקא מבית לבית נחשב שינוי מקום אבל מבית לעליה וה״ה מחדר לחדר לא הוי שינוי מקום) וכ״כ הרשב״ם (ק״א ע״א ד״ה ה״מ) אבל תוס׳ (ק״א ע״ב

However, if one has specific intent[24] to eat[24.1] in another room,[24.2] or if the second room is within sight of the first room[24.3], he may start[24.4] eating in one room then go to another room and his brocha will remain in effect.[j]

Some Rishonim state that a change of location from one room to another room within the same building does not terminate the effects of a brocha.

The Poskim rule, therefore, that if one did move to another room, and had no specific intent to eat there, nor was the other room within sight of the first, nevertheless, the brocha is valid *b'dieved* and another brocha should not be made.[k] [24.5]

5. Attached Succah

A *succah* which is attached to one's house, and has a door or entry

[j] Regarding a change from building to building or from building to yard where the original location is still within sight see B.5.

[k] The *Mishna Brura (Biur Halacha* 178.1) states that although one should have specific intent, nevertheless, since there are many *Rishonim* who do not consider a move from room to room to be deemed a change of location, those who wish to change

ד״ה אלא) והרא״ש פירשו דממקום למקום שהתיר ר״ח היינו מזוית לזוית באותו חדר אבל מחדר לחדר הוי שינוי מקום. וכן פסקו הטור בסי׳ קע״ח והרמ״א שם בסע׳ א׳ והגר״ז בסע׳ א׳ והח״א כלל נ״ט סי׳ ד׳ והערוה״ש סעי׳ י״א.

[24] עיין בהערה לעיל בסמוך דלפי שיטת התוס׳ (דף ק״א ע״ב ד״ה אלא) מחדר לחדר נחשב שינוי מקום ומ״מ כתבו התוס׳ (ק״א ע״א בד״ה דאכלו) כשדעתו לאכול במקום אחר לא הוי שינוי מקום וכ״כ הרמ״א שם סעי׳ א׳ וכן הסכימו הפוסקים. וכתבנו בפנים דכשהיה בדעתו לאכול בחדר אחר אז מותר לעשות כן אפי׳ לכתחלה דהנה בבה״ל (שם ד״ה בבית) כתב וז״ל וע״כ אף דראוי ונכון לחוש לכתחלה לדעת האחרונים שלא ליכנס אפי׳ מחדר לחדר באמצע אכילתו אם לא שהיה דעתו לזה מתחלה בשעת ברכה וכו׳ הרי מוכח דבהיה דעתו לזה בשעת ברכה אז מותר לעשות כן לכתחלה, וכ״כ בערוך השולחן בהדיא (שם סעי׳ י״א).

[24.1] ועיין בספר מאמ״ר סי׳ קע״ח ס״ק ג׳ דאם כשבירך מתחלה היה דעתו לצאת מחדר לחדר ולחזור כ״ש דמועיל דעתו ולא הוי שינוי מקום.

[24.2] ויש להסתפק אם היתה דעתו לאכול בחדר אחד שאינו החדר שבירך בתוכו, אם מועיל לשאר חדרים וצ״ע.

[24.3] מ״א שם ס״ק ב׳, ח״א כלל נ״ט סי׳ ו׳, גר״ז סי׳ קע״ח סעי׳ א׳, מ״ב שם ס״ק י״ב.

[24.4] כתבנו בפנים דבכה״ג שרואה מקומו אף לכתחלה מותר ליכנס מחדר לחדר ולאכול שם דכן איתא במ״ב ס״ק כ״ח ובה״ל סד״ה בבית, וכן משמע מערוך השולחן שם סעי׳ י׳.

[24.5] בה״ל סי׳ קע״ח סעי׳ א׳ ד״ה בבית אחד.

directly into the house, is viewed as one of the rooms of the house. The rules governing a change of location from room to room in the same building (C.4) apply to this situation as well.[25] (Regarding a freestanding *succah*, see above B.1)

D. Someone Remains at the Table

If one was eating with a friend or a family member and leaves, when he returns to resume eating with him, he will not be required to make a new brocha.[1]

Normally, when one leaves in the middle of an eating session, it is considered a termination of that session. In this case, however, since someone with whom he was eating continued dining, his original session did not terminate. Therefore, when he resumes eating with him, it is a resumption of the original eating session and a new brocha is not required.[26]

This exemption is based on two considerations: 1. that there was an eating session in progress when he left and, 2. he will most likely not be so rude as not to return. The exemption will not apply if either of these factors is missing.

For example, if he was dining alone but will clearly return (e.g. he leaves his infant or passport behind), since no one was left behind to continue his eating session, a new brocha will be required.[26.1]

location from room to room without having specific intent should not be told that they are acting incorrectly.

[1] We refer here to one who is not dining on bread, *mezonos* or any fruit of the seven species. If one had been eating bread, *mezonos*, etc. and changed location, even if he was dining alone, a new brocha would not be required (as discussed in Section F).

ועיין מש"כ בהערה 23.

25 ע' רמ"א סי' רע"ג סעי' א' ומ"ב שם ס"ק ה' ובה"ל שם ד"ה ומבית לסוכה, ושמעתי מהגרי"ש אלישיב שליט"א כיון שהסכך סמוכה לבית הו"ל כתחת גג אחד.

26 כתב הב"י בסי' קע"ח (ד"ה ומ"ש ולר"י) וז"ל אם נעקרו קצתם ונשארו קצתם אינם טעונים ברכה לא כשהם יוצאים ולא כשהם חוזרים דכיון שנשארו קצתם שם לא נעקר קביעותם עכ"ל. וע' אשל אברהם (מהרה"ג מבוטשאטש) סי' קע"ח סעי' א' ד"ה שם בהג"ה אם צריך שיאכל כזית קודם שנעקר. וע' כה"ח סוף אות י"ט.

26.1 כך שמעתי מהגרש"ז אויערבאך שליט"א ומהגרי"ש אלישיב שליט"א.

Similarly, if one's friends joined him at the table, but were not eating there with him, his session does not remain in progress when he leaves. When he returns to resume eating, a new brocha will be required.[26.2]

1. Not Valid in Another Location

This exemption applies only in cases where he returns to rejoin the persons he left behind. If he wishes to continue his meal in another location, it is considered to be a new eating session and a new brocha is required.[26.3]

For example, one was dining with friends when he was called to his office. If he returns to dine with his friends, he will not be required to make a new brocha. If, however, he wishes to eat in the office, he will be required to make a new brocha.

2. Does Not Apply if the Others Finished Eating

This exemption does not apply in cases where the others had left or had finished eating and made a *brocha achrona*. If, at the time he returns to join them, they had left or finished eating and made a *brocha achrona*, the original session is over and a new brocha is required.[26.4]

3. Dining Together

This exemption does not apply if the parties were not specifically dining with each other. For example, two people who independently sit down at one table in a restaurant or dining room, are not considered to be dining together.[26.5]

This exemption applies in instances where the persons were eating a

26.2 עיין בספר ערך השולחן (הספרדי, והובאו דבריו בכה"ח אות ז') סי' קע"ח שהביא דעת מהריק"ש דאפי' אם הזקן או החולה לא היה מן היושבים לאכול מ"מ לא הוי שינוי מקום, אכן הערך השולחן דחה דברי מהריק"ש הנ"ל ופסק דדוקא אם היו אוכלים עמהם אבל אם הניח שם חברים שלא היו מן האוכלים לא מהני וכשחוזר צריך לחזור ולברך, וכן משמע מדרך החיים הל' סעודה אות ד'.וכן שמעתי מהגרש"ז אויערבאך שליט"א.

26.3 מ"א שם ס"ק ז', גר"ז שם סעי' ד', ח"א כלל נ"ט סי' ג', ועיין מאמ"ר שם ס"ק ד'.

26.4 מאמ"ר שם.

26.5 כך שמעתי מהגרי"ש אלישיב שליט"א.

meal together, even if the meal did *not* consist of bread or *mezonos*.[26.6]

It also applies in cases where the parties sat down to eat a snack together. For example, if two friends go out to have an ice cream sundae together, and one leaves in the middle, when he returns to resume eating with his friend, he is not required to make a new brocha.[26.7]

E. Traveling

The normal mode of eating while traveling is to start in one location and finish in another. When one eats as he walks or travels, the continuous change of location does not mark an end to his eating session because he never intended to establish himself in any one location.

Therefore, the brocha he initially makes remains in effect as he continues to eat and drink en-route to his destination, even though he enters and exits buildings, moves out of sight of his original location and changes from one locale to another.[27]

1. House to Car

A change of location from one's house to his car is similar (halachically) to a change of location from building to building which necessitates a new brocha.[28]

Thus, if one wishes to spend some time in the house and takes something to eat, even though he expects to leave subsequently, since he started eating with the intention of remaining in the house for a while, he is not considered a "traveler." When he goes to his car, a new brocha is required.

If, however, one intended to eat in the car, but while waiting to depart he began eating in the house (i.e., he is ready to leave at a

[26.6] מ״א סי׳ קע״ח ס״ק ג׳, מ״ב שם ס״ק י״ח ועיי״ש בשער הציון ס״ק י״ד. וע״ע דעת תורה לסעי׳ ב׳.

[26.7] שם.

[27] שו״ע שם סעי׳ ד׳, וכתב המג״א ס״ק י״א בשם הרמב״ם וז״ל דהם מותרים לאכול דרך הילוכם כיון שלא קבעו מקום לאכילתם עכ״ל. וכ״כ הגר״ז שם סוף סעי׳ ד׳, ח״א כלל נ״ט סי׳ י״א, מ״ב ס״ק מ״ב.

[28] דהוי כיצא מביתו שנתבאר לעיל בהערה 8 (בית לבית).

moment's notice), he is considered a "traveler" even though he is still in his house. For example, if one grabs something to eat while waiting for a cab to arrive, he is considered a "traveler" even before leaving the house. When he does enter the cab his brocha remains valid.[29] [m]

2. Car

One can make a brocha and start eating in his car, travel far from his original location, stop along the way to purchase a beverage (e.g., enter and exit a restaurant), and his original brocha will remain in effect.[30]

3. Roadside Stop

If one stops to eat at a roadside table or picnic site, with no intention to eat in the car, then that site becomes his eating location.[31] Should he change his mind and wish to continue traveling, a new brocha will be required when he departs from the picnic area (i.e., when he can no longer see the original eating site). If he wishes to continue eating in the car at that site, it is questionable if the brocha will be effective.[32]

However, if at the time he made the brocha at the roadside site, his intention was to start eating there and to continue eating in the car, a new brocha will not be required.[33]

[m] Thus, he may continue eating in the cab without having to make a new brocha. He may also eat other food of the same brocha category within the framework discussed in Chapter Seven.

29 אג״מ א״ח ח״ב סי׳ נ״ז.

30 כך שמעתי מהגרי״ש אלישיב שליט״א דמה שקובע עצמו לאכול במכונית אינו נחשב קביעות והו״ל כהולכי דרכים. (ראה הערה 27.)

31 מ״ב ס״ק מ״ב דכשקבע עצמו לאכול במקום אחד שייך שינוי מקום.

32 לכאורה נידון זה דומה למש״כ הח״א (כלל נ״ט סי׳ י״ב) וז״ל וה״ה אם בירך כשעמד על הארץ ונמלך וישב בעגלה אם לא היה דעתו ע״ז דצריך לברך ואפשר דבזה לא מהני דעתו דהוי כמבית לבית (דלא מהני דעת) ועל זה כתב השעה״צ (סי׳ קע״ח אות ל״ח) דאינו נ״ל להחמיר כ״כ, (ונר׳ שהח״א קאי אמש״כ בסי׳ הקודם דהולך בדרך א״צ לברך אם היה דעתו מתחלה לכך, אבל כשנכנס לעגלה אפי׳ אם היה דעתו מתחלה להכנס לעגלה אפשר דהו״ל כקביעות חדשה. והשעה״צ הכריע דא״צ לברך דבשלמא במי שקבע עצמו בבית אחד ושינה לבית אחר בע״כ בטלה ליה קביעותו הראשונה, משא״כ בהולך בדרך שברצונו היה שלא לקבוע עצמו בשום מקום וגם בדעתו היה להמשיך אכילתו בעגלה, מש״ה אף כשנכנס לעגלה נחשב עדיין כהולך בדרך). והכא שלא היה לו דעת להמשיך אכילתו בעגלה, רק שמהעגלה יכול לראות את מקומו הראשון צ״ע אי הוי שינוי מקום. וע״ע מש״כ לעיל בהערה 16.

33 שעה״צ הובא בהערה הקודמת.

4. Airport

Similarly, when one starts eating in a cab or car en-route to an airport (with the intention to eat wherever he can along the way), he may continue eating in the terminal and on the plane.

However, if one sits down to eat some food in the airport, with the intention of staying at a specific site for (at least) a short while, since he established that site for his eating session, should he subsequently choose to change location (e.g., to eat in another terminal or to eat on the plane), a new brocha is required.[34]

F. Changing Location After Eating Bread, Mezonos or a Fruit of the "Seven Species"

According to most Poskim, the rule that a change of location terminates one's eating session, does not apply[35] in cases where the food eaten was a *k'zayis* [36] or more of bread, cake, or any product made from wheat, barley, spelt, oat, or rye flour. (The rationale behind this halacha is explained more fully in the footnote below[n]).

[n] This leniency regarding bread, *mezonos*, and fruit of the seven species is based on a set of halachos pertaining to *brocha achrona*.

Borei nefoshos, the *brocha achrona* for most types of foods does not have to be recited at

34 דהנה קבע עצמו לאכול במקום אחד והוה ליה כהציור שהביא המ״ב ס״ק מ״ב דצריך לברך שנית אם לא שרואה מקומו הראשון.

35 איתא בפסחים ק״א ע״ב ותו יתיב רב חסדא וקאמר משמיה ד׳נפשיה הא דאמרת שינוי מקום צריך לברך לא אמרן אלא בדברים שאין טעונין ברכה לאחריהן במקומן אבל דברים הטעונין ברכה לאחריהן במקומן א״צ לברך מ״ט לקיבעא קמא הדר ורב ששת אמר אחד זה ואחד זה צריך לברך והשו״ע (סעי׳ א׳) פסק כהרי״ף שפסק כר״ש דבכל גווני צריך לברך אכן הרמ״א (סעי׳ ב׳) פסק כתוס׳ והרא״ש ודעימייהו שפסקו כר״ח דאין צריך לברך וכן פסקו הגר״ז שם סעי׳ ג׳ והח״א כלל נ״ט סי׳ ט״ו והמ״ב שם ס״ק כ״ו וכן פסקו כמעט כל הפוסקים.

35.1 שו״ע סי׳ קע״ח סעי׳ ה׳ וסי׳ קפ״ד ס״ג.

35.2 ב״י ריש סי׳ קע״ח בשם הרא״ש פסחים ק״א, וז״ל לקבעיה קמא הדר כלו׳ כיון שאם לא היה אוכל כאן היה צריך לחזור למקומו ולברך הוי כאילו עדיין הוא במקומו וגומר סעודתו כאן ומברך כאן בה״מ. ועיין שם בב״י שהביא בתחלה פי׳ רש״י.

36 מ״א סי׳ ר״י סס״ק א׳ וז״ל ונ״ל דאם אכל פחות מכשיעור והלך לחוץ וחזר למקומו דצריך לברך שנית בתחלה אפי׳ בפת דהא אין טעון ברכה אחרונה ודינו כשאר דברים עכ״ל, והובא במ״ב סי׳ קע״ח ס״ק כ״ח. וע״ע בערך השולחן הספרדי שם.

ולענין אם אכל כזית מעט מעט ביתר מכדי אכילת פרס עיין במ״א שם ובמ״ב שם (סי׳ ר״י) ס״ק א׳. וע׳ אשל אברהם (מהרה״ג מבוטשאטש)

1. Change of Location After Eating Bread

If one ate a *k'zayis* or more of bread and then changed location, he may continue eating all foods which are normally exempted by the *bircas hamozon* on the bread.° [36.1]

For example, after eating a *k'zayis* of bread in his house one went to his friend's house and was invited to join his friend for supper. He may eat the meal at his friend's house without making a new brocha (provided that it is his practice to occasionally eat there — see Chapter 5, F.4).

> **Note:** Even though a change of location after eating bread does not invalidate one's original brocha, nevertheless, since there is a possibility that one might forget to recite the *brocha achrona*, one should initially not go to a new location in the

the site where the food was eaten. For example, (technically) one may eat an apple at home and recite the *borei nefoshos* in his car or at his office.(Preferably, however, one should make the *brocha achrona* before he leaves, as discussed in Section G.)

However, the *brocha achrona* required after eating bread and *mezonos* and, according to some Poskim, after eating a fruit of the seven species and after drinking wine, generally, must be recited where the food was eaten[35.1]. (Alternatively, if some bread or *mezonos* is available in the second location, one may eat some more and make the *brocha achrona* there. Details of this halacha may be found in Shulchan Aruch O.C. 184).

For example, if one ate a danish in his office, he is required to make the *brocha achrona* in the office. If he went to his car and realized that he forgot to recite the *brocha achrona*, he is required to return to the office to recite it there. (If he has cake in the car, he may eat some there and make the *brocha achrona* in the car).

Since, one is obligated to return to the original location to recite the *brocha achrona* (if he does not have food in the second site), Chazal considered it as if the original eating session continues even though there was a change of location.[35.2]

However, after eating any other food, since one is not obligated to return to the original location to recite the *brocha achrona*, the eating session ends when one leaves the original location.

° Regarding which foods are exempted by the *bircas hamozon* see Chapter 5.

If one changed location and also decided not to continue eating (see Chapter 8) and

סי' קע"ח סעי' א' ד"ה שם בהג"ה.

36.1 מ"א סי' קע"ח ס"ק ו' בשם תוס' (פסחים דף ק"א ע"ב) הובא בבה"ל שם. גר"ז שם סעי' ד' ובסדר ברכת הנהנין פ"ט אות ט"ז.

middle of his eating session. One is permitted, however, to change location in the middle of his meal if, at the start of the meal, (i.e., when he recites the *bircas hamotzi*) he had planned to conclude it at a second place. This halacha is discussed more fully in the next section (Section G.) below.

2. Change of Location After Eating Mezonos

If one ate a *k'zayis* or more of *mezonos* (except rice) and then changed location, he may continue eating *mezonos* in the new location without making a new brocha. (See note above).

If one ate other foods together with the *mezonos* (e.g., he had cake and milk) at the original location, it is questionable whether the other brochos (e.g., *shehakol* made on the milk) are also valid in the new location.[P] [36.3] Therefore although he is not required to make a new *borei menei mezonos*, it is questionable whether the *shehakol* he made in the original location will be valid in the new location. (Regarding what to do in cases where making a new brocha is questionable, see Chapter 16, Section B).

3. After Eating "Fruits of The Seven Species"

According to some Poskim, a change of location also does not terminate an eating session where the food eaten was one of the fruits of the seven species — i.e., olives, dates, grapes (including grape wine or

then subsequently wishes to eat, a new brocha will be required.[36.2]

[P] According to some Poskim since with regard to the *mezonos* the eating session continues in the second location, it continues with regard to the other foods also. Therefore, not only does the *borei menei mezonos* remain valid, but so do the other brochos.

According to the other view, only the *mezonos* is not affected by the change of location. Even though the *borei menei mezonos* remains valid, the brochos on the other foods become invalid as a result of the change of location.

[36.2] עיין בה״ל שם סעי׳ ב׳ ד״ה אם מש״כ בשם הגר״ז ועוד אחרונים.

[36.3] בשו״ת מהרי״ם סי׳ נ״ו נסתפק בזה ונשאר בצ״ע וגם הקצות השולחן (סי׳ נ״ז בבדה״ש ס״ק ה׳) נסתפק בזה ונשאר בצ״ע (ועיין בהערותיו בסוף ספרו שהביא כעין ראיה דא״צ לברך גם על

grape juice), figs, and pomegranates.[37]

Many Poskim rule that a change of location even after eating fruit of the seven species or drinking wine, does invalidate the original brocha. Therefore, initially one should not change location in cases such as these.[37.1]

B'dieved, if one changed location after eating a *k'zayis* of one of the fruits of the seven species, or after drinking a *reviis*[37.2] of wine or grape juice, he should *not* make a new brocha in the new location.[38]

G. Should Not Leave Before Making Brocha Achrona

1. Should Recite Brocha Achrona Before Leaving

The Poskim state, that one should not leave the location where he ate before saying the appropriate *brocha achrona*, in order to avoid the possibility of forgetting to recite the *brocha achrona* entirely.[q] [39]

2. Exceptions

In the following instances one is not required to make the *brocha achrona* prior to leaving.

[q] Also to avoid the possibility of being delayed beyond the time limit within which a *brocha achrona* may be said (see Chapter 10).[39.1]

הדברים שאינם טעונים ברכה במקומם).

37 דיעה ראשונה בשו״ע סי׳ קע״ח סעי׳ ה׳, וסי׳ קפ״ד סעי׳ ג׳.

37.1 ע׳ שו״ע סי׳ קע״ח סעי׳ ה׳ ומ״ב שם ס״ק מ״ה.

37.2 כתבנו בפנים שיעור רביעית דבכה״ג ודאי טעון ברכה אחרונה אף די״א דגם בכזית טעון ב״א נסתפקנו אי חיישינן לשיטתם בעניננו.

38 מ״א ס״ק י״ב (ועיין שם בפמ״ג שהק׳ למה לא הוי ס״ס — שמא נקטינן כמ״ד דז׳ מינים אינם טעונים ברכה במקומן ואת״ל דטעונים ברכה במקומן שמא הלכה כהמחבר (ולא כהרמ״א) דגם על דברים הטעונים ברכה במקומן שייך שינוי מקום ותי׳ דאחר הכרעת הרמ״א שוב אינו נחשב ספק), גר״ז סעי׳ ג׳, מ״ב ס״ק מ״ה.

39 רמ״א בתשובות סי׳ א׳, ובהגהות לשו״ע סי׳ קע״ח סעי׳ ב׳. ועיין בבה״ל ד״ה בלא ברכה שהשיג על הרמ״א דמנ״ל להצריך לכתחלה ברהמ״ז קודם שיצא אדרבא הלא יש בזה משום ברכה שא״צ כשמברך באמצע סעודתו וציין לחידושי רע״א ונשאר בצ״ע אבל סיים וז״ל אם הוא משער שאפשר שיפלוג הרבה מסתברא דיברך מקודם ובפרט אם לא הניח מקצת חברים בודאי נכון לברך ואין לחוש לברכה שא״צ וכו׳. ודע דבדברים הטעונים ברכה במקומם אסור מדינא לעקור ממקומו הראשון כשאין דעתו לחזור כמבואר בשו״ע סי׳ קפ״ד עיי״ש.

39.1 מ״ב סי׳ קע״ח ס״ק ל״ג.

a. Leaving for Only a Few Minutes

If one leaves a meal of bread or *mezonos*[r] for only a few minutes (e.g., to take in the mail or to walk a friend out), since it is highly unlikely that he will forget to return to his meal, he is not required to make a *brocha achrona* prior to leaving.[40]

b. Interrupting the Meal to Perform a Mitzvah

One is permitted to interrupt a meal in order to perform a mitzvah which necessitates his (immediate[41]) leaving.[42]

For example, one may leave his home in the middle of his meal in order to daven with a minyan or attend a (short) shiur. In this case he is not required to recite the *brocha achrona* prior to leaving.

c. Plans to Conclude the Meal at Another Location

If, at the start of a meal (of bread or *mezonos*), one plans to conclude it at a second place, he may leave without saying the *brocha achrona*.[43]

Therefore, one may plan to eat (bread or *mezonos*) at home and then join a *choson* and *kallah* for *sheva brochos* at another location. In this case, he may leave the first location without making a *brocha achrona* and continue eating in the second location without making a new *brocha rishona*. (See Chapter 17, Section D.2).

[r] One who is eating foods other than bread or *mezonos* should not leave for a few minutes, as disussed in section A.3. (In such cases it is questionable whether or not a new *brocha rishona* is required).

40 מ״ב סי׳ קע״ח ס״ק ל״ד ושעה״צ ס״ק כ״ו.

41 ב״י בשם הכל בו שלא התירו לעקור מסעודתו רק למצוה עוברת (אכן בב״י הל׳ פסח סי׳ תפ״ד כ״כ בשם הרב דוד אבודרהם והכי איתא התם בעמוד רל״ו) וכ״כ הרמ״א סוף סעי׳ ב׳ וכן פסק הגר״ז סעי׳ ו׳. אכן הבה״ל דייק מדברי המאור ותוס׳ והרא״ש דס״ל דמותר לצאת אפי׳ לדבר מצוה שאינה עוברת.

42 רמ״א שם סוף סעי׳ ב׳.

43 מ״ב ס״ק ל״ג.

CHAPTER 10

Length of Time a Brocha is Effective

Introduction

If a person makes a brocha, does it retain its effectiveness indefinitely? For example, if a person made a brocha on an apple in the morning, will that brocha still be effective to cover apples which he will eat at night?

After a person finishes eating, does he have a limited amount of time within which he must make the *brocha achrona*, or can the *brocha achrona* be made indefinitely?

In this chapter, we will see that when a person finishes eating, he has a limited amount of time within which to make the *brocha achrona*, the amount of time that it takes for *ikul* (a halachically defined point in the digestive process) to begin. After that amount of time elapses, he can no longer make the *brocha achrona*.

We will examine whether or not the effects of a *brocha rishona* are also influenced by this time limitation.

In Section A, (halachic) "digestion", *ikul*, is defined.

In Section B, we examine how long a *brocha rishona* remains in effect. For example, if one made a brocha for a cup of coffee, and wishes to have a second helping an hour later, is his first brocha still in effect?

Section C deals with the time within which the *brocha achrona* may be made. For example, if one sat at the table after dinner and had an hour long conversation, is he still permitted to make the *brocha achrona*?

In Section D, we discuss some rules relating to *shiur ikul* from which a number of practical applications evolve.

A. Definition of Shiur Ikul

Digestion, as conventionally defined, begins to occur the moment that food enters the body.

The term *ikul*, as used with regard to Hilchos Brochos, refers to a particular point during the digestive process. *Ikul* does not begin immediately when the food enters the body; rather, a certain amount of time elapses from the point at which one stops eating to the point at which *ikul*, (halachic) "digestion", begins. This amount of time is termed *"shiur ikul"*.

Shiur ikul is a relative measurement, dependent (among other factors) on the type and amount of food eaten. Generally, the body is able to begin "digesting" liquids more quickly than it is able to begin digesting solids[1]. It is able to begin digesting a light snack more quickly than a heavy meal.[2]

The Shulchan Aruch gives the following indicator for establishing when this particular point in the digestive process has begun: when one was full after eating, beginning to feel hungry is an indication that *ikul* has begun. Conversely, as long as one still feels full from the food he has eaten, *ikul* has not commenced.[2.1]

For example, one finished eating supper at 7:00 P.M. and feels full. At 8:45 P.M. he begins to feel hungry. *Ikul* is considered to have started at 8:45 P.M. The *shiur ikul* in this case is one hour and forty-five minutes.

However, when a small amount of food is eaten (and thus one is unable to determine whether or not he still feels full from the food he

1 מ״ב סי׳ ק״צ ס״ק ח׳.

2 איתא בגמ׳ ברכות (דף נ״ג ע״ב) כמה שיעור עיכול א״ר יוחנן כל זמן שאינו רעב וריש לקיש אמר כל זמן שיצמא מחמת אכילתו וכו׳ מי אמר ר״ל הכי והא אמר רב אמי אמר ר״ל כמה שיעור עיכול כדי להלך ארבע מילין, ל״ק כאן ·באכילה מרובה כאן באכילה מועטת. הרי דשיעור עיכול באכילה מרובה יותר ארוך משיעור עיכול דאכילה מועטת.

2.1 שו״ע סי׳ קפ״ד סעי׳ ה׳.

ולענין מי שאכל או שתה והקיאו עיין ברכי יוסף סי׳ ר״ח אות א׳, זל״א אות ב׳ ערך עיכול, פתח הדביר סי׳ קפ״ד אות ג׳. ועי׳ מה שכתב הכף החיים סי׳ קפ״ד אות ל״ד וסי׳ ר״ח אות ג׳ וסי׳ ר״י אות י״א.

ate), according to most Poskim, there is a minimum *shiur ikul* which is seventy-two[3] minutes.[4]

Some Poskim, however, rule that "digestion" may have begun even before seventy-two minutes have elapsed.[5] Even according to this view, "digestion" does not begin before thirty minutes have elapsed.[6]

B. Brocha Rishona

Most Poskim rule, that, although a lapse of time affects a *brocha achrona*, it does not affect a *brocha rishona*.[7]

[3] כתב האבודרהם (סוף סדר דיני ברהמ"ז) וז"ל וכמה שיעור עיכול כ"ז שאינו רעב מחמת אותה אכילה ובאכילה מועטת ארבעה מילין עכ"ל והובא דבריו בדרכי משה סי׳ קפ"ד. והמ"א (שם ס"ק ט׳) תמה על האבודרהם דהא שיעור ד׳ מילין איתמר אליבא דריש לקיש אבל אנן קיי"ל כר"י (דהיינו כל זמן שאינו רעב) וע"כ לית הלכתא כהאבודרהם. אמנם הט"ז (שם ס"ק ב׳) פסק כהאבודדהם וס"ל דלא פליגי ר"י ור"ל אלא באכילה מרובה אבל באכילה מועטת מודה ר"י דשיעורו ד׳ מילין. וכן פסק המ"ב שם ס"ק כ׳, ובבה"ל שם ד"ה אם כ׳ וז"ל ועכ"פ יכול לסמוך ע"ז (על הט"ז) אחרי שהרבה פוסקים אחרונים העתיקו שיעורא דד׳ מילין להלכה עכ"ל וכן פסק בערוך השולחן סעי׳ ח׳, ובכה"ח אות כ"ח כתב שהט"ז ודעימיה רבים נינהו. ושמעתי מהגרי"ש אלישיב שליט"א דיש לסמוך על זה למעשה, ולברך עד ע"ב מינוט (ד׳ מילין), וכן פסק בשו"ת באר משה חלק ג׳ סי׳ ל"ט אות ט"ז.

וע"ע מש"כ בהערה 2, ופי׳ התוס׳ (שם ד"ה באכילה) דשיעור עיכול באכילה מועטת הוא ד׳ מילין (לר"ל) ובאכילה מרובה הוא כל זמן שהאדם צמא דהוא שיעור יותר ארוך משיעור ד׳ מילין ור"י פליג עלי׳ ואמר כל זמן שאינו רעב שהוא יותר ארוך משיעורו דר"ל (כמבואר בסוגיא וכדאיתא במחה"ש סי׳ קפ"ד אות ט׳) נמצא דלדידן (דקיי"ל כרבי יוחנן ואליבא דתוס׳) שיעור עיכול באכילה מרובה הוא מאוחר הרבה מד׳ מילין.

[4] עיין בהערות דלעיל בסמוך דשיעור עיכול הוא כדי הילוך ד׳ מילין, וכתבנו בפנים דהוא ע"ב מינוט וכ"כ המ"א (סי׳ קפ"ד ס"ק ט׳ בביאור דעת האבודרהם) וז"ל והוא שעה וחומש עכ"ל, וכ"כ הגר"ז שם סעי׳ ג׳, וכ"כ המ"ב שם ס"ק כ׳ וכ"כ הערוה"ש שם סעי׳ ח׳. אמנם לפי מש"כ המ"א בסי׳ תנ"ט (ס"ק ג׳) דיש סוברים דשיעור מיל הוא כ"ד מינוט שיעור ד׳ מילין הוא צ"ו מינוט וכן פסק הגר"ז שם סעי׳ י׳ ועיין שם במ"ב ס"ק ט"ו ובה"ל ד"ה הוי שהביא דיעות דשיעור מיל הוא כ"ב מינוט וחצי או כ"ד מינוט ולפ"ז שיעור ד׳ מילין הוא עכ"פ צ׳ מינוט ועיין בספר קצות השלחן להג׳ ר׳ אברהם חיים נאה זצ"ל סי׳ מ"ד (בבדי השלחן ס"ק ה׳) שהקשה על הגר"ז שסותר א"ע וכתב דמשום ספק ברכות תפסינן כדעת האומרים דשיעור ד׳ מיל הוא ע"ב מינוט. וע"ע בתהלה לדוד.

[5] לבוש, מ"א שם ס"ק ט׳ (הובא לעיל בהערה 3), והגר"ז כ׳ שיש לחוש (ושלא לברך) משום סב"ל וכ"כ בזכרונות אלי׳ מערכת "מם" אות י"ד.

[6] כה"ח שם אות כ"ט (ויש שם ט"ס וצ"ל בפחות משעה וכן הועתק בא"ז שבגליון הלבוש ס"ק א׳ ובזכור לאברהם) וכן שמעתי מהגרי"ש אלישיב שליט"א, דעד חצי שעה ודאי יכול לברך. וע"ע בספר קצות השולחן סי׳ ס׳ בבדה"ש אות כ׳ ד"ה והנה.

[7] כתב המג"א שם סס"ק ט׳ נ"ל שמי שרוצה לפטור שתי אכילות או שתי שתיות בברכה אחת ושהה בינתיים כדי שיתעכל צריךְ לחזור ולברך ברכה ראשונה, וכ"כ בסי׳ ק"ץ סס"ק ג׳. והשיג האבן העוזר עליו וז"ל דבריו דברי נביאות ולהדיא כתב הרמב"ם פ"ד וכו׳ אפי׳ פסק כל היום כולו אין

For example, a person makes a brocha, eats some nuts, and sits down to read a *sefer*. An hour and a quarter later [a] he wants to eat more nuts. Since the brocha on nuts is valid for the entire day (provided that it is not terminated by a change of location, a decision to stop eating or the recital of a *brocha achrona*), he may continue eating nuts (or any other fruit that was included in his original brocha [b]) until the time he goes to sleep,[8] [c] without having to make a new brocha.[d]

C. Brocha Achrona

A *brocha achrona* (according to all views) is affected by *shiur ikul*. One may make a *brocha achrona* only up to the time it takes for *shiur ikul* to elapse. Once the *shiur ikul* has passed, the *brocha achrona* may no longer be made.[9]

The Poskim advise, that one should always make a *brocha achrona* as

[a] As previously stated, according to some Poskim when a small amount of food is eaten *shiur ikul* is reached in as little as thirty minutes. According to all opinions, *shiur ikul* takes effect after seventy-two minutes have elapsed.

[b] as explained in Chapter 7

[c] Also see Chapter 8, Section A.4.

[d] According to some Poskim, however, a *brocha rishona* only remains in effect up until the *shiur ikul*.[8.1] In the above example, being that the *shiur ikul* has elapsed, his original brocha (according to this view) is no longer valid, and a new *brocha rishona* is required.

צריך לברך, וכן מוכח ממתני׳ דבא להם יין וכו׳ וכן משמע בטור בסי׳ קע״ד וכו׳ וזה פשוט עכ״ל. ופסק בגנת ורדים (כלל ג׳ סי׳ ב׳) כדעת האבן העוזר, וכן פסק במאמ״ר (סי׳ קפ״ד ס״ק ה׳) ובמגן גבורים שם, ודה״ח הל׳ ברהמ״ז (דיני לקבוע ברכה במקום סעודה, אות ד׳), ולזה נוטה דעת המ״ב שם ס״ק י״ז, וכן משמע מערוה״ש סי׳ קפ״ד סעי׳ ח׳ ממה שפסק דרק בהיסח הדעת צריך לחזור ולברך עיי״ש. וכן פסק הגרש״ז אויערבאך שליט״א במנחת שלמה (סי׳ י״ח אות ג׳). וע״ע בכה״ח סי׳ קפ״ד אות ל״ב וסי׳ קס״ט אות ח״י, ושו״ת יביע אומר ח״ו סי׳ כ״ז.

8 מ״ב סי׳ קע״ח ס״ק מ״ח בשם הגר״ז והח״א. וע״ע בזכור לאברהם ערך ברכה אות נ׳ הובא בכה״ח סי׳ ד׳ אות ק״ח.

8.1 מגן אברהם הנ״ל. וכ״כ הגר״ז סעי׳ ב׳ והח״א כלל נ׳ סי׳ כ״ג.

9 שו״ע סי׳ קפ״ד סעי׳ ה׳. ועיין במ״ב שם ס״ק י״ז שכ׳ הטעם שאינו יכול לברך ב״א אחר שעבר שיעור עיכול וז״ל דלאח״כ כבר בטלה אותה האכילה עכ״ל. ועיין בחזו״א סי׳ כ״ח אות ד׳ שכתב דיש להסתפק אהא דיכול לברך תוך שיעור עיכול אי אמרינן דאין ברהמ״ז דוקא על מעשה האכילה אלא על מה שהספיקו הקב״ה מזונו וכ״ז שהמזון

soon as possible after he finishes eating, in order to avoid the possibility of being delayed beyond the time limit within which a *brocha achrona* may be said, (also to avoid the possibility of forgetting to recite the *brocha achrona* entirely).[10]

> **Note:** A *brocha achrona* is required only if one ate a *k'zayis* or more of food or drank a *reviis* or more of beverage within a specified minimum time period. See Addendum 1.

1. Small Amount of Food Eaten, Snacks

a. Preferable

Since the body begins to "digest" small amounts of food quickly, it is especially important to make the *brocha achrona* as soon as possible after eating, so as not to inadvertently pass the *shiur ikul*.[11]

Therefore, when one eats a small amount of food (i.e., he is still hungry when he is finished) or eats a light snack or takes a drink between meals (e.g., a can of soda, a piece of cake, etc.), he should be careful not to delay making the *brocha achrona*.

Similarly, when one eats a small amount of food at a (bread) meal, and is still hungry when he finishes, he should recite the *bircas hamozon* as soon as possible after eating.

לא נתעכל ומזין אותו ומפרנס אותו הרי הוא כאוכל בכל שעה, או דלמא שבאמת אין ברהמ״ז אלא על עיקר מעשה האכילה אלא שזמן הברכה נמשכת עד שיתעכל, ומסיק דנראה כהצד השני עכת״ד.

10 באכילה מועטת ודאי יש לברך מיד דהא יש לחוש לשיטת המ״א דאין אנו בקיאים בשיעור עיכול באכילה מועטת ואפשר שהוא סמוך מאד לגמר אכילתו (ועכ״פ יש לו עד חצי שעה כמש״כ בפנים) וכ״כ בשולחן שלמה וכ״כ הגר״ז שם סעי׳ ג׳ וז״ל לכן לא ישהה כלל אחר אכילה מועטת עכ״ל, וגם מהמ״ב (אף שפסק מעיקר הדין כהט״ז מ״מ) משמע שחושש גם לדעת המ״א (עיין בדבריו לסי׳ קפ״ד ס״ק כ׳ וסי׳ ק״ץ ס״ק ח׳). ובאכילה מרובה ג״כ אין לשהות יותר מדי דהא מסיק המ״א דיש לברך מיד. ועיין עוד בבה״ל ריש סי׳ ק״ץ דאם אין דעתו לשתות או לאכול מיד אינו נכון להמתין מלברך דשמא יפסיד ב״א של אכילה ראשונה. גם מצוי שבהמשך הזמן נשתנה רצונו או מטריד מאיזה דבר ואינו אוכל ושותה עוד וא״כ בודאי מפסיד ברכתו לגמרי. וע׳ אשל אברהם (מהרה״ג מבוטשאטש) סי׳ תע״ד אודות ארבע כוסות למה מועלת הברכה אחרונה לבסוף הלא כבר נתעכל כוס הראשון כשהיה עוסק במגיד.

11 מ״א שם ס״ק ט׳ וכתב הגר״ז שם סעי׳ ג׳ שיש לחוש לשיטת המ״א דשיעור עיכול באכילה מועטת הוא פחות מהילוך ד׳ מילין וז״ל לכן לא ישהה כלל אחר אכילה מועטת עכ״ל. ועיין מש״כ בהערה 10.

b. Incurred Delay of Half Hour or More

If one ate a small amount of food and did not make a *brocha achrona* within a half hour from the time he finished eating, it is questionable whether a *brocha achrona* may be made.[12]

The Poskim advise, therefore, to eat another *k'zayis* of food[e] whose *brocha achrona* is the same as that of the original food. By eating another *k'zayis* one will be required to make a *brocha achrona*. In the event *shiur ikul* has not yet passed from the time the original food was eaten, it too will be covered by the *brocha achrona*.[13]

We have learned (Section B) that according to some Poskim, if *shiur ikul* has passed, a new *brocha rishona* is also required. Therefore, when one takes the additional *k'zayis*, he should, if possible, take a type of food which was not covered by the original *brocha rishona*. By doing so, he will definitely have to make a new *brocha rishona* on the additional *k'zayis*.[14] (See footnote for further amplification.[f])

[e] or to drink a *reviis* of beverage. Water however, should not be used, as explained in Chapter Thirteen, Section A.7a.

[f] If one takes a food item which is covered by the original *brocha rishona*, and the *shiur ikul* of the original food had passed, a new *brocha rishona* would be required, according to the minority view only. However, if one takes a food which is not covered by the original *brocha rishona* he must make a new *brocha rishona* according to all views.

Regarding which foods are covered by one's original brocha, see Chapter Seven.

If the only food available is covered by the original *brocha rishona*, he should not make a new *brocha rishona* on it (provided that he had not terminated his eating session see Chapter 8).

To illustrate, one ate an apple and, after forty-five minutes elapsed, realizes that he had not yet made a *brocha achrona*. All he has on hand are other apples (which are covered by his original brocha). He should eat a *k'zayis* from the second apple without

[12] עיין מש״כ לעיל בהערות 3, 6, 10.

[13] כתב המ״א סי׳ קפ״ד ס״ק ט׳ שאם אירע ששהה אחר אכילה מועטת, כיון דאין אנו בקיאים לשער אם הוא רעב כ״כ כמו שהיה מתחלה וממילא הוי ספק אם יכול לברך ברכת המזון, יאכל מעט קודם ברכת המזון, והביאו הגר״ז שם סעי׳ ג׳. ואף דאיירי בברכת המזון ה״ה בשאר מאכלים אם אכל מעט ואינו יכול לשער אם תאב לאכול עוד, יאכל עוד כזית כדי לברך ב״א. וכתב הח״א (בכלל נ׳ סי׳ כ״ג) דה״ה אם אכל אכילה מרובה ואינו יכול לשער אם נתעכל המזון, יש לו לאכול עוד כזית כדי לברך בודאות.

[14] כתבנו דנכון לברך על מאכל שבודאי לא נכלל בברכתו הראשונה שבירך מתחלה דבכה״ג

For example, one eats an apple and forty-five minutes later realizes that he has not yet made a *brocha achrona*. He may take a wedge of melon (which is definitely not covered by his original *brocha rishona*), make a *borei pri hoadoma* and eat a *k'zayis*. He should then make a *borei nefoshos*, which is required for the melon. If a *brocha achrona* is still required for the apple, it too, is covered.

c. B'dieved

If one does not have additional food, or eating another *k'zayis* is impractical, he may make a *brocha achrona* as long as seventy-two minutes have not elapsed from the time he finished eating.[15] If more than seventy-two minutes have elapsed, a *brocha achrona* may no longer be said.

2. Large Amount of Food Eaten, Meals

a. Preferable

When one eats a large amount of food, even though his *brocha achrona* is usually valid if made seventy-two minutes (or more [g]) from the time he finishes eating, nevertheless, the Poskim advise that he should not unduly delay making the *brocha achrona*.[16]

b. Incurred Delay of Seventy-Two Minutes or More

If, after eating a large amount of food, one delayed[h] seventy-two minutes or more (and he is not sure if he is beginning to feel hungry), the Poskim advise that he eat another *k'zayis* of food whose *brocha achrona* is the same as that of the original food, and make a *brocha*

making a new *borei pri hoetz*. He should then make a *borei nefoshos* which is definitely required for the second apple, and may cover the first apple as well.

[g] as long as he does not begin to feel hungry.

[h] or is uncertain whether or not he delayed more than seventy-two minutes.

אינו נכנס למחלוקת המג"א ואבן העוזר אי מפסיד גם ברכה ראשונה אחר שיעור עיכול או לא (הובא בהערה 7).

15 מ"ב ס"ק כ' ועין מש"כ בהערה 3.

16 מ"א שם וז"ל ובסעודות גדולות לפעמים יושבים ד' או ה' שעות קודם שמברכין ואינו נכון

achrona.[17] Regarding the *brocha rishona* see above (Section B).

For example, one ate a meal consisting of bread, and incurred a delay of more than seventy-two minutes. He should eat another *k'zayis* of bread (without making a second *bircas hamotzi*[i]) and then recite *bircas hamozon*.

c. B'dieved

If one is unable to eat another *k'zayis* (and had incurred a delay of more than seventy-two minutes), but is certain that he has not begun to feel hungry, he may make a *brocha achrona.*[17.1] Otherwise, a *brocha achrona* may not be made.

D. Other Rules Relating to Shiur Ikul

1. Wants to Cover Food Which Will Be Eaten Later

If one plans to eat or drink over an extended period of time (e.g., he plans to have a few cups of coffee, cans of soda, etc., while spending the afternoon studying), he should not cover the entire period with one *brocha rishona* at the beginning and one *brocha achrona* at the end.[18] [j]

[i] In cases in which one had already terminated his eating session (see Chapter 8) a new *brocha rishona* would be required.

[j] This is because a *brocha achrona* (and, according to some Poskim, a *brocha rishona*) is not valid after a *shiur ikul* has elapsed.

לדעת רש״י ולכן יש לברך מיד עכ״ל.

[17] כה״ח סי׳ קפ״ד אות כ״ח. ערוך השולחן שם סעי׳ ח׳.

[17.1] כה״ח סי׳ קפ״ד אות כ״ט.

[18] עיין במ״ב סי׳ ק״ץ ס״ק ח׳ דאם שתה כוס אחד ודעתו לשתות עוד מיד לא יברך אחר כוס ראשון (דהו״ל ברכה שאינה צריכה) אלא יברך לבסוף אחר גמר שתייתו, ודוקא כשדעתו לשתות מיד דאל״ה יש לחוש שמא יתעכל, דעיכול של שתיה איננו שיעור גדול כ״כ. ועיין שם בבה״ל ד״ה אחר דנהי דאם שהה הרבה לא נתבטלה ברכה ראשונה וכו׳ (עיין מש״כ לעיל בהערה 7) מאן יאמר לן דרשאי לעשות כן דהרי עכ״פ מפסיד ברכה אחרונה של אכילה ושתיה זו (הראשונה) ומה שיברך לבסוף לאחר אכילה ושתיה שניה לא מהני כלל לזה וכו׳ ומה גם שמצוי כמה פעמים שבהמשך הזמן נשתנה רצונו או מטריד מאיזה דבר ואינו אוכל ושותה עוד וא״כ בודאי מפסיד ברכתו לגמרי עכת״ד. וע׳ כף החיים סי׳ קס״ט אות ח״י וסי׳ קפ״ד אות ל״ב.

If he expects that there will be a lapse of more than thirty minutes before taking the next drink or snack, he should make a *brocha achrona* on the food (or beverage) that he ate, and then make a new *brocha rishona* when he starts eating again.[19]

For example, one plans to stay up all night and anticipates having many cups of coffee. He expects, however, that more than a half-hour will elapse before he will take a refill. He should recite *borei nefoshos* after finishing the first cup of coffee. Later, when he takes another cup of coffee, a new *shehakol* will be required.[20]

> **Note:** This halacha applies only in cases that a *brocha achrona* will be required, i.e., a *shiur* (set minimum amount of food) is eaten within a specific period of time (see Addendum 1). Regarding cases in which the food being eaten does not require a *brocha achrona*, see the footnote below.[k]

2. Lingered During a Meal

If one ate a meal and continued to nibble food or sip drinks while lingering at the table, even if seventy-two minutes elapsed from the time he finished eating the bread he may still *bentch*. Even though *shiur*

[k] We have seen that according to some Poskim a *brocha rishona* is not effective beyond *shiur ikul*. Thus, if one eats a small amount of food (e.g., a sucking candy) his brocha will not be effective (for another candy which will be eaten) a half hour later.

Therefore, if one plans to eat or drink small amounts of food over an extended period (e.g., he plans to have one sucking candy now and three or four more during the course of the evening), he should not cover all that he plans to eat with one brocha. Rather, before each snack he should make a brocha and have specific intention **not** to include food which might subsequently be eaten. Thus, a new brocha will definitely be required when he eats each subsequent snack. In this manner he will be *yotzei* his brocha requirement according to all views.[20.1]

[19] ולא נחשב גורם ברכה שאינה צריכה כמש״כ בפרק י״ד הערה 17. וע״ע מש״כ בהערה 20.1.

[20] עיין שו״ת מנחת יצחק חלק ה׳ סי׳ ק״ב, ציץ אליעזר חי״ב סי׳ א׳, יביע אומר ח״ו סי׳ כ״ז ויחוה דעת ח״ו סי׳ י״א. וע״ע כה״ח שהבאתי בסוף הערה 18.

[20.1] חסד לאלפים סי׳ קפ״ד סעי׳ ג׳ וז״ל ולכן יכוין שלא לפטור אם דעתו לשהות כגון השותה קאוי אחר קאוי עכ״ל. וכ״כ בשו״ת פני יצחק

ikul is normally calculated from the time one stops eating the food upon which the *brocha achrona* is to be made, since in this case, the other foods are eaten as part of a meal, as long as he continues nibbling some food or sipping drinks *shiur ikul* does not commence.[21]

(למהר"י אבולעפיא) סי' ר"ך.

21 מ"א סי' קפ"ד ס"ק ט' ע"פ ביאורו של המ"ב שם ס"ק י"ח (ועיין שם בשעה"צ ס"ק י"ט ובפמ"ג א"א אות ט'). ועיין שו"ת הר צבי סי' צו.

CHAPTER 11

Priority of Brochos

Introduction

The Mishna states, "One who has before him many varieties (of foods) R' Yehudah says 'If one of the items is of the seven species, he makes the brocha on that item (first)'..."

Talmud *Brochos 40b*

With this statement, the Mishna and Talmud commence a discussion of the halachos of prioritizing brochos. Beyond the requirement of making the correct brocha, Chazal mandated a requirement to recite each brocha according to a defined order of priority.

Chazal took into account the various attributes of what makes a particular food *choshuv*, "important", and established a protocol to follow.

In Section A of this chapter, we examine the various yardsticks Chazal used to measure *chashivus* "importance". These yardsticks are:

1. Most Explicit Brocha. The calibre of each brocha is ranked according to a specific ranking system. The highest ranking brocha, for example, is *hamotzi* and the lowest ranking brocha is *shehakol*.

2. Seven Species. Chazal gave priority to the seven species with which the Torah praises Eretz Yisroel.

3. Whole Items. A whole item is considered to be more *choshuv* than a non-whole item and, therefore, is given priority over broken or sliced items.

4. Preference. The item that one usually prefers is given priority over other items.

In Section B, we examine what to do when the choice involves conflicting attributes of importance. For example, if item "a" is one of the seven species, while item "b" is whole and most preferred, which item should be given priority?

In Section C, we discuss other general rules of priority, e.g., when is priority not required.

A. Categories of "Importance"

There are four "yardsticks" which Chazal used to measure the *chashivus* of a food. The application of these yardsticks will dictate which food is to be given priority.

1. Most Explicit Brocha[1]

The most important yardstick used by Chazal in determining an

[1] איתא בגמ׳ ברכות דף ל״ט ע״א שהביאו לפני בר קפרא תבשיל של ירקות ובשר עוף ונתן רשות לאחד מתלמידיו לברך וקפץ ובירך על הבשר וכעס בר קפרא על תלמידו מפני שקפץ ובירך על הבשר עוף קודם שבירך על הירקות והיה לו להקדים ולברך בפה״א קודם. מכאן נלמד דצריך להקדים ולברך על דבר שברכתו מבוררת טפי כמבואר שם ברש״י ד״ה ומלגלג ובתוס׳ ד״ה חביב. ויש לחקור במעלת ברכה מבוררת אי הוי מעלה בהמאכל דהיינו שתקנו חז״ל ברכות לפי חשיבות המאכל ועל החשוב יותר תקנו ברכה מבוררת טפי להגדיל יותר בשבחו יתברך או דילמא אף אם אין המאכל חשוב יותר בעצם, מ״מ מפני שיש לאותו מאכל ברכה מבוררת וחשובה צריך להקדימו, לא מפני חשיבות המאכל רק מפני חשיבות ברכתו. ומרש״י שם ד״ה מלגלג משמע דמעלת ברכה מבוררת היא שמראה על המאכל שהוא חשוב יותר ומש״ה צריך להקדימו וכ״כ רש״י לעיל (ל״ה ע״א ד״ה כיצד) והרע״ב (ריש פירקין). אכן מהריטב״א והרא״ה משמע להדיא שאין המעלה בגוף המאכל רק בהברכה דז״ל הריטב״א ולהאי לישנא קמא לא בעי למימר חשוב בגופיה אלא חשוב בברכה כגון שהכל ובפה״א בפה״א עדיף עכ״ל. וז״ל הרא״ה ולא אמרינן השתא להאי לישנא חשוב בגופיה אלא

item's priority, is the explicitness of its brocha.[1.1] A brocha is considered to be most explicit when it refers to the least number of items. For example, *borei pri hoetz* is considered to be more explicit than *shehakol*, as it refers to fruits which grow on trees, whereas *shehakol* refers to most foods.

The more explicit a brocha is, the more it indicates the praise of the Creator. Therefore, Chazal attributed *chashivus* to those brochos that are most explicit and gave them priority.

(For a more detailed discussion of the criteria used for determining the ranking of the various brochos according to explicitness see the Hebrew footnote-28).

The order of priority is:

hamotzi
borei minei mezonos
borei pri hagofen
borei pri hoetz
borei pri hoadoma
shehakol[2]

2. The Seven Species

The most important criterion in setting an item's priority is if it's

חשוב בברכות וכו׳ דכל שברכתו מיוחדת יותר חשובה יותר עכ״ל.

והנה בספר יד הקטנה כתב להדיא דמעלת ברכה מבוררת אינה מצד חשיבות המאכל רק מצד חשיבות הברכה וכ״כ הח״א כלל נ״ז סי׳ ח׳. אכן מהבה״ל ריש סי׳ ר״ב משמע כרש״י דז״ל הבה״ל ד״ה פה״ע ואע״ג דגידולם מן הארץ לא רצו לפוטרם בברכת פרי הארץ כשארי פירות הארץ מתוך שהם חשובים ביותר וקבעו ברכה מיוחדת להזכיר שבחו של מקום שברא פירות חשובים כאלה עכ״ל וכן איתא בגר״ז שם סעי׳ א׳ ובקו״א שם אות א׳ הראה מקומו מרש״י דף ל״ט ע״א וכתב שכן הטעם לברכה מבוררת דבפה״ג והמוציא וז״ל דכל דחשיב טפי פורטין אותו יותר עכ״ל. (וצריך עיון לרש״י ודעמי׳ למה נחשבו ירקות חשובים יותר מבשר).

1.1 עיין במ״א סי׳ רי״א ס״ק ח׳ (ובמש״כ לקמן הערה 28) שיש ב׳ מהלכים בהגדרת מעלת ברכה מבוררת וכאן בפנים כתבנו ע״פ שיטת הלבוש הובא במ״א הנ״ל.

2 מ״א ופמ״ג סוף סי׳ רי״א ועיין מש״כ בהערה 28.

one of the "seven species".[2.1] [a] The Torah[3] praises *Eretz Yisroel* for the seven prominent species that grow there[4]. Not only does the Torah show the *chashivus* of these seven species by mentioning them, it also reveals a specific order of their praise.[5] Chazal enumerate the order of priority in the Torah according to the following list:

a. Wheat
b. Barley
c. Olives
d. Dates[6]
e. Grapes
f. Figs
g. Pomegranates

"Wheat" includes all types of bread, cake, baked goods and cereals made from wheat flour[7] or spelt flour. (Spelt is considered in the

2.1 עין הערה 1.1.

3 דברים פרק ח׳ פסוק ח׳.

4 עיין במ״א סי׳ רי״א ס״ק ח׳ ובח״א כלל נ״ז סי׳ ט׳ דהא דיש מעלה למין ז׳ הוא דוקא כשנגמר הפרי אבל אם לא נגמר הפרי כגון זית קודם שגדל הנץ אין לפרי כזה חשיבות ז׳ המינים וכ״כ המ״ב שם ס״ק כ׳. ולענין כוסס חטה עיין הערה 7.

5 מבואר בגמ׳ (ברכות מא ע״ב) דאע״פ דמנאן התורה בסדר ״חטה״ ואח״כ ״שעורה״ ואח״כ ״גפן״ מ״מ כיון שהפסיק הפסוק במלת ״ארץ״ בא ללמדנו דכל הסמוך למלת ״ארץ״ קודם הלכך ״זית״ הנכתב בפסוק סמוך ל״ארץ״ בתרא קודם ל״שעורה״ הנכתב שניה ל״ארץ״ קמא, ועיין שם ברש״י (מא.) ד״ה ופליגא וז״ל אלמא קרא לשבח א״י בא שיש בה פירות החשובים הללו ומנאן כסדר חשיבותם עכ״ל. טור וב״י סי׳ רי״א ושו״ע ורמ״א שם סעי׳ ד׳.

6 רש״י מ״א ע״ב ד״ה דבש וז״ל דבש האמור בתורה הוא דבש תמרים. והובא בטור ריש סי׳ ר״ח ובב״י סי׳ רי״א. ולענין קדימת דבש תמרים לשאר דברים שברכתן שהכל עיין הערה 49.

7 בענין כוסס:

נחלקו הפוסקים במי שכוסס חטין אם צריך להקדימו או לא וז״ל הטור רי״א כתב בה״ג הא דחטה ושעורה קודמין דוקא בשעשה מהן תבשיל או פת אבל כוסס החטה שברכתו בפה״א אינה קודמת וכו׳ אבל לסברת א״א ז״ל וכו׳ אפשר דאיירי אף בכוסס החטה עכ״ל. (ועיין ט״ז ס״ק ה׳ למה כתב הטור כלשון אפשר) אכן הב״י כתב בשם הרשב״א דליכא קדימה בכוסס וכ״כ בשו״ע סעי׳ ה׳. ודעת הרמ״א תלויה בב׳ התירוצים שכתב המ״א בס״ק ח׳ דלפי תירוצו הראשון ס״ל להרמ״א דליכא קדימה בכוסס, ולפי תירוצו השני ס״ל להרמ״א דאיכא קדימה גם בכוסס.

ולענין הלכה — החיי אדם בכלל נ״ז סי׳ ט׳ והגר״ז בסדר ברכת הנהנין פרק י׳ אות י״א פסקו כהמחבר דאין להקדים חטה כשכוססו. ועיין מ״ב ס״ק כ״ז שהביא מחלוקת בין המ״א והגר״א בזה.

"family" of wheat.[8]) "Olives" include olive oil.[9] "Barley" includes foods made of barley, oats and rye. (Oats and rye are considered in the "family" of barley.) "Grapes" include wine[10] and grape juice.[11] [b]

3. Whole, Intact

Food items that are whole are intrinsically more *choshuv* than those that are broken or sliced.[12] Thus, a whole roll is more *choshuv* than a slice

[a] In cases where the choice is between items requiring the same brocha (e.g., apples and grapes, both *borei pri hoetz*), this yardstick (seven species) is the next most important factor in setting priority. In this example, grapes (one of the seven species) take priority over apples even if the apples are whole (see A.3) and also are the preferred fruit (see A.4).

In cases where the choice involves items requiring two different brochos (e.g., bananas and grapes) different rules apply - as discussed in Section B.

[b] Besides for the attribute of being one of the seven species, wine also has the attribute of having a more specific brocha (see above A.1). This is discussed more fully in Section B.3.

8 תנן במנחות דף ע׳ ע״א החטין והשעורין והכוסמין והשיבולת שועל והשיפון הרי אלו חייבין בחלה. ואיתא בגמ׳ שם תנא כוסמין מין חטים שיבולת שועל ושיפון מין שעורין. וכן פסק הטור ריש סי׳ ר״ח. ועיין במ״א סי׳ רי״א ס״ק י״ג וס׳ קס״ח ס״ק ו׳ ובפמ״ג א״א סדר המעלות (סוף סי׳ רי״א אות ב׳) דאע״פ שכוסמין ושיבולת שועל ושיפון נכללים בחטים ושעורים מ״מ יש נ״מ בין חטים ושעורים דכתובים בפירוש בקרא ובין הני דאינם כתובים בפירוש דכוסמין אף דמין חטים הוא (וחטים קודמים לזית) מ״מ משמע בשו״ע דכוסמין אינם קודמים לזית (דזית מפורש בקרא וכוסמין אינו מפורש בקרא). וכן תמרים דמפורש בקרא — קודמים לשבולת שועל ושיפון, וכתב הפמ״ג הנ״ל דיש לחלק. אכן בח״א בכלל נ״ז סי׳ ח׳ פסק דבומ״מ מתבשיל של שעורים או אפי׳ משבולת שועל ושיפון קודמים לשאר ז׳ מינים. ועיין מש״כ בהערה 28.

9 עיין ראש יוסף סדר המעלות וז״ל ויראה ודאי אף שמן זית נמי מין שבע דהא מפורש בקרא זית שמן (פי׳) זיתים העושים שמן וקודם לתמרים כגון ע״י אניגרון (פי׳ הא דיש לשמן זית דין קדימה מיירי שלא שתאו כמות שהוא דהשותה שמן זית חי אינו מברך עליו כלל דאזוקי מזיק ליה — וכמש״כ המחבר בסי׳ ר״ב סעי׳ ד׳).

10 כתב הטור בסי׳ רי״א דיין וענבים נכללים בגפן דקרא. אכן יש ליין עוד מעלה אחרת שברכתו מבוררת טפי. נמצא דאע״ג דלפי מעלת ז׳ מינים זית קודם לענבים מ״מ אינו קודם ליין. וז״ל הרמ״א (בסעי׳ ד׳) דוקא שאכלו ענבים כמות שהן אבל אם עשה מהם יין שקובע ברכה לעצמו בפה״ג חשובה והיא קודמת לברך עליו תחלה עכ״ל.

11 ב״י בשם הרשב״א ריש סי׳ ר״ב וז״ל כתב הרשב״א דיין תוסס מברך עליו בפה״ג שהרי אמרו (ב״ב צו:) אמר רבא סוחט אדם אשכול של ענבים ואומר עליו קידוש היום, ואין מקדשין אלא על היין.

12 טור ריש סי׳ קס״ח, מחבר שם סעי׳ א׳.

of bread. [c] Since whole food items are more *choshuv*, a whole item takes precedence over a broken item[d] (providing that the other item does not have any overriding "importance"). A whole item takes precedence even if the slice is larger and of better quality.[13]

4. Preference

The food item that one enjoys and prefers most is considered *choshuv* to him and is given precedence to other foods that are less preferred. For example, if the choice is between apples and bananas, and he usually likes bananas best, he makes the *borei pri hoadoma* first.[14]

There is a difference of opinion among the Rishonim as to how to establish one's preference. One view is that whatever one prefers at this moment is considered halachically as his preference.[15] The majority opinion, however, is, that whatever one **usually** likes best[16],is considered his preference, even though it is not his current preference.

In a case where one usually likes both items equally, precedence is

[c] This "importance" is demonstrated by the halachic requirement to use whole loaves or rolls for Shabbos and Yom Tov meals.[13.1]

[d] When preparing to make a brocha on a whole item (which will subsequently be cut) one should cut a slice or wedge, leaving it partially connected, make the brocha and then break off that piece. The item is considered "whole" if one can hold the smaller part and the larger part does not break off.

Thus, when preparing to make a brocha on a loaf of bread, one should cut into the loaf, leaving it intact, make the brocha and then cut off the piece. (On Shabbos, since the bread must be whole for the *lechem mishneh* requirement, it should not be cut until after the brocha has been recited).

13 שו״ע שם.

13.1 רמ״א סי׳ רע״ד סעי׳ א׳.

14 עיין מש״כ לקמן בהערה 43.

15 רמב״ם פ״ח הל׳ י״ג (וע׳ כס״מ שם) והובא בשו״ע סי׳ רי״א סעי׳ ב׳, וכ״כ הריטב״א הלכות ברכות פ״ג הל׳ ט׳.

16 טור סי׳ רי״א וז״ל יברך על החביב תחלה שאם בכל פעם אחד מהם חביב עליו יותר אפי׳ אם חפץ עתה במין השני צריך לברך על המין החביב עליו ברוב הפעמים ויאכל ממנו קצת ואח״כ יאכל ממין השני אם ירצה עכ״ל וכתב המ״א בס״ק י״ג וז״ל ולענין חביב אנן בני אשכנז נמשכין אחר הרא״ש בהמין הרגיל להיות חביב וכמש״כ ס״א ואם שניהם חביבים אזלינן אחר איזו שחפץ עתה וכו׳, וכ״כ הח״א כלל נ״ז סי׳ א׳ והמ״ב ס״ק י׳, אכן הגר״ז בסידורו (סדר ברכת הנהנין סוף פרק י׳) פסק דחביב נקרא בין מה שחביב עליו רוב הפעמים

given to the item he prefers at this moment.[17]

B. Choices Involving Conflicting Factors

In this section we will examine the halacha when the choice involves conflicting rules of importance. For example; if item "a" is one of the seven species, and item "b" has a more explicit brocha.

The Poskim take into account all of the various rules and delineate a "master list" as follows:

1. Bread, Rolls
2. Cake, Cereal and other *Mezonos*
3. Wine, Grape Juice
4. Fruits, Vegetables
   a. same brocha
   b. different brochos
5. *Shehakol* — other foods

For example, if one is served fruit and cake priority is given to the cake.

Beyond the "master list", there is a more detailed set of rules. For example, if there are two types of cakes being served, one made of wheat flour and the other made of oat flour, the cake made of wheat flour takes precedence.

The following more detailed list includes rules for selecting from among items within each broad category:

1. Bread, Rolls

To establish the priority of a food, generally, we look first at the explicitness of its brocha; secondly at its position on the list of the "seven species"; thirdly if it is whole; and fourthly the item most preferred. Using these criteria, bread becomes the first priority on the list since it has the most explicit brocha.[18]

בין מה שחביב עליו עתה והמ״ב בס״ק י״א כתב דהמברך על המין שרוצה בו עכשיו יש לו על מי לסמוך.

17 דבזה יוצא גם לפי דעת הרמב״ם

(והריטב״א) לעיל הע׳ 15, מ״א סוף הסי׳ ומ״ב שם סוס״ק ל״ה.

18 רמ״א סעי׳ ה׳ בשם האגור (סי׳ רצ״ח) ואף

a. If one has a choice of breads[e] including breads made from different grains, the order of precedence is:[f] [19]

wheat
barley
spelt
rye/oats[19.1]

It should be noted that most breads, even those commonly called "rye bread" or "corn bread" are, nevertheless, made predominantly of wheat, and contain only a small percentage of rye or corn.[20]

b. Where a choice of breads includes a whole roll and a sliced loaf, both of the same grain, the whole roll takes priority.[g] The whole roll is deemed more "important" even if it is smaller and of inferior quality

[e] In the choice discussed below it is assumed that all of the bread is *pas yisroel*. For cases involving *pas akum*, see Shulchan Oruch 168.5.

[f] The seven species are discussed above in Section A.2

[g] If the choice is between a whole loaf of barley bread, and a slice of wheat bread, it is preferable to take the slice of wheat bread, place it beneath the barley bread, and recite the brocha over both.[21]

פת של שעורין קודמת למזונות של חטין וכן הכריע הער"ת והביא ראיה מדברי הטור (הובא במ"ב ס"ק כ"ג) וכן כתב הפמ"ג בראש יוסף בסדר המעלות ובא"א סוף הסי' וכ"כ הגר"ז סדר בה"נ פ"י אות י"ד, מ"ב ס"ק ל"ה בשם הפמ"ג הנ"ל. והטעם שהקדימו ברכת המוציא של פת שעורים למזונות של חטין משום דברכת הפת מבוררת טפי (ולפי מש"כ הלבוש בהג"ה (סי' רי"א סעי' ד') תקנו ברכה מבוררת על פת כיון דפת מורה השגחת השי"ת הפרטית ביותר שעשה לחם שעליו יחיה האדם על פי השי"ת).

[19] עיין מש"כ בהערה 8. ועיין בחידושי הגר"א לדף ל"ט ע"ב תוס' ד"ה אבל וז"ל בדיני ברכת המוציא הסימן הוא חש"ש נג"ט ראשי תיבות א- חטים ב- שעורים ג- שלימה ד- נקיה ה- גדולה ו- טהורה וכו' וכן בפת גוי ופת ישראל עכ"ל. וכן הביא המ"ב סי' קס"ח ס"ק ט"ו מהח"א, ובשעה"צ שם אות י"א.

[19.1] ראה הערה 28.1.

[20] עיין במ"ב סי' קס"ח סק"ג שכתב דרוב הלחמים שלנו הם של שיפון. אכן בזמן הזה במדינת "אמעריקא" רוב הלחמים הם מחטה.

[21] מסקנת הגמ' שם בפרוסה של חטים ושלימה של שעורים ירא שמים מניח הפרוסה תחת השלימה ומברך. וכתב המחבר סי' קס"ח סעי' א' דאם השלימה משעורים שמניח הפרוסה (של חטים) תחת השלימה (של שעורים) ובוצע משתיהן יחד. וכתב המ"א ס"ק ב' דדוקא בחטים ושעורים יש לו לירא שמים לבצוע יחד אבל אם אחד משיפון אינו צריך להניחו בתוך הפרוסה וכן פסק

than the sliced loaf of the same grain.[22]

c. If both items are whole (or both are sliced) and are of the same type of grain, the better quality item comes first.[23]

d. If both are whole (or both sliced)and of the same grain, and of equal quality, the larger one comes first.[24]

e. If both are of the same type of grain,whole, the same quality and size, priority is given to one's own personal preference.[25]

2. Cake, Cereal and other Mezonos

The main criterion for establishing the order of priority of foods is the explicitness of the brocha.[26] *Borei menei mezonos* is the second highest ranking brocha. Therefore, the next priority after bread, is any *mezonos* product.[27] When a choice of foods includes a food whose brocha is *mezonos*, that food takes precedence.

(Regarding a choice between a product having the attribute of a *mezonos* brocha, versus an item which is higher on the list of the seven species, see Hebrew footnote below).[28]

במ״ב שם ס״ק ג׳ וכ״כ הגר״ז סדר ברכת הנהנין פרק י׳ אות א׳.

22 איתא בברכות דף ל״ט ע״ב הביאו לפניהם פתיתין ושלימין וכו׳ ור״י אמר שלימה מצוה מן המובחר. וכתבו הראשונים דאפילו אם השלימה היא פת קיבר וקטנה והחתיכות פת נקיה וגדולה מברך על השלימה, והביאם הטור ריש סי׳ קס״ח ומחבר שם סעי׳ א׳.

23 טור שם פת נקיה ופת קיבר והן ממין אחד מברך על הנקיה וכתב שם הב״י דאפי׳ אם יאמר הבוצע דאותו שאינו נקי חביב ליה לא צייתינן ליה דבטלה דעתו אצל כל אדם. ועיין שער הציון שם ס״ק י״ב.

ואם יאמר המברך שהנקי והקיבר שוות אצלו צייתינן לי׳ כ״כ בתהלה לדוד ס״ק א׳.

24 ב״י שם וז״ל וכתב הר״ם דה״ה אם שתי שלימות ממין אחד אחת גדולה ואחת קטנה דמברך על הגדולה, והביאו בשו״ע שם סעי׳ ב׳.

25 עיין במ״ב סי׳ קס״ח ס״ק ט״ו שכתב סדר המעלות בפת (ז׳ מינים ואח״כ שלם ואח״כ נקי ואח״כ גדול) וסיים דלענין חביב עיין סי׳ רי״א, ר״ל דבסי׳ רי״א סעי׳ א׳ וב׳ כתב השו״ע די״א חביב קודם וי״א מין ז׳ קודם (עיין מש״כ בהערה 38) ואנן נקטינן כר״י דהיכא שברכותיהן שוות מין ז׳ עדיף ואם שניהם שווים אזלינן בתר חביב.

26 רמ״א סי׳ רי״א סעי׳ ה׳, וע׳ מש״כ לעיל הערה 18 דפת שעורים קודמת למזונות חטים.

27 מ״ב שם ס״ק כ״ה בשם הלבוש וכתב שכן הסכימו הרבה אחרונים, ועיין לקמן בסמוך.

28 א — מחלוקת הלבוש והשואל:

הנה יש שני אופנים של אכילת מיני דגן. האחד הוא כוסס חטה או שעורה ובארנו לעיל בהערה 7 דפליגי הפוסקים אם יש לכוסס מעלת קדימה דמין ז׳ גם באופן זה או לא עיי״ש.

והאופן השני הוא כשבשלו או אפאו (היכא שלא עשאו לפת) שברכתו הוא בורא מיני מזונות ויש באופן זה מחלוקת בין הלבוש והשואל בלבוש שם. דעת השואל היא דברכת בפה״ג בעצם מבוררת יותר מברכת בורא מיני מזונות אלא דיש שתי מעלות אחרות לברכת בורא מיני מזונות והן דברכת

a. Where the choice includes baked products made of different types of flours, the order is: wheat, barley, spelt, rye and oats.[28.1] [h]

It should be noted that most cakes and cookies, even those called "oatmeal" cookies or "corn" muffins, are nonetheless, made predominantly from wheat flour. Breakfast cereals, however, are commonly made from many different grains.

b. If the choice includes whole products (e.g., whole cookies) and fragmented products (e.g., slices of cake) the whole products take precedence.[29]

c. If the choice is between wheat products which are sliced or fragmented and barley (or other grain) products which are whole, the wheat product, even though fragmented, takes precedence (e.g., a slice of cake made of wheat flour takes precedence to a whole cupcake made of another grain flour).[30]

[h] One's personal preference does not matter in regard to the choice between the grains, (i.e., wheat is always the first priority, barley is always the second, even if he prefers one of the other grains).[28.2]

בומ״מ היא ג״כ ברכה מבוררת כנגד הרבה ברכות אחרות כגון בורא פרי העץ, ועוד שמוקדמת בקרא. ולכן היכא שיש לפניו זיתים ותבשיל של שעורים יקדים הזיתים משום דקדים בקרא ומעלת קדימה בקרא יותר חשובה ממעלת ברכה מבוררת דבומ״מ.

אמנם הלבוש חולק עליו וס״ל דמעלת ברכת בומ״מ חשובה יותר וביאר טעמו וז״ל המין שמברכין עליו מורה על ההשגחה הגדולה שמשגיח השם ית׳ על בריותיו וזן ומפרנס ומשביע אותם וקרובה היא לברכת המוציא וכו׳ כי ודאי בומ״מ היא הברכה החשובה שבכל הברכות חוץ מברכת הפת ועדיפא היא מברכת בפה״ג כמה מעלות מצד עצמה ומינה עכ״ל. ולפ״ז מי שיש לפניו תבשיל של שעורים וזיתים יברך בורא מיני מזונות בתחלה ואח״כ יברך על הזית בפה״ע.

ב — הכרעת הפוסקים להלכה:

דעת הרמ״א תלויה בב׳ התירוצים במ״א סק״ח. לפי התירוץ הראשון גם הרמ״א ס״ל כהשואל ולפי התירוץ השני ס״ל כהלבוש.

אכן המ״א בס״ק י״ג והט״ז סק״ד והח״א (כלל נ״ז ס״ז וח׳) והגר״ז (סדר בה״נ פ״י אות י״ב) פסקו שלא כהלבוש וזית קודמת לשעורים וכ״פ הפמ״ג בסדר המעלות ס״ס רי״א.

אבל המ״ב בס״ק כ״ה פסק כהלבוש וסיים שכן הסכימו הרבה אחרונים (נרשמו בשעה״צ אות ט״ז) וכ״כ בס״ק ל״ה (ועיין שעה״צ שם אות כ״ח) וכן הכריעו הערוך השולחן סעי׳ י״ג וי״ז וכף החיים אות י״ז, מכמה אחרונים, ובאות כ״ח.

28.1 פמ״ג סי׳ קס״ח במש״ז ס״ק ד׳, וכ״כ במ״ב שם ס״ק י״ג, ודלא כח״א כלל נ״ז סי׳ ח׳.

28.2 מ״ב סי׳ רי״א ס״ק כ׳.

29 הנה מעלת השלם שייך גם בשאר מינים ולא נאמר רק לענין פת דהא בגמ׳ ל״ט ע״ב נזכר לענין ירקות והובא במג״א ס״ק א׳, ובמ״ב ס״ק ד׳ נזכר לענין פירות וכ״כ הגר״ז בסדר בה״נ פ״י אות ו׳.

30 עיין לעיל הערה 21 והערה 22. ויש לעיין

d. Cakes, crackers, or other *pas haboh b'kisnin*[i] products take priority over all other *mezonos* products. For example, if the choice is between cake and spaghetti or between crackers and cooked cereal the cake and crackers (being *pas haboh b'kisnin*) take precedence over the spaghetti and cereal (which are not *pas haboh b'kisnin*).[30.1]

e. If all the items are of the same flour,and all are whole, priority is given to one's own personal preference.

f. According to some Poskim, although rice products such as rice cereals, cooked rice and the like, are considered *mezonos* with regard to the brocha, they are not equal to the *mezonos* products of the five main grains. According to this view, rice products are considered equal to fruits and vegetables (see below paragraph 4.) with regard to priority.[31]

Other poskim, however, do consider rice products (which require a *borei menei mezonos*) equal to *mezonos* products of the five grains with regard to priority.[32]

3. Wine, Grape Juice

Borei pri hagofen, being a very explicit brocha, takes precedence over all other brochos except *hamotzi* and *mezonos*.[32.1]

[i] See Addendum Two.

אם י״ש צריך להניח פרוסה ממזונות של חטין תחת שלמה ממזונות של שעורין כמו בפת, דהא בפירות כתב השעה״צ סי׳ רי״א אות ג׳ וז״ל רק לענין סעודת פת דהוא עיקר קביעת סעודה אמרו די״ש יוצא גם מעלת השלם משא״כ בפירות וכו׳ עכ״ל ויש לעיין מה הדין במזונות.

30.1 כן מוכח מגר״ז (בסדר ברכת הנהנין פ״ט אות ו׳ וז׳).

31 הבאנו לעיל בהערה 28 דעת השואל בלבוש דס״ל דברכת מזונות אינו מבוררת כל כך ולפיכך גבי אורז ופירות מז׳ המינים מקדימין הז׳ מינים דמעלת ז׳ מינים קודמת למעלת ברכת מזונות והבאנו דברי המ״ב שפסק כהלבוש מכח הכרעת הרבה אחרונים (שנרשמו בשעה״צ שם). אכן דעת המ״ב אינה מבוארת איך ס״ל לגבי אורז דאע״פ שפסק כהלבוש, לא כלל אורז בסדר המעלות כפסק הלבוש ועיין כף החיים אות כ״ז.

32 דעת הלבוש סי׳ רי״א. ועיין מש״כ לעיל בהערה 28.

32.1 עיין בלבוש דמעלה דמבוררת טפי היא שהמין שמברכין עליו בפרטות מורה על השגחתו יתברך שזן את בריותיו ולפיכך גם ברכת היין חשובה מבוררת דיין ג״כ משביע, אמנם ברכת המוציא ומזונות עדיפא מינה טובא שלחם ומזונות מראים יותר על השגחתו הגדולה כיון שהם זנים ומפרנסים יותר.

a. Wine or grape juice takes precedence over all other foods, excluding bread or *mezonos*, even if one usually prefers the other food.[33]

b. Although wine itself is a grape product, it nevertheless takes precedence over grapes, since in addition to being made from grapes, its brocha is explicitly designated for wine.[34]

4. Fruits, Vegetables

The next priorities after bread, cakes, and wine, are fruits and vegetables.

There is a basic difference between cases involving fruits and vegetables covered by one brocha (e.g., grapes and apples) and cases involving fruits and vegetables covered by two brochos (e.g., grapes and bananas). Thus, fruits and vegetables are divided into two catagories; "same brocha" and "different brochos".

a. Same Brocha

In a case where the same brocha applies to both items (e.g. grapes and apples), the item of greater *chashivus* takes precedence. One's personal preference is only considered after the other factors.[35]

1. If any of the fruits are of the seven species, the order of precedence is: olives, dates, grapes, figs, pomegranates, all others.[36]

2. If none of the fruits are from the seven species (e.g. apples and oranges), or if all of the fruits are from of the same species (e.g. all

[33] הנה מב״י ד״ה מ״ש רבינו בשם הרבינו פרץ משמע דברכת בפה״ג לגבי ברכת בפה״ע נידון כמו בפה״ע לגבי בפה״א ואזלינן בתר החביב לו, וכ״כ הב״ח בהדיא דמש״כ הטור והר״פ הוא דוקא כששניהם שוים בחביבות. אכן המאמר מרדכי תמה על הב״י והב״ח והעלה דדבריהם אינם מובנים ופשוט דמקדימים היין משום מעלת ברכה מבוררת אפי׳ כנגד החביב כמו בפה״א לגבי שהכל, וכן כתב בחידושי הגהות בשם מהרל״ח,וכן דעת הלבוש וכן פסק הגר״ז בסדר ברכת הנהנין פרק י׳ אות י״ג.

[34] טור בשם ר״פ, רמ״א שם סעי׳ ד׳ ועיין מש״כ לעיל בהערות 10, 11, 32.1.

[35] כתב הטור בסי׳ רי״א היו לפניו מינין הרבה רבי יהודה אומר אם יש בהן מז׳ המינין מברך עליו וחכמים אומרים על איזה מהם שירצה מברך עליו (פי׳ על החביב לו) ומוקמינן לה בשברכותיהן שוות רבי יהודה אומר כיון שברכותיהן שוות ואחד נפטר בברכת חבירו מין ז׳ עדיף עכ״ל וקי״ל כר״י, כ״כ המחבר סעי׳ א׳, ודלא כהרמב״ם ודעמי׳ דפסקי כרבנן.

[36] שו״ע סי׳ רי״א סעי׳ א׳ וד׳ ומ״ב ס״ק ל״ה.

grapes), a whole fruit takes precedence over a sliced one.[37]

3. If one fruit is sliced and of the seven species, and another fruit is whole but not of the seven species, the sliced one of the seven species comes first.[38]

4. If the fruits are neither from the seven species, nor whole, precedence is given to the fruit he usually prefers.[j] [39]

b. Different brochos

Some Poskim consider *borei pri hoetz* a more explicit brocha than *borei pri hoadoma*.[41] However, many Poskim rule that both brochos are equal.[42]

In this case (where *borei pri hoetz* and *borei pri hoadoma* are required) the item of one's personal preference[43] takes precedence.[k] For example, if the choice involves grapes and bananas, and one usually prefers bananas, they take precedence over grapes despite the fact that grapes are *borei pri hoetz* and are of the seven species.

[j] If he usually likes all the fruit equally, he should give precedence to the one he now prefers.[40]

[k] The fruit item that one prefers takes precedence in cases where both fruits are whole (or both fruits are not whole). In cases where one of the fruits is whole and the one he prefers is cut, it is questionable as to which one takes priority.[43.1]

37 מ״א שם סק״א, ומ״ב שם ס״ק ד׳. ועיין שער הציון שם ס״ק ד׳ דמוקדם בקרא עדיף משלם. ועיין מש״כ לעיל בהערה 29.

38 ראה מש״כ לעיל בהערה 21 גבי פרוסת פת חטין ושלימה של שעורים שכתב המחבר דירא שמים יניח השלם תחת הפרוסה ויברך על שניהם כדי לקיים מעלת השלם וגם מעלת ז׳ מינים, וכתב השעה״צ (סי׳ רי״א אות ג׳ בדעת המ״א) דכאן גבי פירות לא החמירו ואפי׳ י״ש א״צ לעשות כן.

39 שו״ע שם סעי׳ א׳ ולענין הגדרת חביב עיין מש״כ בהערה 16.

40 מ״ב סוס״ק ל״ה.

41 בה״ג הובא ברא״ש ובטור והוא שיטת הי״א בשו״ע סעי׳ ג׳. ועיין בא״ר סי׳ רי״א אות ב׳ (הובא במ״ב ס״ק י״ח ובבה״ל ריש סי׳ רי״א) דכן דעת רוב הראשונים ומסיק להלכה כמותם. ועיין בכה״ח (אות ו׳) שכתב דכן נוהגים העולם להקדים פה״ע לפה״א. וע״ע בכה״ח שם (אות י״ד) הטעם לזה ע״פ סוד.

42 דעת רבינו האי, רש״י והרי״ף והיא דיעה ראשונה במחבר סעי׳ ג׳ (וכשהמחבר מביא דיעה א׳ בסתם ודיעה ב׳ בשם י״א ס״ל להלכה כדיעה א׳.) וכן פסק המ״א שם (ס״ק ד׳) והגר״ז בסדר ברכת הנהנין פ״י אות ז׳. וכתב המ״ב ס״ק י״ח דהיכא ששניהם שוים בחביבות הסכימו האחרונים דנכון לנהוג כהבה״ג ולהקדים בפה״ע.

43 איתא בגמ׳ דבאין ברכותיהן שוות מברך על זה וחוזר ומברך על זה ונחלקו הראשונים בביאור מלים אלו.

1. If one's choice involves a fruit (*hoetz*) and a vegetable (*hoadoma*) the item that he usually prefers comes first.[44]

2. If he likes them all equally, the priority follows the order of the seven species (olives, dates, grapes, figs, pomegranates, all others).[45]

3. If there are no fruits of the seven species, and he likes them all equally, a whole fruit takes precedence.[46]

4. If they are all preferred equally and they are neither of the seven species nor whole, *borei pri hoetz* takes precedence over *borei pri hoadoma*.[47]

5. Shehakol

Last in the order of priority are foods requiring *shehakol*.

a. Items requiring *shehakol* are last in priority, even if the item is intrinsically better, and even if it is one's preferred food.[48]

b. If any of the *shehakol* items are whole, it is preferable to make a

דעת הרא״ש: (והיא הדיעה הראשונה במחבר סעי׳ א׳) דמדלא אמר חביב עדיף אין בזה דין קדימה כלל, דרק כשברכותיהם שוות שאינו מברך אלא ברכה אחת ובאותה ברכה הוא פוטר גם את המין השני שייך דין קדימה, משא״כ כשצריך לברך על כל אחד ואחד לא שייכי זה לזה כלל.

דעת רב האי וסמ״ק ודעימי׳: (והיא דעת הי״א בסע׳ א׳). דגם באין ברכותיהן שוות יש דין קדימה ומודה ר״י לחכמים דמברכין על החביב. וכן כתב הרשב״א וז״ל וטעמא דהא מילתא וכו׳ אבל בשאין ברכותיהן שוות דלא פטור חד לחבריה וליכא אלא הקדמה בלחוד כיון דחביב ליה אידך עליה מברך ברישא והדר מברך אאידך דהקדמה בלחוד מילתא זוטרתי היא עכ״ל.

ואנן נקטינן להלכה: כדעת רב האי הסמ״ק והרשב״א דהוא דעת הרמ״א (לפי ביאור הפמ״ג והמחצית השקל סוס״ק ח׳) והמ״א כתב בס״ק ד׳ דכן יש לנהוג ובזה יוצא לכו״ע (דלפי הרא״ש על איזה שירצה יברך) וגם הח״א בכלל נ״ז והגר״ז בסדר בה״נ פ״י אות ז׳ וח׳ כתבו דכן יש לנהוג, וכ״כ במ״ב בס״ק ט׳ ועיי״ש שהאריך בבה״ל שם ד״ה וי״א להוכיח שכן עיקר להלכה. ועיין מש״כ לעיל בסמוך דהמין הרגיל להיות חביב עליו הוא הנקרא חביב. (ולענין אם המין ז׳ חביב עליו עכשיו והמין השני רגיל להיות חביב עליו עיין בבה״ל הנ״ל דמקדימין המין ז׳.)

43.1 שעה״צ סי׳ רי״א אות ה׳ שנשאר בצ״ע בִדין זה.

44 עיין הערה 43.

45 מ״א שם ס״ק י״ג, מ״ב ס״ק ט׳ ובבה״ל סעי׳ ב׳ ד״ה ואם.

46 עיין הערה 43.1 — ולכן כתבנו בפנים הציור דשניהם שווים בחביבות — דבכה״ג כו״ע לא פליגי דשלם עדיף מפרוס.

47 מ״א ס״ק י״ג, ט״ז ס״ק ב׳. מ״ב ס״ק י״ח וס״ק ל״ה.

48 שו״ע שם סעי׳ ג׳ ומ״ב ס״ק י״ב ועיין מש״כ לעיל בהערה 1 בענין ברכה מבוררת.

brocha on that item first.[49] Otherwise the item which he usually prefers comes first.[I]

C. Other Rules of Priority

1. Brocha Achrona

The halachos of priority also apply to the *brocha achrona*, the final brocha, as well. For example, if wine, dates and cake are eaten, the order within the text of the *brocha achrona* is *al hamichya* for the cake, *al hagefen* for the wine, and *al hoetz* for the dates[50]. The *brocha achrona* for *mezonos* and for the "seven species" takes precedence over *borei nefoshos*. For example, if one ate cake and drank milk, he should first recite *al hamichya* then *borei nefoshos*. [50.1] [II]

2. Cases Where Priority Does not Apply

The requirement to say the brochos in a specific order does not apply in cases where; a. only one item is in front of him; b. he does not want to eat both items; c. there is an explicit reason for eating the less *choshuv* item first.

[I] If he likes them all equally, the item which he prefers now comes first.

[II] If one went to the bathroom after eating (but before making a *brocha achrona*), he should first recite *asher yotzar*, then the *brocha achrona*[50.2].

49 מסתבר דצריך להקדים שלם לחביב כשברכותיהן שוות אכן לא מצאנו הוזכר קדימת השלם לגבי שהכל ולפיכך כתבנו רק בלשון נכון.

לענין משקים שהם "חמר מדינה" — כתב הראש יוסף דיש להקדימם לשאר מינים שברכתם שהכל, דכיון שראויים לכוס של ברכה כגון קידוש חשיבי. נמצא דכשיש לפניו שכר וגם מי סודה שברכתם שהכל אע"פ שהמי סודה חביבים לו צריך להקדים השכר.

לענין משקה ומאכל — עיין בערוה"ש סעי' י"ז שכתב דאכילה קודם לשתייה. אמנם בפמ"ג (מש"ז סוף הסי') כתב דאכילה לשתיה אין בו קדימה אם ברכותיהן שוות רק בחביב ורוצה עתה. ועוד עיין בגנת ורדים כלל א' סי' ז', ובברכ"י סי' רי"ג ס"ק ב'.

ולענין דבש תמרים — כתב הראש יוסף דודאי קודם לשאר שהכל משום דהוה משבעת המינים, וכן משמע מלשון הפמ"ג אות ט'.

50 טור סי' רי"א, ב"י שם ד"ה ומ"ש עוד דגם בברכה אחרונה, שו"ע סי' ר"ח סעי' י"ב.

50.1 ראש יוסף בסדר המעלות, פתח הדביר לסי' ר"ח אות י', וע' יביע אומר ח"ה סי' י"ז אות ז'.

50.2 מהרש"ל הובא במ"א סי' קפ"ה ס"ק ג' ובמ"ב סי' ז' ס"ק ב'. ולענין קדימת אשר יצר לבהמ"ז עיין ברע"א סי' ז' שנשאר בצ"ע וע"ע בערוה"ש (סי' קס"ה) ובכה"ח סי' ז' אות א' שכתבו לברך אשר יצר קודם (וע"ע זכור לאברהם סוף אות א', ושלמת חיים סי' קכ"א).

a. *Only One Item is in Front of Him*

Where only one item is in front of him when he begins to eat, the rules of priority do not apply. One does not have to wait for the more *choshuv* item in order to give that item priority. For example, if one is being served coffee, and expects that cake will subsequently be served, he need not wait for the cake in order to give it priority.[51]

b. *Does Not Want to Eat Both Items*

Even if both items are in front of him, he is not required to give priority to the more *choshuv* item unless he plans to eat it.For example, if apples and grapes are in front of him, and he only wants to eat an apple, he is not required to make the *borei pri hoetz* on the grapes.[52]

c. *Explicit Reason to Eat the Less Choshuv First*

Even if both items are in front of him, and he wishes to eat both, if there is a reason for taking the non *choshuv* item first, he is not required to follow the order of priority. The following are examples:

i. *Kiddush*

Kiddush on wine is made before making *hamotzi* on bread, despite the fact that bread usually takes priority over wine. Since *kiddush* must be recited before eating, the requirement to give priority to the bread is waived. According to many *Rishonim*, the reason for covering the bread until after *kiddush* is recited, is because the priority is generally given to the bread.[53] The same rule applies to those who make *kiddush* on whiskey.

According to some Poskim, one should also cover the cake during recital of the *kiddush* just as one covers bread.[54]

[51] ב״י סי׳ רי״א סוף ד״ה ומ״ש רבינו בשם הרבינו פרץ. מ״א שם סק״י, ח״א כלל נ״ז סי׳ ג׳, גר״ז בסדר ברכת הנהנין פרק י׳ אות ט״ז, מ״ב סי׳ רי״א סק״א, וס״ק ל״א.

[52] רמ״א סי׳ קס״ח סעי׳ א׳ וסי׳ רי״א סעי׳ ה׳ בשם תה״ד סי׳ ל״ב, גר״ז שם אות ב׳, ח״א ומ״ב שנרשמו בהערה הקודמת.

[53] טור סי׳ רע״א וז״ל אבל לדידן וכו׳ נוהגין להביאם (החלות) לכתחלה קודם הקידוש ולפרוס מפה ולקדש ובירושלמי קאמר שלא יראה הפת בושתו פירוש שהוא מוקדם בפסוק והיה ראוי להקדימו בברכה ומקדימין בברכת היין עכ״ל הטור.

[54] קיצור שו״ע סי׳ נ״ה סעי׳ ה׳, ועיין בברכת

ii. *Havdalah*

If *havdalah* is being recited at the same time the *melavah malka* meal is about to be served, the bread should not be brought to the table until after *havdalah* is recited. If the table has already been set with bread, the bread should be covered prior to the recital of the *havdalah*.[55]

iii. Main Course Need Not Precede Appetizer

Where it is customary to eat a first course (appetizer) ahead of a second course, one is not required to give priority to the second course, even though it is higher in level of precedence. For example, if a fruit cup first course and a *mezonos* main course are set before a person, he may disregard the *mezonos* and make the brocha on the fruit cup first.[56]

3. B'dieved

a. Did Not Select the Correct Item

If one made a brocha without giving priority to the appropriate item, the brocha is valid, *b'dieved*, for the item upon which he made the brocha. For example, one had apples and grapes before him and made the brocha on the apple. Even though he should have made the brocha on the

[m] The criteria used to determine which item (from amongst a group of items) is most *choshuv* are the same as those used for determining which item takes priority.

הבית שער מ"ו אות נ"א ובשערי בינה שם אות נ"ו שהביא דעת הקיצור שו"ע וחולק עליו וכתב דדוקא בפת כתבו שצריך לכסותו מפני חשיבותו, וכן כתב בספר טעמי המנהגים בקונטרס אחרון (עניני שבת רמז שס"ה דאין צריך לכסות הפת הבאה בכיסנין, והביא שצדד כן באשל אברהם (בוטשאטש) סוף סי' קפ"ב. ועיין בשו"ת שלמת חיים מהגרי"ח זוננפלד זצ"ל סי' קכ"ח עד סי' קל"ג.

55 שו"ע סי' רצ"ט סעי' ט', מ"א שם ס"ק י"ב.

56 כתב הריטב"א הלכות ברכות פ"ג אות ט' כל שיש סדר לאכילתו אוכל כדרך שהעולם אוכלין והקודם זכה לברך עליו תחלה וכו'. וכ"כ בהלק"ט

grapes, nevertheless the brocha is valid for the apple. [56.1]

It is important to note that in some cases although the brocha will be valid for the item which he selected (e.g., the apple), it will not be valid for the more *choshuv* item (e.g., the grapes).[m] In Chapter 7 Section B, we learned that if one made a brocha on an item which is otherwise less *choshuv* and is also not the item that he likes best, the more *choshuv* item is not covered, even *b'dieved*.[56.2]

Thus in the above example, where the brocha was made on the apple instead of on the grapes (and it was not because he liked the apple better) the brocha will only be valid for eating the apple it will **not** be valid for eating the grapes. Since the grapes are more *choshuv* than the apple they are not covered by the brocha made on the (less *choshuv*) apple. [n]

b. Did Not Say the Brochos in the Proper Order

If one forgot and did not say the brochos in the proper order, the brochos are nevertheless, valid *b'dieved*.[57] For example, one was served cake and fruit. He incorrectly made the brocha on the fruit before making the brocha on the cake. Although he did not make the brochos in the proper order, nevertheless both brochos are valid.

4. Priority of Fragrance Brochos

All brochos on fragrances come after the brochos on food[58], and have their own order of preference.

[n] However, if at the time one made the brocha, he had specific intent to also cover the more *choshuv* item, it will be covered.

ח״ב סי׳ קנ״ה הובא בכה״ח אות ה׳.

[56.1] רמ״א סי׳ רי״א סעי׳ ה׳ ומ״ב שם ס״ק ל״ב.

[56.2] רמ״א ומ״ב שם וס״ק ל״ג.

[57] הרמ״א בסי׳ רי״א סעי׳ ה׳ כתב כן סוס״ק ל״ה.

בברכותיהן שוות וכל שכן כשאין ברכותיהן שוות דיוצא בדיעבד דהלא דעת כמה ראשונים דאיזה שירצה יקדים.

[58] מגן אברהם סוס״ק י״ג, משנה ברורה

CHAPTER 12

Being Motzi Others

Introduction

Making a brocha on behalf of somebody else is called "being *motzi*" (literally "discharging" that person from his obligation). The person who is listening to that brocha in order to fulfill his obligation is said to "be *yotzei*" (literally "discharged" from his obligation).

For example, the person who makes the brochos prior to the sounding of the shofar is *motzi* the listeners (e.g., congregants). The persons listening are *yotzei* their brocha obligation upon hearing the brocha.

In this chapter, we will discuss when and how to be *motzi* others of their *bircas hanehenin*[a] (the brocha required for food, drink or fragrance) obligation.

In Section A, we explain the principle of *shomeiah k'oneh*, (a listener is considered as a reciter) which is the underlying reason why the brocha recited by one person is effective for the listener as well.

Section B deals with the conditions necessary to be *motzi* others.

In Section C, we discuss the prevailing *minhag* that each person makes his own brocha.

In Section D and E we discuss the many instances where it is appropriate to be *motzi* others and the conditions which must be met in order to do so.

[a] This chapter deals only with *bircas hanehenin* obligations. With regard to *bircas*

A. Being Motzi Others: Its Rationale

The Talmud (*Succah* 38b), sets forth the principle of *shomeiah k'oneh*: When two people intend to fulfill a mitzvah together, one may listen to the recital of the other and it is considered as if he himself has said that which he heard.[1]

When a person discharges his brocha obligation through the principle of *shomeiah k'oneh*, the listening[2] itself[b], without any verbal reply or acknowledgement is considered as fulfillment. Therefore, even if the listener forgot to answer *amein*, he is, nevertheless, *yotzei*.[c]

Under the principle of *shomeiah k'oneh*, if the listener fails to hear some of the words of the brocha, it is as if he did not recite those words, and he is, therefore, not *yotzei*.[d] [3] (Regarding being *motzi* someone who is listening via a telephone, see Hebrew footnote below[4].)

hamitzvos (the brocha made prior to the fulfillment of a mitzvah), some of the limitations pertaining to *bircas hanehenin* do not apply.

[b] Even though a brocha is not valid if one merely formulates the brocha in his mind without actually reciting the words (see Chapter 2,C.2), under the principle of *shomeiah k'oneh*, it is considered as if the listener himself actually recited the brocha.

[c] Since it is the listening rather than the *amein* which causes the listener to be *yotzei*.

[d] Regarding which omitted words invalidate a brocha, see Chapter 15, Section A.

[1] איתא בסוכה דף ל״ח ע״ב אר״ש בן פזי אמר רבי יהושע בן לוי משום בר קפרא מנין לשומע כעונה דכתיב את כל דברי הספר אשר קרא מלך יהודה (מלכים ב׳, כ״ב) וכי יאשיהו קראן והלא שפן קראן וכו׳ אלא מכאן לשומע כעונה ע״כ, הובא בב״י סי׳ רי״ג ד״ה ומ״ש שיוצאין.

[2] לענין הא דשומע כעונה אי פירושו שיוצא השומע במעשה השמיעה לחוד, או שמתיחס אליו גם הדיבור של המשמיע ויוצא יד״ח בשיתוף שמיעתו עם הדיבור של חבירו עיין בחזו״א או״ח סי׳ כ״ט ס״ק א׳ שהכריע כצד השני, ועיין קהלות יעקב למס׳ ברכות (סי׳ י״א). וע״ע בדעת תורה (סי׳ רע״ג סעי׳ ד׳) בשם התו״ש (שם ס״ק י׳) דיכול אדם לקדש לאחרים ולא שייך בזה מצוה בו יותר מבשלוחו כיון דשומע כעונה הוי כמקדש בעצמו, ודלא כער״ש שם ס״ק ה׳. וע״ע בכף החיים סי׳ רצ״ו אות מ״ח, וסי׳ רי״ג אות כ״ב, ומ״ב שם ס״ק ג׳ וי״ז.

[3] שו״ע סי׳ רי״ג סעי׳ ג׳ ועיין מ״ב שם ס״ק י״ט ושעה״צ שם אות כ׳ דזה קאי רק על התיבות שמעכבות בדיעבד.

[4] עיין דעת תורה או״ח סי׳ תרפ״ט סעי׳ ב׳ שכתב בשם הג״ה להלכות קטנות (ח״ב סי׳ רע״ו) דאינו יוצא, ובספר כבוד ועונג שבת פרק י״ט הערה 39 הביא מספר חשמל בהלכה חלק א׳ פרק י״ג דלפי רוב הפוסקים אינו יוצא בטלפון, וכ״כ

Similarly, if one speaks while listening to a brocha, it is as if he spoke while reciting the brocha and he is, therefore, not *yotzei*.[e] [5]

Shomeiah k'oneh takes effect only when both persons "join" together for the purpose of making a brocha. If either party does not want to join together (i.e., the reciter does not want to be *motzi* or the listener does not want to be *yotzei*) the listener is not *yotzei*. (This is discussed in more detail in Section B.2 and C.3.)

Under the principle of *shomeiah k'oneh*, the listener is *yotzei* by "joining" the reciter in making a valid brocha. Thus, if the reciter's brocha is invalid, the listener is also not *yotzei*.[6]

[e] Regarding speaking (and other interruptions) while reciting a brocha, see Chapter 3.

הגרש"ז אויערבאך שליט"א בס' מנחת שלמה סי' ט'. אמנם בשו"ת מנחת אלעזר (ח"ב סי' ע"ב) כתב דיוצאים ע"י טלפון. ובאג"מ (ח"ד סי' צ"א אות ד') בענין שמיעת הבדלה ע"י טלפון לאשה הנמצאת בבית החולים כתב דאם א"א לשמוע באופן אחר צריכה לשמוע ע"י טלפון, וכן צריך לענות אמן על ברכה ששומעין ע"י טלפון וע"י מייקראפון מספק וע"ע אג"מ או"ח ח"ב סי' ק"ח ויחוה דעת ח"ב סי' ס"ח.

[5] מ"ב סי' קס"ז ס"ק מ"ה ושעה"צ שם אות מ"ג, וערוה"ש סי' רי"ג סעי' א'.

א — עיין בשערי תשובה ס"ק ג' שלא יענה השומע ברוך הוא וב"ש ואם ענה ב"ה וב"ש הוי כמפסיק ויש מי שחולק ע"ז ע"ש וע' מ"ב (סי' קכ"ד ס"ק כ"א) שהביא שהח"א נשאר בזה בצ"ע והוא הכריע דבדיעבד אין להחמיר, אמנם בערה"ש סי' רע"ג סעי' ו' ואג"מ (או"ח ח"ב סי' צ"ח) פסקו דלא יצא. וע"ע ברכ"י סי' רי"ג ס"ק ג', ובספר טבילת כלים פ"ט הע' כ' שהאריך והביא כמה אחרונים בענין זה. וע' מגן האלף על המט"א סי' תקפ"ה סק"ח.

ב — אסור לשמוע ברכה מאחר לצאת ידי חובתו כשהוא בעצמו אינו ראוי לברך כגון שהוא עומד כנגד ערוה כי א"א לומר שומע כעונה כיון שא"א לו לענות, כ"כ במ"ב (סי' ע"ה ס"ק כ"ט) בשם האחרונים. וכן מוכח מרמ"א (סי' ע"ט סעי' א'), וע"ע סי' ק"ד סעי' ז' ובה"ל שם ד"ה ויהי', ומה שציין לפמ"ג הוא בא"א ס"ק ז' ששאל אודות מי שידיו מטונפות בצואה בעת ששמע הברכה די"ל דשומע כעונה שייך רק אם הוא ראוי לענות עיי"ש, ובדעת תורה סי' רי"ג סעי' ג' כ' דדעת הפמ"ג הנ"ל נוטה לומר שיצא. וע"ע תר"י לברכות דף ג' ע"ב בדפי הרי"ף ד"ה בא, ובתהלה לדוד סי' קפ"א אות א', ובס' שערי שמיעה שער ג'.

ג — ולענין שומע כעונה כשאין השומע מבין לשון הקודש חולקים בזה הראשונים אם יוצא או לא והמנהג הוא דיוצא אע"פ שאינו מבין כמו שכתב המ"א סי' קצ"ג ס"ק ב' והמ"ב שם ס"ק ה', וסי' קצ"ט ס"ק י"ט (אלא שכ' דיותר נכון שיאמרו אחר המברך מלה במלה אם אפשר להם) וערה"ש סי' קפ"ה סעי' ו' וסי' קצ"ג סעי' ד'. ובחי' הגר"א לדף מ"ה ע"ב כ' דכשעונין אמן סגי לכו"ע אף שאינו מבין הלשון.

ד — בדין השומע חצי ברכה מאחר ומברך חציו השני בעצמו אם יצא או לא עיין שו"ע סי' קצ"ד סעי' ג', יחוה דעת ח"ו סי' כ"ח, ובס' שערי שמיעה שער ב' פ"א.

ה — ולענין ברוב עם הדרת מלך אצל נשים ע' בס' הליכות ביתה בפתח הבית סי' כ"ה.

[6] ב"י סימן רי"ג ד"ה ומ"ש שיוצאין, מ"א סי' רי"ג ס"ק ז' והובא בפרי מגדים סי' קס"ז ס"ק מ', גר"ז סי' רי"ג סעי' ג', משנה ברורה שם ס"ק ט"ו.

B. Requirements Necessary in Order to Be Motzi Others

One may not be *motzi* others unless the following conditions are satisfied:[f]

1. The Reciter Must Also Be Eating

One cannot be *motzi* others with a *bircas hanehenin* if he does not intend to partake of the food or drink. For instance, one wants to eat an apple and asks his friend to be *motzi* him. If the person reciting the *borei pri hoetz* does not also eat fruit, his brocha is invalid and, therefore, the listener is not *yotzei*.[7] (See footnote below for exception.[g])

[f] The halachos discussed in this section relate only to *bircas hanehenin*. Some of the restrictions mentioned here are not applicable to *bircas hamitzvos*.

[g] One who is not eating may, however, be *motzi* others in order to perform a mitzvah (e.g., wine for *kiddush*), provided that they do not know how to make the brocha themselves.[7.1]

To illustrate, one can be *motzi* persons who are unable to recite *kiddush* or *havdalah*[7.2] even though he cannot (or does not wish to) drink the wine. (One of the listeners, however, must drink some of the wine.[7.3])

[7] שו״ע סי׳ קס״ז סעי׳ י״ט וסי׳ רע״ג סעי׳ ד׳ וסי׳ רי״ג סעי׳ ב׳, ועיין מ״א שם ס״ק ז׳ דאפי׳ בדיעבד אינו יוצא, וכ״כ בכה״ח סי׳ רי״ג אות ח״י.

ועוד כתב המחבר שם דגדול שאינו אוכל יכול להוציא קטנים כדי לחנכם במצוות, וכ״כ בסי׳ רצ״ז סעי׳ ה׳.

[7.1] שו״ע סעי׳ רע״ג סעי׳ ד׳ ועיין שם במ״ב ס״ק כ׳ ובבה״ל ד״ה והוא דבדיעבד מוציא בכל גווני.

[7.2] עיין שו״ע סי׳ רע״ג סעי׳ ד׳ דאע״פ שהוא כבר יצא מותר לו לקדש לאחרים שאינם יודעים לברך. ועיין בסי׳ תפ״ד סעי׳ א׳ ובמ״ב ס״ק א׳ וס״ק ד׳ דמותר לברך המוציא ועל אכילת מצה אע״פ שכבר יצא כדי להוציא מי שאינו יודע לברך. ועיין בסי׳ תקפ״ה סעיף ב׳ ברמ״א דמותר לברך לשמוע קול שופר ושהחיינו לאחרים אע״פ שכבר יצא וע׳ מ״ב שם ס״ק ה׳ אם זה גם כשהשומעים יודעים לברך ועיין בסי׳ תרצ״ב סעי׳ ג׳ דמותר לברך על מקרא מגילה (ושעשה נסים ושהחיינו) להוציא אחרים אע״פ שכבר יצא וע׳ מ״ב שם ס״ק י׳ אם זה גם כשהשומעים יודעים לברך, ועיין מ״ב בסי׳ ח׳ ס״ק י״ד דאחד מברך להתעטף בציצית ומוציא אחרים ואפי׳ אם המברך כבר יצא לעצמו אבל אם יודעים לברך בעצמם י״א דאינו מוציאם וע׳ שעה״צ שם אות כ״א. וע׳ בהגר״א על סי׳ נ״ט סעי׳ ד׳ ד״ה ומיהו.

[7.3] שו״ע סי׳ רע״א סעי׳ י״ד.

2. Specific Intent

The person making the brocha must have specific intent to discharge the obligation of the listener (i.e., to be *motzi* him). The listener also must have specific intent to have his obligation discharged (i.e., to be *yotzei*).[8]

B'dieved, if either person did not have specific intent, even if the listener answered *amein*,[8.1] it is questionable if the brocha will be effective for him.[9]

Therefore, the listener may not eat the food without making a new brocha since, according to one side of the issue, his obligation was not

To further illustrate, one who has already completed his own Pesach seder and eaten the *afikomen* may conduct the seder for others who cannot do so by themselves. Although he ate the *afikomen* and is thus not permitted to eat or drink, he may, nevertheless, make the brochos on the four cups of wine, *karpas*, *matzoh* and *morror*, and be *motzi* the participants, even though he will not be drinking or eating.[7.4]

[7.4] שו״ע סי׳ תפ״ד סעי׳ א׳ וע׳ מ״ב שם ס״ק ד׳.

[8] כתב המחבר בסי׳ רי״ג סעי׳ ג׳ וז״ל אין יוצא ידי חובתו בשמיעת הברכה אפילו יענה אמן אא״כ שמעה מתחלתה ועד סופה ונתכוין לצאת בה ידי חובתו וכו׳ עכ״ל. ועיין ב״י שם ובסי׳ תע״ה ותקפ״ט.

[8.1] כף החיים שם אות כ״ה.

[9] עיין שו״ע הובא בהערה 8, והנה מפשטות לשונו משמע דאי לא כוון השומע לצאת ידי חובתו אינו יוצא ואפי׳ בדיעבד חוזר ומברך וכן כתב בערך השולחן (הספרדי) שם אות ז׳ (הובא בכה״ח אות כ״ד) וז״ל משמע (מהמחבר) דלא יצא בדיעבד בלא כוונה וחוזר ומברך שנית. (וע״ע בה״ל סי׳ רע״ג סעי׳ ו׳ ד״ה וכגון.)

אמנם במ״א סי׳ תפ״ט ס״ק ח׳ איתא (לענין מי ששמע הברכה של ספירת העומר ולא כוון דעתו לצאת) שלא יברך שנית דלענין ברכה צריכים לחוש להסוברים דמצוות א״צ כוונה. וכן פסק המ״ב שם ס״ק כ״ב וכ״כ הגר״ז (סי׳ רי״ג סעי׳ ד׳) דאם לא נתכוון המברך להוציאו וגם הוא לא נתכוון לצאת יש להזהר שלא ליכנס בספק ברכה לבטלה. (ועיין בפמ״ג סי׳ תפ״ט א״א ס״ק ח׳ שביאר דעת המג״א דאף שפסק המחבר בסי׳ ס׳ דמצוות צריכות כוונה מ״מ זהו רק מחמת ספק ולכן במצוות דרבנן א״ל דא״צ כוונה וכמש״כ המ״א בסי׳ ס׳, אמנם הבה״ל בסי׳ ס׳ סעי׳ ד׳ ד״ה וכן הלכה חלק על הפמ״ג וכתב שהמעיין בהמ״א יראה שאינו כן אלא כוונתו דגם במצוות דרבנן ס״ל להמחבר דצריכות כוונה ורק לענין ברכה סובר המג״א דצריכים לחוש למ״ד מצוות א״צ כוונה ואין לחזור ולברך, וע״ע בבה״ל שם ד״ה י״א. אכן הרמ״ע מפאנו ושו״ת מהר״י בן לב הובאו בקרבן נתנאל לר״ה פ״ג סי׳ י״א אות ג׳ יצאו לידון בדבר החדש דאף למ״ד מצוות א״צ כוונה היינו כשעושה המצוה ע״י עצמו אבל ע״י אחרים צריכות כוונה המוציא שיקבל עליו להיות שלוחו והיוצא דאי אין לו כוונה אין לו חלק במצוה ההיא כלל. וע״ע בספר שערי שמיעה שער ד׳ פרק ה׳).

discharged. However, he may not make a new brocha since, according to the other side of the issue, his obligation was discharged. (Regarding what to do in cases such as this, where making a new brocha is questionable, see Chapter 16, Section B.)

3. Sitting and Eating Together

Initially, one may not be *motzi* others unless all of the parties are seated and eating together at the same table. *Shomeiah k'oneh* takes effect only when all parties involved "join" together for the purpose of making a brocha. This is accomplished by sitting together to eat.[10] (Regarding sitting together at a meal not consisting of bread, see Section C.)

B'dieved, if the parties were not sitting together or if the parties were all standing, it is questionable if they are *yotzei*.[11] (Regarding what to do in cases where making a new brocha is questionable, see Chapter 16, Section B.)

(Regarding standing while listening to *kiddush* and *havdalah*, see Hebrew footnote below.)[12]

10 שו״ע סי׳ קס״ז סעי׳ י״א וסי׳ רי״ג סעי׳ א׳ דבעינן ישיבה יחד פירוש דכשדעת המסובים לקבוע עצמם לאכול ולשתות יחד הרי קביעותם זו מצרפתם להחשב כגוף אחד וברכה אחת לכולם. (כ״פ הגר״ז סי׳ רי״ג סעי׳ ב׳ וכעין זה ביאר הערוך השולחן סעי׳ ה׳ לאידך גיסא לענין פירות ושאר דברים וז״ל כיון שאין בהם חשיבות לא שייך בהם כלל לא ישיבה ולא הסיבה ונחשבים כמפורדים תמיד ואי אפשר לאחד להוציא אחרים בשום פנים עכ״ל. ועוד עיין בתשב״ץ לברכות דף מ״ב ע״א). ועיין מש״כ לקמן בפנים בענף ג׳ דאנו נוהגים שלא להוציא בשאר דברים חוץ מפת וכמש״כ הרמ״א שם אמנם במקום הצורך נוהגים שמוציאים אחרים ואז לכתחלה בעי עכ״פ שישבו לאכול או לשתות ביחד.

11 הנה בסי׳ קס״ז סעי׳ י״ג כתב המחבר דבדיעבד אם לא קבעו יחד יצאו. ותמה עליו המ״א (ס״ק כ״ח) וכתב דהיכא שלא קבעו כלל זה עם זה בין בפת בין בשאר דברים לא יצאו. (וע״ע במ״א סי׳ רי״ג ס״ק ד׳ ובמחצית השקל שם). וכתב הגר״ז שם סעי׳ י״ז דהעיקר כסברת המ״א דאפי׳ בדיעבד לא יצאו (וכן משמע ממש״כ בסי׳ רי״ג סעי׳ א׳). והח״א (בכלל ה׳ סי׳ י״ט) הביא מחלוקת בפת אי יצא בדיעבד, ומשמע מדבריו דבפירות אי לא קבעו לא יצאו אפי׳ בדיעבד. וגם מהערוה״ש (בסי׳ רי״ג סעי׳ ו׳) משמע דבפירות ושאר דברים לא יצאו אפי׳ בדיעבד.

אמנם המאמר מרדכי (בסי׳ רי״ג ס״ק ב׳) כתב וז״ל נ״ל פשוט דהיינו דוקא לכתחלה אבל בדיעבד כל שכיון שומע ומשמיע יצא אע״פ שהיה עומד עכ״ל והביאו המ״ב סי׳ רי״ג ס״ק ה׳ וכן פסק בס״ק י״ג. וע״ע במ״ב סי׳ קס״ז ס״ק ס״ה מש״כ בשם הגר״א.

12. עיין מש״כ לעיל בסמוך דלפי הרבה פוסקים אם כולם עומדים לא יצאו אפי׳ בדיעבד. והנה בתוס׳ ברכות מ״ג ע״א ד״ה הואיל כתבו וז״ל אבל צ״ע קצת מהבדלה שאנו מבדילין ועומדים היאך אנו פוטרין זה את זה מיין ומהבדלה אחרי

4. *Brocha Achrona*

Initially, one may not be *motzi* others from their *brocha achrona*[h] requirements.[13]

B'dieved, if one was *motzi* others, they are *yotzei* their *brocha achrona* obligation.[14] (Also see D 4,5.)

5. *Amein*

After a person concludes making the brocha, the listener should promptly answer *amein*.[15]

B'dieved, even if one did not answer *amein*, he is still *yotzei*.[16]

The listeners should not recite "*Boruch Hu U'Voruch Sh'mo*" while listening to the brocha being recited. If in error they did so, it is questionable whether they are *yotzei*.[17] Accordingly a new brocha should not be made. (Regarding what to do in cases where making a new brocha is questionable, see Chapter 16, Section B.)

[h] excluding *bircas hamozon*.

שאין אנו לא יושבים ולא מסובין ושמא י״ל מתוך שקובעין עצמן כדי לצאת ידי הבדלה קבעי נמי אכולה מילתא וכו׳ עכ״ל. והגר״ז סי׳ רי״ג סעי׳ א׳ כתב וז״ל שמתוך שהם מצטרפים יחד לצאת ידי קידוש והבדלה מצטרפים ג״כ לצאת ידי ברכת היין עכ״ל והערוה״ש סעי׳ ז׳ כתב וז״ל רק בקידוש והבדלה אחד מוציא לכולם אף בעמידה משום דמכינים עצמם לזה והוי כקביעות עכ״ל. וע״ע בשו״ע סי׳ רע״א סעי׳ י׳ ורמ״א שם וכה״ח שם אות ס״ב וס״ד, ובשו״ע סי׳ רצ״ו סעי׳ ו׳ ורמ״א שם ומ״ב שם ס״ק כ״ז.

13 שו״ע סי׳ רי״ג סעי׳ א׳.

ועיין בשע״ת ס״ק ג׳ וכה״ח אות ח׳ שכתבו בשם ברכי יוסף (שם ס״ק א׳) דמי שאכל מזונות ונסתפק אם אכל כשיעור לברך ב״א וחבירו אכל מזונות וענבים וכשיברך יאמר על המחיה ועל העץ יכול זה שאכל מזונות לבד לצאת י״ח בב״א של חבירו אם אין לו עצה אחרת ומה שכולל על העץ עם המחיה לא הוי הפסק. וע״ע בספר רב ברכות לבעל בן איש חי מערכת ב׳ אות ג׳, שו״ת בצל החכמה ח״א סי׳ כ״ו, ושדי חמד אספ״ד מערכת ה׳ סי׳ י״ב.

14 גר״ז שם סעי׳ ב׳, ח״א כלל ה׳ סי׳ כ׳, מ״ב סי׳ רי״ג ס״ק ט׳.

15 מ״ב סי׳ רי״ג ס״ק י״ז, וכה״ח אות כ״א. וע״ע מ״ב סי׳ ח׳ ס״ק ט״ו ובהגר״א ריש סי׳ נ״א.

16 שו״ע סי׳ רי״ג סעי׳ ב׳.

17 עיין מש״כ לעיל בהערה 5 אות א׳.

C. Prevailing Custom Not to be Motzi Others

According to many Poskim, one may not initially be *motzi* others unless they have explicitly "joined" together to eat a meal consisting of bread[18].

According to this view, even if all parties are seated at the same table to have a snack or a meal which does not consist of bread, initially one may not be *motzi* the others. The *minhag* was to follow this ruling.[19] [i] (There are, however, many instances in which it is appropriate to be *motzi* others even where they are eating foods other than bread, see Section D.)

Furthermore, even in situations where all parties are explicitly "joined" together at a meal consisting of bread, the prevailing *minhag* is that each person makes his own brocha.[20]

[i] If one was *motzi* another in cases such as these, *b'dieved*, the listener is *yotzei*.

[18] כתב המחבר בסי׳ רי״ג סעי׳ א׳ דאחד יכול להוציא את חבירו ע״י ישיבה ביחד ואין חילוק בין פת ויין לפירות ושאר מאכלים והרמ״א חולק וס״ל דדוקא לפת ויין מהני ישיבה אבל לשאר דברים אין אחד פוטר את חבירו אע״פ שישבו ביחד, וכתב המ״ב (שם ס״ק י״ב) בשם כמה אחרונים דאף ביין טוב שיברך כ״א לעצמו.

[19] רמ״א בסי׳ רי״ג סעי׳ א׳ כתב וז״ל וי״א דבכל הדברים חוץ מפת ויין לא מהני הסיבה וה״ה ישיבה לדידן ולכן נהגו עכשיו בפירות (ר״ל שאר דברים חוץ מפת ויין) שכל אחד מברך לעצמו. ונ׳ דהרמ״א לא כתב "והכי נהוג" (ר״ל שפסק לנהוג כן) רק "נהגו" משום דרוב הפוסקים ס״ל כלישנא קמא (וכדפסק המחבר) דבשאר דברים ג״כ מהני הסיבה או ישיבה, ולכן היכא דנהגו שא׳ מברך לכל המסובים יש לילך בתר המנהג כמבואר בט״ז ס״ק ב׳. ועיין בגר״ז סעי׳ א׳ וז״ל ואע״פ שהעיקר כסברא הראשונה (סברת המחבר) נהגו במדינות אלו לברך כ״א לעצמו בשאר דברים לחוש לסברא האחרונה (סברת הרמ״א).

[20] עיין גר״ז סי׳ קס״ז סעי׳ י״ח וז״ל וכל מקום שקביעות מועלת לצרפם לברכה א׳ מצוה שא׳ מברך לכולם ולא כל אחד בפ״ע משום שנא׳ ברוב עם הדרת מלך ומ״מ רשאים הם לקבוע יחד על דעת שלא להצטרף וכו׳. ולפיכך נהגו עכשיו לברך כל אחד לעצמו משום שההמון לא היו נזהרי׳ מלהשיח בין שמיעת הברכה להטעימה לכן הנהיגו לברך כ״א לעצמו וכיון שנהגו כן ה״ז כאילו היתה דעתם בפירוש בקביעותם יחד שקובעים ע״ד שלא להצטרף ופטורים מהידור זה (ברוב עם הדרת מלך) והח״א בכלל ה׳ סי׳ י״ז כ׳ וז״ל ואפשר דלא נהגו עכשיו כך מפגי שאין הכל בקיאין להתכוין להוציא או מטעם המבואר בסי׳ י״א ע״כ. וז״ל (בסי׳ י״א) ואם הוציא רבים בברכתו צריכים גם השומעים שלא להפסיק עד שיטעמו ואם הפסיקו שלא לצורך אותו דבר צריכים לברך ואפשר מטעם זה נוהגין

Even though it is technically preferable[j] for one person to make the brocha on behalf of the others[k] (rather than for each person to make his or her own brocha), nevertheless, the *minhag* is that each person makes his own brocha.

One reason given to explain the emergence of this *minhag*, is that in recent times people have become less attuned to having specific intent while reciting or listening to a brocha[21]. (Having specific intent is one of the requirements for being *motzi* another person, as discussed above in Section B.2..)

D. Where it is Appropriate to be Motzi Others

1. Brocha Requirement is Questionable

When a person is uncertain if a brocha is required, it is proper to ask another person to be *motzi* him with his brocha. Such cases include:

a. One who cannot remember whether he has already made the brocha.[22]

[j] The reason is *b'rov am hadras melech*, by appearing in a multitude before the king, the subjects honor him in a show of great splendor. (Mishlei 14.28). Chazal derive from this passage, that when many people are planning to recite one brocha (or read one text) the optimum way to perform the mitzvah is as a single large delegation. By delegating one person to perform the mitzvah on behalf of the group, it is as if one large group is performing the mitzvah rather than many separate individuals doing so. The more people being *yotzei* with one person's brocha, the more splendor is demonstrated in the performance of the mitzvah.

[k] provided that the requirements discussed in Section B. are met.

שכל אחד מברך לעצמו עכ״ל, וז״ל המ״ב בסי׳ רי״ג ס״ק י״ב וכמדומה שכעת המנהג פשוט ברוב המקומות שאין מוציאין אחד את חבירו כמעט בשום דבר מאכל אף שהוא נגד הדין (פי׳ דבעצם מן הדין עדיף טפי שאחד מוציא אחרים מטעם דברוב עם הדרת מלך) ואפשר משום שאין הכל בקיאין להתכוין לצאת ולהוציא עכ״ל וכ״כ בסי׳ ח׳ ס״ק י״ג. וכ״כ הערוה״ש סי׳ רי״ג סעי׳ ז׳.

21 עיין מש״כ בהערה הקודמת. (וע״ע במ״ב סי׳ קפ״ג ס״ק כ״ז וז״ל שהמסובין מסיחין דעתם ואינם מכוונין לדברי המברך כלל ונמצא שחסר להם ברהמ״ז לגמרי).

22 בשו״ע סי׳ קס״ז סעי׳ ט׳ כתב דמי שמסופק אם בירך או לא אינו חוזר ומברך ועיין בכה״ח אות ע׳ מש״כ בשם הזכ״ל דטוב וישר לשמוע הברכה מאחר וכ״כ המ״ב שם בס״ק מ״ט. ועיין בבה״ל סי׳

b. One who is uncertain if the brocha he made is still valid.

For example, one made a brocha on a previous cup of coffee and now wishes to drink a second cup, but can not remember if he made a *brocha achrona*. Since he may not make a new brocha and it is questionable if his original brocha is still in effect, he may ask someone to be *motzi* him.[23]

c. One who is uncertain if the item he wishes to eat was covered by a previous brocha.

For example, one made a brocha on apples, and subsequently wishes to eat a pear, but is uncertain if his brocha covers the pear.[l] — i.e., if at the time he made the brocha on the apple he intended to eat a pear (or there were pears on the table in front of him) the pear was covered and he may not make another brocha on the pear. However, if he had not intended to eat additional fruits (nor were there pears in front of him at the time he made the brocha) the pear is not covered. Since he is uncertain as to what his intention was, he can neither eat the pear (it might not have been covered) nor may he make a new brocha (it may be a *brocha l'vatolah*). He may ask someone who is about to eat fruit to be *motzi* him.

d. If he is uncertain whether the food he wishes to eat in the middle of a meal was exempted by the *bircas hamotzi* on bread.

For example, if a food is eaten to whet one's appetite, it is considered part of the meal and does not need a brocha. One wishes to eat a melon and is uncertain if it is (halachically) considered an appetizer or not.[m] Since the brocha requirement is uncertain, he may ask someone else to be *motzi* him.

[l] Using one brocha to exempt multiple items is discussed in Chapter Seven.

[m] See Chapter 5, Section D.4 (fruit appetizers).

קע״ד ד״ה יין גבי מי שמסופק אם ברכתו שבירך על היין עולה לו לפטור שאר משקין או לא ויעץ המ״ב שיבקש מאחר להוציאו בברכת שהכל או שיאכל מעט סוכר ויברך שהכל ויכוין לפטור שאר משקין. ונראה דמדלא כתב שטוב יותר לברך על דבר אחר מלבקש מאדם אחר להוציאו ס״ל דבמקום ספק מותר לכתחלה לבקש מאחר להוציאו בברכתו, אף על פי שיש לו עצה אחרת (ועיין עוד בצל״ח ברכות דף כ״א ע״ב לתוס׳ ד״ה עד בא״ד ורבינו תם ור״י היו אומרים).

[23] עיין מש״כ בהערה הקודמת.

2. For a Mitzvah Requirement

Even though the *minhag* is that each person makes his own brocha, this *minhag* does not apply if the food is being eaten as part of the performance of a mitzvah.[n]

Applications:

a. *Borei pri hagofen* on wine used for *kiddush*[24] *havdalah*[25], for *bircas hamozon*[26], the four cups of wine at the Pesach seder and for *bircas eirusin* and *nisuin* (the wedding brochos which are made under the chupah)[27].

b. *Bircas hamotzi* on matzoh and *borei pri hoadoma* on *karpas* eaten at the Pesach seder.[28]

3. Lechem Mishneh on Shabbos and Yom Tov

On Shabbos or Yom Tov it is proper for one person to be *motzi* the others at his table, even if there are separate sets of *lechem mishneh* for each person.

Although, technically, this *bircas hamotzi* is not considered as a brocha to fulfill a mitzvah (i.e., it is not like wine used for *kiddush*), nevertheless, the *minhag* in most places is that on Shabbos and Yom Tov the head of the household is *motzi* the others with the *bircas hamotzi*.[29]

[n] Furthermore, where the food is required as part of the performance of a mitzvah, certain restrictions do not apply. (See footnote g.)

24 שו״ע סי׳ רע״א סעי׳ ב׳ ומ״ב שם ס״ק ה׳ וסי׳ רע״ג סעי׳ ד׳ וסעי׳ ו׳ ומ״ב ס״ק כ״ח.

25 מ״ב סי׳ רצ״ו ס״ק כ״ז.

26 שו״ע סי׳ ק״צ סעי׳ א׳ וסע׳ ד׳.

27 שו״ע אה״ע סי׳ ל״ד סעי׳ א׳ ברמ״א.

28 שו״ע סי׳ תפ״ד.

29 הנה המנהג עכשיו בהרבה מקומות שביום ש״ק ויו״ט בעה״ב בוצע ומוציא כל המסובים בברכת המוציא אפי׳ במקום שיש ככרות מספיקות ללחם משנה עבור כל המסובים. ועיין בגר״ז סי׳ רע״ד סעי׳ ד׳ וז״ל אין המסובין רשאים לטעום עד שיטעום הבוצע וכו׳ אבל אם יש לחם משנה לפני כל אחד מהם וכו׳ יכולים לטעום ממה שלפניהם קודם שטעם הוא ממה שלפניו עכ״ל, הרי דאף דכתב הגר״ז בסי׳ קס״ז סעי׳ י״ח דנהגו עכשיו שכל אחד מברך ברכת המוציא לעצמו מ״מ גבי ברכת המוציא בשבת אפי׳ כשיש לכל אחד לחם משנה לפניו לא הזכיר המנהג שכל אחד מברך לעצמו.

4. Unable to Recite the Brocha

If a person can not recite a brocha properly, it is appropriate to have another person be *motzi* him.[30]

5. Brochos Which People Find Themselves Compromising On

Reciting the *al hamichya* or *al hoetz* from memory can, at times, be difficult. Often, people discover that a siddur is not readily available when they have to make a *brocha achrona* (e.g., he ate in a snack shop, at the office, or on the run), and they find themselves compromising on the quality of the *brocha achrona* (e.g., by leaving out words or entire phrases).

In instances such as these, it is preferable for one person to recite the brocha, and for the others to quietly repeat the words (word for word) after him.[31]

If this is not practical, someone who can recite the brocha properly should be *motzi* those persons who can not make the brocha properly.[32] [o]

[o] We have learned (B.4) that usually one may not be *motzi* others from their *brocha achrona* requirement. In this case, however, the Poskim rule that it is preferable to be *motzi* the others who might otherwise be making an invalid *brocha achrona*.

וכ״כ המשנה ברורה שם ס״ק ב׳ (וע׳ בהמקורות שהובאו בספר כבוד ועונג שבת פרק י״ד הערה 26).

[30] גר״ז סי׳ רי״ג סעי׳ ב׳ הובא במ״ב סק״ט. וע״ע מש״כ בפנים בפרק ב׳ [חלק .C].

[31] מג״א ומ״ב שם.

[32] כתב הט״ז סי׳ רי״ג ס״ק א׳ וז״ל ונ״ל דהאידנא שמזלזלים מאד בברכה אחרונה יש לסמוך על דיעה זו (דהרשב״א דס״ל דאף בברכה אחרונה יוצא בשמיעתו מאחר) ויברך בקול רם הברכה אחרונה ויהיו האחרים יוצאים על ידו עכ״ל. וכ״כ הגר״ז בסע׳ ב׳ וז״ל עכשיו שההמון מזלזלים מאוד בברכה אחרונה יש לעשות כן לכתחלה שיברך אחד בקול רם להוציא כל השומעים אע״פ שיודעים לברך בעצמם עכ״ל. וכ״כ המ״ב ס״ק ט׳ וז״ל ובפרט ברכה אחרונה מעין שלש שאין הכל בקיאים בה בע״פ בודאי טוב לעשות כן לכתחלה ומ״מ טוב יותר שיאמרו עם המברך מלה במלה עכ״ל. וכ׳ בחסד לאלפים (סי׳ רי״ג סעי׳ א׳) דזהו להמון העם שאינם יודעים ומזלזלים, אמנם ליראי ה׳ ומדקדקים במצוות כל שיודעים שאכלו או שתו כשיעור יברכו כל אחד ואחד בפרטות דמן הדין הגמור אין זימון לפירות. ועיין במ״ב סי׳ קצ״ג ס״ק ה׳ שכתב דנכון לעשות כן גם בשמיעת קידוש ולא הבאנוהו בפנים חדא שלא ראינו נוהגים כן, ועוד דבס׳ יחוה דעת (ח״ו סי׳ כ״ח) כ׳ בשם ברכ״י (רצ״ה ס״ק ד׳) ועוד אחרונים דלא אריך למעבד הכי כיון שאין לכל אחד כוס בידו.

Similarly, in situations that people might compromise on the recital of *bircas hamozon*, it is preferable for one person to *bentch* and for the other persons to repeat the words after him. If this is not practical, he may be *motzi* the other persons.

> **Note:** With regard to *zimun* (the requirement for three or more persons who eat together to *bentch* together), the person leading the *bentching* should recite (at least) the first brocha[P] out loud, and the others should quietly say word for word along with him. Even if everyone can recite the *bircas hamozon* properly, nevertheless, in order to fulfill the obligation of *zimun*, the first brocha must be said together word for word.[33] However, the others should recite the ending of the brocha before the leader in order to answer *amein* to his brocha.

E. Who May Be Motzi Others

1. Men

A male over the age of thirteen may be *motzi* other men, women or children.[34]

P i.e., from the beginning of *bentching* till *hazon es hakol*.

33 שו״ע סי׳ קפ״ג סעי׳ ז׳ ועיין שם במ״ב ס״ק כ״ח וז״ל ועכ״פ יזהרו לומר עמו בלחש ברכה ראשונה דאל״ה להרבה פוסקים לא מיקרי זימון כלל וכו׳ ולפ״ז מה שנוהגין הרבה אנשים שאחר שאמרו ברוך שאכלנו וכו׳ כל אחד ואחד מברך בקול רם בפ״ע שלא כדין הם עושין וכו׳ ורק בסיום הברכה יקדימו לסיים כדי שיענו אמן כמו שכתב רמ״א.

34 פשוט.

2. Women

A female over the age of 12 may be *motzi* a man,[q] woman, or child.[35] She may not be *motzi* a group of men, [36] but may be *motzi* a group of women.[37]

3. Child

A boy under the age of thirteen, and a girl under the age of twelve may not be *motzi* adults.[38] They may however, be *motzi* other children.[39]

[q] This applies to *bircas hanehenin* obligations. She may not be *motzi* a man (in most instances) from bentching, and from *bircas hamitzvah* obligations. (See Shulchan Aruch O.C. 186.1.)

35 איתא בגמ׳ (סוכה ל״ח ע״א) אשה מברכת לבעלה אבל אמרו חכמים תבא מאירה לאדם שאשתו ובניו מברכין לו, ופרש״י תבא מאירה לבעלה שלא למד לברך, הרי דשפיר יכולה להוציא מי שאינו יכול לברך מחמת ספק וכדומה.

36 תוס׳ שם ד״ה באמת.

37 דעת הגרש״ז אויערבאך שליט״א ממש׳ השו״ע סי׳ קצ״ט סעי׳ ו׳, הובאה בספר הליכות ביתה דף 71, ועיי״ש שכן מבואר בתוס׳ הרא״ש דלא כהקרבן נתנאל הובא בשעה״צ סי׳ תרפ״ט אות ט״ו.

38 עטרת זקנים (לסי׳ רט״ו) בשם לחם רב, חקרי לב סי׳ מ״ה, חנוך לנער פרק ד׳ סעי׳ ג׳, ופרק י״ד סעי׳ ז׳. אמנם בפמ״ג מפקפק בזה עיין מש״ז רט״ו ס״ק ג׳. ובא״א סי׳ רי״ג ס״ק ז׳.

39 חנוך לנער פרק ד׳ סעי׳ ה׳. וע״ע שם הע׳ ו׳.

CHAPTER 13

When A Brocha Is Not Required

Introduction

A brocha is required only on foods which provide at least a minimal level of pleasure to the taste. If most people do not find it pleasurable to eat a particular food, it does not require a brocha. For example, a brocha is not required when eating raw potatoes. Cases such as these are discussed in Section A.

If a person samples food in order to taste it rather than to enjoy the food (e.g., to see if additional spices are needed), a brocha is generally not required. This is discussed in Section B.

Section C discusses cases where eating a food involves a transgression. In such cases, a brocha may not be made.

A. Foods That are Not Palatable

A brocha is required only for those foods which provide at least a minimal level of pleasure to the taste.[1] If a food is not pleasurable to eat[1.1] — i.e., most people will not eat that food even when there is a pressing need to eat it — a brocha is not required.[2]

Foods which do not provide a minimal level of pleasure to the taste are not subject to a brocha even if they provide beneficial nutrients (e.g., medicines, nutritional supplements which are not pleasant tasting).[3]

The following are applications of this halacha:

1. Raw Foods, Inedible Foods

Foods which are not eaten even in times of pressing need are not

[1] איתא בס׳ הפרדס (שער ז׳ אות ט״ז) ברכה ראשונה היא משום הנאת החיך, והשני׳ משום הנאת שאר אברים, וע״ע הערה 3 לקמן.

[1.1] כתב הרמב״ם (פרק ח׳ מה״ב הל׳ ז׳) וכן אוכלין שאין ראויין לאכילה ומשקין שאינן ראויין לשתייה אינן טעונין ברכה לא לפניהן ולא לאחריהן עכ״ל, והנה בטור ושו״ע (סי׳ ר״ב וסי׳ ר״ד), ושאר פוסקים (שם) הובאו כמה דוגמאות לבאר מה נקרא אינו ראוי לאכילה שאין טעון ברכה, ואלו הם:

א) **דבר שאינו ראוי לאכילה** — בסי׳ ר״ב סעי׳ ב׳ כתב המחבר דעל פרי שהוא מר או עפוץ ביותר ״עד שאינו ראוי לאכילה אפי׳ ע״י הדחק״ אין מברכין עליו כלל.

וכן גבי גרעיני פירות — כתב הטור וז״ל ובלבד שלא יהו מרים, שיהנה באכילתם וכתב המחבר בסע׳ ג׳ דאם הם מרים אין מברכין עליהם וכתב המ״ב (שם בס״ק כ״ד) ״היינו שאינם ראויים לאכול אפי׳ ע״י הדחק״.

ולפ״ז מה שכ׳ שלא תקנו לברך על מאכלים שאינם ראויים לאכילה היינו שאינם ראויים לאכול אפי׳ ע״י הדחק.

ב) **דבר שאינו אוכל אלא ע״י תערובות** — בסי׳ ר״ב סעי׳ ט״ז כתב השו״ע דאין מברכין על פלפל וזנגביל יבשים מפני ״שאין דרך לאכלם אלא ע״י תערובות״ והוסיף הלבוש וז״ל ואין הנאה באכילתן וכ״כ המ״ב (שם ס״ק ע״ט).

ג) **אוכל שנתעפש** — בסי׳ ר״ד כתב הב״י (ד״ה ומ״ש ועל התבשיל) דתבשיל שנתקלקל לגמרי ״כיון דלא חזי לאכילה אין מברכין עליו כלל״ וכתב שם הגר״ז בסע׳ ב׳ דהיינו עד שאינו ראוי לאכילה אפי׳ ע״י הדחק.

ואנו למדים מזה דאף מאכלים שבתחלה היו טובים ורק אח״כ נתקלקלו עד שבני אדם נמנעים מלאוכלם אפי׳ ע״י הדחק אינם טעונים ברכה.

ד) **אוכל שמזיק לגוף** — ע׳ שו״ע סי׳ ר״ב סעי׳ ד׳ דאם שותה שמן זית כמות שהוא אינו מברך עליו כלל דאזוקי מזיק ליה. ובסי׳ ר״ד סעי׳ ב׳ כתב המחבר על החומץ לבדו אינו מברך כלום מפני שהוא מזיקו.

[2] שו״ע סי׳ ר״ב סעי׳ ב׳ ועיין מש״כ בהערה הקודמת.

[3] ב״י סי׳ ר״ד (ד״ה ומ״ש בשם ר״י) בשם תוס׳, מ״א סי׳ ר״ד ס״ק י״ט. וז״ל הגר״ז (סי׳ ר״ב

subject to a brocha[4]. Included are:

- raw fish[a] [5]
- raw potatoes, raw beets[6]
- uncooked dried beans, uncooked dried rice[b] [7]

[a] In earlier times, since it was common to eat raw meat in a pinch, it would be considered edible and require a brocha. In The Halachos of Muktza (page 100), we discuss that the *Aruch Hashulchan*, Hagaon Rav Moshe Feinstein zt"l, and other contemporary Poskim were of the opinion that in modern times it is not common to eat raw meat even in a pinch. According to this view, raw meat would be considered inedible. Therefore, it is questionable if a brocha should be made for raw meat.

Raw fish, however, is considered not edible according to all views. In Oriental societies, where it is common to eat raw fish, a brocha would be required. (See Halachos of Muktza, page 102.) Raw eggs are edible according to all views, (ibid.) and therefore require a brocha.[4.1]

[b] This refers to dried beans, rice, etc. which are processed, packaged, and sold in grocery stores. Freshly picked or unprocessed beans or rice, if it can be eaten raw, would

סעי׳ י׳) ואם אין החיך נהנה מהם אע״פ שהם יפים ומועילים לגוף אין מברכין עליהם עכ״ל, וע״ע מ״ב סי׳ ר״ד ס״ק מ״ח ושעה״צ שם אות ל״ז ומ״ב.

[4] ולענין ביצה חיה עיין בספר מחזיק ברכה להחיד״א סי׳ ר״ד ס״ק א׳ (הובאו דבריו בשע״ת שם ס״ק י״ז) דהאוכל חלמון ביצה כמות שהוא חי לצחצח הקול יברך אף שאינו נהנה בטעם אכילתו עכ״ל ונר׳ דאין כוונתו לומר שטעונה ברכה אע״פ שאינה ראויה לאכילה דהא מבואר בש״ס ופוסקים דביצה חיה נאכלת ע״י הדחק כדאיתא ברש״י ביצה דף ד׳ ע״ב ד״ה ומאי טעמא, דיש בני אדם גומעין כך ובשו״ע יו״ד סי׳ קי״ג סעי׳ י״ד (עיי״ש בט״ז ס״ק י״ד), ובערוה״ש סי׳ ש״ח סעי׳ נ״ח.וז״ל האור שמח פרק ח׳ מהל׳ טומאת אוכלין ומוכח מזה דלגמוע ביצה חיה הוי שיעורו ליה״כ כמאכל ולא כשתיה דמאכל חשיב וכמו דאמרו ביצה (דף ג׳) אוכלא הוי ולגומעה חיה הוי כדרך אכילתה ועיין ביצה (דף ד׳) וברש״י ד״ה מ״ט ודו״ק בכ״ז עכ״ל. וע״ע בספר טלטולי שבת פרק ה׳ הערה 12.

[4.1] עיין מש״כ בהערה 4.

[5] כך נראה מהא דאיתא במס׳ שבת דף קכ״ח ע״א דג חי אסור לטלטלו ופי׳ רש״י (דף קכ״ח ע״א) דאינו ראוי לכלום עכ״ל.

[6] ע׳ שער הציון סי׳ ר״ה אות ה׳.

[7] נר׳ דהא דאיתא בשו״ע סי׳ ר״ח סעי׳ ז׳ דעל אורז חי מברך בפה״א מיירי בלחים וראויים לאכילה ע״י הדחק, דפשוט הוא דאם אינם ראויים לאכילה אפילו ע״י הדחק אין מברכים עליהם כלל כמש״כ לעיל. שוב ראיתי בספר שלמי יהודה פרק ז׳ הערה ט׳ שכתב כן בשם ברית עולם וע״ע שם מש״כ בשם הגרש״ז אויערבאך שליט״א.

• raw yeast[9]

• spices, such as whole black or white pepper, ginger, whole cloves, etc.[c] (Salt, however, does require a *shehakol*[10].)

2. Acrid Tasting Foods

Foods which are burned or spoiled beyond the point where people would eat them in times of need are not subject to a brocha.[11]

3. Foods Eaten for Medicinal Purposes

Foods which are unpleasant tasting, but are eaten for medicinal purposes[12] (e.g., mineral oil),[13] do not require a brocha.

However, foods which are eaten primarily for medicinal purposes, but are pleasant tasting (e.g., herbal teas, cough drops, chewable vitamins, etc.) are subject to a brocha.[14]

4. Medicines

Medicines, such as cough preparations that are pleasantly flavored with a sweet syrup, are subject to a brocha[15]. Some Poskim, however,

require a brocha. (Being that beans are usually eaten cooked, not raw, the brocha in this case would be *shehakol*.)[8]

[c] since spices such as these are usually eaten only together with other foods, when eaten alone they are classified as inedible.

8 שו״ע סי׳ ר״ב סעי׳ י״ב.

9 פשוט, דאינו נאכל אפי׳ ע״י הדחק.

10 שו״ע סי׳ ר״ב סעי׳ ט״ז וסי׳ ר״ד ס״א.

11 ב״י סי׳ ר״ד ד״ה ומ״ש ועל התבשיל (והביאו הט״ז שם ס״ק ב׳), גר״ז שם סעי׳ ב׳, ח״א כלל מ״ט סי׳ ג׳, מ״ב ס״ק א׳, ב׳.

12 ב״י סי׳ ר״ד ד״ה ומ״ש בשם ר״י, מ״א ס״ק י״ט, גר״ז סעי׳ י״ד מ״ב ס״ק מ״ג.

13 עיין במ״ב סי׳ ר״ב ס״ק כ״ז דגם אם שותה שמן זית לרפואה אינו מברך דשמן זית כמות שהוא לא נהנה ממנו.

14 שו״ע סי׳ ר״ד סעי׳ ח׳. ועיין בגר״ז סעי׳ י״ד שכתב בסוגריים אם אינם טובים אכן אינם רעים לגמרי יש מי שאומר שמברך עליהם שהכל. (ונראה שהיש מי שאומר הוא המג״א ס״ק כ״ד והובא בשער הציון אות ל״ז.) וע״ע בהערות הבאות.

15 שו״ת האלף לך שלמה סי׳ צ׳ וז״ל לדעתי נר׳ דמברך עליו (על רפואה ששותה והוא טוב לשתי׳) דלפי פשטות השו״ע אין דומה זל״ז (היינו אין דומה רפואה לאנסוהו לאכול) דבאוכל לרפואה נהי דלולי חוליו לא היה אוכל מ״מ השתא עשהו כרצונו ואנן בתר השתא אזלינן עכ״ל וכ״כ הגר״ז (סי׳ ר״ד סעי׳ ט״ו) ושו״ת ח״ס סי׳ ר״ב ודאתן, ובמ״ב (שם ס״ק מ״ח) וגם מהגרי״ש אלישיב שליט״א שמעתי שצריך לברך דהלא נהנה הוא ואסור ליהנות מעוה״ז בלא ברכה. (ועיין בספר מקראי קודש (מהגרצ״פ פראנק זצ״ל) ח״ב סי׳ מ׳

rule that they are not subject to a brocha[15.1]. It is advisable, therefore, to make a *shehakol* on a food or drink (other than water[d]) and have intention to exempt the pleasant tasting medicine.[15.2]

5. Water

Water, although not endowed with a specifically pleasurable taste, nevertheless, does quench the thirst and thereby produces a pleasurable sensation. Therefore, if one drinks water because he is thirsty, he is required to make a brocha. Even if the person does not drink the water specifically in order to quench his thirst, if he drinks the water as an enjoyable drink, a brocha is required.[16]

However, if one drinks water for a purpose other than to quench his thirst (or as an enjoyable drink), a brocha is **not** required.[17] For example, if one drinks a glass of water in order to take a pill, a brocha is not required.[d]

> **Note:** This halacha applies only to water which does not provide a pleasurable sensation except when taken to quench the thirst. If one drinks juice or other pleasant tasting beverage, even if he does so for purposes other than to quench the thirst (e.g., to help swallow a pill, etc.) a brocha **is** required.[18]

[d] provided that he is not drinking the water also to quench his thirst.[17.1]

שכתב בשם חכם אחד שאין לברך על מה ששותה לרפואה אא״כ שותה רביעית והטעם דאין עיקר כוונתו לשם אכילה ודינו כטעימה, אמנם הוא מסיק דאינו משמע כן מהפוסקים אלא כל שהטעם טוב והחיך נהנה ממנו מברך עליהן אפי׳ בפחות מרביעית.)

15.1 שמעתי מהגרש״ז אויערבאך שליט״א דאין לברך עליהם משום דלולי החולי לא היה אוכלו בשביל טעמו הטוב.

15.2 עיין מש״כ בפרק ט״ז איך לעשות להוציא עצמו מפלוגתא.

16 מ״ב סי׳ ר״ד ס״ק מ׳.

17 תנן בסוף פרק כיצד מברכין דף מ״ד ע״א השותה מים לצמאו מברך שהכל ואיתא בגמ׳ שם דף מ״ד ע״ב לאפוקי מאי א״ר אידי בר אבין לאפוקי למאן דחנקתיה אומצא והובא בשו״ע סי׳ ר״ד סעי׳ ז׳. וכתב הבה״ל (שם ד״ה השותה בשם הגר״א ותו״ש) דמה דאמרו חנקתיה אומצא לאו דוקא חנקתיה אומצא אלא שלא לצמאו אינו מברך.

17.1 מ״ב בסי׳ ר״ד סס״ק מ״ב, ושעה״צ ס״ק ל״ו.

18 מ״א ס״ק י״ח, גר״ז סעי׳ י״ג, ח״א כלל מ״ט סי׳ ט׳, משנה ברורה ס״ק מ״ב.

a. Applications Relating to Water

i. Various diets call for drinking two or more quarts of water daily over and above the amount one usually consumes. If one's doctor or dietician prescribes that much water to be consumed every day, a brocha is not required when drinking that water, unless he also happens to be thirsty at that time.[19]

ii. A person is not sure if he ate an amount of food which requires a *brocha achrona*. In order to remove his doubt, he wishes to drink a *reviis*[e] or more of water so that he can make a *brocha achrona*. Since the water is not being taken to quench the thirst, neither a *shehakol* nor a *brocha achrona* may be made.[20]

However, if he drinks the water to make a *brocha achrona* **and also** to quench his thirst, a brocha is required.[21]

iii. A brocha is not required when water is taken to:

- relieve choking (e.g., food lodged in his throat)
- ease coughing
- relieve a burn (e.g., after eating hot food)[22]

B. Tasting

1. Tasted for Pleasure, but Not Swallowed

A brocha is required only when food is actually consumed, that is, swallowed. Even if one only extracts the flavor of an item by sucking (e.g., sucking the juice out of a wedge of orange and discarding the

[e] See Addendum 1.

[19] ראה הערה 17.1

[20] בה"ל שם ד"ה השותה.

[21] בה"ל שם וגר"א בס' אמרי נועם סוף פרק כ"מ, ומקורות בהערה 17.1.

[22] שו"ע סי' ר"ד סעי' ז', ועיין מש"כ לעיל בהערה 17 דלאו דוקא חנקתיה אומצא אלא כל שלא לצמאו אינו מברך וכ"כ בכה"ח שם אות מ"ד בשם כמה פוסקים. וע"ע בבה"ל ד"ה חנקתיה ובערוה"ש שם סעי' י"ח.

fruit[f]), since the juices of the item are, in fact, swallowed, a brocha is required.[24]

However, if none of the food is swallowed, even if the food provides pleasurable sensation to the taste buds, a brocha is not required.[25]

2. Tasting to Determine Whether Spice is Needed, etc.

According to some Poskim, when food is tasted solely to see whether it needs spices or other ingredients, a brocha is not required. According to these Poskim, even if one swallows a little food while sampling it, since the food was not consumed for pleasure but for tasting, it is not subject to a brocha.[26]

Other Poskim rule that any time a food is swallowed, even if only for tasting purposes, it is subject to a brocha.[27]

According to all opinions, if one swallows more than a *reviis* of liquid, or more than a *k'zayis* of solid food, it is considered "eating" rather than "tasting," and a brocha is required.[28]

[f] The brocha for the juice being extracted by sucking is *shehakol*.[23]

23 בחיי״א כלל נ״א סי׳ ט״ו ונש״א ס״ק י׳ כ׳ שהמוצץ פירות מברך שהכל כמי סחיטת פירות. וכ״כ באמרי בינה סי׳ ט״ז, ועמק ברכה עמ׳ נ״ח. אמנם ברע״א לסי׳ ר״ב סעי׳ ח׳ כ׳ בשם הפר״ח (בשו״ת מים חיים סי׳ ז׳) דמברך ברכת הפרי. וכ״כ בהלק״ט ח״א סי׳ צ״ג וחסד לאלפים סי׳ ר״ב אות י״ד. וכ׳ בבן איש חי (ש״ר פ׳ מסעי אות ח׳) והובא בכה״ח שם (אות ס״ג) דהיינו דוקא במוצצם ע״י לעיסה שנותנם בפיו ולועסם בשיניו אבל אם תופס הפרי בידו ומוצצו הרי זה דינו כשתיי׳. וכן פסק בשו״ת שבט הלוי ח״א הערה לשו״ע סי׳ ר״ב. וע״ע שו״ת משנה הלכות ח״ה סי׳ ל״ח.

24 שו״ע סי׳ ר״ב סעי׳ ט״ו וח״א כלל נ״א סי׳ ט״ו, מ״ב שם ס״ק ע״ה וע״ו. ולענין חולה שמאכילין אותו דרך ורידים או דרך שפופרת בצד בטנו עיין שו״ת חלקת יעקב ח״ג סי׳ ס״ח.

25 ח״א כלל נ״א סי׳ ט״ו מדברי המ״א סי׳ ר״י ס״ק ט׳ וכ״ז כשלועס בכוונה לפלוט אח״כ, ולענין לעיסה כשהיא תחלת אכילה עיין סי׳ קס״ז סעי׳ ו׳ בבה״ל ד״ה ולא ישיח. וע״ע מש״כ בפרק ג׳.

26 איתא בברכות דף י״ד ע״א מטעמת אינה טעונה ברכה וכו׳ וכתב המחבר בסי׳ ר״י סעי׳ ב׳ (והוא דעת הרמב״ם והרי״ף) דהטועם את התבשיל א״צ לברך עד רביעית ואפי׳ אם הוא בולעו.

27 כתבו התוס׳ והרא״ש (שם ד״ה טועם) בשם הר״ח דהא דמטעמת אינה צריכה ברכה איירי שחזרה ופלטה דאז לא חשיב הנאה מן הטעימה אבל כשבולעת צריכה לברך והובא בשו״ע סי׳ ר״י סעי׳ ב׳ בשם י״א.

28 שו״ע שם ומ״ב ס״ק י״ד וע׳ אג״מ או״ח ח״א סי׳ פ׳.

3. What to do When Tasting Food

If one can taste the food without swallowing it, it is preferable to do so, since according to all views a brocha is not required.

If it is not practical to taste the food without swallowing it, the Poskim advise to first make a brocha and eat some of the food for enjoyment[29] (rather than for tasting[29.1]).

C. Prohibited Food

"When a thief makes a blessing, he is blaspheming Hashem," (Talmud *Sanhedrin* 6b).

Chazal derived (from the passage in Tehillim 10.3) that it is prohibited to make a brocha on a stolen object. They also extended this prohibition to include making a brocha[30] on any food that involves a transgression, whether of *d'oraisa* or *d'rabbonon*[31] origin. Therefore, if

29 עצת הח"א כלל מ"ט סי' ה' והביאו המ"ב סי' ר"י ס"ק י"ט ואג"מ או"ח ח"א סי' ע"ט.

29.1 עפ"י שער הציון שם אות ל' שנסתפק קצת כשכוונתו לטעימה וגם ליהנות.

30 איתא בסנהדרין דף ו' ע"ב ובב"ק דף צ"ד ע"א ר' אליעזר אומר הרי שגזל סאה של חטים וטחנה (לשה) ואפאה והפריש ממנה חלה כיצד מברך, אין זה מברך אלא מנאץ ועל זה נאמר ובוצע ברך נאץ ה' ע"כ. וכתב הרמב"ם בפ"א מהלכות ברכות הל' י"ט וז"ל כל האוכל דבר האסור בין בזדון בין בשגגה אינו מברך עליו לא בתחלה ולא בסוף והראב"ד חולק עליו וס"ל דרק אין מזמנים על מאכלים אסורים אבל ודאי מברכין עליהן וכ"כ הרשב"א בתשובה סי' תשצ"ד אכן הב"י בריש סי' קצ"ו הכריע כדברי הרמב"ם וסתם כן בשו"ע שם סעי' א'. (ועיין ערוך השולחן שם סעי' ד' שתמה על הרשב"א בתשובה הנ"ל מהא דבחידושי הרשב"א ר"פ שלשה שאכלו מסכים להרמב"ם, והעלה דע"כ התשובה הנ"ל אינה כתקונה. וע"ע כנה"ג לסי' קצ"ו.) וע' מחנה אפרים (הל' נזקי ממון סי' ט') ושו"ת מכתב לחזקיהו (מבעל שדה חמד סי' ה' דף כח. סד"ה שו"ר) דאין לברך על דבר איסור משום שאינו נהנה ממנו.

31 כתב המחבר בריש סי' קצ"ו אכל דבר איסור, אף על פי שאינו אסור אלא מדרבנן, אין מזמנין עליו ואין מברכין עליו לא בתחלה ולא בסוף.

לענין בישול עכו"ם וחלב עכו"ם עיין מש"כ בערוך השולחן סי' קצ"ו סעי' א'. (וע"ע שם סעי' ג' דאם אוכל לחם של היתר עם בשר של איסור צריך לברך על הלחם תחלה וסוף).

ולענין אכילת חלב מיד אחר בשר עיין דעת תורה סי' קצ"ו סק"ה וע' באה"ט, וכן משמע מכה"ח יו"ד סי' פ"ט אות ו' דמברכין.

ולענין אם מברכים על פת הנילוש בחלב שאסור מדרבנן שמא יבא לאוכלו עם בשר, עיין הגהות רעק"א ריש סי' קצ"ו שכתב די"ל דלא מקרי כל כך איסור וצריך לברך. ולבסוף ציין להפמ"ג

food is stolen, not kosher, etc., neither a *brocha rishona*, nor a *brocha achrona* may be made, nor may one answer *amein* to such a brocha.[32]

Exception:

If the prohibited food is eaten under halachically permissible circumstances (e.g., the person is in a life-threatening situation which permits him to eat non-kosher food)[33], a brocha is required.[34]

The following are some applications of this halacha:

1. Non-Kosher Food

A brocha may not be made on non-kosher foods or on foods whose kashrus status is questionable (i.e., it might be *ossur midioraisa*).[35] However, if a person has a serious illness[g] and it is medically necessary

[g] e.g., his illness is classified as life-threatening.

(א״א סי׳ קס״ח ס״ק ט״ז) דס״ל דאין לברך. ובכה״ח (סי׳ קצ״ו אות ז׳ בשם הפתה״ד) איתא דעל כל דבר שאסרו חז״ל מאיזה טעם שיהיה אם עבר ואכלו אין מברכין עליו.

ולענין מעשה שבת ע״י נכרי עיין שיטה מקובצת (ברכות דף מ״ה ע״א ד״ה אכל טבל,והוא בריטב״א שם) דאין לברך אא״כ הוא חולה שיש לו היתר לצוות לעכו״ם לבשל בשבילו. והובא בדעת תורה סי׳ קצ״ו ד״ה וע׳ שיטמ״ק. וע״ע מועדים וזמנים ח״ג סי׳ רס״ו ד״ה וע״כ.

ולענין הוציא מצה מרה״י לרה״ר בשבת ע׳ בה״ל סי׳ תנ״ד סעי׳ ד׳ ד״ה ולענין. וע׳ מור וקציעה סי׳ קצ״ו ד״ה ונ״ל דאם לא הניח עירובי תבשילין במזיד ואפה ובישל מברך לפניה ולאחריה שהרי אם עבר ובישל מותר לאכול, וע׳ בה״ל סי׳ תקכ״ז סעי׳ כ״ג ד״ה אם עבר.

[32] תוספתא הובאה בב״י שם ד״ה כתב הרמב״ם, גר״א שם ד״ה ואין, מ״ב שם סק״ב.

[33] שו״ע סי׳ קצ״ו סעי׳ ב׳ וסי׳ ר״ד סעי׳ ט׳ ועיין מ״א שם ס״ק כ״א בשם הג״מ, מ״ב שם ס״ק מ״ז. וע״ע בשטמ״ק הובא לעיל בהערה 31.

[34] ולענין מי שאכל איסור בשוגג — כבר הבאנו דברי הרמב״ם (פ״א מהל׳ ברכות הל׳ י״ט) דכל האוכל דבר האסור בין בזדון בין בשוגג אין מברכין עליו והט״ז (סי׳ קצ״ו ס״ק א׳) הכריע כהרמב״ם לענין מזיד אבל אם אכל בשוגג ואח״כ נודע לו צריך לברך ברכה אחרונה. ועיין במאמר מרדכי שם אות ג׳ שהשיג על הט״ז, ובכה״ח שם אות ג׳ הביא מתשו׳ עולת שמואל וכתב סופר שהשיגו על הט״ז ג״כ ופסקו דגם באוכל בשוגג אינו מברך וכן בערוה״ש שם סעי׳ ד׳ תמה על הט״ז. אמנם הגר״ז שם סעי׳ א׳ כתב דלענין הלכה יש להכריע כהט״ז שאם אכל איסור בשוגג יברך אחריה והמ״ב ס״ק ד׳ הביא רק דעת הט״ז וכמה אחרונים דס״ל כוותי׳ דבאכל בשוגג לא שייך מה שאמרו ״אין זה מברך אלא מנאץ״ ולפיכך צריך לברך לבסוף.

[35] פמ״ג מ״ז שם ס״ק א׳.

for him to eat non-kosher foods, a brocha is required. This person is considered to be performing a mitzvah by eating these non-kosher foods which are necessary for his health.[36]

However, if this person is repulsed by the non-kosher food, he should not make a brocha, since eating the food is not pleasurable to him.[37]

2. Fast Day

Those persons who are permitted to eat on a fast day must make a brocha. (In many instances pregnant women, nursing mothers, or moderately ill people, are exempt from fasting on fast days of Rabbinic origin. In cases such as these a Rav should be consulted to determine whether the person is exempt from fasting).[h]

Similarly, those seriously ill persons who are permitted to eat on Yom Kippur, (i.e., a Rav has decided that he or she may eat)[i] are required to make a brocha.[38]

If a person (who was not exempt from fasting) made a brocha and, before eating, realized that it was a fast day, he may not eat the food. Since the brocha that he had recited was *l'vatolah* he should say *boruch shaim k'vod malchuso l'olam voed.*[j] [39] If he had swallowed some of the food,

[h] Regarding exemptions from fasting on fast days of Rabbinic origin see Shulchan Aruch O.C. 550. Regarding eating on Tisha B'Av, See Shulchan Oruch O.C.554(5,6) and 559(9).

[i] Regarding who may eat on Yom Kippur see Shulchan Oruch O.C. 617 and 618.

[j] See Chapter 15, Section E.

36 מ״א סי׳ ר״ד ס״ק כ״א ועיין מש״כ בהערה 33.

37 מ״א סי׳ ר״ד ס״ק כ׳, מ״ב סי׳ ר״ד ס״ק מ״ח, כה״ח סי׳ קצ״ו סוף אות ח׳.

38 מ״א סי׳ ר״ד ס״ק כ״א, מ״ב ס״ק מ״ו. וע״ע מש״כ לעיל בהערה 15.

39 בספר נחפה בכסף (חלק או״ח סי׳ ו׳ הובא בשערי תשובה ריש סי׳ תקס״ח) הביא ציור שראובן קבל עליו תענית עד שישנה פרק א׳ ושכח ובירך והכניס מאכל לתוך פיו ובעודו בפיו קודם שבלע נזכר מהתענית, ופסק שיאכל פחות מכזית דבכה״ג ליכא איסור ברכה לבטלה וגם לא איבד תעניתו. וכן פסק שו״ת הלכות קטנות ח״א סי׳ רנ״ב וכ״פ באדמת קדש. אכן בספר עיקרי הד״ט (סי׳ כ״ט אות א׳) הביא חולקים ומסיק דצריך שיפלוט הכל מפיו, וכן דעת הזכרונות אליהו (הל׳ ברכות מערכת ת׳)

he should remove the remaining food from his mouth. If he had eaten a *shiur*[k], he should make a *brocha achrona*.[40]

3. Food Acquired Illegally

A brocha may not be recited on food which was stolen or acquired illegally.[41]

[k] See Addendum One, A.

ומסיק שכן דעת רוב הפוסקים שצריך לפלוט. ואם שכח ובירך בתענית ציבור כתבו כמה פוסקים דגם בעל נחפה בכסף הנ״ל יודה דצריך לפלוט (עיין שו״ת מכתב לחזקיהו סי׳ ה׳, ושע״ת הנ״ל) וכן פסק בדעת תורה סי׳ תקס״ח אות א׳.

[40] מ״ב סי׳ קצ״ו ס״ק ד׳ בשם הט״ז לענין מי שאכל דברים האסורים בשוגג וכ״ש הכא שאכל (בשוגג) דברים המותרים רק בזמן האסור (עיין ב״ח בסי׳ ר״ד ד״ה כתב הר״י ע״ש הרמ״ה).

[41] ב״י ריש סי׳ קצ״ו (ועיין מש״כ בהערה 30) ועיין במ״א בתחילת הסימן. ועיין במ״ב סי׳ קצ״ו ס״ק ד׳ שהביא מחלוקת הפוסקים בקנה המאכל בשינוי אם מותר לברך והעלה שאם אכל כדי שביעה יש להחמיר ולברך ברכת המזון. וכמו כן כ׳ בערוה״ש סעי׳ ה׳. וע׳ מ״ב סי׳ תרצ״ו ס״ק ל״א. ולענין גזלה שהיה בו יאוש ושינוי ע׳ בה״ל סי׳ י״א סע׳ ו׳ ד״ה ולענין ברכה וססי׳ תנ״ד ד״ה עייל ומ״ב סי׳ תרמ״ט ס״ק ו׳. ולענין ברכה על גזלה דרבנן ע׳ פתחי חשן הל׳ גנבה פ״ו הערה ל״ב.

CHAPTER 14

Brocha L'vatolah – Brocha In Vain

A. Definitions

"Do not take the Name of Hashem in vain" (*lo sisa es shaim Hashem Elokecha lashov*), (*Shmos* 20:7), is the third of the Ten Commandments. The Talmud (*Shvuos*) explains that this Commandment forbids using Hashem's Name in order to make an unnecessary oath. Also included[1] in

[1] **א — לאו דלא תשא במברך ברכה שאינה צריכה**

איתא בברכות (ל״ג ע״א) כל המברך ברכה שאינה צריכה עובר משום לא תשא. הנה מפשטות לשון הגמ׳ משמע דאיסור דאורייתא הוא וכן פי׳ המג״א (סי׳ רט״ו ס״ק ו׳) בדעת הרמב״ם שכ׳ (בפרק א׳ דהל׳ ברכות הל׳ ט״ו) וז״ל כל המברך ברכה שאינה צריכה הרי זה נושא שם שמים לשוא והרי הוא כנשבע לשוא וכו׳. וכן הבינו רוב האחרונים בדעת הרמב״ם, (ודלא כהא״ר סי׳ רט״ו ס״ק ה׳ והחזו״א סי׳ קל״ז אות ה׳ שכתבו דאינו מוכרח בדעת הרמב״ם דס״ל שאיסורו מן התורה) וכן מבואר בתשובות הרמב״ם (פאר הדור דפוס מכון ירו׳ סי׳ ק״ה ועיי״ש בהערה 4) בהדיא דהוה דאורייתא. אמנם תוס׳ (ר״ה ל״ג ע״א ד״ה הא) סברי דאיסורו דרבנן והדרשה דלא תשא הוי אסמכתא בעלמא וביאר במחצית השקל (שם) ובמ״ב (שם ס״ק כ׳) ובחזו״א (שם) הטעם דכיון דמזכירו בברכה דרך שבח והודאה אין בו איסור תורה, ומ״מ איסור חמור הוא כמש״כ השעה״צ (שם ס״ק כ״א). והערוך השולחן (סעי׳ ה׳) כתב איסור חמור הוא עד מאד וע׳ בספר תוס׳ יום הכיפורים (דף פ: סד״ה אחר ימים), ובשו״ת רע״א סי׳ כ״ה.

ב — איסור הזכרת שם שמים לבטלה

כתבו עוד התוס׳ (שם) דאיתא במס׳ תמורה (דף ד׳ ע״א) דהמוציא שם שמים לבטלה עובר בעשה דאת ה׳ אלקיך תירא (דברים י׳) (ומשיג שם במהרש״א דאיסורו הוא מדכתיב ליראה את השם הנכבד (דברים כ״ח) וכן איתא ברמב״ם (פי״ב מהל׳ שבועות הל׳ י״א) וע׳ ערוך לנר שם שיישב השגתו וע׳ במס׳ תמורה (שם) דיש שם שינויי נוסחאות ועיין במחצה״ש סי׳ קכ״ח ס״ק א׳ ובנ״א כלל ה׳ אות א׳) ולפי המ״א הנ״ל וגם לפי מש״כ הנ״א (שם) ס״ל להרמב״ם (סוף פרק י״ב דשבועות) דגם במזכיר ש״ש בתוך ברכה (שאינה צריכה או ברכה לבטלה) עובר נמי בעשה מן התורה אמנם בתוס׳ (הנ״ל) איתא דאינו עובר על עשה דאורייתא כשמזכיר ש״ש בתוך ברכה (והטעם הוא

this severe[2] prohibition is using Hashem's Name in making a *brocha l'vatolah*, a brocha made in vain.[3] [a]

The Poskim use three terms relative to *brocha l'vatolah*, they are:

a. *brocha l'vatolah*, a brocha made in vain;

b. *brocha sheaina tzricha*, an unnecessary brocha;

c *gorem brocha sheaina tzricha*, causing an unnecessary brocha to be said.

a. The term *brocha l'vatolah*, refers to a brocha which is recited for no purpose. For example, if a person recited a brocha but did not eat the

[a] Additionally, it is prohibited to use Hashem's Name idly or unnecessarily, even when it is being expressed in a language other than Hebrew. For example, one may not say "Oh, my G-d, what a hilarious story," or "G-d, am I late!".[1.1]

כנ״ל לענין לא תשא דכיון דמזכיר את השם דרך שבח והודאה אין בו משום בטול עשה). ועיין במ״א סי׳ קכ״ח ס״ק א׳ שכ׳ בדרך אפשר דס״ל לתוס׳ (שבת קי״ח ע״ב ד״ה אילו) דגם בתוך ברכה עובר על עשה, אבל אין זה מוכרח דבנוב״י (או״ח סי׳ ו׳) כ׳ לפרש כוונת המג״א על ברכת הכהנים ולא על הברכה שלפניה עיי״ש. וע׳ ספר החינוך סוף מצוה ת״ל.

[1.1] מ״ב סי׳ רט״ו ס״ק י״ט. (ואיסור ברכה לבטלה הוא גם בלשון לע״ז כמבואר בתשובות רע״א סי׳ כ״ה וכן סוברים רוב האחרונים ודלא כערוך השולחן סי׳ ר״ב סעי׳ ג׳. וע׳ דעת תורה סי׳ רט״ו ד״ה ובדין לשון לע״ז.)

[2] איתא במס׳ שבועות (דף ל״ט ע״א) כל העולם כולו נזדעזע בשעה שאמר הקב״ה בסיני לא תשא את שם ה׳ אלקיך לשוא ופריך מ״ט (נזדעזע כל העולם) ותירץ דלאו דלא תשא חמור משאר לאוין שבתורה ואלו הם החומרות:

— כל עבירות שבתורה אין עונשין אם שב וכאן אף לשבים לא ינקה בלא פרעון.

— כל עבירות שבתורה נפרעים רק ממנו וכאן נפרעין ממנו וממשפחתו ומכל העולם.

— כל עבירות שבתורה אם יש לו זכות תולין לו שנים ושלשה דורות וכאן נפרעין ממנו לאלתר.

— ועוד איתא בגמ׳ שם דאע״פ שהוא סתם לא תעשה מ״מ חמיר כלאוין שיש בהן כריתות ומיתות בית דין.

ועיין ביו״ד סי׳ של״ד סעי׳ ל״ז דהמברך ברכה שאינה צריכה במזיד חייב נידוי. ועי׳ כף החיים (סי׳ רט״ו אות כ״ה) בשם הרמב״ן שהמזכיר שם שמים לבטלה אף כי לא נדהו שום אדם הוא יחלוץ מנעליו וישב על הקרקע בנידוי ויבקש מג׳ שיתירו לו וכו׳ (והובא גם בערוה״ש סעי׳ ה׳) ועיי״ש עוד שהביא מהנ״י דחיוב נידוי הוא רק כשאמר השם לשוא בלה״ק אבל בלע״ז גוערין בו ואין מנדין אותו.

[3] עיין מש״כ בהערה 1 דלהרמב״ם ברכה שאינה צריכה הוי איסור לאו דלא תשא ועיין במנחת חינוך (מצוה ל׳) וז״ל ולדידי צ״ע מאוד על הש״ס ור״מ דבהדיא מבואר בסנהדרין (דף נ״ו ע״א) ובתמורה (דף ד׳ ע״א) דמוציא ש״ש לבטלה וכו׳ אינו רק באזהרת עשה דאת ה׳ אלקיך תירא

food, his brocha is a *brocha l'vatolah*, a brocha for no purpose.[4]

b. The term *brocha sheaina tzricha*, refers to a different form of *brocha l'vatolah*. This term is used to describe an unnecessary brocha that is recited for a food which was already covered by a previous brocha. For example, a person made a brocha on bread. Then, during the course of the meal, he recited a *shehakol* on a piece of chicken. That *shehakol* is a *brocha sheaina tzricha*, an unnecessary brocha.[5]

c. The term *gorem brocha sheaina tzricha*, refers to causing a brocha to be made, which could have been avoided.

For example, one may not recite a *brocha achrona* if he plans to continue eating food (of the same brocha category) shortly thereafter. This is considered *gorem brocha sheaina tzricha*, since he can wait until he finishes eating and cover everything with one *brocha rishona* and one *brocha achrona*.[6]

B. Brocha Sheaina Tzricha, An Unnecessary Brocha

The following are cases of *brocha sheaina tzricha*:

1. Food was Exempted by Previous Brocha

When a person makes a brocha on food which was already exempted by another brocha, he is making an unnecessary brocha, *brocha sheaina tzricha*.[7]

(דברים י׳) וכו׳ ונשאר בצ״ע וכן העיר במחצית השקל סי׳ רט״ו ס״ק ו׳.

4 מ״ב סי׳ רט״ו ס״ק י״ח.

5 מ״ב סי׳ רט״ו ס״ק י״ח וכתבנו כן בפנים אף שמצאנו בפוסקים שלפעמים הזכירו ברכות אלו גם בשם ברכה לבטלה עיין ח״א כלל מ״ג סי׳ ח׳ שהזכיר ברכה כזה בשם ברכה לבטלה והובא במ״ב סי׳ קס״ח ס״ק מ״ג.

6 עיין תוס׳ מס׳ שבת דף קי״ח ע״א ד״ה במנחה (ועיין מש״כ בהערה 14) ובשערי תשובה סי׳ תרל״ט אות י״ח שכ׳ דאף דלא קי״ל כתוס׳ שאסרו (לגרום) ברכה שאינה צריכה כדי לקיים מצות שלוש סעודות מ״מ במקום שאין צורך כ״כ אין לעשות כן, ועי׳ מ״ב סי׳ רצ״א ס״ק ט״ו ובה״ל שם ד״ה לא יעשה.

7 מ״ב סי׳ רט״ו ס״ק י״ח. וע״ע לקמן בהערה 16.

a. Exempted by Brocha on Bread

If a brocha was to be made during the course of a meal on a food which was exempted by the brocha on the bread, it would be a *brocha sheaina tzricha*. (See Chapter 5.)[8]

b. Exempted by Brocha on Wine

A brocha made on those beverages which are served together with wine is a *brocha sheaina tzricha*. Since all beverages that are on the table at the time one made a brocha on the wine are covered with the *borei pri hagofen*, the second brocha is not necessary. (See Chapter 6.)[8.1]

c. Exempted by Brocha on Ikar

We have seen that a brocha on the *ikar* covers the tofel. Thus, if one makes a brocha on the tofel after making a brocha on the *ikar*, it is a *brocha sheaina tzricha*. After a brocha has been made on an *ikar*, one should not attempt to be *machmir* and make a brocha on the *tofel*. Being *machmir* in this manner is not only unwarranted but, more critically, it is prohibited, since it is a *brocha sheaina tzricha*.[9]

2. Brocha Made "Just to be Sure"

If one is not sure whether a brocha is required, and makes a brocha just to be sure, it may be a *brocha sheaina tzricha*.

To illustrate, a person who was in the middle of eating forgot whether he made a brocha. He may not arbitrarily decide to make a new brocha "just in case" he needs one. In the event that the food was already covered by a brocha, he would be making a *brocha sheaina tzricha*.[10] (Concerning what to do in cases of doubt, see Chapter 16.)

8 שם.

8.1 כעין מש"כ המ"ב שם.

9 מ"א סי' קס"ח ס"ק כ"ב וז"ל ואין להחמיר וליקח קצת תפוחים (טפל) מבפנים ולברך עליה בפה"ע דהוי ברכה לבטלה עכ"ל. והובא בח"א כלל מ"ג סי' ח', סידור הגר"ז סדר ברכת הנהנין פ"ג אות ז', מ"ב סי' קס"ח ס"ק מ"ג.

10 שו"ע סי' קס"ז סעי' ט' וע' גר"ז שם סעי'

3. Exception: Teaching Others to Make Brochos

Even though reciting a brocha without eating any food is a *brocha l'vatolah*, one is permitted to do so in order to teach older children (age six or seven and older) or adults[10.1] to make a brocha.[10.2]

If it is possible to avoid saying Hashem's Name, (e.g., he can refer to the Name by saying the first two syllables "Ado")[10.3] one should do so. If this is not practical (e.g., the student does not understand), the brocha may be recited in its entirety.

> **Note:** Some Poskim advise that one should not teach very young children (less than three or four years old) to make a brocha, because they can not be entrusted[b] with recital of Hashem's Name. Other Poskim rule that a child should be taught to make a brocha as soon as he or she is capable of understanding the concept of brochos.[10.4]

C. Gorem Brocha Sheaina Tzricha

Causing Brocha To Be Made Which Could Have Been Avoided

One may not cause a brocha to be made, if making that brocha could have been avoided.[11] (*Gorem brocha sheaina tzricha* also applies to *bircos hamitzvah*, as discussed in the hebrew footnote below.)

[b] e.g., the child can not be trusted to refrain from saying Hashem's name in the bathroom, in the presence of waste matter etc.

י״ב ומ״ב שם ס״ק מ״ט.

10.1 אג״מ או״ח ח״ב סי׳ נ״ו וז״ל ונר׳ שאף גדול שצריך להתלמד הברכות יהי׳ מותר לומר כתיקנן מטעם זה שלא יבא לשנות בעת שצריך לברכה עכ״ל.

10.2 שו״ע סי׳ רט״ו סעי׳ ג׳, מ״ב שם ס״ק י״ד, ומש״כ בפנים משש שנים ולמעלה, כי כנר׳ זהו שיעור חנוך לברכות כדאיתא בס׳ חנוך לנער (פרק י״ד הערה א׳). וכן משמע מהריב״ש הובא במ״ב סי׳ קצ״ט ס״ק כ״ד, ומהא דאין עונין אמן אחר ברכת קטן שלא הגיע לחינוך כדמוכח משו״ע סי׳ רט״ו סעי׳ ג׳. ועיין בח״א (כלל ס״ו סי׳ ב׳) שכתב שמשהתחיל הבן לדבר אביו מלמדו תורה וכו׳ ובהמ״ז. וכבר תמה עליו בספר אמת ליעקב (למרן הגר״י קמנצקי זצ״ל) סוף פר׳ עקב מנין הוציא את זה דהא מהב״י בסי׳ קצ״ט משמע שזמן בהמ״ז לקטן הוא משהגיע לעונת הפעוטות והיינו בערך גיל ז׳, עיי״ש. וע״ע מ״ב סי׳ ע׳ סק״ו ושעה״צ שם.

10.3 א״א (בוטשאטש) סי׳ קס״ז סעי׳ י״ט.

10.4 ראה פרק י״ז הערה 22.

11 תנן ביומא (דף ס״ח ע״ב) שהכהן גדול היה

To illustrate, one is about to eat dinner consisting of chicken soup and roast beef. He may not split his meal by first eating the soup and making a *borei nefoshos* on it, and then making a (second) *shehakol* on the roast beef. This is considered *gorem brocha sheaina tzricha*, since both the soup and roast beef could have been covered with one *brocha rishona* and one *brocha achrona*.

The following are some additional applications:

1. Removing a Tofel

We have seen (in Chapter 4) that when two or more foods are combined into an *ikar* and *tofel* mixture, one brocha (the brocha of the *ikar*) covers all food components in the mixture. Therefore, according to many Poskim, one should not remove a *tofel* component in order to make a separate brocha on it, and then make a brocha on the *ikar*. This is considered *gorem brocha sheaina tzricha*, for had he not removed the *tofel* the brocha on the *ikar* would have covered it.[12] [c]

[c] This case should not be confused with the one discussed above in Section B.1c. There, the brocha had already been made on the *ikar* which exempted the *tofel*. Therefore, a brocha made subsequently on the *tofel* is a *brocha sheaina tzricha*.

In the above case the brocha had not yet been made on the *ikar*. Since the *tofel* had not been exempted, the brocha being made on the *tofel* is not considered *brocha sheaina tzricha*. Making a brocha on the *tofel* ahead of the *ikar* is, nevertheless, *gorem brocha sheaina tzricha* as explained above.

קורא ב׳ פרשיות מספר ויקרא מתוך ספר תורה והיה קורא פרשה ג׳ מספר במדבר בעל פה, ופריך בגמ׳ (שם ע׳ ע״א) נייתי ספר תורה אחרינא ונקרי ואמר ריש לקיש משום ברכה שאינה צריכה פי׳ דאילו השתא מברך פעם אחת על התורה וקורא כל הקריאות ואילו היה מוציא ס״ת אחרת היה צריך לחזור ולברך ברכת התורה והו״ל ברכה שאינה צריכה. ופסק הרא״ש (במנחות הל׳ תפילין סי׳ ט״ו) מכאן דאסור לגרום ברכה שאינה צריכה. וכן פסק המחבר ביו״ד סי׳ י״ט סעי׳ ה׳ (ועיין שם בגר״א אות י׳ שציין תוס׳ ישנים יומא דף ע׳ ע״א ד״ה משום שכ׳ דמסוגיא דשם נלמד דהשוחט הרבה בהמות או עופות ביחד אסור לשיח בין שחיטת עוף לחבירו כדי לחזור ולברך כיון שיכול לצאת בברכה ראשונה). וע׳ מ״ב סי׳ ח׳ ס״ק מ״ב שאין לגרום ברכה שאינה צריכה בברכת ציצית.

וכתב השל״ה (מס׳ שבת, פרק נר מצוה, עניני תפלות, ד״ה וכתב ר״י) כשיביאו לו פירות תוך הסעודה (בחול) אל יאחר לאכלם אחר הסעודה דאם יאכלם אחר הסעודה יהי׳ חייב ב׳ ברכות אחת לפניה ואחת לאחריה אכן אם אכלם בתוך הסעודה אינו חייב ברכה אחריה, נמצא דע״י האיחור גורם ברכה שאינה צריכה וכ״כ המ״א בסי׳ רט״ו סק״ו. (עיין עוד בהערות דלקמן בסמוך ובח״א כלל י״ג סי׳ ה׳ ובמ״ב סי׳ רט״ו ס״ק י״ח ובט״ז יו״ד סי׳ רע״ט ס״ק ב׳.)

12 הנה נחלקו הפוסקים במברך על הטפל לפני העיקר אי נחשב כגורם ברכה שאינה צריכה או לא, המג״א בסי׳ רי״ב ס״ק ג׳ כ׳ דאפי׳ היכא שהטפל חביב עליו אסור לברך על הטפל לפני העיקר

2. Eating Right Before a Meal

According to many Poskim, if the table is set and one is about to wash for bread, he should first make the *bircas hamotzi* and then eat the other foods. He should not make a brocha on the other foods before eating the bread.[d] Doing so is called *gorem brocha sheaina tzricha*, causing a brocha to be made which could have been avoided.[13] [e]

Where it is customary to eat the first item before the second, one may do so (according to all views), even if it could be covered by the brocha on the second item.[13.2]

For example, in the above case, if hors d'oeuvres or appetizers are served before the meal, he is not required to delay eating them until

[d] In certain instances foods may be eaten before the meal. These cases are discussed in *Mishnah Brura* O.C. 176.

[e] Similarly, when one makes a brocha on wine he covers all other beverages that are on the table at the time. Therefore, according to many Poskim, if one is about to drink wine and other beverages one should not make a brocha on the other beverages first. This is considered *gorem brocha sheaina tzricha*, because, he can make a brocha on the wine, in which case a brocha on the other beverages will not be required.[13.1] See Chapter 6, Section A.

דהו״ל גורם ברכה שאינה צריכה, והאבן העוזר חלק עליו ופסק דהא דאסור לגרום ברכה שאינה צריכה היינו דוקא היכא שיכול לפטור שני דברים בברכה אחת הראוי׳ להם משא״כ הכא גבי עיקר וטפל שאין הברכה על הטפל ברכה הראויה לה טוב יותר לברך עליו ברכה אשר תקנו חכמים מלפטור אותו בברכת העיקר. והביא לזה ראיה מהירושלמי, וכ״כ הגר״ז (סי׳ רי״ב סעי׳ ט׳ וסי׳ רט״ו סעי׳ ד׳ ועיין תהל״ד סי׳ קע״ז ס״ק ה׳, וצ״ע.) ולדעתם גם היכא שאין הטפל חביב מן העיקר מברך על הטפל תחלה (אלא שהגר״ז כתב דהיכא שהעיקר חביב מן הטפל אז צריך לברך על העיקר ולפטור בה את הטפל). ולענין הלכה עיין במ״ב שם ס״ק ה׳ ובשעה״צ ס״ק ט״ו דהדין עם המ״א. (וע״ע בכה״ח סי׳ רי״ב אות ה׳).

[13] מ״א סי׳ רי״א ס״ק ט׳ אם היה שולחן ערוך לפניו לאכול פת אסור לברך ולאכול איזה מאכל קודם הפת משום דיכול לפטור המאכל בברכת המוציא נמצא שע״י אכילתו סמוך לסעודה גורם ברכה שאינה צריכה. וכ״כ המ״ב בסי׳ קע״ו סוף ס״ק ב׳ בשם הח״א. וע׳ דרכי תשובה (סי׳ פ״ט סס״ק י״ט) שהביא מנהגים אודות אכילת חלב ובשר בשבועות, ודן שם מענין ברכה שאינה צריכה.

[13.1] עיין מ״א סי׳ רי״א ס״ק ט׳ ונר׳ דה״ה הכא.

[13.2] חי׳ הריטב״א ליומא דף ע׳ ע״א, מ״א סי׳ רט״ו ס״ק ו׳, גר״ז סי׳ רמ״ט סעי׳ י״א, ובק״א שם אות ד׳.

after he washes for bread. Since it is customary to eat hors d'oeuvres before the meal, it is not considered *gorem brocha sheaina tzricha.*[f]

3. Making a Brocha Achrona in the Middle of a Meal

One may not make a *brocha achrona* if he intends to continue eating afterwards. Doing so is considered *gorem brocha sheaina tzricha*, since he must now make a second *brocha rishona* and *brocha achrona.*[14] [g]

4. To Fulfill Daily Requirement of "One Hundred Brochos"

One is required to make a minimum of one hundred brochos every

[f] Also see Chapter 11, Section C.2.

[g] Regarding the permissibility of dividing the Shabbos morning meal into two meals in order to fulfill one's obligation to have three *seudos*, see Hebrew footnote.[14.1]

[14] כתבו התוס׳ מס׳ שבת (דף קי״ח ע״א ד״ה במנחה) שאסור לאדם לחלק סעודת שחרית לב׳ סעודות כדי לקיים מצות שלש סעודות משום (שאסור לגרום) ברכה שאינה צריכה אבל הטור בסי׳ רצ״א פסק כאביו הרא״ש שהיה מברך ברהמ״ז באמצע סעודתו והיה נוטל ידיו ומברך המוציא וכן פסק השו״ע שם סעי׳ ז׳ וכתב הב״י בשם הרא״ש בתשובה (כלל כ״ב סי׳ ד׳) דכיון שהוא מפסיק לכבוד שבת אין כאן משום מרבה בברכות שלא לצורך. ואע״פ דאנן קיי״ל כהרא״ש מ״מ היכא שמפסיק באמצע הסעודה שלא לצורך כבוד שבת או יו״ט לכו״ע אסור משום גורם ברכה שאינה צריכה וכן מבואר בשער הציון סי׳ תקנ״ב אות ט״ז. ועיין שערי תשובה סי׳ תרל״ט ס״ק י״ח מש״כ בשם הרב יוסף בכור שור דזה הוי ברכה לבטלה שלא גמרו סעודתם ומברכים וע״ע מ״ב סי׳ רע״א ס״ק ל״ו. וע״ע הערה 6.

[14.1] עיין מש״כ בהערה 14 דאנן קיי״ל בסי׳ רצ״א סעי׳ ג׳ כהרא״ש דמותר להפסיק באמצע סעודתו אחר שהגיע זמן המנחה כדי לקיים שלש סעודות ועיין שם ברמ״א דמי שיודע שאפשר לאכול אחר שיתפלל מנחה עם הציבור לא יעשה סעודה שלישית קודם מנחה ועיין במ״ב שם ס״ק י״ז דאפי׳ אם חל יו״ט במו״ש אם יודע שיוכל אז לאכול עכ״פ כשיעור ביצה ויותר לא יחלק סעודת שחרית לשתים דהא י״א דאסור לעשות כן משום ברכה שאינה צריכה. ועיין שם במ״א ס״ק ו׳ דהיכא שצריך לחלק סעודתו לשתים צריך עכ״פ להפסיק ביניהן וכתב שם המ״ב ס״ק י״ד שצריך לקום ולילך מעט ביניהן.

וכתב הב״י שם דאין לדרוש בציבור שמותר להפסיק סעודת שחרית לשתים כיון שקודם חצות אסור להפסיק, ואין הציבור בקיאין בזה. ולענין ערב פסח שחל בשבת עיין מ״ב סי׳ תמ״ד ס״ק ח׳. ולענין מי שאכל גבינה ואח״כ רוצה לאכול בשר באותה סעודה עיין בדרכי תשובה יו״ד סי׳ פ״ט אות י״ד שי״א שצריך להפסיק ביניהם בברכת המזון או בברכה אחרונה, אמנם במ״ב סי׳ תצ״ד ס״ק ט״ז כתב דא״צ להפסיק בבהמ״ז אם אינו אוכל גבינה קשה עיי״ש.

day.[15] According to most Poskim, one may not be *gorem brocha sheaina tzricha*, in order to fulfill his daily brochos quota.[16] For example, after washing for bread and starting his meal, one calculated that he will not be able to recite enough brochos to fill his daily quota. If he were to save some of the food being served during the meal and eat it after *bentching*, the extra brochos required could be used to fulfill his quota requirement. However, he may not do so, as this is considered *gorem brocha sheaina tzricha*.

5. Exceptions

a. To Resolve Doubtful Situations

In situations where the requirement to make a brocha is in doubt, it is preferable for one to find an alternate way to cover the food with a brocha.[h]

In cases such as these, one may be *gorem* a possible *brocha sheaina tzricha* (cause what might be an unnecessary brocha to be made), if the objective is to circumvent the uncertainty.[17]

[h] We have seen (Section B.2) that when one is uncertain if a brocha is required, he may not make a brocha just to be sure. If the food was already covered by a brocha, he would be making a *brocha sheaina tzricha*. Therefore, in cases where the requirement to make a brocha is questionable, one is permitted to eat without making a new brocha.[16.1]

15 שו"ע סי' מ"ו סעי' ג'. ועיין בס' הליכות ביתה (סי' י"ג הערה ב') בשם דודו הגרש"ז אויערבאך שליט"א דמסתבר שנשים אינן חייבות לברך ק' ברכות בכל יום.

16 כתב המ"א בסי' רט"ו סק"ו דהשל"ה (הובא לעיל בהערה 11) התיר לגרום ברכה שא"צ כדי להשלים ק' ברכות בשבת, והמ"א חלק עליו וכתב בשם ספר הזכרונות דאסור (ועיין בגר"ז סי' רמ"ט בק"א אות ד' ביאור שיטת המ"א והשל"ה הנ"ל ושיטת מהר"ם גלנטי). וכן פסק הגר"ז שם סעי' ד' (אמנם בציור של השל"ה סובר הגר"ז שם סעי' ה' דגם בחול מותר וזהו לשיטתו וכמש"כ בהערה 12) וכן פסק המ"ב בסי' מ"ו ס"ק ב'.

16.1 עיין בפרק ט"ז הערה 8 על מש"כ רע"א בברכות דף יב.

17 שערי תשובה סי' ח' ס"ק י"ב בשם התבואות שור (יו"ד סי' י"ט ס"ק י"ז) דמוטב להכניס את עצמו בספק גורם ברכה שא"צ מליכנס בספק נהנה בלא ברכה. ועוד עיין בשערי תשובה סי' תרל"ט ס"ק י"ח. ועיין באג"מ או"ח ח"ב סוף סי' נ"ז דאף דס"ל דהמשנה מקומו ולא הפסיק אכילתו ליותר מכדי דיבור שא"צ לחזור ולברך ודלא כהח"א מ"מ יעץ שלכתחלה יפסיק מלאכול כדי לצאת דעת הח"א, הרי מוכח דס"ל נמי דמותר לגרום ספק ברכה שא"צ כדי להנצל מספק אכילה בלי ברכה (ראה מש"כ בפ"ט בפנים חלק A). וע' נשמת אדם כלל נ"ד סוף אות ה' וכף החיים סי' קס"ח אות צ"ח. וע' ספר מקור ברכה סי' כ"ג אות ג'.

For example, one started eating an apple and wants to continue, but does not remember whether or not he made a brocha. The Poskim advise that if it is possible for him to change his location he should do so. If a brocha had been made, it is no longer in effect. He may thus make (what might possibly be) a second brocha and eat the apple. Even though, by choosing to change his location in the middle of eating he is possibly being *gorem brocha sheaina tzricha,*[i] it is preferable to do so in order to resolve the doubtful situation, rather than to possibly eat without a brocha.

b. Not To Rely on a Brocha Which is Only Valid B'dieved

One is permitted to be *gorem brocha sheaina tzricha*[j] in situations where the original brocha is only valid *b'dieved*, whereas a new brocha will be effective *l'chatchilla*.

For example, according to many Poskim, if one mistakenly made *borei menei mezonos* on any food item (except for water or salt) it is valid, *b'dieved*. The Poskim advise, however, that one should only eat the first bite and not continue eating the non-mezonos food item, although it is covered, *b'dieved*, with *borei menei mezonos*. Rather, if it is possible for him to change location, he should do so, even though the change of location will cause a second brocha to be made. In this case one is permitted to be *gorem brocha sheaina tzricha*, in order to avoid having to rely on a brocha which is only valid *b'dieved*.[18]

[i] We refer to causing the second brocha to be made as being *gorem brocha sheaina tzricha*. Technically, the second brocha is considered a *brocha hatzricha* because it is needed in order to circumvent the uncertainty.

[j] See previous footnote.

[18] אג"מ ח"ד סי' מ' אות א' דאם בירך ברכה דמהני רק בדיעבד (כגון מזונות על דבר שברכתו שהכל) דמותר ונכון לגרום ברכה חדשה (ע"י שינוי מקום) כדי לברך ברכה הראוי' לכתחלה.

CHAPTER 15

Mistakes In A Brocha

Introduction

In this chapter, we discuss what to do when one makes a mistake while reciting a brocha.

Section A deals with the omission of a word during the recital of a brocha.

Sometimes a person makes a mistake while reciting a brocha and quickly corrects himself. For example, one mistakenly recited a *borei pri hoetz* on a slice of pineapple, then quickly corrected himself by saying *borei pri hoadoma*. Mistakes such as these are discussed in Section B.

At times, a person may start to eat and then realize that he forgot to make a brocha. The correct way to deal with a situation such as this is discussed in Section C.

Section D deals with wrong brochos which are nevertheless valid, *b'dieved*. For example, if one incorrectly recited a *borei pri hoadoma* on an apple, the brocha is valid and a new brocha may not be made.

Section E deals with what to do after making an invalid brocha.

A. Omitted Word

Every brocha is a statement of acknowledgement to Hashem which has been precisely crafted by Chazal. An omission or deletion of even one word can invalidate the brocha,[a] (discussed in greater detail in Hebrew footnote below).[1]

Since the omission of a single word can invalidate a brocha, it is important that the words of a brocha be enunciated clearly and distinctly.[b] If the words are not enunciated clearly or are slurred to the extent that the meaning is changed, the brocha is invalid. [1.1]

[a] For example, the phrase *Melech Haolom* refers to the fact that Hashem is the King of the universe. If either the word *Melech* or *Haolom* were deleted the brocha would not be acknowledging Hashem as a Sovereign ruler of the universe. Therefore, if one recited a brocha and mistakenly omitted either word, the brocha is not valid.[1]

[b] The *Ram'a* (Shulchan Aruch O.C. 5.1) states "One should not skip a single word

[1] **כמה דינים השייכים לדילוג תיבה מתיבות הברכה:**

תיבת ברוך — אם דילג תיבת ברוך אפי׳ בדיעבד צריך לחזור ולברך, כ״כ במ״ב סי׳ רי״ג ס״ק י״ט.

תיבת אתה — אם דילג תיבת אתה אינו מעכב בדיעבד. מ״ב סי׳ רי״ד סק״ג ושעה״צ סי׳ רי״ח ס״ק ב׳.

תיבות אדונ׳ אלוקינו — כתב המ״ב סי׳ רי״ד ס״ק ד׳ דאם אמר אזכרה אחת כגון אלוקינו אע״פ שלא הזכיר תיבת אדונ׳ יצא (דלא כאג״מ הובא בסמוך דס״ל דבעי דוקא תיבת אדונ׳ שהוא שם המפורש) או שאמר אדונ׳ ולא הזכיר אלוקינו יצא (וכ״כ בבה״ל סי׳ קס״ז ד״ה בריך רחמנא). ואם אמר תיבת ״השם״ במקום אדנ׳ (או שאמר ״אלוקינו״ במקום אלו־ינו) לא יצא (כה״ח שם אות ב׳). ועיין בשעה״צ שם אות ג׳ דאם הזכיר איזה שם מז׳ שמות שאינם נמחקין יצא בדיעבד אמנם באג״מ או״ח ח״ד סי׳ מ׳ אות כ״ז פליג עלי׳. ועיין בראשון לציון (לבעל אור החיים הק׳) ברכות מ: שכתב כדעת השעה״צ. ואיתא בשו״ע (סי׳ קס״ז סעי׳ י׳) שאם אמר בריך רחמנא במקום ברוך אתה ה׳ אלוקינו יצא, ועיי״ש בבה״ל ד״ה בריך רחמנא.

תיבת מלך — אם דילג תיבת מלך צריך לחזור ולברך, שו״ע סי׳ רי״ד דבכל ברכה צריך שם ומלכות.

תיבת העולם — אם דילג תיבת העולם צריך לחזור ולברך, שו״ע שם דמלך לבד אינו מלכות. (ואף דהאבן העוזר (הובא בבה״ל שם ד״ה ואפי׳) פליג כבר הכריע הבה״ל שלא כדבריו וכן פסק הח״א כלל ה׳ סי׳ ג׳ ובערוה״ש שם סעי׳ א׳). ועיין כף החיים סי׳ רי״ד אות ג׳.

סיום הברכה — כתב הכסף משנה (פ״א מהל׳ ברכות הל׳ ה׳) שאם אומר נוסח הברכה שתקנו חז״ל אלא שהוא מוסיף בה או גורע ממנה או שהוא אומר כעין נוסח שתקנו חכמים אבל הוא אומר אותה במלות אחרות ומ״מ הם רומזות לנוסח שתקנו חז״ל וכיון שכוונת דבריו עולה למה שתקנו חז״ל אין כאן טעות אבל אין ראוי לעשות כן עכ״ל ולפי זה אם דילג מילת בורא ואמר פרי העץ פשוט דצריך לחזור ולברך אבל אם אמר ברוך אתה ה׳ אלקינו מלך העולם בורא פרי זה יצא. ואם אמר בא״י אמ״ה בורא זה אפשר דיצא עיין מ״ב סי׳ קס״ז ס״ק נ״ב ובה״ל ד״ה דהאי וע״ע ערוך השולחן שם סעי׳ ע׳ וכף החיים אות ע״ד. (ולענין אם סיים ובירך ברכה שלא תקנו חז״ל לאותו מין כגון אם בירך בפה״א על פרי העץ עיין מש״כ לקמן בפנים.)

[1.1] עיין מש״כ בפרק 2 הערה 18.

B. Brocha Made With Wrong Item in Mind

A brocha consists of two parts: 1. the opening, which includes the main part of the brocha — i.e., the words *Hashem Elokeinu Melech Haolom* and 2. the closing, which is the specific part of the brocha (e.g., *borei pri hoetz, borei pri hoadoma, shehakol,* etc.).[2]

> **Note:** When one recites Hashem's Name, he must be fully cognizant of the purpose for which it is being said. Therefore, before a person begins to recite a brocha, he must first determine the appropriate brocha for the item he plans to eat.[c] It is not proper to wait until after reciting Hashem's Name to determine the appropriate ending.[2.1] For example, if one is being served kugel which requires either *mezonos* (e.g., noodle kugel), or *hoadoma* (e.g., potato kugel), he should not begin the brocha until he determines which brocha will be required.[d]

1. Planned to Say Correct Brocha, but Recited Wrong Ending

If at the time a person said Hashem's Name (the main part of the brocha), he was cognizant of the appropriate brocha, but mistakenly recited an incorrect ending, the brocha is not valid.[2.2] [e]

and should be as careful in enunciating each and every word as he would be in counting money."

[c] Also see Chapter 2 where the requirement of having the proper *kavonah* and correct intentions for making a brocha is discussed.

[d] *B'dieved,* if one recited *Hashem's* Name in a brocha before determining the proper ending, but did, nevertheless, recite the correct brocha, the brocha is valid. (See below paragraph 2.)

[e] This is the opinion of most Poskim. According to one view in the Shulchan Aruch, if one recited the main part of the brocha with intention to recite the proper ending, even if he did not do so, his brocha is valid.

[2] כלשון הגמרא ברכות דף י״ב ע״א מאי, בתר עיקר ברכה אזלינן או בתר חתימה אזלינן.

[2.1] דרך החיים דין טעות בברכות אות ד׳, ח״א כלל ה׳ סי׳ י״ד וכלל נ״ח סי׳ ו׳.

[2.2] בסי׳ ר״ט סעי׳ א׳ פסק המחבר כהרמב״ם דאם נתכוון לברכה הראויה לאותו המין בשעה שהזכיר שם ומלכות שהם עיקר הברכה, אע״פ שחתם בטעות יצא. ותמהו כל המפרשים על

For example, one took a carrot and started making a brocha. When he recited Hashem's Name he planned to conclude with *borei pri hoadoma*, but he mistakenly concluded with *hoetz*. Even though he had planned to say the proper brocha when he recited the main part of the brocha, nevertheless, since an incorrect ending was recited, it is not valid.

2. Planned to Say Wrong Brocha, but Recited Correct Ending

If one planned to say the wrong brocha when he recited Hashem's Name, but caught himself, and recited the correct ending, *b'dieved*, the brocha is valid.[3]

For example, one had what appeared to be a glass of grape juice in his hand, and, at the time he said Hashem's Name planned to make a *borei pri hagofen*. Before reciting that (incorrect) ending, he realized that it was actually soda, and he concluded with the (appropriate) *shehakol*. Even though he had planned to say the wrong brocha at the time he recited Hashem's Name, nevertheless, since the recital of the brocha was correct, it is valid.

הרמב"ם דאטו מי שהיה בידו פרי והיה בדעתו לומר בפה"ע ואמר המוציא מי יצא (ואיך כתב הרמב"ם דאם היה בדעתו לברך כהוגן ואח"כ לא בירך כהוגן שיצא וכתב בערוה"ש סי' ר"ט סעי' ה' נ"ל שהרמב"ם אזיל לשיטתו דסבר דכל הברכות יוצאין בהרהור הלב בלבד ולפ"ז שפיר פסק הרמב"ם דיצא דבשעה שאמר השם ומלכות היה בלבו לומר כהוגן והרי הוא כאלו גמר הברכה כולה כהוגן ולא איכפת לן מה שטעה ומסיים בפיו שלא כהוגן אח"כ דכבר יצא במה שהרהר בלבו).ועיין בהערה דלקמן דרוב הפוסקים חולקין על הרמב"ם בזה.

3 איתא בגמ' ברכות דף י"ב ע"א פתח ובירך אדעתא דחמרא וסיים בדשכרא מאי בתר עיקר ברכה אזלינן או בתר חתימה אזלינן ופי' רש"י ותוס' שפתח ואמר בא"י אלקינו (מלך העולם) על דעת לברך על יין ולסיים בפה"ג ונזכר שהוא שכר וסיים שהכל וכו' והנה בגמרא לא איפשטא אכן הרמב"ם מפרש האיבעיא דגמ' שלא כרש"י ותוס' הנ"ל (ואדרבה ס"ל דבגוונא דרש"י לא יצא) אלא דהיה בידו כוס שכר ופתח על דעת לומר שהכל וסיים בפה"ג וכתב הב"י דבעיין לא איפשטא ונקטינן לקולא דאם פתח בטעות וחתם כהוגן יצא ע"כ. והרמב"ם סובר דאם פתח בטעות כיון דבשעה שהזכיר שם ומלכות לא נתכוון לברכה הראויה לאותו מין אע"פ שחתם כהוגן לא יצא ופסק המחבר בסי' ר"ט סעי' א' כהרמב"ם ואח"כ מביא שיטת רש"י בלשון י"א. אכן המ"א סי' ר"ט ס"ק כ' כתב דהעיקר כרש"י דיצא וכן יש להורות. וכ"כ הט"ז ס"ק א' וכן פסק הח"א כלל ה' סי' י"ד וכלל נ"ח סי' ו' והמ"ב בסי' ר"ט ס"ק א' וב' וכתב שם דכן דעת רוב הפוסקים וכמעט כולם.

3. Recited Wrong Ending, but Immediately Corrected Himself

If one recited the wrong brocha but caught the mistake and immediately corrected himself by reciting the correct ending, the brocha is valid.[4] [f]

For example, one mistakenly recited a *borei pri hoadoma* on a meatball, paused for half a second and then immediately added *shehakol*. The resulting brocha was "*boruch atoh* etc. *borei pri hoadoma*, *shehakol* etc." The brocha is valid.

The brocha will not be valid, unless the correction is begun within *toch k'dei dibur*[g] of the recital of the incorrect phrase.[5]

> **Note:** Even if one took a bite of the food after making the incorrect brocha, but nevertheless managed to append the correct ending *toch k'dei dibur*[h], the brocha is valid. In the above example, if he made *hoadoma*, took a bite of the meatball, then quickly appended *shehakol*, his brocha is valid.[6]

[f] According to most Poskim, even if one did not have the correct intention while reciting Hashem's name, as long as he immediately recites the correct ending, the brocha is valid.[4.1]

[g] which means "within the time it takes to say a few words". Chazal defined these few words to be "*Sholom Alecha Rebbi*".[5.1]

[h] see previous footnote.

4 עיין בהערה הנ״ל והנה הרי״ף לא פירש הסוגיא הנ״ל כפירש״י. וס״ל דאיבעיא להו היכא דבירך כל הברכה בטעות ובתוך כ״ד נזכר ובירך כהוגן וכך היה אמירתו ברוך אתה השם אלוקינו מלך העולם בורא פרי הגפן שהכל נהיה בדברו ובעיא ליה אי בתר עיקר ברכה אזלינן והרי בירך בטעות או בתר החתימה אזלינן והרי תוך כדי דיבור חתם כהוגן וכיון דהוי בעיא דלא איפשטא פסק הרי״ף לקולא ועל פי הדברים האלה כתב המחבר בסעי׳ ב׳ דיצא.

4.1 הנה המ״א בס״ק ג׳ כתב דדין זה מיירי דוקא אם בשעת אמירת השם ומלכות היה בדעתו לברך כהוגן דאם לא היה בדעתו לברך כהוגן אע״פ שתקן הברכה בתוך כדי דיבור וסיים כהוגן אינו יוצא. ועיין בביאור הגר״א שחלק וכתב (לפי הרי״ף) דאפי׳ אם לא כיוון כהוגן בשעת אמירת השם מ״מ יצא וכן פסק המ״ב בס״ק ה׳ בשם הרבה פוסקים (עיין שעה״צ שם).

5 שו״ע סי׳ ר״ט סעי׳ ב׳.

5.1 עיין מש״כ בפרק ג׳ הערה 16.1.

6 נלמד ממש״כ המ״ב בסי׳ ר״ט ס״ק ח׳ דהפסק של שתיי׳ לא מיקרי הפסק כיון שלא הפסיק בדיבור.

C. Realizes While Eating That He Forgot to Make a Brocha

1. Food Still in Mouth

We have learned (Chapter 1 Section E.1) that one is not permitted to make a brocha with anything in his mouth. Based on this, if a person had started eating and realized that he forgot to make the brocha, he should, where possible, remove the food from his mouth in order to make the brocha.[7]

However, since it is not permitted to waste food, consideration must be given to prevent the food in his mouth from being wasted. Therefore:

a. If the food **will not** become repugnant if removed from his mouth (e.g., a sucking candy, chewing gum etc.), it should be removed. He should then make the brocha, and resume eating.[8]

b. If the food **will** become repugnant were it to be removed from the mouth (e.g., apple sauce, partially chewed stew, cottage cheese, etc.), he should move the food to one side of his mouth, make the brocha (thereby not wasting the food), and then resume eating.[9]

c. If it is not possible to make the brocha with the food on the side of his mouth (e.g., liquids), it is proper to remove the food even though it will be wasted.[i] [10]

[i] In certain cases (i.e., where he needs to drink and only has that liquid which is in his mouth), he is exempted from expelling the drink, as explained in the Hebrew footnote below.[10.1]

7 איתא בגמ׳ דף נ׳ ע״ב אמר רב יהודה שכח והכניס אוכלין לתוך פיו בלא ברכה תני חדא בולען ותניא אידך פולטן ותניא אידך מסלקן וכו׳ ואסיקנא בגמ׳ דהא דתני בולען מיירי במשקין, שא״א לסלקן לצד אחד ולברך וגם א״א לברך בעת שהמשקין בפיו ולפיכך התירו לבולען, והא דתני פולטן מיירי במאכל דאינו נמאס ע״י פליטה ולפיכך הצריכו לפלטן מפיו ולברך דאסור לברך כשהמאכל בפיו דכתיב ימלא פי תהלתך, והא דתני מסלקן מיירי בדבר שאם יפלטו ימאס ומש״ה התירו לסלקן לצד אחד בפיו עכת״ד הגמ׳.

8 שו״ע סי׳ קע״ב סעי׳ ב׳.

9 שו״ע שם.

10 הנה בשו״ע (שם סעי׳ א׳) כתב דאם הכניס משקין לתוך פיו בלא ברכה בולען ואינו מברך עליהן. אמנם הרבה אחרונים העתיקו דברי הראב״ד (פרק ח׳ מהל׳ ברכות הל׳ י״ב) דדוקא אם אין לו משקין אחרים והוא דחוק לשתות אז התירו לבולען בלא ברכה אבל אם יש לו יותר יפלוט ולא יהנה בלי ברכה. וכתבו המ״א (ס״ק א׳) והמ״ב (ס״ק ב׳) דכן ראוי לנהוג. ועיין מש״כ בהערה לקמן בסמוך.

10.1 איתא בגמ׳ שם דאם הכניס משקין בפיו

2. Food Swallowed

If the food was already swallowed, a brocha can no longer be made. A brocha can not be made retroactively on food already eaten.[10.2]

Even though the food was eaten without a brocha, one is still required to make the proper *brocha achrona* where required.[10.3]

D. Wrong Brochos Which are Valid, B'dieved

Initially, one is obligated to make the specific brocha designated by Chazal for the particular food he wishes to eat.[11]

If one made the wrong brocha (i.e., not the specific brocha designated by Chazal) and the statement is not true, the brocha is not valid, and a new brocha is required. For example, if one made a *borei pri hoetz* on a vegetable, his statement is untrue (a vegetable is not a fruit of the tree) and his brocha is therefore, not valid.[12]

However, if the statement contained in the (wrong) brocha is true, *b'dieved*, the brocha is valid.

מותר לבולען (עיין לעיל הערה 7) וחלקו הראשונים אם צריכין לברך למפרע על מה שבלע או לא דהר״ח כתב דאין צריך לברך עליהן כלל דכיון שהכניס המשקין לתוך פיו נפסלין מברכה ושוב א״צ לברך עליהן וכן פסק המחבר בסעי׳ א׳, והרא״ש כתב דאחר שבלען צריך לברך למפרע וכן פסק הרמ״א שם. וכן סתם הח״א בכלל מ״ט סי׳ י׳. אכן רוב האחרונים פסקו כהמחבר וכ״כ המ״ב בס״ק ה׳ והערוה״ש סעי׳ ב׳. ועיין בקצות השולחן סי׳ נ״ה סעי׳ ט׳ שהציע עצה למי שדחוק לשתות המשקין והוא דבעוד המשקין בפיו יהרהר הברכה בלבו. וכ״כ בכף החיים אות א׳. (עיין מש״כ בפרק ב׳ הערה 17 ובפרק ט״ז הערה 16).

[10.2] שו״ע סי׳ קס״ז סעי׳ ח׳. ומיירי כאן שלא נזכר שלא בירך בשעה שהיה המאכל עדיין בפיו רק אחר שבלעו ובכה״ג א״א לברך למפרע דבעינן לברך עובר להנאתו, ולא דמי למש״כ לעיל בהערה 10.1 בשם איזה ראשונים דיכול לברך למפרע דהתם מיירי שנזכר בעודו בפיו ולכן כיון דהיה עליו אז חיוב ברכה ודומה זה קצת לעובר לעשייתן אלא שלא היה יכול לברך לכן לא נפטר מן הברכה כ״כ המ״ב בסי׳ קע״ב ס״ק ד׳.

[10.3] מ״א סי׳ קע״ב ס״ק ב׳, מ״ב ס״ק ג׳.

[11] כתב האבודרהם בריש הלכות ברכות וז״ל גרסי׳ בריש פרק כיצד מברכין ת״ר אסור ליהנות מן העולם הזה בלא ברכה וכל הנהנה מעוה״ז בלא ברכה פי׳ ברכה המיוחדת לאותו דבר מעל עכ״ל. אמנם מא״ר (סי׳ ר״ב אות א׳) משמע דמי שבירך ברכת שהכל ואינו מברך ברכה המיוחדת לאותו דבר אף דמיקרי בור (והוא בכלל בור שקללהו חז״ל) מ״מ אינו מועל ואינו נקרא רשע.

וז״ל הגר״ז בסדר ברכת הנהנין (פרק א׳ אות ה׳) לכתחלה אסור לו לצאת בברכת שהכל (או שאר ברכה כללית) אלא צריך לברך על כל דבר ברכה המיוחדת לו ואם הוא עם הארץ ילך אצל חכם וילמדנו ברכות עכ״ל.

[12] משנה מ׳ ע״א שו״ע סי׳ ר״ו סעי׳ א׳.

For example, *borei pri hoadoma* made on an apple is valid, *b'dieved*. *Borei pri hoadoma* refers to fruit of the earth. This statement is not untrue with regard to apples. Although an apple is a fruit of the tree, it is also, indirectly, a fruit of the earth.[13]

Even if one intentionally recited the wrong brocha, nevertheless, if the statement is true, the brocha is valid, *b'dieved*.[14]

1. Hamotzi

a. On Other Foods

The statement of acknowledgement contained in *bircas hamotzi* refers to one food only — bread. Therefore, *hamotzi* recited on any food other than bread[j] is not valid.[15] (For the halachic definition of bread see Addendum Two, Section A.)

b. On Cakes, Crackers, Etc.

In Addendum Two (Section B) we address the classification of cakes, cookies, crackers and other baked goods. We discuss that due to differences of opinion among the Poskim, it is questionable as to whether or not these products belong under the classification of bread.

Therefore, if *bircas hamotzi* was made on cakes, cookies, etc., it is questionable if the brocha is valid, and a new brocha may not be made.[16k]

[j] except for products which are possibly included in the bread category as discussed below.

[k] Regarding what to do in cases where making a new brocha is questionable, see Chapter 16, Section B.

[13] שם.

[14] מ"ב סי' ר"ו ס"ק א' בשם הפמ"ג (שם א"א אות א'). ועיין מש"כ בשם הא"ר בהערה 11.

[15] נלמד ממש"כ הח"א ריש כלל נ"ח דאם בירך המוציא על תבשיל שנעשה מה' מיני דגן דלא יצא שזה שקר שהרי אינו לחם כלל (ועיין שם בנש"א דהכי מוכח מרמב"ם פ"ח מהל' ברכות הל' י"א) וכ"ש הוא שאם בירך המוציא על שאר מאכלים דלא יצא. ועיין בריטב"א סדר בר' הנהנין פרק ב' הל' י"ז וז"ל וכן אם בירך על פת אורז ודוחן המוציא לא יצא, וכן על התמרים אף ע"פ שהם מזון (מ"מ לא יצא) עכ"ל.

[16] עיין בבה"ל סי' קס"ח סעי' ח' ד"ה טעונים, דפת הבא בכיסנין הממולא בפירות וגם נילוש

c. *On Cereal, Noodles, and Other Cooked Mezonos*

If a *bircas hamotzi* was recited on products which do not have *turisa d'nahama*, bread-like properties and appearance, the brocha is not valid. The statement contained in the brocha is definitely untrue with regard to these products, since they are indisputably not included in the classification of bread.

Therefore, if a *bircas hamotzi* was made on *mezonos* products such as noodles, farina, spaghetti and the like, the brocha is not valid and a new brocha is required.[17]

2. Borei Menei Mezonos

Borei menei mezonos refers to types of foods which satiate and sustain (life). The brocha was designated for products made from wheat, barley, spelt, oats or rye,[18] [1] which are the principal sustaining foods. (It is also the appropriate brocha for rice).

According to many Poskim, all foods and drinks, except for salt and water, can be referred to as foods which sustain. According to this view, *b'dieved*, if a *borei menei mezonos* was recited for any food (besides salt or water) it is valid because the statement is true.[19]

[1] *Borei menei mezonos* is not appropriate for the following grain products: bread, liquids such as beer[18.1], roasted kernels.[18.2] (The correct brocha for beer is *shehakol*; for roasted wheat kernels, *borei pri hoadoma*).

בדבש או בהרבה סוכר וכה"ג והוא דק ויבש הוי פת הבא בכיסנין לכו"ע ואם אינו ממולא או אינו נילוש בדבש וכה"ג או אינו דק ויבש הוי ספק אי נחשב פהב"כ או פת גמור. ולפי זה נר' פשוט דאם בירך המוציא על ספק פהב"כ בדיעבד יצא, וכ"כ במאמ"ר סי' קס"ח סעי' י"ח ובנש"א כלל נ"ח אות א'. ואם בירך המוציא על מין שהוא ודאי פהב"כ כתב הנש"א (שם) דצ"ע אם יצא שהרי אם קבע סעודתו עליו מברכין אף לכתחלה המוציא וא"כ י"ל דאפי' בדלא קבע עכ"פ בדיעבד יצא. ובריטב"א (הל' ברכות פ"ב הל' י"ח) כ' דיצא. והנה בדרך החיים דין טעות בברכות אות א' כתב דטעה ובירך המוציא על פהב"כ יצא, וכן כתב בקיצור שו"ע סי' נ"ו סעי' א', ומדלא חילקו משמע דאפי' אם בירך המוציא על מין שהוא ודאי פת הבא בכיסנין יצא. (ע"ע בברכת הבית שער ט' סעי' י"ב ושער י"ט סעי' כ"ב ובברכת ישראל פ"א סעי' קכ"ז).

17 מאמר מרדכי סי' קס"ח ס"ק י"ח, דרך החיים דין טעות בברכות אות א', ח"א כלל נ"ח סי' א' ונש"א שם. ודלא כלח"מ (פ"ח הל' י"א). וע"ע בריטב"א הל' ברכות פ"ב דין י"ח.

18 שו"ע סי' ר"ח סעי' ב'.

18.1 שם סעי' ו'.

18.2 שם סעי' ד'.

19 ח"א כלל נ"ח סי' ג' (ע"פ הכ"מ פרק א'

Some Poskim advise that if one made a *borei menei mezonos* on non-*mezonos* foods he should do as follows: Upon concluding the *borei menei mezonos* eat only the first bite of the non-*mezonos* food (so that the brocha will not have been made in vain). Then, if possible, he should terminate the effect of the brocha. Once the *borei menei mezonos* is no longer in effect, then the appropriate brocha for the non-*mezonos* food can be made.[20]

For example, a change of location will cause a brocha to terminate.[m] Thus if it is possible for him to change location, he should do so. After he has changed locations (and thus the *borei menei mezonos* is no longer in effect) he can recite the appropriate brocha and resume eating the non-mezonos food.[21] [n]

3. Borei Pri Hagofen

Borei pri hagofen refers to fruit of the grapevine. Although *borei pri hagofen* was designated expressly for wine[o], if one recited *borei pri hagofen*

[m] See Chapter 9.

[n] In this case it is not considered *gorem brocha sheaina tzricha*, since he is terminating the brocha in order to avoid having to rely on a brocha which is only valid *b'dieved* (see Chapter 14, Section C.5b.)

[o] Grape juice is halachically considered wine. Regarding the halachic definition of wine and grape juice (e.g., how to classify wines diluted with water or mixed with seltzer, etc.) see Shulchan Aruch O.C. 202.1 and 204.5.

מהל׳ ברכות הל׳ ב׳) וז״ל נ״ל דאם בירך במ״מ על כל דבר יצא דבלשון תורה הכל נקרא מזון חוץ ממים ומלח עכ״ל (ועיי״ש בנש״א אות ב׳ ביאור דברי הכ״מ) וכן כתב הבה״ל (סי׳ קס״ז סעי׳ י׳ ד״ה במקום) מהא״ר בשם הדרישה. וע״ע בכה״ח סי׳ ר״ב אות ט׳ וסי׳ ר״ו אות ו׳.

אמנם מרע״א בגליון הש״ס (לדף לו:) מוכח דס״ל דלא יצא כשבירך בומ״מ על שקדים. ובתשו׳ כת״י (סי׳ י״ב) נסתפק אפי׳ בענין יין ותמרים אע״ג דזיינו טפי. וכתב באג״מ או״ח ח״ד סי׳ מ׳ אות א׳ דיש להורות כהח״א הנ״ל דמסתבר דבריו.

[20] אג״מ שם וז״ל ״אבל מ״מ נראה לע״ד שלא יאכל על ברכה דמזונות אלא רק חתיכה קטנה שהדרך להניחה בפעם אחת לפיו ולא יותר דמאחר שהוא רק לבדיעבד שיצא וכל פעם הרי הוא חיוב אחר בהברכה ואין לו לאכול על מה שיצא רק בדיעבד, ולכן יש לו לחכות ולא לאכול יותר עד שיצא מרשות זה לרשות אחר ויתחייב בברכה אחרת ואז יברך ברכת שהכל הראויה לזה ויאכל השאר שרוצה״. עכ״ל.

[21] אג״מ שם וז״ל וגם מסתבר שאף בכוונה יכול לעשות שינוי מקום כדי שיתחייב בברכה ולא נחשב שגורם ברכה שאינה צריכה, דכיון דאינו יכול לאכול מחמת שרוצה לעשות כדין הלכתחלה

on grapes[22] or raisins[23], the brocha is valid *b'dieved*, since grapes and raisins are also fruit of the grapevine. However, if a *borei pri hagofen* was recited on any other food, the statement would be untrue, and the brocha would therefore be invalid.

4. Borei Pri Hoetz

Borei pri hoetz refers to fruit of the tree. If *borei pri hoetz* was recited on any other food[24] or beverage,[p] [24.2] the statement would be untrue, and the brocha would therefore be invalid.[25]

5. Borei Pri Hoadoma

Borei pri hoadoma refers to fruit of the earth. If *borei pri hoadoma* was recited on fruit of the tree it would be valid since fruit of the tree is also, indirectly, fruit of the earth.[26]

If *borei pri hoadoma* was recited on bread or *mezonos* products it is questionable whether the brocha is valid.[q] [27] A new brocha may

[p] If a *borei pri hoetz* was made on wine it is valid *b'dieved*.[24.1] Since a grapevine is, technically, a tree, referring to wine as fruit of a tree is not untrue.

[q] According to some Poskim, *borei pri hoadoma* recited on bread or *mezonos* products is valid, *b'dieved*. These Poskim reason that since these products are made from grain, which is a fruit of the earth, the statement contained in the brocha is not untrue. Other

שפיר עושה דהרי היא צריכה כדי שיוכל לאכול לכתחלה. עכ״ל.

22 שו״ע סי׳ ר״ח סעי׳ ט״ו.

23 גר״ז בסדר ברכת הנהנין פרק א׳ אות ט״ז.

24 ועיין במ״א (שם ס״ק א׳) [הובא בח״א כלל נ״א סי׳ י״ב ובמ״ב שם ס״ק ג׳] דעל אותם פירות הגדלים על האילן דמברך בפה״א משום דלא נגמר פריו או שאינן עיקר הפרי אם בירך בפה״ע יצא. וע״ע בכה״ח שם אות ג׳.

עוד כ׳ הח״א שם דפרי שברכתו בפה״ע רק מחמת שנתרסק ירד ממעלתו ומברכין עליו לכתחלה שהכל מ״מ בדיעבד אם בירך בפה״ע יצא. ואם אין דרך לרסקן ע׳ שעה״צ סי׳ ר״ח אות מ״ד.

24.1 המ״ב (ר״ח ס״ק ע׳) הביא מחלוקת בזה ומסיק דספק ברכות להקל. ועיי״ש בשעה״צ אות ס״ז. וי״ש להוסיף שאף דרוב הראשונים ס״ל דיצא, דעת הריקנטי (סי׳ ע״ה) דלא יצא. וע״ע יחוה דעת ח״ו סוסי׳ י״ג בהג״ה לענין בפה״ע ובפה״א על יין.

24.2 חוץ משמן זית ע״י אניגרון לרפו׳.

25 שו״ע סי׳ ר״ו סעי׳ א׳.

26 שו״ע סי׳ ר״ו סעי׳ א׳ ועיין שם במ״ב ס״ק ג׳ דעל פירות האדמה שטובין מבושלין יותר מחיין שדינן לברך שהכל כשאוכלן כשהם חיין, אם בירך בורא פרי האדמה יצא. ועיין בח״א (הובא לעיל בהערה 24) דעל פרי האדמה שנתרסק שמברכין עליו לכתחלה שהכל מ״מ בדיעבד אם בירך עליו בפה״א יצא.

27 כתב הכ״מ (פרק ד׳ מהל׳ ברכות הל׳ ו׳)

therefore not be made. (Regarding what to do in cases where making a new brocha is questionable, see Chapter 16, Section B).

6. Shehakol

Shehakol is a statement acknowledging that all things came (and continuously come)[28] into being by the word of Hashem. Although *shehakol* was not designated for all foods, nevertheless, since the statement is true with regard to any food, it is valid, *b'dieved*, for all foods.[29]

> **Note:** In cases where the correct brocha for a particular food item can not be determined (by a Rav), the Poskim permit the use of a general brocha such as *shehakol* which will definitely cover the food even though it may not be the designated brocha for that type of food. (This is discussed in Chapter 16, Section A.)

Poskim rule that these products cannot be referred to as "fruit" of the earth and the brocha therefore is not valid.

וז״ל ואפשר דאם בירך על פת בפה״א דיצא עכ״ל ותמה עליו הח״א (בנש״א כלל נ״ח ס״ק ב׳) אמאי כתב בלשון. אפשר דודאי יצא ואין כאן ספק כלל כיון דאינו שקר דודאי חטים הם פרי האדמה וכדכתיב בפרשת כי תבוא מראשית כל פרי האדמה. וכ״כ ברמ״ע באלפסי זוטא, ובפנ״י לדף מ׳:.

ועיין בספר שדי חמד (חלק ה׳ מערכת ברכות סי׳ א׳ אות א׳) מש״כ בשם החיד״א בשיורי ברכה סי׳ ר״ז שכתב בשם הרא״ה והריטב״א ורא״ש בר חיים (ספר הפרדס שער י׳) דלא יצא דכיון דנעשה פת אינו נקרא פרי כלל אלא לחם (או מזון). ובהלק״ט (ח״ב סי׳ קמ״ט) כתב דאם בירך בפה״א על פת או בפה״ע על יין לא יצא שקבעו חז״ל ברכה מיוחדת על פת ויין מפני חשיבותם ואחר שהוציאו אותם מן הכלל וקבעו עליהם ברכה פרטית אי אתה יכול להחזירם לכלל דמקרי משנה ממטבע שטבעו חכמים. וכ״כ בערוך השולחן בסי׳ קס״ז סעי׳ י״ט לענין בפה״א על פת, או בורא מיני מזונות על פת, — ובסי׳ ר״ח סעי׳ כ״ח לענין בפה״ע על יין. ועיין בשדי חמד שם שהביא דברי הראשונים והאחרונים בזה וסיים דכיון דהא מילתא תלוי בפלוגתא הדרינן לכללין דספק ברכות להקל ואינו חוזר ומברך. וע״ע בקצות השולחן סי׳ מ״ט בבדה״ש אות א׳ שדייק מלשון הגר״ז דלכאורה ס״ל דאם בירך בפה״א על פת או על מזונות לא יצא אבל הצ״צ כתב להדיא דיצא וסיים וז״ל וע״כ לדינא ודאי יצא עכ״ל.

28 ראה מש״כ בפתיחת הספר הערה 11 ובפנים שם.

29 משנה דף מ׳ ע״א ועל כולם אם אמר שהכל נ״ב יצא. שו״ע סי׳ ר״ו סעי׳ א׳. וע״ע מש״כ בפרק ט״ז ובהערות 3-5 שם. ואי מהני שהכל גם על מה

E. What to do After Making an Invalid Brocha

1. After Concluding the Brocha

When one says Hashem's Name in vain, he reduces the honor and respect which is due to Him. By reciting *boruch shaim k'vod malchuso l'olom voed*[r] he declares his intention to uphold the honor and respect due to Hashem. In this manner he rectifies the error of having said Hashem's name in vain.[30]

Therefore,as soon as one realizes that he has made an invalid or unnecessary brocha, he should recite *boruch shaim k'vod malchuso l'olom voed.*[31 r]

2. In the Middle of the Brocha

If one started to recite a brocha and upon saying *boruch atoh Hashem* realized that the brocha was unnecessary, he should immediately conclude with the phrase *lamdeiny chukecho.*[32]

[r] Which means "Blessed is the name of His glorious Kingdom forever and ever."

שיביאו אח"כ עי' בערוה"ש סי' ר"ו סעי' ג'.

30 ערוה"ש שם סי' ר"ו סעי' ט"ז. ועיין בשו"ת פנים מאירות ח"ג סי' ט' וז"ל וזה (מה שאמר ברוך שם וכו') תיקון שלא עבר על לא תשא וכו' א"כ לא חטא כלל בהוצאת שם שמים לבטלה עכ"ל הרי באמירת בשכמל"ו יכול לתקן לגמרי החטא של מוציא ש"ש לבטלה. (והפנים מאירות כתב אחר זה וז"ל רק תשובתו נרצה בחרטה ומודה ועוזב ירוחם מן השמים והבא לטהר מסייעין לו עכ"ל.) ועיין בחזו"א הל' ר"ה סי' קל"ז אות ו' וז"ל יש לעי' בשלמא מזכיר ש"ש לבטלה ודאי מתקן במה שאומר ברוך שם אבל מברך ברכה שאינה צריכה נהי דאין כאן חיוב מ"מ שפיר יש בה הודאה וכו' וע"כ צ"ל דכיון דמדרבנן אסרו ברכה שאינה צריכה תקנו בזה (אמירת בשכמל"ו) להראות שזה אסור עכ"ל. (ולענין מש"כ החזו"א דהזכרת ש"ש לבטלה הוא מדרבנן עיין מש"כ בפרק י"ד הערה 1 דיש בזה מחלוקת ראשונים אמנם שיטת החזו"א הוא דלכו"ע הוי רק מדרבנן.)

31 שו"ע סי' ר"ו סעי' ו'.

32 כתב המחבר שם דאם אמר "ברוך אתה ה'" ולא אמר אלוקינו יסיים ויאמר "למדני חוקיך" שיהא נראה כקורא פסוק ואין כאן מוציא ש"ש לבטלה. ועיין בצל"ח (לברכות ל"ט ע"א על תוס' ד"ה בציר) שהוסיף עוד עצה למי שכבר התחיל לומר "אלוקי"נו רק שלא גמר כל המלה ואמר רק "אלוקי" ולא סיים "נו" שיאמר "ישראל אבינו מעולם ועד עולם" שהוא פסוק בד"ה א' (פרק כ"ט פסוק י'). ואעפ"כ יאמר ג"כ אח"ז בשכמל"ו כי אולי אין זה דומה לברוך אתה ה' למדני חוקיך,

Note: If one can turn an unnecessary brocha into a necessary brocha (by finishing the brocha and taking a food which requires that brocha[s]), it is preferable to do so.

For example, in the midst of making a brocha one realizes it is unnecessary. There was a dish of sugar cubes on the table, when he started to recite the brocha. It is better to conclude by saying *shehakol*, and eating a sugar cube, than to stop and say *boruch shaim* etc.[33]

[s] providing that food was accessible to him at the time he made the brocha (see Chapter 3 Section B.2).

שהוא פסוק שלם בתהלים וכאן הוא רק חצי פסוק. והובא בקיצור שו״ע סי׳ ו׳ ס״ד ובח״א כלל ה׳ סי׳ א׳.

[33] מידידי הרב ש. מ. כ״ץ שליט״א שמעתי שיש להביא ראיה לדין זה ממש״כ הא״א (מבוטשאטש) סי׳ נ״א ד״ה היום, שפעם אחת טעה בתוך פסוקי דזמרה והתחיל לומר בא״י אמ״ה וקודם שהגיע ליוצר אור נזכר שעומד עדיין באמצע פסוקי דזמרה ורצה לסיים ולומר שהכל נהיה בדברו ולשתות מים אלא שאין לברך על המים כי אם לצמאו וגם לא היה לפניו דבר לטעום או להריח ולסוף סיים שהחיינו על כלים חדשים שהיו לו.

CHAPTER 16

Doubts and Alternatives

Introduction

This chapter discusses what to do in situations where making a brocha is questionable.

Section A deals with two types of questionable situations:

In one type of situation a brocha is definitely needed. What is not known is which specific brocha the item requires (e.g., he does not know whether a particular *kugel* requires *hoadoma* or *shehakol*).

In another type of situation, the question is whether or not to make a brocha at all. For example, one walked out to his porch in the middle of his meal. When he returns he is not sure whether his original brocha is still in effect or if he must make a new brocha.

In Section B a number of suggestions for dealing with problem situations are offered.

In Section C the application of these suggestions to specific cases is demonstrated.

A. Rules for Making a Brocha in Questionable Situations

1. Must Ask a Halachic Authority [a Rav]

When a person does not know what brocha to make for a particular food, he should first research the halachic sources (Shulchan Aruch and appropriate *seforim*), and/or ask a competent halachic authority. If he doesn't do so, he may not eat the food[1] (unless he bypasses the problem).

For example, one wants to eat eggplant salad but does not know whether the brocha is *borei pri hoetz* or *borei pri hoadoma*. He must first check the halachic sources or ask a Rav. He may not arbitrarily select a brocha, because it may be a *brocha l'vatolah*[a]. He also may not make *borei pri hoadoma* reasoning that his brocha will be valid *b'dieved,*[b] even if the correct brocha is *borei pri hoetz*. He must either find out what the correct brocha is or find a way to bypass the uncertainty altogether (see below Section C). Otherwise he may not eat the eggplant salad.

Similarly, in a situation where one is not sure whether a brocha is required (e.g., he is in the middle of his meal and does not remember whether or not he made a brocha when he started), he must first determine the halacha by researching the halachic sources.

2. Correct Brocha Can't Be Determined

If the correct brocha can't be determined,[c] the following solutions are available:

[a] Since the correct brocha for eggplant is *borei pri hoadoma,*[1.1] if he selected *borei pri hoetz,* not only would he be eating the eggplant without a brocha, but, he also would be making a *brocha l'vatolah.*

[b] Although *borei pri hoadoma* is valid after the fact for fruit which require *borei pri hoetz,* in this case, since he can determine the correct brocha by researching the halachic sources or asking a Rav, it is not considered as after the fact.

[c] In some instances the brocha for a particular food can not be definitely determined because of a difference of opinion among the Poskim relating to that food.

[1] מ"א סי' ר"ב ס"ק ל"ו, גר"ז שם סעי' כ"ד, ח"א כלל מ"ט סי' ב', מ"ב סי' ר"ב ס"ק פ"ד.

[1.1] חזון איש הל' ערלה סי' י"ב, כה"ח סי' ר"ג אות י"ג.

a. Solution: Use a General Brocha (e.g., Shehakol)

In cases where a brocha is definitely required, but the correct brocha can not be determined, the Poskim permit the use of a general brocha which will definitely cover the food[d] (e.g., *shehakol*) even though it is not the designated brocha for that type of food.[3]

Some Poskim rule that in such cases one may make a *shehakol* and is not required to inconvenience himself by trying to find alternatives.[4]

According to other Poskim, even though one may technically discharge his brocha obligation by making a more general brocha (e.g.

For example, one wants to eat a kugel made of finely ground vegetables. The situation hinges on a difference of opinion among the Poskim. Some Poskim require a *borei pri hoadoma* while others require a *shehakol*.

In other instances a brocha can not be determined because a pertinent fact is unknown.

For example, one wants to eat a candy containing cashews, chocolate and caramel. In order to determine the correct brocha, we must know the majority ingredient. If the proportion of ingredients is not known, a definitive ruling can not be made.[2]

[d] Various brochos are valid, *b'dieved*, on foods other than those for which they were designated. For example, a *borei pri hoadoma* is valid *b'dieved* for fruit that grow on trees. If one is uncertain whether a certain food requires a *borei pri hoetz* or a *borei pri hoadoma*, he should not make a *shehakol* (which will also be valid), but rather he should make a *borei pri hoadoma*.[3.1]

[2] עיין מש״כ בפרק ד׳ חלק D ובהע׳ 34 שם.

[3] ב״י סוף סי׳ ר״ד ד״ה כתבו הגהות מיימון וז״ל שבכל דבר שהוא מסופק יברך שהכל ואפילו לכתחלה ואף על גב דאם בירך משמע דיעבד כיון שמסופק כדיעבד דמי עכ״ל, שו״ע שם סעי׳ י״ג ורמ״א סוסי׳ ר״ב.

[3.1] שעה״צ סי׳ ר״ד אות מ״ח.

[4] בספר עולת תמיד (סי׳ ר״ח אות ג׳) כתב דמשמע מהתוס׳ שאם אדם מסתפק בברכה ראשונה יש לו לברך שהכל ואין צריך להמתין ולאכול תוך הסעודה (ועיין ביד אפרים למג״א סי׳ ר״ד ס״ק כ״ו). וכ״כ הט״ז בסי׳ ר״ח סק״ה דנ״ל פשוט דלברכה ראשונה מברך שהכל וא״צ לאכול תוך הסעודה. ונר׳ דכן משמע מלשון הב״י בסי׳ ר״ב ד״ה ומכאן (גבי מי שריית צמוקים שהביא שם הב״י מחלוקת הרא״ש והרשב״א דלפי הרא״ש נחשב המים כצמוקים וברכתו בורא פרי הגפן ולפי הרשב״א לא נחשב המים כהפרי וברכתו שהכל) שכתב הב״י שם וז״ל אע״ג דלענין ברכה ראשונה לא נפקא לן מידי דהא תנן על כולם אם אמר שהכל יצא, נפקא מינה לענין ברכה אחרונה וכו׳ ולכך ירא שמים הרוצה לשתות מהם אל ישתה אלא בתוך הסעודה דברהמ״ז פוטרת ברכה של אחריהם וכו׳ או יאכל פרי מז׳ מינים וישתה מים ג״כ כדי שיצטרך לברך אח״כ ברכה אחת מעין ג׳ ובורא נפשות וממה נפשך יוצא ידי חובת מי הצמוקים עכ״ל הרי דס״ל להב״י דאף לירא שמים סגי ליה לברך שהכל בראשונה ולא יעץ לאכלו תוך הסעודה

shehakol), it is preferable to try to bypass the uncertainty.[5] [e]

b. Solution: Use the Principle of Sofek Brochos L'hokel

In situations in which one is not sure whether a brocha is required or not, the principle of *sofek brochos l'hokel* is applied.[6] This means that where the requirement to make a brocha is in doubt, one should adopt the most lenient position.[f]

Under this principle, if the uncertainty is due to a difference of opinion among the Poskim, one should rely on the more lenient opinion (even if it is the minority view).[7] In most cases this will mean that the

[e] For example, if the appropriate brocha for a particular soup is either *borei menei mezonos* or *shehakol*, if it is possible to eat the soup during the course of a meal (whereby it will be covered by the brocha on bread), it is preferable to do so.

Alternatively, if he can make separate brochos on other foods (e.g. make a *borei menei mezonos* on a cracker and a *shehakol* on a beverage) and have intent to cover the soup, it is preferable to do so. (Regarding making a *shehakol* on water, see Chapter 13, Section A.7a.)

[f] In accordance with the rules discussed in the next paragraph and accompanying footnotes.

רק לענין ברכה אחרונה ומשום דא״א ליה לברך הברכה אחרונה בענין אחר, וכן משמע מלשונו בשו״ע שם סעי׳ י״א.

5 מ״א סי׳ ר״ד ס״ק כ״ו וכ״כ הנהר שלום סי׳ ר״ח ס״ק ג׳ וכן פסקו הגר״ז בסי׳ ר״ב סעי׳ כ״ד והמ״ב בסי׳ ר״ד ס״ק ס׳, ערוך השלחן סי׳ ר״ב סעי׳ ב׳, כה״ח סי׳ ר״ד אות ס״ה.

6 רמ״א סי׳ ר״י סעי׳ ב׳. ועיין ברמב״ם סוף פרק י״א מהל׳ ברכות וז״ל וכן כל דבר שיסתפק לך אם טעון ברכה אם לאו עושין אותו בלא ברכה עכ״ל. וכ״כ הרמב״ם שם בפרק ח׳ הל׳ י״ב וכתב הכ״מ בפרק י״א דכ״כ הרא״ש בפרק מי שמתו בשם השאלתות. וכתב עוד הכ״מ דהא דנקטינן ספק ברכות להקל טעמא דמסתבר הוא כדי שלא יכשל בספק לא תשא דעל הצד שאינו מחויב לברך הרי הוא מוציא שם שמים לבטלה ועובר על איסור דאורייתא דלא תשא את שם ה׳ אלקיך לשוא. אכן לפי המ״א (ורוב הפוסקים) בסי׳ רט״ו ס״ק ו׳ שפסק כתוס׳ דאם הזכיר השם דרך ברכה אף שהיא לבטלה אינו עובר איסור ת׳ רק איסור דרבנן, עכ״פ משום חומר הזכרת שם שמים לשוא (אע״פ שהוא מדרבנן) אזלי׳ לקולא (שעה״צ סי׳ רט״ו ס״ק כ״א), וע״ע מש״כ בפרק י״ד הערה 1.

7 כללים בספק ברכות להקל:

א — אם באיזה מחלוקת הפוסקים יש ראיות להכריע כדברי האומרים שצריך לברך אין זה נחשב לספק ולא אמרינן בכה״ג ספק ברכות להקל כ״כ הריב״ש סי׳ תק״ה. וע״ע באג״מ או״ח ח״ב סי׳ ק״י דהיכא שנחלקו הפוסקים ופסקו של אחד מן החולקים בנוי על טעם קלוש (כגון שהורה כן מסברא קלושה ובלי ראיה) אין להחשיב זה כספק לענין ספק ברכות להקל.

ב — בספק ברכות נקטינן לקולא אף כנגד הרוב, (עיין שדי חמד חלק ה׳ עמוד 253 שכ״כ בשם הרבה אחרונים). זכור לאברהם ח״א הלכות ברכות אות ס׳ דף י״ז, חסד לאלפים סי׳ רט״ו סעי׳

food may be eaten without a new brocha.[8] [g]

If the uncertainty is due to an unavailable piece of information (e.g., he cannot remember whether he already made a brocha), one should

[g] If there is a legitimate *minhag* to make a brocha in a specific situation, the rule of *sofek brochos l'hokel* is not applied and a new brocha should be made.[8.1]

ט׳, ערוה״ש סוף סי׳ ר״ד, כה״ח סי׳ ח׳ אות נ. (ועיין בשדי חמד הנ״ל שהביא חילוקי דעות אם נקטינן לקולא בשביל דעת יחיד).

ג — בספק ברכות נקטינן לקולא אף כנגד המחבר כ״כ בזכור לאברהם הנ״ל, בחסד לאלפים הנ״ל, בברכ״י סי׳ ז׳ אות ז׳, ובכה״ח סי׳ ח׳ אות נ׳.

ד — ולענין ספק ספיקא להצריך ברכה (כגון ספק אכל כזית או לא ואת״ל לא אכל שמא הלכה דעל בריה אפי׳ פחותה מכזית מברכים) עיין בכה״ח סי׳ י״ח אות ז׳ שהביא מח׳ הפוסקים בזה. אכן הח״א והמ״ב פסקו דאף בכה״ג אמרינן ספק ברכות להקל, (ח״א כלל ה׳ סי׳ ו׳, ומ״ב סי׳ רט״ו ס״ק כ׳, ועיין במ״ב סי׳ תפ״ט ס״ק ל״ח דמשמע לכאורה דבמקום שיש ס״ס לברך לא אמרינן ספק ברכות להקל, ויש לחלק, וע״ע בנשמת אדם כלל ה׳ אות ו׳ דהא דכתב בתה״ד והובא בב״י סי׳ תפ״ט דאם מסופק אם דילג יום אחד מספירת העומר סופר בשאר ימים בברכה לאו משום ספק ספיקא הוא, ודלא כמש״כ המ״ב שם). ועיין בכה״ח סי׳ קס״ז אות ע״ד שהכריע דגם בדאיכא ס״ס אמרינן ספק ברכות להקל. (וע״ע פמ״ג בפתיחה להל׳ ברכות אות ד׳ דס״ס לברך במחלוקת שנויה. ולכאורה יש להביא ראי׳ מקושית הפמ״ג בסי׳ קע״ח א״א ס״ק י״ב דס״ל דלא אמרינן בכה״ג סב״ל. אמנם ביו״ד במש״ז סי׳ כ״ח אות ט״ז כתב דאפי׳ במקום ס״ס טוב שלא לברך). וע״ע בשו״ת בצל החכמה ח״ה סי׳ קמ״ז אות ג׳ וד׳, וביביע אומר ח״א סי׳ י״ב אות ט׳.

ה — בספק ברכות י״א דנקטינן לקולא אף כנגד האר״י ז״ל כ״כ באג״מ או״ח ח״ד סי׳ ג׳ דהא דקיי״ל דכל מקום שיש מחלוקת הקבלה תכריע הוא דוקא מש״כ בספר הזוהר והתקונים שהם דברי תנאים אבל כתבי האר״י ז״ל כאחד מכל הפוסקים שרשאין לחלוק עליו. אמנם בכה״ח סי׳ ח׳ אות נ״ו וסי׳ רי״ד אות ג׳ כתב דאין אומרים ספק ברכות להקל כנגד האר״י ז״ל.

וע״ע בענינים הנ״ל בס׳ יחוה דעת ח״א כללי ספק ברכות.

8 עיין ברע״א (ברכות דף י״ב על תוס׳ ד״ה לא) שכתב דלפי תוס׳ אף דקיי״ל ספק ברכות להקל מ״מ אסור לאוכלו דשמא ברכתו אינה ברכה ואסור ליהנות מעה״ז בלא ברכה. אבל הרי״ף ועוד ראשונים חולקים על התוס׳ וסוברים דהיכא דאמרינן ספק ברכות להקל מותר גם לאוכלו. אכן המ״א (סי׳ ר״ט ס״ק ג׳) כ׳ דאף לפי תוס׳ במקום ספק ברכה מותר לאוכלו (והחמירו שם משום סיבה אחרת עיין שם במ״א). ועיין בזכל״א הנ״ל שהכריח ממש״כ בשו״ע סי׳ ר״ט דבמקום ספק אינו מברך ומותר גם לאכול וכן משמע מסי׳ ר״י. ועל מה שהקשו האחרונים איך מותר לו לאכול הרי אסור ליהנות מן העוה״ז בלי ברכה ועובר משום מעילה על זה כתב דודאי אין בזה שום מעילה ולא שום מרד דאדרבא אינו מברך משום שצריך ליזהר שלא להזכיר שם שמים לבטלה ח״ו. ועיין בנשמת אדם כלל ה׳ אות א׳ שצדד לומר כיון דאיסור ברכה לבטלה אינו מן התורה, ומדרבנן אסור ליהנות בלא ברכה, מש״ה במקום ספק ברכה מותר לברך אכן בסוף דבריו כתב וז״ל ומ״מ ח״ו להקל נגד כל האחרונים עכ״ל. וכן פסקו הגר״ז (סי׳ קס״ז סעי׳ י״ב) והמ״ב (שם ס״ק מ״ט בשם הגר״ז הנ״ל) דאפילו אם ירצה להחמיר ולברך אינו רשאי משום ברכה שאינה צריכה.

8.1 תה״ד סי׳ ל״ד וכ״כ ברב פעלים ח״ב סי׳ י״ז, זכור לאברהם הנ״ל, וכה״ח סי׳ קנ״ח אות ז׳.

adopt the more lenient position (e.g. consider that the brocha was indeed made), and the food may be eaten without a new brocha.[9]

Even though one is permitted to apply the principle of *sofek brochos l'hokel* and eat the food without a new brocha, technically, according to the opposing position, he is eating the food without a brocha. For example, where he is relying on a lenient minority opinion, he is not fulfilling his brocha obligation according to the majority of Poskim.

Therefore, since according to one side of the issue he is eating the food without a brocha, it is preferable to try to do something so that he does not eat the food without a brocha (i.e., bypass the problem). In this manner, one can discharge his obligation according to all views.[10]

B. How to Bypass the Problem

The following are some of the suggestions advised by the Poskim to bypass situations where making a brocha is questionable:[h]

Suggestion 1: Ask Someone to be Motzi Him

If someone else will be eating together with the person who has a doubt, he should ask that person to be *motzi* him with his brocha. (See Chapter 11.) [11]

Suggestion 2: Make a Brocha on Something Else

If one has an item[i] which was definitely not covered by his original brocha, he should make a brocha on that item, while having the intention to cover the food that he will eat subsequently.

For example: Someone wants to drink a second cup of coffee, but

[h] Regarding the inapplicability of *gorem brocha sheaina tzricha*, causing an unnecessary brocha to be said, in cases such as these see Chapter 14, Section C.5.

[i] of the same brocha category

9 שו"ע סי' קס"ז סעי' ט' וסי' ר"ט סעי' ג'.
10 זכור לאברהם הנ"ל ומבואר כן גם מדברי שאר פוסקים.
11 זכל"א הנ"ל, מ"ב סי' קס"ז ס"ק מ"ט.

does not remember whether he made a brocha on the first cup. He can take some food (e.g., a piece of candy or fish) and make a *shehakol* on it while having in mind to cover the coffee[12]. (The presumption is that when one makes a brocha on a beverage he does not plan to cover solid foods that he may subsequently eat. Therefore, if a brocha had been made, it would not have covered the solid, as explained in Chapter 7.)[j]

Suggestion 3: Change Location

One can end an eating session consisting of foods other than bread or mezonos[k] by changing location (e.g., by leaving the house to take care of an errand[13]). When he returns to his original location, he will have to make a new brocha if he wishes to resume eating[14]. (See Chapter 9 for full explanation of what is considered a change of location).

(It is important to note that this suggestion, to change location, is not applicable in a case where one ate a *k'zayis* or more of bread or mezonos.[l])

Suggestion 4: Eat the Item During the Course of a Meal

One can avoid making a questionable brocha by waiting until he eats

[j] Thus, if he indeed has to make a brocha, he is *yotzei*. If he does not need a new brocha, it is not *l'vatolah* since it is needed for the candy or the fish.

[k] According to some Poskim, changing location also does not help if one drank a *reviis* of wine or ate a *k'zayis* of one of the seven species of fruit, as explained in Chapter 9, Section C.2.

[l] see footnote k.

12 כעין מש"כ המ"ב סי' קע"ד ס"ק ל"ט.

13 עיין מש"כ בפרק ט' הערה 19, דכשמפסיק שביל היחיד הוי שינוי מקום לכו"ע.

14 כן פסק הגר"מ פיינשטיין זצ"ל באג"מ או"ח ח"ד סי' מ' אות א' לגבי מי שבירך מזונות על דבר שברכתו שהכל שכתב שם דיוצא בדיעבד ומ"מ לא יאכל רק חתיכה קטנה שהדרך להניחה בפעם אחת לפיו ולא יותר ואח"כ ילך בכוונה לחוץ ויעשה בכוונה שנוי מקום כדי לחייב עצמו בברכה ולא נחשב שגורם ברכה שאינה צריכה דכיון דאינו יכול לאכול מחמת שרוצה לעשות כדין הלכתחלה נחשב כברכה הצריכה. וכן משמע ממש"כ באג"מ או"ח ח"ב סוף סי' נ"ז שחידש שם דהמשנה מקום ואוכל בלי הפסק יותר מכדי דיבור דא"צ לחזור ולברך מ"מ יעץ שלכתחלה יפסיק מלאכול כדי להנצל מספק (ר"ל שיטת הח"א הובאה שם) משמע דס"ל דמותר לגרום ספק ברכה שא"צ כדי להנצל מספק אכילה בלי ברכה. ועיין עוד בברכת הבית

bread, in which case the food will be covered by the *bircas hamotzi*.[15]

For example, one wants to drink juice, but is unsure if a previously made brocha is still in effect. He can defer drinking the juice until he eats bread, in which case the juice will be covered with the brocha on the bread.

[It is important to note, that one may not eat bread solely for the purpose of exempting the food in question, (see Chapter 5 Section E.3). It is also important to be aware that certain items (discussed in Chapter 5) are not covered by the *bircas hamotzi*.]

Other Suggestions: A number of other suggestions are discussed in the English and Hebrew footnotes below.[m] [16]

[m] If one can not utilize any of the alternatives discussed above — he can, according to many Poskim, bypass the doubt by formulating the brocha in his mind without reciting the words.

According to this opinion, although one may not make a brocha without expressing the words, it is, nevertheless, valid after the fact. Therefore, if the brocha was required, he is *yotzei*, and if the brocha was not required, by not reciting the brocha (Hashem's Name) audibly, it is not considered a *brocha l'vatolah*.[16.1]

שער י״ט סעי׳ כ״ד שכתב דבמקום ספק ישנה מקומו כדי לחייבו בברכה, וע״ע מש״כ בפרק י״ד הערה 17.

[15] כמש״כ המחבר בסי׳ קס״ח סעי׳ י״ג (ועיין במ״א סי׳ ר״ד ס״ק כ״ו ולא חלק עליו הט״ז (סי׳ ר״ח ס״ק ה׳) אלא משום שיכול לפוטרו בברכת שהכל אכן אם אינו יכול לפוטרו בברכת שהכל לכו״ע טוב לאוכלו בתוך הסעודה ועיין מש״כ לעיל בהערות 4,5).

[16] **א — יאמר הברכה בלשון לע״ז**

עיין בערוך השולחן סי׳ ר״ב סעי׳ ג׳ שכתב דיש תקנה להוציא עצמו מכל ספק ברכה דיאמר הברכה בלשון לע״ז שאם חייב ברכה הרי יצא בלשון לע״ז ואם אינו צריך ברכה הרי לא הוציא שם שמים לבטלה דאין כאן הזכרת שם כלל. ועצה זו כבר הובאה בפתחי תשובה יו״ד סי׳ שכ״ח ס״ק א׳ בשם הפנ״י (ברכות דף י״ב. לתוס׳ ד״ה לא). אמנם הרבה פוסקים חולקים על עצה זו ומהם תש׳ רע״א סי׳ כ״ה, חי׳ ח״ס על נדרים דף ב. סד״ה הנה מבואר, חוות דעת ססי׳ ק״י בית הספק אות כ׳, כה״ח סי׳ קס״ז סוף אות ע׳. וע׳ בשעה״צ סי׳ רי״ט ס״ק ט״ו שהביא כן מהפמ״ג, וכ״כ באג״מ ח״ד סי׳ מ׳ אות כ״ז שהביא דברי הערוה״ש הנ״ל ומסיק דלמעשה אין לברך מספק בלע״ז דלפי הרבה פוסקים אסור להזכיר השם שלא לצורך בלשון לע״ז וא״כ גם באמירת ספק ברכה בלשון לע״ז הוי ספק ברכה לבטלה ולכן למעשה אין לסמוך על עצה זו.

ב — עצת הפתחי תשובה

הפתחי תשובה ביו״ד סי׳ שכ״ח אות א׳ כתב שקיבל מרבותיו דבכל ספק ברכה יעשה באופן הזה ח״ל שיאמר דרך תפילה פסוקים של ויברך דוד בא״י אלקי ישראל וכו׳ לך ה׳ הממלכה דאית ביה שם ומלכות, ולסיים אח״כ ברוך אשר צונו וכו׳ (או ברוך שהכל נהיה בדברו וכדומה) דבכה״ג ליכא חשש ברכה לבטלה ע״כ.

[16.1] כתב בספר מאמר מרדכי סי׳ קפ״ה ס״ק א׳ דהיכא שיש ספק אי צריך לברך אף דאמרינן

C. Applications

1. Problem: Forgot Whether He Made a Brocha

One started drinking coffee and wants to continue, but does not remember whether or not he made a brocha.[17]

Solution: Use suggestions 1, 2, 3, or 4. If that is difficult, he may continue drinking without making a new brocha.

2. Problem: Uncertain Whether Previously Made Brocha Has Lapsed

One made a brocha and drank a cup of juice.[n] One and a half hours later he finds that he is thirsty and wants to have a second cup. Does this lapse in time cause his "eating session" to end, in which case he must make a new brocha, or does his eating session continue until he explicitly ends it,[o] in which case he may not make a new brocha? (See Chapter 10 Section B.)

Solution: Use suggestions 1, 2, 3, or 4. If that is difficult, he may drink the second cup without making a new brocha.

3. Problem: Uncertain Whether He Had Intended to Cover Item

One made a brocha and ate an apple. He is not sure, however, whether at the time he made the brocha he had in mind to eat other

[n] and did not explicitly end it by leaving the premises (as discussed in Chapter 9) or by making a *brocha achrona*, etc. (as discussed in Chapter 8).

[o] See Chapter Eight[18].

ספק ברכות להקל מ״מ טוב ונכון להרהר הברכה בלבו דיוצא מיהת לדעת הרמב״ם וסמ״ג ואין בזה חשש ברכה לבטלה כיון שאינו מוציא השם בשפתיו (ודלא כפרח שושן הובא בכה״ח סי׳ קנ״ז אות י׳) והוסיף וז״ל וכך עשיתי כמה פעמים מסברא דנפשי וכו׳ שוב מצאתי סברא זו בגינת ורדים כלל א׳ סוסי׳ מ״ג עכ״ל וכ״כ המאמ״ר עוד בסי׳ ר״ט ס״ק ה׳, וגם הכה״ח בכמה מקומות הביא עצה זו. שוב ראיתי בס׳ ארחות איש (עמוד רנ״ד) שכן נהג החזו״א. ועוד עיין מש״כ בפרק ב׳ הערה 17.

17 שו״ע סי׳ קס״ז סעי׳ ט׳ וסי׳ ר״ט סעי׳ ג׳.

18 וע״ע מש״כ סוף פרק ז׳.

fruit. He now wishes to eat an orange, but does not know whether he is required to make a new brocha.[p] (See Chapter 7)[19]

Solution: Use suggestions 1, 2, or 3. If that is difficult, he may eat the orange without making a new brocha.

4. Problem: Uncertain Whether it is Covered By Brocha on Bread

One is eating a meal with bread, and wants to eat a particular food, but is not sure whether that food is covered by the *bircas hamotzi* or whether he must make a separate brocha. (See Chapter 5.)

Solution: Use suggestions 1 or 2, or delay eating the questionable item until after the meal (i.e., until after *bentching*). If that is difficult, he may eat the item without making a new brocha.

5. Problem: Uncertain Whether it is Covered By Brocha on Wine

One drank some wine and now wishes to have a cup of coffee, but is not sure what his intentions were at the time he made the brocha on the wine. If he had intended to drink coffee, he should not make a brocha on the coffee. If he did not intend to drink coffee (and the coffee was not before him when he drank the wine) he must make a brocha. (See Chapter 6.)

Solution: Use suggestions 1, 2,or 4.[q] If that is difficult, he may drink the coffee without making a new brocha.

[p] There is an extensive difference of opinion among the Rishonim regarding someone who makes a brocha without having specific intent to include additional items which were not before him (at the time he recited the brocha). These halachos are explained in detail in Chapter 7.

[q] See Chapter 5, Section B.2c.

[19] עיין מש״כ בס״ז ובהע׳ 10-15 שם.

6. Problem: Uncertain Whether His Brocha is Valid in Present Location

One made a brocha on fish and mashed potatoes and ate in his house, then walked out to his back yard within sight of the original eating location, and wants to resume eating. Does that change of location signal the end of his eating session, in which case he must make a new brocha, or does the change of location not cause the eating session to end, in which case he may not make a new brocha? (See Chapter 9, Section B.5.)[20]

Solution: Use suggestions 1, 2, or 4, or walk out to the street (which is considered a change of location, according to all views). If that is difficult, he may continue eating without making a new brocha.

7. Problem: Decided to Stop Eating

One made a brocha on bread, ate, and then decided that he had eaten enough and did not wish to continue. Now he changes his mind and wants to resume eating. There is a difference of opinion among the Rishonim regarding whether or not he must now make a new brocha. (See Chapter 8, Section A.3.)

Solution: Use suggestion 1. If that is difficult, he may eat the food without making a new brocha.

[20] עיין מש"כ בפ"ט ובהע' 16-18 שם.

Addendum One

Brocha Achrona

This volume of *hilchos brochos* deals primarily with the *halachos* of *brocha rishona*. In this addendum we address some basic requirements for *brocha achrona*.

A. Shiur

There is an important difference between a *brocha rishona* and a *brocha achrona*.

A *brocha rishona* is required even for the smallest amount of consumption, whereas a *brocha achrona* is required only when a *shiur* (set minimum amount of food) is eaten[1] within a specific period of time.

1. Solids

For solids, a *brocha achrona* is not required unless one eats:

a. at least one *k'zayis* of food[2] [a]

[a] According to some Rishonim natural items which are whole[2.1] (e.g., a whole grape,

[1] שו"ע סי' ר"י סעי' א'.

[2] שו"ע סי' ר"י סעי' א', וע"ש במ"א ס"ק א' מש"כ בשם רש"י (ברכות דף ל"ט ע"א ד"ה בצר) הטעם דאין מברכין על פחות מכזית משום דכתיב בקרא אכילה, ואין אכילה בפחות מכזית, ועיי"ש בתוס' ד"ה בצר.

[2.1] תוס' והרא"ש והרשב"א מסתפקים בזה מהא דירושלמי פרק כיצד מברכין וז"ל הירושלמי

b. within *k'dei achilas praas.*[3]

a. *K'zayis*

A *k'zayis*, (literally: a piece the size of an olive) is a measurement of volume. The Poskim established that a *k'zayis* is an amount equal to half[4] of a large egg[5], including the shell[6.] [b]

With regard to the requirement of *brocha achrona*, preferably one should eat either less than half an ounce or more than an ounce and a half of solid food.[7] Other Poskim rule that a *brocha achrona* may be made

blueberry, chic pea,[2.2]) require a *brocha achrona* even if they are smaller than a *k'zayis*. Other Rishonim are of the opinion that even whole items do not require a *brocha achrona* if they are smaller than a *k'zayis*. The Shulchan Aruch advises therefore that one should not eat such items whole[2.3] (unless he plans to eat a *k'zayis*). If one does not plan to eat a *k'zayis* it is preferable to either squash[2.4] or break the item before eating it.[2.5]

[b] i.e., equal to the amount of water[6.1] displaced[6.2] by half of a large egg including the shell.

מילתיה דרבי יוחנן אמרה (פי׳ ש״מ מדרבי יוחנן) שכן אפי׳ אכל פרידה אחת של ענב או פרידה אחת של רימון שהוא טעון ברכה לפניה ולאחריה ע״כ. והובא בטוש״ע סי׳ ר״י וע׳ שם בב״י. ועיין במ״ב שם ס״ק ו׳ דמפני חשיבותיה חשוב אכילה ואפי׳ בפחות מכזית.

2.2 מ״א ס״ק ג׳, מ״ב שם ס״ק ה׳, וכן מוכח מהט״ז ס״ק ב׳ ומהמ״א שם ס״ק ד׳, ועיין בשו״ת מנחת שלמה מהגרש״ז אויערבאך שליט״א סי׳ צ״א אות ה׳.

2.3 שו״ע סי׳ ר״י ס״א. וע׳ ח״א כלל ה׳ סי׳ ו׳ דמוכח מדבריו דבדיעבד אם אכל בריה שהיא ספק כזית אין לברך אחריו. וע״ע פט״ז הערה 7 אות ד.

2.4 מ״ב שם ס״ק ו׳.

2.5 שעה״צ שם אות כ״א בשם הח״א.

3 מ״א שם ס״ק א׳ דאם שהה (יותר) מכדי אכילת פרס לא מיקרי אכילה, ח״א כלל נ׳ סי׳ י״ג, מ״ב סי׳ ר״י ס״ק א׳ (ודלא כשכנה״ג בסי׳ ר״ד הובא בבאה״ט שם ס״ק י״ב). וע״ע יביע אומר ח״ה סי׳ י״ח.

4 עיין בשו״ע סי׳ תפ״ו דשיעור כזית י״א דהוי כחצי ביצה והמ״ב שם ס״ק א׳ כתב דלהרמב״ם הוי כשליש ביצה. אמנם לענין ברכה אחרונה הכריעו הפוסקים דצריכים לשער בחצי ביצה כדי לצאת מספק ברכה כ״כ הגר״ז שם סעי׳ א׳ והח״א כלל נ׳ סי׳ י״ב והמ״ב סי׳ תפ״ו ס״ק א׳ וערוך השלחן סי׳ קס״ח סעי׳ י״ג.

5 כתוב במ״א (סי׳ ר״י ס״ק ב׳) דלכל הדברים משערין בביצים בינונים וכ״כ במ״ב סי׳ תפ״ו ס״ק א׳ דשיעור חצי ביצה הוא חצי ביצה בינונית. אמנם כאן באמעריקא יש לנו ה׳ מדות בבצים ופסק הגר״מ פיינשטיין זצ״ל דצריך לשער בביצה הנקראת אצלנו ״גדולה״ מפני שצריך לחוש שמה שנקרא ״גדולה״ הוא הבינונית שבבצים כ״כ בקונטרס לתורה והוראה חוברת א׳ ובהגדה קול דודי (מאת הגר״ד פיינשטיין שליט״א) סי׳ ב׳ אות ר׳ ע״פ הוראת הגר״ם פיינשטיין זצ״ל.

6 מ״ב סי׳ תפ״ו ס״ק א׳ וכן דעת הגר״מ פיינשטיין זצ״ל בקונטרס לתורה והוראה שם. אמנם הגרא״ח נאה זצ״ל, בספר שיעורי תורה סי׳ ג׳ סעי׳ י״ג ובספרו קצות השולחן סי׳ נ״ט בבדי השולחן אות א׳ כתב דשיעור כזית לברכה אחרונה הוא כחצי ביצה בלא הקליפה.

6.1 טושו״ע סי׳ תנ״ו, א״ר סי׳ ר״י אות ח׳. ועיין מ״א שם ס״ק ב׳ ומחצה״ש שם.

6.2 כבשו״ע שם סעי׳ א׳, ועיין בשו״ת חתם

on slightly less than one fluid ounce of solid food.[c] [7.1]

A good approximation of a *k'zayis* is half of a (center) slice of a 1 LB. rye bread[8]. When estimating if a particular amount of food is a *k'zayis*, one might find it helpful to use a half slice of rye bread as a standard for comparison.

b. K'dei Achilas Praas

K'dei achilas praas is a measurement of time (literally: the time it takes to eat a portion).[9] Many Poskim rule that this time period is equal to slightly more than three minutes.[10] Therefore *l'chatchilla* one should eat at least one *k'zayis* within three minutes.[10.1]

B'dieved if one ate the *k'zayis* within four minutes he may make a *brocha achrona*. If the *k'zayis* was eaten in a period of time exceeding four minutes, it is questionable whether or not a *brocha achrona* may be made.[11]

[c] These Poskim calculate the *shiur* of *k'zayis* (with regard to *brocha achrona*) as follows: A large egg (with shell) will displace slightly less than two fluid ounces, thus a *k'zayis* is equal to an amount which will displace slightly less than one fluid ounce.

סופר או״ח סי׳ קכ״ז וערוך השולחן יו״ד סי׳ שכ״ד סעי׳ ח׳ וט׳.

7 כ״כ בקונט׳ לתורה והוראה הנ״ל ובהגדה קול דודי הנ״ל ע״פ הוראת הגר״מ פיינשטיין זצ״ל.

7.1 כך שמעתי מהגרי״ש אלישיב שליט״א דיש לסמוך לכתחלה על שיעור הגרא״ח נאה זצ״ל ובספר שיעורי תורה להגרא״ח נאה זצ״ל כתוב דהשיעור הוא פחות קצת ״מאונס״. וע״ע בכתבי הגרי״א הענקין זצ״ל ח״ב סי׳ ל״ב וביחוה דעת ח״א סי׳ ט״ז.

8 כך שמעתי בשם הגר״א קוטלר זצ״ל.

9 עיין ערוך ערך פרס, ובטור ושו״ע סי׳ תרי״ב סעי׳ ג׳ וד׳.

10 עיין מש״כ בהערה 43, דלענין ברכה אחרונה הששו הרבה פוסקים להי״א בשו״ע סי׳ תרי״ב שסוברים דשיעור כדי אכילת פרס הוא כדי אכילת ג׳ ביצים בינונים. ועיין בספר שיעורי תורה להגרא״ח נאה זצ״ל סי׳ ג׳ סעי׳ ט״ו שהביא הרבה שיטות בשיעור כדי אכילת פרס ופסק (לענין ברכה אחרונה) שיאכל הכזית במשך ד׳ מינוטין ועיין בערוך השולחן סי׳ ר״ב סעי׳ ח׳ דכדי אכילת פרס הוי ג׳ או ד׳ מינוטין אמנם האג״מ א״ח חלק ד׳ סי׳ מ״א (ד״ה עכ״פ) הכריע כשיעורו של המרחשת (סי׳ י״ד) שהוא בערך שלשה מינוטין (עיי״ש במרחשת שכ׳ שהוא 3.6 מינוט) ומסיק דצריך ליזהר לכתחלה לאכול הכזית בפחות מג׳ מינוטין וגם מהגרי״ש אלישיב שליט״א שמעתי שהעיקר כשיעורו של המרחשת וכן יש להורות.

10.1 אג״מ הנ״ל.

11 כן שמעתי מהגרי״ש אלישיב שליט״א ועיין מש״כ בהערה הקודמת דדעת הגר״מ פיינשטיין זצ״ל דשיעורו בערך ג׳ מינוטין ולפי הגרא״ח נאה זצ״ל (הובא בהערה הקודמת) יכול לברך בדיעבד עד ו׳ מינוטין וביאר טעמו בשיעורי תורה שם הערה ל״ה דמעיקר הדין הכזית הוי כשליש ביצה והרי כשאכל חצי ביצה במשך ו׳

2. Liquids

For liquids, a *brocha achrona* is not required unless one drinks:

a. at least one *reviis*[12]

b. within *k'dei shtiyas reviis*[13] (defined below).

a. Reviis

A *reviis* is a measurement of fluid volume. The Poskim established that a *reviis* is an amount equal to[d] one and a half[14] large[15] eggs, including the shell[16].

With regard to the requirement of *brocha achrona*, preferably one should drink at least four and a half ounces of the beverage. Many

[d] i.e., equal to the amount of water[6.1] displaced[6.2] by one and a half large eggs including the shell.

מינוטין נמצאה שאכל הכזית (של שליש ביצה) בשיעור ד׳ מינוטין, וגם יש לצרף דעת הפוסקים דאפי׳ שהה יותר מכא״פ מברך ב״א.

[12] שו״ע סי׳ ק״ץ סעי׳ ג׳, וסי׳ ר״י סעי׳ א׳.

[13] כתב המ״א בסי׳ ר״י ס״ק א׳ דלענין ב״א אם שהה יותר משיעור הנזכר בסי׳ תרי״ב אינו מצטרף, ובסי׳ תרי״ב סעי׳ י׳ כתב המחבר וז״ל שתה מעט וחזר ושתה אם יש מתחלת שתיה ראשונה עד סוף שתיה אחרונה כדי שתיית רביעית מצטרפין לכשיעור ואם לאו אין מצטרפין וי״א ששיעור צירוף השתיות כדי אכילת פרס כמו צירוף אכילות עכ״ל וכתב המ״ב שם ס״ק ל״א דמלשון המחבר משמע שהעיקר כדעה ראשונה, (וכ״כ בשעה״צ בסי׳ ר״י אות י״ב) אבל הפר״ח והגר״א כתבו דהעיקר כדעה שניה. וכ״כ הגר״ז בסדר ברכת הנהנין פרק ח׳ אות ו׳, ובקצות השולחן (להגרא״ח נאה זצ״ל) סי׳ נ״ט. ועיין בח״א כלל נ׳ סי׳ י״ד ובנש״א אות ד׳ שלא פסק בזה כהגר״א.

ולענין הלכה לכתחלה ודאי צריך לשתות הרביעית בתוך שיעור שתיית רביעית, ובדיעבד אם שהה יותר מזה כגון בשתיית טה״ע וקאפ״ע ואפי׳ עדיין הוא תוך כדי אכילת פרס עיין במ״ב סי׳ ר״י ס״ק א׳ שמנהג העולם הוא שלא לברך, וכן איתא בספר מורה באצבע להחיד״א זצ״ל סי׳ ג׳ אות צ״ו. וע״ע בכה״ח סי׳ ק״ץ אות י״ח וסי׳ ר״י אות ט׳.

[14] מ״א סי׳ ר״י ס״ק ב׳, מ״ב סי׳ רע״א ס״ק ס״ח, ועיין שם בבה״ל ד״ה רביעית.

[15] עיין מש״כ לעיל בהערה 5.

[16] עיין מש״כ לעיל בהערה 6.

[17] כתוב בקונטרס לתורה והוראה חוברת א׳ ובהגדה קול דודי סי׳ ב׳ אות ו׳ ע״פ הוראת הגר״מ פיינשטיין זצ״ל דשיעור כזית הוא 1.1 ״אונס״ ולפ״ז שיעור רביעית (שהיא ביצה ומחצה) הוא 3.3 ״אונס״ ועיין בשיעורי תורה סי׳ ג׳ סעי׳ ו׳ דשיעורו הוא 86 גרם (שהוא משהו יותר מג׳ אונזעס). ושמעתי מהגרי״ש אלישיב שליט״א דלכתחלה יכול לברך ברכה אחרונה אם שתה כשיעור הזה.

Poskim rule that, a *brocha achrona* may be made on slightly more than three ounces of beverage.[e] [17]

There is a view among the Poskim that the *shiur* for a *brocha achrona* on beverages is a *k'zayis* (see above) rather than a *reviis*. In deference to this minority view, the Poskim advise that one should drink either less than a *k'zayis* (in which case a *brocha achrona* is indisputably not required) or more than a *reviis* of beverage (in which case a *brocha achrona* is indisputably required).[17.1]

b. K'dei Shtiyas Reviis

K'dei shtiyas reviis is a measurement of time (literally: the time it takes to drink a *reviis*). The Poskim established that the normal manner of doing so is by drinking the *reviis* in no more than two sips with no more than one short pause between sips.[18]

According to some Poskim the *shiur* for drinking a *reviis* is the same as that of eating a *k'zayis*[19], i.e., *k'dei achilas praas*.[20]

Therefore care should be taken to drink a bit more than a *reviis* at once, otherwise it is questionable whether the *brocha achrona* may be made.[21] If one did not do so, the *minhag haolom* is not to make a *brocha achrona*.[21.1]

[e] These Poskim calculate the *shiur* of *reviis* (with regard to *brocha achrona*) as follows: A large egg with its shell will displace slightly more than two ounces, thus a *reviis* is equal to slightly more than three fluid ounces.[17]

17.1 שו״ע סי׳ ר״י סעי׳ א׳, וע״ע במשנה ברורה שם ס״ק י״ב.

18 שעה״צ סי׳ ר״י אות י״א ועיין בהגדה קול דודי סי׳ ב׳ אות י״א וז״ל והנה השער הציון של המ״ב בסימן ר״י אות י״א כתב מפני שהדרך ארץ הוא לשתות רביעית בב׳ פעמים כדאיתא בסימן ק״ע ס״ח ולכן שיעורו בשתיית שתי פעמים וצ״ל דסבר שכדי רביעית הוא רביעית יין סתם דהא דין של שתי פעמים דרך ארץ ולא פעם אחת הוא דוקא ביין כזה אבל יין מתוק וה״ה שאר משקים דרך ארץ אפילו בפעם אחת כמ״א בסימן ק״ע ונ״ל ג״כ שהשתי פעמים אינו בשתי בליעות דא״כ צ״ל שפעם אחת הוא בליעה אחת וזה א״א כאשר כבר פירשתי (שאין בית הבליעה מחזקת יותר מביצת תרנגולת ורביעית היא ביצה ומחצה) וצ״ל שפעם אחת הוא בכמה גמיאות רק שלא נטל הכוס מפיו ושתי פעמים הוא שנוטל הכוס מפיו בינתים ועם כל זה הוא שיעור קטן מאוד עכ״ל. וע׳ ערוך השלחן סי׳ ר״ב סעי׳ ח׳ שכתב וכדי שתיית רביעית ודאי לא יגיע למחצה ולשליש משיעור זה (כג׳ או ד׳ מינוטין).

19 עיין מש״כ לעיל בהערה 13.

20 עיין מש״כ לעיל בהערות 10, 11.

21 מ״ב סי׳ ר״י סוס״ק א׳. וערוה״ש סי׳ ר״ב סעי׳ ז׳ וח׳.

21.1 ראה הערה 13.

The Poskim advise that when drinking a hot beverage such as coffee or tea, it is preferable to allow some of the beverage to cool off in order to enable one to drink the last *reviis* without interruption.[22] Alternatively, one may eat a *k'zayis* of food or drink a *reviis* of another beverage within the appropriate time period so as to avoid the uncertainty regarding the *brocha achrona.*[23]

B. Types of Brochos Achrona

1. Bircas Hamozon

a. *Bircas hamozon* is required when at least one *k'zayis*[24] of bread is eaten within *k'dei achilas praas.* [f] [25]

b. If one is *kovaya seuda*, makes a meal using *pas haboh b'kisnin* (e.g., cake, crackers) it is treated halachically as bread and requires *bircas hamozon* (see Addendum Two).

c. When one recites *bircas hamozon* it exempts all foods eaten during the meal[g] even non-meal type foods such as candy and fruit (unlike *bircas hamotzi* which exempts meal type foods only, as explained in Chapter Five).

[f] If one was satiated the requirement to *bentch* is *midioraisa*, if one was not satiated the requirement to *bentch* is *midirabonon.*[24.1]

[g] Regarding which foods will be exempted by *bircas hamozon* even though they are eaten before the meal see *Mishna Brura* 176.2

22 מ״ב שם, ועיין בבה״ט סי׳ ר״ד אות י״ב שכן עשו אנשי מעשה. ועיין שערי תשובה סי׳ ר״ד אות י״ב שיש מי שפקפק על עצה זו. וע׳ שו״ת מלמד להועיל או״ח סי׳ כ״ה.

23 שערי תשובה שם, כה״ח סי׳ ק״ץ אות י״ח וסי׳ ר״ד אות מ׳.

24 שו״ע סי׳ קפ״ד סעי׳ ו׳ וסי׳ ר״י סעי׳ א׳. ועיין במ״א סי׳ קפ״ד ס״ק י״א (הובא במ״ב שם ס״ק כ״ב ובבה״ל ד״ה בכזית, ובסי׳ ר״י ס״ק א׳) שהחיוב לברך באכילת כזית פת הוא מדרבנן דמדאורייתא בעינן דוקא שאכל ושבע ממש. וע״ע שו״ת חת״ס או״ח סי׳ מ״ט.

24.1 ובענין אי בעינן שביעה רק מפת או גם שאר המינים מצטרפים לזה עיין בהערה הקודמת ובבה״ל סי׳ קפ״ד סעי׳ ו׳ ד״ה בכזית, ובסי׳ ר״ח סעי׳ ט׳ ד״ה וברהמ״ז. ובצל״ח (לדף מ״ח ע״א ד״ה ומדקטל) איתא דבעינן שביעה מפת דוקא.

25 מ״א סי׳ ר״י ס״ק א׳, ח״א כלל נ׳ סי׳ י״ג מ״ב סי׳ ר״י ס״ק א׳, אג״מ או״ח חלק ד׳ סי׳ מ״א ד״ה עכ״פ. וע״ע כה״ח סי׳ קפ״ד אות מ״א. ועיין

2. Al Hamichya

a. *Al hamichya* is required for products made from wheat, barley, spelt, oats or rye.[26] [h] It is required for grain products which are baked (e.g., cakes, crackers) fried (e.g., blintzes) or cooked[27] (e.g., farina, noodles).

Al hamichya isn't required for rice, millet,[28] or buckwheat kernels.[i] [28.1]

b. If, instead of reciting *al hamichya* one recited *bircas hamozon* he is *yotzei, b'dieved.*[28.2]

c. The *al hamichya* made on *mezonos* does not exempt other foods

[h] *Al hamichya* is not appropriate for the following grain products:

- bread (which requires *bircas hamotzi* as the initial brocha and *bircas hamozon* as the *brocha achrona*)
- liquids such as beer (which require a *shehakol* and a *borei nefoshos*)[26.1]
- whole roasted wheat kernels (the appropriate *brocha rishona* is *borei pri hoadoma*; it is questionable whether the appropriate *brocha achrona* is *borei nefoshos*).[26.2]
- whole roasted barley kernels (the appropriate *brocha rishona* is *shehakol*[26.3]; it is questionable whether the appropriate *brocha achrona* is *borei nefoshos*).[26.4]

[i] Buckwheat kernels (kasha) despite its name, is not a grain plant. The appropriate *brocha rishona* for buckwheat kernels is *borei pri hoadoma*.

The appropriate *brocha achrona* for rice, millet and kasha is *borei nefoshos.*

באג"מ שם ובאו"ח ח"א סי' ע"ו דאפי' אם אכל כדי שביעה אם לא אכל לכה"פ כזית אחד מן הפת בתוך כדי אכילת פרס אינו יכול לברך בהמ"ז וצריך לאכול עוד כזית פת בתוך כא"פ כדי לברך ואם א"א לו לאכול עוד פת יש להורות שלא לברך, ועיין שעה"צ סי' ר"י ס"ק י' ומנ"ח מצוה שי"ג ות"ל. ועי' שו"ת חת"ס או"ח סי' מ"ט וסי' ק"מ ד"ה ובחי', ובחידושי הגרי"ז על זבחים דף לא. ד"ה בעי רב אשי בא"ד ומתוך דוחק.

26 שו"ע סי' ר"ח סעי' ב'.

26.1 נלמד ממה שכתב השו"ע שם סעי' ו'.

26.2 שם סעי' ד'.

26.3 רמ"א שם.

26.4 שו"ע שם.

27 שם סעי' ב'.

28 שם סעי' ז' וח'.

28.1 מ"ב שם ס"ק ל"ז, וע"ע אג"מ או"ח ח"א סי' ס"ה ויו"ד ח"ב סי' כ"ה.

28.2 גר"ז בסדר ברכת הנהנין פרק א' אות י"ז, ח"א כלל נ' סי' י"א וז"ל ואף שבשו"ע סי' ר"ח סעי' י"ז כתב דבהמ"ז אינו פוטר דייסא כבר תמה עליו הבה"ג והפ"ח ואני אומר שמכולם נעלם דברי ר"ן בפסחים גבי ב"א של ד' כוסות שכתב להדיא בשם הגאונים דבהמ"ז פוטר לדייסא ונ"ל דה"ה כל

eaten at the same meal.[j] For example, if one ate roast beef, farfel and string beans, two brochos would be required, first *al hamichya* (for the farfel) then *borei nefoshos* (for the beef and string beans).[29]

d. *Al hamichya, al hagefen* and *al hoetz* can (and should) be combined in the same brocha. For example, if one ate cake and grapes the *brocha achrona* is *al hamichya v'al hakalkoloh v'al hoetz.*[30]

3. Al Hagefen

a. *Al hagefen* is required if one drinks at least one *reviis* of wine[31] or grape juice[k] within the time period discussed above.[32]

b. The *al hagefen* covers not only the wine, but also all other beverages which one drank at that time, as discussed in Chapter 6. For example, if one drank a *reviis* of grape juice and also drank a cup of soda, he may not make a separate *borei nefoshos* on the soda.

c. If, instead of reciting *al hagefen* one recited *bircas hamozon* he is *yotzei, b'dieved.*[32.1] Also, if instead of reciting *al hagefen* one recited *al hamichya* he is *yotzei, b'dieved.*[32.2]

4. Al Hoetz

a. *Al hoetz* is required if one eats at least one *k'zayis* of olives, dates,

[j] unless the other foods are *tofel* to the *mezonos* — see Section C below.

[k] Regarding the halachic definition of wine and grape juice (e.g., how to classify wines diluted with water or mixed with seltzer, etc.) see Shulchan Aruch O.C. 202.1 and 204.3 — 204.6.

תבשיל שנעשה מה׳ מיני דגן וכ״ש פת הבאה בכיסנין וכיוצא בזה דפוטר עכ״ל. וכן פסק המ״ב בסי׳ ר״ח ס״ק ע״ה ועיי״ש בשעה״צ אות ע״ה.

29 וצריך להקדים על המחיה כמו שכתב בס׳ ראש יוסף מס׳ ברכות סדר המעלות וכ״כ הבה״ל סי׳ ר״ב סעי׳ י״א ד״ה ברכה, (ודלא כדברי מלכיא׳ ח״ג סי׳ ג׳.) ועיין יביע אומר חלק ה׳ סי׳ י״ז אות ד׳.

30 שו״ע סי׳ ר״ח סעי׳ י״ב. וע׳ שדי חמד אסיפת דינים מערכת ברכות סי׳ א׳ אות כ׳ ומערכת ה׳ סי׳ י״ב ד״ה והנה.

31 שו״ע סי׳ ק״צ סעי׳ ג׳, וסי׳ ר״י סעי׳ א׳.

32 ראה הערות 12, 13.

32.1 שו״ע סי׳ ר״ח סעי׳ י״ז. עוד כתב שם השו״ע דאפי׳ לא אמר אלא ברכת הזן יצא.

32.2 כה״ח סי׳ ר״ח אות פ״ט בשם הרבה

grapes, figs, or pomegranates[33] within *k'dei achilas praas.*[34]

b. The appropriate *brocha achrona* for all other types of fruit (other than the above) is *borei nefoshos.*[35] However if one ate a *k'zayis* of olives, dates, grapes etc. and also ate other fruit (of the tree) only one *brocha achrona* is required — *al hoetz.*[36]

5. Borei Nefoshos

a. Foods

Borei nefoshos is required if one eats a *k'zayis* of any food other than those listed above,[37] (provided that it is eaten within *k'dei achilas praas*).

If two half *k'zaysim* of different foods (e.g., half *k'zayis* of apple and half *k'zayis* of candy) are eaten within *k'dei achilas praas* a *borei nefoshos* is required. However, if half a *k'zayis* of food and half a *reviis* of beverage are consumed together, they do not consolidate, and a *brocha achrona* may not be said.[37.1]

b. Beverages

Borei nefoshos is required if one drinks a *reviis* of any beverage other than wine or grape juice,[38] provided that a *reviis* was consumed within the minimum time period discussed above.

If two half *reviis* of different beverages (e.g., half a *reviis* of orange juice and half a *reviis* of soda) are consumed within the minimum time period discussed above, a *brocha achrona* is required.[38.1]

אחרונים עיי"ש. וע"ע שו"ת מנחת שלמה סי' צ"א אות ו' בענין אכל מזונות ושתה יין והזכיר רק על המחיה.

33 שו"ע סי' ר"ח סעי' א'.

34 ראה הערות 3, 10.

35 שו"ע סי' ר"ז.

36 שו"ע סי' ר"ח סעי' י"ג. ועיין בכה"ח סי' ר"ז אות א' שגם אם אכל רק פירות שברכתם בנ"ר כגון תפוחים וכיוצא בו ובירך אחריהם על העץ, בדיעבד יצא.

37 שו"ע סי' ר"ז.

37.1 מ"א סי' ר"י ס"ק א', ועיי"ש בשעה"צ ס"ק ה' ובאגרות משה או"ח ח"א סי' ע"ה.

38 חוץ מאם שתה רביעית שמן זית (ע"י אניגרון) לרפואה בתוך שיעור הנזכר למעלה דאז מברכין על העץ כמש"כ במ"ב סי' ר"ב ס"ק ל"ב. ולא הבאתיו בפנים משום שאין זה מצוי אצלנו.

38.1 מ"א סי' ר"י ס"ק א', מ"ב שם ס"ק א'. ולענין חצי רביעית יין וחצי רביעית שאר משקין

A *borei nefoshos* is required if one drinks a *reviis* of water, providing that the water was drunk to quench his thirst. If water is consumed for purposes other than to quench thirst, a *brocha achrona* is not required.[39] (See Chapter 13).

To illustrate: A person is not sure if he ate an amount of food which requires a *brocha achrona*. In order to remove his doubt, he wishes to drink a *reviis* or more of water so that he can make a *brocha achrona*. Since the water is not being taken to quench the thirst, neither a *shehakol* nor a *borei nefoshos* may be made.[40]

C. Ikar and Tofel Combinations

We have learned (in Chapter 4) that when one food item is subordinate to another, whether in a mixture, a combination, or individually, the brocha on the *ikar* (primary) exempts the *tofel* (subordinate).

Just as the *brocha rishona* (initial brocha) on the *ikar* covers the *tofel*, so too does the *brocha achrona* of the *ikar* cover the *tofel*.[41]

To illustrate, if the appropriate *brocha achrona* for the *ikar* component of a combination is *borei nefoshos*, that *brocha achrona* will exempt all the other components as well. For example, in most fruit cocktail mixtures the grapes (for which the *brocha achrona* is *al hoetz*) are not the majority ingredient. Since the other fruits are the *ikar*, the appropriate *brocha achrona* is *borei nefoshos*, which will cover the grapes as well.

1. Combinations Containing Mezonos

We have learned (Chapter 4 Section D.1) that if a mixture contains a

עיין שעה״צ שם ס״ק ד׳ ואגרות משה או״ח ח״א סי׳ ע״ד.

39 שו״ע סי׳ ר״ד סעי׳ ז׳.

40 בה״ל שם ד״ה השותה. וע״ע חי׳ הגר״א לברכות דף מ״ה שצריך לשתות כל הרביעית לצמאו כדי לברך בנ״ר.

41 שו״ע סי׳ רי״ב סעי׳ א׳. והיכא שאכל עיקר פחות מכזית וטפל כזית כגון שאכל פחות מכזית מליח וכזית פת להפיג חריפות המליח פסק באגרות משה או״ח חלק ד׳ סי׳ מ״ב שהפת מצטרף לשיעור המליח ומברך בורא נפשות שהיא ברכת העיקר. וע״ע שו״ת משיבת נפש סי׳ ה׳.

mezonos ingredient[l] the appropriate *brocha rishona* for that mixture is *borei menei mezonos*.

When determining the correct *brocha achrona* for mixtures containing *mezonos* an additional factor must be taken into consideration: whether or not a *k'zayis* of the *mezonos* ingredient will be eaten within *k'dei achilas praas*.

If enough mezonos is present in the combination so that a *k'zayis* of the *mezonos* ingredient is eaten within *k'dei achilas praas*[m] (about three minutes), an *al hamichya* is required.[42] However, if less than a *k'zayis* of the *mezonos* ingredient is eaten within *k'dei achilas praas*, an *al hamichya* may not be said. (See footnote O.)

An average person eating at a normal pace will consume about six *k'zaysim* within three minutes.[43] Thus if a particular mixture were to contain one *k'zayis* of *mezonos* and five *k'zaysim* of other food, if one were eating at a normal pace the *k'zayis* of *mezonos* would be eaten within *k'dei achilas praas* (about three minutes).

[l] providing that the *mezonos* ingredient is discernable to the taste and is used in a significant way — i.e., when it is added to give flavor and/or sustenance to the mixture.

[m] see above A.1b

[42] גר״ז בסדר ברכת הנהנין פרק ג׳ אות ב׳, ח״א כלל נ׳ סי׳ כ״א, מ״ב סי׳ ר״ח ס״ק מ״ח שלא כהמ״א שם ס״ק ט״ו שכתב דאם אכל רק כזית אחד מתבשיל שיש בה מה׳ מיני דגן חייב לברך על המחיה שכן תקנו חז״ל דכל תערובת שיש בתוכו מחמשת המינים נעשה הה׳ מינים עיקר (אע״פ שהם המועטים) ושאר המינים שבתערובת נתבטלו להם, ונחשב כל התבשיל כדגן ממש ולפיכך אם אכל מאותו תערובת כזית אחד (בתוך כא״פ) הו״ל כאילו אכל כזית דגן וחייב לברך על המחיה. (כ״כ המ״א לענין תערובת דגן עם שאר מאכלים, אמנם אם ערב קמח של ה׳ מיני דגן עם שאר קמחים ואין בו כדי לאכול כזית דגן בתוך כדי א״פ מודה המ״א דאין לברך על המחיה). וע׳ אגרות משה או״ח ח״א סי׳ ע״א.

[43] הנה בסי׳ תרי״ב סעי׳ ד׳ כתב השו״ע דשיעור אכילת פרס י״א ד׳ ביצים וי״א ג׳ ביצים ולענין ברכה אחרונה חששו הרבה פוסקים לדעה זו של ג׳ ביצים (הגר״ז בסידורו סדר ברכת הנהנין פרק ח׳ אות ב׳ והח״א כלל נ׳ סי׳ י״ג, והמ״ב סי׳ ר״י ס״ק א׳, הגרא״ח נאה זצ״ל בספרו שיעורי תורה סי׳ ג׳ אות ל״ה ובספרו קצות השולחן סי׳ נ״ט בבדי השולחן אות א׳.) ועיין מש״כ לעיל בהערה 10 לענין שיעור כדי אכילת פרס במינוטין שהכריע הגר״מ פיינשטיין זצ״ל כדעת המרחשת שהשיעור בערך ג׳ מינוטין וכן שמעתי מהגרי״ש אלישיב שליט״א דיש להורות כשיעורו של המרחשת ולפי חשבון זה יוצא שאדם בינוני אוכל בערך ו׳ כזיתים בתוך זמן של בערך ג׳ מינוטין. ועל פי זה כתבנו דאכילת אדם בינוני במשך ג׳ מינוטין

For example, when a noodle cabbage[n] mixture is eaten at a normal pace, more than a *k'zayis* of noodles will be consumed within three minutes. Therefore *al hamichya* is required (which will cover the cabbage as well).[44]

If there is only a small amount of noodles with the cabbage, or if one eats mostly cabbage and just a little noodles, since in either case a *k'zayis* of *mezonos* will not be eaten within *k'dei achilas praas*, an *al hamichya* should not be said.[45] [o]

2. Various Ingredients in Cake

We have learned that an *al hamichya* may be made only if a *k'zayis* of *mezonos* is eaten within a *k'dei achilas praas*. There are various opinions among the Poskim as to whether ingredients of cake other than flour[45.2] should be counted towards the *k'zayis*. For example, if the volume of a particular chocolate cake is half flour, half other ingredients (e.g., sugar, cocoa, etc.) the issue would be whether one *k'zayis* or two *k'zaysim* must be eaten within *k'dei achilas praas* for an *al hamichya* to be required.

Many Poskim rule that the other ingredients do not count towards the *k'zayis*. In the above example, unless two *k'zaysim* of cake are eaten an *al hamichya* should not be said.[46]

The *Mishna Brura* states that although it is preferable to follow this more stringent view, nevertheless the *minhag haolom* (generally accepted practice) is to make an *al hamichya* on a *k'zayis* of cake even though the piece being eaten contains less than a *k'zayis* of flour.[47]

[n] Cabbage should be carefully inspected for insects prior to use.

[o] In this case a *borei nefoshos* would be required providing that a *k'zayis* or more of food was eaten within *k'dei achilas praas*.[45.1]

עולה לו׳ זיתים בערך.

44 ע״פ מש״כ בשו״ע סי׳ רי״ב סעי׳ א׳.

45 עיין לעיל בהערה 42 שהרבה אחרונים חולקים על המ״א וסוברים שאין לברך על המחיה אם אינו אוכל כזית דגן בתוך כדי אכילת פרס ועיין בגר״ז בסדר ברכת הנהנין פרק ג׳ אות ב׳ שכתב דיש לחוש לכל הדיעות לאכול עוד כזית שברכתו האחרונה היא על המחיה בודאי ועוד כזית שברכתו היא בנ״ר בודאי. (וכ״כ בקצות השולחן סי׳ נ״ט סעי׳ ד׳.)

45.1 מ״א סי׳ ר״י ס״ק א׳, מ״ב שם.

45.2 ובענין אם המים מצטרף להשלים להשיעור עיין בספר פתח הדביר לסי׳ ר״י, שו״ת עצי חיים סי׳ ל״ד, ושו״ת לקוטי הערות סי׳ קי״ז.

46 מ״ב סי׳ ר״ח ס״ק מ״ח.

47 מ״ב שם.

Maran Hagaon Rav Moshe Feinstein *zt"l* rules, however, that it is not appropriate to rely on this *minhag*.[48]

Even according to the ruling of the *Mishna Brura*, cake fillings such as cherry pie filling, or cheese in a cheese cake are not counted as part of the *k'zayis*.[49] For example, for cherry pie containing one part pie dough and four parts filling, an *al hamichya* is not required unless five *k'zaysim* of pie are eaten within *k'dei achilas praas*.[P]

D. Other Rules

1. Prerequisites

The prerequisites for making a *brocha rishona* also apply to a *brocha achrona*. These prerequisites are discussed in Chapter 1.

2. Shiur Ikul

When a person finishes eating, he has a limited amount of time within which to make the *brocha achrona*; the amount of time that it takes for *ikul* (a halachically defined point in the digestive process) to begin. After that amount of time elapses, he can no longer make the *brocha achrona*. This subject is discussed in Chapter 10.

[P] In this case, if he ate more than one and less than five *k'zaysim* of pie within *k'dei achilas praas*, a *borei nefoshos* will be required.[45.1]

[48] עיין באג"מ או"ח ח"א סי' ע"א וז"ל ולכן אף שהמ"ב כתב שנוהגין העולם לברך לבסוף על המחיה בכזית ממנו אף שאין שם כזית דגן תמוה לי מלתא ויש להחמיר לאכול כשיעור שיהיה שם כזית דגן וכדמסיק גם במ"ב שטוב ליזהר, ולע"ד מוכרחין לעשות כן דמאחר שעכ"פ נוהגין לברך בכזית לבד על המחיה אין גם להקל לברך בורא נפשות נגד המנהג, ולעשות כהמנהג כיון שהוא דבר תמוה אולי נוהגין בטעות כי בפוסקים לא הוזכר מנהג זה וא"כ לא ידוע אם היה מנהג ברור. לכן מוכרח לאכול עד שישער שיש שם כזית מהדגן, עכ"ל. וכן כ' בשו"ת דברי יואל (סי' י"ג) להאדמו"ר מסאטמאר זצ"ל.

[49] שו"ת מנחת שלמה (מהגרש"ז אויערבאך שליט"א) סי' צ"א אות ד'. וע"ע חזו"א סי' כ"ו ס"ק ח'.

3. Priority

Beyond the requirement of making the correct brocha, Chazal mandated a requirement to recite each brocha according to a defined order of priority. These halachos (discussed in Chapter 11) apply to the *brocha achrona* as well.

For example, if wine, dates and cake are eaten, the order within the text of the *brocha achrona* is *al hamichya* for the cake, *al hagefen* for the wine, and *al hoetz* for the dates.[50]

The *brocha achrona* for *mezonos*, for the fruit of the "seven species", and for wine takes precedence over *borei nefoshos*. For example, if one ate cake and drank milk, he should first recite *al hamichya* and then *borei nefoshos*.[50.1]

4. Being Motzi Others

In certain cases one may be *motzi* others their *brocha achrona* requirements. This is discussed in Chapter 12, Section D.

5. Doubt

If one is not sure whether he ate a *k'zayis* or *reviis* within the minimum time discussed above, he may not make a *brocha achrona*.[51] (With regard to doubts about making *bircas hamozon* see footnote).

Similarly, if one does not remember whether or not he made a *brocha achrona*[q], he may not make a *brocha achrona*.[52] Regarding what to do in cases where making a brocha is questionable, see Chapter 16, Section B.

[q] If one does not remember whether or not he had *bentched* he is required to do so, providing that he was satiated. Since the requirement to *bentch* when one is satiated is *midioraisa*, even when in doubt — one must *bentch*.[51.1]

50 שו״ע סי׳ ר״ח סעי׳ י״ב.
50.1 ראה הערה 29.
51 מ״ב סי׳ ר״ז ס״ק ד׳.
51.1 שו״ע סי׳ קפ״ד סעי׳ ד׳ ומשנה ברורה ס״ק ט״ו.
52 שו״ע סי׳ ר״ט סעי׳ ג׳.

Addendum Two

Bread and Products of the Bread "Family"

In Chapter 5 we learned that foods which are eaten for dessert are often not covered by the *bircas hamotzi* and require a separate brocha. This applies to fruit, candy, ice cream and the like.

However, products which are classified as bread do not require a separate brocha.

Mezonos products which are indisputably classified as *pas haboh b'kisnin*[a] (in the bread family — but not bread) are dissimilar enough to bread and would (in certain cases) require a separate brocha. An example of definite *pas haboh b'kisnin* is apple pie.

This addendum deals with defining the basic criteria[b] used in determining whether a particular product is considered bread, *pas haboh b'kisnin*, or neither.

[a] Explained below in Section B.

[b] For further amplification on the halachos discussed in this addendum and for many additional halachos relating to the classification of baked goods, see Shulchan Aruch O.C. 168.

A. Bread

There are three criteria which must be met in order to consider a product as bread:

1. It must be made of wheat, barley, spelt, oat or rye flour.[1]

2. People will commonly use such a product as the mainstay of their meal (i.e., *derech b'nei odom likboa olov*).[2]

3. It has *turisa d'nahama*, bread-like properties and appearance.[c] [3]

Products which meet these criteria are classified as bread. The appropriate brocha for such products is *hamotzi*, regardless of the amount consumed.[4]

B. Pas Haboh B'kisnin

Baked goods which are not commonly used as the mainstay of one's meal, but do have bread-like properties and appearance, *turisa d'nahama*, are generally classified in a category called *pas haboh b'kisnin*.

There is a difference of opinion[5] as to which specific types of baked products are designated *pas haboh b'kisnin*:

[c] *Turisa d'nahama*, is explained in Shulchan Aruch O.C. 168. Generally, baked products made of flour have *turisa d'nahama*. Flour based products which are processed in a way other than being baked, such as noodles, and the like, do not have *turisa d'nahama*.

1 שו״ע סי׳ ר״ח סעי׳ ז׳, ח׳, ט׳. ואם עירב קמח קטניות או שאר קמחים עם קמח של ה׳ מיני דגן ועשה ממנו פת ויש בו טעם דגן מברך המוציא, וכשיש באותו קמח כדי שיאכל כזית דגן בתוך כדי אכילת פרס מברך ברכת המזון.

2 ב״י סי׳ קס״ח ד״ה ומה שפי׳ רבינו בפת וז״ל ע״כ לומר דלאו במידי דמיקרי לחם תליא מילתא אלא לא קבעו חכמים לברך המוציא וג׳ ברכות אפי׳ בכזית אלא בלחם שדרך בני אדם לקבוע עליו וכו׳ וזה נראה עיקר עכ״ל.

3 תוס׳ ברכות דף ל״ז ע״ב ד״ה לחם, רמ״א סי׳ קס״ח סעי׳ י״ג.

4 שו״ע סי׳ קס״ח סעי׳ ט׳ ודלא כהרשב״א בשם הראב״ד (הובא בב״י שם ד״ה ומ״ש רבינו ופת גמור) דס״ל דעל פחות מכזית מברך בתחלה בומ״מ ולבסוף מעין ג׳.

5 שו״ע סי׳ קס״ח סעי׳ ז׳. ובבה״ל שם (לסעי׳ ח׳ ד״ה טעונים) כתוב דרוב הפוסקים סוברים כמ״ד דפהב״כ הוא פת ממולא בפירות. ועיין בבה״ל לסעי׳ ז׳ (ד״ה והלכה) מש״כ בשם המאמר מרדכי

Some Rishonim define *pas haboh b'kisnin* as dough filled with fruit or other fillings, (e.g.,fruit pies).

Other Rishonim say that it refers to dough made with a lot of fruit juice, oil, honey, eggs, sugar or spices (e.g., sponge cake, chocolate cake and most other cakes).

Other Rishonim define it as baked products which have a dry crumbly consistency (e.g., pie crust, pretzels).

> Note: Although these products are not actually bread, if one is *kovaya seuda* (makes the mainstay of his meal) using *pas haboh b'kisnin*, it is treated halachically as bread and requires *n'tilas yodahyim*[6], *bircas hamotzi* and *bircas hamozon.*[6.1] A meal consisting of eight *k'zaysim* of cake, would be treated as a bread meal (according to many Poskim).[7] Thus, for example,

דלא נזכר בהדיא שחולקין הפוסקים ואפשר דמודו להדדי (דכל שהוא משונה בטעם ובתואר פת דעלמא שדרך העולם לקבוע סעודתם עליו יצא מתורת לחם). וע״ע מש״כ בפרק ה׳ הערה 33.

[6] שו״ע סי׳ קנ״ח סעי׳ א׳, וכתב שם המ״ב (ס״ק ח׳) בשם הרבה אחרונים דצריך לברך על נטילת ידים, ודלא כהלבוש והשל״ה. ועיין בכה״ח שם אות ז׳ דאע״ג דקיי״ל ספק ברכות להקל ואפי׳ כנגד הרוב מ״מ כיון שהעולם נוהגים לברך לא אמרינן ספק ברכות להקל כנגד המנהג. (וע״ע פרק ט״ז הערה 8.1).

[6.1] שו״ע סי׳ קס״ח סעי׳ ו׳.

לענין שיעור קביעות סעודה לפת הבאה בכיסנין — עיין במ״ב סי׳ קס״ח ס״ק כ״ד, ובאג״מ או״ח ח״ג סי׳ ל״ב כ׳ וז״ל אבל כאשר במדינה זו מברכת השי״ת רגילין לאכול הרבה דברים בסעודה וממעטין ממילא באכילת לחם והמג״א בס״ק י״ג כתב שהקביעות סעודה אם אכל (פת הבב״כ) עם בשר ודברים אחרים הוא כשיעור הפת כשאוכלים עם בשר ודברים אחרים, נמצא שבמדינה זו הוא שיעור קטן להרבה אנשים עוד פחות מג׳ ביצים, ולכן צריך ליזהר בחתונה כשאינו רוצה ליטול ידיו ולאכול פת וכו׳ שלא יאכל המיני ״קייקס״ דיש עלייהו תוריתא דנהמא, דאם יאכל אף מעט ״קייק״ הוא לפעמים כשיעור פת שאוכל בסעודה שלמג״א נחשב קביעות סעודה (ויצטרך לברך בהמ״ז) וכו׳ ולכן במדינה זו שמצד ריבוי המינים אוכלין רק מעט לחם אין לו לאכול מ״קייקס״ רק פחות מהפת שרגיל לאכול בסעודה שאוכל בשר ומינים אחרים וכשקשה לו לשער לא יאכל ״קייק״ אז עכ״ל. וע״ע באג״מ ח״ד סי׳ מ״א.

שמעתי בשם הגר״י קמנצקי זצ״ל דדין זה שייך רק כשאוכל ה״קייקס״ עם הבשר ושאר דברים, אבל אם אוכל ה״קייקס״ לבדם והבשר לבדו אז לא מקרי קביעות על ״קייקס״ ושפיר מברך רק מזונות ומעין ג׳. שוב מצאתי שכ״כ בהגדת מעשה נסים מבעל הנתיבות זצ״ל (קו״א דיני ברכת במ״מ דין ג׳).

[7] עיין מ״ב שם ס״ק כ״ד.

one should not eat a breakfast of two large danishes[d] unless he intends to wash and eat bread.[e]

1. Products Which Have All Three Characteristics

Products which have all three characteristics of *pas haboh b'kisnin* are indisputably not bread[8]. For example, apple pie is *pas haboh b'kisnin* according to all views, (it has a filling, the dough is made with a lot of sugar, and it has a dry consistency)[9].

The *brocha rishona* for *pas haboh b'kisnin* is *borei menei mezonos*[10.][f]

(Regarding the *brocha achrona* for cakes with filling see Addendum One, Section C.2).

Products which have all three characteristics, if eaten as dessert, are indisputably not exempted by the *bircas hamotzi* on the bread, and would require a separate brocha. For example, if one ate apple pie for a dessert (and not for satiation) a separate brocha would be required.

(However, often people are partially hungry at the conclusion of their meal and eat the pie for additional satiation as well as for its dessert quality. In such cases it would not require a brocha,[11] as explained in Chapter 5).

[d] In Addendum One we learned that a *k'zayis* is equal to an amount which will displace about one fluid ounce. A good approximation of a *k'zayis* is half of a (center) slice of a large rye bread. Thus a good approximation of eight *k'zaysim* is about four center slices of a large rye bread.

[e] For further details regarding this halacha see Shulchan Aruch O.C. 168

[f] Except when one makes *pas haboh b'kisnin* the mainstay of his meal, (see Note in text above).

8 בה"ל שם סעי' ח' עיי"ש.

9 כן שמעתי מהגרח"פ שיינברג שליט"א דעוגה הנקרא "פאי" מתפוחים או משאר פירות נחשבת פת הבאה בכיסנין.

10 שו"ע שם סעי' ו'.

11 שמעתי מהגרח"פ שיינברג שליט"א דלמעשה ברוב הפעמים כוונת האוכל לאוכלו גם לשובע ורק בסעודות גדולות כמו חתונה וכדומה

2. Products Which Have One of the Three Characteristics [Most Types of Cakes and Crackers]

If a product has only one of the three characteristics of *pas haboh b'kisnin*, it is questionable as to whether it belongs under the classification of bread or cake[12].

Therefore, when determining if one must wash, make the *bircas hamotzi* and *bentch* for such products, the uncertainty causes us to place them in the cake category. (See Note above).

However, when judging if they require a brocha when eaten during the meal, the uncertainty again causes us to take the opposite position and to regard them as bread, which would not require a separate brocha.[g] Since the brocha requirement is questionable, a separate brocha may not be made on cake eaten during a meal.[13] [h]

The Poskim advise, that since in many cases making a brocha for cake eaten during the meal is questionable, one should have specific intent when making the *hamotzi* to exempt any cake he might subsequently eat during the meal.[14]

[g] In Chapter 16 we learned about the principle of *sofek brochos l'hokel*. Under this principle, (in most cases) where the requirement to make a brocha is in doubt, the food may be eaten without a new brocha.

[h] See Chapter 5 Section E.

נאכלת רק לקינוח ולכן ראוי לחוש שלא לברך אפי' על פהב"כ ודאית אא"כ בטוח בדעתו שכוונתו רק לקינוח.

12 שו"ע שם סעי' ז'. ועיין במאמ"ר סי' קס"ח ס"ק י"ד (הובא בבה"ל ד"ה והלכה) ובאג"מ יו"ד חלק ג' סי' ק"ב אות ב'.

13 בה"ל שם סעי' ח' ד"ה טעונים.

14 בה"ל שם בשם הח"א וע"ע בבה"ל לסעי' י"ג ד"ה ויר"ש בשם הלכה ברורה, ובכה"ח סי' קס"ח אות מ"ט.

The index to Volume One has been combined with Volume Two, and moved to page 541. Therefore, page numbers 264-278 have been deleted.

CHAPTER 17

The Torah Obligation Of Bentching

Introduction

This chapter deals with the very important subject of bircas hamozon.* For smoother reading we use the common usage (Yiddish) term "bentch" in place of "recite bircas hamozon".

Section A briefly reviews prerequisites which must be met before starting to bentch. For example, one may not bentch in the presence of improperly clad persons.

Section B discusses the halacha that bentching is required only if a set minimum amount of bread is eaten. For example, one washes for bread and sits down to eat a meal. Throughout the meal he nibbled at small amounts of the bread, but did not eat a full *k'zayis* within *k'dei achilas praas*. He may not bentch.

Section C deals with who is included and who is not included in the Torah obligation of bentching. For example, a person who ate a meal and was not satiated is not included in the Torah obligation. Does the Torah obligation to bentch apply to women as well?

Section D discusses the rule that *bircas hamozon* must be recited in the place that one ate. For example, is it permissible to start the meal at home, with the intention of bentching at a *sheva brochos* being held at a friend's home?

Section E is about what to do when one is uncertain as to whether or not he is obligated to bentch. For example, what should one do if he ate a meal and can not remember whether or not he bentched?

* פרק זה מבוסס בעיקרו על שו"ע סי' קפ"ד, קפ"ה, וקפ"ו.

Section F gives suggestions for bypassing an uncertainty with regard to bentching. For example, if one is uncertain as to whether or not he is required to bentch he may ask someone else to be motzi him. Can a wife be motzi her husband?

A. Prerequisites for Bentching

There are a number of important prerequisites[a] for making a brocha (which are discussed in detail in Chapter One). It is especially important to comply with these prerequisites for bentching, since *bircas hamozon* is a Torah obligation.[b]

For example:

One may not bentch in the presence of odors - emanating from a bathroom[c] or from diapers containing body waste.[1] [d]

[a] A prerequisite is that which is required beforehand.

[b] See Section B.

[c] The place where the brocha is being made must also be free of odors from waste substances, rotting food in garbage cans, etc., - see Chapter 1, D.1.

[d] A person wishing to bentch is not required to check the diapers of all the children present.[1.1] However, if he has reason to believe that an odor is about to

[1] ראה פרק א׳ הערות 21 - 25 ובפנים שם.

בדיעבד אם בירך בהמ״ז כנגד צואה או ריח רע וכדומה

כתב בשו״ע (סי׳ קפ״ה סעי׳ ה׳) אם בירך (בהמ״ז) והיתה צואה כנגדו וכו׳ נסתפקו התוס׳ והרא״ש אם צריך לחזור ולברך וכתבו בע״ת וא״ר (הובאו במ״ב שם ס״ק ז׳) דצריך לחזור ולברך דחיוב בהמ״ז דאורייתא הוא ואחר שיש מחלוקת ראשונים בזה ונשארנו בספק אמרינן ספק דאורייתא לחומרא וכ״כ בזכור לאברהם.

אמנם הנ״א בכלל ג׳ אות ו׳ (הובא בבה״ל סי׳ קפ״ה ד״ה אם) דחה דברי הע״ת דהמברך בהמ״ז בתוך ד׳ אמות של צואה אע״פ שחטא ודאי יצא מדאורייתא ורק מדרבנן קנסוהו לחזור וא״כ לא הוי אלא ספק דרבנן ולקולא. ע״ע מש״כ בפרק א׳ הערה 4.

ועיין שם במ״ב ס״ק ז׳ שצדד להחמיר בזה, (ובבה״ל סיים דעכ״פ בעבר במזיד ורוצה עתה לחזור מעונו בודאי יש להצריכו לחזור ולברך).

ועיין בכה״ח סי׳ קפ״ה אות י״ד שאם אפשר לו יש לאכול עוד ולברך ולכוון לפטור מה שאכל מקודם כדי לאפוקי נפשיה מפלוגתא או לשמוע הברכה מאחרים ולכוין לצאת.

[1.1] שמעתי מהגרש״ז אויערבאך שליט״א ומהגרי״ש אלישיב שליט״א.

One may not bentch if he has a need to go to the bathroom.[2]

One may not bentch in the presence of improperly clad persons.[3] [e]

B. Mitzvah To Bentch After Eating Bread.

Without scarceness shall you eat therein bread ....
And you shall eat, and you shall be satiated, and you shall make a brocha to Hashem your G-d...." Devorim 8.10

The Torah connects eating bread to making a brocha,[4] [f] thereby giving us the positive commandment[g] to "bentch" after eating bread.[5] [h]

emerge, he is required to check the diapers before bentching.[1.2]

[e] When one finds himself in a situation where improperly clad women are seated at his table and they may feel hurt or embarrassed should he turn away from them in order to bentch, he should inconspicuously look into a siddur or close his eyes while bentching[3.1] - see Chapter 1, F.3.

[f] "...shall you eat therein bread... and you shall make a brocha."

[g] According to some Rishonim, the commandment to make a brocha after eating refers not only to bread but also to (making a *brocha achrona* on) products of the "seven species" (which are mentioned in the previous *posuk*). This view is discussed in Chapter 20, Section A.

[h] "Bread family" products (cake, crackers, etc.,) are in certain cases also considered bread, in which case, bentching is required - see Chapter 27.

[1.2] שמעתי מהגרש״ז אויערבאך שליט״א.

[2] ראה פרק א׳ הערות 34, 35 ובפנים שם.

בדיעבד אם בירך כשהיה צריך לנקביו

עיין בפמ״ג סי׳ קפ״ה מ״ז אות ב׳ שמסתפק במי שבירך בהמ״ז ואינו יכול לעמוד על עצמו שיעור הילוך פרסה אי צריך לחזור ולברך או לא ונשאר בצ״ע.

אמנם מהגרש״ז אויערבאך שליט״א שמעתי שבדיעבד אין צריך לחזור דבסתמא לא היה מזיד רק סבר שלא היה צריך לנקביו כל כך, ויש לסמוך בזה על הח״א (ראה הערה 1) שבדיעבד יצא.

[3] ראה פרק א׳ הערות 1 - 12 ובפנים שם.

[3.1] ראה פרק א׳ הערה 38 ובפנים שם.

[4] ברכות מ״ד ע״א ורש״י שם ד״ה ארץ.

[5] סמ״ג (עשין כ״ז) ורמב״ם בספר המצות (מצוה י״ט, הובאו בב״י ריש סי׳ קצ״ה) וכ״כ הרמב״ם ריש הל׳ ברכות, וחינוך (מצוה ת״ל).

1. K'zayis of Bread

Bentching is required only if a *k'zayis*[i] or more of bread is eaten.[6] If one ate less than a k'zayis of bread, he is not required (nor is he permitted[j]) to bentch.[k]

Even if one ate other foods[l] with the bread, and became fully satiated, nevertheless, since less than a *k'zayis* of bread was eaten, bentching is not required.[7] [m]

[i] A *k'zayis,* (literally "olive size") is equal to the volume of half an egg. A good approximation of a *k'zayis* is an amount equal to about half of the center slice of rye bread - see Addendum One, Section A.1.

[j] If one is not sure whether a brocha is required, and makes a brocha just to be sure, it may be a *brocha l'vatolah* - see Chapter 14, Section B.2.

[k] Regarding one who ate a *k'zayis* of bread and regurgitated, or left the house before finishing one *k'zayis* - see Hebrew footnote[6] below.

[l] If less than a k'zayis of bread is eaten, it is questionable if the brocha on that small amount of bread covers the other foods.[7.1] If one insists on eating less than a *k'zayis* of bread, he should first make the appropriate brochos on the other foods to be eaten during the meal, then wash without saying the brocha, and then make *hamotzi* on the bread - see Chapter 5, Section F.1.

[m] The appropriate *brochos achrona* for the other foods are, however, required.

[6] שו"ע סי' קס"ח סעי' ט', וסי' קפ"ד סעי' ו', וסי' ר"י סעי' א'.

אכל והקיאו

עיין בקצות השולחן (סי' מ"ד בבדי השולחן אות ג') דאם הקיאו וברי לו שנשאר כזית במעיו יברך בהמ"ז ואם מסופק אם נשאר כזית לא יברך. ולענין מי שאכל רק כזית והקיאו, עיין בכה"ח סי' קפ"ד אות ל"ד שמביא מכמה אחרונים שלא לברך, וכן אם נסתפק לו אם נשאר כזית במעיו אין לברך, ואם אפשר יש לאכול עוד כדי לברך או לשמוע מאחרים או יברך בלבו (עיין מש"כ לקמן Section D) וכן כתב בנזירות שמשון לסי' קפ"ד סעי' ה', וע"ע בזכור לאברהם אות ב' ערך ע'.

אכל חצי כזית וחזר ואכל חצי כזית

ולענין מי שאכל חצי כזית ויצא מביתו, או הסיח דעתו, וחזר ואכל עוד חצי כזית ולא שהה בינתיים יותר מכדי אכילת פרס, כתב באג"מ (או"ח ח"א סי' ע"ז) דיש להורות דמצטרף וחייב לברך בהמ"ז.

ועיין בכה"ח (סי' קפ"ד אות מ"א בשם הלק"ט ובית מנוחה) דכן הדין אם לא הי' בדעתו לאכול כזית שלם וחזר והשלים כזית בתוך כדי אכילת פרס, שחייב לברך בהמ"ז.

[7] אג"מ או"ח ח"א סי' ע"ו, וח"ד סי' מ"א ואף מדרבנן פטור דעכ"פ אכילה בעינן, וכשאכל פחות מכזית הוא כלא אכל פת כלל.

[7.1] ראה פרק ה' הערה 37, ופרק כ"ו הערה 8.1.

If one wishes to eat less than one *k'zayis* of bread, he should wash (but not recite *al n'tilas yodahyim*)[8] and make *hamotzi*[9]. After eating, he should not bentch.

2. Eaten Within K'dei Achilas Praas

According to most Poskim,[9.1] bentching is required only if the k'zayis is eaten within *k'dei achilas praas*[10] (a specified span of time).[11] Many Poskim[12] rule that this time period is equal to slightly more than three minutes.[13]

Therefore, l'chatchilla, one should make sure to eat at least one *k'zayis* of bread within a three minute time span.[14]

8 המחבר בסי׳ קנ״ח סעי׳ ג׳ כתב דאם אוכל פחות מכזית פת יש מי שאומר שאין צריך נטילה וחלקו הפוסקים בזה: הט״ז פסק דאין צריך נטילה כלל, והמ״א פסק שיטול בלי ברכה. ולמעשה כתבו הגר״ז (סעי׳ ב׳) והמ״ב שם (ס״ק י׳) שלכתחלה נכון להחמיר בזה.

9 ש״ע סי׳ קס״ח סעי׳ ט׳, וסי׳ ר״י סעי׳ א׳.

9.1 דלא כהפמ״ג הובא לקמן בהערה 15.

10 מ״א סי׳ ר״י ס״ק א׳ דטעמא דבעי כזית היינו משום דכתיב אכילה, ואכילה בכזית, ואם שהה יותר מכדי אכילת פרס לא מיקרי אכילה, וכ״כ ח״א כלל נ׳ סי׳ י״ג, מ״ב סי׳ ר״י ס״ק א׳, אג״מ או״ח ח״ד סי׳ מ״א. וע״ע מש״כ בהוספה א׳ (Addendum 1) הערה 25.

11 עיין במ״א סי׳ ר״י ס״ק א׳ דשיעור של כדי אכילת פרס נחשבת מתחילת אכילת הכזית עד סוף אכילתו.

12 בסי׳ תרי״ב סעי׳ ד׳ כתב השו״ע דשיעור אכילת פרס י״א ד׳ ביצים וי״א ג׳ ביצים ולענין ברכה אחרונה חששו הרבה פוסקים לדעה זו של ג׳ ביצים (הגר״ז בסידורו סדר ברכת הנהנין פרק ח׳ אות ב׳ והח״א כלל נ׳ סי׳ י״ג, והמ״ב סי׳ ר״י ס״ק א׳, הגרא״ח נאה זצ״ל בספרו שיעורי תורה סי׳ ג׳ אות ל״ה ובספרו קצות השולחן סי׳ נ״ט בבדי השולחן אות א׳.)

ועיין בספר שיעורי תורה להגרא״ח נאה זצ״ל סי׳ ג׳ סעי׳ ט״ו שהביא הרבה שיטות בשיעור כדי אכילת פרס ופסק (לענין ברכה אחרונה) שיאכל הכזית במשך ו׳ מינוטין ועיין בערוך השולחן סי׳ ר״ב סעי׳ ח׳ דכדי אכילת פרס הוי ג׳ או ד׳ מינוטין אמנם האג״מ א״ח חלק ד׳ סי׳ מ״א (ד״ה עכ״פ) הכריע כשיעורו של המרחשת (סי׳ י״ד) שהוא בערך שלשה מינוטין(עיי״ש במרחשת שכ׳ שהוא 3.6 מינוט) ומסיק דצריך ליזהר לכתחלה לאכול הכזית בפחות מג׳ מינוטין, וגם מהגרי״ש אלישיב שליט״א שמעתי שהעיקר כשיעורו של המרחשת וכן יש להורות.

13 ראה הערה הקודמת.

14 ראה הערה 10 דלא מיקרי אכילה ובלי אכילה אינו חייב בבהמ״ז, ע״ע בהערה 15 לקמן דלפי האג״מ אפי׳ אם אכל כדי שביעה אינו חייב לברך.

3. B'dieved

- If the *k'zayis* was eaten in a time span exceeding[n] *k'dei achilas praas* and he was not satiated, he should not bentch.
- If the *k'zayis* was eaten in a time span exceeding *k'dei achilas praas*, and he **was** satiated, he should, preferably, eat another *k'zayis* of bread[o] within a time span of three minutes (or less). If it is difficult to eat another *k'zayis* of bread, he should not bentch.[15]

To illustrate; one prepared to eat a meal consisting of two dinner rolls, fish, spaghetti, and vegetables. He washed, made *hamotzi*, and ate only a small piece of a roll. Throughout the meal he nibbled small amounts of the rolls, but did not eat a full *k'zayis* within *k'dei achilas praas*. He should try to eat another *k'zayis* of bread within *k'dei achilas praas*. If he cannot do this, he may not bentch. (However, he must instead make an *al hamichya* for the spaghetti, and a *borei nefoshos* for the fish and vegetables[p]).

C. Who Is Included In The Torah Obligation

1. Satiated

The Torah connects bentching with being satiated.[q] This implies,

[n] If he is unsure as to the time span within which he ate the *k'zayis*, he should, preferably, eat another *k'zayis* of bread (within a time span of three minutes or less) and bentch. If it is difficult for him to eat more bread, he should not bentch.[14.1]

[o] If he had terminated his meal (had *hesach hadaas*) he must make another *hamotzi* - see Chapter 8.

[p] a *brocha achrona* is not required on these foods if he ate less than one *k'zayis* within *k'dei achilas praas*. The halachos of *al hamichya* and *borei nefoshos* are discussed in greater detail in Chapters 20 and 21.

[q] "And you shall eat, and you shall be satiated, and you shall make a brocha."

14.1 כיון שלא אכל כדי שביעה אינו חייב לברך בהמ"ז אלא מדרבנן וכיון דהוי ספק דרבנן אינו מברך, אכן במ"ב סי' קפ"ד ס"ק ט"ו כתב דראוי לירא שמים בנסתפק אם בירך או לא, אפי' לא אכל אלא כזית, שיטול ידיו ויברך המוציא ויאכל כזית ויברך בהמ"ז. ע"ע בהערה 50 לקמן.

15 עיין באג"מ או"ח ח"א סי' ע"ו שהביא

in the view of most Rishonim, that the Torah (*midioraisa*) commandment to bentch only applies if one is satiated.[16] [r] When a person eats

[r] Being satiated, does not mean being so full as to be unable to eat another

דברי הפמ״ג דס״ל דאם שהה באכילת כזית פת יותר מכדי אכילת פרס אמנם אכל כדי שביעה (מפת ושאר מאכלים) דחייב לברך בהמ״ז ותמה עליו וסיים לדינא דצריך ליזהר שיאכל לכה״פ כזית אחד בכא״פ, ואם אירע שא״א לו לאכול כזית בכא״פ יש להורות שלא לברך בהמ״ז, אך לכתחילה יראה שלא לבא לזה שלא יבא לעבור על סברת הפמ״ג עכת״ד,ומהגרש״ז אויערבאך שליט״א שמעתי שיש לצדד כהפמ״ג הנ״ל.

16 שו״ע סי׳ קפ״ד סעי׳ ד׳ ומ״ב שם ס״ק כ״ב. אעתיק כאן מפוסקים אחרונים עוד איזה דינים השייכים לשיעור שביעה:

א- תלוי בשביעה דידיה

עיין במ״ב סי׳ קפ״ד ס״ק כ״ב דשיעור שביעה אינו שוה בכל אדם אלא כל אחד יודע שביעתו ואם דרכו תמיד לאכול כדי מחייתו לבד גם זה נחשב שביעה ואם אינו שבע כי אם באכילה מרובה מאד אינו מתחייב כ״א לפי שביעתו (עיין שעה״צ שם אות כ״ה). ע״ע ערך השלחן (הספרדי) שם סעי׳ ו׳.

ועיין שם בבה״ל (ד״ה בכזית) דעת הר״י והרי״ו דמן התורה סגי בכביצה, אמנם לפי דעת רוב הפוסקים בעינן שביעה ממש ולא סגי בכביצה. ע״ע בכה״ח שם אות כ״ב.

ב- חולה או זקן

כתב בבה״ל (ש)ם בשם הרדב״ז דחולה או זקן שאינו יכול לאכול כשיעור שב״א אוכלים לקביעות סעודה מ״מ אם אכלו מעט ושבעים מאותו אכילה מחוייבים לברך בהמ״ז מדאורייתא.

ג- אם מחייב מדאורייתא באכילה בלי שתיה

אכל כדי שביעה ולא שתה, ואינו תאב לשתות כתב המ״ב (סי׳ קצ״ז ס״ק כ״ו) דבכה״ג לכו״ע חייב מדאורייתא גם בלי שתיה. אמנם אם לא שתה ותאב לשתות י״א שאינו חייב לברך מדאורייתא (מרדכי הובא ברמ״א שם) אכן במ״ב (שם ס״ק כ״ח) כתב דהוא דעת יחיד וגם בכה״ג חייב לברך מדאורייתא.

ד- שאר מאכלים שאכל בסעודת פת מצטרפים לשיעור שביעה

עיין בבה״ל (בסי׳ קפ״ד ד״ה בכזית) דמה שאכל איזה דבר ללפת את הפת פשיטא דמצטרף לשיעור שביעה, אלא בשאכל שארי דברים בפני עצמן וגם כזית פת יש להסתפק, ע״ש מש״כ.

ובאג״מ ח״ד סי׳ מ״א פסק להדיא דאם אכל כזית פת (בכדי א״פ) וגם בשר ודגים ושאר מאכלים הבאים בסעודה (ממינים שנטפלים לפת) חייב לברך בהמ״ז מדאורייתא אע״פ שעיקר השביעה היה משאר מאכלים ולא מן הפת.

ה- מאכלים שאכל מכבר אם מצטרפים לשיעור שביעה

עיין בא״ר סי׳ קצ״ז סעי׳ ז׳ שכתב בשם ע״ת דאם כבר אכל, ובקביעת אכילת כזית זה נעשה שבע צ״ע למעשה אם חייב מדאורייתא, ועיין בבה״ל בסי׳ קפ״ד (ד״ה בכזית) שמסתפק בזה, אכן החזון איש (סי׳ ל״ד אות ד׳) כתב דהדעת נוטה כהפמ״ג המובא בבה״ל (הנ״ל) דאינו חייב בבהמ״ז עד שיאכל שיעור שביעה בסעודה אחת שהפת יהי׳ בה העיקר. ועיין בבן איש חי (ש״ר פרשת חקת אות י׳) שכתב דלא איפשטו הני ספיקות הפוסקים ולפיכך אם אירע לו בהני עובדי ספק בהמ״ז לא יחזור לברך אלא ישמע בהמ״ז מאחרים.

a meal and is not satiated, his requirement to bentch is only *midirabonon*.[17] [s]

2. Women

Some Rishonim rule that the Torah commandment to bentch applies to women as well. Other Rishonim are of the view that although women are definitely required to bentch, their obligation is not *midioraisa*.[18] [t].

morsel, (which is also unhealthy[16.1]). Rather, it means being as full as one normally is when he finishes his meal[16.2]

Satiation, as defined in halacha, varies from person to person. Persons who are heavy eaters are not considered satiated until they reach the level of fullness to which they are accustomed. Moderate eaters are considered satiated when they reach the level of satiation to which they are accustomed.[16.3]

[s] The consideration that bentching is of Torah origin (*midioraisa*) bears halachic implications, as discussed in Section E of this chapter.

[t] Some Rishonim reason as follows: The Torah commands us to bentch "on the good land which He gave you". This statement cannot be applied to women, who do not have inheritance (except where there are no surviving sons) and are thus not recipients of the land.

16.1 רמב״ם הל׳ דעות פרק ד׳ הל׳ ב׳ לא יאכל אדם עד שתתמלא כריסו וכו׳. עוד כתב (שם הל׳ ט״ו) ואכילה גסה לגוף כל אדם כסם המות והוא עיקר לכל החלאים. ובסי׳ ק״ע ס״ק מ״ה כתב המ״ב ליזהר מריבוי אכילה ושתיה. ולענין אי מותר לברך על אכילה גסה עיין מ״ב סי׳ קצ״ז ס״ק כ״ח.

16.2 ראה הערה 16 אות א׳ וב׳.

16.3 שם.

17 ואף מדרבנן אין חייב אלא כשאכל כזית פת בתוך כדי אכילת פרס וכמבואר לעיל.

18 איתא בגמ׳ (ברכות דף כ׳ ע״ב) בעי רבינא מרבא נשים בבהמ״ז דאורייתא או דרבנן וכתב הב״י בסי׳ קפ״ו וז״ל ואיכא למידק מאי קא מיבעיא ליה, הא מצות עשה שלא הזמן גרמא, תירץ רש״י דכיון דכתיב ״על הארץ הטובה אשר נתן לך, ונשים לא נטלו חלק בארץ אינן חייבות, והתוס׳ כתבו דטעמא משום דכתיב בה ״על בריתך שחתמת בבשרנו על תורתך שלמדתנו״ ונשים ליתנהו לא בברית ולא בתורה, עכ״ל. וכתב הב״י דהוי ספיקא לדינא ועפ״ז כתב בשו״ע בסעי׳ א׳ דספק הוא אם הן חייבות מדאורייתא או לא. ועיין בבה״ל (שם ד״ה אלא) שכתב דאף שהשו״ע מסיק דהוי ספק לדינא מ״מ לא ברירא כולי האי דיש הרבה מגדולי הראשונים דסוברים דהן חייבות ודאי מדאורייתא. וע״ע מש״כ לקמן בהערות 50 - 54.

3. Children

The Torah obligation to bentch does not apply to boys under the age of thirteen, and girls under the age of twelve.[u] [19] Parents[20], however, are obligated to teach their children[21] to bentch at whatever age

Others reason that since bentching must include a reference to having a *bris milah* and learning Torah, which are not applicable to women, the commandment can not be applied to women.[18.1]

Regarding the obligation of *cohanim, leviim,* and *gerim* see Hebrew footnote.[18.2]

[u] Regarding children being *motzi* adults - see section F.2c

18.1 ראה מש״כ בהערה הקודמת, ולענין נוסח בהמ״ז לנשים עיין בהערה דלקמן בסמוך.

18.2 **נוסח בהמ״ז לנשים**

עיין במ״ב סי׳ קפ״ז סק״ט דבימינו נהגו הנשים לומר ג״כ ״על בריתך שחתמת בבשרנו ועל תורתך שלמדתנו וכו׳״, והכוונה על ברית הזכרים שחתמת בבשרנו וכן תורתך על למוד הזכרים שבזכות התורה והברית נחלו ישראל את הארץ, ועוד שגם הנשים צריכות ללמוד מצות שלהן לידע היאך לעשותן ע״כ.

נוסח בהמ״ז לכהנים ולוים

הנה בשלטי הגבורים (דף י״א ע״ב בדפי הרי״ף, אות ח׳) כתב וז״ל וכהנים ולוים לפירוש רש״י (הובא בהערה 26) אינן חייבין בברכת המזון (פי׳ דלפי רש״י נשים פטורות מפני שלא נטלו חלק בארץ וא״כ גם כהנים ולוים שלא נטלו חלק בארץ אינם חייבים בבהמ״ז דאורייתא), ולפי׳ התוס׳ והמרדכי חייבים עכ״ל. אכן המ״א בסי׳ קפ״ו ס״ק א׳ כתב שכהנים ולויים היו להם ערי מגרש ומשום הכי גם לפי רש״י חייבים הם מדאורייתא וכן העתיקו האחרונים וכ״כ המ״ב שם ס״ק ב׳.

נוסח בהמ״ז לגרים

ולענין גרים עיין במנחת חינוך מצוה ת״ל שכתב דלדעתו גרים הם ג״כ בכלל ספק זה ואינם חייבים רק מספק. אכן בשו״ע סי׳ קצ״ט סעי׳ ד׳ כתב דגר יכול לברך בהמ״ז ולומר על שהנחלת לאבותינו. ועיין בב״י שכתב דהארץ ניתנה לאברהם אבינו וכל שנכנס תחת כנפי השכינה הוא בנו של אברהם אבינו, ומש״ה יכול לברך ויכול להוציא אחרים, ומשמע דמחוייב מדאורייתא.

19 ח״א סי׳ ס״ו. ועיין בהערה 61 לקמן ובפנים שם.

20 עיין במ״א סי׳ שמ״ג ס״ק א׳ דדוקא אביו, אבל אמו אינה מצווה וע״ש במחצית השקל (שם), ובכה״ח (שם, אות ט׳) שבספר אורך מישור תמה על דברי מ״א ומסיק דגם אמו חייבת לחנכו, והח״א (הנ״ל) מביא שיש מחלוקת בזה ואינו מכריע וגם המ״ב (סי׳ תרט״ז ס״ק ה׳) מביא מחלוקת בזה ואינו מכריע, והגר״ז (שם סעיף ד׳) מכריע כהמ״א דאין אמו מצווה, והערוך השולחן (שם סעיף א׳) פסק דאמו מצווה. ועיין בספר ״חנוך לנער״ פ״ב הערה י״ד דגם לפי הסוברים דאין עליהן חובת חנוך מ״מ אפ״ל דאם מחנכו מצוה קעביד מדין זכיה כשליחות האב.

21 כתב במ״א סי׳ שמ״ג ס״ק א׳ דיש להסתפק אם יש חיוב על אדם לחנך בתו, ומסיק דאפשר דיש ללמוד מהלכות יוה״כ שחייב לחנכם, ועיי״ש במחה״ש, דבתוס׳ ישנים במס׳ יומא דף פ״ב איתא להדיא דודאי חייב לחנכם, ובזה נפשט ספיקת המ״א. ועיין בגר״ז (סי׳

the child is capable of understanding the concept of bentching.[22]

A child should first be taught to recite the first brocha of bentching (*hazon*). After he has mastered reciting the entire first brocha, he should be taught to recite the entire second brocha (*nodeh*), then the third brocha (*racheim*) and so on, until he can master reciting the entire text.[23]

D. Place

Since bentching is a Torah obligation, Chazal instituted stringent

שמ״ג סעיף א׳) ובח״א (כלל ס״ו סי׳ ב׳) ובמ״ב (סי׳ שמ״ג ס״ק ב׳) ובערוך השולחן (שם סעיף א׳) שכתבו סתם שמצות חינוך שייכת לבנותיו.

[22] שו״ע סי׳ קפ״ו סעיף ב׳, ח״א שם וז״ל וכן בכל מצוה ומצוה חייב לחנכו והכל לפי דעת הקטן. והנה ברשב״א (דף מ״ח ע״א ד״ה ולית, מובא בב״י סי׳ קצ״ט גבי קטן היודע למי מברכין) כתוב וז״ל ובן י׳ ובן ט׳ דנקט (הרי״ף) נר׳ מפני שהוא זמן חינוכו. וכן בסי׳ רס״ט שהמקדש בבה״כ אינו טועם מיין אלא מטעימו לקטן, וכתב שם המ״ב (ס״ק א׳ בשם המ״א) דיתן לקטן שהגיע לחינוך דהיינו כבר שית כבר שבע כל חד לפום חורפיה, ולכאורה משמע דא״צ לחנכם בברכות או בבהמ״ז פחות מגיל שש, אמנם מהגרש״ז אויערבאך שליט״א שמעתי דאין ללמוד משם שא״צ לחנכם פחות מגיל שש דלענין ברכה לבטלה של המקדש אנו מחמירים, אבל פשוט שמחנכים אותם פחות מגיל זה, והכל לפי הקטן.

והנה שמעתי בשם הגר״י קמנצקי זצ״ל שלא טוב מה שמרגילין קטנים ביותר בברכות מכיון שאין הם מבינים את המושג ״הקב״ה״ והם מזכירים שם ה׳ בבית הכסא ובמקומות מבוזים, אמנם מהגרש״ז אויערבאך שליט״א שמעתי דאין זה טענה, דהא איסור גמור להזכיר דבר שבקדושה כשיש לאדם צואה בפי טבעתו (כדאיתא בשו״ע סי׳ ע״ו - ראה מש״כ מזה בפרק א׳ הערה 25) וידוע דקטנים אינם יכולים להזהר מזה, ומ״מ אנו לומדים עמהם תורה ואת״ל דאין הכי נמי אין ללמדם עד שיכולים להזהר מזה צריך אתה לסגור כל החדרים, ומה יהיה עם כלל ישראל, אלא ודאי אף שאיסור גמור הוא אצל גדול אין אנו נמנעים מללמדם והוא הדין שיכולים ללמדם ברכות ושאר דברים שבקדושה ואין חוששים שמא יזכירו שם ה׳ במקומות מבוזים.

[23] עיין בב״ח ססי׳ קצ״ב שמביא נוסח קצרה של בהמ״ז הכוללת את תמצית של כל ברכה וברכה מבהמ״ז, ומשמע מדבריו שם דיש ללמד נוסח קצרה כזה לקטנים פחות מח׳ שנים. ועיין בגר״ז סי׳ קפ״ז סעי׳ ד׳ ובמ״ב סי׳ קפ״ז ס״ק ד׳ דמשמע דילדים קטנים נוכל לחנכם בנוסח קצרה, ועיין בספר חסד לאלפים (סי׳ קפ״ז, מובא בכה״ח שם אות ד׳) שמביא נוסח קצרה לקטנים.

אכן מהגרש״ז אויערבאך שליט״א שמעתי שאפי׳ לקטנים פחות מגיל ח׳ לא כדי לחנכם בברכות עם נוסח קצר - ויותר נכון לחנך קטנים בנוסח שאנחנו אומרים דהיינו מתחלה ללמדם ברכה ראשונה מתחלתה עד סופה ואח״כ ברכה שניה וכו׳ ואף שמעיקר הדין יוצא ידי חובתו ע״י נוסח קצר שכולל עיקר ענין הברכות ואף שמעיקר הדין יצא בברכה קצרה הכוללת עיקר ענין הברכה מ״מ אין אנו נוהגים להוציא עצמנו בנוסחאות קצרות, דהנה בכל

requirements with regard to its recital.[24] One of these requirements is that *bircas hamozon* must be said in the place where one ate.[25] [v]

1. Definition

The Poskim define the "place where he ate" to mean any place within the room in which he ate.[26]

For example, at a wedding, if one ate his meal with friends seated on one side of a large ballroom, and subsequently wished to bentch with another group of friends seated at the opposite end of the ballroom, he may do so. He need not return to the specific seat or table at which he ate, in order to bentch.[27]

[v] This rule (that one should not leave where he ate without first making a *brocha achrona*) applies to all *brochos achrona*, even *borei nefoshos*. This is because if one were to leave without first making the appropriate *brocha achrona*, there is a possibility that he might forget to recite it. There is also a possibility that he might be delayed beyond the time limit within which a *brocha achrona* may be said. This rule is discussed in more detail in Chapter 9, Section G.

There is a notable difference, however, between the requirement to recite *bircas hamozon* in the location where he ate, and the requirement to say *borei nefoshos* in the location where he ate:

If one left without reciting *borei nefoshos* he is not required to return to where he ate. He may recite *borei nefoshos* wherever he may be at the time he remembers. With regard to *bircas*

הברכות, כגון יוצר אור אהבה רבה ושמונה עשרה, יש לנו אפשריות כשאין לנו פנאי לאמר נוסח קצרה של עיקר הברכה ולא ראינו שעושים כן. וגם אינו מן הראוי להרגיל הקטנים בנוסח שונה מהנוסח הרגיל.

[24] ח"א כלל מ"ז סי' ד'.

[25] שו"ע סי' קפ"ד סעי' א'.

[26] כתב המ"א סי' קפ"ד ס"ק א' דמפינה לפינה בחדר אחד לא חשוב שינוי מקום, עוד כתב המ"א שאם אכל בחדר זה ודעתו לברך בהמ"ז בחדר אחר בבית זה אפשר דמהני ויש לסמוך על זה במקום הדחק (כגון שאינו יכול לברך בהמ"ז בחדר הראשון מחמת שאינו נקי).

והקשה במחצית השקל דלכאורה סותר למש"כ בסי' קע"ח ס"ק ח', דשם פסק המ"א שמותר לכו"ע לברך המוציא על דעת לגמור סעודתו בבית אחר וא"כ כל שכן הוא שמותר לברך על דעת לגמור באותו בית עצמו רק בחדר אחר, וכאן מספקא ליה להמ"א אם מותר לאכול על דעת לברך בהמ"ז באותו בית רק בחדר אחר וקשה למה לא מועיל דעת? ותירץ דבסי' קע"ח מיירי שדעתו לאכול במקום השני וא"כ מועיל דעתו שיהא מותר לעשות כן לכתחילה ואפי' לבית אחר משא"כ כאן שרצה לאכול בחדר הראשון רק לברך במקום השני בזה מספקא ליה אי מהני אפי' בבית זה.

[27] מ"ב סי' קפ"ד ס"ק א'.

If one ate his meal outside of a building (e.g., in an unenclosed yard or park) he must bentch where he ate. If, for some reason he needs to move, he may do so provided that he remains within four *amos* (approximately 7 feet) of the place where he ate.[28]

2. Had Intention To Finish Eating Someplace Else

If , when one made *hamotzi* on bread, he had specific intention to eat a small piece of bread in the second location, he may *l'chatchilla,* bentch in the second location. Even if he does not plan to eat any other food there, nevertheless, as long as he plans to have a piece of bread there, he may bentch in that location. [w] [29]

For example, one who wishes to eat at home and join a sheva brochos for bentching may do so, providing that he has specific intention (when he makes *hamotzi* at home) to eat some bread at the *sheva brochos*.[30]

3. Place Not Suitable for Bentching

If the place where one ate is not suitable for bentching, one may leave the room to bentch, but should position himself in such a way that he can still see the place where he ate.[31]

For example, one ate a meal in his dining room. A bathroom overflowed filling the dining room with an odor of waste substances. Since one is not permitted to make a brocha in a place which contains

hamozon, however, he may not recite it at the second location. Rather he must return to the place where he ate. (B'dieved, in certain instances, one may bentch in the second location, see paragraph D.4 below).

[w] See Chapter 9, Section G, paragraph 2c

28 מ״ב שם ס״ק ב׳ ושעה״צ שם אות ה׳.

29 ראה הערה 34 לקמן.

30 ח״א כלל מ״ז סי׳ ח׳, ועיין מש״כ מזה בפרק ט׳ Section G, ובהערות 39, 43 שם.

31 מ״ב שם ס״ק א׳, ועיין מה שהבאנו בפרק ט׳ בענין מחיצה של זכוכית אי נחשב הפסק.

an odor from waste substances,[x] he may go to another room to bentch (provided that he can see the dining room through an open door or window).

4. B'dieved

If one inadvertently[32] [y] left the place where he had eaten, and then remembered that he hadn't bentched, he should do as follows:

- if bread is available in the second location, he should eat a small piece of bread[33] (he may eat less than a k'zayis[34]) and bentch in that location.
- if he does not have bread, it is preferable to return to the location where he ate,[35] even if it is miles away (providing he will not exceed the time limit within which he is permitted to bentch).[36]

[x] It is not sufficient to be out of range of the odor. One must be at least seven feet away from the point where the odor ends - see Chapter 1, Section D.1.

[y] However if he *deliberately* left the place where he had eaten, he should do as follows:

- if bread is available in the second location, he may eat a small piece of bread and bentch in that location.[32.1]
- if he does not have bread, he must return to the original location, even if it is miles away, and very inconvenient for him to return[32.2] (providing he will not exceed the time limit within which he is permitted to bentch).[32.3] He may not bentch in the second location.[32.4]

32 שו״ע סי׳ קפ״ד סעי׳ א׳.

32.1 מ״ב שם ס״ק ח׳.

32.2 מ״ב שם ס״ק ג׳.

32.3 שם.

32.4 עיין שם דלדעת הרמב״ם אם בירך במקום השני יצא ולהרא״ש לא יצא, אכן לענין הלכה כתב המ״ב (שם ס״ק ה׳) דאין צריך לחזור ולברך אפילו היה מזיד בשעה שיצא ממקום אכילתו וגם הזיד עתה בבהמ״ז שידע הדין ונתעצל לשוב אפ״ה יצא בדיעבד.

33 שו״ע שם סעי׳ ב׳, ובדיעבד אפי׳ אם לא אכל שם לחם ובירך בהמ״ז יצא, עיין הערה הקודמת.

34 כן פסק המקור חיים סי׳ קפ״ד סעי׳ ב׳ וציין להדברי חמודות (על הרא״ש, ברכות פרק ח׳ אות ל״ד, עיי״ש שמביא ראיה מרבינו פרץ שאינו צריך לאכול כזית במקום השני), וכן פסק המ״ב שם ס״ק ט׳. (ומיירי שאכל כזית במקום הראשון דאי לא אכל שם כזית אינו מחויב לברך בהמ״ז כלל כמו שביארנו בריש פרק זה). ועיין בהלכות קטנות או״ח ח״א סי׳ קמ״ז (מובא בבאר היטב סי׳ קפ״ד אות ד׳) שחלק על הדברי חמודות הנ״ל וכתב דפחות מכזית במקום השני לא מיקרי אכילה כלל.

35 מ״ב שם ס״ק ז׳. ע״ע פרק ט׳ חלק E.

36 מ״א שם ס״ק ב׳, מ״ב שם ס״ק ג׳.

- if it is inconvenient for him to return to the original location, he may bentch in the second location.[37]

E. Doubts

This section is about what should be done if one is in doubt as to whether or not he is obligated to bentch.

Rule:

The rule for determining what to do when one is in doubt is:

If the obligation to bentch was midioraisa, we adopt the stringent position[38] (i.e., we consider that he did not bentch) and require him to recite the entire[39] *bircas hamozon.*[z]

If the obligation to bentch was *midirabonon*, we adopt the lenient position[aa] (i.e., we consider that he is not obligated to bentch) and do not require[bb] him to bentch.[40] [cc]

[z] Note: In cases where one is required to bentch again, one should do so only if he had not exceeded the time limit within which one may bentch. (When a person finishes eating, he has a limited amount of time within which to bentch - see Chapter 10. After that amount of time elapses, he can no longer bentch.)

[aa] Since the obligation is *midirabonon*, the principle of *sofek brochos l'hokel* is applied. (This halacha is more fully discussed in Chapter 16, Section A.2b).

[bb] He is not required and also not permitted to bentch (see Chapter 14, Section B.2 where we discuss that one may not arbitrarily decide to make a new brocha "just in case" he needs one).

[cc] Even in cases where one may adopt the lenient position, the Poskim advise

[37] מ״ב שם ס״ק ז׳, ובדיעבד אפי׳ אם נתעצל לשוב וברך במקום השני יצא, עיין מש״כ בהערה 32.4. ולענין אם במקום השני יכול לברך במזומן כתב במ״ב (סי׳ קצ״ג ס״ק ל״ב) דאינו צריך לחזור למקום שאכל דכיון שיכול לברך במזומן במקום השני הוי כשעת הדחק.

[38] שו״ע סי׳ קפ״ד סעי׳ ד׳, וסי׳ ר״ט סעי׳ ג׳.

[39] מ״א סי׳ קפ״ד ס״ק ז׳ וז״ל וצריך לברך גם ברכה ד׳ דלא לזלזולי בה עכ״ל, מ״ב שם ס״ק יג. ועיין בגר״ז (שם סעי׳ ב׳) שהוסיף טעם לומר ג״כ ברכה רביעית שכך היתה התקנה שבכל פעם שמברך בהמ״ז יברך ד׳ ברכות. (ועיין בכף החיים סי׳ קפ״ד אות ט״ו שמביא מכמה אחרונים דלא לברך ברכה ד׳ ע״ע בשו״ת אור לציון פרק י״ג סי׳ ד׳).

[40] מ״א שם ס״ק ח׳, גר״ז שם סעי׳ ב׳,

1. Problem: Can Not Remember If He Bentched

One ate bread and afterwards can not remember whether or not he bentched.

a. Was Satiated

When one eats bread and is satiated[dd] - his obligation to bentch is *midioraisa*. Therefore, if he is unsure as to whether or not he must bentch, we adopt the stringent position and require him to bentch.[41] [ee]

> Note: If, in the middle of bentching, he reminds himself that he already bentched - he should stop immediately, even in the middle of a brocha.[42] [ff]

Although he is obligated to bentch, if it is possible for him to bypass the uncertainty by employing one of the suggestions discussed in Section F (of this chapter) , he should do so.[43]

that a *yorei shomayim* should try to bypass the doubtful situation by employing one of the suggestions discussed below (Section F).

[dd] the halachic definition of "satiated" is dealt with in footnote r, above.

[ee] Provided that he had not exceeded the time limit within which one may bentch - see footnote z.

[ff] As soon as he realizes that his bentching is invalid, he should recite *boruch shaim k'vod malchuso l'olom voed* - as discussed in Chapter 15, Section E.

ח"א כלל מ"ז סי' ב', מ"ב סי' קפ"ד ס"ק ט"ו וסי' ר"ט ס"ק י'. וע' ערוך השולחן סי' ר"ב סעי' ב'.

41 שו"ע סי' קפ"ד סעי' ד' שצריך לברך מספק מפני שהוא מן התורה ופי' המ"א (שם ס"ק ח') ושאר אחרונים דהוא דוקא כששבע (כ"כ גר"ז שם סעי' ב', ח"א כלל מ"ז סי' ב', מ"ב סי' קפ"ד ס"ק ט"ו וסי' ר"ט ס"ק י', ועיין שעה"צ סי' קפ"ד אות י"ז). ולענין שיעור שביעה עיין מש"כ לעיל בהערה 16.

42 קצות השולחן סי' מ"ד סעי' ב' בבדי השולחן שם אות ד'.

43 בשו"ע שם כתב סתם שצריך לברך מספק, אמנם בכה"ח (שם אות ט"ו) כתב דהיינו דוקא אם אי אפשר לו לאכול עוד אבל אם אפשר פשיטא דיש לו ליטול ידיו ולברך המוציא לאכול עוד כזית לפחות כדי לצאת מספק.

b. Was Not Satiated

When one eats a meal and is not satiated, his obligation to bentch is *midirabonon*. Therefore, if he can not remember whether or not he bentched, we adopt the lenient position and do not require him to bentch.[44]

Since the halacha does not require him to bentch, one does not have to inconvenience himself by trying to bypass the uncertainty. The Poskim advise, however, that a *yorei shomayim* should try to bypass the doubtful situation by employing one of the suggestions discussed below (Section F).[45]

c. Not Sure if Satiated

If he is unsure as to whether or not he was satiated, he is not required to bentch.[46] In this case also, a *yorei shomayim*, should try to use one of the alternatives discussed below.[47]

2. Problem: Does Not Know If He Ate K'zayis

He ate a meal, and does not know whether or not he ate a *k'zayis* of bread.

Even if he was satiated, nevertheless, he should not bentch[48] [gg]

[gg] Some Poskim rule that if he was satiated he should bentch.[48.1]

44 ראה הערה 40, והערה 57 לקמן.

45 ח״א כלל מ״ז סי׳ ג׳ ומ״ב סי׳ קפ״ד ס״ק ט״ו בשמו ועיין שעה״צ ס״ק י״ז, ע״ע מש״כ בהערה 57 לקמן.

46 שדי חמד (מערכת ברכות סי׳ ד׳ אות ט׳) דהוי ליה ספק ספיקא, ספק אכל כשיעור דאורייתא ספק לא אכל כשיעור ואת״ל אכל כשיעור דלמא כבר בירך בהמ״ז, הגם שודאי אכל שיעור דרבנן הא ספק ברכות דרבנן להקל, והביא שם שכן פסק הכתב סופר (סי׳ כ״ח) ועוד פוסקים עי״ש. וכן שמעתי מהגרי״ש אלישיב שליט״א דא״צ לברך מטעם ספק ספיקא וכנ״ל.

47 עיין בח״א ומ״ב הובא בהערה 45 דכיון שי״א דבהמ״ז דאורייתא אפי׳ בכזית או בכביצה ראוי לירא שמים לאכול עוד כזית ולברך בהמ״ז, וא״כ כ״ש הכא דיש צד שאכל כדי שביעה, ע״ע מש״כ בהערה 57 לקמן.

48 ערוך השולחן סי׳ קפ״ד סעי׳ ו׳ (וז״ל ועוד נר׳ דדוקא כשאכל וודאי וספק אם בירך

(but rather should employ one of the suggestions listed in Section F below).[49]

Similarly, if he knows he ate a *k'zayis* but does not know whether or not he ate the *k'zayis* within *k'dei achilas praas* - he should not bentch but rather employ one of the suggestions listed below.[50]

3. Problem: Woman Can Not Remember If She Bentched

She ate bread and afterwards can not remember whether or not she bentched.

There is a difference of opinion among the Rishonim as to whether or not the woman's obligation to bentch (when she is satiated) is *midioraisa*.[51] According to some Rishonim a woman who (was satiated and) is uncertain if she bentched is required to bentch again.[52] Other Rishonim are of the opinion that she is not required to bentch again.[53]

דחייב לברך, אבל אם יש ספק אם אכל אם לא אכל, או שאכל וספק אם אכל פת אם לאו, אינו מברך, והטעם דהא לכאורה לא שייך בזה לומר ספק דאורייתא לחומרא ומחוייב לברך, דהא יש כנגד קולא דאם בירך מקודם הוי עתה ברכותיו לבטלה אלא דהענין כן הוא דכשאכל וודאי והחיוב מוטל עליו בוודאי לברך ולכן בספק תורה אי אתה יכול לפוטרו מחיובא דרמי עליה, משא״כ אם יש ספק בעיקר חיובו, אי אתה יכול להטיל עליו לברך, דשמא אינו חייב כלל לברך וברכותיו לבטלה, עכ״ל). וכן פסק הברכת הבית פרק י״ז סעי׳ י׳ בשם הפמ״ג (סי׳ קפ״ד א״א ס״ק ח׳). וכ״כ בדעת תורה שם בשם הצל״ח. ע״ע בהלכות קטנות ח״ב סי׳ רכ״ז.

אמנם הבאר היטב אות ו׳ כתב בשם תשובות קול בן לוי שצריך לברך, (ומיירי בודאי אכל, רק מספקא ליה אי אכל פת, אכן בספק אכל ספק לא אכל כתב הבאר היטב בשם הלכות קטנות ח״ב סי׳ רע״ח שאין צריך לברך) וכ״כ הבית מנוחה דיני מי ששכח ולא בירך סעי׳ ז׳ בשם יד אהרן בשם התשובה הנ״ל, (וכתב דמיירי בודאי לא בירך אלא דספק אכל פת, אבל אם ספק לו ג״כ אם בירך אינו מברך דאיכא ספק ספיקא).

49 ע״ע בהערה 57 לקמן.

50 עיין מש״כ בהערה 10 דאם אכל כזית אלא ששהה באכילתו יותר מכדי אכילת פרס חשוב כאילו לא אכל כזית כלל ואינו חייב לברך לא מדאורייתא ולא מדרבנן וא״כ במסופק אם שהה באכילתו אם לא הו״ל כספק אכל כזית ספק לא אכל ,כן נ״ל.

51 ראה הערות 18, 18.1, 18.2.

52 עייו שערי אפרים מובא במ״ב סי׳ קפ״ו ס״ק ג׳, וח״א כלל מ״ז סי׳ ב׳ הובא במ״ב הנ״ל, ובה״ל (סי׳ קפ״ו שם, שהביא הרבה ראשונים דסוברים דהם חייבות ודאי מדאורייתא).

53 עיין בבה״ל הנ״ל שמדברי המחבר שם בסי׳ קפ״ו משמע דס״ל דספק הוא אם חייבות מדאורייתא, ובמ״ב שם מביא דרע״א (בגליון שם וע׳ בתשובות רע״א ססי׳ כ״ה) וברכי

One who wishes to follow the more stringent view and bentch again, may do so (also see footnote).[54] [hh]

4. Problem: Child Can Not Remember If He Bentched

A child ate bread and was satiated, and afterwards can not remember whether or not he bentched.

A child's obligation is *midirabonon*, and therefore, technically, he should not have to bentch again.[55] However, since an adult in this situation must bentch again, we are required to instruct the child to bentch again.[56]

F. Suggestions

When one is uncertain as to whether or not he is obligated to bentch (see previous section), it is preferable to bypass the uncertainty[57] by employing one of the following suggestions:

[hh] Hagoan Rav Shloma Zalman Auerbach rules that women should follow the more stringent view - i.e., in instances that a man is required to bentch again, a woman must also bentch again.[54.1]

יוסף (סי׳ קפ״ו אות ד׳) פסקו שאינה צריכה לחזור ולברך ודכן מצדד הפמ״ג (שם א״א אות א׳) וכן פסק הבן איש חי (פרשת חקת אות ט׳). והכה״ח בסי׳ קפ״ד (אות כ״ה) מביא חבל אחרונים שסוברים שאינה צריכה לברך, וסיים דכן הוא דעת רוב הפוסקים.

[54] מ״ב שם ס״ק ג׳ שאשה שאכלה כדי שביעה ונסתפקה אם בירכה אם רוצה לסמוך על דעת שערי אפרים וסייעתו לחזור ולברך אין למחות בידה.

[54.1] כך שמעתי מהגרש״ז אויערבאך שליט״א שאשה שאכלה ומסופקת אם ברכה ברהמ״ז כדאי להורות שתברך שלא תהא ברהמ״ז קל בעיניה שלא יבא קילקול שיסברו שאינן חייבות כל כך.

[55] ראה הערה 19.

[56] שמעתי מהגרש״ז אויערבאך שליט״א.

[57] עיין מש״כ בפרק ט״ז הערה 19 ובפנים שם דבכל ספק בברכה דרבנן אם יש לו עצה להוציא עצמו מן הספק טוב לעשות כן.

ובערוך השולחן סי׳ ר״ב סעי׳ ב׳ כתב דהא דאמרו חז״ל האי מאן דבעי למיהוי חסידא וכו׳ פי׳ דהחסיד עושה לפנים משורת הדין והנה בברכות קיי״ל דספק ברכות להקל, והחסיד מוציא את עצמו מידי קולא זו כגון שספק אצלו אם בירך ב״א אם לאו, והחסיד אוכל עוד ומברך, עכת״ד.

ולענין ספק בבהמ״ז כתב הח״א (כלל מ״ז סי׳ ג׳ הובא במ״ב סי׳ קפ״ד ס״ק ט״ו) אפי׳ לא אכל כדי שביעה מ״מ ראוי לירא שמים שיטול ידיו ויברך המוציא ויאכל כזית ויברך בהמ״ז.

1. Eat Another K'zayis of Bread

Eating another *k'zayis of bread will* bypass any uncertainty involving *bircas hamozon*.[ii] Having eaten bread, even if he had already discharged his original obligation, he must, nevertheless, bentch again.[58]

2. Ask Someone To Be Motzi Him

If it is not possible to eat another *k'zayis* of bread, and there is someone else present who had eaten at least one *k'zayis* of bread, he should ask that person to be motzi him.[59]

[ii] Regarding making *hamotzi* - if he had *hesach hadaas*, he must make *hamotzi* before eating the *k'zayis* of bread. This subject is explained in detail in Chapter 8. In the case discussed above (i.e., one was in doubt as to whether or not he bentched) it is considered as if he had *hesach hadaas*. Accordingly, in this type of situation he must make *hamotzi* prior to eating the *k'zayis* of bread.[58.1]

58 עיין מ״ב סי׳ קפ״ד ס״ק ט״ו (שנתן עצה זו למי שאכל פחות מכדי שביעה ומסופק אם בירך בהמ״ז), וס״ק כ׳ (שנתן עצה זו למי שמסופק אם שהה יותר משיעור עיכול). ולענין ברכת המוציא ונט״י עיין בהערה דלקמן בסמוך.

ויש להבין למה לא נתן המ״ב עצה שיוציאנו אחר בברכת המזון דהנה בסי׳ קס״ז סעי׳ ט׳ כתב המחבר דהמסופק בברכה ראשונה אינו חוזר ומברך וכתב המ״ב בס״ק מ״ט שאם נזדמן לפניו אחד שרצה לאכול נכון שיוציאנו בברכתו. אכן אינו קשה דהנה בסי׳ רי״ג כתב המחבר שבברכה אחרונה אין לצאת לכתחילה בברכת חבירו וכתב המ״ב (ס״ק ה׳) דבדיעבד יצא, והיכא שאין לו עצה אחרת כגון אם אינו יודע לברך ברכה אחרונה אז אפי׳ לכתחילה יכול להוציאו. ונר׳ דמשום הכי לא נתן המ״ב כאן (גבי מסופק אם בירך) עצה שיוציאנו אחר דהרי יכול לאכול עוד כזית פת ולברך בהמ״ז לכתחילה.

58.1 מ״ב סי׳ קפ״ד ס״ק ט״ו, וידידי הרה״ג ר׳ שלמה גיסינגר שליט״א הקשה שדברי המ״ב אלו צריכים ביאור דהלא בסי׳ קע״ט ס״ק ט׳ ובבה״ל שם ד״ה אין כתב המ״ב דלא נוכל להכריע (בין הרא״ש והר״י) וכאן לכאורה הכריע כהרא״ש, ויש לחלק וצ״ע.

58.2 מ״ב שם.

58.3 שו״ע סי׳ קנ״ח סעי׳ ב׳, מ״ב שם ס״ק ט׳.

59 עיין בכה״ח סי׳ קפ״ד אות כ״ב שאם אין לו פת אז ישמע הברכה מאחרים, ועיין בהערה 58 אף דלכתחילה אין להוציא אחרים בברכה אחרונה מ״מ אם א״א לצאת ע״פ עצמו מותר לכתחילה להוציאו, ובבן איש חי פרשת חקת אות ט׳ (לענין ספק אכל כזית פת) שנתן עצה או לאכול כזית פת או לצאת בברכה של אחרים וכ״כ באות י״ג שם (לגבי מי שהקיא ומסופק אם נשאר במעיו כזית), וע״ע מש״כ בפרק י״ב הערה 23.

The person bentching must have specific intent to discharge the obligation of the listener (i.e., to be *motzi* him). The listener is required to hear every word of bentching, and also must have specific intent to have his obligation discharged (i.e., to be *yotzei*).[60]

The following delineates who may be motzi others:

a. Men

A male over the age of thirteen, who is physically mature,[61] may be motzi other adult men[jj], adult women, and children.

Regarding washing (*n'tilas yodahyim*) - in instances where a new *hamotzi* is required, one must wash his hands.[58.2] He should not recite *al n'tilas yodahyim*[58.3].

[jj] Even if his (the adult male being motzi) obligation was not *midioraisa* (he was not satiated) and the listeners obligation was *midioraisa*, they are, nevertheless, *yotzi* with his recital. If it is possible to hear bentching from a person who was satiated, it is preferable to do so.[61.1]

[60] שו״ע סי׳ קצ״ג סעי׳ א׳ שצריך השומע לכוין מלה במלה לכל מה שיאמר המברך. ועיין שם בבה״ל שהוא לעיכובא אם לא שיודע ששמע עכ״פ עקרי הברכות ופתיחתן וחתימתן.

ודע דגם המברך צריך לכוין להוציאו, (שו״ע ססי׳ רי״ג).

ולענין איזה תיבות מתיבות ברכת המזון חשיבי עיקר הברכה שהם לעיכובא - עיין מש״כ לקמן בפרק י״ח הערה 7.

ע״צ שו״ע סי׳ רי״ג סעי׳ ג׳ ומש״כ בפרק י״ב הערות 12 - 17.

ולענין אם השומע אינו מבין לשון הקודש - עיין בסי׳ קצ״ג במ״ב (ס״ק ה׳) שי״א שאף מי שאינו מבין לשון הקודש יוצא ידי חובתו בשמיעה מהמברך, ושכן המנהג, ומ״מ יותר טוב שיאמרו אחרי המברך מלה במלה בלחש אם אפשר להם וכו׳.

[61] ח״א כלל מ״ח סי׳ כ׳ וז״ל אבל להוציא אחרים בבהמ״ז אינו מוציא עד שידעו בוודאי שהביא שערות דבדאורייתא לא סמכינן אחזקה (לומר דבסתמא הביא שערות) עכ״ל. וכ״כ המ״ב בסי׳ קצ״ט ס״ק כ״ז ובשעה״צ שם אות י״ז. (וע״ע במ״ב סי׳ תרפ״ט ס״ק ב׳).

[61.1] **א – אכל רק כזית אם מותר להוציא מי שאכל כדי שביעה בבהמ״ז.**

לכתחילה טוב לצאת ממי שאכל כדי שביעה, אמנם אם המוציא לא אכל אלא כזית

b. Women

A female over the age of twelve who is physically mature[62] may be *motzi* other women, or children.[63] She may also be *motzi* a man whose obligation to bentch is not *midioraisa* (e.g., he was not satiated).[64]

A woman should not be *motzi* a man whose obligation to bentch is *midioraisa*.[65]

c. Child

A boy under the age of thirteen,[kk] and a girl under the age of twelve may not be *motzi* adult men or women.[66] They may however, be *motzi* other children.[67]

[kk] A boy over the age of thirteen and a girl over the age of twelve who are physically immature may also not be *motzi* adults - see previous paragraphs.

מ״מ יכול להוציא האחרים שאכלו כדי שביעה כדאיתא בשו״ע סי׳ קצ״ז סעי׳ ד׳ (עיי״ש במ״ב ס״ק כ״ד, ובגר״ז סי׳ קפ״ו סעי׳ ב׳).

ב – מי שמברך בהמ״ז מספק, אם מותר להוציא אחרים.

מי שאכל כדי שביעה ומסופק אם כבר בירך או לא ומברך מדין ספק דאורייתא לחומרא(כשהוא מברך) יכול להוציא האחרים, כ״כ המ״ב בסי׳ קפ״ד ס״ק י״ד. (ועיין בשע״ת שם ס״ק ו׳, שמביא חולקים).

62 ראה הערה 61.

63 שו״ע סי׳ קפ״ו סעי׳ א׳, ועיין בגר״ז שם סעי׳ ג׳ שאפי׳ אם הקטן אכל כדי שביעה והאשה אכלה רק כזית מ״מ יכולה להוציאו.

64 מקור חיים סי׳ קפ״ו, גר״ז שם סעי׳ ג׳.

65 מ״ב שם ס״ק ג׳. ועיין בכה״ח שם אות א׳ שכתב דבדיעבד אם ברכה לאנשים יצאו.

66 שו״ע סי׳ קפ״ו סעי׳ ב׳, ומ״ב שם ס״ק ה׳, אמנם אם הקטן אכל כדי שביעה והגדול אכל פחות מכדי שביעה יכול הקטן (שחיובו דרבנן) להוציא לגדול (שחיובו גם כן דרבנן).

67 כה״ח שם אות י״א, חנוך לנער פ״ד סעי׳ ה׳.

3. Another Suggestion

Another suggestion is offered in the footnote below for instances when one can not utilize either of the suggestions discussed above.[ll] [68]

[ll] If one can not utilize any of the alternatives discussed above - he can, according to many Poskim, bypass the doubt by formulating the brocha in his mind without reciting the words.

According to this opinion, although one may not make a brocha without expressing the words, it is, nevertheless, valid after the fact. Therefore, if bentching was required, he is *yotzei*, and if bentching was not required , by not reciting Hashem's Name audibly, it is not considered a *brocha l'vatolah*.

[68] ע׳ מש״כ בפרק ט״ז הערה 16.1 דלכמה פוסקים יוצא מיהת לדעת הרמב״ם וסמ״ג ועיין בגר״ז סי׳ קפ״ה סעי׳ ג׳, (הובא בפרק ב׳ הערה 17) שמסיק דוקא בברכות שהם מדברי סופרים יש לסמוך על זה (וממילא ה״ה באכל ולא שבע שאינו מברך בהמ״ז מדאורייתא) ע״ע בא״א (בוטשאטש) סי׳ קפ״ה שכתב אם בירך בהמ״ז בלבו בדיעבד יצא. ושמעתי מהגרש״ז אויערבאך שליט״א דבאין לו עצה אחרת יכול להרהר הברכה בלבו, אכן אינו יוצא בזה אפי׳ בדיעבד דברכה בהרהור אינו כלום, רק שהקב״ה יראה לבבו (וכמש״כ בפרק ב׳ הערה 17, עיי״ש).

CHAPTER 18

Reciting Bircas Hamozon

Introduction

The Rishonim assert that one who is careful to recite *bircas hamozon,* will, for the rest of his life, receive his sustenance with honor.

This chapter deals with the halachos of reciting *bircas hamozon* properly.*

In Section A, we briefly discuss the structure of *bircas hamozon.*

In Section B, we discuss the halacha of not eating or speaking after having washed *mayim achronim.* For example, one washed *mayim achronim* and is about to bentch when the phone rings. He should not answer it.

Section C deals with issues related to *kavonah.* For example, *bircas hamozon* should be recited while sitting, and should be recited from a sefer rather than from memory. People sitting at the table should refrain from conversing while someone is bentching, if it could possibly disrupt that person's *kavonah.*

Section D deals with the rule that the recital of *bircas hamozon* is likened, halachically, to the recital of *sh'moneh esrei.* For example, like *sh'moneh esrei* one may not recite *bircas hamozon* while wearing pajamas or nightgown only. Like *sh'moneh esrei* one may not interrupt his recital. May one interrupt his bentching to speak, in order to avert a monetary loss, or to placate a crying child?

On Shabbos, Yom Tov, Rosh Chodesh, etc., we add *r'tzei* or *yaaleh v'yavo* to bentching. If one forgot to add them must he recite *bircas hamozon* again? This is discussed in Section E.

As in the previous chapter we use the common usage term "bentch" in place of "recite *bircas hamozon*" for smoother reading.

* פרק זה מבוסס בעיקרו על שו"ע סי' קע"ט ס"א, קפ"ג, קפ"ז, קפ"ח, קצ"א, ור"א.

A. Structure Of Bircas Hamozon

1. Three Themes - Midioraisa

"And you shall *eat*, and you shall be satiated, and you shall make a brocha to Hashem your G-d for the *good land* which He gave to you".

In the commandment to bentch the Torah makes reference to three things: food (eat), land, and "good" (tov). From this we learn that bentching must incorporate acknowledgement of food, Eretz Yisroel and Jerusalem (referred to as "tov", good).[1] [a]

[a] The Torah indicates an obligation to recite three themes in *bircas hamozon*. According to some Poskim, the obligation is to recite three brochos and a specific theme for each brocha[1.1]. Composition of a text, however, was originally left to the discretion of each person.[1.2]

When the Manna descended in the wilderness, Moshe *Rabbeinu* instituted a formal brocha acknowledging His benefaction for giving us food. This became the form of the text we use for the first brocha, *hazon*.[1.3]

[1] ברכות מ״ח ע״ב.

[1.1] **בענין אי מנין ג׳ ברכות של בהמ״ז הם דאורייתא או לא**

י״א שמנין הברכות מן התורה - דעת תוס׳ דף ט״ז ע״א וכן פסק הב״ח בסי׳ קצ״א. וי״א שמנין הברכות אינו מן התורה - כ״כ הב״י הובא במ״א שם ס״ק א׳. והח״א בנ״א כלל מ״ז אות א׳ מביא את המחלוקת וצדד להחמיר. אמנם הגר״ז בסי׳ קס״ח סעי׳ ח׳ ובסי׳ קצ״א סעי׳ א׳ סתם דמנין הברכות אינו מן התורה, וכן סתם המ״ב בסי׳ קצ״א ס״ק א׳ , וע׳ שעה״צ שם ס״ק א׳.

ולענין מי שאינו יודע לברך כל הג׳ ברכות רק ברכה אחת או שתים, כתב המ״ב בסי׳ קצ״ד ס״ק י״ג דאם אכל כדי שביעה (שחייב מדאורייתא לברך בהמ״ז) יש להחמיר ולברך אותה ברכה שיודע לברך.

ולענין מי שאכל כדי שביעה מדבר מאפה שהוא ספק לחם עיין במ״ב בסי׳ קס״ח ס״ק ע״ה דצריך לברך בהמ״ז מספק וכתב בשער הציון שם אות ע״א דאף להסוברים דמנין הברכות דרבנן אינו יכול להוציא את עצמו בברכת מעין ג׳ כיון דעכ״פ שבע מחויב לברך מן התורה וא״כ במקום ספק יש לו חיוב לברך כל הברכות כתיקונם אע״פ שאינם מדאורייתא ממש.

[1.2] ב״י (ריש סי׳ קפ״ז) בשם הרמב״ן (בספר ההשגות לספר המצות, שורש א׳ אות ט׳) וז״ל שאין מטבע לבהמ״ז מן התורה אבל נצטוינו לברך כל אחד לפי דעתו וכו׳ ובאו הנביאים ותקנו לנו נוסח מתוקן עכ״ל.

[1.3] גמ׳ שם (מ״ח ע״ב), טור סי׳ קפ״ז, ועיין פרישה סי׳ קפ״ח ס״ק א׳.

Thus, the obligation to recite the themes contained in the first three brochos of *bircas hamozon*[b] is midioraisa.

The first three brochos end with the words *bonei b'rachamov Yerusholayim, amain.*[c] By saying *amain* at the end of this brocha we indicate that we have concluded our Torah obligation of bentching. The subsequent part of bentching is not *midioraisa*.[2]

2. Fourth Brocha - Midirabonon

A fourth brocha (*hatov v'hamaitiv*) was subsequently added by Chazal. This brocha acknowledges Hashem's constant bestowal of goodness.[3] The obligation to say the fourth brocha is *midirabonon*.[3.1]

When the Jews entered Eretz Yisroel, Yehoshua instituted the second brocha of bentching (*nodeh*) acknowledging Hashem's benefaction for giving us the land.[1.4]

The third brocha was instituted by *Dovid Hamelech* when Jerusalem was consecrated as the Holy City. An acknowledgement for the Beis Hamikdosh was added by Shlomo Hamelech when the construction of the Beis Hamikdosh was completed. After the destruction of the first Beis Hamikdosh the text was modified to include a plea for the return of Jerusalem and the Beis Hamikdosh. This became the form of our third brocha (*racheim*).[1.5]

[b] i.e., in the brochos *hazon*, *nodeh*, and *racheim*

[c] One should pause momentarily between the recital of the words *Yerusholayim*, and *amain* to indicate that *amain* is not part of the text of bentching.[2.1]

1.4 שם.

1.5 גמ׳ שם, טור סי׳ קפ״ח.

2 טור סי׳ קפ״ח וז״ל ואומר אמן דתניא העונה אמן אחר ברכותיו הרי זה משובח ותניא הרי זה מגונה לא קשיא, בשאר ברכות מגונה ב״בונה ירושלים״ משובח מפני שהוא סיים הברכות, דהטוב והמטיב לאו דאורייתא, עכ״ל.

2.1 מ״ב סי׳ קפ״ח ס״ק ב׳.

3 גמ׳ שם.

ועיין באבודרהם הל׳ ברהמ״ז וז״ל הטוב והמטיב ביבנה תקנוה, פי׳ ב״ד של רבן גמליאל הזקן שביבנה תקנוהו על הרוגי ביתר שהיתה עיר גדולה לאלקים והיו בה אלפים ורבבות מישראל כמו שאמרנו בסדר תפלות התעניות ואח״כ גברה מלכות רומי עליהם ולכדום ונהרגו כלם ואז נגדעה לגמרי קרן ישראל ונשארה נבלתם מאכל לעוף השמים זמן רב והיתה חרפה גדולה לישראל בדבר עד שישבו רבן גמליאל ובית דינו כמה ימים בתעניות ובזבז אוצרות אבותיו עד שניתנה להם רשות לקברם ואז תקן ברכת הטוב והמטיב על רוב הטובה הזאת, ותקנוה בסעודה לפי שהוא מקום השמחה, עכ״ל.

ע״ע בערוך השלחן סי׳ קפ״ט סעי׳ א׳ וב׳.

3.1 גמ׳ שם, טור סי׳ קפ״ט.

3. "Horachamon" Text - Minhag

The ensuing text[d] (from *horachamon* till the end) is not part of the brochos of *bircas hamozon*.[4] The accepted minhag, however, is to recite this appended text.[5]

The *"horachamon"* text includes special brochos for the host, (which is a modified version of the original brocha printed in the Talmud).[6] Persons wishing to recite the brocha in its original form[e] may do so.[6.1 f]

[d] The fourth brocha ends with (the words) *al y'chasreinu*.

[e] The full text of the brocha may be found in Shulchan Aruch O.C. 201 - see **Hebrew footnote 6.**

[f] Halachos relating to the brocha one makes for the host:

[4] כתב באבודרהם ז״ל ואומר הרחמן כל אחד ואחד כרצונו וכרצון שאלתו וכו׳, ועיין בערוך השולחן (סי׳ קפ״ט סעיף ז׳ וז״ל סוף הברכה (ברכה ד׳ הוא ״לעולם אל יחסרנו״ ושם צריכים לענות אמן, והרחמן שאנו אומרים אינו מהברכה אלא תוספת בעלמא הוא כעין תחנונים שאחר שמונה עשרה עכ״ל. ע״ע בטור סוף סי׳ קפ״ט.

ולענין אמירת הרחמן בשבת עיין במ״ב סי׳ קפ״ח ס״ק ט׳, דגם כל הרחמן יכול לומר בשבת אע״פ שאין זו מטופס הברכה שתקנו חכמים, שכיון שנוהגים כולם לאומרם בכל פעם שמברכין בהמ״ז נעשה להם כטופס הברכה עצמה ואין בזה משום שאלת צרכיו בשבת ע״כ.

וביום טוב שחל בשבת אומרים תחילה הרחמן של שבת ואח״כ הרחמן של יו״ט - עיין מש״כ לקמן בהערה 55.

[5] שאלתי הגרש״ז אויערבאך שליט״א האם מותר לאדם לברך עד ״אל יחסרנו״ (ולא להמשיך ״הרחמן״) כשאין לו פנאי, וענה שודאי מותר שלא לאמר ״הרחמן״, אבל מי אינו רוצה לקבל את כל הברכות ובקשות שבהרחמן? שוב מצאתי בתשובות שלמת חיים סי׳ ק״ב שנשאל לו בענין פסוקי הרחמן שאחר ברהמ״ז אם יש קפידא מי שאינו אומרן (מכיון שלא הזכיר דבר זה בתלמוד) והשיב ז״ל ההולך בתמים יעשה הכל כמו שכתוב ולא יעשה לעצמו דרכים מיוחדים להורות לאחרים, ולעצמו אם הוא בר הכי שידע לשקול הדבר ע״פ ההלכה השי״ת לא ימנע טוב, ואל יורה כן לאחרים, ע״כ.

[6] גמ׳ דף מ״ו ע״א, (מובא בשו״ע סי׳ ר״א סעיף א׳ בשינוי קצת) ומאי מברך:

״יהי רצון שלא יבוש בעל הבית בעולם הזה ולא יכלם לעולם הבא, ויצליח בכל נכסיו, ויהיו נכסיו ונכסינו מוצלחים וקרובים לעיר, ואל ישלוט שטן לא במעשה ידיו ולא במעשי ידינו, ואל יזדקק לא לפניו ולא לפנינו שום דבר הרהור חטא ועבירה ועון מעתה ועד עולם.״

ועיין במ״ב שם ס״ק ב׳ שמביא מספר לחם חמודות שתמה למה אנו משנים נוסח הברכה דבעה״ב ממה שנאמר בש״ס (פי׳ שאנו אומרים ״ הרחמן הוא יברך את בעל הבית הזה וכו׳״ ואין אנו אומרים נוסח הנ״ל), ולכאורה משמע שהמנהג לאומרו כמו שנדפס ברוב הסדורים בנוסח ״הרחמן״ ולא בנוסח הגמ׳, וכן משמע לכאורה ממש״כ המ״ב בסי׳ קס״ג ס״ק כ״ז. ומהגרש״ז אויערבאך שליט״א שמעתי שנכון לאומרו כמו שנדפס בסדורים, שכן נהגו, אבל יש נוהגים לאומרו.

[6.1] ראה הערה הקודמת, ומידידי הרה״ג ר׳

4. Omissions or Changes

The text of *bircas hamozon* are comprised of statements which were precisely crafted by Chazal. Care should be taken not to omit or change a single word.

B'dieved omissions of certain words or phrases do not invalidate the brocha. This is discussed in the Hebrew footnote below.[7]

All persons eating at the host's table, including family members and relatives should also recite the brocha.[6.2] Persons who are paying for their meal are not required to say the brocha for the host.[6.3]

The brocha for the host should be recited even if the host is not present.[6.4]

If possible, the guest should recite the brocha out loud, so as to give the host (and others present) the opportunity of answering *amein*.[6.5]

According to some Poskim, the brocha should be recited right after concluding the fourth brocha of bentching (right after *al y'chasreinu*) before starting *horachamon*.[6.6] Other Poskim state that the brocha should be said as part of the *horachamon* text (see Hebrew footnote below).[6.7]

שלמה גיסינגר שליט״א שמעתי שפעם אחת התארח הגר״מ פיינשטין זצ״ל אצל גיסו ושמע מפי מרן זצ״ל שבירך ברכת בעה״ב בקול בנוסח הגמ׳.

6.2 ערוך השלחן סי׳ ר״א סעיף ג׳ וז״ל ופשוט הוא דעכשיו שכל אחד מברך ברהמ״ז מחוייב כל אורח לברך ברכה זו אף שלא כיבדו בעה״ב בברכת הזימון. עכ״ל. לענין בחורים ואברכים שאוכלים בישיבה עיין בשו״ת אור לציון ח״ב פרק מ״ו אות ל״ג שכתב שנר׳ לו פשוט שבחורי ישיבות ואברכים חשובים כאורחים, ויש להם לברך ברכת האורח, אולם לא יאמרו הרחמן יברך את בעה״ב, כיון שאין מנהלי המקום נחשבים בעה״ב, אלא כגבאים, אלא יאמרו את בעלי הסעודה, והכוונה לנדיבים שתרמו סעודה זו.

6.3 מ״א סי׳ ר״א ס״ק א׳ דבני ביתו הוו כאורחים אבל בן בית הסמוך על שולחנו ומשלם לו דמי מזונו לא נחשב כאורח וא״צ לברך לבעה״ב. ועיין בכף החיים (שם ס״ק י״ג) דגם הבן מברך לאביו ברכת האורח.

6.4 מקור חיים סי׳ ר״א סי׳ א׳ וז״ל ויזהר האורח אף אוכל לבדו מפתו של בה״ב שיברך לבה״ב, עכ״ל.

6.5 מקור חיים שם וז״ל ואפילו בזמנינו שהכל מברכין בלחש אורח יברך בקול ויענו אמן עדיף, עכ״ל.

6.6 עיין שפתי חכמים לברכות דף מ״ו ע״א וז״ל ודע דברכה זו (ברכת האורח) מקומה כשמגיע המברך להרחמן עכ״ל. וכן ראיתי בסידורים מדויקים.

6.7 עיין כף החיים סי׳ ר״א ס״ק י״ב שמברך אחר שיאמר הרחמן הוא יברך את השולחן הזה וכמדומה לי שכן נוהגים הרבה ב״א לאומרו בתוך הרחמן.

7 **דילוג איזה תיבות מברכת המזון:**

עיין במ״ב סי׳ קפ״ז ס״ק ד׳ דלכתחילה אין לשנות כלל מנוסח הברכה (של בהמ״ז) שתקנו לנו חכמים ז״ל אמנם בדיעבד אף שקיצר מאד הברכה ולא אמרה כנוסח שתיקנו חכמים בלה״ק אפילו הכי יצא בדיעבד הואיל והזכיר שם ומלכות וענין הברכה, ועיין בבה״ל ריש סי׳ קצ״ג שאם חסר לו פתיחת הברכה או

B. After Washing Mayim Achronim - Should Immediately Begin

After one washes *mayim achronim* he should immediately begin to bentch.[g] He may not eat or drink,[8] nor may he speak[9] (even *divrei Torah*[9.1]) or otherwise delay his bentching.[10]

For example, one washed mayim achronim and is about to bentch when the phone rings. He should not answer the phone, nor call out to ask someone else to answer it.

[g] According to many Poskim, when one washes *mayim achronim* it is as if the mitzvah of *bircas hamozon* has been started.[8.1]

חתימת הברכה או עקרי הברכה אינו יוצא אפי' בדיעבד, ולפי זה:

בברכה ראשונה: אם אמר בא"י אמ"ה וענין הזן (כגון שאמר "הזן את הכל" או שאמר מכין מזון לכל) וסיים בא"י הזן את הכל יצא ידי חיובו של ברכה ראשונה לכו"ע .

בברכה שניה - אם אמר בא"י אמ"ה וענין ארץ חמדה טובה, וענין ברית ותורה וסיים בא"י על הארץ (ועל המזון) יצא ידי חיובו של ברכה שניה.

ברכה שלישית - אם אמר בא"י אמ"ה וענין ירושלים ומלכות בית דוד וסיים בא"י בונה ירושלים יצא ידי חיובו של ברכה ג'. (שו"ע קפ"ז סעי' ג')

ברכה רביעית - אם אמר בא"י אמ"ה הטוב ומטיב לכל יצא ידי חיובו של ברכה ד'. (עיין מ"ב סי' קפ"ט ס"ק ד' שעיקר הברכה על שם ההטבה דהיינו "הטוב והמטיב"). כתב במ"ב סי' קפ"ח ס"ק כ"ד שאם טעה בברכה רביעית כגון שלא אמר בה שם ומלכות אע"פ שכבר גמר אותה אינו חוזר אלא להטוב והמטיב שהיא ברכה בפני עצמה.

8 שו"ע סי' קע"ט סעי' א', גמר סעודתו ונטל ידיו מים אחרונים אינו יכול לאכול ולא לשתות עד שיברך בהמ"ז.

8.1 איתא בגמ' (ברכות דף מ"ב ע"א) תכף לנטילת ידים ברכה, וכתב הב"י בריש סי' קע"ט כיון שנטל ידיו כדי להיות מזומן לבהמ"ז הוי כאילו התחיל כבר בהמ"ז ואסור להפסיק באכילה ושתיה כלל.

ועיין בבה"ל ריש סי' קע"ט דכן הוא דעת כמה גדולי הראשונים, עיי"ש.

9 מ"ב סי' קע"ט סק"א (עיי"ש בשער הציון אות א'), ועיין מש"כ בפרק ח' הערה 6. ועיין בבאר היטב ריש סי' ס"ו דכל מקום שאסור לדבר אפי' בלשון הקודש אסור.

9.1 גר"ז סי' קפ"א סעי' ו' ומ"ב שם ס"ק כ"ד, ובפרק ח' הערה 6.2 הבאנו מספר ארץ חמדה (סי' י"ג) שפעם אחת בא אחד לפני האריז"ל וסיפר לו כי זה כמה ימים יש לו כאב בכתיפו והשיב לו האריז"ל שבא לו כאב זה מפני שהפסיק בין מים אחרונים לבהמ"ז בקריאת פרק משניות ועבר על מה דאמרו חז"ל תכף לנטילה ברכה ולכן על מה שעבר על תכף כואב לו הכתף כי אותיות תכף הם אותיות כתף. והובא בכה"ח סי' קע"ט אות א'.

10 עיין במ"ב סי' קע"ט ס"ק א' דמהאי

However, if an urgent matter arises after one washed *mayim achronim* he may delay his bentching in order to take care of the situation. When he is ready to bentch, he should wash *mayim achronim* again, and begin bentching without delay.[11] [h]

Bentching With Wine

If one is bentching with wine,[i] he should not speak from the time he lifts the cup of wine[12] until after he finishes *bentching* and drinks some of the wine.[13] [j]

C. Proper Kavonah

1. Especially Careful

The Poskim assert that one should be especially careful and circumspect to recite *bircas hamozon* with proper *kavonah*,[14] i.e., deliberately[15] and being mindful of the meaning of the words which are being said.[16] Great benefits accrue when *bircas hamozon* is recited with *kavonah* (see footnote).[17]

[h] Also, he should be careful not to delay bentching beyond the time limit after which bentching is no longer permitted - see Chapter 10

[i] i.e., even if he did not wash *mayim achronim*

[j] If three (or more) persons are bentching *b'mzumon*, and the one leading is bentching with a cup of wine, the listeners may not speak until after the leader recites *borei pri hagofen* and drinks some wine.[13.1]

טעמא יש ליזהר שלא לשהות שהיה מרובה אחר הנטילה וכל שכן שלא לעסוק באיזה עסק.

11 מ״ב שם.

12 שו״ע סי׳ קע״ט סעי׳ ג׳ ועיי״ש במ״ב ס״ק י״ב.

13 מ״ב סי׳ קפ״ג ס״ק כ״א. ע״ע בהערה 33 מש״כ בשם הפמ״ג.

13.1 כה״ח סי׳ קפ״ט אות י״ד. (ע״ע באג״מ או״ח ח״ד סי׳ ע׳ אות א׳).

14 ז״ל הח״א (כלל מ״ז סי׳ י״ג) יברך באימה ויראה ובכוונה ובשמחה.

15 עיין מש״כ בפרק ב׳ הערות 11, 12.

16 עיין בגר״ז ריש סי׳ קפ״ה שי״א שאם אינו מבין תיבות הברכה שמוציא מפיו לא יצא ומסיק דנוהגים להקל אבל לכתחילה ראוי להחמיר בכוונת ברכת המזון כהיש אומרים שאפי׳ בדיעבד לא יצא. וע״ע מש״כ בפרק ב׳ הערה 19.1.

17 עיין בב״ח בסוף סי׳ קפ״ה בשם

Other halachos which relate to proper *kavonah* during bentching:

a. Sitting

Since *bircas hamozon* requires extra *kavonah,* it may only be recited while sitting.[18] [k] *B'dieved,* however, if *bircas hamozon* was recited while standing or walking, it is valid.[19]

b. Hat and Jacket

The Poskim note that it is preferable to don a hat and jacket to recite *bircas hamozon.* This physical act of preparing oneself as if to speak to a king, puts the person in a frame of mind more conducive to proper *kavonah.*[20]

c. Cognizant Before Starting

Before one starts to bentch, he should be cognizant of the fact

[k] Regarding other brochos - see Chapter 2, Section D.2.

התשב״ץ קטן סי׳ שט״ו, (הועתק בבאר היטב וש״א בריש סי׳ קפ״ה) וז״ל התשב״ץ שם כל האותיות יש בברכת המזון חוץ מן ה״ף״ (״פ״ סופית) לפי שאין מלאך המות (א״ף״, שצ״ף״, קצ״ף״) שולט במי שמברך אותה בשעתה ובכונה.

עוד כתב שם הב״ח שבספר החינוך (מצוה ת״ל) כתב יש אומרים שכל מי שזהיר בברכת המזון מזונותיו מצויין לו בכבוד כל ימיו.

ועיין בכה״ח סי׳ קפ״ג אות ל״א שמביא מהזוהר דכמה דאיהו מברך בחדוה בעינא טבא הכי יהבין ליה בחדוה ובעינא טבא (כל כמה שמברך בעין טובה ושמחה יתירה כך נותנין לו מזונותיו בשמחה ובעין טובה).

18 מסקנת הגמ׳ בסוף פרק ג׳ שאכלו (נ״א ע״ב) וכתבו שם התוס׳ (ד״ה והלכתא) לפי שבהמ״ז דאורייתא החמירו בה להיות יושב ומברך וכו׳ והוא נוטריקון ואכלת ״ושבעת״, וברכת, ״שב עת״ וברכת לבהמ״ז. והובא בשו״ע סי׳ קפ״ג סעי׳ ט׳ דצריך לישב בשעה שמברך, וכתב הגר״ז (שם סעי׳ י״ב) וז״ל וצריך לישב בשעה שמברך כדי שיוכל לכוין יותר עכ״ל.

19 רמ״א סי׳ קפ״ג סעי׳ ט׳.

20 איתא בגמ׳ א״ר זירא עשרה דברים נאמרו בכוס של ברכה, וכתב המ״א בסי׳ קפ״ג ס״ק ה׳ שכתבו המקובלים להצריך הי׳ דברים חוץ מעיטוף בחוץ לארץ (פי׳ שע״פ קבלה אין עיטוף אלא בארץ ישראל מפני כבוד השכינה) ומסיק בשם הב״ח דירא שמים ישים כובע על ראשו ויתעטף בבגד העליון ועיין במחצית

that he is about to perform a positive Torah commandment.[21]

d. Siddur

The Poskim recommend that one should read the *bircas hamozon* from a sefer rather than recite it from memory.[22] Also, one should preferably recite it out loud.[23]

e. Not to Gesture or Engage in Any Other Activity

One may not gesture, motion, snap his fingers or engage in similar forms of non-verbal communication with other people while bentching.[1] [24]

[1] One is permitted, to motion to a child who is crying or disturbing the bentching (see Section D. paragraph 2d of this chapter. Regarding gesturing while saying other brochos - see Chapter 2, Section D.1

השקל שכתב הטעם והוא דלהוי אימתא דמריה עליה, וכ״כ הבאר היטב (שם אות י״א) וז״ל כדי שיהא מורא שמים עליו ויעורר הכוונה עכ״ל. והמ״ב (שם ס״ק י״א) מביא דברי המ״א שירא שמים ישים הכובע על ראשו ויש שנוהגין ג״כ להתעטף בבגד העליון, דכל זה הוא בכלל עיטוף, וסיים בזה״ל וכן נהגו כהיום בישראל בעת בהמ״ז שמשימים הכובע על ראשיהן אפילו כשהוא מברך ביחיד בלי כוס עכ״ל.

ומהגרש״ז אויערבאך שליט״א שמעתי שעיקר ההקפדה הוא על לבישת הכובע, אבל המנהג ללבש גם מעיל, גם כשברך בהמ״ז בלי כוס, וגם בחו״ל.

21 עיין בשו״ע סי׳ ס׳ סעי׳ ד׳ שפסק דמצוות צריכות כוונה כלומר שיתכוון לצאת בעשיית אותה מצוה (ועיין שם במ״ב ס״ק ט׳ דלדעה זה המברך בהמ״ז עם קטנים לחנכם ושכח אז להתכוון לצאת בה ג״כ עבור עצמו וכל כה״ג לא יצא ידי חובתו) וע׳ בח״א סי׳ כ״א דקודם עשיית המצוה צריך לכוון שרוצה לעשות המצוה כדי לקיים מצות עשה, וכ״כ המ״ב בסי׳ ס׳ סס״ק י׳ בשם כל האחרונים וע׳ בבן איש חי פ׳ חקת אות ב׳ וז״ל קודם ברכת המזון יכוון להכין עצמו לקיים מצות עשה לברך בהמ״ז ביראה ובאהבה ובכונה עצומה ובשמחה רבה ובטוב לב וכו׳.

22 מ״ב סי׳ קפ״ה ס״ק א׳.(ועיין בספר דברי אליהו שמביא סגולה להנצל ממחשבות זרות בעת התפילה שיביט בתוך הסידור ויתפלל וזה מרומז במגילת אסתר פרק ט׳ פסוק כ״ה ״אמר עם הספר - ישוב מחשבתו הרעה״.

23 מ״ב (שם ס״ק ג׳) בשם א״ר.

24 ערוך השולחן סוף סי׳ קפ״ג וז״ל ונראה דגם לרמוז בעיניו אסור בברהמ״ז כיון דמדמינן לתפילה, עכ״ל. ע״ע מש״כ פרק ג׳ הערות 15.1, 15.2.

One may not recite *bircas hamozon* while engaged in any other activity. For example, he should not pass a platter, remove his tie, brush aside crumbs, etc. while bentching.[25]

2. Others Should Not Disrupt Him

People who are in the proximity of someone who is bentching should be careful not to disrupt him or interfere with his concentration.

For example, people sitting at the table should refrain from conversing while someone is trying to bentch, if it could possibly disrupt his *kavonah.*[26]

Needless to say, when someone is bentching, others should refrain from talking to him, asking him questions, or communicating with him in any way.

3. Other Halachos of Reciting A Brocha

In Chapter 2 we discussed a number of general rules which apply to the recital of all brochos.[m]

One should be especially careful to comply with those requirements when reciting *bircas hamozon,* since *bircas hamozon* is a Torah obligation.[n]

D. Like Reciting Sh'moneh Esrei

The recital of *bircas hamozon* is, in many respects, likened to the

[m] For example, a brocha must be recited loud enough so that one hears himself say the entire brocha. Moreover, the words must be clearly enunciated. If one merely formulates the brocha in his mind without actually reciting the words, or slurs them to the extent that the meaning is changed, the brocha is not valid.

[n] See Chapter 17, Section A

[25] ראה פ״ג הערה 15.3.

[26] שמעתי מהגרש״ז אויערבאך שליט״א.

recital of *sh'moneh esrei*. This correlation has a number of halachic implications.[27]

Like *sh'moneh esrei* one is required to: 1. be respectfully dressed while reciting the brocha, 2. refrain from interrupting his recital by speaking, 3. refrain from interrupting his recital by unduly pausing.

1. Respectfully Dressed

Just as one is required to be respectfully dressed to recite *sh'moneh csrei*, so too must he be respectfully dressed[o] to bentch.

a. Pajamas

One may not recite *bircas hamozon* (or *sh'moneh esrei*) while wearing pajamas, a nightgown, or undergarments only.[p]

b. Bathrobe

Ordinarily, one should not bentch while attired in a bathrobe. However, if he is ill in bed he may bentch while attired in a bathrobe.[28]

[o] Regarding wearing a hat and jacket for bentching, see paragraph C.1b.

[p] The halachos of making a *brocha rishona* while wearing a bathrobe, bathing suit, etc., are less stringent - see Chapter 1, Section B.

27 ראה הערה 30 לקמן, ושמעתי מהגרש"ז אויערבאך שליט"א שפשוט שאינו חשוב כשמונה עשרה ממש, דהא מותר לברך בהמ"ז כשהוא שיכור, משא"כ בשמונה עשרה, רק שלכמה דינים נתנו לו חומרא כשמונה עשרה.

28 עיין בשו"ע סי' צ"א סעי' ה' ובמ"ב שם, וכן שמעתי מהגרש"ז אויערבאך שליט"א שצריך להתלבש לגמרי כדי לברך בהמ"ז ואינו נכון לברך בהמ"ז לבוש בחלוק. אמנם מי שחולה עד כדי ששוכב במטה מספיק שילבש חלוק מעל בגדי לילה.

וכ"כ בשו"ת אור לציון ח"ב פרק י"ג הערה ג' וז"ל וכן מן הראוי לברך בהמ"ז כשהוא לבוש לגמרי, ואעפ"י שכל הברכות מותר לברך כל שאין לבו רואה את הערוה וכו' מ"מ בבהמ"ז יש להקפיד בזה יותר וכעין מה שמצינו בתפילה שצריך להתלבש לגמרי וכו' ע"כ.

c. *Bathing Suit*

Similarly, at a beach or pool, one may neither recite *sh'moneh esrei* nor *bircas hamozon* while attired in a bathing suit.

However, if he has a bathrobe at the beach or pool, he may don the bathrobe to bentch.[29]

2. Refrain From Speaking

Just as one may not interrupt his recital of *sh'moneh esrei* for any purpose whatsoever (except for life threatening situations), so too he may not interrupt[q] his bentching for any purpose whatsoever.[r] [30]

One may not speak[31] (even a single word[32]) while reciting *bircas hamozon*, until after concluding the fourth brocha of bentching, (i.e. until right after *al y'chasreinu*).[33]

[q] In Chapter 3 we learned about the effect of interruptions on a *brocha rishona*. In this section we deal with the effects of interruptions on the validity of *bircas hamozon*.

[r] except for life threatening situations

29 ראה הערה הקודמת ושמעתי מהגרש"ז אויערבאך שליט"א דכן בחוף הים אין לברך לבוש בבגדי ים, ואם יש לו חלוק מספיק ללבוש חלוקו. ואם אין לו חלוק צריך להתלבש לגמרי, ויזהר לא ליראות כיוהרא כשמתלבש בחוף הים כדי לברך בהמ"ז. עוד עיין בשו"ת אור לציון הנ"ל.

30 כתב בארחות חיים הל' בהמ"ז אות נ"ג וז"ל מסתברא דדין בהמ"ז כתפלה (והטעם) מה תפלה אין מתפללין אותה אלא במקום אחד ובעמידה כך בהמ"ז אין מברכין אותה אלא ביושב ע"כ ובסי' קפ"ג כתב הב"י בשם הארחות חיים (הנ"ל) דכשמברך בהמ"ז אין שואלין בה מפני הכבוד או מפני היראה כמו ששואלים בק"ש אלא דינה כתפילת שמונה עשרה, וכ"כ הרמ"א (בד"מ שם) בשם האבודרהם. ובשו"ע שם סעי' ח' מביא המחבר דין זה בשם יש מי שאומר, ועיין בכה"ח (שם אות מ"ג) דהא דכתב זה בשם יש מי שאומר לאו משום דאיכא פלוגתא אלא כי כן דרך מרן המחבר דסברה יחידית כותב אותו בשם יש מי שאומר.

31 ראה הערה לעיל בסמוך. גר"ז סי' קפ"ג סעי' י"א, ח"א כלל מ"ז סי' י"ג, מ"ב ס"ק כ"ה. ועיין בבאר היטב ריש סי' ס"ו (הובא לעיל בהערה 28) דכל מקום שאסור לדבר אפי' בלשון הקודש אסור.

32 עיין מש"כ בפרק ג' הערה 2 דאפי' תיבה אחת חשוב הפסק, ע"ע שו"ת בצל החכמה ח"ד סי' מ"ב אות ב' וד'.

33 עיין בפמ"ג (סי' קפ"ט מ"ז אות א', בשם תה"ד) דראוי שלא להפסיק בדיבור אף

Speaking is also prohibited between the brochos of *bircas hamozon* (i.e., he finished one of the brochos and did not begin reciting the next one).[34]

a. Monetary Loss

Even if one must speak in order to avert a monetary loss, he must, nevertheless, refrain from doing so until he finishes bentching.[8] [35]

b. To Answer Kaddish, Kedusha

According to many Poskim, one should not even interrupt his recital to answer *kaddish* or *kedusha*.[36] Rather he should remain silent

[8] To illustrate, one ate lunch in his office, and was in the middle of bentching, when his employer accompanied by a delegation of important dignitaries entered. He may not interrupt his recital to offer even one word of greeting until he finishes his recital.

בברכה ד׳, ואף בהרחמן לא יפסיק בדברי חול. ועיין בערוך השולחן סי׳ קפ״ח שכתב דדוקא בג׳ ברכות ראשונות אסור להפסיק ולא בהטוב והמטיב, אמנם הבן איש חי (פרשת חקת שנה ראשונה אות ג׳) פסק דגם בברכת הטוב והמטיב אסור להפסיק כבתפילה, ובאמירת הרחמן כתב (שם אות י״ח) דאינו אסור להפסיק ומ״מ אסור להפסיק בשיחת חול. ועיין במקור חיים (סי׳ קפ״ח ס״ח) דמשמע שגם בהרחמן אין להפסיק.

[34] גר״ז (סי׳ קפ״ג סעי׳ י״א בסוגריים) וז״ל אבל בהמ״ז צ״ל לכתחילה בתכיפה א׳ מן התורה שכן הוא משמעות הפסוק וכו׳ אלא שאין זה מעכב בדיעבד וכו׳.

[35] עיין מש״כ בהערה 30 דדין בהמ״ז כשמונה עשרה, ובסי׳ ק״ד כתב המ״א שאסור להפסיק בתפילה משום הפסד ממון וממילא ה״ה בבהמ״ז, וכן שמעתי מהגרש״ז אויערבאך שליט״א.

[36] עיין בהערה 30 דדין בהמ״ז כשמונה עשרה ומינה דייקי הערך השולחן (הספרדי, בק״א סי׳ קפ״ג) והחסד לאלפים (סי׳ קפ״ג אות ו׳) ועוד כמה מחברים (הובא בכה״ח סי׳ קפ״ג אות מ״ה) שאין להפסיק אפי׳ לענות קדיש וקדושה בתוך בהמ״ז כמו שאין מפסיקין בשמונה עשרה לא לקדיש ולא לקדושה כדאיתא בשו״ע סי׳ ק״ד סעי׳ ז׳.

אמנם החזון איש (או״ח סי׳ כ״ח אות ג׳) צידד להתיר קדושה וברכו באמצע הפרק ואמן בין הפרקים. וגם הגר״ח נאה (קצות השולחן סי׳ מ״ה בבדי השולחן אות י״ב) צידד לומר דרק לענין שאלת שלום מפני היראה או מפני הכבוד אסרו בתוך בהמ״ז כבתוך שמונה עשרה אבל לענות קדיש וקדושה עדיפי.

ועיין בשו״ת בצל החכמה (ח״ד סי׳ מ״ב) שהעלה לאסור לענות לקדיש וקדושה אפילו בין ברכה לברכה בבהמ״ז דכ״כ מפורש בערך

and have specific intention to be exempted by the recital (of the *Amein Y'hay Shmay Rabboh* or *kedusha*) of the *chazon*.[37]

c. To Answer Amain

One should not interrupt his recital to answer *amain* to another person's brocha.[38]

If two people are bentching, one person should not answer *amain* to the other person's brocha. However, if three (or more) persons are bentching *b'mzumon* the listeners may answer *amain* to the brocha of the one leading the bentching - provided that the listener has finished reciting that brocha[t] .[39]

[t] The person leading the bentching should recite (at least) the first brocha (i.e., from the beginning of bentching till *hazon es hakol*) out loud, and the others should quietly say word for word along with him. Even if everyone can recite the *bircas hamazon* properly, nevertheless, in order to fulfill the obligation of *zimun*, the first brocha must be said together word for word. However, the others should recite the ending of the brocha before the leader in order to answer *amein* to his brocha.

השולחן (הנ״ל) וכן משמע מהגר״ז ומסתימת הפוסקים ושלא כהמנחת פתים הובא שם.

37 כ״כ בשו״ע סי׳ ק״ד סעי׳ ז׳ לענין תפילה וממילא ה״ה כאן.

38 עיין מש״כ בהערה 36 דלהרבה פוסקים אין לענות קדושה ואמן יהש״ר וממילא כ״ש הוא דאין לענות שאר אמנים.

39 הנה לענות אמן כשהוא באמצע אחד מהברכות של בהמ״ז משמע מהרמ״א (סי׳ קפ״ג סעי׳ ז׳) דאסור בכל אופן, שכתב וז״ל ויקדים לסיים קצת קודם המברך כדי שיענה אמן עכ״ל הרי דבאמצע הברכה אין לענות כלל.

אכן לענות אמן בבהמ״ז אחר ברכה שהוא בעצמו סיימה כתב בשו״ת בצל החכמה (ח״ד סי׳ מ״ב) שנתפשט המנהג להתיר מטעם שאמן שאחר הברכה הוי כאילו הוא מנוסח הברכה וסיומה ולא הוי הפסק כלל עיי״ש.

אמנם מהגרש״ז אויערבאך שליט״א שמעתי שאין לענות אמן בבהמ״ז אחר ברכה שהוא בעצמו סיימה דדין בהמ״ז כדין שמונה עשרה וכמו שאסור להפסיק בין הברכות בשמונה עשרה לענות אמן לברכת חבירו שעומד אצלו (למשל מי שגמר ברכת רפאנו ושמע ברכת רפאנו מפי חברו) הוא הדין והוא הטעם שאסור לענות אמן לברכת חבירו בבהמ״ז, ורק בזימון תקנו חכמים לשמוע מהמברך ולענות אמן, ואפי׳ עכשיו שאנו מזמנים ואין אנו יוצאים מברכת המברך, מ״מ נכלל בתקנת חכמים לענות אמן לברכת המברך, ובלי זימון נר׳ ברור דאסור, אבל ראיתי בא״א (מבוטשאטש) שכתב בפשיטות שמותר לענות אמן בכה״ג, ונעשה אצלי ספק, ולהלכה ולמעשה נכון שלא לענות לברכת חבירו (חוץ מהמזומן), עכת״ד.

d. Child Crying

If a child is crying or otherwise disturbing, one should motion to the child or try to placate him (e.g., hold his hand, etc.) without actually speaking .[40]

e. B'dieved

If one spoke while in the middle of reciting bircas hamozon, his bentching is, nevertheless, valid. B'dieved, he is not required to go back to the beginning of *bircas hamozon,* nor to the beginning of the brocha which was interrupted.[41] [u]

3. Refrain From Undue Pausing

One is not permitted to pause unnecessarily in the middle of bentching.[42] (One may, however, pause to reflect on the meaning or profundity of what he has recited[v]).

B'dieved, if one did pause unnecessarily, even if he paused in the middle of one of the brochos, his bentching is, nevertheless, valid. He is not required to go back to the beginning of *bircas hamozon,* nor to the beginning of the brocha in which the pause occurred[43] (except in the situation discussed in the footnote below[w]).

[u] Even if he was fully aware that speaking in the middle of bentching is prohibited, his bentching is valid. He may continue his recital from the point of interruption.[41.1]

[v] For example, after reciting the second brocha (*nodeh*) one may pause to reflect on the inheritance that Hashem has given him: Eretz Yisroel, so beautiful and diverse; the Torah, so perfect it fills him with constant joy; his *bris milah,* such a profound bond with his Creator.

[w] A "long" "involuntary" pause is considered a *hefsek.*

40 כ״כ המ״ב לענין תפילה סי׳ ק״ד ס״ק א׳ וע״ע בכף החיים ריש סי׳ ק״ד.

41 מחבר ורמ״א סי׳ קפ״ג סעי׳ ו׳ ועיין מ״ב שם ס״ק כ״ה ושעה״צ שם אות כ״ג, וסי׳ ס״ה ס״ק א׳ ובה״ל שם ד״ה בין בדיבור.

41.1 מ״ב ובה״ל שם דלא כהמ״א סי׳ קפ״ג ס״ק י״א.

42 מ״ב שם.

43 מ״ב (סי׳ קפ״ג ס״ק כ״ה) ובה״ל (שם ד״ה אפילו) דדוקא אם שהה מחמת אונס

E. Shabbos and Yom Tov

In this section we discuss the addition of (the paragraphs) *r'tzei* and *yaaleh v'yavo* on Shabbos and Yom Tov, and the halachos relating to one who omitted them.[x]

Note; When we use the term "omitted" we mean that one either

"Long" means that the pause lasted longer than the amount of time it would normally take for that person to recite *bircas hamozon*.[43.1] (For example, if one usually recites *bircas hamozon* in four minutes, a pause of four minutes or longer is considered a *hefsek* for that person).

"Involuntary" means that he was compelled to pause because of halachic situational constraints.

For example, the place where *bircas hamozon* is recited must be free of foul material, dirty diapers and the like. One was in the middle of reciting the second brocha of *bircas hamozon* (*nodeh*) when he discovered that he was in the presence of foul material. He was compelled (halachically) to refrain from bentching until the material was removed. This resulted in a long involuntary pause. He is required to go back and recite that brocha (*nodeh*) from the beginning, then to continue bentching as usual.

Similarly, if he had a need to go to the bathroom and was compelled to interrupt his recital in the middle of a brocha, when he resumes bentching he must start from the beginning of that brocha.[43.2]

[x] Regarding the omission of the reference to Shabbos or Yom Tov from *al hamichya, al hagefen and al hoetz* see Chapter 20, Section A.

והפסיק כדי לגמור את כולה צריך לחזור לראש הברכות (הרי שאם לא שהה מחמת אונס א"צ לחזור כלל).

43.1 כתב המחבר (סי' ס"ה סעי' א') דאם הפסיק באמצע קריאת שמע ושהה כדי לגמור את כולה אפי' אם היה ההפסק מחמת אונס (כגון שמצא צואה במקום שהוא שם ואסור לגמור) מ"מ יצא ואין צריך לחזור ולקרות אכן הרמ"א חלק ופסק דאם שהה ברצון א"צ לחזור ולקרות אבל אם שהה מחמת אונס והפסיק כדי לגמור את כולה אינו יוצא וצריך לחזור ולקרות. (דבאונס כגון צואה במקום שהוא שם וכדומה, חשיבא השהייה הפסק - כיון שלא היה אז יכול לקרות).

וכתב המ"ב בסי' קפ"ג ס"ק כ"ה דאם שהה בבהמ"ז כדי לגמור את כולה והשיהוי היה מחמס אונס כגון שהיה צריך לנקביו או שהמקום לא הי' נקי אם שיהוי כזה היה באמצע ברכה צריך לחזור ורק לראש הברכה. ע"ע בבה"ל שם ד"ה אפילו ובמש"כ בפרק ג' הערה 27.

ולענין איך לשער "כדי לגמור את כולה" עיין בשעה"צ שם, אות כ"ד. (ומש"כ דבדידיה משערינן מקורו הוא מהרמ"א לעיל, סי' ס"ה סעי' א').

43.2 מ"ב שם וע"ע בפרק א' הערה 43.

finished the entire bentching, or was already in the middle of reciting the fourth brocha when he realized his error. If the mistake was caught at the beginning of the fourth brocha[y] - see Addendum 3.

1. Shabbos, Yom Tov

On Shabbos (a paragraph) *r'tzei* is added[44] to the third brocha of *bircas hamozon*.[45] On Yom Tov *yaaleh v'yavo* is added.

a. Evening and Main Daytime Meal

On Shabbos and Yom Tov one is required to eat no less than two meals with bread (one in the evening[z] and one during the day).[46]

If one omitted *r'tzei* or *yaaleh v'yavo* at a meal where eating bread was mandatory (i.e., the evening meal or the first meal of the day, but not the *"shalosh seudos"* meal), he must recite the entire *bircas hamozon* again, making sure to include *r'tzei* or *yaaleh v'yavo*.[47] [aa]

[y] I.e., if he started the fourth brocha, but nevertheless caught the error within recital of the first six words, his bentching can still be rectified.

[z] If one did not eat the Friday evening meal he should eat an extra meal during the day - see hebrew footnote.[46.1]

[aa] On Rosh Hashona, if one forgot *yaaleh v'yavo* at the evening meal he must

[44] שו״ע סי׳ קפ״ח סעי׳ ה׳. ועיין בפמ״ג סי׳ קפ״ד בא״א אות ח׳ דמי ששכח רצה או יעלה ויבא אע״פ שתקנו חכמים שצריך לחזור ולברך בהמ״ז מ״מ מן התורה יצא. וכ״כ בספר חסד לאלפים סי׳ קפ״ח אות ו׳ בשם הרב משה ידבר (הובא בכה״ח אות כ״ד).

[45] טוש״ע שם ועיין במ״ב שם ס״ק י״ב דרצה ויעלה ויבא הם בקשת רחמים ולפיכך קבעו בברכת בונה ירושלים שהיא ג״כ בקשת רחמים ולא בברכת הארץ שהיא ברכת הודאה, וע״ע מש״כ לקמן בהערות 59, 60.

[46] שו״ע סי׳ רע״ד סע׳ ד׳, ועיין שם במ״ב ס״ק ט׳ ובבה״ל סי׳ קפ״ח סעי׳ ח׳ ד״ה סעודה, ובמש״כ בהערה 47 לקמן.

[46.1] בריש סי׳ רצ״א כתב הרמ״א דמי שלא אכל בליל שבת יאכל שלוש סעודות ביום השבת, וכתב שם המ״ב (ס״ק ו׳) דאם שכח רצה בבהמ״ז בסעודה שניה מצדדים האחרונים שלא לחזור ולברך, אמנם בסי׳ קפ״ח ס״ק כ״ו כתב המ״ב דבכה״ג חוזר ומברך, וצ״ע. ע״ע בתהלה לדוד (סי׳ קפ״ח ס״ק ט׳) שהניח דין זה בצ״ע. וע״ע בכה״ח סי׳ רצ״א אות ח׳.

[47] איתא בגמ׳ (ברכות מ״ט ע״ב,והובא בטשו״ע סי׳ קפ״ח סע׳ ז׳.) טעה בברכת המזון

If one is unsure as to whether or not he said *r'tzei* or *yaaleh v'yavo* at the two main Shabbos or Yom Tov meals, he must bentch again.[48]

b. "Shalosh Seudos", Third or Fourth Meal,

Most Poskim rule that eating bread at the *"shalosh seudos"* meal on Shabbos is mandatory. There is, however, a minority ruling that one can be *yotzei* the *"shalosh seudos"* meal by eating foods other than bread.[49] In deference to this minority opinion, if *r'tzei* was mistakenly omitted at *"shalosh seudos"* one should not bentch again.[50]

According to all views, eating bread at a third meal on Yom Tov or at a fourth meal on Shabbos is optional. Therefore, even though *r'tzei* or *yaaleh v'yavo* is initially required at these meals, nevertheless, if it was mistakenly omitted, one is not required to bentch again.[51]

Regarding meals which ended after nightfall - see paragraph 6 below.

2. Chol Hamoed, Rosh Chodesh

On Chol Hamoed and on Rosh Chodesh *yaaleh v'yavo* is added to bentching.[52]

bentch again. If he forgot *yaaleh v'yavo* at the first meal of the day, there is a halachic uncertainty as to whether or not he is required to bentch again.[47.1]

בראש חודש אין מחזירין אותו דאי בעי אכיל ואי בעי לא אכיל אבל טעה בשבת או יו"ט מחזירין אותו, ופי' תוס' (ש)ם דר"ל בר"ח אי בעי אכיל פת אי בעי לא אכיל פת משא"כ בשבת ויו"ט דחייב לאכול פת (שבשבת נאמר וקראת לשבת עונג וביו"ט נאמר ושמחת בחגך, ואין עונג ושמחה בלא אכילת לח)ם.

וכתב המ"ב (שם ס"ק כ"ו) דכיון שמחויב לאכול פת בשבת ויו"ט א"כ חיוב בהמ"ז קבוע הוא בימים האלה לכן תקנו רבנן לעיכובא ג"כ להזכיר שם מעין המאורע וכמו בתפילה.

47.1 עיין מ"ב סי' קפ"ח ס"ק י"ט דאינו חוזר דסומכים על הי"א שמותר להתענות א"כ אין זה סעודה המתחייבת אבל לד' הא"ר חוזר ולא הכריע, אכן בסעודת לילה כתב המ"ב בסי' תקצ"ז ס"ק ה' דלכו"ע אסור להתענות, וכן פסק הגר"ז בסידורו דיני בהמ"ז בהוספות וכ"כ הישועות יעקב סי' קפ"ח אות ה' ותהלה לדוד שם, ואלף המגן על מטה אפרים שם.

48 מ"ב שם ס"ק ט"ז ספק לו אם הזכיר או לא תלינן דמסתמא בודאי לא הזכיר.

49 שו"ע סי' רצ"א סעי' ה'.

50 שו"ע ס' קפ"ח ס"ח' ומ"ב ס"ק ל"א.

51 מ"ב שם.

52 שו"ע שם סעי' ה' וסי' תכ"ד סעי' א'.

Eating a meal with bread on Chol Hamoed[bb] or on Rosh Chodesh[cc], (is preferable but) not mandatory. Therefore, if one omitted *yaaleh v'yavo* he is not required to bentch again.[53]

3. Yom Tov, Rosh Chodesh, Etc., Which Falls On Shabbos

When Yom Tov falls on Shabbos, both *r'tzei* and *yaaleh v'yavo* must be added.[54] *R'tzei* should be recited first followed by *yaaleh v'yavo*.[55] However, if one mistakenly recited *yaaleh v'yavo* first he should continue with *r'tzei* and then proceed with the rest of bentching.[56]

If one omitted either *r'tzei* or *yaaleh v'yavo* (or both) in *bircas hamozon* of one of the meals where bread is mandatory, he must bentch again, making sure to recite both *r'tzei* and *yaaleh v'yavo*.[57]

When Chol Hamoed or Rosh Chodesh falls on Shabbos, if *yaaleh v'yavo* was omitted he is not required to bentch again. However, if

[bb] It is a mitzvah to eat two meals with bread on each day of Chol Hamoed, one at night and one during the day.[52.1]

[cc] It is preferable to eat the daytime meal with bread on Rosh Chodesh.[52.2]

52.1 מ״ב סי׳ תק״ל סוף ס״ק א׳.

52.2 מ״ב סי׳ תי״ט ס״ק א׳ וב׳, ושער הציון שם ס״ק א׳.

53 שו״ע שם סעי׳ ז׳, ועיי״ש במ״ב ס״ק כ״ו ובשו״ע סי׳ תכ״ד ומ״ב שם ס״ק א׳, ועיין מ״ב סי׳ תי״ח ס״ק ב׳ וסי׳ תי״ט ס״ק א׳.

54 שו״ע סי׳ קפ״ח סעי׳ ה׳.

55 כל בו (הובא בב״י סי׳ כ״ה) וז״ל יו״ט או ר״ח שחלו בשבת אומר רצה והחליצנו תחילה ואח״כ יעלה ויבא ומזכיר קדושת שבת בפני עצמו ומעין המאורע בפני עצמו ושבת תחילה לפי שהוא תדיר, ותדיר ושאינו תדיר תדיר קודם עכ״ל, וע״ע מ״ב שם ס״ק י״ג.

ועיין במקור חיים (סי׳ קפ״ח ס״ה) דה״ה גבי הרחמן שבת תחילה ואח״כ סוכות (הרחמן הוא ינחילנו יום שכולו שבת ואח״כ הרחמן הוא יקים לנו את סכת דוד הנופלת) וכן גבי הרחמן של שבת ור״ח (אומרים תחילה הרחמן הוא ינחילנו ואח״כ הרחמן הוא יחדש עלינו את החודש הזה).

56 מ״ב שם ס״ק י״ג, ועיין בקצות השולחן (סי׳ מ״ז בבדי השולחן אות י״ג) שמביא מהשאג״א (סי׳ כ׳) דאפי׳ אם התחיל לומר יעלה ויבא וזכר באמצע שלא אמר רצה צריך להפסיק ולומר רצה וכתב הקצות השולחן דזה דוקא אם זכר קודם שהזכיר היום (למשל קודם שהזכיר יום חג הסוכות הזה) אבל אם כבר הזכיר היום יגמור יעלה ויבא ויאמר אח״כ רצה. אמנם מצאתי במקור חיים (סי׳ קפ״ח ס״ה) דאפי׳ פתח רק אלוקינו ואלוקי אבותינו גומר (יעלה ויבא ויאמר אח״כ רצה).

57 מ״ב שם ס״ק כ״ט.

r'tzei was omitted, he must bentch again making sure to include both *r'tzei* and *yaaleh v'yavo*.[58]

4. Chanuka, Purim

On Chanuka and Purim (a paragraph beginning with the words) *al hanisim* is added to the second brocha (*nodeh*) of *bircas hamozon*.[59] If one omitted *al hanisim* he does not have to bentch again.[60] [dd]

If one forgot to add *al hanisim* and realized his mistake before saying *"Hashem"* at the conclusion of the second brocha[ee] he should

[dd] When Chanuka falls on Shabbos, *al hanisim* and *r'tzei* are added.[60.1] If *r'tzei* was omitted he must bentch again.[60.2]

[ee] i.e., he said *baruch atoh* and remembered before he concluded ...*Hashem, al ho'oretz v'al hamozon*

58 מ״ב שם דכשחוזר לראש בהמ״ז אז צריך לומר עוד הפעם יעלה ויבא דבהמ״ז הראשון נתבטל לגמרי. והקצות השולחן בבדה״ש סי׳ מ״ז אות ט״ו פקפק על זה מאד עיי״ש.

59 איתא בגמ׳ (שבת דף כ״ד ע״א) מהו להזכיר של חנוכה בבהמ״ז ומסיק דאין צריך להזכיר ואם בא להזכיר מזכיר בהודאה, ופי׳ רש״י דהא כולה מילתא דחנוכה עיקרה להודאה נתקנה (לפיכך קבועים על הניסים בברכת הארץ שהיא ברכת הודאה). ואיתא בטור (סוף סי׳ קפ״ז) דבחנוכה ופורים אומר בה על הניסים, וכתב שם הב״י דאסיקנא בחנוכה דאין צריך להזכיר והפוסקים כתבו סתם שצריך להזכיר. וגם בשו״ע סי׳ תרפ״ב סעי׳ א׳ וסי׳ תרצ״ה סעי׳ ג׳, וברמ״א ססי׳ קפ״ז כתוב סתם שאומרים עה״נ בבהמ״ז.

60 טור ושו״ע שם, וכתב הב״י (ססי׳ קפ״ז) פשוט הוא שאין צריך לחזור, שהרי אמרו בגמ׳ אין צריך להזכיר על הניסים, והיאך אפשר לומר שצריך לחזור אם שכח (ע״ע ראבי״ה הובא בהג״מ פ״ב דהל׳ ברכות אות ח׳).

ועיין בט״ז סי׳ תרצ״ג ס״ק ב׳ דאם שכח לומר על הניסים בסעודה ראשונה של פורים מחזירים אותו דהרי בפורים יש לו חיוב לאכול פת כשבת ויו״ט.

וכ״כ המ״א סי׳ תרצ״ה ס״ק ט׳ (ועיין בערוך השולחן שם סעי׳ י״ב שתמה איך יכול לומר שתהא לעיכובא). ובמ״ב (שם ס״ק ט״ו) מביא שי״א דצריך לחזור וי״א דאין צריך לחזור וספק ברכות להקל.

60.1 מזכיר של חנוכה תחלה בברכה ב׳ ואח״כ של שבת בברכה ג׳ (ובר״ח טבת שחל להיות בשבת מזכיר גם של ר״ח בברכה ג׳), ואע״פ ששבת (ור״ח) תדירי מחנוכה ותדיר קודם מ״מ כיון דתקנו חז״ל לומר על הניסים בברכת הארץ שהיא ברכת הודאה אין חוששים להקדים התדיר - כן כתב הכל בו סי׳ כ״ה.

60.2 עיין במ״א סי׳ קפ״ח סעי׳ י״ג דבשבת חנוכה אם לא הזכיר של שבת דחוזר לראש ואין צריך להזכיר של חנוכה מפני שהזכרת

recite *al hanisim* at that point.[61] However, if he concluded the second brocha of bentching (*nodeh*) and then realized that he forgot to say *al hanisim*, he should not go back to recite *al hanisim* (nor should he recite it in the third or fourth brocha).[62] He should continue bentching till after the *horachmon* text[63], and add *al hanisim* at that point.[63.1]

5. Woman Omitted R'tzei or Yaaleh V'yavo

In most instances the halachos regarding the omission of *r'tzei* or *yaaleh v'yavo* apply equally to either a man or a woman. For example, if a woman (or man) omitted *r'tzei* at the Friday night or the (first) Shabbos day meal, she must bentch again.[64] If a woman (or man) omitted *yaaleh v'yavo* on Rosh Chodesh or Chol Hamoed, she is not required to bentch again.

There is one notable exception - Yom Tov. A man is required to eat two meals with bread on Yom Tov. Therefore, if he omitted *yaaleh v'yavo* at one of these meals, he must bentch again. Technically, a woman is not obligated[ff] to eat two meals with bread on Yom Tov[gg]. Therefore, if she forgets *yaaleh v'yavo* she is not required to bentch again (according to many Poskim).[65]

[ff] Eating bread on Yom Tov is a time related mitzvah, from which women are exempt.

[gg] Except for the Pesach seder meals.[65.1]

חנוכה אינו חובה, וכ״כ הגר״ז (שם סעי׳ י״ד). אמנם השה״צ כתב שדברי המ״א אינם מוכרחים (דהגם שאינו חובה להזכיר על הניסים מ״מ כבר נהגו לאומרו ואם נחשב כלא בירך בהמ״ז למה לא יאמרו כשחוזר ומברך - עיין בבדה״ש סי׳ מ״ז אות ט״ו) ולא העתיק המ״ב דין זה להלכה.

61 שו״ע סי׳ תרפ״ב סע׳ א׳.

62 תרומת הדשן סי׳ ל״ח.

63 ר״ל אחר הרחמן הוא יזכנו לימות המשיח וכ׳.

63.1 ויאמר ״הרחמן הוא יעשה לנו נסים ונפלאות כשם שעשית לאבותינו בימים ההם בזמן הזה, בימי מתתיהו...וכו׳ (רמ״א סי׳ קפ״ז וסי׳ תרפ״ב).

ובראש חודש שבחנוכה יאמר הרחמן זה אחר ״הרחמן הוא יחדש עלינו את החודש הזה וכו׳, (מ״ב שם ס״ק ה׳).

64 שו״ת רע״א סי׳ א׳ כיון שהיא מחויבת במצות עשה של קידוש מחוייבת גם כן בכל מצות עשה דשבת ומחוייבת בסעודה כמו איש וממילא אם שכחה רצה מחוייבת לחזור כאיש.

65 שם, שמצות סעודה ביו״ט הוי מצות

6. Shabbos or Yom Tov Meal Ended After Nightfall

A Shabbos meal which starts before sundown, even if it continues until well after nightfall, requires *r'tzei*. Even though the *bircas hamozon* is being recited when it is no longer Shabbos, nevertheless, since the meal started on Shabbos it is considered a Shabbos meal.[66]

This applies to Yom Tov, Chol Hamoed, Rosh Chodesh, Chanuka and Purim. Even if the meal continued well into the night, one must add *yaaleh v'yavo* or *al hanisim* to bentching at the end of that meal.[67]

However, if one *davened maariv* in the middle of the meal,[hh] he should not add *r'tzei, yaaleh v'yavo,* etc. to bentching.[68]

If Rosh Chodesh starts on a Motzi Shabbos, and bread is eaten both before and after sundown, saying both *r'tzei* and *yaaleh v'yavo* is questionable. The problem is that saying *r'tzei* indicates that the meal was deemed a Shabbos meal, while saying *yaaleh v'yavo* indi-

[hh] If one said *"boruch hamavdil bein kodesh l'chol"* in the middle of the meal, it is questionable if he should add *r'tzei* or *yaaleh v'yavo* to bentching at the end of that meal.[68.1] However, if he recited *Havdalah* before he bentched, he should not add *r'tzei* or *yaaleh v'yavo* to bentching.[68.2]

עשה גרידא וממילא אשה פטורה ממצות סעודה ביו״ט כמו שבכל מצות עשה שהזמן גרמא וממילא אם שכחה להזכיר של יו״ט בבהמ״ז א״צ לחזור ולברך דהוי יו״ט לגבי דידה כמו ר״ח לגבי דידן. ועיין בארחות חיים סי׳ קפ״ח ס״ק ג׳ וסי׳ תקכ״ט ס״ק ז׳ (הובא בשמירת שבת כהלכתה פרק נ״ז הערה י״ח) ובספר הליכות ביתה (סימן י״ב סעי׳ י״ג ובהערות שם) ובספר הליכות בת ישראל (פרק ג׳ הערה ל״ב) שהביאו חולקים על הרע״א הנ״ל.

[65.1] שו״ת רע״א שם.

[66] שו״ע סי׳ קפ״ח סעי׳ י׳.

[67] שם.

[68] מ״א שם ס״ק י״ז דאחר שכבר התפלל ערבית של חול אין להזכיר של שבת דמחזי כסתרי אהדדי, וכ״כ במ״ב שם ס״ק ל״ב, ועיין במקור חיים שם אם שכח וספר העומר בתוך הסעודה (אע״פ שלא התפלל ערבית) לא יברך רצה.

[68.1] מ״א בס״ס רס״ג מסתפק בזה, והגר״ז (סי׳ קפ״ח סעי׳ י״ז) והקצות השולחן (סי׳ מ״ז סעי׳ ח׳) פסקו שלא להזכירו, אכן הח״א (כלל מ״ז סי׳ כ״ד) פסק להזכירו, והמ״ב ס״ס רס״ג מביא הספק ולא הכריע ולכן צ״ע למעשה. (ועיין בערוך השולחן סי׳ קפ״ח סעי׳ כ״ג, וסי׳ רס״ג סעי׳ כ״ו).

ע״ע בדעת תורה ס״ס רס״ג והגהת נכד המחבר שליט״א שם ובשמירת שבת כהלכתה פרק נ״ז הערה מ״ב.

[68.2] גר״ז סי׳ קפ״ח סעי׳ י״ז.

cates that the meal was deemed a Sunday (Rosh Chodesh) meal.[69]

One can bypass this uncertainty by making sure not to eat a *k'zayis* of bread[ii] after sunset when Rosh Chodesh falls on Sunday.[70]

B'dieved, if bread was eaten during *bain hashmoshos* but before nightfall, only *r'tzei* should be recited. However, if (a *k'zayis* of bread was eaten before sundown, and) a *k'zayis* of bread was eaten after nightfall, there are different *minhagim* for what to recite - see Hebrew footnote below[71]

7. Started Meal Before Sundown Erev Rosh Chodesh

Yaaleh v'yavo is required at a meal which started before sundown erev Rosh Chodesh, and continued into Rosh Chodesh, provided that at least a *k'zayis* of bread was eaten after nightfall.[71.1]

For example, Tuesday was Rosh Chodesh. One started eating supper before sundown on Monday evening. He ate a *k'zayis* or more of bread after nightfall (i.e., on Rosh Chodesh). He must include *yaaleh v'yavo* in bentching.

This halacha also applies to starting a meal before sundown on Shabbos, Yom Tov, etc.

[ii] one may eat a *k'zayis* of bread after sunset - if he does not eat it within (the time span of) *k'dei achilas praas.*[70.1]

[69] עיין במ״ב שם ס״ק ל״ג די״א שיאמר רק יעלה ויבא וי״א שיאמר רצה וגם יעלה ויבא אע״פ שסתרי אהדדי. ובערוך השולחן סעי׳ כ״ג כתב שיאמר רק רצה.

[70] ועיין בשמירת שבת כהלכתה ח״ב פרק נ״ז הערה מ״ו בשם הגרש״ז אויערבאך שליט״א דאפשר דיכול עכ״פ לאכול כזית ביותר מכדי אכילת פרס.

[70.1] ראה הערה הקודמת.

[71] שמעתי מהגרש״ז אויערבאך שליט״א שנכון שלא לאכול כזית פת בתוך כדי אכילת פרס אחר בין השמשות - אמנם בדיעבד אם אכל כזית פת לפני בין השמשות וכזית פת אחר בין השמשות או אחר צאת הכוכבים נוהגים לומר רצה בלבד, ויש נוהגים לומר רצה ויעלה ויבא. ועיין בערוך השולחן הובאה בהערה 69,

[71.1] כן מוכח מדברי המ״ב סי׳ קפ״ח ס״ק ל״ג וכן כתב קצות השולחן סי׳ מ״ז אות ט׳. ועיין בערוך שולחן הנ״ל בהערה 69.

8. Mistakenly Recited R'tzei or Yaaleh V'yavo on a Regular Day

If one mistakenly recited *r'tzei* or *yaaleh v'yavo* in bentching at a weekday meal, it is valid, *b'dieved*. He is not required to bentch again.[72] [jj]

[jj] However, if he realizes his mistake before finishing the brocha (i.e., before saying *boruch atoh Hashem*) he should go back to the beginning of the brocha (*racheim*) and recite it again without *r'tzei* or *yaaleh v'yavo*.[72.1].

72 קצות השולחן שם סעי׳ י״ג עיי״ש בבדה״ש כ״ה.

72.1 קצות השולחן שם.

CHAPTER 19

Foods Covered by Bircas Hamozon

Introduction

Most people are familiar with the rule that foods eaten during the course of a meal (in which bread is eaten) are covered by *bircas hamozon* . *Bircas hamozon* is sometimes valid, *b'dieved,* for foods not eaten in conjunction with bread. For example, one ate a bowl of spaghetti. His mind was occupied with other matters as he ate. After finishing the spaghetti he mistakenly bentched. Is another *brocha achrona* required? This is discussed in Section A.

Section B discusses an important halacha which is unfamiliar to many people, namely, that a *brocha achrona* is required for most foods which are eaten before a meal. For example, one grows hungry as he waits for his dinner guests to arrive. He helps himself to some potato kugel which will shortly be served at the meal. He must make a *brocha achrona* before washing for the meal.

In some instances, food eaten before a meal is considered connected to the meal and is covered by the *bircas hamozon*. In such cases, the food eaten before the meal does not require a *brocha achrona*. For example, if one makes a *borei pri hoetz* on an apple before the meal, and has intention to exempt fruit which he wishes to eat during the meal, the apple is covered by bentching, and does not require a separate *brocha achrona*. This is dealt with in Section C.

In Section D we apply these halachos to many common situations. For example, is one required to make a *brocha achrona* for food eaten at a smorgasbord, if he expects to wash for a meal shortly thereafter?

* פרק זה מבוסס בעיקרו על שו"ע סי' קע"ו.

A. Foods Covered By Bircas Hamozon

1.Bread, Foods Eaten During Meal

Bircas hamozon is the *brocha achrona* for bread[1] and for all foods and beverages which were eaten in conjunction with bread.[2]

Even foods such as snack foods and fruit, (which are not covered by *hamotzi* and require a separate *brocha rishona* when eaten in the middle of a meal[a]) are nevertheless, covered by the *bircas hamozon*.[3]

For example, if one wishes to eat an apple during the course of his meal, he must first make a *borei pri hoetz*. However, he does not have to make a *borei nefoshos* as it is covered by the *bircas hamozon*.

2. Bread Family Products (e.g., Cake, Crackers, etc.,)

"Bread family" products such as cake and crackers are treated as genuine bread when a *shiur* (set minimum amount of food) is eaten. In such cases, the required *brocha achrona* for cake, crackers, etc., is *bircas hamozon*. The rules for bentching for bread family products are discussed in detail in Chapter 27.

[a] Not every food which is eaten at a meal is covered by the *bircas hamotzi* made on the bread - see Chapter 5, Section D.

[1] ראה ריש פרק י״ז.

[2] ראה פרק ה׳ הערות 1-5. ועיין מש״כ בריש פרק ה׳ ושם הבאנו מה ששייך להלכות דברים הבאים בתוך הסעודה, ולענין דברים הנאכלים בסוף הסעודה לאחר שמשכו ידיהם מן הפת עיין בשו״ע סי׳ קע״ז סעי׳ ב׳ שאינם נפטרים לא בברכת המוציא ולא בבהמ״ז. ולא הבאנו דין זה בפנים מאחר שאין דין זה מצוי בינינו שאין אנו רגילים למשוך ידינו מן הפת, כמש״כ בשו״ע שם (ע״ע בבה״ל שם).

[3] שו״ע סי׳ קע״ז סעי׳ א׳ ועיין שם במ״ב ס״ק ז׳ (והוא מדברי תר״י דף כ״ט ע״ב מדפי הרי״ף ד״ה ורבינו) וז״ל תר״י אבל אין טעונים ברכה לאחריהם שכיון שעתיד לברך על כל מה שאכל (בתוך הסעודה) גם זה נכלל עמו (עם שאר דברים שאכל בתוך הסעודה) וברכת המזון פוטר אותם ע״כ ובגר״ז שם סעי׳ ב׳ נמצא תוספת ביאור וז״ל לפי שכל מה שבא תוך הסעודה הוא מכלל השביעה שנאמר בה ושבעת וברכת.

[3.1] ראה פרק ט״ו הערות 11 - 14, ופרק כ׳ Section E.

3. B'dieved

a. Valid For Mezonos Products, Wine, and Dates

We have learned that if one incorrectly recited a brocha, and the statement was, nevertheless, true (for the food for which it was wrongly recited), it is valid, b'dieved.

Therefore, since bircas hamozon is an acknowledgement for bread and for foods which satiate, it is valid, *b'dieved*, for foods which *Chazal* considered to be particularly satiating.[b] [4] The following foods are considered to be particularly satiating:

- Mezonos (cooked or baked grain products[c])[5]
- Wine[6]
- Dates[7]

For example, if one ate a *k'zayis* of cake, cereal, spaghetti, or dates, or drank a *reviis* of wine or grape juice, and mistakenly bentched the bentching is valid, and a new *brocha achrona* is not required.

[b] If the statement (contained in the wrong brocha that was recited) is true, the wrong brocha is valid, *b'dieved* - see Chapter 15, Section D. Therefore, since the statement contained in *bircas hamozon* is true when applied to grain products, wine or dates, it is valid, *b'dieved*.[3.1]

[c] Does not include rice or rice products.

[4] מ״ב סי׳ ר״ח ס״ק ע״ה.

[5] גר״ז בסדר ברכת הנהנין פרק א׳ אות י״ז, ח״א כלל נ׳ סי׳ י״א וז״ל ואף שבשו״ע סי׳ ר״ח סעי׳ י״ז כתב דבהמ״ז אינו פוטר דייסא כבר תמה עליו הכה״ג והפ״ח ואני אומר שמכולם נעלם דברי ר״ן בפסחים גבי ב״א של ד׳ כוסות שכתב להדיא בשם הגאונים דבהמ״ז פוטר לדייסא ונ״ל דה״ה כל תבשיל שנעשה מה׳ מיני דגן וכ״ש (פת הבאה בכיסנין) וכיוצא בזה דפוטר עכ״ל. וכן פסק המ״ב בסי׳ ר״ח ס״ק ע״ה ועיי״ש בשעה״צ אות ע״ה.

[6] שו״ע סי׳ ר״ח סעי׳ י״ז, מ״ב שם ס״ק ע״ז, ועיין שם בשו״ע דאפי׳ לא אמר אלא ברכת הזן (ברכה ראשונה של בהמ״ז) יצא.

[7] שם.

b. Not Valid For All Other Foods

Bircas hamozon is not valid (even b'dieved) for all other foods.[8]

For example, if one ate a meal consisting of fish, french fried potatoes, salad, ice cream and coffee - but no bread, and mistakenly bentched, he must recite borei nefoshos, as the bentching was not valid.

B. Eaten Before the Meal - Not Covered By Bentching

This section deals with the *brocha achrona* requirements for foods which are eaten before a meal.[d]

1. Requires A Brocha Achrona

Generally,[e] *bircas hamozon* does not cover foods[f] eaten before the meal. Rather, the appropriate *brocha achrona* is required for that which was eaten before the meal.[9] This also applies to many types

[d] Note: According to many Poskim, if the table is set and one is about to wash for bread, (and he has no reason to delay starting his meal) he should first make the *bircas hamotzi* and then eat the other foods. He should not eat other foods before eating the bread. Doing so is called *gorem brocha sheaina tzricha,* causing a brocha to be made which could have been avoided. However, if he can not start his meal immediately, he may eat other foods while waiting to start his meal. See Chapter 14, Section C.2.

[e] Exceptions to this general rule are discussed in Sections C and D below.

[f] Regarding beverages which one drinks before a meal - see paragraph D.3 below.

[8] עיין מש"כ בהערה לקמן בסמוך.

[9] הנה הב"י בסי' ר"ח מביא מתר"י (מ"א ע"ב ד"ה לאחר המזון) דדבר שאינו טפל להפת (ואינו נאכל בתוך עיקר הסעודה) אינו נפטר בבהמ"ז. ואפי' אם אכל פרי הטעון ברכת מעין ג' (למשל ענבים או תאנים) לא אמרינן

of mezonos products eaten before the meal.[g]

For example, if one "noshes" potato chips or macaroni salad before eating a meal, he may not rely on the *bircas hamozon* to cover his before-meal nosh, but must make a *brocha achrona* before washing for the meal (*borei nefoshos* for the potato chips, *al hamichya* for the macaroni).

Even if the same type of food will subsequently be served at the meal, nevertheless, since the food was eaten before he started the meal, a *brocha achrona* is required.[10]

To illustrate, one grows hungry as he waits for his dinner guests to arrive. He helps himself to some spaghetti and a piece of potato kugel which will shortly be served at the meal. The *bircas hamozon* after dinner (will cover the spaghetti and kugel served during the meal but) will not cover the spaghetti and kugel eaten before the meal. Therefore, he must make an *al hamichya* and *borei nefoshos* before starting his meal.[11]

[g] A *brocha achrona* is not required for cake, crackers or other "bread family" products eaten before the meal - see Section D, below. Regarding other types of mezonos products eaten before a meal - see paragraph D.2, below.

שבהמ״ז פוטרתו אע״פ שהברכה שלו מעין בהמ״ז מ״מ אינו נפטר בבהמ״ז. וכ״כ הגר״ז בסידורו פרק א׳ אות י״ז שאם אכל פירות מז׳ המינים לפני הסעודה שאין בהמ״ז פוטרתם. וכ״כ הח״א כלל מ״א סי׳ ב׳, והמ״ב סי׳ קע״ו ס״ק ב׳ אות א׳.

10 המ״א (סי׳ קע״ד ס״ק י״ד) מביא מבעל המאור בערבי פסחים (דף כ״ד ע״ב מדפי הרי״ף) שמי שאין לו יין לשתות בתוך הסעודה בליל פסח אינו יכול לפטור ב׳ כוסות הראשונים בבהמ״ז מאחר שאין לו המשך להסעודה אבל אם יש לו יין לשתות תוך הסעודה לא סילק נפשי׳ מלשתות עד שיברך בהמ״ז ויכול לפטור גם ב׳ כוסות הראשונים בבהמ״ז, והמ״א דייק מבעה״מ דה״ה בכל דבר שאוכל לפני הסעודה ודעתו לאכול אותו המין גם בתוך הסעודה שא״צ לברך ב״א על מה שאוכל לפני הסעודה מפני שיש לו המשך להסעודה ובהמ״ז פוטר גם מה שאכל קודם הסעודה. והרבה פוסקים חולקים על המ״א וס״ל שאין ראיה מבעה״מ הנ״ל עיין בנ״א כלל מ״א אות א׳ ובשעה״צ סי׳ קע״ו אות ח׳ ולכן פסקו שלא כהמ״א וכן פסקו הגר״ז סי׳ קע״ד סעי׳ ו׳ (הובא בשעה״צ הנ״ל) והמ״ב שם ס״ק ב׳.

11 עיין שעה״צ סי׳ קע״ו אות ה׳ שדן (במי שאוכל דייסא לפני הסעודה ובדעתו לאכול עוד דייסא בתוך הסעודה) דאולי אין לברך ברכה אחרונה על הדייסא שאוכל לפני הסעודה, אמנם האג״מ (או״ח ח״ג סי׳ ל״ג ד״ה ובמחלוקת) הכריע לדינא דאף אם היה בדעתו לאכול עוד בתוך הסעודה עכ״פ

2. Forgot - Realized in Middle of Meal

If one forgot to make the (appropriate) *brocha achrona* before starting the meal, he must do so in the middle of the meal.[12] (Regarding mezonos products - see footnote[h]).

3. Forgot - Realized After Bircas Hamozon

If he bentched, and only then realized that he had forgotten to make the (appropriate) *brocha achrona,* he must make the *brocha achrona* at that point (after having bentched). The *bircas hamozon* will not exempt the food eaten before the meal, since it is in no way connected to the meal for which he bentched.[13]

This rule does not apply to mezonos products nor to wine nor

[h] This rule, according to some Poskim, does not apply to mezonos products which are eaten shortly before the start of a meal. If one ate mezonos, washed, made *hamotzi* and started his meal, then realized that he had forgotten to recite *al hamichya* for the mezonos he had eaten right before the meal, it is questionable whether or not he should make the *al hamichya* in the middle of the meal.[12.1] (Regarding cake, cookies, crackers, etc., eaten before a meal - see Section D.)

לכתחילה יש לברך ברכה אחרונה קודם הסעודה, וכ' שכן נוטה דעת השעה"צ. ע"ע בהערה 29.1.

[12] גר"ז סי' קע"ד סעי' ו' ח"א כלל מ"א סי' ב' מ"ב סי' קע"ו ס"ק ב' אות א' (ע"ע בברכי יוסף סי' קע"ד סעי' ב' שכן פסק מה"ר חיים ויטאל בשם מהאר"י ז"ל).

[12.1] עיין כף החיים (סי' קע"ד אות ל"ה וסי' ר"ח אות פ"ח) בשם חסד לאלפים (קע"ד אות ג') ובן איש חי (פ' נשא אות ד'). אמנם מדברי הגר"ז והח"א (הובא במ"ב סי' קע"ו ס"ק ב') משמע לכאורה שאם נזכר בתוך הסעודה ועדיין לא בירך בהמ"ז שיש לברך על המחיה על מה שאכל קודם הסעודה, דז"ל הגר"ז בסידורו (פרק א' אות י"ז) וכן המיני דגן שאכלן לפני הסעודה נפטרו בבהמ"ז בדיעבד אבל לכתחילה אם נזכר קודם בהמ"ז צריך לברך תחילה על המחיה קודם בהמ"ז עכ"ל, וז"ל הח"א)כלל מ"א סי' ד') ואם לא בירך (על המחיה) עד שבירך בהמ"ז בדיעבד בהמ"ז פוטר עכ"ל משמע דאם נזכר קודם בהמ"ז אע"פ שכבר בירך המוציא צריך לכתחילה לברך על המחיה.

[13] גר"ז שם ובסידורו פרק א' אות י"ז, ח"א שם, ע"ע במ"ב סי' ר"ח ס"ק ע"ז.

dates[13.1] which were eaten before the meal. These foods are exempted, *b'dieved*, by *bircas hamozon*.[i] [14]

C. Eaten Before the Meal- Yet Covered By Bentching

In the previous section we learned that food eaten before a meal requires a separate *brocha achrona*. However, if the food eaten before the meal is somehow connected to the meal, it is covered by the *bircas hamozon*.

In the following three types of cases, the food eaten before the meal is considered to be connected to the meal:

1. Kiddush-Link

Since kiddush must be made in conjunction with a meal[15], if made shortly before the meal, it is considered part of that meal, according to many Rishonim .[16] This halacha applies to wine, grape

[i] See paragraph A.3 above.

[13.1] עיין בגר״ז שם (בסידורו פרק א׳ אות י״ז) שאם אכל תמרים או יין או מיני דגן לפני הסעודה, ושכח ולא ברך לאחריהם ולא נזכר עד אחר בהמ״ז, נפטרים בדׅיעבד בברכת הזן שבברכת המזון.

[14] עיין מש״כ בהערות הקודמות בשם הגר״ז והח״א ומשמע מדבריהם שאפי׳ אם לא כוון בשעת בהמ״ז לפטור את הדייסא שאכל מקודם הסעודה מ״מ נפטר בבהמ״ז, וכן צידד בשער הציון סי׳ ר״ח אות ע״ה. ומדברי הגר״ז הנ״ל בסידורו (פ״א אות י״ז) לכאורה משמע להדיא דס״ל דבהמ״ז פוטרת יין ותמרים אפי׳ אם לא נתכוין לפוטרם. ויש לעיין בזה דהנה במנחת שלמה סי׳ צ״א אות ו׳ כתב דדוקא אם כשבירך בהמ״ז נתכוין להדיא לפטור את היין שפיר נפטר היין בבהמ״ז, אבל אם שתה יין ובירך בהמ״ז אינו פוטרת בסתמא את היין, וצ״ע.

[15] כתב הב״י בריש סי׳ רע״ג וז״ל אמר שמואל אין קידוש אלא במקום סעודה וכו׳ וטעמא משום דכתיב וקראת לשבת עונג, במקום קריאה שם תהא עונג עכ״ל (ועיין באג״מ או״ח ח״ד סי׳ ס״ג ביאור בדין אין קידוש אלא במקום סעודה).

[16] בסי׳ קע״ד פסק המחבר דיין שלפני סעודת חול נפטרת בבהמ״ז (מטעם שיין בא לפתוח בני מעיים, כ״כ המ״ב שם ס״ק כ״ד) ובסי׳ רע״ב כתב המחבר דיין של קידוש שלפני סעודת שבת ויו״ט נפטר בבהמ״ז (מטעם דקידוש צורך סעודה, כ״כ המ״ב שם ס״ק ל״ה

juice, or any other beverage used for kiddush.[17] [j] (We will refer to this type of connection as the "kiddush-link").

Some Rishonim are of the opinion that kiddush wine is not linked to the meal and is subject to a *brocha achrona*.[18]

The Poskim accept the former view. They advise, however, that at the end of the meal, when bentching, one should have specific intent to cover the kiddush wine.[19] [k]

[j] Regarding wine, cake, and other foods eaten at a kiddush made before the Shabbos meal - see Section D.4 below.

[k] According to all views, if when he makes the brocha on the kiddush wine he has intention to exempt the wine which he plans to drink at the meal (brocha-link), it is covered by bentching.

ובסי' רצ"ט ס"ק כ"ט) ובסי' רצ"ט כתב המחבר דיין של הבדלה שלפני הסעודה אינו נפטר בבהמ"ז ולכאורה אלו שני דינים האחרונים סותרים למה שכתב בסי' קע"ד.

ועיין היטב באג"מ או"ח ח"ג סי' ל"ג שמיישב שיטת המחבר והיוצא מדבריו:

בסי' קע"ד גבי יין שלפני סעודת חול ס"ל להמחבר שבהמ"ז פוטרו ושייך להסעודה מטעם שיין פותח הבני מעים, והמחבר פסק כהרא"ש בזה דס"ל דמה שבא לפתוח בני מעים ולהמשיך אדם לתאות המאכל שייך לסעודה ונפטר בבהמ"ז, אמנם המחבר סובר דדוקא אם בשעה שבירך על היין היה כוונתו לשתותו בשביל פתיחת הבני מעים, אבל אם לא כוון לזה לא שייך לסעודה ואינו נפטר בבהמ"ז (ובפרט זה חולק על הרא"ש דלהרא"ש אפי' אם לא כוון בשביל פתיחת הבני מעים מ"מ היין מילתיה דידיה עביד וגם בלי כוונה שייך להסעודה ובהמ"ז פוטרו).

בסי' רע"ב גבי יין של קידוש ס"ל להמחבר שבהמ"ז פוטר היין של קידוש ושייך להסעודה ולא מטעם שפותח הבני מעים שבשעה שבירך על היין לא היה כוונתו לפתוח הבני מעים ומ"מ שייך לסעודה מטעם שהיא צורך סעודה דאין קידוש אלא במקום סעודה (שהמחבר פסק כהרא"ש לדינא אבל לא מטעמיה, דלהרא"ש אף אם לא כוון לפתוח הבני מעים ואף ביין שאינו של קידוש נפטר בבהמ"ז כנ"ל).

בסי' רצ"ט כתב המחבר שבהמ"ז אינו פוטר היין של הבדלה וס"ל להמחבר דכיון שהמברך הבדלה אינו מכוון לפתוח בני מעים וגם ההבדלה אינו חשוב צורך סעודה כקידוש משום הכי אין לו שייכות להסעודה (ובדין זה המחבר חולק על הרא"ש לדינא, דלהרא"ש אע"פ שלא כוון לפתוח מ"מ שייך היין לסעודה דסוף סוף היין פותח הבני מעים אבל המחבר סבר דכיון שמכוון למצות הבדלה ולא מכוון כלל להכנת סעודה לפתוח המעים לא שייך לסעודה).

17 גר"ז סי' קע"ד סעי' ח'.

18 רמב"ן ור"ן ותוס', הובאו בבה"ל סי' קע"ד סעי' ו' ד"ה וכן.

19 בה"ל שם.

2. Brocha-Link

There is one type of connection which, according to all views, links the before-meal food to the meal. (We will refer to this type of connection as a "brocha-link"). This link operates as follows:

Some foods which are eaten during a meal are not exempted by *hamotzi*. For example, if one wishes to eat an apple during his meal, he must make a *borei pri hoetz*. If he also wants to eat a fruit before the meal, he can exempt the apple he plans to eat at the meal from its brocha requirement (i.e., he can have specific intention, at the time he makes the brocha before the meal, to exempt fruit which he will subsequently eat in the meal).[20]

If one makes a brocha on a food shortly before the meal, and has intention to exempt a food (which requires a separate brocha) which he plans to eat during the meal, we consider the before-meal food as part of the meal. Making a brocha and eating the before-meal food makes it permissible to eat the subsequent food during the meal (without a new brocha).

Since the before-meal food (halachically) facilitates eating food during the meal, it too is connected to the meal, and is therefore covered by bentching. The before-meal food does not require a separate *brocha achrona*. (The before-meal food is connected to the meal by a "brocha-link").[21] [1]

[1] For example, if one makes a *borei pri hoetz* on an apple shortly before the meal, having intention to exempt the fruit he plans to eat during the meal, we consider the apple before the meal as part of the meal, and it is covered by bentching. The apple does not require a separate *brocha achrona*.

[20] עיין מש״כ בפרק ה׳ הערה 1.

[21] מ״א סי׳ קע״ד ס״ק י״ד (דשם מביא המחבר דיש מחמירים שסוברים דכמו שצריך אדם לברך ברכה ראשונה על הפירות שאוכל תוך הסעודה כך צריך לברך על משקה ששותה בתוך הסעודה, וכתב שם המ״א דלפי המחמירים הנ״ל אם שותה משקה לפני הסעודה ומכוון לפטור גם מה ששותה בתוך הסעודה אין צריך לברך ברכה ראשונה על מה ששותה תוך הסעודה, וגם א״צ לברך ברכה אחרונה על מה ששתה לפני הסעודה, וביאר המחצית השקל שם שכיון שפוטר דבר ששותה בתוך הסעודה מברכה ראשונה יש להם שייכות לסעודה ונפטרים גם הם בבהמ״ז).

ועיין שם בהמ״א שמביא ראיה מהטור בסי׳ תע״ג די״א דכשמברך בפה״א על הכרפס

3. Appetizer-Link

Foods and beverages which are eaten before washing for the meal in order to stimulate the appetite (e.g, herring, wine, whiskey) are considered part of the meal, according to some Poskim, because their purpose is to help facilitate the eating of the meal.[22] (We will refer to this type of connection as an "appetizer-link".)

According to this view, if, for example, one drinks some wine shortly[m] before the meal in order to stimulate the appetite, he should

Even if subsequently, during the course of the meal, he chooses not to eat the fruit, nevertheless, the before - meal apple is exempt from a *brocha achrona*.[21.1]

Note: If the *brocha rishona* made before the meal is not effective for the food to be eaten in the meal, there is, of course, no brocha-link. In the above example, if he made the brocha on an apple in one location, and planned to have his meal in another location, the brocha on the apple will not be effective for the fruit he wishes to eat in the meal. Therefore, the apple is not linked to the meal, and is not covered by bentching. Regarding what causes a *brocha rishona* to cease being effective, see Chapters 9 and 10.

[m] The appetizer-link works only in cases where the before meal food actually functions as an appetizer. If the food was eaten much before the meal (to the extent that it does not function as an appetizer) it obviously is not linked to the meal.

קודם הסעודה צריך לכוון לפטור גם המרור שבתוך הסעודה וע"י שהכרפס פוטר דבר שאוכל בתוך הסעודה (המרור) אמרינן שגם הוא שייך להסעודה ונפטר בבהמ"ז שמברכים אחר הסעודה.

והח"א כלל מ"א סי' א' פסק כהמ"א הנ"ל וכתב דהיכא דמכוין לפטור דבר שיאכל בתוך הסעודה מותר אף לכתחילה לאכול ולשתות לפני הסעודה כמה שירצה וא"צ לברך אחריהם דברהמ"ז יפטור הכל כמו שפוטרת מה שיאכל בתוך הסעודה, והמ"ב בסי' קע"ו מעתיק דברי הח"א הנ"ל בלי שום חולק (ודלא כהקיצור שו"ע סי' ל"ט סעי' א') וכן פסק באג"מ הנ"ל, שאין צריך לברך ב"א קודם הסעודה והוסיף (שם ד"ה ובאכל) שכשמברך בהמ"ז בסוף הסעודה יכוין לפטור אותן בבה"מ.

ועיין באג"מ או"ח ח"ג סי' ל"ג (ד"ה ואם) דהיכא שאכילתו קודם הסעודה היה אך ורק לפטור את מה שיאכל בתוך הסעודה מסתבר שהוא ודאי שייך לסעודה וא"צ ב"א, אכן כשאכילתו קודם הסעודה היתה לרצון האכילה ורק ממילא נפטר מה שיאכל בתוך הסעודה אין בזה טעם כל כך להחשיב ששייך לסעודה, ומ"מ מסיק האג"מ דמסתימת דברי המ"ב משמע דאף בכה"ג מותר לסמוך לכתחילה על בהמ"ז.

21.1 כך שמעתי מהגרי"ש אלישיב שליט"א, דכיון דבשעה שבירך קודם הסעודה היה אז בדעתו לפטור פירות שיאכל בתוך הסעודה, יש להם שייכות להסעודה, ולא איכפת לן במה שנמלך אח"כ.

22 דעת הרא"ש פרק ערבי פסחים סי' כ"ד הובא בב"י סי' קע"ד, וכ"כ ברבינו ירוחם

not make a *brocha achrona,* as the wine will be covered by the *bircas hamozon.*[23]

Other Poskim rule that appetizers are not linked to the meal and are not covered by *bircas hamozon.*[n] [23.1]

The Poskim advise that initially, one should not use the "appetizer-link" to exempt appetizers eaten before[o] a meal.[24] Rather, if one wishes to eat an appetizer directly before a meal, he should eat less[p] than a *shiur.*[25] [q]

However, *b'dieved,* if one ate more than the minimum *shiur* of an appetizer shortly before starting the meal, he should not make a *brocha achrona,* as *bircas hamozon* will cover it.[26]

[n] According to this view, if one eats an appetizer before a meal, he must make the appropriate *brocha achrona* before starting the meal.

[o] Appetizers eaten after making *hamotzi* are indisputably covered by *bircas hamozon.* Regarding the *brocha rishona* for appetizers eaten during the course of a meal, see Chapter 5, Section D.5.

[p] The shiur for a *brocha achrona* is explained in detail in Addendum One, Section A

[q] Alternatively, one may use the "brocha-link" (where applicable)[25.1] described in paragraph 2 or eat the appetizer after washing and making *hamotzi.*

הובא בדרכי משה שם (אות ד׳), שו״ע שם סעי׳ ו׳, גר״ז שם סעי׳ ו׳ וסי׳ קע״ו ס״ק ב׳, מ״ב סי׳ קע״ו סעי׳ ב׳, ועיין שעה״צ שם אות ט׳.

[23] גר״ז שם, ח״א כלל מ״א סי׳ ג׳, מ״ב שם.

[23.1] דעת הרשב״א (ברכות מ״א ע״ב הובא בב״י סוף סי׳ קע״ז ובנ״א כלל מ״א אות א׳) והבה״ל (סי׳ קע״ד סעי׳ ו׳ ד״ה וכן) דייק דגם הרמב״ן והר״ן והתוס׳ חולקים על הרא״ש הנ״ל וסוברים דדברים אלו אינם נפטרים בבהמ״ז.

[24] עיין בח״א כלל מ״א סי׳ ג׳ (הובא בבה״ל סי׳ קע״ד סעי׳ ו׳ ד״ה וכן) שכתב דצריך ליזהר לשתות לפני הסעודה פחות מכשיעור מיין ומיי״ש וכדומה אמנם בדיעבד אם שתה מדברים המגררים כאלו אין לברך אחריהן ב״א. ועיין במ״ב סי׳ קע״ו ס״ק ב׳ שכתב דאם אכל (ר״ל בדיעבד אם כבר אכל) קודם הסעודה דברים המגררים אין לברך ב״א, וכתב שם בשעה״צ (אות ט׳) דלכתחלה טוב ליזהר לאכול פחות מכזית.

[25] שעה״צ סי׳ קע״ו ס״ק ט׳.

[25.1] ראה הערה 21 דמותר לעשות כן לכתחלה, וכן שמעתי מהגרש״ז אויערבאך שליט״א.

[26] מ״ב סי׳ קע״ו ס״ק ב׳ דאם אכל (פי׳

D. Applications

In this section we apply the above halachos to many common situations.

1. Cake, Cookies, Crackers, Etc., Eaten Before A Meal

We have learned that most baked goods, such as cakes, cookies, pretzels, pies, knishes and crackers, etc. are classified as *pas haboh b'kisnin* - "bread family" products.

These products are divided into two classes: *"sofek" pas haboh b'kisnin*, and "definite" *pas haboh b'kisnin*. (This subject is discussed in greater detail in Addendum 2 Section B).

a. "Sofek" Pas Haboh B'kisnin

Many types of cakes and almost all types of cookies and crackers are classified as *sofek pas haboh b'kisnin*.

One should not make a *brocha achrona*[r] for crackers, cookies, or cakes classified as sofek pas haboh b'kisnin which were eaten before starting a meal.[27] (See footnote for explanation[s]).

[r] Even though the crackers, cookies, etc., eaten before a meal do not require a *brocha achrona*, nevertheless, when he bentches, he should have intention to exempt them.[27.1]

[s] Sofek *pas haboh b'kisnin* products are products whose properties are so similar

בדיעבד) דברים המגררים תאות המאכל אין לברך ברכה אחרונה.

[27] בה״ל סי׳ קע״ו, וז״ל אכן לענין מה שאנו נוהגים לאכול לעקי״ך וקיכלי״ך וכדומה (cake, kiechel, etc.), בשבת שחרית אחר קידוש צ״ע למעשה איך לנהוג, דאף דלכאורה כ״ז הם פת כיסנין כמבואר לעיל וכמבואר בלשון המחבר שם ס״ז, והיינו משום דספק ברכות להקל ולכן אין מברכין עליהם רק מעין שלש, משא״כ בענינו אם הם לחם גמור בודאי נפטרין בבהמ״ז לבד וא״צ לברך עליהם מעין ג׳,א״כ בודאי הלא נכון יותר וכו׳ שלא יברך עליהם מעין שלש, רק יסמוך על בהמ״ז שיברך לבסוף, דבדיעבד יוצא לכו״ע אפילו על פת כיסנין גמורה וכו׳.

(ע״ע באג״מ הנ״ל [או״ח ח״ג סי׳ ל״ג, ד״ה ובאכל] שכתב דמיני קייקס שבמדינתנו הוי ודאי פת הבב״כ, עיי״ש.)

[27.1] בה״ל שם.

For example, if one ate coffee cake, cinnamon danishes, kiechel, or crackers (all "sofek" pas haboh b'kisnin) before starting his meal, he should not make an al hamichya.

This rule (that one should not make a *brocha achrona* for what was eaten before the meal) applies only if he was already planning to eat the subsequent meal at the time he ate the crackers, cookies etc.[t] [28]

b. "Definite" Pas Haboh B'kisnin

Some types of cakes are classified as "definite" *pas haboh b'kisnin* - i.e., they are definitely not bread. These products do require a *brocha achrona* when eaten before the meal.[u]

2. Ordinary Mezonos Products Eaten Before Meal

Ordinary mezonos[v] (grain products other than cake and bread

to bread, that it is questionable whether they should be classified as genuine bread - or classified as being in the bread family, but not genuine bread. According to one side of the issue, these products are bread. Bread, even if eaten before the meal, would be covered by *bircas hamozon*. Because of this uncertainty, one may not make a *brocha achrona* before the meal since they might be exempted by bentching[27.2].

[t] However, he ate the crackers, cookies, etc., before he started planning to eat his meal, they are not exempted by bentching and require a *brocha achrona*.

[u] Since they are definitely not bread they are definitely not exempted by bentching. Therefore they require a *brocha achrona* if eaten before a meal.[28.1]

[v] See Chapter 27, Section B.

27.2 בה״ל שם.

28 שמעתי מהגרש״ז אויערבאך שליט״א שמה שמביא הביאור הלכה דבספק פת הבב״כ שאכל לפני הסעודה אין לברך עליה ברכה אחרונה ונפטר בברכת המזון, תלוי בכוונתו כשבירך על הפת הבב״כ, דאם היה בדעתו לאכול הסעודה בזמן קצר אפי׳ אם זה יקח רבע או חצי שעה שייך להסעודה ולא יברך ב״א, אבל אם אינו היה בדעתו לאכול הסעודה אז לא קשור להסעודה וגם לפי הבה״ל צריך לברך ב״א על הפת הבב״כ. וכן מי שבא לקבלת פנים שעורכים קודם סעודת בר מצוה וכדומה ואכל ספק פת הבב״כ ודעתו לסעוד אח״כ בהסעודה, אין צריך לברך ב״א, אך אם היה בדעתו לצאת לפני הסעודה ונמלך לאכול כגון שהפציר הבעל שמחה שיאכל עמהם, צריך לברך ב״א קודם נט״י.

28.1 ראה הערה 27.

family products such as farina, noodles, blintzes, etc.) which are eaten before washing for the meal, require an *al hamichya* before washing for the meal.[29] [w]

If one ate the mezonos shortly before the meal[x], then ate the meal and bentched, and only then realized that he had forgotten to say *al hamichya,*[30] the mezonos was covered, *b'dieved,* by his bentching.[31] (See A.3).

For example, if one ate a bowl of spaghetti shortly before the meal, he is required to make an *al hamichya* before washing for the meal. However, if he did not remember to make the *al hamichya* until after he bentched, he need no longer make the *al hamichya.*[32]

3. Beverages Before the Meal

There is a halachic uncertainty regarding making a *brocha achrona* for beverages which one drinks before washing for a meal.[33]

The Poskim advise, therefore, that if one wishes to drink while

[w] Even if the same type of mezonos will be served during the course of the meal, nevertheless, that which was eaten before the meal requires an *al hamichya.*[29.1]

[x] i.e., while waiting to start his meal.

[29] עיין במ״ב סי׳ קע״ו ס״ק ב׳ דמשמע להדיא דבאין דעתו לאכול עוד לכו״ע חייב לברך, ועיין מש״כ בהערה דלקמן בסמוך. ע״ע גר״ז בסידורו פרק א׳ אות י״ז.

[29.1] עיין במ״ב שם שמביא פלוגתא באכל מיני מזונות קודם הסעודה ודעתו לאכול גם בתוך הסעודה, דלדעה השניה נחשבת לאכילה אחת ויכול אף לכתחלה לסמוך על בהמ״ז ולכן א״צ לברך ברכה אחרונה מקודם, וכתב האג״מ (או״ח ח״ג סי׳ ל״ג ד״ה ובמחלוקת) שאף שהמ״ב לא הכריע, מ״מ כיון דליכא בזה משום ברכה יתירה שאינה צריכה, עדיף לן להחמיר לברך ב״א קודם הסעודה לצאת דעת הראשונה. ע״ע בהערה 11.

[30] ואם נזכר בתוך הסעודה קודם שבירך בהמ״ז עיין מש״כ לעיל בהערה 12.1.

[31] ראה הערה 41.

[32] מ״ב סי׳ קע״ו ס״ק ב׳ וסי׳ ר״ח ס״ק ע״ה, ובשעה״צ שם אות ע״ה.

[33] מ״א סי׳ קע״ד ס״ק י״ד הובא בבה״ל שם סוף ד״ה ואפילו דלפי בעל המאור (ראה לעיל הערה 10) אם שותה משקין גם בתוך הסעודה א״צ לברך ב״א לפני הסעודה, ונשאר המ״א בצ״ע, וראה הערה לקמן בסמוך.

waiting to start the meal, and he plans to have more of these drinks during the course of the meal, he should drink less than a *shiur*.[34] [y]

Suggestion

One who wishes to drink more than a *shiur* of beverage before the meal, may do so by using the "brocha-link" while making the brocha on the beverage.[35]

To illustrate: One plans to eat ice cream for desert at his upcoming meal. The ice cream will not be covered by the *hamotzi*, and thus requires a separate brocha (*shehakol*).[36] Before the meal, when he makes the *shehakol* on the beverage he should have specific intention to exempt the ice cream from its brocha requirement. He may drink as much beverage as he likes, and is exempt from making a *brocha achrona* (brocha-link).

[y] If he is so thirsty that he finds it difficult to eat without first taking a drink, the beverage is classified as an appetizer. For example, many people find it difficult to eat food after a fast day, without first taking a drink. That drink would be classified as an appetizer, (considered linked to the meal, i.e., appetizer-link). *B'dieved*, it would be covered by the *bircas hamozon* made after the meal.[34.1]

34 מסקנת המ״א ובה״ל שם שטוב שלא ישתה קודם הנטילה רק פחות מרביעית.

ויש להבין למה חשש הבה״ל לדעת המ״א בשם בעל המאור, הלא בסי׳ קע״ו סתם המ״ב דלא כהמ״א (וכמש״כ שם בשעה״צ אות ח׳), ולכאורה צ״ל דכאן (בסי׳ קע״ד) יש עוד סיבה שלא לברך ב״א והוא שמיירי שרוצה להסתלק מן הספק לצאת דעת הפוסקים שסוברים שצריך לברך ברכה ראשונה על משקין ששותה תוך הסעודה ולכן בירך קודם הסעודה על דעת לפטור המשקין שבתוך הסעודה, ואף שברמ״א שם (סי׳ קע״ד סעי׳ ז׳) איתא שאין אנו נוהגים כסברה זו שלכן אין קשר להברכה שבירך קודם הסעודה, מ״מ מצינו שהמ״ב חשש לפטור משקין שבסעודה כמש״כ בבה״ל שם (ד״ה והמנהג), ולפי זה יוצא לנו דמי ששותה קודם הסעודה ולא בירך על דעת לפטור משקין שבסעודה לכאורה מותר לו לשתות יותר מכשיעור ולברך ב״א, וצ״ע.

34.1 ח״א כלל מ״א סי׳ ג׳, בדי השולחן סי׳ ל״א אות א׳ בשם ח״א הנ״ל.

35 שמעתי מהגרש״ז אויערבאך שליט״א, וביאר דדוקא אם בירך על דעת לפטור מאכל השייך לסעודה שצריך ברכה ראשונה כגון גלידה, אבל בירך על דעת לפטור דבר שאינו שייך לסעודה כגון סכריה (ר״ל שאכל לבדו ולא למתק דבר השייך לסעודה) אף שיפעל הברכה לפטור הסכריה מ״מ לא יקשר ע״י זה המשקין שמקודם הסעודה להסעודה.

36 שמעתי מהגרש״ז אויערבאך שליט״א

4. Kiddush And Food Before Shabbos Morning Meal

We have learned (paragraph C.1) that since one must make kiddush in conjunction with the meal, the wine is considered part of the meal, and is exempt from a *brocha achrona* (kiddush-link). Many Poskim are of the opinion that all other foods eaten at the table between the kiddush and the meal are also considered part of the meal, and also exempt from their respective *brochos achrona*.[37]

For example, before starting the meal one made kiddush, and ate some cake, a piece of gefilte fish, and some kugel. He should not make any *brochos achrona*, as these foods will be covered by the *bircas hamozon*.

This exemption applies only in cases where the kiddush is made at the Shabbos table[z], and at the time he made kiddush he was planning to subsequently eat the meal.[38]

(Regarding Havdalah wine shortly before a *melava malka* meal, see footnote.[aa])

[z] If one makes kiddush in shul or at a friend's house, (and is not planning to eat the meal there) it is not considered as part of the same meal - see next application.

[aa] There is a difference of opinion among the Rishonim with regard to whether

שעל גלידה וגם קרטיב (מים קפואים עם טעם, ices או שרביט sherbet) שאוכלים בתוך סעודת פת או לקנות סעודת פת צריך לברך שהכל.

37 כך שמעתי מהגרש״ז אויערבאך שליט״א כשעושים קידוש בשבת ונותנים מיני מתיקה ושארי דברים ודעתו ליטול ידים לסעודה אח״כ - אין מברכים ברכה אחרונה כיון דצריך קידוש במקום סעודה ואפי׳ אם לא אכל מזונות לאחר שקידש הרי יצא קידוש במקום סעודה ע״י שיאכל אח״כ הסעודה בזמן קצר - א״כ ע״י שעשה קידוש התחיל הסעודה וכל מה שאוכל שייך להסעודה. ומה שהמשנה ברורה כותב דצריך לברך ברכה אחרונה בשבת לאחר קידוש מיירי כנראה במי שאין בדעתו לאכול סעודה בזמן קצר מהקידוש .

וגם מהגרי״ש אלישיב שליט״א שמעתי שלא לברך ב״א על המאכלים שאכל עם הקידוש. ועיין ערוך השולחן (סוף סי׳ קע״ו) וז״ל ופשיטא בשבת כשנותנין לאחר קידוש מיני מתיקה ושארי דברים ובדעתם שבזמן קצר ליטול ידיהם ולאכול פת דוודאי א״צ ברכה אחרונה שהרי הקידוש הוא במקום סעודה והכל הוא מהסעודה עכ״ל.

ע״ע בתשו׳ פעולת צדיק (ח״ב סי׳ רפ״ג) וז״ל מיהו בשבת ויום טוב שמקדשים ואחר כך מביאין פירות מסופק אני אם צריך לברך כיון דקי״ל דקידוש הוי התחלת סעודה, עכ״ל.

38 כך שמעתי מהגרש״ז אויערבאך שליט״א ומהגרי״ש אלישיב שליט״א, ועיין

5. Kiddush In Shul

If one makes kiddush at a location other than where he will be eating the Shabbos meal (e.g., in shul, or in a friend's house) he should make the appropriate *brochos achrona* before leaving that location.[39] [bb]

6. Reception, Smorgasbord, Cocktails

If one eats food at a reception (e.g., smorgasbord), and plans to wash for a meal shortly thereafter, he should make the appropriate *brochos achrona* before washing for the meal (i.e., when he is finished with the reception).

Since the foods eaten at a smorgasbord are not eaten as appetiz-

the wine used for *havdalah* (made immediately before the meal) is considered part of the meal. According to many Poskim, the kiddush-link and the appetizer-link are not applicable, and use of the brocha-link is questionable. To avoid all halachic uncertainties, it is suggested that one make *havdalah* before preparing to eat the *melava malka* meal, and have intention not to exempt wine which might be served during the meal. After *havdalah* he should make *al hagefen*. A separate brocha will be required should he choose to drink wine at the subsequent *melava malka* meal. Also see Chapter 6, Section C.3[38.1]

[bb] The Poskim state that one should not leave the location where he ate before saying the appropriate *brocha achrona* in order to avoid the possibility of forgetting to recite the *brocha achrona* entirely. (Also to avoid the possibility of being delayed beyond the time limit within which a *brocha achrona* may be said). This halacha is discussed in Chapter Nine, Section G.

בהערה הקודמת ובמש״כ בפרק ט׳ הערה 39.

[38.1] שו״ע סי׳ קע״ד סעי׳ ד׳, ועיין מש״כ בהערה 16 לעיל, ובפרק ו׳ הערות 24-25.

[39] כתבנו לעיל בסמוך שי״א אם קידש במקום סעודה הכל נחשב כחלק מהסעודה וא״צ לברך אחריו - אכן כל זה בקידש בבית שיאכל בה הסעודה אבל אם קידש בבית חברו או בביהכנ״ס אע״פ שדעתו לאכול הסעודה בזמן קרוב צריך לברך ברכה אחרונה על היין ושאר דברים וגם על ספק פת הבב״כ דכל זה בודאי לא שייך להסעודה ואינו נפטר עם ברכת המזון של הסעודה - כך שמעתי מהגרש״ז אויערבאך שליט״א ומהגריי״ש אלישיב שליט״א.

ers[cc] (no appetizer-link) nor are they used to exempt foods to be eaten during the meal (no brocha-link) they are not covered by the *bircas hamozon* made after the meal.

If he ate *sofek pas haboh b'kisnin* (e.g. crackers)[dd] and plans to wash for the meal shortly thereafter, he should not make a *brocha achrona*.[40]

However, if he does not plan to wash shortly thereafter, or if he plans to leave the premises, he should make an *al hamichya* when he finishes eating at the reception.[41]

To illustrate:

One ate cookies at a bar mitzvah reception, and plans to spend 20 or 30[ee] minutes conversing with guests, then wash for the meal which will be served in an adjoining ballroom. He should not make an *al hamichya*.[42]

One ate cake at a wedding reception, and plans to attend the *chuppah* and the subsequent meal. Typically, there is a significant lapse of time between the reception and the meal. *Shiur ikul* (the time limit after which a *brocha achrona* can no longer be recited) may be exceeded, or he may become busy and forget to recite the *brocha*

[cc] Generally, one eats at a smorgasbord because he is hungry or because he enjoys the food being served.

[dd] see Application 1, above

[ee] If he suspects that he might be delayed beyond the time limit within which a *brocha achrona* may be said - he should recite *al hamichya* as soon as he finishes the cookies. This halacha is discussed in Chapter 9, Section G.

[40] ראה הערה 27.

[41] שמעתי מהגרש״ז אויערבאך שליט״א, וע״ע פרק י׳ הערות 18 - 20 ובפנים שם.

[42] שמעתי מהגרש״ז אויערבאך שליט״א דמי שבא לקבלת פנים שעורכים קודם סעודת בר מצוה וכדומה ואכל ספק פת הבב״כ ודעתו לסעוד אח״כ בהסעודה, אין צריך לברך ב״א, אך אם היה בדעתו לצאת לפני הסעודה ונמלך לאכול כגון שהפציר הבעל שמחה שיאכל עמהם, צריך לברך ב״א קודם נט״י.

achrona. Therefore, he should make an *al hamichya* before leaving the reception area.[43]

(Regarding wine and champagnes served at a smorgasbord or reception before a meal - see Chapter 6, Section C.2)

7. Decides To Wash In the Middle Of Meal

If one starts eating a meal without bread, then changes his mind and decides to wash for bread, he is required to first make the appropriate *brochos achrona* (as required) for all the foods he ate prior to washing, as they will not be covered by the *bircas hamozon*.[ff] [44]

For example, one arrives at a *sheva brochos* intending to stay for the first course and leave. After a while he decides to wash and stay for the main course. He should first make the appropriate *brocha achrona* for the first course before washing.

[ff] If he forgot to make the *brocha achrona* before washing - see paragraph B.2 above.

[43] ראה פרק י' הערה 10.

[44] מבואר במ"ב סי' קע"ו ס"ק ב'.

CHAPTER 20

M'ayn Shalosh

(Al Hamichya, Al Hagefen and Al Hoetz)

Introduction

This chapter discusses three important brochos: 1 - *al hamichya,* the brocha we make after eating grain products, 2 - *al hagefen,* the brocha recited after drinking wine, and, 3 - *al hoetz,* the brocha made after eating fruits of the "seven species" such as grapes.*

Note: These brochos are also referred to as *"m'ayn shalosh"* ("resembling three") brochos. This is because the brocha incorporates the essential elements of the three brochos of bentching.

In Section A we discuss their origin (many Rishonim are of the opinion that the obligation to recite these brochos is of Torah origin), and rules for reciting them. For example, after eating grapes one must recite *al hoetz* in the place where he ate.

Section B deals with the text of these brochos. For example, when the brocha is made on Shabbos a special phrase is added. *B'dieved,* if one forgot to include that phrase the brocha is, nevertheless, valid.

Section C discusses which foods require one of these brochos. For example, *al hamichya* is not appropriate for rice or kasha. *B'dieved,* the brocha is valid for rice but invalid for kasha.

Section D deals with mistakes. For example, if one drank wine and instead of reciting *al hagefen* he recited *al hamichya,* he is *yotzei.* A new brocha is not required.

Section E deals with eating two types of food, and forgetting to include one of them in the brocha. For example, one ate cake and grapes. He should have recited *al hamichya v'al hoetz,* but said *al hamichya* only. Is the brocha valid?

* פרק זה מבוסס בעקרו על שו"ע סי' ר"ח.

Section F discusses situations where making a *brocha achrona* is questionable, and offers suggestions for bypassing the doubtful situation. For example, a husband and wife ate spaghetti for supper. He can not remember if he recited *al hamichya*. Can his wife be *motzi* him?

A. Mitzvah To Recite Brocha After Eating Product Of Seven Species

1. Origin Of M'ayn Shalosh Brocha

Immediately prior to the commandment to make a brocha, the Torah mentions (bread and also) the "seven species".[a] This indicates, according to many Rishonim, that there is a Torah obligation to make a *brocha achrona* after eating products of the seven species.[1] [b]

According to this view there is a positive Torah commandment to recite *al hamichya* after eating grain products, such as cake or noodles, and to recite *al hagefen* after drinking wine or grape juice. Also, there is a positive Torah commandment to recite *al hoetz* after eating olives, dates[1.1], grapes (or raisins), figs, or pomegranates.

Other Rishonim are of the opinion that the Torah commandment to make a brocha refers only to bread. According to this view, bentching is of Torah origin, while *al hamichya, al hagefen and al hoetz* are *d'rabbonon*.[2]

[a] i.e., the seven species of produce that Eretz Yisroel is praised for.

[b] The issue of whether or not this brocha is *midioraisa* has halachic implications, as discussed in Section F. of this chapter.

[1] טור סוף סי׳ ר״ט, וכן דעת הרשב״א (ברכות ל״ה ע״א) והרא״ש (פרק ו׳ סי׳ ט״ז) הובאו בב״י שם, (ועיין במעדני יו״ט פרק א׳ אות נ׳ מש״כ ליישב דברי הרא״ש בפרק א׳ סי׳ י״ד שלא יסתור מש״כ הרא״ש בפרק ז׳ אות כ״א שהיא דאורייתא). וכ״כ הריטב״א (הנדפס מחדש) סוכה דף ו׳ ע״א ד״ה הלכתה. ע״ע בשדי חמד (א״ד מערכת ברכות סי׳ ב׳ אות ל״ד), ובהערה 66 לקמן.

[1.1] דבש האמור בפסוק הוא דבש תמרים, טור ריש סי׳ ר״ח.

[2] ב״י שם בשם הרמב״ם (פרק ח׳ הל׳ י״ב) והסמ״ג. וכן דעת תר״י (ברכות מ״ד

2. K'zayis Eaten Within K'dei Achilas Praas

A *m'ayn shalosh* may be recited only if at least one *k'zayis* (of a product of the seven species) is eaten.

The *k'zayis* must be eaten within *k'dei achilas praas* (slightly more than three minutes according to many Poskim).

This halacha is discussed more fully in Addendum 1, Section A, and Chapter 17,Section B.

3. Time Limit

There is a time limit within which a *m'ayn shalosh* brocha (or any other *brocha achrona*) may be recited. This halacha is discussed more fully in Chapter 10, Section C.

4. Must Be Recited In Place Where Food Was Eaten

Because of the *chashivus* (importance) of *m'ayn shalosh* brochos, Chazal instituted some of the same extra requirements for the recital of a *m'ayn shalosh* brocha, as those instituted for bentching. Like bentching, a *m'ayn shalosh* brocha must be said in the place where one ate.[2.1]

Therefore, after eating mezonos, drinking wine or grape juice, or eating one of the fruits of the seven species - one should recite the *m'ayn shalosh* brocha before leaving the place where he ate.[c]

[c] See Chapter 17, Section D.2 for the definition of what is considered the "place where he ate".

ע״א) ועיין במ״ב סי׳ ר״ט ס״ק י׳ דכן משמע דעת המחבר.

[2.1] איתא בשו״ע סי׳ קע״ח סע׳ ה׳ וסי׳ קפ״ד סעי׳ ג׳:

יש אומרים שכל שבעת המינים טעונים ברכה במקומם (עיין בב״י שם, שכן דעת הרשב״ם בפסחים דף ק״א ע״ב ד״ה אבל, והרמב״ם בפ״ד ה״א מהלכות ברכות),

וי״א דדוקא מיני דגן (והוא דעת תוס׳ בפסחים שם ד״ה אלא, והרי״ף שם, והרא״ש שם סי׳ ו׳),

וי״א דוקא פת לבד (והוא דעת הרשב״א בברכות דף נ״ג ע״ב הובא בב״י סי׳ קפ״ד, והגהות מיימונית פ״ד אות א׳ מובא בב״י סי׳

Regarding what to do if, b'dieved, one left the place where he had eaten - see footnote.[d]

5. Sitting

Since *bircas hamozon* requires extra *kavona*, it should be recited only while sitting.[e] Likewise, a *m'ayn shalosh* brocha should be recited only while sitting.[f] [3]

B'dieved, however, if a *m'ayn shalosh* brocha (or even *bircas hamozon*) was recited while standing or walking, it is valid.[3.1]

[d] In Chapter 17, Section D, we learned what to do if one left the place where he had eaten bread, and then remembered that he hadn't bentched. According to many Poskim, the rules discussed there also apply to one who ate mezonos products and left the place where he had eaten without reciting *al hamichya*.[2.2]

According to some Poskim those rules also apply to one who ate fruit of the seven species, or drank wine, and left without reciting *al hoetz* or *al hagefen*[2.3]

[e] Regarding other brochos - Chapter 2, Section D.2.

[f] The Poskim liken the recital of the *m'ayn shalosh* brochos to the recital of *bircas hamozon* with regard to *kavonah*. (See Chapter 18, Section C.) Like bentching, one should be especially careful and circumspect to recite the m'ayn shalosh with proper *kavonah*.[3.2]

קע״ח, וברמ״א שם). והמ״ב (שם ס״ק מ״ה) מביא דעת הגר״א דדעת האמצעית היא העיקר, אמנם כתב דלכתחלה יחמיר לברך במקומו אפי׳ בפירות של ז׳ מינים.

[2.2] ראה הערה הקודמת.

[2.3] מ״ב שם.

[3] שו״ע סי׳ קפ״ג סע׳ י׳, ועיין בח״א (כלל נ״א סי׳ כ״ה) וז״ל כיון די״א דברכה אחת מעין ג׳ היא דאורייתא לכן ראוי להחמיר בה בכל החומרות שנוהג בבהמ״ז לברך מיושב ולא מעומד, ובכל הדברים המבוארים בכלל מ״ז (בהל׳ בהמ״ז, ועיין מש״כ בהערה 3.2 לקמן בסמוך).

אכן הגר״ז (בסי׳ קפ״ג סעי׳ י״ג) ביאר שהחמירו לברך ברכה א׳ מעין ג׳ מיושב - אע״פ שהיא מדברי סופרים - הואיל והיא מעין ברכת המזון שהיא של תורה.

[3.1] רמ״א סי׳ קפ״ג סעי׳ ט׳ לענין בהמ״ז שאם לא בירך במיושב ואפי׳ בירך מהלך, בדיעבד יצא, וכל שכן הוא לענין מעין ג׳.

[3.2] הנה בח״א (שם) כתוב דראוי להחמיר בברכת מעין ג׳ בכל החומרות שנוהג בבהמ״ז, ושאלתי את הגרש״ז אויערבאך שליט״א איך ראוי לנהוג למעשה כשאנו מברכים מעין ג׳, האם נכון שישים כובע על ראשו ויתעטף בבגד העליון, ושיזהר לברך תוך הספר ולא בע״פ, ושיזהר לברך כשהוא לבוש לגמרי (שהרי כתבו הפוסקים שנכון לעשות דברים אלו כשמברך

B. Makeup Of The Brocha

1. Resembles Bircas Hamozon

The *brocha achrona* for products of the seven species is called *m'ayn shalosh*.[4] This brocha incorporates the essential elements of the three brochos of *bircas hamozon*[g] into one brocha: it is therefore referred to as m'ayn shalosh - "resembling three".[5] [h]

Both bircas hamozon and m'ayn shalosh are classified as brochos aruchos ("long" brocha[i]).[6]

[g] The first brocha of bircas hamozon expresses our acknowledgment for the food we ate. This acknowledgement is contained in the phrase al hamichya or *al hagefen* etc.

The second brocha expresses our thanks for being given Eretz Yisroel. This is paraphrased when we refer, in the *brocha achrona,* to the land which is desirous, good and spacious etc.

The third brocha of *bircas hamozon* is a plea asking for the return of Jerusalem. This is paraphrased in the *brocha aehrona,* with a plea (asking Hashem) to have compassion on His people, to rebuild Jerusalem, return us there and cause us to rejoice in its rebuilding, etc.

The fourth brocha of *bircas hamozon* acknowledges Hashem's goodness. This is incorporated near the end of the *brocha achrona* in the statement that Hashem is good and beneficent to all.[5.1]

[h] Although *m'ayn sholosh* actually incorporates four brochos it is called "resembling three" since the fourth brocha is not part of the original text of *bircas hamozon,* which it parallels.[5.2] (See Chapter 18).

[i] A *brocha arucha* consists of two distinct parts: 1. a (long) opening brocha, and

בהמ״ז, עיין מש״כ בפרק י״ח), וענה שלא מצינו שהעולם מקפידים בכל חומרות אלו, ולכן לגבי לברך מיושב ודאי ראוי להזהר בזה, וכמש״כ בשו״ע (בסי׳ קפ״ג) ולגבי שאר חומרות אולי העולם אינם מקפידים בחומרות אלו, כיון שבפחות מכדי שביעה אינו דאורייתא לכל הדעות.

[4] משנה סוף פרק כיצד מברכין, שו״ע סי׳ ר״ח סעי׳ א׳ וב׳.

[5] ונקראת ברכה מעין ג׳ לפי שבה כוללים הענינים של בהמ״ז וכו׳ כ״כ הח״א כלל נ׳ סי׳ ב׳ מ״ב סי׳ ר״ח ס״ק נ׳, וערוך השלחן סי׳ ר״ח סעי׳ ב׳.

[5.1] תר״י (ברכות דף מ״ד ע״א), ע״ע בח״א, מ״ב, וערוה״ש שם.

[5.2] שם.

[6] עיין מש״כ בהערה 44 לקמן.

2. Reference To Shabbos, Yom Tov, Etc.

The *m'ayn shalosh* brocha, like bentching, has special phrases which are to be recited on Shabbos, Yom Tov, and Rosh Chodesh.[7]

On Chanuka and Purim, however, (unlike bentching[j]) a special phrase is not added to *m'ayn shalosh*.[8]

3. Special Phrase for Products Grown in Eretz Yisroel

a. Products Of Eretz Yisroel

For fruits (of the seven species) grown outside of Eretz Yisroel, the closing phrase ends with *al hapeiros* (literally: on the fruit). For those grown in Eretz Yisroel, however, the closing phrase ends with *al peirose'ho* (on her fruit).[9]

For wine from grapes grown outside of Eretz Yisroel, the concluding phrase is *al hagefen* (on the wine). For wine made with grapes grown in Eretz Yisroel, the closing phrase is *v'al pri gafnoh* (on her wine).[10]

2. a (short) closing brocha. For example, *al hamichya* has a long opening brocha starting with *boruch ato* etc., and ending with the closing brocha *"boruch ato Hashem al ho'oretz v'al hamichya"*. This distinction is noted in Section D of this chapter.

[j] On Chanuka and Purim a phrase is added to *bircas hamozon* - see Chapter 18, Section F.4.

[7] שו"ע סי' ר"ח סעי' י"ב. וע"ע מש"כ בפרק י"ח הערה 47.

[8] שו"ע שם וכתב המ"ב (שם ס"ק נ"ט) בשם הגר"א הטעם דאפי' בברהמ"ז אין אנו מזכירין חנוכה ופורים מצד הדין רק מצד מנהג, ובברכת מעין שלש ליכא מנהג, ולפיכך אין אנו מזכירין חנוכה ופורים בברכת מעין שלש. ועיין בדעת תורה סי' ר"ח סעי' י"ב עוד טעם לזה.

[9] שו"ע סי' ר"ח סעי' י'. (עיין בטור ריש סי' ר"ח שכתב שפירות מז' המינים חשובים מפני שנשתבחו בהם ארץ ישראל, ומובן מזה למה תקנו ברכת מעין ג' גם לאותן הגדלים בחוץ לארץ.)

[10] הנה נוסח החתימה על יין של ארץ ישראל לא נזכר בשו"ע ונו"כ, ומ"מ כתבנו לחתום על גפנה מפני שכן הוא המנהג. ובאמת מנהג קדום הוא כמו שמצינו בתשובות הלכות קטנות ח"ב סי' נ"ה. וכן משמע מברכי יוסף סי' ר"ח אות י"ב (שכתב דעל צמוקים שהביא מחו"ל ועשה מהם יין בא"י יחתום על פרי הגפן, משמע דעל יין מפירות א"י צריך לחתום

For grain products, the closing phrase is *al hamichya* (on the sustaining food). The *minhag* is to use the same closing phrase for grain products from Eretz Yisroel as well.[11]

b. Based On Where It Is Grown

The use of these special phrases is based on where the products are grown rather than on where they are eaten. These special phrases are not used for products grown outside of Eretz Yisroel, even if they are eaten in Eretz Yisroel.[12]

For example, if a person living in Eretz Yisroel makes kiddush on French wine, he must end his brocha with "al hagefen." A person living in the United States who makes *kiddush* on wine from Eretz Yisroel must end his brocha with *al gafnoh*.

על גפנה). ועיין בשו״ת הר צבי סי׳ ק״ח ובתוך דבריו העיד שהוא בעצמו חתם ״על גפנה״. שוב בס״ד מצאתי בספר מזבח אדמה (מאת רבינו מיוחס נדפס מחדש בסוף ספר פרי האדמה ח״ג, א״ח סי׳ ק״ץ) שכתב וז״ל ובא״י אומר על הארץ ועל פרי גפנה עכ״ל, וכ״כ הכה״ח סי׳ ר״ח אות נ״ח.

11 כתב בברכי יוסף (סי׳ ר״ח אות י׳) דכתוב בספר כפתור ופרח , בארץ ישראל חותם ״על המחייתה״ כמו ברכת הפירות (שחותמים ״על פירותיה) וגם בברכת המזון חותמים ״על הארץ ועל מזונותיה״, וגם באגודה כתוב בשם ר״י (בעל התוס׳) לברך ״על הארץ ועל מזונותיה״, עכת״ד. וכ״כ בספר פאת השולחן בשם הר״י.

אמנם באג״מ (יו״ד ח״ג סי׳ קכ״ט, אות ד׳) כתב דז״ל ואף שראית בספר פאת השלחן דהר״י בעל התוס׳ פסק כן כיון דבתוס׳ ורא״ש לא מצינו זה, אין לסמוך על זה, וכן על האגודה וכפתור ופרח כיון שהפוסקים המפורסמים לא כתבו זה אין לשנות הברכה בא״י, וכמדומה לי שהמנהג גם בא״י שלא לשנות, עכ״ל. אכן לא הסביר למה באמת לא תקנו לומר על מחייתה.

ומצאתי כתוב בהר צבי (סי׳ ק״ח) הסבר שעיקר הדבר שתקנו בפירות של ה׳ מינים לחתום בא״י על פירותיה, הוא משום שבח א״י וזה שייך רק בפירות האמורים בשבח א״י, משא״כ בדגן הכולל גם כוסמין שבולת שועל ושיפון שלא נאמרו בשבח הארץ, עכת״ד. וק״ק דהנה במנחות דף ע׳ ע״א תנא כוסמין מין חטים שיבולת שועל ושיפון מין שעורים, אף שאינם כתובים בפירוש בקרא, (ועיין מש״כ בפרק י״א הערה 8).

והסביר לי הגרש״ז אויערבאך שליט״א שהעיקר הוא משום דבפירות ויין ניכרים בהם שהם מארץ ישראל ולפיכך שייך לומר בהם ״על פירותה״ ו״על גפנה״, אבל דגן שווה בכל מקום ואין ניכרים בהם שהם מארץ ישראל, ולפיכך לא תקנו לחתום ״על מחייתה״.

12 מ״ב סי׳ ר״ח ס״ק נ״ב בשם ע״ת וא״ר, ועיין בהערה 10 מש״כ בשם ברכי יוסף שעל פירות חו״ל אפי׳ עשה מהם יין בא״י

c. Uncertain Origin

If one is uncertain as to whether or not the product was grown in Eretz Yisroel, he should close with the general phrase - *al hapeiros* or *al hagefen*.[13]

d. B'dieved

B'dieved, if one ate produce from Eretz Yisroel and recited the general phrase al hagefen or *al hapeiros* the brocha is valid.[14]

However, if one recited the special phrase *al gafnoh* or *al peirose'ho* for products grown outside of Eretz Yisroel it is questionable whether or not the brocha is valid.[15] (Regarding what to do in cases where making a new brocha is questionable, see this Chapter, Section F).

4. Al hamichya, Al hagefen, and Al hoetz Can Be Combined

Since *al hamichya, al hagefen,* and *al hoetz* have a common text, they can (and should) be combined in the same brocha.[16]

For example, if one ate cake and grapes, he should not recite two distinct brochos (i.e., *al hamichya* and also *al hoetz*). Rather he should make one brocha and include the specific phrases for both cake and grapes. Thus, the *brocha achrona* is *al hamichya, etc. v'al hoetz* etc.

When reciting a combined brocha, the order should be as follows: *al hamichya* first, *al hagefen* second, *al hoetz* third - see Chapter 11, Section C.1.[17]

יחתום כעל פירות חו״ל.

13 מ״ב שם ס״ק נ״ד.

14 קצות השולחן סי׳ ס׳ (בבדי השולחן אות ה׳).

15 שם.

16 שו״ע סי׳ ר״ח סעי׳ י״ב, ועיין שדי חמד אסיפת דינים מערכת ברכות סי׳ א׳ אות ד׳ ד״ה ומזה.

17 טור סי׳ רי״א, ב״י שם ד״ה ומ״ש עוד דגם בברכה אחרונה, שו״ע סי׳ ר״ח סעי׳ י״ב.

C. Foods Which Require M'ayn Shalosh Brocha

1. Foods Covered By Al Hamichya

a. Products Made From Wheat, Barley, Oats, etc.

Al hamichya[k] is the *brocha achrona* required for products made from wheat, barley, spelt, oats or rye.[18] It is required for grain products which are baked (e.g., cakes, crackers) fried (e.g., blintzes) or cooked[19] (e.g., farina, noodles).[l]

b. Mixtures Containing Grain Products (Mezonos)

When determining the correct *brocha achrona* for mixtures containing grain products (e.g., cabbage and noodles) the following factor must be taken into consideration: whether or not a *k'zayis* of

[k] There is a difference of opinion among the Poskim as to the correct ending of *al hamichya*. Most Poskim rule to end with *"v'al hamichya"* and not to add the phrase *"v'al hakalkola"*.[18.1]

[l] *Al hamichya* is not appropriate for the following grain products:

• bread (which requires *bircas hamotzi* as the initial brocha and *bircas hamozon* as the *brocha achrona*) - see Chapter 26

• liquids such as beer (which require a *shehakol* and a *borei nefoshos*)[19.1]

• whole roasted wheat kernels (the appropriate *brocha rishona* is *borei pri hoadoma;* There is uncertainty among the Rishonim, as to which *brocha achrona* is most appropriate for roasted grain products -see Chapter 27, Section D.13)[19.2]

• whole roasted barley kernels (the appropriate *brocha rishona* is *shehakol.*[19.3] There is uncertainty among the Rishonim, as to which brocha achrona is most appropriate - see Chapter 27, Section D.13.[19.4]

18 שו"ע סי' ר"ח סעי' ב'.

18.1 שעה"צ סי' ר"ח אות נ"ב.

19 שם סעי' ב'.

19.1 נלמד ממה שכתב השו"ע שם סעי' ו'.

19.2 שם סעי' ד'.

19.3 רמ"א שם.

19.4 שו"ע שם.

the *mezonos* ingredient will be eaten within three minutes.[20]

If enough *mezonos* is present in the combination so that a *k'zayis* of the *mezonos* ingredient is eaten within *k'dei achilas praas* (about three minutes),[21] an *al hamichya* is required. However, if less than a *k'zayis* of the *mezonos* ingredient is eaten within *k'dei achilas praas*, an *al hamichya* may not be said.

This halacha is discussed in more detail in Addendum 1, Section C.1.[22]

The *brocha achrona* for baked goods (e.g., cakes) containing flour and other ingredients is discussed in Addendum 1, Section C.2.[23]

c. Not Rice Products

The brocha achrona for rice and rice products is borei nefoshos[24] and not *al hamichya*.[25]

The brocha requirements of rice are discussed in detail in Addendum 4.[26]

d. Not For Kasha or Millet

Buckwheat kernels (kasha) despite its name, is not a grain. Millet is also not a grain.[27]

20 גר"ז בסדר ברכת הנהנין פרק ג' אות ב', ח"א כלל נ' סי' כ"א, מ"ב ס"ק כ"א, מ"ב סי' ר"ח ס"ק מ"ח שלא כהמ"א שם ס"ק ט"ו שכתב דאם אכל רק כזית אחד מתבשיל שיש בה מה' מיני דגן חייב לברך על המחיה שכן תקנו חז"ל דכל תערובת שיש בתוכו מחמשת המינים נעשה הה' מינים עיקר (אע"פ שהם המועטים) ושאר המינים שבתערובות נתבטלו להם, ונחשב כל התבשיל כדגן ממש ולפיכך אם אכל מאותו תערובת כזית אחד (בתוך כא"פ) הו"ל כאילו אכל כזית דגן וחייב לברך על המחיה. (כ"כ המ"א לענין תערובת דגן עם שאר מאכלים אמנם אם ערב קמח של ה' מיני דגן עם שאר קמחים ואין בו כדי לאכול כזית דגן בתוך כדי א"פ מודה המ"א דאין לברך על המחיה). וע' אגרות משה או"ח ח"א סי' ע"א.

21 ראה הוספה א' (Addendum 1), הערה 10.

22 ראה שם הערות 41 -5 4.

23 ראה בפנים שם ובהערות 46 - 49 .

24 סי' ר"ח סעי' ז' וח'.

25 ולענין בדיעבד אם בירך על המחיה על אורז עיין מש"כ בהוספה ד' (Addendum 4) הערה 15 .

26 ולענין קדימה בברכות כשאוכל אורז ושאר מינים ראה פרק י"א הערה 31 ובפנים שם.

27 מ"ב שם ס"ק ל"ז, וע"ע אג"מ או"ח

The brocha requirements of kasha and millet are discussed in Chapter 22, Section D.7.

e. Grain Products and Other Foods Eaten at Same Meal

The al hamichya made on mezonos does not exempt other foods eaten at the same meal.[m] For example, if one ate roast beef, farfel and string beans, two brochos would be required, first *al hamichya* (for the farfel) then *borei nefoshos*(for the beef and string beans).[28]

2. Beverages Covered By Al Hagefen

a.Wine, Grape Juice

Al hagefen is required if one drinks (a shiur) of grape wine,[29] grape juice[30] or raisin wine[n].[31]

[m] unless the other foods are tofel to the mezonos - see Chapter 4.

[n] Regarding the halachic definition of wine and grape juice (e.g., how to classify wines diluted with water or mixed with seltzer, etc.) see Chapter 24 Section A.5. Regarding the halachic definition of raisin wine see Chapter 24, Hebrew footnote number 8.

ח״א סי׳ ס״ה ויו״ד ח״ב סי׳ כ״ה.

28 וצריך להקדים על המחיה כמו שכתב בס׳ ראש יוסף מס׳ ברכות סדר המעלות וכ״כ הבה״ל סי׳ ר״ב סעי׳ י״א ד״ה ברכה, (ודלא כדברי מלכיא׳ ח״ג סי׳ ג׳).

29 שו״ע סי׳ ר״ח סעי׳ י״א ולענין נוסח החתימה עיין שם במ״ב ס״ק נ״ו דהמנהג שלא לחתום ״על הארץ ועל פרי הגפן״ ואם סיים ״על הארץ ועל הפירות״ יצא. ועיין בהערה 10 לעיל שעל יין מפירות ארץ ישראל יסיים ״על הארץ ועל פירותיה״.

30 ב״י רס״י ר״ב (ד״ה כתב הרשב״א) דעל יין תוסס מברך בפה״ג. (ואין לומר שכוונתו דדוקא אחר שמתחלת התסיסה]שהוא לאחר ב׳ או ג׳ ימים מהדריכה[אז חשוב יין לברך עליו בפה״ג אבל קודם לכן אינו מברך בפה״ג דהרי כתב סוחט אדם אשכול של ענבים וכו׳ דמשמע שמיד אחר הדריכה, חשוב יין לברך עליו בפה״ג, ועיין במג״א]סי׳ ר״ב ס״ק כ״ז[שסובר שאפי׳ לפני שהמשיך המשקה מהפירות מברכים בפה״ג).

ויש להקשות דהרי הבאנו בפרק כ״ד הערה 2 דהטעם שקבעו בפה״ג על יין הוא מפני שסעיד ומשמח וא״כ האיך מברכינן בפה״ג על מיץ ענבים הלא אינו משכר ומשמח, אכן עיין בת׳ מנחת שלמה סי׳ ד׳ שביאר דכיון שמתחלה כשנסחט היה ראוי להיות שכר שמשמח ומשכר משום הכי שם יין עליו ונשאר בברכת הגפן אף דעכשיו אינו משכר ומשמח. וע״ע בפרק כ״ד הערה 5.

31 שו״ע סי׳ ר״ב סעי׳ י״א.

All Beverages Drunk Together With The Wine

The *al hagefen* covers not only the wine, but also all other beverages which one drank at that time[32], as discussed in Chapter 6.

For example, if one drank a cup of grape juice and a cup of soda, he may not make a *borei nefoshos* on the soda, as it will be covered by the *al hagefen*.[33]

3. Foods Covered By Al Hoetz

a. Olives, Dates, Grapes, Figs, Pomegranates

Al hoetz is required if one eats olives[33.1], dates, grapes (or raisins), figs, or pomegranates.[34]

32 לענין ברכה ראשונה כתבנו בפרק ו׳ (הערה 10 ובפנים שם) דהא דנקטינן דיין פוטר כל מיני משקין מברכה ראשונה הוא דוקא באופן שהמשקין היו לפניו על השולחן בשעה שבירך על היין או עכ״פ שהיה דעתו עליהם בשעה שבירך.

אמנם לענין ברכה אחרונה כתב המ״ב (סי׳ ר״ח ס״ק ע״ב בשם המ״א שם ס״ק כ״ד) דאם קבע על היין (ר״ל לישב על דעת לשתות הרבה כוסות - ראה פרק ו׳ הערה 4) אז אפי׳ אם לא היו המשקין בפניו בשעה שבירך על היין וגם לא היה דעתו עליהם לשתותם מ״מ ברכת ״על הגפן״ פוטר המשקין וא״צ לברך עליהם בנ״ר.

ולענין מה ששתה קודם שקבע על היין - עיין כה״ח סי׳ ר״ח אות פ״ב דיש פלוגתא אם ברכת על הגפן פוטרת המשקים ששתה מקודם ולפיכך אם שתה משקים ורצה לקבוע על יין צריך ליזהר לכתחילה לברך בנ״ר על המשקים ואח״כ ישתה היין, ולא הוי ברכה שאינה צריכה (ע״ע מש״כ בפרק י״ד הערה 17).

33 שו״ע סי׳ קע״ד סעי׳ ב׳ וסי׳ ר״ח סעי׳ ט״ז. ופשוט דאינו חייב לברך ברכה אחרונה על היין אלא כששותה שיעור המחייבו בב״א.

בשעה״צ סי׳ ר״ח אות ע׳ והיוצא מדבריו:

א – אם שתה פחות מכזית יין (דלכו״ע אינו חייב לברך ב״א על היין) ושתה גם יותר מרביעית משאר משקים צריך לברך בורא נפשות.

ב – אם שתה יותר מרביעית יין (דלכו״ע חייב לברך ב״א על היין) ושתה גם יותר מרביעית משאר משקים מברך מעין שלוש על היין ואין צריך לברך בנ״ר על שאר משקים דברכת היין פוטרתם.

ג – אם שתה יותר מכזית יין אבל פחות מרביעית ושתה גם יותר מרביעית משאר משקים בנידון זה יש ספק אם צריך לברך בנ״ר ונשאר השעה״צ בצ״ע. אמנם בספר עמק ברכה (פומרנץ) דיני ברכת הנהנין ס״ק ג׳ תמה על השעה״צ וכתב דודאי צריך לברך בנ״ר וכ״כ באג״מ או״ח ח״א סי׳ ע״ד.

33.1 ולענין ב״א על שמן זית עיין מ״ב סי׳ ר״ב ס״ק ל״ב דמברך מעין ג׳, ועיין שדי חמד אסיפת דינים מערכת ברכות סי׳ א׳ אות ל״ב.

34 שו״ע סי׳ ר״ח סעי׳ א׳.

The *brocha achrona* for all other types of fruit (other than the above) is *borei nefoshos*.[35]

b. Eats Seven Species Fruit Plus Other Fruit

If one ate fruit of the seven species (e.g., grapes) and also other fruit (e.g., apples) he is required to make one *brocha achrona* only - *al hoetz*. The *al hoetz* will exempt the other fruit (e.g., apple) from borei nefoshos.[o] [36]

Although *al hoetz* will cover fruit from a tree, it will not cover fruit which does not grow on a tree, nor will it cover vegetables[37]. For example, one ate peanuts, cashews, and a *k'zayis* of raisins. He is required to make an *al hoetz* on the raisins (dried grapes) which will cover the cashews (which grow on a tree) but not the peanuts (which do not grow on a tree).[38]

D. Mistakes

In this section and the next section we will be discussing mistakes made while reciting a *m'ayn shalosh* brocha.

[o] Although the designated brocha achrona for fruit other than those of the seven species is *borei nefoshos*, nevertheless, the *al hoetz* required for the fruit of the seven species will cover the other fruit (from a tree) as well.

35 שו״ע סי׳ ר״ז.

36 שו״ע סי׳ ר״ח סעי׳ י״ג.

37 שעה״צ סי׳ ר״ח ס״ק ס״ד, והנה החיי אדם (כלל נ׳ סי׳ ט׳) מספקא ליה באוכל פרי האדמה וגם פרי העץ מז׳ מינים אם ברכת ״על העץ״ פוטרת פרי האדמה, כיון דחתים על הארץ ועל הפירות, וגם בתחילת הברכה אמר ״על תנובת השדה״, נמצא שכלל בו פירות הארץ בין של עץ בין של אדמה (ובנ״א שם צדד שיצא). ועיין במור וקציעה (סי׳ ר״ח) שכתב שלכתחילה מן הנכון שיקדם לברך תחלה על פרי האדמה בנ״ר, ואח״כ לברך ברכת ״על העץ״ (שאם יברך ״על העץ״ תחילה יש לחוש שיפטור פירות האדמה ונמצא כשיברך בורא נפשות אח״כ יהיה ברכתו לבטלה).

אמנם לא העתקנו בפנים לברך בנ״ר תחלה משום דמוכח מהמ״ב (שם ס״ק ס״ד ושעה״צ שם) שאין צריך לחוש לזה, ויכול לברך על העץ תחילה, ואח״כ בנ״ר, ולא סגי בעל העץ לחוד.

38 שו״ע סי׳ ר״ח סעי׳ י״ג, ומ״ב שם ס״ק ס״ד, ושעה״צ שם אות ס״ד.

We deal with four types of situations:

- The mistake was in one part of the brocha (applications 1-3).
- The wrong *brocha achrona* was made (applications 4-6).
- A word or phrase was omitted (applications 7-8).
- He ate two types of foods and forgot to include one of them (dealt with in the next section, Section E.)

Mistake In One Part of the Brocha

Note: It is important to note that every *m'ayn shalosh* brocha consists of two distinct parts: 1 - a (long) opening brocha, and 2 - a (short) closing brocha.[P]

1. Caught the Mistake while Reciting Opening Brocha

If one made a mistake reciting the brocha and caught the error before he started to recite the closing brocha he should go back to the point of error and recite the brocha correctly.[39]

For example, one ate grapes and started reciting *al hamichya*. In the middle of the brocha he realized that he should have recited *al hoetz*. He should go back to the point of error (i.e., after the words *melech ho'olam*), and begin reciting from the words *"al hoetz"* until the end of the brocha.[40]

[P] For example, *al hamichya* has a long opening brocha starting with *boruch ato* etc., and ends with the closing brocha *"boruch ato Hashem al ho'oretz v'al hamichya"*.

[39] נלמד ממ״ב סי׳ נ״ט ס״ק ב׳ ובה״ל שם ד״ה ונזכר. ועיין בתהלה לדוד שם ס״ק א׳.

[40] **ולענין אם נזכר אחר שאמר בא״י בחתימה** - למשל אם אכל ענבים ובירך על המחיה וכל סדר הברכה, וכשהתחיל לסיים החתימה אמר בא״י ונזכר שאמר על המחיה במקום על העץ, ימהר מיד לומר אמ״ה על העץ ועל פרי העץ ועל תנובת השדה וכו׳ כסדר עד סוף הברכה, ואז השם שאמר בחתימה לא יהיה לבטלה. נלמד מדרך החיים דיני ברכת יוצר (אות א׳).

2. Recited the Wrong Closing Brocha, Correct Opening

If the closing brocha was incorrectly recited (even if the opening brocha was correctly recited) the entire brocha is invalid and a new brocha is required.[41]

The brocha can be saved if the mistake is caught and rectified immediately[42] (see footnote[q]).[43]

3. Recited Wrong Opening, Correct Closing Brocha

If one made a mistake in the opening brocha (e.g., he ate grapes and said *al hamichya*) but recited the closing brocha correctly (e.g., he ended by saying *boruch atoh Hashem al ho'oretz v'al hapeiros*) there is a difference of opinion among the Poskim as to whether or not the brocha is valid. Therefore, one should not recite the brocha anew.[44] [r]

[q] I.e., within *k'dei dibur*[42.1] of the recital of the incorrect closing phrase. For example, he ate grapes and correctly recited *al hoetz*, but erred while concluding the brocha (e.g., he said the concluding phrase of *al hamichya* which is *boruch ato Hashem al ho'oretz v'al hamichya*). As he concluded the brocha he realized the mistake - and immediately corrected it by saying *v'al hapeiros* (this is how he ended his brocha:"*boruch ato Hashem al ho'oretz v'al hamichya... v'al hapeiros*").[42.2] The brocha is valid.

[r] Regarding what to do in cases where making a new brocha is questionable, see Chapter 16, Section B).

[41] נלמד מדרך החיים שם וממ״ב סי׳ נ״ט ס״ק ד׳.

[42] ראה פרק ג׳ הערה 16.1.

[42.1] שם.

[42.2] יש לעיין אם צריך לחזור ולומר ״על הארץ ועל הפירות״ או מספיק לחזור ולומר ״על הפירות״, דהא בסי׳ תפ״ז ס״ק א׳ כתב המ״א שאם טעה בשמו״ע של יו״ט ובמקום ״מקדש ישראל והזמנים״ חתם ״מקדש השבת״ לא יאמר ״ישראל והזמנים״ (בלי מילת ״מקדש״) דצריך לחזור ולומר ״מקדש ישראל והזמנים״ (ועיין שם בפמ״ג, וע״ע בכה״ח שחולק) וא״כ י״ל דה״ה כאן צריך לכתחילה גם לחזור ולומר מילת ״על הארץ״ ויש לחלק, וצ״ע.

[43] נלמד מדרך החיים שם אות ג׳.

[44] כתב הב״ח בסס״י ר״ח (ד״ה כתב א״א הרא״ש) גבי אם טעה ובירך שלא כהוגן בהפתיחה וחתם כהוגן, דדין זה במחלוקת שנויה דלפי הרשב״א הכל הולך אחר החתימה וכיון שחתם כהוגן יצא, אבל לפי הרא״ש אינו יוצא עד שיברך כהוגן בפתיחה ובחתימה.

Wrong Brocha

4. Should Have Said Al Hamichya - Recited Wrong Brocha

a. Mistakenly Bentched

If one ate grain product such as cake, noodles or farina and instead of reciting *al hamichya* recited *bircas hamozon* he is yotzei. A new brocha is not required.[45]

b. Mistakenly Said Al Hagefen

If he recited al hagefen (instead of reciting al hamichya) he is not *yotzei* and must recite *al hamichya* anew.[46]

c. Mistakenly Said Al Hoetz

If he recited al hoetz (instead of reciting al hamichya) - see Hebrew footnote below.[46.1]

והנה הרבה פוסקים פסקו דאינו יוצא (כדעת הרא״ש) ובתוכם המ״א (סי׳ נ״ט ס״ק א׳ וסי׳ ר״ח ס״ק כ״א) והגר״ז (סי׳ נ״ט סע׳ א׳) ובבה״ל (שם ד״ה ולא) כתוב דכן הוא דעת השו״ע. (וכ״כ גו״ר כלל א׳ סי׳ כ״ז ע״ש).

ולעומת זו יש הרבה פוסקים שחששו לדעת הרשב״א ובתוכם הגר״א (לפי הבנת הבה״ל הנ״ל) והמאמ״ר וש״א (הובאו בשעה״צ סי׳ ר״ח אות ס״ד), והח״א (כלל נ׳ סי׳ ט׳, עיין שם בנ״א שצרף הא דמזכיר ״תנובת השדה״ בפתיחה). וגם באג״מ (או״ח ח״א סי׳ ע״ב) מסיק דאינו חוזר ומברך.

[45] גר״ז בסדר ברכת הנהנין פרק א׳ אות י״ז, ח״א כלל נ׳ סי׳ י״א וז״ל ואף שבשו״ע סי׳ ר״ח סעי׳ י״ז כתב דבהמ״ז אינו פוטר דייסא כבר תמה עליו הבה״ג והפ״ח ואני אומר שמכולם נעלם דברי ר״ן בפסחים גבי ב״א של ד׳ כוסות שכתב להדיא בשם הגאונים דבהמ״ז פוטר לדייסא ונ״ל דה״ה כל תבשיל שנעשה מה׳ מיני דגן וכ״ש (פת הבאה בכיסנין) וכיוצא בזה דפוטר עכ״ל. וכן פסק המ״ב בסי׳ ר״ח ס״ק ע״ה ועיי״ש בשעה״צ אות ע״ה.

[46] עיין מש״כ בפרק ט״ו דכל המשקר בברכתו אינו יוצא בדיעבד וכאן לא אמר כהוגן לא בפתיחה ולא בחתימה.

[46.1] לכאורה כיון שלא אמר כהוגן לא בפתיחה ולא בחתימה י״ל דגם בדיעבד אינו יוצא.

אמנם עיין בח״א (כלל נ׳ סי׳ ה׳) שכתב בשם הכל בו, וז״ל ויש לחתום כל ברכה מעין ג׳ בין של מזונות בין של יין בין של פירות ברוך אתה ה׳ על הארץ ועל הפירות, עכ״ל, וכתבנו לעיל (הערה 44) בשם הח״א והאג״מ וש״א שאם טעה ובירך שלא כהוגן בהפתיחה

d. Mistakenly Said Borei Nefoshos

If he recited *borei nefoshos* instead of *al hamichya* it is questionable whether or not he is *yotzei*.[46.2] [s]

5. Should Have Said Al Hagefen - Recited Wrong Brocha

a. Mistakenly Bentched Or Said Al hamichya

If one drank wine or grape juice, and instead of reciting al hagefen recited bircas hamozon he is *yotzei*. A new brocha is not required.[47]

b. Mistakenly Said Al Hamichya Or Al Hoetz

If he recited al hamichya[48] or al hoetz[49] (instead of reciting *al hagefen*) he is *yotzei*. He is not required to make a new brocha.

For an explanation of why bentching or *al hamichya* or *al hoetz* are valid for wine - see footnote below.[t]

[s] See Chapter 21, Section D.

[t] We have learned (in Chapter 15, Section D) that if one made the wrong brocha and the statement is not true, the brocha is not valid. However, if the statement contained in the (wrong) brocha is true, the brocha is valid, *b'dieved*.

Bircas hamozon and *Al hamichya* are designated for foods which satiate. Although wine and grape juice do not satiate as much as bread, they do, nonetheless satiate.[48.1] Since the

וחתם כהוגן, אינו חוזר ומברך -ולפי זה יש להסתפק במי שאכל מזונות ובירך על העץ אם צריך לחזור או לא, דהרי אע״ג דהפתיחה ודאי אמר שלא כהוגן, מ״מ לפי הכל בו חתם כהוגן (ואמנם עיין בח״א הנ״ל בסוגריים שכתב דנר׳ בזה ט״ס בדברי הכל בו). וצ״ע .

46.2 עיין מש״כ בפרק 21 הערה 35.

47 שו״ע סי׳ ר״ח סעי׳ י״ז. עוד כתב שם השו״ע דאפי׳ לא אמר אלא ברכת הזן יצא, ואם נזכר עד דלא חתם ברכת הזן יתחיל ״ועל שהנחלת לאבותינו ארץ חמדה טובה ורחבה״ ויסיים ברכה דמעין שלש.

48 כה״ח סי׳ ר״ח אות פ״ט בשם הרבה אחרונים עיי״ש. וע״ע שו״ת מנחת שלמה סי׳ צ״א אות ו׳ בענין אכל מזונות ושתה יין והזכיר רק על המחיה.

48.1 שו״ע סי׳ ר״ח סע׳ י״ז ומ״ב שם ס״ק ע״ו.

49 בה״ל סוף סי׳ ר״ח (ד״ה מספק).

c. Mistakenly Said Borei Nefoshos

If he recited *borei nefoshos* instead of *al hagefen* it is questionable whether or not he is *yotzei*.[49.1] [u]

6. Should Have Said Al Hoetz - Recited Wrong Brocha

a. Mistakenly Bentched Or Said Al Hamichya

If one ate fruit of the seven species, and mistakenly recited *bircas hamozon*[50] or al hamichya[51] he is not yotzei and must recite the correct brocha achrona (al hoetz).

Exception:

This does not apply to dates. If one ate a k'zayis of dates and then mistakenly recited *bircas hamozon*[52] or al hamichya[52.1], his brocha is nevertheless, valid, b'dieved (see footnote for explanation[v]).

statements contained in *bircas hamozon* and *al hamichya* are also true for wine, the brocha is valid, *b'dieved*.

Al hoetz is designated for fruits of the seven species. Wine, according to some Poskim, can also be considered to be fruit of the seven species. Therefore, *b'dieved, al hoetz* made on wine is valid.[49.2]

[u] See Chapter 21, Section D.

[v] We have explained (in footnote o above) that if the statement contained in the (wrong) brocha is true, *B'dieved* the brocha is valid.

Bircas hamozon and *al hamichya* are statements for foods which satiate. Although dates do not satiate as much as bread, they do, nonetheless satiate. Since the statements contained in *bircas hamozon* or *al hamichya* are also true with regard to dates the brocha is valid, *B'dieved*.

49.1 עיין מש"כ בפרק 21 הערה 35.

49.2 שם.

50 שו"ע סי' ר"ח סעי' י"ז, ע"ע מש"כ בהערה 47.

51 לבוש ס"ס ר"ח, עטרת זקנים שם, כה"ח שם אות פ"ט.

52 שו"ע סי' ר"ח סעי' י"ז, (ע"ע בהערה 50) דבהמ"ז פוטרת תמרים בדיעבד.

52.1 לבוש סי' ר"ח סעי' י"ז (ועיין שם באליהו זוטא שכתב שלא מצא בשום מקום

b.Mistakenly Said Al Hagefen

If one ate fruit of the seven species, including dates, and mistakenly recited al hagefen he is not yotzei and must recite the correct brocha achrona (al hoetz)[53].

Exception:

This halacha does not apply to grapes. If one ate a k'zayis of grapes and then mistakenly recited *al hagefen*, *b'dieved* his brocha is valid (see footnote for explanation[w])[54].

c. Mistakenly Said Borei Nefoshos

If he recited *borei nefoshos* instead of *al hoetz* it is questionable whether or not he is *yotzei*.[55] [x]

Omitted Word Or Phrase

7. Omitted a Word

The *m'ayn shalosh* brocha (like all brochos) are statements which were precisely crafted by Chazal. Care should be taken not to omit a single word.

[w] Al hagefen is designated for fruit of the grapevine. Since the statement is also true for grapes, it is valid *b'dieved*. See footnote p above.

[x] See Chapter 21, Section D.

שאם אכל תמרים ובירך על המחיה יצא בדיעבד, אכן הא״ר שם אות כ״ו כתב שמצא זה להדיא בפרש״י שעל הרי״ף, ושכן מסתברא, עיי״ש).

אבל אם אכל מזונות ותמרים ובירך על המחיה ושכח על העץ, צריך לחזור ולברך על העץ ואינו נפטר בעל המחיה - ראה הערה 60 לקמן.

[53] כן משמע פשוט מהמחבר בסי׳ ר״ח סעי׳ ט״ו דדוקא על ענבים יצא בדיעבד בברכת על הגפן, וכן משמע מסעי׳ י״ג (דאין התפוחים נפטרים בברכת על הגפן). וכ״כ הח״א להדיא בכלל נ׳ סי׳ ט׳. וכן משמע ממ״ב שמביא (שם ס״ק ס״ד) מחלוקת אם סיים ברכת היין ״על הארץ ועל הפירות״ שיש מן האחרונים שסוברים דיצא אף על שאר פירות אבל אם סיים ״על הגפן ועל פרי הגפן״ כמנהג העולם לית מאן דפליג דאינו יוצא.

[54] שו״ע סי׳ ר״ח סעי׳ ט״ו.

[55] עיין מש״כ בפרק 21 הערה 35.

B'dieved omissions of certain words or phrases do not invalidate the brocha. This is discussed in the Hebrew footnote below.[56]

8. Omitted Phrase For Shabbos or Yom Tov

B'dieved, if one omitted the special phrases which are recited on Shabbos, Yom Tov, and Rosh Chodesh, the brocha is, nevertheless, valid[57]. (In *bircas hamozon*, however, such an omission often invalidates the brocha[57.1]).[y]

[y] Omission of *r'tzei* or *yaaleh v'yavo* in bentching is discussed in Chapter 18, Section E, and Addendum Three.

[56] כבר כתבנו שבברכת מעין ג׳ תקנו לפתוח בברכה שיש בו ג׳ ענינים - **ענין מזון** (על המחיה או על הגפן או על העץ), **ענין ארץ** (**ועל ארץ** חמדה וכו׳), **וענין ירושלים** (**רחם**) (**וגם לומר ״כי אתה ה׳ טוב ומטיב לכל״** שהוא ענין הטוב והמטיב). וסמוך לחתימה תקנו לומר מעין החתימה. ותקנו לחתום בברכה (**ברוך אתה ה׳ וכו׳**). **והעתקנו כאן מפוסקים אחרונים כמה** דינים השייכים לדילוג תיבה מתיבות הברכה:

דילג התיבת ״ברוך״ עד תיבת ״העולם״

אם דילג אחד מתיבות אלו - ראה פרק ט״ו הערה 1.

דילג ענין ארץ או ענין ירושלים

ואם בירך בשם ומלכות והזכיר ענין מזון, רק דילג ענין ארץ או ענין ירושלים כתב החז״א (סי׳ ל״ד אות ד׳) דאף בדיעבד אינו יצא, והא דקי״ל דאם בירך ברכת הזן (ברכה ראשונה של בהמ״ז) יצא, דוקא משום שבירך בנוסח של בהמ״ז, אבל אם בירך בנוסח מעין ג׳ ודילג ענין ארץ או ענין ירושלים, לא יצאת כיון דשנה מטבע שטבעו חכמים.

דילג ״על הארץ״ בחתימה

כתב במ״א (ר״ח סקי״ז, הובא במ״ב) דאם חתם בא״י על הגפן ועל פרי הפן, אע״פ שלא הזכיר ״ארץ״ , מ״מ יצא בדיעבד. ונר׳ דמשמע ממחה״ש דה״ה בחתימה של על העץ דאם חתם בא״י על העץ ועל פרי העץ שיצא בדיעבד.

דילג החתימה לגמרי

מ״ב (סי׳ קפ״ז ס״ק ד׳ - לענין ברכת הזן של בהמ״ז) מביא מחלוקת בזה ואינו מכריע, ולפיכך אם דילג החתימה צ״ע אם יוצא או לא. (לדעת הרמב״ן הא דתנן מקום שאמרו לחתום אינו רשאי שלא לחתום זה רק לכתחלה אבל בדיעבד יצא, ולדעת הרשב״א גם בדיעבד לא יצא, והב״ח כתב דנ״ל עיקר כדעה זו, והובא בא״ר. ע״ע בערוך השלחן סי׳ קפ״ז סעי׳ ו׳).

[57] מ״ב סי׳ ר״ח ס״ק נ״ח, ועיי״ש בשעה״צ (אות ס׳) כמה טעמים לזה.

ולענין אם שכח לומר מעין המאורע ונזכר קודם שהזכיר השם בחתימת הברכה - כתב המאמר מרדכי (סי׳ ר״ח אות פ״ד) שצריך אז לחזור ולהזכירו (דרך משל אם אומר ״ברוך אתה״ וקודם שאמר ״ה׳ על המחיה״ נזכר שהוא יום טוב, צריך לחזור ולומר ״ושמחינו וכו׳״ ואחר כך מסיים ״כי אתה טוב וכו׳ ברוך אתה וכו׳״) אבל הא״ר כתב שאם נזכר אחר שאמר ״כי אתה טוב״, שוב אינו מזכירו. (כה״ח סי׳ ר״ח אות ס״ז).

[57.1] ראה פרק י״ח הערה 47, והוספה ג׳ (Addendum 3).

E. Ate Two Types - Forgot to Include One of Them

We have learned that when one eats two or more types of foods each requiring a different *m'ayn shalosh* brocha, he should not make separate brochos. Rather, he should make one brocha and include the appropriate phrases.

For example, for cake, wine, and grapes, he should make one brocha, and include *al hamichya, al hagefen* and *al hoetz*.

If one ate two types of food (e.g., cake and grapes) and forgot to include the specific phrase for one of them, his brocha is not valid for the type which he forgot[58].

To illustrate, one ate cake and grapes. He recited *al hamichya* but forgot to include *v'al hoetz*. His *brocha achrona* is valid for the cake but not for the grapes.

1. Caught the Omission In Middle Of Reciting the Brocha

If one realized his omission while in the middle of reciting the brocha - he should not go back and correct his recital. Rather, he should finish reciting the brocha, then recite a new brocha for the food which was not included.

For example, he ate cake and grapes. He should have recited *al hamichya v'al hoetz*, but forgot to include *v'al hoetz*. As he recited the brocha he realized that he had not said *v'al hoetz* . He should not go back and try to correct the brocha, but should finish it as an *al hamichya*. He should then recite a second brocha, *al hoetz*, for the grapes.[58.1]

2. Recited Opening Brocha For One Type, But Closing Brocha For Two Types

If one forgot to make reference to both types of food in the opening brocha, but did include both in the closing brocha - in the

[58] שדי חמד אסיפת דינים מערכת ברכות סי' א' אות כ'

[58.1] שדי חמד שם.

view of some Poskim the brocha is valid, *b'dieved*. Therefore, a new brocha should not be made for the second type (see Section D.3 above).[59]

In the above example if he started by reciting an *al hamichya* for the cake only, but concluded the brocha by reciting *boruch atoh Hashem al ho'oretz v'al hamichya v'al hapeiros* for both the cake and the grapes, he should not make another brocha for the grapes.

3. Mezonos and Wine

One who ate mezonos and drank wine is required to recited a *brocha achrona* combining *al hamichya* and *al hagefen.*

a. Forgot Al Hagefen

If he recited *al hamichya* but forgot to say *al hagefen* he must make a separate brocha for the wine.[60] (Although we have learned that if one mistakenly recited *al hamichya* for wine, the brocha is valid - nevertheless, in this case it is not valid, even *b'dieved* - see Hebrew footnote[61]).

b. Forgot Al Hamichya

If he recited *al hagefen* but forgot to say *al hamichya,* the mezonos is not exempted. He must recite *al hamichya for the mezonos.*[62]

59 ראה הערה 44.

60 כ״כ הגרש״ז אויערבאך שליט״א במנחת שלמה סי׳ צ״א אות ו׳, ראה מש״כ בהערה דלקמן בסמוך.

61 מנחת שלמה שם, וכתב שכן מבואר במ״ב סי׳ ר״ח ס״ק ס״ט, דדוקא אם נתכוין להדיא לפטור את היין בברכת על המחיה שפיר נפטר בכך, אבל אם בירך על המחיה בסתמא אינה פוטרת את היין, ולכן אם שתה רק יין ובירך עליו על המחיה הוי כנתכוין להדיא ושפיר נפטר, אבל אם אכל מזונות ושתה יין ובירך עליהם רק על המחיה, כיון שלא נתכוין בפירוש לפטור את היין אינו פוטרו.

וכן אם אכל תמרים ובירך על המחיה שפיר נפטר התמרים, אבל אם אכל מזונות ותמרים ובירך על המחיה ושכח על העץ, צריך לחזור ולברך על העץ ואינו נפטר בעל המחיה.

ומבואר מתשו׳ הנ״ל שכן הדין וכן הטעם לענין אם שתה יין ואכל ענבים, ובירך על הגפן ושכח על העץ, שצריך לחזור ולברך על העץ.

62 ראה הערה הקודמת.

F. Situations Where Making a Brocha Achrona Is Questionable and How to Bypass The Problem

Note: This section deals only with doubts involving a m'ayn shalosh brocha. With regard to doubts involving other brochos see footnote.[z]

1. Situations Where Making Brocha Achrona Is Questionable

The rule for situations where making a new m'ayn shalosh brocha is questionable is: when in doubt a new brocha may not be made. (If he ate an amount which satiated him - see Hebrew footnote.[62.1])

The following are applications of this rule:

a. Problem: Forgot If He Made a Brocha Achrona

If one does not remember whether or not he recited a m'ayn shalosh brocha, he may not recite a new brocha achrona.[63] [aa]

[z] The rules regarding doubts about making *bircas hamozon* are somewhat more stringent. They are discussed in Chapter 17, Section E.

The rules regarding doubts about making a *borei nefoshos*, are more lenient, and are discussed in Chapter 21, Section E.

The rules regarding doubts in a *brocha rishona* are also more lenient. They are discussed in Chapter 16.

[aa] If he ate an amount which satiated him, he should eat another *k'zayis* and recite the *brocha achrona*.[63.1]

62.1 ראה הערה 67.

63 כתב בשו"ע (סי' ר"ט סע' ג') כל הברכות אם נסתפק אם בירך אינו מברך, חוץ מברכת המזון, וכתב המ"ב (שם ס"ק י') שמהמחבר משמע שסתם כהראשונים שסוברים דברכה מעין ג' הוא מדרבנן, אבל באמת יש הרבה ראשונים שסוברים שהוא מדאורייתא, וע"כ כתבו האחרונים דמי שאכל כדי שביעה מפירות או תבשיל של שבעת המינים ונסתפק לו אם בירך אחריו יאכל עוד מאותו המין שיעור כזית ויברך אחריו ויצא ע"י זה גם הספק וכו'. עוד עיין מש"כ בפרק ט"ז הערות 6 עד 9 לענין ספק ברכה דרבנן לקולא.

63.1 ראה הערה 67.

b. Problem: Does Not Know If He Ate A Shiur

If one is not sure whether or not he ate a k'zayis

(or drank a reviis) within the minimum time (discussed in Addendum One[bb]) he may not make a brocha achrona.[64]

c. Problem: Does Not Know If M'ayn Shalosh Is Required

If one is not sure if the food eaten was subject to a m'ayn shalosh brocha, he may not recite the brocha in question, "just to be sure".[65]

For example, one drank a mixture of wine and seltzer. He can not determine whether or not there was a sufficient amount of wine in the mixture to classify it as wine. (If it is classified as wine al hagefen is required, while if it is not wine a borei nefoshos is required). He may not arbitrarily decide to classify it as wine and recite al hagefen - "just to be sure".

d. Problem: Does Not Know If He Waited Too Long

One did not recite the brocha achrona right after eating and now can not remember whether or not he exceeded the time limit within which a brocha achrona may be made (generally 72 minutes from

[bb] Section A.1b and A.2b

[64] עיין מש"כ בפרק י"ז הערות 47 - 49 ובפנים שם, שאפי' לענין בהמ"ז שהוא מדאורייתא, במסופק אם אכל כזית או לא, גם אם אכל כזית רק מסופק אם אכלו בתוך כדי אכילת פרס, אינו חוזר ומברך - כל שכן כאן לענין מעין ג' (שלדעת המחבר והרבה פוסקים אינו אלא דרבנן) אינו חוזר ומברך. וכן משמע מערוך השולחן סי' ר"ב סעי' ב'.

[65] כתוב בתרומת הדשן (סי' ל' הובא ברמ"א ססי' ר"ח) מי שיש לו משקה שספק אם ברכתו על הגפן או בורא נפשות, ואין לו יין ודאי, לא שפיר עביד לשתותו על סמך שיברך מעין ג' על דבר אחר ויכלל בו על הגפן, דאין יכול להכניס שום דבר נוסף בברכה אחרונה אע"פ שלא הזכיר בשביל זה שם ומלכות. ועיין במ"ב (סי' ר"ח ס"ק פ"ב) דדעת כמה אחרונים שאם כבר שתה משקה שיש לו ספק מוטב שיכלל בתוכה ממה שישאר בלי ברכה אחרונה

the time he stopped eating)[cc] - he should not make a *brocha achrona*.[65.1] [dd]

2. Suggestions For Bypassing The Uncertainty

The requirement to recite a *m'ayn shalosh* brocha is *midirabonon*, according to many Poskim. Therefore, technically, in uncertain situations, one is not obligated to try to bypass the uncertainty.[66]

However, since according to many Rishonim the requirement to recite *m'ayn shalosh* is *midioraisa*, the Poskim rule that, where possible, one should employ one of the suggestions discussed below - especially if he ate an amount which satiated him[67].

[cc] See Chapter 10

[dd] If he ate an amount which satiated him, he should eat another *k'zayis* and recite the *brocha achrona*.[65.2]

כלל. הרי פשוט שאסור לברך אותו ברכה שמסופק עליו. ע״ע מש״כ בפרק י״ד הערה 10 ובפנים שם.

[65.1] מיירי שאכל פחות מכדי שביעה, דה״ל ספק דרבנן לכו״ע, אכן אם אכל כדי שביעה עיין מש״כ בהערה 67.

[65.2] ראה הערה 67.

[66] כתב בשו״ע סי׳ ר״ט סע׳ ג׳ דכל הברכות אם נסתפק אם בירך אם לאו, אינו מברך חוץ מבהמ״ז. וכתב שם המ״ב דמשמע מהמחבר דה״ה לענין ברכת מעין ג׳, אבל באמת יש הרבה ראשונים שסוברים שהוא דאורייתא ולכן מי שאכל כדי שביעה מפירות או תבשיל של ז׳ המינים יאכל עוד מאותו המין ויברך אחריו, הרי לא יעץ המ״ב שיאכל עוד רק אם אכל כדי שביעה מהם, (לכאורה משמע שאם אכל פחות מכדי שביעה - שאינו אלא דרבנן - אין צריך להטריח עצמו ולאכול עוד כדי לברך, אמנם עיין מש״כ בהערה דלקמן בסמוך).

(ויש להבין אף שהוא מדרבנן למה לא נתן המ״ב עצה שיוציאנו אחר, דהנה בס׳ קס״ז סעי׳ ט׳ כתב המחבר דהמסופק בברכה ראשונה שהוא מדרבנן אינו חוזר ומברך וכתב המ״ב בס״ק מ״ט שאם נזדמן לפניו אחד שרצה לאכול נכון שיוציאנו בברכתו. אכן אינו קשה דהנה בסי׳ רי״ג כתב המחבר שבברכה אחרונה אין לצאת לכתחילה בברכת חברו וכתב המ״ב ס״ק ה׳ דבדיעבד יצא, והיכא שאין לו עצה אחרת כגון אם אינו יודע לברך ברכה אחרונה אז אפי׳ לכתחילה יכול להוציאו. ונר׳ דמשום הכי לא נתן המ״ב כאן (גבי אכל פחות מכדי שביעה מז׳ המינים ומסופק אם בירך) עצה שיוציאנו אחר דהרי יכול לאכול עוד כזית ולברך מעין ג׳ לכתחילה. וכ״כ בפרק י״ז הערה 58 על מש״כ המ״ב בסי׳ קפ״ד ס״ק ט״ו וס״ק כ׳).

[67] **אם צריך לטרוח כדי להוציא א״ע מספק ברכת מעין ג׳**

a. Eat Another K'zayis

The most appropriate way to bypass a situation, where making a *brocha achrona* is questionable, is to eat another *k'zayis* of food (or drink a *reviis* of beverage) whose *brocha achrona* is the same as that of the original food, and make a *brocha achrona*.[68] [ee]

b. Include The Questionable Type In A Combined Brocha

If one does not have more of the same type of food, and does not have someone to be motzi him, he can bypass the uncertainty by reciting a combined m'ayn shalosh.[69]

To illustrate: he ate grapes, but can not remember whether or not

[ee] Having eaten another *k'zayis*, even if he had already made a *brocha achrona*, he must nevertheless, recite this *brocha achrona*.

א. אכל כדי שביעה

הנה אם אכל כדי שביעה מפירות או תבשיל של ז' המינים, צריך להוציא א"ע מהספק - כ"כ המ"ב סי' ר"ט ס"ק י' בשם הרבה אחרונים, מובא בהערה הקודמת. ע"ע בשדי חמד אסיפת דינים מערכת ברכות (סי' א' אות ל"ד).

(ועיין בהזו"א, סי' ל"ד אות ה', שכתב דלהסוברים דמעין ג' הוי דאורייתא אולי לא בעי כדי שביעה, שאם אכלו כדרך האוכלין מקרי שביעה).

ב. אכל פחות מכדי שביעה

עיין בח"א כלל נ' סי' ו' שכתב כיון די"א שהוא ספק דאורייתא יזהר שיאכל עוד וכו' והוסיף שזה דוקא כשאכל כדי שביעה, וכתב שם בנ"א דרביעית יין מקרי כדי שביעה, ולכאורה משמע דאם אכל פחות מכדי שביעה ומסופק אם בירך אם לאו, א"צ להטריח א"ע לאכול עוד כדי לברך. אמנם בסי' כ' (שם) כתב שאם שתה יין בכזית וא"כ ספק אם יברך ב"א שהוא פחות מרביעית, ואין לו יין, מותר לאכול כזית מזונות כדי לברך על המחיה ולכלול בתוכה על הגפן. הרי אפי' באכל פחות מכדי שביעה שהוא מדרבנן, ס"ל להח"א שטוב לאכול עוד כדי להוציא א"ע מספק. גם ממ"ב סי' קע"ד ס"ק ל"ח משמע שאפי' בברכה דרבנן טוב לאכול עוד כדי להוציא א"ע מספק.

ועיין בערוך השולחן סי' ר"ב סעי' ב' שכתב וז"ל, אמרו חז"ל האי מאן דבעי למהוי חסידא יקיים מילי דברכות, ונר' דה"פ דהחסיד עושה לפנים משורת הדין, והנה בברכות קיי"ל ספק ברכות להקל, והחסיד מוציא את עצמו מידי קולא זו כגון שספק אצלו אם בירך בורא נפשות אם לאו וא"צ לברך מספק (שהוא מדרבנן לכו"ע) והחסיד אוכל או שותה עוד איזה דבר ומברך בורא נפשות וכו'.

[68] עיין מש"כ בהערות 66, 67 לעיל בסמוך, וע"ע במ"ב סי' קע"ד ס"ק ל"ט.

[69] ח"א כלל נ' סי' כ', מ"ב סי' ר"ח ס"ק פ"ב, ושעה"צ שם אות ע"ח.

he recited *al hoetz*. He does not have any more grapes, nor does he have any other fruits of the seven species. He may eat a *k'zayis* of mezonos which will obligate him to recite *al hamichya*. When he recites *al hamichya* he should recite *al hamichya v'al hoetz* (the combined brocha for mezonos and fruit of the seven species).

c. Ask Someone Who Ate The Same Type Of Food To Be Motzi Him

If he is unable to eat some more food, he should, if possible, ask someone to be *motzi* him from his *brocha achrona* obligation.[70]

A woman [ff] may also be asked to *motzi* a man from his *m'ayn shalosh* brocha obligation.[71] [gg]

A person reciting a combination *brocha achrona* (e.g., *al hamichya v'al hagefen)* may be *motzi* persons who require a single *brocha achrona*. For example, one who ate cake and drank wine (requiring an *al hamichya v'al hagefen)* may be *motzi* a person who only ate cake (requiring an *al hamichya* only).[72]

[ff] A female over the age of 12 may be *motzi* a man, woman, or child. She may not be *motzi* a group of men, but may be *motzi* a group of women. See Chapter 12, Section E.2.

[gg] A woman may not be *motzi* a man (in most instances) from his *bircas hamozon* obligation (see Chapter 17, Section F.2). A woman may, however, be *motzi* a man from his *m'ayn shalosh* obligation.

70 עיין בשע"ת סי' רי"ג וכה"ח שם אות ח' שכתבו בשם ברכי יוסף (שם ס"ק א') דמי שאכל מזונות ונסתפק אם אכל כשיעור לברך ב"א וחברו אכל מזונות וענבים - כשיברך חבירו "על המחיה ועל העץ" יכול זה שאכל מזונות לבד לצאת י"ח בב"א של חבירו אם אין לו עצה אחרת, ומה שחבירו כולל על העץ עם המחיה לא הוי הפסק. וע"ע בספר רב ברכות לבעל בן איש חי מערכת ב' אות ג', שו"ת בצל החכמה ח"א סי' כ"ו, ושדי חמד אספ"ד מערכת ה' סי' י"ב.

ועיין בח"א כלל נ' סי' ו', שאם יש אנשים שלא יברכו או מחמת בושה שאינם יודעים לברך, מצוה על אחד שיאמר שיכוונו למי שירצה להוציא, ואז יברך בקול רם, ויכוין להוציא לכל מי שירצה.

71 פמ"ג מ"ז סי' קפ"ו (הובא בספר הליכות ביתה סי' י"ב הערה מ"ב עיי"ש).

72 ברכי יוסף, הובא בהערה 70.

d. Ask Someone Who Ate A Different Type Of Food To Be Motzi Him

According to some Poskim, a person reciting one type of *m'ayn shalosh* brocha (e.g., *al hamichya)* can be *motzi* someone who requires a different type of *m'ayn shalosh* brocha (e.g., *al hoetz)* when the reciter says the phrase for his brocha, (e.g., *al hamichya*) the listener should simultaneously recite the corresponding phrase to fulfill his own brocha requirement (e.g., *al hoetz*).[73]

Thus, when the reciter says the phrase *"al hamichya v'al hakalkola"*, the listener should, simultaneously say (audibly) *"al hoetz v'al pri hoetz"*. When the reciter ends with the phrase *"al ho'oretz v'al hamichya"*, the listener should simultaneously say *"al ho'oretz v'al hapeiros"*.

e. Other

See Hebrew footnote [74] below for an additional suggestion.

[73] דעת הגרש״ז אויערבאך שליט״א במנחת שלמה סי׳ כ׳ ד״ה ודאתינן. (עיין שם שצדד לעשות עצה זו גם במסופק בברכה ראשונה שישמע מחבירו רק חצי הברכה ב״א ה׳ אמ״ה, ויגמור הברכה בעצמו, וסיים בצ״ע. אכן שמעתי מפי מרן שליט״א שיש לסמוך על עצה זו להוציא א״ע מספק מעין ג׳ אם אין לו עצה אחרת, אבל אין לעשות כן בברכה ראשונה).

[74] אם אין לו מאכל מז׳ מינים וגם אין לו יין וגם אין שם מי שיכול להוציאו בברכה אחרונה, אז יכול לעשות עצת המאמר מרדכי וכה״ח וחזו״א להרהר הברכה בלבו דיוצא מיהת לדעת הרמב״ם והסמ״ג ואין בזה חשש ברכה לבטלה (הובא בפרק ט״ז הערה 16.1 עי״ש).

ע״ע מש״כ בסוף פרק כ״א הערה 40.3 .

CHAPTER 21

Borei Nefoshos

Introduction

This chapter discusses *borei nefoshos* - the *brocha achrona* for most types of foods.*

In Section A we discuss the obligation to recite *borei nefoshos.*

For example, unlike bentching, its origin is *midirabonon.* Is *borei nefoshos* required for less than a *k'zayis*? If one forgot to recite *borei nefoshos* and left the place where he had eaten, is he required to return to that place to recite the brocha?

Borei nefoshos means "he created living creatures". What relevance does this statement have in acknowledging the food that was eaten? The unique meaning of this brocha is explained in Section B.

In Section C, we discuss which foods, and how much food, requires a *borei nefoshos.* For example, if one drinks a cup of hot coffee and a scoop of ice cream, is a *borei nefoshos* required?

Section D deals with what one should do when he mistakenly makes another *brocha achrona* in place of *borei nefoshos.* For example, the correct *brocha achrona* for corn flakes is *borei nefoshos.* If one mistakenly made an *al hamichya,* it is not valid, and a new *brocha achrona* must be made.

Section E discusses what to do when in doubt. For example, what should one do if he can not remember whether or not he made a *borei nefoshos*?

* פרק זה מבוסס בעיקרו על שו"ע סי' ר"ז.

A. Obligation

1. Origin

Borei nefoshos is the *brocha achrona* which *Chazal* designated for all foods (other than grain products or fruit of the seven species[a]).[1] Unlike bentching, its origin is *midirabonon*.[1.1]

2. Minimum Shiur

Borei nefoshos is similar to *bircas hamozon* and *al hamichya* in that it is made after eating[2] and is required only when a *k'zayis* of food is eaten within *k'dei achilas praas* (a specified period of time).[b] [3] If one ate less than a *k'zayis*, or if the *k'zayis* was eaten in a time span exceeding *k'dei achilas praas* - he is not required (nor is he permitted[c]) to recite *borei nefoshos*.

For example, while reading a book one sipped a coffee and ate a

[a] The *brocha achrona* for grain products and fruit of the seven species is discussed in the previous chapter.

[b] see Addendum One, Section A.

[c] If one is not sure whether a brocha is required, and makes a brocha just to be sure, it may be a *brocha l'vatolah* - see *brocha sheaina tzricha*, Chapter 14, Section B.2.

[1] שו״ע סי׳ ר״ז.

[1.1] רמב״ם פ״א מהל׳ ברכות ה״ב, וכן מבואר מטושו״ע ס״ס ר״ט, ועיין בהערה לקמן בסמוך דתקנו כעין דאורייתא. עוד עיין הערות 6, 36.

[2] עיין מ״ב סי׳ ר״י ס״ק ד׳ ועיין ערוך השלחן ריש סי׳ ר״ז דכל דתקון רבנן כעין דאורייתא תקון דכיון דמן התורה העיקר הוא ברהמ״ז שלאחר אכילה כדכתיב ואכלת ושבעת וברכת, לכן גם בשארי דברים א״א היה להניחם בלא ברכה אחרונה. ועיין בשעה״צ סי׳ ר״י אות י״ז דאף דמן התורה כדי שביעה בעינן מ״מ כשתקנו חז״ל אסמכו אלישנא דקרא דכתיב ואכלת ואכילה דכל התורה הוא לא פחות מכזית.

[3] שו״ע סי׳ ר״י, ועיין שם במ״ב ס״ק א׳ וס״ק ד׳ ובשעה״צ סי׳ ר״ז אות ו׳.

dozen bite-size chocolates. He neither drank a *reviis* of coffee[4], nor ate a *k'zayis* of chocolate within a six minute[4.1] span of time. He may not make a *borei nefoshos*.

3. Time Limit

There is a time limit within which a *borei nefoshos* (or any other *brocha achrona*) may be recited. The Poskim advise that one should always make a *brocha achrona* as soon as possible after he finishes eating, in order to avoid the possibility of being delayed beyond the time limit within which a *brocha achrona* may be said,[d] (also to avoid the possibility of forgetting to recite the *brocha achrona* entirely).[5]

This halacha is discussed more fully in Chapter 10, Section C.

4. Location Where He Ate

Initially, one should recite *borei nefoshos* in the location where he ate.

However, if one left the place where he ate without reciting *borei nefoshos*, he is not required to return to that place. He may recite *borei nefoshos* wherever he may be at the time he remembers.[e] [5.1]

[d] See Chapter 10

[e] With regard to *bircas hamozon*, however, one may not recite it at the second location. Rather he must return to the place where he ate - see Chapter 17, Section D.

[4] לענין ב״א על טה״ע וקאפ״ע, עיין מש״כ לקמן הערה 18 ובפנים שם, וע״ע מש״כ Addendum 1 הערות 21, 22 ובפנים שם.

[4.1] עיין מש״כ שם בהערה 11 ובפנים שם דלכתחלה צריך לאכול הכזית בתוך ג׳ מינוטין ובדיעבד אם שהה יותר מו׳ מינוטין יש ספק, ולכן כתבנו דבכה״ג אין לברך ב״א.

[5] רמ״א סי׳ קע״ח סעי׳ ב׳ ומ״ב ובה״ל שם דאף בסעודת פת לא יעקר לכתחלה בלי ברכה אחרונה, וכתב שם המ״ב (ס״ק ל״ו) דאפילו אם לא אכל פת אלא פירות ושארי דברים נכון ליזהר שלא לעקור בלי ברכה אחרונה, ע״ע בשעה״צ שם אות כ״ו, ובמש״כ בפרק ט׳ הערה 39.

[5.1] עיין בשו״ע סי׳ קע״ח סעי׳ ה׳ ובסי׳ קפ״ד סעי׳ ג׳ דמאכל שאינו ממין דגן ואינו

B. Meaning Of The Brocha

The acknowledgement expressed in *borei nefoshos* is unique.[6]

It contains a much broader acknowledgement than that of other *brochos achrona*.[f] *Borei nefoshos* acknowledges that Hashem gives and sustains life to the entire Universe.

The explanation of the brocha is as follows:[7]

We acknowledge that He created (and continues to create[8]) numerous living creatures, and supplies them with their basic essentials (e.g., bread, water) and also with beneficial non-essential things (i.e., abundant varieties of foods, fruits, and other delicacies[9]).

[f] According to some Rishonim it does not express gratitude for sustenance, (as every other *brocha achrona* does) nor does it even acknowledge sensory pleasure (as every *brocha rishona* does).[6.1]

מז׳ המינים אינו טעון ברכה במקומו לכל הדעות. וכ״כ הח״א כלל נ׳ סי׳ כ״ד דבדברים שמברכים אחריהם בורא נפשות לכתחלה אסור לצאת ממקומו עד שיברך אבל בדיעבד יברך במקום שנזכר.

6 **בענין מה שקרא הש״ס לברכת בונ״ר בשם ״ולא כלום״.**

איתא בגמ׳ דף ל״ז ע״ב, דחכמים אומרים שלאחר אכילת אורז ודוחן ״ולא כלום״, ופי׳ הרי״ף ז״ל דקי״ל דכל ולבסוף ״ולא כלום״ מברך בורא נפשות רבות, ותמו המפרשים למה קרא הש״ס ברכת בורא נפשות בשם ״ולא כלום״.

ותירץ הרשב״א (תשובות הרשב״א ח״א סי׳ קמ״ט) שאינו מזכיר בברכה הדבר שנהנה ממנו, לא בפרט ולא בכלל, שאינו אומר בורא מינים הרבה למלאת חסרון הנפשות שבה, אלא אדרבה הוא מברך על שברא נפשות רבות שחסרות וצריכות למה שברא, על כן קראום ״לא כלום״. (עיין ברדב״ז, תשו׳ תש״ט, שחולק על הרשב״א, וכתב שאין הפירוש שמברכין על שברא נפשות אלא הפירוש שהברכה היא על כל מה שהנפשות צריכות).

והגר״א (סי׳ ר״ח ס״ו) פירוש דבראשונה לא היו נוהגים לברך בונ״ר אחר כל המאכלים - רק אחר ביצה או בשר (כרב יצחק בר אבדימי, דף מ״ד ע״ב) ואין ה״נ שלא היו מברכים כלום אחר אורז ודוחן כמנהגם.

6.1 רשב״א הובא בהערה הקודמת.

7 טור סי׳ ר״ז, והביאו המ״ב סוף סי׳ ר״ז.

8 ראה מש״כ בהקדמה (לחלק א׳) הערה 11, ובפנים שם.

9 כלומר ברוך אתה ה׳ על אשר ברא נפשות רבות ודברים שהם הכרחיים לצורך קיום חיותן (כגון לח ומים) - ועוד ברוך אתה על כל שאר דברים שאינם אלא להתענג שברא להחיות כל חי (ב״י סי׳ ר״ז ופרישה שם אות ב׳).

Blessed is He, who gives life[10] to the Universe.[g]

Closing Phrase

Like *bircas hamozon* and *al hamichya,* the brocha ends with a closing phrase (*boruch chay ho'olomim*). Unlike *bircas hamozon* and *al hamichya,* the closing phrase does not include Hashem's Name.[11]

C. Foods Covered By Borei Nefoshos

We have stated that the *brocha achrona* for all foods other than grain products or fruit of the seven species[h] is *borei nefoshos*.[12]

1. Foods

Borei nefoshos is required after eating a *k'zayis*[i] of the following foods:

- meat, chicken, or fish

[g] also see Hebrew footnote.[10.1]

[h] The *brocha achrona* for grain products and fruit of the seven species is discussed in the previous chapter.

[i] Provided that the *k'zayis* was eaten within *k'dei achilas praas*. The Poskim

[10] כתוב במ״א סי׳ ר״ז שצריך לומר חי עולמים בצירי, ופירושו שה׳ יתברך הוא חיותו של עולם. ע״ע תוי״ט סוף מס׳ תמיד.

[10.1] עיין בבן איש חי פרשת מטות אות ט״ז שכתב פירוש נפלא בזה הברכה ע״פ סוד וז״ל בברכה אחרונה שהיא ברכת בנ״ר נרמז תיקון נפשות המגולגלים בצומח או בעל חי או במינים אחרים אשר מתגלגלים שם ע״י חטאם והם נתקנים ועולים משם בכח הברכה וזה ביארוה בא״י אמ״ה בורא נפשות רבות מברואיו וחסרונם על כל מה שבראת כלומר ע״י חסרונם הם צריכים להתגלגל באחד מאלו המינים איש לפי חטאו ולכן צריכין אנחנו בכח זאת הברכה להחיות בהם נפש כל חי שהוא מגולגל שם ועל כן ברוך הוא חי העולמים המפליא לעשות דבר גדול כזה על ידינו.

[11] כתבו התוס׳ (דף ל״ז ע״א ד״ה בורא) שצריך לסיים ברוך חי העולמים בלי הזכרת השם, אמנם בירושלמי איתא שמסיימים בשם דהיינו ברוך אתה השם חי עולמים. וכתב הב״י (סי׳ ר״ז) שכיון שלא הוזכר בתלמוד שלנו לא נחתם בשם מספק.

ולענין מי שטעה וחתם בא״י חי העולמים

עיין בתהל״ד סי׳ ר״ז שכתב דפשיטא דיצא ואין צריך לחזור ולברך דספק ברכות להקל שמא כהירושלמי (הנ״ל).

[12] שו״ע סי׳ ר״ז.

- any dairy or egg[12.1] product (except if made with flour[j], e.g., pancakes, blintzes, etc.,)
- any fruit[13] or vegetable (except of the seven species),
- any bean, soya, or rice[k] product, (e.g., soya burgers, rice cereal, rice cakes)
- any cake, cookie, cereal, or snack made from corn flour[l] .any product made from potato starch (e.g., many types of Passover cakes)
- mushrooms, herbs, kasha[m]

2. Beverages

All beverages other than wine and grape juice require a borei nefoshos. Borei nefoshos is required after drinking a reviis[n] of the following drinks:

advise that one *k'zayis* should be eaten within three minutes.

[j] as discussed in Chapter 4, Section D.1

[k] Also see Addendum 4.

[l] Also see Chapter 22, Section C.2a

[m] Also see Chapter 22, Section D.9

[n] Provided that the *reviis* was drunk within the time it takes to drink that amount of liquid in no more than two sips with no more than one short pause between sips - see Addendum 1, Section A.2b.

[12.1] **לענין ב״א על ביצה חיה**

לענין שיעור ב״א על ביצה כשאוכלו כמות שהוא חי עיין אור שמח פרק ח׳ מהל׳ טומאת אוכלין וז״ל ומוכח מזה דלגמוע ביצה חיה הוי שיעורו ליה״כ כמאכל ולא כשתיה דמאכל חשיב וכמו דאמרו ביצה (דף ג׳) אוכלא הוי ולגומעה חיה הוי כדרך אכילתה ועיין ביצה (דף ד׳) וברש״י ד״ה מ״ט ודו״ק בכ״ז עכ״ל. וכ״כ בשו״ת חתם סופר (חלק יו״ד סי׳ י״ט ד״ה ואין) דלב״א שיעורו כאוכל.

אמנם הגרא״ח נאה זצ״ל כתב (בשיעורי תורה) שכיון שהיא רכה וגומעין אותה הוי משקה, שלא להכניס א״ע לספק ב״א ולכן נכון שלא לגומעו אא״כ אוכל כזית או שותה רביעית מדבר אחר כדי לברך בורא נפשות בלי ספק.

ע״ע בפרק כ״ה הערה 7 מש״כ בשם הגר״ש קלוגר זצ״ל, וכף החיים סי׳ ר״ד אות א׳, ושו״ת בצל החכמה ח״ג סי׳ קי״ז.

[13] שו״ע שם, ובדיעבד אם בירך על העץ על פירות שאינם מהז׳ מינים יצא, עיין לקמן בהערה 29.

- any juice (other than grape juice)[o]
- .any soda (including kosher grape soda[14])
- water (when drunk to quench the thirst - see footnote[P])
- .beer[14.1]
- any alcoholic beverage[15] (other than wine or champagne)

3. Foods And Beverages

If one eats a shiur of solid food, and also drinks a shiur of beverage - only one brocha achrona is required.[16]

However, if he eats a half shiur of solid, and a half *shiur* of liquid, they do not combine to form a single *shiur,* and a *brocha achrona* is not required.[17]

4. Hot Drinks

The *minhag haolom* is not to make a *borei nefoshos* on a beverage unless a *reviis* is consumed without interruption within a short mini-

[o] also see Chapter 24, Section A.

[P] If water is consumed for purposes other than to quench thirst, a *brocha achrona* is not required. However, if the *reviis* of water was drunk to quench his thirst, a *borei nefoshos* is required - see Chapter .13.

To illustrate: A person is not sure if he ate an amount of food which requires a *brocha achrona*. In order to remove his doubt, he wishes to drink a *reviis* or more of water so that he can make a *brocha achrona*. Since the water is not being taken to quench the thirst, neither a *shehakol* nor a *borei nefoshos* may be made.

[14] עיין רמ״א סי׳ ר״ד סעי׳ ה׳ ומ״ב שם ס״ק ל״ב.

[14.1] ראה פרק כ׳ הערה 19.

[15] **ולענין שיעור ב״א של יי״ש -**

כתב הט״ז (סי׳ ר״י ס״ק א׳) דעל יין שרף אזלינן בתר שיעור שתיה של רוב בני אדם, וממילא אין צריך שיעור רביעית, אבל הסכמת האחרונים לפסוק דלא כהט״ז דגם על יי״ש בעינן שיעור רביעית, ה״ה המ״א (סי׳ ק״ץ ס״ק ד׳) והא״ר (שם ס״ק ה׳) והגר״ז (בסידורו פרק ח׳ סעי׳ א׳) והח״א (כלל נ׳ סי׳ י״ב) והמ״ב (סי׳ ק״ץ ס״ק י״ד).עוד עיין בבאר היטב סי׳ ר״י אות ב׳ ובכף החיים סי׳ ק״ץ אות י״ב.

[16] מ״א סי׳ ר״ז ס״ק א׳, מ״ב שם ס״ק ד׳.

[17] מ״א ומ״ב ריש סי׳ ר״י.

mum time span (the requirements for making a *brocha achrona* on beverages are explained in detail in Addendum 1[q]).

It is not possible to drink a *reviis* of hot liquid within such a short span. Therefore, according to the accepted *minhag*, when one drinks hot tea, coffee, or cocoa, etc., he is exempt from a *borei nefoshos*.[18]

When possible, one should, preferably, allow some of the beverage to cool off in order to drink the last four and a half ounces without interruption.[r] *Borei nefoshos* will then be required, even according to the view which is supported by the *minhag haolom*.[19]

5. Ices

The requirement to make a *borei nefoshos* for ices is subject to a halachic uncertainty. According to many Poskim, ices are considered liquids with regard to the *shiur* for *borei nefoshos*. Since it is not possible to consume a *reviis* of frozen ices within the short span

[q] Section A.2b

[r] Alternatively, one may eat a *k'zayis* of food or drink a *reviis* of another beverage within the appropriate time period.

18 מ״ב שם וז״ל והנה לענין שתיית טה״ע וקאפ״ע שהדרך לשתותו כשהוא חם וקשה לשתותו בלא הפסק כדרך שאר משקין כ״א מעט מעט. יש מחלוקת רבה בין הפוסקים אם צריך לברך ברכה אחרונה. לדעה ראשונה הנ״ל ובמחצית השקל ובח״א מצדדים שלא לברך וכ״כ בדה״ח וכן הוא מנהג העולם עכ״ל.

ועיין בשו״ת בצל החכמה ח״ג סי׳ קי״ד שמביא משו״ת מהר״ם שיק (חאו״ח סי׳ פ״ה) שנהג לברך אחר שתיית קפה רותחת שכן ראה לרבו מרן הח״ס, ועיי״ש שמביא מכמה מחברים שפסקו לברך ב״א אחר שתיית קפה, וגם שהסכמת הגר״א (סי׳ תרי״ב) דבמשקין שיעור הצירוף בכדי אכילת פרס, ולא בכדי שיעור שתיית רביעית. וע׳ שו״ת מלמד להועיל או״ח סי׳ כ״ה.

ובספר שמירת שבת כהלכתה (פרק נ״ד הערה צ״ו) כתב שראה את הגרש״ז אויערבאך שליט״א שהוא מברך ב״א על שתיית תה חם בשיעור כדא״פ מכיון שראה כן אצל רבותיו, ברם שמענו מפיו שליט״א שהוא נוהג כן מפני שכן נהגו רבותיו אבל אין לנו לנהוג כן אלא צריך לנהוג כמו שמבואר במ״ב שלא לברך.

19 מ״ב שם. ועיין בבה״ט סי׳ ר״ד אות י״ב שכן עשו אנשי מעשה. ועיין שערי תשובה סי׳ ר״ד אות י״ב שיש מי שפקפק על עצה זו.

required, they are, according to this view, exempt from *borei nefoshos*.[20]

6. Yogurt, Leben, Ice Cream

Yogurt and leben, being thicker than beverages, are considered solids rather than liquids with regard to the *shiur*. Therefore, if a *k'zayis* is eaten[s], a *borei nefoshos* would be required.[21]

Ice cream is also considered a solid rather than a liquid. Therefore, if a *k'zayis* is eaten, a *borei nefoshos* would be required.[22]

7. Soups

a. Clear Soups

Clear chicken soups, clear broth, and other non-viscous soups, even though they are eaten with a spoon, are nevertheless considered liquids. Generally, when they are eaten hot, one does not consume a *reviis* (3 - 4.5 oz) within the short span required for a *brocha achrona*. Such soups are generally exempt from a *borei nefoshos*.

[s] Provided that the *k'zayis* was eaten within *k'dei achilas praas*. The Poskim advise that one *k'zayis* should be eaten within three minutes.

20 כך שמעתי מהגרש״ז אויערבאך שליט״א וכמו שמצינו בשלג דאינו לא אוכל ולא משקה (ר״ל כמו שמצינו בנדה י״ז ע״א, ועיי״ש ברש״י דקרוב להיות משקה יותר מאוכל). וכ״כ בשו״ת בצל החכמה ח״ג סי׳ קי״ד אות ט׳.

אכן הערוך השלחן (סי׳ ר״ב סוף סעי׳ ט׳) כתב דעל שלג וגליד וכיוצא בזה צריך לברך ברכה אחרונה על כזית, שעתה באכילתו שם אכילה עליהם ולא שם שתיי׳. ע״ע בספר מקור הברכה (עמוד ק״ט) שמביא מכתב מהגר״י קניבסקי זצ״ל שדעתו נוטה שדינו כאוכל. ועכ״פ א״א להכנס ראש בין ההרים, והרוצה להוציא א״ע מהספק יעשה אחד מהעצות שהובנו בסוף הפרק.

21 כך שמעתי מהגרש״ז אויערבאך שליט״א. ועיין מש״כ הגר״י קניבסקי זצ״ל בתשובה המובא בהערה הקודמת, דמבואר להדיא ברפ״ג דטהרות דחלב שקרשו דינו כאוכל.

22 כך שמעתי מהגרש״ז אויערבאך שליט״א, דהרי גלידה סמוך טפי ממשקה וגם נעשה מביצים ומחומרים אחרים, לפיכך דינו כמאכל ולא דמי ל״קרטיב״ (ices) הנעשה ממים וטעם לבד (עוד עיין מש״כ לעיל בהערה

b. Soups Containing Solid Pieces, Pureed Vegetable Soups

According to some Poskim, liquid soups containing solid pieces (e.g., vegetable soup containing vegetables) have the *shiur* of solid foods. The liquid counts (with the solid) towards the minimum *shiur* of one *k'zayis*.[23] They further rule that even if the vegetables are pureed into a thick liquid, it has the *shiur* of a solid food.[23.1]

According to this view, if a *k'zayis* of vegetable soup or pureed vegetable soup was eaten within *k'dei achilas praas* - even if it was hot - a *borei nefoshos* is required.

8. Half K'zayis Borei Nefoshos, Half K'zayis M'ayn Shalosh

If one eats half a *k'zayis* of a food which is subject to *borei nefoshos* and half a *k'zayis* of food which is subject to *m'ayn sholosh* brocha - the *brocha achrona* is *borei nefoshos*.[24] [t]

For example, one ate half a *k'zayis* of peanuts, and half a *k'zayis* of raisins, within three minutes. If he would have eaten a *k'zayis* of peanuts, a *borei nefoshos* would have been required. If he would have eaten a *k'zayis* of raisins, an *al hoetz* would have been required. In this case - a *borei nefoshos* is required.

[t] If one eats half a *k'zayis* of a food which requires one type of *m'ayn sholosh* brocha (e.g., cake) and half a *k'zayis* of a food which requires a different *m'ayn sholosh* brocha (e.g., grapes) - see Hebrew footnote.[24.1]

12.1 דלפי הרבה אחרונים אף גומע ביצה חיה דינו כאוכל, כש״כ כשאוכלו בכף).

ע״ע בשו״ת בצל החכמה ח״ג סי׳ קי״ד, ושו״ת אור לציון פרק י״ד אות י״ח.

[23] כך שמעתי מהגרש״ז אויערבאך שליט״א ועיין בהערות הקודמות. ע״ע בא״א (בוטשאטש) סי׳ ר״י אות א׳, שצדד לומר דמיא דשליקי נידון כמאכל לענין שיעור ב״א.

[23.1] כך שמעתי מהגרש״ז אויערבאך שליט״א דאף שלענין ב״ר לא נחשב פרי האדמה מ״מ לגבי שיעור נחשב אוכל ולא משקה. ע״ע בא״א הובא בהערה הקודמת.

[24] מ״ב סי׳ ר״י ס״ק א׳ וז״ל אכל חצי זית משבעת המינין וחצי זית אחר מברך אחריהן בורא נ״ר וה״ה כשאכל חצי זית פת וחצי זית מדבר שמברכין בנ״ר מברך בנ״ר.

[24.1] **חצי זית על העץ וחצי זית על המחיה**

כתב בקיצור שו״ע (כלל נ״א ס״ד) שאם אכל כחצי זית מפירות שמברכין לאחריהן על העץ, וכחצי זית ממין שמברכין לאחריו על המחיה, מברך לאחריהן בורא נפשות רבות.

ועיין מש״כ הגרש״ז אויערבאך שליט״א

Another example: one ate a single *k'zayis* of meatballs and spaghetti. Generally the required *brocha achrona* for meatballs eaten together with spaghetti is *al hamichya*. In this case - a *borei nefoshos* is required.[25]

(Also see Addendum One, Section C.)

D. Mistakes

1. Recited Al Hamichya Instead Of Borei Nefoshos

Foods which require a *borei nefoshos* are not covered by *al hamichya*,[26] even *b'dieved*.[27]

For example, the correct *brocha achrona* for passover cakes made from potato starch is *borei nefoshos*. If one mistakenly made an *al hamichya* on such cakes, his brocha is not valid. He is required to make a *borei nefoshos*.[u]

[u] As soon as he realizes that he made an invalid brocha, he should recite

(בקונטרס תיקונים לשמירת שבת כהלכתה, פרק נ״ד הערה ע״א) וז״ל ולדעת האג״מ (או״ח ח״ב סי׳ ק״ט) נר׳ לכאורה שהאוכל חצי כזית עוגה וחצי כזית של תאנה, צריך להזכיר בברכה שלאחריה ״על המחיה ועל הפירות״, כיון דודאי חייב בברכה אחרונה אין כאן הזכרת שם לבטלה, עכ״ל.

(ולא הבנתי איך הוציא מרן שליט״א דבר זה מהאג״מ הנ״ל דהאג״מ מיירי במי שאכל כזית עוגה וחצי שיעור יין, שבכה״ג חייב לברך על המחיה, שלכן כתב האג״מ שאין הפסק להזכיר יין ולא עוד אלא שטוב להוסיף, משא״כ באכל חצי זית וחצי זית שאין כאן חיוב ברכת מעין ג׳ כלל, אולי לא ס״ל האג״מ שחייב במעין ג׳, וצ״ע.)

25 ראה Addendum 1, הערות 40 - 49 ובפנים שם.

26 שו״ע סי׳ ר״ח סעי׳ י״ג, גר״ז בסידורו (פרק א׳ אות י״ח) שברכת על המחיה אינה פוטרת ברכת בנ״ר כגון אם אכל דייסא ומברך אחריו על המחיה אינה פוטרת בשר ודגים שאכל עם הדייסא אע״פ שגם הבשר ודגים משביעין קצת מ״מ אינן בכלל מחיה, וכ״כ ח״א כלל נ׳ סי׳ ח׳.

27 כן כתב המאמר מרדכי סי׳ ר״ח ס״ק ל׳ דאפילו בדיעבד אינו יוצא עיי״ש. ולכאורה משמע כן מלשון המחבר והגר״ז והח״א הובאו בהערה הקודמת. אמנם בספר מור וקציעה (לסי׳ ר״ח) צדד דאם בירך על המחיה על בשר ודגים

Exception: Said Al Hamichya On Rice

The designated brocha achrona for rice and rice products is borei nefoshos. However, if one recited *al hamichya* instead of *borei nefoshos* for rice, *b'dieved* the brocha is valid.[28]

2. Recited Al Hoetz or Al Hagefen Instead Of Borei Nefoshos

If one ate food or drank a beverage which requires *borei nefoshos,* but mistakenly recited *al hoetz* or *al hagefen,* his brocha is not valid[29], even *b'dieved.*[30]

To illustrate, a person ate a bowl of kosher grape flavored jelled dessert, and mistakenly recited *al hoetz.* Another person drank kosher grape soda, and mistakenly recited *al hagefen.* In both instances the *brocha achrona* is not valid. They must make a *borei nefoshos.*[v]

boruch shaim k'vod malchuso l'olom voed - see Chapter 15, Section E.

[v] As soon as he realizes that he made an invalid brocha, he should recite *boruch shaim k'vod malchuso l'olom voed* - see Chapter 15, Section E.

וכדומה אפשר שפטור בדיעבד, ושאלתי להגרי״ש אלישיב שליט״א איך לנהוג בזה, והשיב שאין לחשוש לסברה זו ואינו יוצא וברכתו שבירך הוי ברכה לבטלה, וא״ל שגם המור וקציעה צדד להתיר רק בכה״ג שבשעה שאכל הבשר אכל גם מיני דגן, אבל אם בירך על המחיה אחר אכילת בשר בלבד גם הוא יודה שאינו יוצא אפילו בדיעבד.

28 ראה Addendum 4, הערות 15, 16.

29 איתא בשו״ע סי׳ ר״ח סעי׳ י״ג דאם אכל פירות מז׳ המינים ואכל תפוחים א״צ לברך על התפוחים בורא נפשות שגם הם בכלל ברכת על העץ, ועיין שם בב״י הטעם אינו מפני שמעין ג׳ עדיף מבורא נפשות ויפטור אותה אלא שמזכיר בפירוש על העץ ועל פרי העץ והילכך גם פירות שאינם מז׳ המינים נפטרים וכתבו האחרונים (הובאו במ״ב שם) הא לאו הכי אין ברכת מעין ג׳ פוטרת בורא נפשות וכ״כ הגר״ז והח״א הובאו בהערה 27 וכ״כ המ״ב בסי׳ ר״ב ס״ק מ״ב וס״ק נ״ה.

30 כן משמע מלשון השו״ע והאחרונים הובאו בהערה הקודמת, וכ״כ המ״ב להדיא בסי׳ ר״ב ס״ק נ״ה וכן שמעתי מהגרי״ש אלישיב שליט״א שכן יש להורות ופשוט, ואף המור וקציעה (הובא בהערה 27) לא מספקא ליה במעין ג׳ דעל העץ או על הגפן על שאר מאכלים .

Exception: Said Al Hoetz On Ordinary Fruit

If one mistakenly made an *al hoetz* [w] for an ordinary fruit[x] (i.e., not of the seven species), it is valid.[31] [y]

For example, one who ate an apple should have recited *borei nefoshos*, but he mistakenly said *al hoetz*. The brocha is valid, *b'dieved*, and a new brocha is not required.[32] [z]

> Note: When one recites *borei pri hagofen* and drinks a *reviis* of wine, all other beverages that are consumed in the same drinking session are exempted from *borei nefoshos* - see Chapter 6, Section A.

3. Recited Bircas Hamozon Instead Of Borei Nefoshos

If one ate food which requires *borei nefoshos*, but mistakenly re-

[w] The *brocha achrona* for fruits of seven species (i.e., olives, dates, grapes, figs, and pomegranates) is *al hoetz*. The *brocha achrona* for all other fruits is *borei nefoshos*.

[x] Although *al hoetz* is designated exclusively for fruit of the seven species, it is nevertheless an acknowledgement for fruit. It is therefore valid, *b'dieved*, for all types of fruit.

[y] However, if one mistakenly made an *al hoetz* for vegetables, it is not valid, according to many Poskim[32.1].

[z] If one ate both, fruits of the seven species and also ordinary fruits, he should only recite *al hoetz* - see Chapter 20, Section D.

[31] ראה הערה 29, ועיין בכף החיים סי' ר"ז אות א' שמביא מהברכי יוסף והמאמר מרדכי וש"א דלאו דוקא אם אכל פרי מז' המינים דה"ה אם אכל תפוחים לבדם ובירך אחריהם על העץ בדיעבד יצא, וכן פסקו החסד לאלפים (סי' ר"ח סעי' י"ט) והקצות השולחן (סי' ס' סעי' ג'). והעיר הגרש"ז אויערבאך שליט"א שצ"ע קצת למה השמיט המ"ב דברי המ"א בס"ס ר"ח וכאן בריש סי' ר"ז מביא דין זה משערי תשובה ולא ממ"א.

[32] ראה הערה הקודמת.

[32.1] עיין בח"א כלל נ' סי' ט' שמצדד באכל פרי אדמה וגם פרי מז' המינים ובירך על העץ יצא, אכן בשער הציון סי' ר"ח אות ס"ד העתיק דין זה מהח"א וכתב דמלשון הרמב"ם משמע דאינו יצא. עוד עיין בהערה 10 על הרשב"א דפוס "מכון אור" ירושלים שמביא ראיה להח"א מתשב"ץ.

cited *bircas hamozon*, it is not valid. He is required to make the correct *brocha achrona, borei nefoshos*.[33] [aa]

For example, if one ate fish, french fried potatoes, lettuce salad, ice cream and coffee - but no bread, and mistakenly bentched, he must recite *borei nefoshos*, as the bentching was not valid.

Similarly, if one ate food which requires *borei nefoshos* before eating a meal, then ate a meal (with bread) and bentched, the *bircas hamozon* does not exempt the food eaten before the meal.[34] (This is discussed in detail in Chapter 19, Section B.)

4. Recited Borei Nefoshos Instead Of Other Brochos Achrona

Initially, a *borei nefoshos* may not be used in place of other types of *brochos achrona*.

B'dieved, if one recited *borei nefoshos* in place of another *brocha achrona*, or even in place of *bircas hamozon*, it is questionable as to whether or not he is *yozei*.[35] [bb]

[aa] As soon as he realizes that he made an invalid brocha, he should recite *boruch shaim k'vod malchuso l'olom voed* - see Chapter 15, Section E.

[bb] Regarding what to do in cases where making a new brocha is questionable, see Chapter 16, Section B, and footnote ee of this chapter.

[33] ט״ז סי׳ קצ״ז ס״ק ב׳, מ״ב שם ס״ק ט״ז, ע״ע במקורות שהבאנו בפרק י״ט הערה 13.

[34] ראה פרק י״ט הערה 13.

[35] הנה בספר פתח הדביר (סי׳ ר״ב אות ו׳ הובא בשדי חמד מערכת ברכות סי׳ א׳ אות ל״א) מביא מחלוקת הפוסקים בגדר של ברכת בורא נפשות אי הוי ברכה כללית (כמו ברכת שהכל) או לא:

י״א שאינו ברכה כללית ואף בדיעבד אם בירך בורא נפשות על דבר הנעשה מדגן או על פרי מז׳ המינין אינו יוצא והוי ברכה לבטלה, דאינו שייך כלל לדברים הטעונים ברכת מעין ג׳ או ברהמ״ז, ולפיכך אין לברך בורא נפשות על דבר שמסופק אם ברכתו מעין ג׳ או בונ״ר דעל הצד שטעון מעין ג׳ אינו נפטר בברכת בורא נפשות, כן הוא דעת המ״א (סי׳ ר״ח ס״ק כ״ו, וכמבואר שם במחצית השקל) והט״ז (שם ס״ק י״ט, שכתב דדבר המסופק דמי לחסרון שיעור ולא יברך) והא״ר (שם אות כ״ז) ופמ״ג (סי׳ ר״ב במש״ז אות ד׳) והמאמר מרדכי (סוף סי׳ ר״ח).

וי״א שהוי ברכה כללית ואם בדיעבד בירך בורא נפשות במקום מעין ג׳ יצא, וגם אם אכל דבר שמסופק אי טעון מעין ג׳ או בורא נפשות צריך לברך בורא נפשות, דברכת בורא נפשות שייך על כל מידי, כן הוא דעת הכנסת הגדולה

E. Doubts

1. Rule

If one is uncertain as to whether or not he is required to make a borei nefoshos - the rule is that he does not make it.[cc]

Based on this rule, one should not make a borei nefoshos in the following instances:

a. Forgot If He Already Made Borei Nefoshos

If one does not remember whether or not he already recited borei nefoshos - he should not make a borei nefoshos.[36]

b. Does Not Know If He Ate A Shiur

If one is not sure whether or not he ate a *k'zayis*

of food, or drank a reviis of beverage,[37] within the minimum time

[cc] This rule is based on the principle of *sofek brochos l'hokel*, discussed in Chapter 16, Section A.2.

(סי׳ ר״י) והלבוש (ס״ס ר״ח, אלא שמסיק בצ״ע) והגינת ווורדים (סי׳ א׳ אות ט״ו הובא ג״כ בגליון מהרש״א ברכות ל״ז.) והערך השולחן (הספרדי, סי׳ ר״ב סעי׳ ו׳).

ולמעשה צ״ע דהנה כתב המ״ב (סי׳ ר״ב ס״ק מ״ב ונ״ה וסי׳ ר״ח ס״ק ס״ב) להדיא שאינו יוצא בדיעבד. אמנם באגרות משה (או״ח ח״א סי׳ ע״ד) פסק דיצא, ויותר מזו כתב דאם הוא במקום שאין לו סדור ואינו יכול לברך בעל פה ברכת מעין ג׳ ועד שיכול להשיג סדור יעבור הזמן, שיש לו לברך בורא נפשות, וכן הדין אם אכל כזית פת ואינו יכול לברך ברכת המזון בעל פה, יצטרך לברך בורא נפשות, ולכן למעשה צ״ע.

36 שו״ע סי׳ ר״ט סעי׳ ג׳, דעל כל הברכות אם נסתפק אם בירך אם לאו אינו מברך לא בתחילה ולא בסוף חוץ מברכת המזון.

(ולענין מסופק אם בירך בהמ״ז ראה פרק י״ז הערות 38 - 56 ובפנים שם. ולענין מסופק אם בירך ברכת מעין ג׳ עיי״ש במ״ב [ס״ק י׳] ובמש״כ בפרק כ׳ הערות 63 - 65, ובפנים שם).

37 עיין בהערה לקמן בסמוך.

period (within which the shiur must be eaten)[dd] - he should not make a borei nefoshos.[38]

c. Does Not Know If He Waited Too Long

One did not make the borei nefoshos right after eating and now can not remember whether or not he exceeded the time limit within which a brocha achrona may be made (generally 72 minutes from the time he stopped eating[ee]) - he should not make a borei nefoshos.[39]

2. Bypassing the Doubt

The requirement to recite a borei nefoshos is *midirabonon*. According to all views, in doubtful situations, one is not obligated to try to bypass the uncertainty.

Nevertheless, Poskim recommend that where possible it is preferable to bypass the doubt by employing one of the suggestions discussed in the footnote below[40].[ff]

[dd] A *brocha achrona* is not required unless a *shiur* of food is eaten within a minimum amount of time - see Addendum One, Section A.

[ee] See Chapter 10.

[ff] *Suggestion 1: Eat Another K'zayis*

One can bypass his doubt by eating another *k'zayis* of food which requires a *borei nefoshos*.

For example, one eats an apple and is in doubt about his requirement of making a *borei*

[38] עיין בבאר היטב סי׳ ר״ז ס״ק א׳ שהביא מחלוקת הפוסקים במסתפק אם אכל כזית בכדי אכילת פרס אי צריך לברך או לא, אמנם המ״ב שם בס״ק ד׳ הכריע שלא לברך דספק ברכות להקל (עיין בשעה״צ שם אות ו׳).

[39] ראה פרק י׳ הערות 12 - 17.

[40] עיין מש״כ בפרק ט״ז הערה 19 ובפנים שם דבכל ספק בברכה דרבנן אם יש לו עצה להוציא עצמו מן הספק טוב לעשות כן. ובערוך השולחן (סי׳ ר״ב סעי׳ ב׳) כתב דהא דאמרו חז״ל האי מאן דבעי למיהוי חסידא וכו׳ פי׳ דהחסיד עושה לפנים משורת הדין והנה בברכות קיי״ל דספק ברכות להקל, והחסיד מוציא את עצמו מידי קולא זו כגון שספק אצלו אם בירך ב״א אם לאו, החסיד אוכל עוד ומברך, עכת״ד.

nefoshos. He may take a wedge of melon (which is definitely not covered by his original *brocha rishona*), make a *borei pri hoadoma* and eat a *k'zayis*. He should then make a *borei nefoshos*, which is required for the melon. If a *brocha achrona* was required for the apple, it too will be covered.[40.1]

Suggestion 2: Ask Someone to be Motzi Him

If someone else ate together with the person who has a doubt, he should ask that person to be *motzi* him with his *borei nefoshos* (See Chapter 11).[40.2]

Suggestion 3: Recite Special Text

If he has no other food, and has no one to be motzi him, he can recite a special brocha text, recommended by Poskim for use in situations of uncertainty - see Hebrew footnote.[40.3] (Also see footnote[40.4] for another suggestion.)

40.1 ראה הערה הקודמת. ועיין מש״כ בפרק י׳ הערה 10 לענין מסופק אם שהה יותר מכדי שיעור עיכול, שוב מצאתי עצה כזו מובא בקצות השולחן (סי׳ ס׳ בבדי השולחן אות כ׳), וז״ל ולדעת האהעו״ז בסי׳ קפ״ד דאפי׳ נתעכלה אכילה ראשונה א״צ לברך על אכילה שני׳ בודאי צריך לאכול עוד בלא ברכה ומרויח הב״א. אבל אדמו״ר ז״ל לא חש לסברא זו כלל, ופסק לברך ב״ר אחר שיעור עיכול, וממילא דאחר שיעור ד׳ מילין אינו כדאי לאכול עוד בלא ברכה כנ״ל, ע״כ יש לו לאכול דבר אחר שברכתו האחרונה בנ״ר שלא הי׳ דעתו עליו כלל בראשונה ויברך ב״ר וגם ב״א עכ״ל.

40.2 עיין מש״כ בפרק י״ב הערה 22.

40.3 **א – לעשות עצת הפתחי תשובה כדי להוציא א״ע מספק בורא נפשות**

הפתחי תשובה ביו״ד סי׳ שכ״ח אות א׳ כתב דבכל ספק ברכה יאמר דרך תפילה פסוקים של ויברך דוד (הפסוקים שאנו אומרים בכל בוקר בפסוקי דזמרה, והם מספר דברי הימים א׳, פרק כ״ט) ולסיים בענין הברכה למשל אם מסופק בברכת חלה יאמר הפסוקים הנ״ל ואח״כ יאמר ״ברוך אשר צונו להפריש חלה״ דבכה״ג ליכא חשש ברכה לבטלה.

ושמעתי מהגרש״ז אויערבאך שליט״א שנכון לעשות עצה זו.

ולפי זה המסופק בברכת בורא נפשות יכול להוציא א״ע מן הספק ולומר בזה הנוסח:

״ויברך דויד את ה׳ לעיני כל הקהל ויאמר דויד בא״י אלקי ישראל אבינו מעולם ועד עולם, לך ה׳ הגדלה והגבורה והתפארת והנצח וההוד כי כל בשמים ובארץ לך ה׳ הממלכה והמתנשא לכל לראש, ברוך בורא נפשות רבות וחסרונן, על כל מה שבראת להחיות בהם נפש כל חי, ברוך חי העולמים.״

ב – לעשות עצת הפתחי תשובה כדי להוציא א״ע מספק מעין ג׳

לכאורה י״ל שיכול לעשות עצה הנ״ל להוציא א״ע מספק חיוב מעין ג׳, למשל מי שמסופק אם מחויב לברך ״על המחיה״, יאמר ״ויברך דויד את ה׳ וכו׳, ברוך אתה על המחיה ועל הכלכלה ועל תנובת השדה וכו׳ כי אתה ה׳ טוב ומטיב לכל ונודה לך על הארץ ועל המחיה״. וכשיגיע לחתימה יאמר עוד פעם, ״ויברך דויד את ה׳ וכו׳ עד מעולם ועד עולם״, ואח״כ יאמר ״ברוך אתה על הארץ ועל המחיה״. אכן מהגרש״ז אויערבאך שליט״א שמעתי שאין לעשות עצה זו בברכת מעין ג׳ שאינו יכול לומר החתימה.

40.4 אם אין לו מאכל, וגם אין שם מי שיכול להוציאו בברכה אחרונה, אז יכול לעשות עצת המאמר מרדכי וכה״ח וחזו״א להרהר הברכה בלבו דיוצא מיהת לדעת הרמב״ם והסמ״ג ואין בזה חשש ברכה לבטלה (הובא בפרק ט״ז הערה 16.1 עי״ש).

CHAPTER 22

Fruits and Vegetables

Introduction

In this chapter we discuss the halachos of making a brocha on fruits and vegetables.*

In Section A we discuss how to determine whether or not a particular plant is considered a tree. For example, the banana plant can grow to a height of forty feet, yet it is not considered a tree. Thus the brocha for a banana is *borei pri hoadoma*.

Section B deals with the manner in which a fruit or vegetable is usually eaten, and how it effects its brocha requirement. For example, the brocha for raw chestnuts or peanuts is *shehakol* because they are normally eaten roasted rather than raw.

Section C is about fruits and vegetables which are mashed, ground, or pureed. The brocha for apple sauce, vegetable latkes, mashed potatoes, instant mashed potatoes, etc., is discussed.

Section D deals with other fruit and vegetable products and byproducts, such as sunflower seeds, chocolate covered nuts, candied orange peels, soya burgers, alfalfa sprouts, etc,.

Note: Some halachos of fruits and vegetables discussed in the Shulchan Aruch, are not addressed in this chapter, inasmuch as they are not applicable to everyday situations.

* פרק זה מבוסס בעיקרו על שו"ע סי' ר"ב, ר"ג, ור"ה.

A. Halachic Definition of Tree & Plant[1]

1. Definition

The basic halachic definition of a tree with regard to brochos is as follows:

A plant whose trunk remains alive[a] and produces fruit year after year is classified as a tree. Fruits from such plants are subject to *borei pri hoetz*.[2]

[a] However if only the roots remain alive, but the trunk dies, according to most Poskim the brocha is *borei pri hoadoma*. The roots of a strawberry plant, for example, remains alive but the part growing above the ground dies each winter. Therefore the brocha for strawberries is *borei pri hoadoma*.

If one mistakenly made a *borei pri hoetz* on strawberries, but caught the mistake immediately (i.e., within *toch k'dei dibur* - see Chapter 15, B.3) he should conclude with the correct ending, *borei pri hoadoma*. If he caught the mistake after concluding the brocha he should eat only one bite of the strawberry. He may then make *borei pri hoadoma* on something else, and eat the remaining strawberries[2.1].

[1] בריש פרק כיצד מברכין תנן על ״פירות״ הארץ הוא אומר בורא ״פרי״ האדמה וכו׳ ועל הירקות הוא אומר בורא ״פרי״ האדמה. ואלו המינים נכללים ב״פרי״ האדמה:

פירות (מיני פירות הגדולים מן הארץ כמו קשואים ואבטיחים ותותים) פשוט דמיקרי ״פירות״ האדמה וברכתם בפה״א.

ירקות (מינים שעצם הפרי נבלע בארץ כגון סלקא וכרתי כן פי׳ תר״י והרע״ב בריש פרק כיצד מברכין) פשוט במשנה דהם נכללים בפרי האדמה, וכן איתא בשו״ע סי׳ ר״ה סע׳ א׳. ומבואר בהפוסקים דיש עוד מינים שונים שגם הם נקראים ״פירות״ ומברכים גם עליהם בפה״א, והם:

עשבים (מיני עשבים כמו חסה שאין בו פרי אבל העשב עצמו נאכלת) עיין תר״י שגם זה מיקרי ירק ומברך עליו ״פרי״ האדמה, וכן איתא במ״ב סי׳ ר״ד ס״ק י״ח דעל מיני עשבים חשובים כמו ״שאלאטען״ (חסה) וכיוצא בו מברכים בפה״א.

זרעים (מינים שהפרי שלו כמין זרע כמו שומשמין, ונכלל בזה גם מיני קטניות) עיין ברש״י וברע״ב (ריש פרק כיצד מברכין) שיש בכלל פרי האדמה זרעים כמו קטניות, וכן איתא בב״י (ס״ס ר״ד) דעל גרעיני שומשמין מברכים בפה״א, וברמ״א (סי׳ ר״ח סעי׳ ח׳) דעל קטניות מברכים בפה״א.

תבואה (הגרעינים מאיזה מיני דגן) גם הם מיקרי זרעים ונכללים ב״פרי״ האדמה דאיתא בגמ׳ (דף ל״ז ע״א) שהכוסס את החטה מברך בפה״א והתניא בורא מיני זרעים וכו׳ הרי שאף שהם מיני זרעים מ״מ ברכתן בורא פרי האדמה, וכן איתא בשו״ע סי׳ ר״ח סעי׳ ד׳ שעל דגן חי או קלוי או על גרעינים שלמים מבושלים מברכים בפה״א, וגם על גרעיני אורז חי מברך בפה״א כבשו״ע שם (סעי׳ ז׳).

[2] ראה מש״כ בהוספה בסוף פרק זה .

[2.1] עיין בהוספה שם, אות ג׳. ע״ע בחזון איש ערלה סי׳ י״ב דכרוב ובצל וכיו״ב אע״פ

A plant lacking this characteristic is not considered a tree. Its fruits are subject to *borei pri hoadoma*.

For example, the blueberry bush survives the winters and produces berries year after year. It is therefore considered a tree.[3] The banana plant, on the other hand, is not considered a tree because its "trunk" (shoot) produces fruit one time only, then dies.[b]

It is this characteristic of the plant rather than its appearance which determines whether or not it is a tree. In the above example the blueberry bush is considered a tree even though it has a thin trunk,[4] and does not have the appearance of a typical tree. The banana plant is not considered a tree even though it has what appears to be a thick trunk[c], and can grow to a height of twenty to forty feet.[d]

Additional criteria used by Poskim in classifying trees and vegetables can be found in the (Hebrew) Addendum at the end of this chapter.

[b] After each "trunk" has fruited and dies, the underground root system sends up a new trunk which in turn gives fruit and dies. Although the underground root system remains alive for many years, since the part above the ground does not remain alive the plant is not deemed a tree, according to most Poskim.[3.1]

[c] What appears to be a thick trunk is actually a mass of overlapping leaves growing out of its base. The roots send up a shoot which grows in the hollow center of the false "trunk"[3.2].

[d] The edible banana plant, Musa[3.3] sapientum, is classified by botanists as a giant herb. Its fruit is classified as a giant berry.

שמתקיימים לשנה שניה מ״מ נחשבים ירק שאין כיוצא בו בפרי אילן.

[3] ראה הערה 4.1.

[3.1] ב״י בשם תשובת הגאונים, שו״ע סי׳ ר״ג סעי׳ ג׳ ועיין מש״כ בהוספה בסוף פרק זה, אות ג׳.

[3.2] בספר כרם ציון (הל׳ ערלה פ״ג) מביא דברי הכפתור ופרח (פרק נ״ו) שעלי ״האלמוז״ (banana) עולין לו מעיקרו וכלו משרשיו ומעלה גלדי גלדי כעין בצלים.

[3.3] והוא מוזי הנזכר בב״י סי׳ ר״ג ומאוזי״ש הנזכר במחבר שם.

2. Bushes, Vines, Cactus

Fruit of bushes (e.g., blueberries)[e],[4.1] vines (e.g., grapes, kiwi fruit[f]), and even cactus (e.g., sabras)[5] which have the characteristics of a tree are subject to *borei pri hoetz*. (Cranberries and wild blueberries are exceptions - see footnote[g]).

[e] See exception in footnote g.

[f] Originally called Chinese Gooseberry, the kiwi fruit (Actinidia chinensis) grows on a vine similar to the grape vine.

[g] Exception: Very Low Bushes

Technically, any bush which produces fruit year after year, is considered a tree. However, there is a *minhag* not to make a *borei pri hoetz* on berries from bushes which are less than 9 inches high.[5.1]

Cranberries grow on creeping vines which grow along the ground. Although the plant produces fruit year after year, nevertheless, since cranberries grow within 9 inches of the ground, its brocha is *borei pri hoadoma*.[5.2]

Blueberries commonly available in America (i.e., Vaccinium corymbosum - the packaged blueberries one purchases in a supermarket) grow on tall bushes and thus require a *borei pri hoetz*.[5.3] Wild blueberries, however, grow on bushes which are often lower than 9 inches. If one picks blueberries from low wild blueberry bushes he should make a *borei pri hoadoma*. (Note: blueberries picked from wild bushes may be infested with small white worms, and require inspection prior to use).

4 ח״א כלל נ״א סי׳ ט׳ וז״ל אם נשאר הענף גם בחורף וכו׳ ואפי׳ הוא דק רק כגבעול של פשתן עכ״ל.

4.1 מ״ב סי׳ ר״ג ס״ק א׳, ועיין מש״כ בהערה 5.1, ו5.3 לקמן.

5 קרית מלך רב (ח״א סי׳ י׳, הובא בברכי יוסף סי׳ ר״ב אות א׳ ובכה״ח סי׳ ר״ב אות ו׳) וז״ל הרי מבואר דבנידון דידן (סאבר״ה) דאינו כלה עצו בחורף ולא פרח משרשיו אלא שהעלין מתקשים ונעשים עץ ופרח מהם דמברכים בפה״ע וכו׳ ומה לי שתחילתו עץ ומה לי שתחילתו עלה עכ״ל, וכן פסק בקצות השולחן סי׳ מ״ט סעי׳ י״ז. ע״ע במ״ב סי׳ ר״ג ס״ק ה׳.

5.1 ח״א כלל נ״א סי׳ ט׳ הובא במ״ב סי׳ ר״ג ס״ק ג׳. ועיין באג״מ (או״ח ח״א סי׳ פ״ה) דבמקום שלא ידוע המנהג או כשיש ספק אם גדלים על אילנות פחותים מג״ט או גבוהין יש לברך בכל מקום בפה״ע (ובגלל זה כתבנו שיעור של 9 inches שהוא שיעור של ג׳ טפחים הקטן ביותר).

5.2 שמעתי מהגרש״ז אויערבאך שליט״א שעל פרי ״חמוצית״ (cranberries) מאילן שגובהו פחות מג׳ טפחים מעל הקרקע אע״פ שארוכים הרבה יותר מג״ט יש לברך עליהם בפה״א כיון שגובהו פחות מג״ט, דאזלינן בתר גובהו ולא בתר ארכו, דסדנא דארעא חד הוא.

5.3 עיין מ״ב סי׳ ר״ג ס״ק א׳. וז״ל

3. Questionable Plants

Papaya[6] and raspberry[7] plants are botanical anomalies, whose classifications are questionable. The brocha for these fruits is *borei pri hoadoma*. If one made a *borei pri hoetz* on papaya or raspberries, *b'dieved* he should not make another brocha.[8]

4. Listing of Fruits and Vegetables

Produce which require *borei pri hoetz* and those which require *borei pri hoadoma* are listed in footnote below.[h]

[h] Plants which are classified as trees, *borei pri hoetz*:

האג״מ (או״ח ח״א סי׳ פ״ה) אבל יאגד״ש השחורים שבפה (ארה״ב) גדלים על אילנות גבוהות הרבה יותר מג׳ טפחים ועל אלו צריך לברך בורא פרי העץ לכו״ע, עכ״ל.

6 עיין מש״כ בהוספה בסוף פרק זה אות ה׳ בשם הרדב״ז והרב פעלים, ומש״כ שם אות ו׳ בשם החזון איש.

7 א - תאר גידולו של מאלינעס (raspberries)

בשו״ת מהרש״ם סי׳ קצ״ז כתב מתאר גידולו של פרי זה וז״ל כשנוטעין שורש בקרקע מוציא בקיץ הראשון ענף ועדיין אין גדל עליו כלום עד שנה השניה, שאז גדלים על הענף מדאשתקד מאלינעס (raspberries) ומהשורש יוצאים עוד ענפים חדשים ואין גדל בהם כלום, ובשנה השלישית מתיבשים הענפים שגדלו עליהם פירות בשנה השניה והם גדלים על הענפים שיצאו בשנה השניה וכן בכל שנה ושנה עכ״ל.

ב - י״א שמברכים בפה״ע

עיין בח״א (כלל נ״א סי׳ ט׳) שפסק לברך בפה״ע וז״ל כתב הט״ז לברך בפה״א ואני ראיתי בעיני שהראו לי עצים שגדלים עליהם והם אילנות ממש ומתקיימים כמה שנים וא״כ אין ספק שמברכים בפה״ע עכ״ל. ועיין בשו״ת מהרש״ם הנ״ל שכתב דכן המנהג. והמ״ב (סי׳ ר״ג ס״ק א׳) כתב דעל מאלינעס ״שלנו״ מברכים בפה״ע. (וצ״ע אם המין הנמצא אצלנו הוא המין שדן עליו המ״ב והח״א). וכ״כ הערה״ש בסי׳ ר״ג סעי׳ ה׳ ועיין בערה״ש יו״ד סי׳ רצ״ד סעי׳ י״ח.

ג - י״א לברך עליהן בפה״א

הט״ז בסי׳ ר״ד ס״ק ח׳ כתב לברך עליהם בפה״א וכ״כ הגר״ז בסידורו (פ״ז סי׳ ו׳) דכל שהאילן (trunk) מוציא הפירות ולא הענפים (branches) אינו נקרא אילן ומברכים בפה״א ופסק שם שעל מאלינעס מברכים בפה״א. וכן פסק הדברי מלכיאל (חלק ה׳ סי׳ קמ״ג) שמאלינעס אין לו דין אילן אלא ירק וברכתו בפה״א וכן פסק הגרא״ח נאה זצ״ל (קצות השולחן סי׳ מ״ט סעי׳ ו) וכ״כ במסגרת השולחן סי׳ נ״ב אות ב׳, ובספר תו יהושע אות מ׳.

ד- איך לעשות למעשה

שמעתי מהגרש״ז אויערבאך שליט״א שמסברא אינו נקרא עץ לא לענין ברכה ולא

5. B'dieved

Borei pri hoetz recited on a fruit from a plant which is definitely not a tree, is invalid.[9] [i]

If *borei pri hoadoma*, however, was recited on fruit of the tree it

Almond, Apple, Apricot, Avocado, Blackberry, Blueberry**, Brazil Nut, Carob, Cashew Nut, Cherry, Chestnut, Coconut, Currant, Date, Fig*, Filbert, Gooseberry, Grape, Grapefruit, Guava, Hazelnut, Kiwi Fruit (Chinese Gooseberry), Kumquat, Loquat, Lychee Nut, Macadamia Nut, Mandarin, Mango, Medlar, Mulberry, Nectarine, Olive, Orange, Passion Fruit, Peach, Pear, Pecan Nut, Persimmon, Pistachio Nut, Plum, Pomegranate, Prickly Pear, Prune, Quince, Raisin, Sabra, Star Fruit (Carambola), Tangerine, Ugli Fruit, Walnut.

Plants which are not classified as trees, *borei pri hoadoma*:

Acorn Squash, Artichoke*, Asparagus*, Banana, Beans, Beet, Broccoli*, Brussels Sprout*, Buckwheat (Kasha), Cabbage*, Cantaloupe, Carrot, Cauliflower*, Celery, Chicory*, Chickpea, Chinese Cabbage*, Corn, Cucumber, Eggplant, Endive, Escarole*, Green Bean, Green Pea, Green Pepper, Honeydew, Kale*, Knob Celery, Kohlrabi, Leek*, Lentil, Lettuce*, Lima Bean, Maize, Melon (all), Millet, Muskmelon, Okra, Papaya, Parsnip, Peanut, Pea, Pineapple, Pumpkin, Radish (red), Rhubarb*, Romaine Lettuce*, Rutabagas (Yellow Turnip), Salsify (a thin parsnip), Scallion*, Sesame Seed, Snow Pea, Spaghetti Squash, Spinach*, Strawberry***, Sunflower Seeds, Sweet Pea, Sweet Potato, Swiss Chard (Bok Choy)*, Taro, Tomato, Turnip, Watercress*, Watermelon, Yam, Zucchini.

An asterisk [*] after an item indicates that the item requires inspection for insects prior to use.

** Blueberries picked from wild bushes may be infested with small white worms.

**** Strawberries from certain locales (e.g., from Mexico) may require inspection.

[i] Regarding a *borei pri hoetz* made on strawberries, see footnote a above.

לענין ערלה אולם למעשה כיון שנסתפקו הפוסקים בזה ויש מהם הרבה שהכריעו שעץ הוא ואין בידינו להכריע כנגדם לכן מספק מברכים בפה״א, ולענין ערלה בחו״ל שספק ערלה מותר אפשר להקל אבל בא״י שספק ערלה אסור צ״ע ואין לנו הכרעה לא לקולא ולא לחומרא, עכת״ד.

וקבלתי מכתב מר׳ חיים קאפעל נ״י שעסק כמה שנים להציע שאלה זו לפני גדולי דורנו ולקבל חוות דעתם לענין ברכה ולענין ערלה וקבל מהרבה מהם שמברכים בפה״א וכן פסק לו הגרי״ש אלישיב שליט״א אמנם הגרח״פ שיינבערג שליט״א כתב לו תשובה והכריע שיש לברך בפה״ע.

וע״פ כל הנ״ל כתבנו בפנים לברך עליהם בפה״א מספק (ואף המ״ב שהכריע לברך בפה״ע אולי מיירי על מין אחר כנ״ל.)

[8] עיין בהערה הקודמת, ובהוספה בסוף פרק זה אותיות ה׳ - ז׳.

[9] שו״ע סי׳ ר״ו סע׳ א׳.

would be valid since fruit of the tree are also, indirectly, fruit of the earth.[j] [10]

B. Eaten Raw or Cooked

Chazal stipulated[11] that only fruits (or vegetables) which are eaten in their optimum state - the way in which they are eaten by most [12] people - can be referred to as "pri"[13]. If a fruit is normally only eaten cooked[14] or roasted[15] and one eats it raw, or if a fruit is normally only eaten raw and one eats it cooked[16] - the brocha is *shehakol*.[k]

[j] See Chapter 15, Section D.

[k] This rule is based on the local eating habits for a particular fruit or vegetable. For example, although string beans are eaten raw in many American cities, this is

10 שם, וע״ע מש״כ בפרק ט״ו .D.4,D.5

11 שו״ע סי׳ ר״ב סעי׳ י״ב וסי׳ ר״ה סעי׳ א׳. וראוי להקדים כאן הקדמה קצרה:

א - פירות שדרך אכילתם רק מבושל

לא תקנו חז״ל לברך בשם ״פרי״ (היינו לברך ״פרי״ העץ או ״פרי״ האדמה) אא״כ בא הפרי לתכליתו שמשום הכי נטעו, דזה ״עיקר הפרי״ (כ״כ בלבוש סי׳ ר״ב סעי׳ י״ב וסי׳ ר״ה סעי׳ א׳, ר״ל דאם לא בא לתכליתו אז אין לו חשיבות ולכן אינו ראוי לקרותו פרי, ועיין בח״א כלל נ״א סי׳ ב׳ שכתב ״דאינו חשוב לקרות פרי״, וכעין זה כתב באג״מ או״ח ח״א סי׳ נ״ז דאם אין עומדים בסתם לאכלן חיים אין לו החשיבות לברך ע״ז ברכה מפורטת) וממילא אם אין דרך רוב בני אדם לאכלם חיים (אע״פ שהם ראוים וטובים לאכול חיים, מ״ב שם ס״ק ס״ד) כשאוכלם חיים אין מברכים עליהם אלא שהכל, (ובזה יובנו דברי רש״י ל״ח ע״ב ד״ה שלקו, שעה״צ סי׳ ר״ב אות ע״ג).

ב - פירות שדרך אכילתם רק חיים

גם לא תקנו חז״ל לברך בשם ״פרי״ על דבר שהיה פרי ונשתנה וירד ממדרגתו דמאחר שירד ממדרגתו בטל ממנו חשיבות ״פרי״ והוא כמש״כ רש״י (ל״ח ע״ב ד״ה כל) אם דרך בני אדם לאכול הפרי חי והוא בישלו ״מפקיה ממילתיה לגריעותא״ וצריך לברך עליו שהכל, וכתבו הפוסקים דדוקא אם נשתנה טעם הפרי לגריעותא אבל אם לא נשתנה הטעם לגריעותא לא בטל ממנה חשיבות ״פרי״ ואע״פ שאין דרך רוב העולם לאוכלו באופן מבושל מ״מ עדיין במעלתו ולא אבד ממנו ברכתו כ״כ הגר״ז (בסי׳ ר״ב סעי׳ ט״ז ובסידורו פר׳ ו׳ אות י׳) והח״א (כלל נ״א סי׳ ב׳) ובזה יובנו דברי הרמ״א (סי׳ ר״ה סעי׳ א׳) והמ״ב (סי׳ ר״ה ס״ק ו׳).

12 טור סי׳ ר״ה, והם דברי הרא״ש (פרק כ״מ סי׳ ט״ו), מ״ב שם ס״ק ג׳. ע״ע בהערה 16.1 לקמן.

13 שו״ע סי׳ ר״ה סעי׳ א׳.

14 שו״ע שם וסי׳ ר״ב סע׳ י״ב, וראה הערה 11 אות א׳.

15 קצות השולחן סי׳ נ״א סעי׳ ב׳.

16 שו״ע סי׳ ר״ב סעי׳ י״ב, וראה הערה

To illustrate, quince is usually eaten cooked (e.g., in compote). Chestnuts are mostly eaten after being roasted. If one wishes to eat quince or chestnuts raw, he should make a *shehakol*.[17] Peanuts (before being sold to the consumer) are either roasted in the shell, or shelled and roasted[l]. The brocha for raw peanuts, therefore, is *shehakol*.[17.1]

Walnuts and melons, on the other hand, are usually only eaten raw. If one wishes to eat boiled walnuts or melons he should make a *shehakol*.[18] (See exception below[m]).

However, fruits or vegetables which are normally[n] eaten both

not the case in European cities. There, the average person is not accustomed to eating raw string beans. For those places the correct brocha for raw string beans is *shehakol*.[16.1] Also see paragraph B.1c below.

[l] i.e., they are either roasted in oil or dry roasted.

[m] Exception: If the food is enhanced by the cooking, or at least not made worse by the cooking, it retains its brocha.[18.1] For example, walnuts which are eaten raw, would be worsened if cooked. However, if one made a candy by cooking walnuts in honey, the brocha would be *borei pri hoetz*.[18.2]

[n] in that locality[16.1].

11 אות ב׳.

16.1 עיין בח״א כלל נ״א סי׳ ב׳ ובנ״א (שם אות א׳) דהכל תלוי בדרך בני אותו מקום ועיין בכה״ח סי׳ ר״ב אות צ״ב שכתב בשם דרכי החיים דאינו תלוי בדרך ב״א של אותו מקום רק לפי דרך ב״א של אותו מדינה אכן בשעה״צ (סי׳ ר״ה אות ג׳) הועתקו דברי הח״א הנ״ל.

17 עיין בטור סי׳ ר״ב שהר״ם מרוטנבורג כתב שאין דרך לאכול ערמונים וחבושים חיין ולפיכך מברך עליהם חיים שהכל וכשהם מבושלים בפה״ע, וכתב ע״ז הטור שערמונים וחבושים שהיו במקומו ראויים חיים ומבושלים. וראיתי בספר חכמי החקלאות שחבושים המצוים אצלנו בארה״ב דרך ב״א לאכלם מבושלים ולא חיים. וגם בערמונים עינינו רואות שאינם נאכלים חיים (ועיין מש״כ בהערה דלקמן בסמוך בשם הגרש״ז אויערבאך שליט״א וכל שכן בערמונים) ולפ״ז כתבנו שעל חבושים וערמונים חיים שלנו מברכים שהכל.

17.1 כך שמעתי מהגרש״ז אויערבאך שליט״א שבטנים כשהם חיים מברך שהכל.

18 מ״ב סי׳ ר״ב ס״ק ס״ז וז״ל ואע״ג דאגוזים דרכן לאכול חיים ואם היה מבשלם במים משתנים לגריעותא אפ״ה כשמתקנין אותו ע״י טיגון בדבש הרי הם משתנים למעליותא ע״י הדבש והו״ל כדברים שטובים חיים ומבושלים עכ״ל.

18.1 גר״ז סי׳ ר״ב סעי׳ ט״ז.

18.2 ראה מש״כ בהערה 11 אות ב׳.

raw as well as cooked are subject to their regular brocha when eaten either raw or cooked.[19]

For example, apples are normally eaten raw, baked (baked apple) or cooked (compote).[20] Therefore, one wishing to eat apples, either cooked or raw, should make a *borei pri hoetz*. Carrots are eaten cooked, but are also normally eaten raw[21]. Therefore, one wishing to eat carrots, either cooked, baked, or raw, should make a *borei pri hoadoma*.

1. Applications

a. Raw Onions

Onions are not normally eaten raw (except when eaten with bread or mixed into a salad). Therefore, if one wishes to eat plain raw onions, he should make a *shehakol*.[22] However, if he wishes to eat fried onions (plain), he should make a *borei pri hoadoma*.[23]

b. Salad Vegetables

Salad vegetables such as lettuce, radish, cucumber°, and the like,

° Cucumbers are also normally eaten pickled. Therefore, the brocha for pickled

19 שו״ע שם (סי׳ ר״ב סעי׳ י״ב וסי׳ ר״ה סעי׳ א׳).

20 ז״ל המחבר שם (סי׳ ר״ב סעי׳ י״ב) כל הפירות שטובים חיים ומבושלים כגון תפוחים ואגסים וכו׳. ועיין שם במ״ב (ס״ק ס״ב) שיש מיני תפוחים שהם חמוצים ואינם ראויין לאכול לרוב בני אדם כשהם חיים רק ע״י בישול, מברך שהכל כשהם חיים.

21 הנה בשו״ע סי׳ ר״ה סעי׳ ה׳ איתא דעל הלפת חי מברך שהכל וכתב המ״א דהוא מה שאנו קורין ״רויבן״ (turnip)״ומייארין״ (carrot) וכן פסקו הדרך החיים (ברכת על הפירות אות ט׳) והגר״ז (סי׳ ר״ה סעי׳ ה׳, ובסידורו פרק ו׳ אות י״א) והח״א (כלל נ״א סי׳ ב׳) ומבואר דבזמניהם ובמקומותיהם לא היה הדרך לרוב ב״א לאכול ״מייארין״ חיים, אמנם באג״מ (או״ח ח״א סי׳ ס״ו) כתב דבמדינתנו אוכלים אותם הרבה גם כשהם חיים ולכן יש לברך עלייהו אף כשהן חיים בפה״א.

22 מ״ב סי׳ ר״ה ס״ק ה׳, ועיין בגר״ז סי׳ ר״ה סעי׳ ב׳.

23 מ״ב סי׳ ר״ה ס״ק ז׳.

are almost never eaten cooked. Therefore, if eaten cooked, the brocha is *shehakol*.

Tomatoes are normally eaten raw (e.g., in salads) and also pickled or cooked. Therefore, in all cases the brocha is *borei pri hoadoma*.

c. String Beans, Zucchini (Squash), Broccoli

String beans and zucchini are normally eaten cooked or steamed. However, in many American cities[24] most people will, on occasion[25], also eat raw string beans and zucchini (either plain, or with a dip[26], or added to a salad). Therefore, in America, the brocha is *borei pri hoadoma* both when eaten raw or cooked.[p]

In countries such as Israel, where string beans and zucchini are not eaten raw, if eaten raw the brocha is *shehakol*.[27]

(Raw broccoli, like raw string beans, is often served in salads. Broccoli florets have a high probability of being infested with insects, and should not be eaten, unless one is certain that it was properly cleaned and inspected for insects).[27.1]

cucumbers is *borei pri hoadoma*.[23.1]

The brocha for pickled olives (olives which are commonly available in jars or cans are pickled) is *borei pri hoetz*. If, by chance, one wishes to eat raw olives, he should make a *shehakol*.[23.2]

[p] In localities where string beans are not eaten raw the brocha is *shehakol* - see footnote k.

23.1 מ״ב סי׳ ר״ה ס״ק ד׳.

23.2 כה״ח סי׳ ר״ב אות ל״ה.

24 עיין מש״כ בהערה 15.1.

25 כך שמעתי מהגרש״ז אויערבאך שליט״א שעל ירקות חיים כמו שעועית וקישואים בארה״ב כיון שנאכלים לפעמים גם חיים מברכים ברכה הראויה להם, ובא״י מברכים שהכל. (וכן משמע ממ״ב סי׳ ר״ה ס״ק ג׳ שכתב שאוכלים אותם מבושלים וגם כן חיים הרי דאף שהדרך לאכלם מבושלים מ״מ אם רוב בני אדם אוכלים לפעמים גם חיים מברכים ברכה הראויה להם בין מבושלים בין חיים).

26 עי׳ במ״ב סי׳ ר״ה סק״ב לענין שלאטין (lettuce) שמעורבים עם שמן וחומץ (salad dressing) דמברכים בפה״א אף בחיים.

27 ראה הערה 25.

27.1 לענין ירקות מוקפא frozen vegetables שדרכם להתליע יש להסתפק אם עברו עליהם י״ב חודש

d. Almonds

Almonds are commonly eaten raw[28], but are also available roasted. Therefore, for both types the brocha is *borei pri hoetz*.

e. Foreign Country

One who visits a foreign country should make the brocha according to the eating practices of his home country. One who moves to another country, however, should make the brocha according to the eating practices of the new country.[28.1]

For example, an American visiting Israel should make a *borei pri hoadoma* when eating raw string beans in Israel[q], but an American who moved there should make a *shehakol*.

3. B'dieved

If one mistakenly made the wrong brocha - instead of *shehakol* he made a *borei pri* on an item not normally eaten in that form - the brocha is, nevertheless, valid.[29]

[q] see paragraph c above

אם מותרים בלי בדיקה, דהנה איתא בשו״ע (יו״ד סי׳ פ״ד סעיף י״ב) מרקחת שנפלו לתוכו נמלים ועברו עליהם י״ב חודש יש להסתפק בהם מפני שהדבש דרכו להעמיד הדברים הנטמנים בתוכו עכ״ל. וכת׳ הפרי תואר (ס״ק כ״ד) דהיינו דוקא שידענו שנפלו עיי״ש.

ולכאורה כונתו דאל״ה הוה ס״ס שמא אין בו תולעת ואת״ל שיש בו שמא דבש אינו מעמידו. אמנם בערוך השולחן (סעיף פ״ג) העתיק דין המחבר הנ״ל בפירות שרק דרכם להתליע ר״ל מיעוט המצוי(וא״כ מוכח דפליג על פר״ת הנ״ל.

ובתשובות בכתב שקבלתי מהגרש״ז אויערבאך שליט״א (ה׳ ניסן תשמ״ה) בענין תולעים כתב וז״ל בהקפאה של זמננו מסתבר דלא מהני כלל י״ב חודש שהרי עינינו רואות שגם לאחר זמן רב עדיין טרי כמו ברגע הראשון, עכ״ל.

28 לענין שקדים המרים עיין בשו״ע סי׳ ר״ב סעי׳ ה׳ ולא הבאנו בפנים דאינם מצויים אצלנו.

28.1 כך שמעתי מהגרש״ז אויערבאך שליט״א דכל שדעתו לחזור מברך כבני המקום שיצא משם, וכל שאין דעתו לחזור מברך כבני המקום שבא לשם, ואף שהוא בעצמו רגיל לאכול הירק חי מ״מ בטלה דעתו לבני המקום שבא לשם.

29 מ״ב סי׳ ר״ו ס״ק ג׳, וסי׳ ר״ח ס״ק

C. Mashed, Chopped or Ground Fruits and Vegetables

The brochos *borei "pri" hoetz* and *borei "pri" hoadoma,* refer to "fruit" of the tree and "fruit" of the earth respectively.

Chazal established that the brocha may be made only if the item is recognizable as a fruit. If the fruit is not recognizable - *borei pri hoetz* and *borei pri hoadoma* are not appropriate.[30] [r]

[r] Exception: Still Intact

If the fruit or vegetable is still intact, it retains the original brocha even though the end product is no longer recognizable. For example, whole kernels of corn which are "popped" (popcorn) or pieces of kernel which are pressed into flakes (corn flakes) are subject to *borei*

מ׳ ובשעה״צ שם ס״ק מ״ג.

30 **בענין פרי מרוסק**

אקדים כאן הקדמה קצרה. השו״ע (סי׳ ר״ב, ר״ג, ר״ד, ור״ח), והרמ״א (ס׳ ר״ב ור״ח) דנים על הנושא של מאכלים שונים מפירות מרוסקות איך לברך על כל מין ומין. ואבאר כאן דברי השו״ע והרמ״א על פי ביאורו של המ״ב (דברי המ״ב מבוסס על המ״א סי׳ ר״ב ס״ק י״ח, ר״ד ס״ק כ״ב, ור״ח ס״ק י״ג והח״א [כלל נ״א בנ״א אות ח׳ מובא בשעה״צ סי׳ ר״ח אות מ״ד] ועיין היטב בהנ״א).

הכללים

. אף אם נתרסק הפרי לגמרי, מ״מ אם אחר הריסוק עדיין ״ממשן קיים״ (פירוש: עדיין ניכר תואר הפרי) חשוב ״פרי״ ושייך לברך עליו בפה״ע או בפה״א (מ״ב סי׳ ר״ב ס״ק מ״ב).

. אם רוב דרך אכילתו היא באופן נימוח ושחוק לגמרי - אף כשאין תואר הפרי ניכר כלל - מ״מ חשוב ״פרי״, ומברך עליו בפה״ע או בפה״א (מ״ב סי׳ ר״ג ס״ק י״ב).

. אם **מקצת** דרך אכילתו היא באופן נימוח ושחוק לגמרי, וגם אין תואר הפרי ניכר כלל - תלוי במחלוקת המחבר והרמ״א: המחבר סובר ששייך לברך עליהם בפה״ע כיון שעכ״פ **מקצת** דרך אכילתו באופן כזה, והרמ״א כתב דכיון שאין רוב דרך אכילתו באופן נימוח ושחוק לגמרי וגם אין תוארו ניכר לא מיקרי פרי ומברך שהכל (נ״א כלל נ״א אות ח׳, ועיין בשעה״צ סי׳ ר״ח אות מ״ד).

. אם אחר הריסוק אין תוארו ניכר - וגם אין הדרך כלל לאכלו באופן כזה - לכו״ע לא חשוב פרי ומברך שהכל (שם).

ובזה יבואר דיני המאכלים המוזכרים בגמרא המובאים בטור, והם:

א – טרימא (תמרים שמיעכן, סי׳ ר״ב סעי׳ ז׳)

היינו תמרים שמעכם לגמרי, כיון דעדיין ״ממשן קיים״ חשוב ״פרי״ ושייך לברך עליו בפה״ע.

(וכוונת המ״ב ס״ק מ׳ במש״כ ״ממשן קיים״ הוא שעדיין ניכר תואר הפרי, עיין בשעה״צ סי׳ ר״ח אות מ״ב, ובאמת לפי המחבר א״צ לזה דאפי׳ אם אינו ניכר ס״ל דמברך בפה״ע כמו שכתבנו לעיל בסמוך).

1. Mashed, Ground, Pureed

Fruits or vegetables which are mashed, chopped,[s] ground, strained, pureed or cooked to the extent that they no longer retain either their original form or appearance, are no longer subject to

pri hoadoma. The popcorn or flakes are corn whose form and appearance have been significantly altered. However since the kernels or pieces of kernel are intact the brocha is *borei pri hoadoma* - see applications j and k in this section (C.2).[30.1]

[s] The brocha for fruits (or vegetables) which were sliced or diced into tiny

והרמ״א (לפי ביאור המ״א) לא חילק על המחבר בזה - ר״ל דכיון שעכ״פ מקצת דרך אכילת תמרים היא באופן נימוח, וגם לא נימוחו ע״י בישול ועדיין ניכר תואר הפרי צריך לברך בפה״ע (והמ״ב סי׳ ר״ב ס״ק מ״ב מביא דרך אחרת בדעת הרמ״א אמנם בסי׳ ר״ד ס״ק נ״ב ושעה״צ שם אות מ״ד צידד כהמ״א, ולכן העתקנו ביאורו של המ״א). ע״ע מש״כ בהערה 31.

ב – פאווידל״א (סי׳ ר״ב סעי׳ ז׳ ברמ״א)

היינו ריבה (jam) כמו ריבה של פלומי״ן או של גודגניות (plum jam, cherry jam) שמבשלים הפרי עד שנימוח לגמרי, ואין ממשו קיים - פי׳ אינו ניכר תוארו וצורתו הראשון כלל. (וגרוע מטרימא הנ״ל דבטרימא עכ״פ ממשן קיים משא״כ כאן).

וחלקו בזה המחבר והרמ״א: המחבר סובר דאע״פ שאין ממשו קיים, מ״מ דרך לעשות פאווידל״א מקצת מפירות אלו (ואף שעיקר דרך אכילתם כשהן חיים ולא נימוחים - מ״מ כיון שאוכלים אותם גם נימוחים) שייך לברך בפה״ע. והרמ״א סובר כיון שרוב פלומי״ן וגודגניות אינם נאכלים כך, לא מיקרי דרך אכילה בכך, ולכן לכתחילה צריך לברך שהכל. ע״ע מש״כ בהערה 32,31 .

ג – הומלתא (בשמים שחוקים, סי׳ ר״ג סעי׳ ז׳)

היינו בשמים שחוקים ונימוחים לגמרי עד שאינם ניכרים בהם תוארן הראשון כלל אפ״ה לכו״ע לא אבד ברכתן דהרי רוב דרך אכילת מינים אלו היא על ידי ריסוק, ולכן גם הרמ״א מודה שמיקרי פרי, ושייך לברך עליו בפה״ע או בפה״א (מ״ב סי׳ ר״ג ס״ק י״ב). וע״ע מש״כ בהערה 30.2.

ד – מורבא (סי׳ ר״ד סעי׳ י״א)

היינו מיני פירות ועשבים כתושים ביותר ומרוקחים בדבש, בין להמחבר בין להרמ״א מברכים כברכת הפרי. לפי המחבר מיירי שאין ממשן קיים (ב״י שם) מ״מ כיון שדרכן לכתוש פירות כאלו שייך לברך בפה״ע או בפה״א, ולפי הרמ״א מיירי שלא כתשן כ״כ עד שאינם ניכרים וגם לא נבשלו בדבד עד שנימכו לגמרי, וכיון שעדיין ממשן קיים דינם כטרימא שמברך בפה״ע או בפה״א (מ״ב ר״ד ס״ק נ״ב, שהוא ע״פ ביאור המ״א בדעת הרמ״א).

ה – קטניות (סי׳ ר״ח סעי׳ ח׳ ברמ״א)

היינו שעשה תבשיל מקמח של קטניות, או שמיעך אותן דרך כלי מנוקב - דבאופן זה אינו ניכר תוארם וצורתם. בזה בין להמחבר בין להרמ״א צריך לברך שהכל דהרי אין ממשן קיים, ולפי המחבר מיירי בקמח קטניות שאין דרך כלל לרסקו, מש״ה לכו״ע לא שייך לברך עליו בפה״א (שעה״צ סי׳ ר״ד אות מ״ד). ע״ע בהערות 35, 46.1.

[30.1] כן משמע מהסוגי׳ הנ״ל ובע״ה מצאתי כתוב כן להדיא בחוברת לתורה והוראה (חוברת ב׳ קיץ תשל״ג) על פי הגר״מ פיינשטין זצ״ל וזה תוכן דבריו: ואותן (cereal)

borei pri hoetz or *borei pri hoadoma*. The brocha for such items is *shehakol*.[t]

For example, the brocha for strawberry or cherry jelly is *shehakol*[u] [31], because the jelly has neither the physical form nor the appearance of the original fruit.[32] [v]

pieces is *borei pri hoetz* (or *borei pri hoadoma*).[30.2]

[t] Exception: If a specific species is best used as a ground or milled product, (i.e. most of the species is ground or milled) - it retains its original brocha.[30.3]

[u] In the vast majority of cases, jelly is eaten to enhance bread, crackers or other foods. As such, it is covered by the brocha of the foods to which it is *tofel*. However, in the unlikely event that one wishes to eat jelly plain, the brocha is *shehakol*.

[v] Fruit which is mashed with a fork, but not made into jelly, is usually recog-

הנעשים מקאר״ן שלנו שהוא שלם ויבש, אע״פ שנשתנה מראיתו ממה שהיתה מתחילת בריאתו ע״י החום והדוחקא, מברכים בפה״א, כל זמן שאינו נטחן או מעוך כאו״ח סי׳ ר״ב ס״ז ובמג״א ס״ק י״ח, דדוקא דבר שנימוחו לגמרי מברכים שהכל משא״כ בקאר״ן שלנו הנעשה סיריע״ל יבש או פא״פ קאר״ן (popcorn) דלא נתבטל עצם צורתו ע״י אחד ממעשים הנ״ל רק נשתנה לאופן שאינו ניכר לעינים - נחשב כאילו עדיין בצורתו ומברכים בפה״א ואחריו בורא נפשות, עכת״ד. ע״ע מש״כ בהערות 43,.

30.2 שו״ע סי׳ ר״ה סעי׳ ד׳.

30.3 כתב הב״י (ס״ס ר״ד) בשם תה״ד דאם אורחייהו בהכי לכתוש ולשחוק חשיבי קיימו במילתייהו (פי׳ דאם רוב דרך אכילת אותם פירות הוא ע״י ריסוק לא אבדו ברכתם, כ״כ המ״ב סי׳ ר״ב ס״ק מ״ד).

וכתב המחבר בסי׳ ר״ג סעי׳ ז׳ לברך על בשמים שחוקים כדין אותם בשמים (בפה״ע או בפה״א) וביארו האחרונים דמיירי אפי׳ במרוסקים עד שאינם ניכרים כלל וכן על כל פרי שרוב דרך אכילתם ע״י ריסוק מברך עליהם כדין אותו פרי (כ״כ הגר״ז בסידורו פ״ז אות כ״ב, והח״א כלל נ״א סי׳ י׳ ונ״א שם אות ח׳, והמ״ב סי׳ ר״ג ס״ק י״ב וס׳ ר״ב ס״ק מ״ד ובבה״ל סי׳ ר״ג ד״ה על).

ועיין לקמן בהערה 45 מש״כ בשם הגרש״ז אויערבאך שליט״א.

31 איתא ברמ״א (סי׳ ר״ב סעי׳ ז׳) דעל ״פאווידלא״ (plum jam) טוב לחוש לכתחילה לברך שהכל אבל אם בירך בפה״ע יצא, וכתב המ״ב כיון שאינו ניכר ״צורתו ותארו״ אבד ממנה שם ״פרי״ ואין מברכים עליו בורא ״פרי״ העץ או האדמה רק שהכל (כן הוא במ״ב בסי׳ ר״ב ס״ק מ״ב, וע״ע מ״ב סי׳ ר״ה ס״ק ט״ו, ושער הציון סי׳ ר״ח אות מ״ב) וכעין זה כתב הגר״ז בסידורו פר׳ ז׳ אות כ״ג והמ״ב בסי׳ ר״ד ס״ק נ״ב.

ושמעתי מהגרי״ש אלישיב שליט״א שאם נתרסק הפרי עד שאין בו חתיכות מוצק קצת (solid pieces) כלל, נחשב אינו ניכר ואבד ברכתה.

אכן מהגרש״ז אויערבאך שליט״א שמעתי דתלוי רק באם הוא ניכר או לא, דהיינו אם ניכר הפרי, אז אפי׳ אם נתרסק לגמרי עד שאין שם חתיכות מוצק קצת (solid pieces) כלל, מ״מ מברכים בפה״ע או בפה״א, ואם אינו ניכר אז מברכים שהכל, ואם הם מסופקים אז מברכים שהכל, וע״ע מש״כ בהערות דלקמן. וכעין זה שמעתי מהגרח״פ שיינברג שליט״א.

32 שמעתי מהגרש״ז אויערבאך שליט״א שעל ריבה של תות שדה (strawberry jam)

Guideline:

In some instances, it is difficult to judge whether or not a particular item is considered recognizable. The following guideline is given by some Poskim:

The mashed food should be shown to others[33] (e.g., members of the household or friends). If they can identify the fruit (or vegetable), it is considered recognizable and a borei pri hoetz (or borei pri hoadoma) should be made. If they can not identify it, or they are not sure, a shehakol should be made.[34]

2. Applications

The following are applications pertaining to fruits or vegetables which were mashed, chopped, ground, etc.[w]

a. Vegetable Flour, Starch, Meal

Vegetables such as corn and potatoes which are milled into flour, or made into starch or meal, are subject to shehakol. Since the vege-

nizable, and thus retains its original brocha. For example, the brocha for mashed fresh strawberries is *borei pri hoadoma*.[32.1] Preserves made with distinct pieces of fruit are also subject to the fruit's original brocha.[32.2]

[w] Vegetables which are processed into products which are significantly altered

מברכים שהכל והוא כעין ה״פאווידלא״ המובא ברמ״א, ואע״פ שיש בו גרעינים קטנים מ״מ נחשב אינו ניכר.

32.1 ראה הערה הקודמת, ושמעתי מהגרש״ז אויערבאך שליט״א דדוקא על ריבה של תות שדה מברכים שהכל, אבל על תות שדה מרוסק במזלג או בכף מברכים בפה״א אפי׳ אם אין שם חתיכות מוצק קצת (solid pieces), דהרי ניכר לכל שהוא תות שדה, ולא דמי ל״פאווידלא״ (הובא בהערה הקודמת) דהתם מבשלים את הריסוק ונעשה ע״י זה דבר חדש, וחשוב אינו ניכר (עיין במחצית השקל סי׳ ר״ב ס״ק י״ח).

32.2 ראה הערות 30 ו31, דאם לא נימוחו לגמרי ועדיין יש בו חתיכות מוצק קצת (solid pieces) נחשב ממשו קיים לדברי הכל. ע״ע דרכי משה סוף סי׳ ר״ד ד״ה כתב אבודרהם.

33 כך שמעתי מהגרש״ז אויערבאך שליט״א, שאם רק מי שריסק את הפרי יכול להכירו אין זה נחשב ניכר.

34 כך שמעתי מהגרש״ז אויערבאך שליט״א, ועיין מש״כ בפרק ט״ז הערות 2 - 5

table is no longer recognizable, *borei pri hoadoma* is inappropriate.[35]

For example, the brocha for breakfast cereals made from corn flour, or for Passover cakes made from potato starch, is *shehakol*.[x] [36]

b. Mashed - Banana, Eggplant, Potatoes, Vegetables

Bananas retain their distinctive texture and appearance, and remain recognizable even after they are mashed. Eggplant is commonly mashed for salads and the like. It can be recognized by its distinctive texture. Therefore, according to many Poskim, the brocha for mashed banana or mashed eggplant is *borei pri hoadoma*.[37]

Potatoes also retain their distinctive texture and appearance, and remain recognizable even after they are mashed. The minhag is to make a *borei pri hoadoma* on mashed potatoes, no matter how finely they are mashed.[38]

Many other vegetables (e.g., mashed carrots) do not have a

from their original form - such as beets which are processed into sugar -are also not subject to *"pri" hoadoma* - see Section D.2

[x] If the product contains flour of the five *mezonos* grains (wheat, barley, etc.) it is subject to *borei menei mezonos*. Even if the grain flour is the minority ingredient, if it can be tasted it is considered the *ikar*, and the correct brocha is *borei menei mezonos*. See Chapter Four, Sections D and G.

ובפנים שם, ע״ע מש״כ בהערה 30.

35 רמ״א סי׳ ר״ח סעי׳ ח׳ דעל קטניות שנתמעכו לגמרי צריך לברך שהכל. ועיין שם במ״א (ס״ק י״ג) ומ״ב (ס״ק ל״ח ושעה״צ אות מ״ב) דר״ל עד שאינם ניכרים כלל. וע״ע בהערה 30 אות ה׳.

36 עיין מש״כ בהערה הקודמת ובהערה 46.1 לקמן.

37 כך שמעתי מהגרש״ז אויערבאך שליט״א, דאף שהם נתרסקו עד שאין שם חתיכות הפרי כלל מ״מ ברכתו בפה״א. ועיין באג״מ או״ח ח״ד סי׳ ע״ד הל׳ טוחן אות ב׳ גבי ריסוק הבננות במזלג או כף שכתב וז״ל וגם המראה לא נשתנה עכ״ל.

(ונר׳ דדין בננה וחציל מרוסק כדין טרימא ממש, עמש״כ לעיל בהערה 30 אות א׳).

38 כ״כ הדעת תורה סי׳ ר״ב סעי׳ ז׳, וכך שמעתי מהגרש״ז אויערבאך שליט״א, שאע״פ שאין שם חתיכות הפרי הרי ניכר לכל שזה תפ״א ולפיכך ברכתו בפה״א. וכסברא הזה שמעתי גם מהגרח״פ שיינברג שליט״א. וכן שמעתי מהגרי״ש אלישיב שליט״א שכן יש

unique texture and appearance. The brocha for such vegetables, if thoroughly mashed, is *shehakol*.[38.1]

c. Instant Potatoes

Many Poskim are of the opinion that the brocha for reconstituted "instant" potatoes (i.e.,dehydrated potatoes which are reconstituted by adding water) is borei pri hoadoma.[39] They explain that even though the dehydrated potato granules are unrecognizable, nevertheless, since the finished product looks exactly like mashed potatoes it is considered recognizable.

d. Potato Chips

Potato chips are made from pieces of potato which are thinly sliced and fried. The brocha is the same as for sliced potatoes - *borei pri hoadoma*.[39.1]

According to some Poskim, the brocha for potato chips made from dehydrated potato granules ("Pringles") is also *borei pri hoadoma*, since the end product is recognizably a potato chip.[39.2]

e. Potato Kugel, Potato Latkes

Potato kugel and potato latkes are commonly made from shredded, ground or blended potatoes.

להורות שבכל אופן מברכים עליהם בפה״א.

38.1 הראתי להגרש״ז אויערבאך שליט״א גזר מבושל שמעכתי במזלג ופסק שמברכים עליו שהכל דהרי אינו ניכר כ״כ מה היא, ולא דמי לתפוחי אדמה. וכן הורה לי הגרי״ש אלישיב שליט״א, דאם טוחנים אותם או מרסקים אותם עד שאין בהם חתיכות הפרי אין מברכים עליהם אלא שהכל, ואינו דומה לתפוחי אדמה שנתרסקו לגמרי שמברכים בפה״א.

39 הראתי להגרש״ז אויערבאך שליט״א אבקת תפוחי אדמה (נמס - אינסטאנט) וגם קצת מתפ״א זה כשהוא מוכן ופסק שמברכים עליו בפה״א וטעמו דכיון שאחר שמערבים בו מים חזר לקדמותו נחשב כניכר. וכן שמעתי מהגרח״פ שיינבערג שליט״א ומהג״ר עזריאל אויערבאך שליט״א בשם חמיו הגרי״ש אלישיב שליט״א.

39.1 הראתי להגרש״ז אויערבאך שליט״א potato chips ואמר שפשוט שמברכים עליו בפה״א דהרי הוא חתיכת פרי ממש. וכן שמעתי בשם הגר״י קמנצקי זצ״ל.

39.2 הראתי להגרש״ז אויערבאך שליט״א

Shredded potatoes in kugel or latkes are generally recognizable. The brocha for those types of kugels and latkes is *borei pri hoadoma*.

With regard to kugels made from ground or blended potatoes, some Poskim are of the opinion that the potatoes are often not recognizable - in which case the brocha is *shehakol*.[40] Other Poskim are of the opinion that even ground and blended potatoes are recognizable. According to this view, the brocha for all types of potato kugels and latkes is *borei pri hoadoma*.[40.1]

f. Vegetable Latkes, Vegetable Loaf

Often vegetable kugel or latkes contain solid pieces of vegetables which are recognizable. The brocha for such types of vegetable latkes is borei pri hoadoma.

However, the brocha for latkes or loaves made with mashed or blended vegetables is, generally, shehakol.[41]

g. Baby Food

Vegetables or fruits in baby foods are generally pureed and unrecognizable. Therefore if an adult wishes to eat baby food, he should make a shehakol.

h. Creamed Spinach, Spinach Latkes

Creamed spinach is usually made from chopped spinach which, although creamed and seasoned, is generally recognizable. In such cases the brocha is borei pri hoadoma.

"pringles" chips ואמר כיון שבעת אכילה חזר וניכר שהוא תפ״א צריך לברך בפה״א. (וזה לשיטתו בהערה 39 ל׳ אבקת תפ״א).

40 כן משמע ממש״כ ר׳ יעקב מעמדין בסידורו אות ק׳ קארטאפלים, וכן שמעתי בשם כמה פוסקים.

40.1 כך שמעתי מהגרש״ז אויערבאך שליט״א שמברך בפה״א דניכרים לכל מה היא.

41 שמעתי מהגרש״ז אויערבאך שליט״א ש״לאטקעס״ או ״קוגל״ עשוים מירקות כגזר וכדומה מברך שהכל דהרי אינו ניכר כ״כ מה היא.

Pureed[y] or ground spinach made into latkes, is, in some cases, unrecognizable (see guideline above). The brocha, in those cases, is shehakol.

i. Apple Sauce, Fruit Compote

Many commercially made apple sauces (e.g., in cans or jars) have a strained, pureed, or finely ground consistency. The apples, after being made into sauce, are no longer recognizable. The brocha, therefore, is shehakol.[42]

Home made apple sauces or fruit compotes (or commercially made "home style" compotes) generally contain solid pieces (or strands) of apple or fruit. Since there are (intact) pieces of fruit in the sauce or compote, the brocha is *borei pri hoetz.*

j. Dehydrated Apple Snacks (Weight Control Snacks)

The brocha for dehydrated apple snacks (low calorie snacks made from dehydrated bits of apple which are colored and flavored) is *borei pri hoetz*. Although the apple is not recognizable, nevertheless, since the pieces of apple are intact, the brocha is unchanged.[42.1]

k. Popped Corn, Corn Chips

The kernels of corn in popped corn, being intact, are considered recognizable. The brocha for popped corn, therefore, is borei pri hoadoma.[43]

[y] Fresh or frozen spinach requires inspection for insects prior to use. However, according to some Poskim, spinach may be used without inspection for insects in the following manner: the spinach should first be rinsed, then it should be pureed. It may then be eaten as an ingredient (e.g., spinach kugel or quiche), creamed, or plain.[41.1]

41.1 שמעתי מהגרש״ז אויערבאך שליט״א.

42 ראה הערה 31.

42.1 ראה הערה 30.1

43 דעת הגר״מ פיינשטיין הובא לעיל בהערה 30.1. וכן מצאתי כתוב בשם הגרש״ז אויערבאך שליט״א מובא בספר ברכת הנהנין

Corn chips, however, are made from milled (ground) corn. The brocha for corn chips, therefore, is shehakol.[44]

l. Peanut Butter

In the vast majority of cases, peanut butter is eaten to enhance bread, crackers or other foods. As such, it is covered by the brocha of the foods to which it is *tofel.*

If one wishes to eat peanut butter plain[z], he should make a shehakol (see Hebrew footnote for explanation).[45]

m. Tehina

Generally, tehina (a dressing made from ground sesame seeds) is eaten on bread, crackers or salad, in which case it does not require a separate brocha. There is an uncertainty among the Poskim regarding the brocha requirement of tehina when eaten plain. The Poskim advise, therefore, that one should not eat it plain.[45.1]

3. B'dieved - Made Wrong Brocha

If instead of a shehakol one incorrectly made a borei pri

on unrecognizable fruits or vegetables (i.e., they were mashed,

[z] According to the U.S. Dept. of Agriculture, (NASS, Peanut Stocks and Processing statistics, 7-31-90) the majority of peanuts grown in the United States are

עמוד קי״ג. ע״ע שו״ת אור לציון פי״ד סי׳ י״א.

[44] ראה הערות 35, 35.1 לעיל.

[45] הראתי להגרש״ז אויערבאך שליט״א חמאת בוטנים (peanut butter) ופסק שיש להורות לברך עליו שהכל, דלא עדיפא מ״פאווידלא״ (ראה הערה 31 שברכתו שהכל, כ״ש חמאת בוטנים שהפרי ניכר עוד פחות, ואף אם רוב בוטנים עומדים לרסוק (כן אמרתי לו על פי מחקר ועדות מדעני חקלאות של ממשלת ארה״ב) מ״מ לא דמי לבשמים שחוקים (ראה הערה 32.1 דאם אורחייהו בהכי לכתוש ולשחוק חשיבי קיימו במילתייהו) דהתם אינם טובים בלי ריסוק אבל בוטנים אורחייהו לאוכלם שלמים וטובים יותר כשהם שלמים ולפיכך אף אם נטעו לריסוק אין מברכים עליהם אלא שהכל.

[45.1] אג״מ ח״א סי׳ ס״ה. (ע״ע ב״י בשם

ground, jellied, pureed, or strained) the brocha is, nevertheless, valid.[46] For example, a borei pri hoetz made on finely strained apple sauce, or on thoroughly dissolved apple jelly - is, b'dieved, valid.[aa]

Similarly, if instead of a shehakol one mistakenly recited a *borei pri hoadoma* on a product made from potato or corn flour, the brocha is valid, *b'dieved*. For example, a *borei pri hoadoma* made on Passover cake made from potato starch, or on corn chips made from corn flour - is, *b'dieved,* valid.[46.1]

D. Other Fruit and Vegetable Products

1. Seeds, Pits, Snack Seeds (e.g., Sunflower Seeds)

a. Edible Pits

There is a difference of opinion among the Poskim as to whether edible pits of a fruit (or vegetable) are subject to *borei pri hoetz* (or *borei pri hoadoma*) or *shehakol*.[47] However (according to all views)

grown for peanut butter. Even though the majority of peanut crop is grown for peanut butter, nevertheless, when eaten plain its brocha is *shehakol*.

[aa] Conversely, if instead of a *borei pri,* one incorrectly made a *shehakol* on mashed but still recognizable fruits or vegetables, the brocha is, nevertheless, valid. (*Shehakol* is valid, b'dieved, for all foods - see Chapter 15, D.6).

אבודרהם ס״ס ר״ד, מ״א סי׳ ר״ה ס״ק ח׳, ואבן העוזר ססי׳ ר״ח).

46 רמ״א שם (סי׳ ר״ב סעי׳ ז׳), ח״א כלל נ״א סי׳ י״ב הובא במ״ב סי׳ ר״ח ס״ק מ׳. ועיין שו״ת מנחת שלמה סי׳ צ״א אות ג׳.

46.1 מ״ב סי׳ ר״ח ס״ק מ׳. ועיין שם בשעה״צ אות מ״ד דדוקא ממיני קטניות שלפעמים דרך לעשות מהם קמח, אבל בקמח קטניות שאין דרך בני אדם כלל לעשות מזה תבשיל כזה יש לעיין אי מהני בדיעבד. אמנם הגר״ז כתב דאפי׳ בכה״ג יצא (עי׳ בקצות השלחן סי׳ נ״ב סעי׳ ד׳ ובבדה״ש שם אות י׳),

היוצא לנו דלכו״ע אם בירך בפה״א על תבשיל מקמח של תירס או מקמח של תפוחי אדמה יצא, שכן הדרך בזמנינו לעשות הרבה מאכלים מקמחים אלו. וכן שמעתי מהגרש״ז אויערבאך שליט״א שאם בדיעבד בירך בפה״א על מאכלים מקמחים אלו יצא, וכן אם בירך בפה״א על עוגות שעושים בפסח מקמח תפ״א יצא.

47 איתא בשו״ע סי׳ ר״ב סעי׳ ג׳ דעל

when one makes a brocha on a fruit (or vegetable), the pits are exempted and do not require a separate brocha.[47.1]

b. Species Grown For The Seed, e.g., Sunflower

According to all views, if a species is grown especially for its seeds (or pits) the seeds are considered the "fruit", and are subject to *borei "pri" hoetz* (or *hoadoma*).[48]

For example, the sunflower is grown expressly for its seeds. Therefore, the brocha for sunflower seeds is *borei pri hoadoma*.[48.1]

c. Variety Grown For The Seed, e.g., Seed Watermelon

If a specific variety is grown solely for the seed, even though the species as a whole is not grown for seed, the seeds are, nevertheless, considered the "fruit" of the plant. If the plant would otherwise

גרעיני הפירות הראויים לאכילה (דהיינו שהחיך נהנה מהם במקצת) מברך בפה״ע ובמ״ב שם ס״ק כ״ג כתב שהרבה אחרונים חולקים וסוברים דמברכים עליהם בפה״א, ובשערי תשובה שם אות ו׳ הובא שיטת הרבה אחרונים דס״ל דמברך עליהם שהכל. וע״ע בברכת הבית שער ב׳ אות י״ז.

ולענין גרעיני פירות האדמה שלא נטע אדעתא דהכי עיין בשו״ת קרן לדוד סי׳ נ״ב אות א׳ שכתב דתלוי בדין גרעיני פירות העץ דלפי הסוברים שמברכים בפה״ע על גרעיני פרי העץ ה״ה שמברכים בפה״א על גרעיני פרי האדמה, ולפי הסוברים שמברכים בפה״א על גרעיני פרי העץ, יש לברך שהכל על גרעיני פרי האדמה. והנה המ״ב בסי׳ ר״ב ס״ק כ״ג צדד לברך בפה״א על גרעיני פרי העץ ולפ״ז יש לברך שהכל על גרעיני פרי האדמה ועיין בקצות השולחן (סי׳ מ״ט בבדה״ש אות י״ח) שפסק לברך שהכל על גרעיני דלעת, שוב שמעתי מהגרש״ז אויערבאך שליט״א שעל גרעיני דלעת ואבטיח אם ידוע לנו שלא נטעו אדעתא דגרעינים, מברך שהכל, וע״ע בהערות 49.2, 50.

ולענין גרעינים המרים עיין בשו״ע סי׳ ר״ב סעי׳ ג׳ ובמ״ב שם ס״ק כ״ה.

47.1 מ״ב שם.

48 ב״י בשם הרשב״א סי׳ ר״ב שאין מברכין בפה״ע על גרעיני פירות וכתב דלאו אדעתא דידהו נטעי להו, דמשמע להדיא שאם נטע אדעתא דהכי מברך כברכת הפרי. וע״ע בעולת תמיד (סי׳ ר״ב סעי׳ ג, הובא בכה״ח שם).

48.1 כן שמעתי מהגרש״ז אויערבאך שליט״א שכיון שמגדלים את הפרח בשביל הגרעינים שפיר נקרא פרי ומברך בפה״א. ועיין בשו״ת אור לציון (ח״ב פ״ד אות י׳) דאף שעיקר גידולו הוא להוציא מהם שמן ולא כדי לאכול את הגרעינים, מ״מ אין על השמן שם פרי ואין הגרעינים טפלים אליו ולכן מברך על הגרעינים בפה״א.

require a borei pri hoadoma, the seeds would likewise be subject to borei pri hoadoma.[49]

For example, watermelon seeds sold as snacks, are obtained from a special variety which is grown solely for seed (the fruit is discarded). Therefore, the brocha for watermelon seeds grown for snacks is *borei pri hoadoma*.[49.1] [bb]

d. Pumpkin Seeds

The *minhag* is to make a *borei pri hoadoma* on pumpkin seeds sold as snacks.[50]

e. Sesame Seeds

The brocha for (whole) sesame seeds is borei pri hoadoma.[51]

In most cases, whole sesame seeds are used as a condiment or dressing for foods and baked goods. As such, they are covered by the brocha of the food to which they are tofel.

[bb] Watermelon in general, however, is grown for its fruit (the seeds are discarded). Therefore if one wished to extract and eat its seeds the brocha would be *shehakol*.[49.2]

49 שמעתי מהגרש״ז אויערבאך שליט״א.

49.1 כך שמעתי מהגרש״ז אויערבאך שליט״א ואעפ״י ששאר אבטיחים אין מגדלים בשביל הגרעינים, שפיר נחשבים אלו שנטעו לגרעינים נטעו להכי, ושכן נוהגים לברך עליהן בפה״א. וכן ראיתי כתוב בשו״ת אור לציון הנ״ל.

49.2 קצות השלחן סי׳ מ״ט בבדי השלחן אות י״ז, ועיין מש״כ בהערה 46 לעיל.

50 שמעתי מהגרש״ז אויערבאך שליט״א, ע״ע בקצות השלחן הנ״ל.

ועיין בשו״ת אור לציון הנ״ל שכתב דגרעיני דלעת הנמכרים בחנויות מברכים בפה״א שהגרעינים שם באו מדלעת שזרעו אותה במיוחד בשביל הגרעינים, והו״ל כעיקר הפרי, אך בגרעיני דלעת שבעיקרה עומדת לאכילת הדלעת, הו״ל הגרעינים כטפל לפרי ומברכים עליהם שהכל.

51 עיין באבודרהם (הל׳ ברכות סוף שער ד׳, הובא בב״י סוף סי׳ ר״ד) דעל שומשמין מברכין בפה״א. ולענין שמן של שומשמין עיין באבן העוזר סוף סי׳ ר״ח שחלק על האבודרהם הובא בב״י (סוף סי׳ ר״ד ד״ה כתב הרב דוד אבודרהם) ופסק לברך עליו שהכל. ולענין חלוו״ה משומשמים עיין בהערה 51.2.

If whole sesame seeds are the primary ingredient of a product, the brocha is *borei pri hoadoma*. Thus the brocha for candy bars made primarily from whole sesame seeds is *borei pri hoadoma*.[51.1] (Also see paragraph 2.b, below).

2. Significantly Altered, e.g., Beet Sugar, Soya Burgers

Fruits, vegetables, or beans which are processed into products which are significantly altered from their original form - are not considered "fruit" and are not subject to *"pri" hoetz* or *"pri" hoadoma*. Even if the species is grown for that purpose, nevertheless, the brocha is *shehakol*.[52]

For example, sugar is made from plants such as sugar cane or sugar beets. Sugar beets and sugar cane are grown expressly for sugar production. Nevertheless, since the finished product (sugar) is significantly altered from its original form, its brocha is *shehakol*.

The following are applications of this halacha:

a. Soya Products

Soya beans are the principal ingredient in a wide variety of vegetarian products. Ground soya is used for making vegetarian meat burgers, vegetarian chicken cutlets, vegetarian hot dogs and many other vegetarian products.

Soya beans processed into these types of products are signifi-

51.1 מדין עיקר וטפל שמברך על העיקר, ועיין בפמ״ג (מ״ז סוף סי׳ ר״ב, הובא בכה״ח סי׳ ר״ב אות צ״ט) דעל ניואט שעושין מזרעוני שומשמין ודבש מברך בפה״א דהשומשמין עיקר (ומשמע דאפי׳ אם הדבש הרוב והשומשמים המיעוט מ״מ נחשב השומשמים העיקר).

52 איתא בשו״ע סי׳ ר״ב סע׳ ט״ו דעל ה״סוקאר״ מברך שהכל, והבה״ל הביא קושית הפוסקים למה לא מברכים בפה״א דהא ה״בוריקעס״ מתוקים (sugar beets) עומדים בעיקר להוציא מהן ה״סוקאר״ ולהוי כשלקות דמברכים על מה שיוצא מהפרי כברכת הפרי עצמם, ותירץ בשם הרמב״ם דלא תקנו ע״ז כברכת הפרי כיון שאין ניכר כלל לעין אדם שמפרי או מירק פלוני יצא דבר זה, שהרי הוא עכשיו כחתיכת מלח, ואין לברך בכגון זה אלא שהכל.

cantly altered from their original form. Therefore, the brocha for these products is *shehakol*.[52.1]

The brocha for cooked whole soya beans, however, is *borei pri hoadoma*.

b. Halavah

Sesame seeds processed into confections such as "halavah" are significantly altered from their original form. Therefore, the brocha for such confections is *shehakol*.[52.2]

c. Chocolate

Although chocolate is made from cocoa beans (a fruit of the tree grown especially for the production of chocolate) it is altered when processed into chocolate. Thus, the minhag is to recite a *shehakol* for chocolate.[53]

52.1 כך שמעתי מהגרש״ז אויערבאך שליט״א ואף שנטע אדעתא דהכי מ״מ כל המוצרים של סויה הם דברים חדשים ו״פנים חדשות באו לכאן״ ואף שלא נשתנה שינוי גמור כסוכר (עיין בהערה הקודמת) מ״מ כיון שאינו ניכר כלל בהם שיצאו מהפרי אין ספק כלל שמברך עליהם שהכל.

52.2 כך שמעתי מהגרש״ז אויערבאך שליט״א והוסיף ואמר דאף אם נאמר שהשומשמים נטעו אדעתא לרסקם מ״מ אינו מברך על ההלווה (halava) אלא שהכל דהוא דבר חדש ואינו ניכר כלל שזה בא משומשמים (ראה הערה הקודמת) והרי לענין שוקולד ידוע שנטעו הקקאו אדעתא דהכי וגם יותר ניכר שהוא בא מהקקאו, ועם כל זה אנו נוהגים לברךְ שהכל, כל שכן שאין לברך על ההלווה אלא שהכל עכת״ד. (ראה שו״ת מנחת שלמה הובא בהערה דלקמן בסמוך).

וזה נאמר על צד שהשומשמין נטועים אדעתא דהכי אמנם שמעתי ממדעני חקלאות של ממשלת ארה״ב שרוב שומשמים נטועים לאכול שלמים וכגון ע״ג לחמניות, וא״כ כל שכן שאין לברך אלא שהכל.

53 הנה באג״מ ח״ג סי׳ ל״א נקט בפשיטות לברך עליו שהכל, אכן בשו״ת במנחת שלמה סי׳ צ״א אות ב׳ תמה הגרש״ז אויערבאך שליט״א על מה שאנו נוהגים לברך שהכל על שוקולד, דבשלמא על משקה של קקאו (hot cocoa) ניחא מה שמברכים שהכל כמבואר בשע״ת סי׳ ר״ב ס״ק י״ט אבל שוקולד אוכל גמור הוא וא״כ מאי שנא מבשמים שחוקים (שו״ע סי׳ ר״ג סעי׳ ז׳) שכיון שהדרך הוא לשוחקם חשובים כקיימי במילתייהו ומברכים עליהם בפה״ע א״כ גם בשוקולד למה לא מברכים בפה״ע ונשאר בצ״ע.

ובהסכמתו לספר מקור הברכה העלה סברא ליישב את המנהג ומ״מ נשאר בצ״ע.

d. B'dieved

B'dieved if one made the brocha of the original fruit, (e.g., he made a *borei pri hoadoma*[cc] on sugar[54], or a borei pri hoetz [or hoadoma] on chocolate) he is yotzei.[55]

3. Peels, Candied Orange Peels

The brocha for peels of fruits which are usually eaten, such as apple peels, is borei pri hoetz - even if the peel is eaten without the fruit.[56]

The brocha for candied fruit peels which are not usually eaten, such as candied orange peels, is *shehakol*.[57]

B'dieved, if one made a *borei pri hoetz* (or *hoadoma*) on candied orange peels, he is *yotzei*.[58]

[cc] For cane sugar either *borei pri hoadoma* or *borei pri hoetz* are valid, *b'dieved*.[54.1]

אמנם מפיו שמעתי שאע״פ שכבר תמה על זה הרבה שנים ואינו יודע סברא נכונה ליישב מה שאין מברכין בפה״ע מ״מ למעשה אין לשנות מן המנהג וצריך לברך עליו שהכל נהיה בדברו. וע״ע מש״כ בשמו בהערה 61. ועיין בשו״ת אור לציון (ח״ב פי״ד אות ה׳) ובמקור הברכה סי׳ כ״א שמשתדלים ליתן טעם להמנהג.

54 עיין בבה״ל הנ״ל (סי׳ ר״ב סע׳ ט״ו סד״ה על) דבדיעבד אם בירך בפה״ע או בפה״א על סוכר יצא.

54.1 בה״ל שם.

55 כך שמעתי מהגרש״ז אויערבאך שליט״א, וכן ראיתי כתוב בשם הגרי״ש אלישיב שליט״א (במקור הברכה סס׳ כ״א) דה״ה כפאווידל״א דאם בירך ברכת הפרי יצא. וע״ע מש״כ בהערה הקודמת.

56 מקור חיים (מבעל חות יאיר) ריש סי׳ ר״ב דאפי׳ לפי הסוברים דמברכים בפה״א על קליפי מארנצין (ראה הערה לקמן בסמוך) מודים דמברכים בפה״ע על קליפי פירות דרגילין לאכלו עם הפנימי דהוי כגוף הפרי. וכ״כ בברכת הבית שער ב׳ אות י״ח.

57 מ״ב סי׳ ר״ב ס״ק ל״ט ועיי״ש בשער הציון אות מ״ג, וע״ע בפוסקים המובאים במקור הברכה סי׳ מ״ז.

58 מ״ב שם.

4. Chocolate Covered Fruit or Nut

The determination of which brocha to make on a chocolate nut combination is dependent on the intention of the person eating it.[dd] If one primarily wants the fruit or nut, and regards the chocolate coating as an enhancer to the fruit, he should recite a *borei pri hoetz* which will exempt the chocolate as well.[59]

Alternatively, if he primarily wants the chocolate, and regards the fruit as an enhancer to the chocolate, he should recite a *shehakol* which will exempt the fruit.[60]

Regarding instances where one likes both the chocolate and the fruit, (i.e., neither food is regarded as an enhancer to the other) there is a difference of opinion amongst the Poskim.

According to some Poskim he should make one brocha - on the majority ingredient.[ee] [61] Other Poskim rule that one should make two brochos using the procedure delineated in the footnote below.[ff] [62]

[dd] See Chapter 4, Section D.2.

[ee] i.e.: if chocolate is the majority ingredient the brocha is *shehakol*, if fruit or nut is the majority, the brocha is *borei pri hoetz* (or *hoadoma*). If he is not sure which ingredient is the majority ingredient, he should make *shehakol*.

[ff] According to Hagoan Rav Moshe Feinstein, ztz"l two brochos are required. He advised to do as follows: If he has another fruit, he should make a *borei pri hoetz* on that fruit with intention to exempt the fruit in the candy. He should then make a *shehakol* on the candy. If he does not have another fruit, he should make a *shehakol* with specific intention **not** to cover the fruit, and eat some of the chocolate covering. He should then recite a *borei pri hoetz* and eat the rest of the candy.

59 עיין מש"כ בפרק ד' (בפנים אצל הערות 9 ו33) דבין על שני מאכלים נפרדים הנאכלים יחד, בין על שני מאכלים המעורבים, אם האחד עיקר והשני בא להכשיר העיקר מברך על העיקר ופוטר את הטפל.

60 שם.

61 כך שמעתי מהגרש"ז אויערבאך שליט"א ושאלתיו איך צריך לנהוג לברך אם יש ספק אם הרוב פרי או שוקולד, דאם הרוב פרי צריך לברך בפה"ע, אבל אם הרוב שוקולד אולי יש להצטרף הסברא שמעיקר הדין ברכת השוקולד בפה"ע, והשיב לי שאינו נכון לברך בפה"ע שהרי אנו נוהגים לברך שהכל על שוקולד והו"ל ככל תערובות מין עץ ומין שהכל שאם אינו יודע איזה מהם הוא הרוב צריך לברך שהכל.

62 אג"מ ח"ג סי' ל"א, דכיון שרוצה לאכול הפרי מצד עצמו וגם רוצה לאכול

5. Sugar Coated Nuts

The brocha for sugar coated nuts such as sugar coated almonds is *borei pri hoetz*.[62.1] The brocha for sugar coated peanuts is *borei pri hoadoma*[gg]. This applies only in cases where the coating is soft, and the nut is eaten in the first bite. However, if the coating is hard, and is eaten before the nut, a shehakol must first be recited for the coating - then , before eating the nut, a separate brocha should be made for the nut.[62.2]

6. Hydroponically Grown Vegetables

Hydroponically grown vegetables are grown out of the ground in a water and nutrient filled synthetic medium. Since they are not

[gg] peanuts do not grow on a tree

השוקולד מצד עצמו הו״ל כשני עיקרים וצריך לברך על שניהם.

ועיין במקור הברכה סי׳ ס״ה שכתב דדברי האג״מ הנ״ל תמוהים מאוד דהנה כללא הוא וכ״כ המ״ב בסי׳ רי״ב ס״ק א׳ דבתערובות ב׳ מינים ושניהם עיקרים אזלינן בתר רוב עכת״ד. ונלע״ד דאינו קשה דדוקא בתבשיל אחד עשויה מתערובת ב׳ מינים שאין שייך לברך עליו ב׳ ברכות מאחר שהוא מאכל אחד התם אזלינן בתר רוב אבל על ב׳ מאכלים נפרדים וגם אינם נאפים יחד (כמו ice cream sandwich) שפיר מברכים ב׳ ברכות ולא אזלינן בתר רוב ומשום הכי גופא ציין האג״מ להמ״א ומחצה״ש בסי׳ רי״ב ס״ק ה׳ ולהמ״ב בסי׳ קס״ח ס״ק מ״ה, דמשם נלמד שעל ב׳ מאכלים נפרדים כמו דובשנים ומרקחת מברכים ב׳ ברכות ולא אזלינן בתר רוב. (ע״ש במ״ב דדוקא אם נאפין ביחד נחשב מאכל׳ אחד, ובנידון דידן אינם נאפים ביחד רק שמערים שוקולד חם על הפרי).

עוד תמה המקור הברכה על האג״מ הנ״ל דהרי מצינו להדיא בכמה פוסקים לברך בפה״ע על שקדים המחופים בצוקער וכ״כ המ״ב בסי׳ ר״ד ס״ק נ״א וראינו מזה שא״צ לברך ב׳ ברכות ולמה פסק האג״מ לברך כאן ב׳ ברכות. ולפע״ד אינו קשה שהצוקער בא להכשיר את השקדים ואינו נחשב עיקר שכל מאכל שבא להכשיר לעולם בטל ותדע שכן הוא דהרי כתב המ״ב דאף שהצוקער הרבה מהפרי הפרי עיקר משא״כ הכא שלא בא השוקולד להכשיר הפרי ולא הפרי להכשיר השוקולד שפיר צריך לברך ב׳ ברכות.

62.1 מ״ב סי׳ ר״ד ס״ק נ״א.

62.2 שמעתי מהגרש״ז אויערבאך שליט״א שאם הסוכר רך ובנגיסה ראשונה אוכל גם הסוכר וגם השקד מברך בפה״ע, אכן אם מצופה בסוכר קשה שצריך מקודם לאכול הסוכר ואז לאכול השקד צריך לברך שהכל על הצפוי ובפה״ע על השקד, ויש מינים (שקוראים אותם ״פיצפוצים״) עשוים עם הרבה סוכר ובתוכו חתיכות קטנות של שקדים שהסוכר הוא העיקר ואין מברכים על השקד כלל.

"fruits of the ground", a borei pri "hoadoma" is not appropriate. They are therefore subject to shehakol.[63]

In some hydroponic systems, there is a trench in the ground filled with water, which is connected to the growing plants. In this type of system, the plants are considered connected to the ground, and the brocha is, therefore, borei pri hoadoma.[64]

If one can not determine which system was used, he should make a *shehakol*.[65]

7. Sprouts

Alfalfa sprouts are grown completely out of the ground. The brocha for alfalfa sprouts, therefore, is *shehakol*.[66]

Likewise, the brocha for fresh or canned bean sprouts (the type used in chinese foods)[hh] is *shehakol*, since they too are grown out of the ground.[67]

Brussels "sprouts" are not sprouts but rather regular vegetables in the cabbage (Brassica) family. They are grown in the ground, and are subject to *borei pri hoadoma*. (see footnote[ii])

[hh] There is a type of health food derived from ordinary beans just beginning to sprout. Typically it is made from raw beans which are soaked in water for a few hours. We have learned (Section B.1) that vegetables which are normally eaten cooked, are subject to *shehakol* when eaten raw.

[ii] A significant percentage of brussels sprouts are, at the present time, infested

63 ח״א כלל נ״א סעי׳ י״ז דאין מברכים בורא פרי ״האדמה״ על מינים הגדלים בעציץ שאינו נקוב דלא נקרא ״אדמה״ אלא המחובר, ושמעתי מהגרש״ז אויערבאך שליט״א דכן יש להורות לברך שהכל, וגם על גידולי מים שאינם מחוברים לקרקע מברכים שהכל. ע״ע בשדי חמד כללים סי׳ כ׳ אות ק׳ ובשו״ת מחזה אליהו סי׳ כ״ח ובשו״ת שבט הלוי ח״א סי׳ ר״ה.

64 שמעתי מהגרש״ז אויערבאך שליט״א, כיון שהמים שבצינור ששם מגדלים הירק מחובר בכל עת להמים שבחריץ חשוב כאילו גדל ממים שבחריץ, והמים שבחריץ דינו כקרקע.

65 ראה פרק ט״ז הערות 3 - 5 ובפנים שם.

66 ראה הערה 63 דעל מינים הגדלים בעציץ שאינו נקוב מברך שהכל, ומינים אלו גדלים בכלים שלא על הקרקע.

67 שם.

8. Kasha, Millet

Buckwheat kernels (kasha) despite its name, is not a grain plant. Millet is also not a grain plant. The appropriate *brocha rishona* for buckwheat kernels and millet is *borei pri hoadoma*. Their appropriate *brocha achrona* is *borei nefoshos* and not *al hamichya*.[68]

9. Rice

Rice and rice products are discussed in detail in Addendum 4.

10. Inedible

A brocha is not required for something which is considered inedible to most people.[jj] For example, in the unlikely event that one wished to eat a piece of raw potato[69] or raw beet[70] - he is not required to make a brocha.

with aphids. Each of the sprout leaves must therefore be inspected for insects prior to use.

[jj] A brocha is required only for those foods which provide at least a minimal level of pleasure to the taste. If a food is not pleasurable to eat - i.e., most people will not eat that food even when there is a pressing need to eat it- a brocha is not required.[70.1] See Chapter 13, Section A.

[68] מ״ב סי׳ ר״ח ס״ק ל״ז, וע״ע אג״מ או״ח ח״א סי׳ ס״ה ויו״ד ח״ב סי׳ כ״ה.

[69] בה״ל סי׳ ר״ב סעי׳ י״ב ד״ה לאוכלם, ושעה״צ סי׳ ר״ה אות ה׳, שאין מברכים על מיני פירות חיים אם אינם ראוים לאכול ע״י הדחק, והנה עינינו רואות שתפוחי אדמה אינם ראוים לאכול חיים כלל (ובספרי על הל׳ מוקצה, פרק ה׳ הערה 23, כתבתי בשם הגר״מ פיינשטיין זצ״ל דתפוחי אדמה חיים מוקצים הם מפני שאינם נאכלים חיים). וכן שמעתי מהגרח״פ שיינברג שליט״א שלא לברך על תפוחי אדמה חיים.

[70] שעה״צ שם.

[70.1] בה״ל סי ר״ב ׳ סעי׳ י״ב ד״ה לאוכלם, וע״ע מש״כ בפרק י״ג הערה 1.1 ובפנים שם.

11. Unripe

In the unlikely event that one were to eat a not fully developed fruit, he should make a *borei pri hoadoma*.[71] If one were to eat a not fully developed vegetable, he should make a *shehakol*.[72]

71 שו״ע סי׳ ר״ב סעי׳ ב׳. ועיין שם בבה״ל ד״ה ושאר שיש לנהוג כדעת הגר״א שלא לברך בפה״ע על פרי שלא הגיע לעונת המעשרות.

72 מ״א סי׳ ר״ד ס״ק ז׳, מ״ב שם ס״ק י״ג, ועיין בהערה הקודמת מש״כ בשם הגר״א, ולפי דבריו על ירקות שלא הגיע לעונת המעשרות אין לברך אלא שהכל.

ועיין בשו״ת אור לציון (ח״ב פי״ד אות ט׳) שכתב לברך שהכל על עגבניות ירוקות שנכבשו בחומץ (pickled tomatoes) דכיון שעונת המעשרות בעגבניות הוא משיתחילו להתאדם הרי לא באו לעונת המעשרות שלהם, אמנם שמעתי מהג״ר עזריאל אויערבאך שליט״א בשם חמיו הגרי״ש אלישיב שליט״א דעונת המעשרות בעגבניות הוא כשנגמר הפרי ואפי׳ קודם שהתחיל להתאדם כיון שדרכם להתאדם מעצמן אחר הלקיטה, ועגבניות ירקות כבר באו לעונות המעשרות שלהם, ולפ״ז צריך לברך בפה״א על עגבניות ירוקות שנחבשו בחומץ.

שלא תתבטל ברכתו אבל לא יאכל יותר עד שיברך על דבר אחר שהוא ודאי בפה״א.[5]

ד- י״א שמיני עצים רכים שהפירות יוצאים מהעץ האמצעי (trunk) ולא מן ענפים (branches) לא נקרא אילן, ואע״פ שמתקיים העץ שלמעלה מן הקרקע ונותן פירות משנה לשנה מ״מ מברכים עליו בפה״א,[6] וסימן זה נאמר רק לגבי עצים רכים או נמוכים כגון מאלינעס (raspberries) אבל אילן גדול כגון תמר לא אבד ממנו שם אילן אע״פ שיוצא הפירות מן העץ האמצעי.[7]

ה- י״א דכל דבר שנוטעין אותו גרעין, והוא עושה פירות בתוך שנתו הראשונה לנטיעתו, אף שעצו וענפיו קיימים ונותן פירות משנה לשנה מ״מ אינו נקרא אילן ומברך בפה״א,[8] ולפי הני פוסקים מברכים בפה״א על פאפיא (papaya) דכן הוא הטבע של אותו מין שנוטעים הגרעין והוא עושה פירות בתוך שנה הראשונה.

ו- י״א דכל אילן שאינו קיים יותר מג׳ או ד׳ שנים לא נחשב אילן דמסתבר דכל שאינו קיים עד אחר שנות ערלה ורבעי לאו אילן הוא דלא מסתברא שיהא אילן שפירותיו אסורים לעולם, אכן הוסיפו שאין להקל לסמוך על סברא זו לבד אבל יש לסמוך ע״ז בצירוף סימן אחר דהיינו שעושה פירות בשנה ראשונה (עיין באות הקודמת).[9]

ז- יש מי שאומר שכל דבר שהעץ האמצעי שלו (trunk) חלול בפנים לאו אילן הוא שאין דרכם של אילנות להיות חלולים מבפנים, ולפי סברא זו צריך לברך בפה״א על פאפיא (papaya) מטעם שעצו חלול בפנים.[10]

לא נקרא אילן (ועיין בהערה לקמן בסמוך לענין בדיעבד). ובמ״ב סי׳ ר״ג ס״ק ג׳ כתב דעל פאזימקע״ס מברכים בפה״א ועיין באג״מ ח״א סי׳ פ״ו שכתב דפאזימקע״ס הם כמו ה״סטראבערעס״ (תות שדה) ומברכים עליהם ועל ה״סטראבערעס״ בורא פרי האדמה.

5 ח״א כלל נ״א סי׳ ט׳ הובא במ״ב סי׳ ר״ג ס״ק ג׳. אכן הגר״ז (בסידורו פ״ו סי׳ ז׳) כתב סתם דיצא בדיעבד ולא הזכיר שאין לאכול יותר.

6 גר״ז (בסידורו פרק ו׳ אות ז׳) ועיין בקצות השלחן (סי׳ מ״ט בבדה״ש אות ו׳) שכתב דהגר״ז למד דין זה מהירושלמי (כלאים פרק ה׳ הל׳ ז׳) המובא בתוס׳, דאיתא בירושלמי שם דעל אטד (e.g., bramble bush) מברכין בפה״א ומפרש הגר״ז הטעם לפי שהאטד אין לו ענפים (branches) ולפיכך פסק הגר״ז דדבר שאין לו ענפים כמו מעלינעס (raspberries) לא נחשב אילן ומברכים עליו בפה״א.

ועיין ביאור הגר״א למס׳ כלאים שמפרש דהא דמשני תמן לברכה ר״ל דלענין ברכה דינו כאילן ומברכים על פירות האטד בורא פרי העץ ולפי פי׳ הגר״א א״א להביא ראיה משם לברך בפה״א על אילן שאין לו ענפים דאדרבא הרי האטד נחשב עץ לענין ברכה, גם לפי׳ הגר״א מיושב מה שהביא רבי מנחם (תוס׳ ברכות דף מ׳ ד״ה איתיה) ראיה מירושלמי זה לברך בפה״א על פרי האטד.

7 בדי השולחן שם.

8 שו״ת רדב״ז ח״ג סי׳ תקל״א, רב פעלים ח״ב או״ח סי׳ ל׳ בשם תשובת הרמב״ם ובשם רדב״ז הנ״ל וע״ע בהערה לקמן בסמוך. וע׳ כף החיים סי׳ ר״ג אות י״ג.

9 חזו״א ה׳ ערלה סי׳ י״ב.

10 הלכות קטנות ח״א סי׳ פ״ג.

גדר אילן לענין ברכה

כדי להגדיר מה נקרא אילן לענין ברכה העתקנו כאן תמצית דברי הפוסקים ומקוריהם.

א- דבר שצריך לזורעו בכל שנה לא נקרא אילן לכו״ע.[1]

ב- דבר שהעץ האמצעי (trunk) וגם הענפים (branches) נשארים בחורף ובשנה שניה יוצאים פירות מהענפים נקרא אילן לכו״ע, ועל פירותיו מברכין בפה״ע לכל הדעות.[2] ואילן שיש לו תנאים אלו רק שהוא נמוך ואינו גבוה מן הארץ ג׳ טפחים מעיקר הדין נקרא עץ אך העולם נוהגים לברך על פירותיו בפה״א.[3]

ג- דבר שעציו וענפיו כלים בחורף ורק שרשיו (roots) נשארים בחורף ובשנה השניה יוצא מן השרש עץ וענפים מחדש וממנו יוצאים פירות, אינו נקרא אילן ומברכים על פירות אלו בפה״א,[4] ובדיעבד אם בירך בפה״ע יאכל רק מעט כדי

[1] טור ריש סי׳ ר״ג.

[2] עיין בהערה 4 לקמן שהבאנו מחלוקת הראשונים די״א שאם השרשים מתקיימים משנה לשנה נקרא עץ, וי״א דוקא אם גם העיקר (trunk) שלמעלה מן הארץ נשאר קיים אז נקרא עץ, אמנם הגר״ז כתב (בסידורו פרק ו׳ אות ז׳) שי״א שאפי׳ אם הענפים (branches) היוצאים מן העץ האמצעי אינם מתקיימים אלא נושרים בחורף וחוזרים וצומחים בקיץ ומוציאין עלין ופירות, אין פירותיו חשובים לברך בפה״ע, ועפ״ז כתבנו דאם העץ האמצעי וגם הענפים מתקיימים מברכים בפה״ע לכו״ע.

[3] ח״א כלל נ״א סי׳ ט׳ הובא במ״ב סי׳ ר״ג ס״ק ג׳. ועיין באג״מ (או״ח ח״א סי׳ פ״ה) דבמקום שלא ידוע המנהג או כשיש ספק אם גדלים על אילנות פחותים מג״ט או גבוהין יש לברך בכל מקום בפה״ע.

[4] עיין בהערה 2 דהגמ׳ נותנת סימן לידע מה נקרא עץ והוא שאם מתקיים ה״גוווא״ בחורף ולשנה שניה מוציא פירות נקרא אילן, ואם לאו לא נקרא אילן. וחלקו הראשונים בפירוש ״גווזא״ וגם חלקו הפוסקים בדעת הראשונים הנ״ל. והעתקנו כאן דעת הראשונים לפי פירושו של הב״ח בריש סי׳ ר״ג, והח״א (כלל נ״א סי׳ ט׳ ובנ״א שם) והמ״ב (ריש סי׳ ר״ג):

רש״י, רבינו יוסף, ותשובת הגאונים סברי דגווזא הוא העץ האמצעי (trunk) שלמעלה מן הארץ (ומה שפי׳ רש״י גווזא, ענף של העץ ר״ל העץ שלמעלה מן הארץ לאפוקי השורש שלמטה מן הארץ, עי״ש בב״ח) ולפי דעה זה כל שהעץ האמצעי אינו נשאר משנה לשנה אע״פ שהשורש נשאר קיים ולשנה הבאה מוציא עץ ופירות מ״מ לא נקרא אילן, ומברכים עליו בפה״א.

תוס׳ (שם ד״ה איתיה לגווזא) והרא״ש (סי׳ כ״ג) ור״ת בשם הר״ם (הובא בהגהת אשרי שם) סברי דגם השרשים שלמטה מן הארץ נקראים גווזא ולכן אפי׳ אם כלה העץ שלמעלה מן הארץ ונשאר רק השרשים נקרא עץ ומברך עליו בפה״ע (ומש״כ התוס׳ שה״עץ״ מתקיים ר״ל שהשורש מתקיים). ולפ״ז על תות שדה (strawberries) וכדומה מברכים בפה״ע.

ולענין הלכה סתם הרמ״א כדעת רש״י והגאונים הנ״ל וכן פסקו רוב האחרונים דכל שהעץ האמצעי מתקיים נקרא אילן אבל אם אין העץ האמצעי מתקיים אע״פ שהשרשים קיימים,

CHAPTER 23

Juices and Soups

Introduction

In this chapter we discuss the halachos of making a brocha on all types of juices and soups.*

Section A deals with juices. For example, although orange juice is subject to *shehakol*, nevertheless if one made a *borei pri hoetz* on orange juice he is *yotzei*.

However if he mistakenly made a *borei pri hoetz* on orange juice made from concentrate, the brocha is not valid. He must make a *shehakol* before drinking the rest of the orange juice.

Other juices discussed are: apricot nectar, tomato juice, grapefruit juice, prune juice, apple juice and cider, pineapple juice, carrot juice and vegetable cocktails.

Section B discusses the brochos required for various types of soup. For example, mushroom barley soup requires a *borei menei mezonos*. Clear broth from beet or cabbage soup, even if there are no pieces of vegetable present, requires a *borei pri hoadoma* in many instances.

Soups discussed are: vegetable soup, bean soup, clear vegetable broth, cream of potato soup, instant soups, barley soup, mushroom soup, fruit soup, cabbage soup, borscht, chicken soup, corn soup, tomato soup, split pea soup, and onion soup.

פרק זה מבוסס בעיקרו על שו״ע סי׳ ר״ב סעי׳ ח׳ וסי׳ ר״ה סעי׳ ב, וג׳.

A. Juice

Fruit juices are typically produced by crushing and pressing fruit to extract their moisture content. Halachically, this moisture content is viewed as "sweat" of the fruit, rather than as a component of the fruit itself. Since juice of a fruit or vegetable can not be referred to as "fruit", it is not subject to *borei "pri" hoetz* (or *"pri" hoadoma*) but rather to *shehakol*.[1] [a]

Note: Grape juice and wine are exceptions[2], as explained in the next chapter (Chapter 24).

[a] Regarding sucking a fruit to extract the juice, see Hebrew footnote below.[1.1] Oils expressed from fruits or vegetables ,such as peanut oil, are also subject to *shehakol* (except for olive oil, see footnote)[1.2].

[1] איתא בגמ׳ דף ל״ח ע״א האי דובשא דתמרי מברכין עלויה שהכל נהיה בדברו מאי טעמא זיעה בעלמא הוא, ופי׳ רש״י שם (ד״ה זיעה) דהמשקה היוצא מן הפרי אינו פרי לברך עליו בורא ״פרי העץ״, וכתב הב״י בסי׳ ר״ב על דבש הזב מהם שהכל וכל שכן ביוצא ע״י כתישה, וכן איתא בשו״ע סי׳ ר״ב סעי׳ ח׳ דעל דבש הזב מתמרים וכן על משקין היוצאין מכל מיני פירות חוץ מזיתים וענבים מברך שהכל, ובסי׳ ר״ה סעי׳ ג׳ כתב המחבר גבי ירקות וז״ל אם סחטן אינו מברך על אותם משקים אלא שהכל עכ״ל. ע״ע מש״כ בשם האג״מ בסוף הערה 9.

[1.1] לענין מציצת משקין בפיו עיין בכה״ח (סי׳ ר״ב אות ס״ג) שהמוצץ בפיו משקה הבלוע בתוך הפרי ואינו לועס גוף הפרי בשיניו מברך על המשקה שהכל, אבל אם הכניס הפרי לתוך פיו ולועסו כדי להוציא המשקין אע״פ שאינו אוכל את הפרי כיון שלועסו בשיניו חשוב אוכל ומברך בפה״ע, עכת״ד. וכ״כ בקצות השולחן (סי׳ נ״ג סעי׳ א׳)

ולענין מציצת ענבים עיין בגר״ז (בסידורו פרק ו׳ סעי׳ ט׳) שהמוצץ יין הבלוע בתוכם אינו מברך בורא פרי הגפן רק בפה״ע, ובשו״ת אור לציון ח״ב פרק י״ד אות ז׳, כתב שהסוחט ענבים לתוך פיו - אף שעל המשקה הנסחט לתוך כוס מברך בפה״ג - מ״מ אם סוחט לתוך פיו נ״ל לברך בפה״ע, עיי״ש.

[1.2] עיין בשו״ע סי׳ ר״ב סעי׳ ד׳ דהשותה שמן זית באופן שאינו מזיקו מברך בפה״ע. ולענין שמן שומשמין עיין באבן העוזר סוף סי׳ ר״ח שחלק על הב״י (סוף סי׳ ר״ד ד״ה כתב הרב דוד אבודרהם) ופסק לברך עליו שהכל.

[2] שו״ע סי׳ ר״ב סעי׳ ח׳.

1. Fruit Grown For Juice (e.g. Orange Juice)

There is a difference of opinion among the Rishonim[3] [b] regarding

[b] Some Rishonim rule that since the trees were planted especially for juice, the juice becomes the "fruit" of the tree and is thus subject to *borei "pri" hoetz*.[3.1] Other Rishonim rule that even if the trees were planted especially for juice, nevertheless, since the end product is not a "fruit" its brocha is *shehakol*.[3.2]

[3] **הקדמה: מי פירות**
(עיין עוד בהערה 16 לקמן)

הנה מבואר בגמ׳ (דף ל״ח ע״א) דעל מי פירות מברכים שהכל דהמשקין היוצאים מהם אינם אלא זיעה בעלמא, והקשו הרבה ראשונים מהא דאיתא בדף ל״ט ע״א דמיא דכולהו שלקי כשלקי (פי׳ מים שבשלו בו ירקות דינם כירקות עצמן) ומברכים עליהם בפה״א ואמאי הא אין במים אלא טעם הפרי ומאי שנא ממי פירות שאין מברכים עליהם אלא שהכל?

ותירץ **הרא״ש** (פרק ו׳ סי׳ י״ח) וז״ל ולא דמי (מי שלקות) למי פירות דאמרינן לעיל דזיעה בעלמא הוא לפי שמשקה אין לו טעם הפרי ואפשר שאם בישל הפרי ונכנס טעם הפירות במים מברך עליהן בפה״ע. עכ״ל.

והרשב״א (בחידושיו דף ל״ח ע״א) תירץ דשלקות כיון שרוב אכילתן הוא ע״י שליקה אמרינן מי שליקתן כמותם ומברכים בפה״א אבל פירות שאין דרכם לבשלם ולא לסוחטם אלא לאכלם כמו שהם חיים בהנהו לא אמרינן שמימיהם כמותם ומברכים על מימיהם שהכל. וביארו הפוסקים (מ״א סי׳ ר״ב ס״ק כ״ב, והגר״ז שם סעי׳ י״א, והח״א כלל נ״ב בנ״א אות א׳, והמ״ב סי׳ ר״ב ס״ק נ״ב) טעם הרשב״א שכיון שדרכן למסחטינהו נמצא שמתחלת נטיעתם נטעו להו אדעתא דהכי ומש״ה מברכים על מימיהם בפה״ע או בפה״א. ור״ל שעל דעת כן נוטעים אותם לשתות גם מימיהם (גר״ז סי׳ ר״ב סעי׳ י״א). ושמעתי מהגרש״ז אויערבאך שליט״א דלאו דוקא כשרוב פירות נטעו למיץ (כמו תפוזים) אלא אפי׳ אם מיעוטם נטעו למיץ אם דרך לעשות מהרבה מהם מיץ, או נוטעים מין מיוחד שטוב למיץ, גם זה חשוב נטע אדעתא דהכי. (יבואר עוד בהערות הבאות).

והשו״ע בסי׳ ר״ב סעי׳ י׳ מביא דעת הרשב״א ודעת הרא״ש הנ״ל אבל בסי׳ ר״ה סעי׳ ג׳ הביא רק דעת הרא״ש עיין שם בשעה״צ (סי׳ ר״ה אות כ״א).

[3.1] דעת הרשב״א הובאה בהערה הקודמת.

[3.2] דעת הרא״ש הובאה בהערה 3 לעיל. ועיין בשעה״צ סי׳ ר״ב ס״ק נ״ד וסי׳ ר״ה ס״ק כ״א דאף על פירות שרוב אכילתן הוא ע״י סחיטה ס״ל להרא״ש דמברכים שהכל, אכן החזון איש (או״ח סי׳ ל״ג אות ה׳) כתב שאפשר שהרא״ש מודה להרשב״א בזה.

juice from fruits which are grown mainly for juice (e.g., oranges[4] [c], cranberries[d]).

Most Poskim rule that even if the fruit is mainly grown for its juice, nevertheless, the brocha is *shehakol*.[5]

B'dieved

B'dieved, if one recited a *borei pri hoetz* (or *hoadoma*) on juice from fruit which is grown mainly for juice he is *yotzei*.[6]

Some Poskim add, that if a substantial percentage of the fruit is grown for juice - e.g., grapefruits - it too is covered, *b'dieved*, by a *borei pri hoetz* (or *hoadoma*).[6.1]

This only applies to natural orange, cranberry, or grapefruit juice (not from concentrate). However, if the juice was made from concentrate, the *borei pri hoetz* (or *hoadoma*) is not valid and a new brocha is required.[6.2]

[c] Source: U.S.D.A, National Agricultural Statistics Services, Citrus Summary 1989-90.

[d] Source: Cranberry Growers Cooperative, and the N.J. Agricultural Extension Service.

4 עיין בחזון איש (שם) שצדד לומר דברכת מיץ תפוזים היא בפה"ע מטעם שהבאנו בהערה הקודמת. עוד צדד החזון איש (שם) לומר שכיון שסוחטים כל גוף הפרי לתוך הכוס ואינו נשאר רק הפסולת אפשר שיש לו דין פאווידל"א (הוזכר ברמ"א סי' ר"ב סעי' ז') דמעיקר הדין ברכתו בפה"ע.

5 הכרעת המ"ב סי' ר"ה ס"ק י"ד ושעה"צ שם ובסי' ר"ב ס"ק נ"ד (וכן משמע מנשמת אדם אות א' ד"ה ולפ"ז) וכן שמעתי מהגרש"ז אויערבאך שליט"א שלכתחלה אין לסמוך על סברת החז"א הנ"ל אמנם בדיעבד ודאי יכול לסמוך על סברא זו. ע"ע בשו"ת שבט הלוי ח"ד סי' י"ט.

6 עיין בשעה"צ סי' ר"ב ס"ק נ"ד שנשאר בצ"ע בזה, אכן בסי' ר"ה ס"ק כ"א משמע דס"ל דיצא, וע"ע בהערה הקודמת מש"כ בשם הגרש"ז אויערבאך שליט"א דבדיעבד ודאי יכול לסמוך על סברת החזו"א הנ"ל.

6.1 כך שמעתי מהגרש"ז אויערבאך שליט"א דבדיעבד אם בירך בפה"ע על מיץ אשכליות ודאי יצא דנחשב נטעו אדעתא דהכי ואף אם נאמר דרובם נטעו לאכילה עכ"פ דרך הוא ג"כ לעשות מהם מיץ, ע"ע בהערה 3.

6.2 כך שמעתי מהגרש"ז אויערבאך שליט"א שהמים שמערבים עם הריכוז (concentrate) אינו נחשב כהמיץ, ע"ע במנחת שלמה סי' ד' דה"ה במיץ ענבים משוחזר שאין

2. Nectars, Tomato Juice

Nectars are made by pulverizing the entire fruit, removing only the peels and pits, with all of the pulp going into the nectar. Included are: apricot nectar, guava nectar, mango nectar, peach nectar and pear nectar.

Tomato juice is also made by pulverizing the entire tomato into juice.

Even though nectars and tomato juice contain the entire fruit, nevertheless the brocha is *shehakol*.[7]

B'dieved

If one mistakenly recited *borei pri hoetz* (or *hoadoma*) on natural (not from concentrate[7.1]) nectars, a new brocha is not required. Similarly, if *borei pri hoadoma* was mistakenly recited on tomato juice a new brocha is not required.[8]

However, if the juice was made from concentrate, the *borei pri hoetz* (or *hoadoma*) is not valid and a new brocha is required.

3. Juice Made By Cooking - Prune Juice

Technically juice made by cooking fruit, should, in certain cases, require a *borei pri hoetz* (see Hebrew footnote). Nevertheless, the

מברכים עליו בפה"ג ואין מקדשים עליו בשבת. ע"ע בשו"ת מנחת יצחק חלק ח' סי' י"ד, ושו"ת אור לציון ח"ב פרק כ' אות כ"א, ועיין מש"כ בפרק כ"ד הערה 5.1, ופרק כ"ז הערה 43.

7 עיין בחזו"א (סי' ל"ג אות ה' הובא בהערה 4) שצדד לומר שאם נתן כל הפרי לתוך הכוס יש לו דין ריסוק של פאווידל"א (ראה מש"כ פרק כ"ב הערה 30, דמעיקר הדין ברכתו בפה"ע). ושמעתי מהגרש"ז אויערבאך שליט"א דקשה לומר שיש לי דין פאווידל"א כמש"כ החזון איש. ע"ע בתשו' שבט הלוי ח"ד סי' י"ט ותשו' אור לציון ח"ב פרק י"ד סי' ו' שחולקים על סברת החזו"א הנ"ל, ובהערה 9 מש"כ בשם האג"מ.

7.1 ראה הערה 6.2.

8 ראה הערה 7, ושמעתי מהגרש"ז אויערבאך שליט"א שבדיעבד יש לסמוך על סברא זו דאם כבר בירך בפה"א על מיץ עגבניות אין לחזור ולברך.

minhag is to recite *shehakol* for all types of juices. Therefore, the brocha for prune juice is *shehakol*.[9]

B'dieved

If one recited *borei pri hoetz* (or *borei pri hoadoma*) on prune juice, he is *yotzei*.[9.1]

4. All Other Fruit Juices , e.g., Apple Juice

The only valid brocha for all other juices (i.e., neither made from fruit grown especially for juice, nor containing the pulverized fruit) - such as apple[e] juice[10] - is *shehakol*.

[e] According to U.S.D.A. and process industry data, only a minority of apples

9 כנר׳ שנהגו עלמא לברך שהכל על מיץ פלוימי״ן (prune juice), והנה ראיתי מחקרים ממומחים שיש מין שזיף מיוחד שנטעו להו כמעט רק על דעת ליבשו ולעשות מהם פלומי״ן יבשים, ומחלק גדול מהם עושים מיץ וחלק גדול מגיע לשוק יבשים חיים ואוכלים אותם חיים ומבושלים, ואין ספק שחשוב נטעי אדעתא דמיץ ועיין באג״מ או״ח ח״א סי׳ ס״א, וכן שמעתי מהגרש״ז אויערבאך שליט״א, ולפ״ז ודאי יוצא בדיעבד בברכת בפה״ע.

והנה אופן עשיית מיץ פלומי״ן הוא שמבשלים את הפלוימי״ן לצורך מימיהם ומרסקים את הפרי ומסננו וזורקין את הגוש. וצריך עיון למה אין מברכים עליו לכתחלה בפה״ע דלכאורה יש בו כל התנאים של שלקות (ראה הערה 16 לקמן) דהיינו שיצא המים ע״י בישול וטעם הפרי ניכר היטב בהמים, והפירות נטעו אדעתא דהכי, ולכאורה יש בו גם תנאי השלישי שיהיה הבישול לצורך הפירות, דהנה כתב הח״א (כלל נ״ב סי׳ א׳) וז״ל ואפי׳ אם בשל הירקות עכשיו שלא לצורך רק שצריך המים לרפואה אפ״ה כיון שדרך אותן ירקות לעולם לבשלן לצורך אכילה ולכן גם הרוטב דין ירקות יש להם עכ״ל אמנם מסתברא שכיון שזורקים הפרי אין לו תנאי השלישי (ולא דמי לירקות שדרכן לעולם לבשלן) ומש״ה אין מברכים בפה״ע, וכן צדד הגרש״ז אויערבאך שליט״א.

שוב מצאתי בעה״י עוד טעם לדבר באג״מ יו״ד (ח״ב ססי׳ כ״ה) שציין למש״כ באו״ח סי׳ ס״א לברך בפה״ע על רוטב של קארשן וכתב (שם ביו״ד) וז״ל אבל העולם נוהגים לברך שהכל (פי׳ אף דמדינא היה צריך לברך בפה״ע) כיון דהוא באופן שתיה כתוס׳ דף ל״ח והובא בהגר״א סי׳ ר״ב סעי׳ ד׳ עכ״ל (ולכאורה יש לפרש דרק על מרקות (soups) שאוכלין אותן דרך אכילה בזה מברכים בפה״ע או בפה״א, אבל על דבר שדרך לשתותו כמשקה כגון שכר או אניגרון או מיץ פלוימי״ן אין מברכין עליה אלא שהכל).

9.1 ראה הערה הקודמת.

10 גמ׳ שם (ל״ח ע״א) יין תפוחים וכו׳. עיין מ״ב סי׳ ר״ה ס״ק י׳ וז״ל ולכן משקין

Therefore, if one made a *borei pri hoetz* (or *hoadoma*) on such juices the brocha is **not** valid, and a new brocha (*shehakol*) is required.[11]

5. Vegetable Juices, e.g., Carrot Juice

The brocha for all vegetable juices is *shehakol*.[12]

If one mistakenly recited *borei pri hoadoma* on vegetable juice made from pulverized vegetables, (e.g., carrot juice made from pulverized carrots) a new brocha is not required.[13]

6. Juice Remaining in the Dish

A brocha made on a fruit exempts any juice or syrup eaten with the fruit.

For example, a *borei pri hoetz* made on a baked apple or on stewed prunes or peaches etc., exempts the juice in the dish as well.[14]

are grown for juice production. In general, there are no specific varieties which are grown solely for juice .

שעושין לפסח מתפוחים וכל כה״ג אין מברך עליהן אלא שהכל.

(ועיין לעיל בהערה 3 דלדעת הגרש״ז אויערבאך שליט״א אם דרך לעשות מיץ מהרבה פירות, או נוטעים מין מיוחד שטוב למיץ, גם זה חשוב נטע אדעתא דהכי, ובדיעבד יצא בברכת בפה״ע, אכן שמעתי ממרן שליט״א שאין תפוחים חשובים נטע אדעתא דהכי שנטועים בעיקר לאכילה, רק שעושים מיץ מהגרועים וממה שלא נמכר לאוכל, גם אין נוטעים מין מיוחד למיץ תפוחים.)

11 עיין בשעה״צ סי׳ ר״ב ס״ק נ״ד שדן במי פירות ממין שנטע אדעתא לסחוט מימיהן דאם נאמר שסתם המחבר דלא כהרשב״א (הובא בהערה 3) אז בדיעבד אינו יוצא בברכת הפרי, ואי מסופק אם קי״ל כהרשב״א או לא אז בדיעבד יצא, משמע להדיא דעל מיץ משאר מיני פירות ודאי אינו יצא אפי׳ בדיעבד.

ע״ע מש״כ הגרש״ז אויערבאך שליט״א בשו״ת מנחת שלמה (סי׳ צ״א אות ג׳) בטעה ובירך בפה״ע על רסק פירות דיוצא בדיעבד, ולא דמי למשקין היוצאין מהפירות דחשיבי כזיעה בעלמא (וגם בדיעבד לא יצא).

12 דעל מים שנסחטו מירקות אף מאותם שעומדים לבישול ולשלקות אם סחטן אינו מברך על המשקין אלא שהכל כדאיתא בשו״ע סי׳ ר״ה סעי׳ ג׳ ועיין במ״ב שם ס״ק י״ד.

13 עיין מש״כ לעיל בהערה 8 שבדיעבד יש לסמוך על סברא החזו״א הנ״ל ואם כבר בירך

14 מ״ב סי׳ ר״ב ס״ק נ״ד ועיי״ש בשעה״צ ס״ק ס״ו.

Even if there is some juice or syrup left over in the dish after the fruit is finished, it does not require a separate brocha.[14.1]

B. Soups

This section discusses the *brocha rishona* requirements[f] of soups.

In most cases, the brocha for a soup which contains solid pieces of vegetables is *borei pri hoadoma*. A second brocha is not required for the liquid broth, as it is covered by the *borei pri hoadoma* made on the vegetables[15] (see applications 1, 2, 4, 6, 7, 9, 12).

In many cases, if the soup was cooked with vegetables and captured the flavor of the vegetables, even if the liquid soup is eaten alone (without vegetables in the bowl) the brocha is, nevertheless, *borei pri hoadoma*[16] (see Hebrew footnote, and application 1).

[f] Note: The *brocha achrona* requirements of soups are discussed in Chapter 21, Section C.7.

[14.1] ראה פרק ד׳ הערה 57.

[15] כתב המ״ב (סי׳ ר״ב ס״ק נ״ד) דאם אוכל הפירות עצמן ושותה המים ג״כ מסתברא דא״צ לברך שהכל על המים דנעשה טפל להפרי ונפטר בברכת בפה״ע שבירך מתחילה על הפרי ומשמע מהשעה״צ (שם ס״ק ס״ו) שכל המרק נטפל להפירות בין המרק הנאכל עם הפירות ואפי׳ המרק ששותה לבד אחר שכבר גמר לאכול הפירות ג״כ נפטר בברכת הפירות.

ודברי במ״ב והשעה״צ צריכים ביאור דהנה כתב המ״א בסי׳ קס״ח ס״ק ל׳ שאם עירב אורז עם זופ״א וכוונתו על שניהם יברך ב׳ ברכות אחת על האורז ואחת על הזופ״א (עיין מש״כ בפרק ב׳ הערה 36 דר״ל שלח ויבש אינו נחשב כמאכל אחד ומש״ה לא אזלינן בתר רוב כבשאר ב׳ מאכלים המעורבים יחד) וא״כ למה כתב המ״ב שהמים נפטרים בברכת הפרי. ואין לומר שהמים נפטרים מדין מלפת לפרי (עיין מש״כ פ״ד הערה 9 דאם אוכל ב׳ מאכלים נפרדים ביחד ואחד בא ללפת השני נחשב מה שאוכל ללפת כטפל) דרק מה שאוכל ביחד ממש נחשב כטפל כדאיתא במ״ב סי׳ רי״ב ס״ק ו׳ ובשעה״צ שם ס״ק כ״א ולמה נפטרים כאן המשקים ששותה אחר אכילת הפירות?

אכן עיין במסגרת השולחן סי׳ נ״ד אות ו׳ ובלקוטי שושנים (חלק א׳ אות ט׳ בהגהה שם ד״ה אין כח במרק) דהא דכתב המ״א בסי׳ קס״ח דעל תערובת לח ויבש יברך ב׳ ברכות מיירי שאינו מתבשל יחד אבל משקה הנתבשל עם מאכל שפיר נחשב כמאכל אחד ומברכים רק ברכה אחת על העיקר ופוטר את הטפל (והכריע חילוק זה מהגר״ז עיי״ש).

If the liquid soup neither contains pieces of vegetables, nor is cooked with vegetable solids, the brocha is, generally, shehakol (see Hebrew footnote and application 3).

16 **הקדמה: שיטת הפוסקים בענין מי שלקות** (ע"ע בהערה 3 לעיל)

איתא בגמ' (דף ל"ט ע"א) אמר רב פפא פשיטא לי מיא דסלקא כסלקא וכו' ומיא דכולהו שלקי ככולהו שלקי. וכתב המחבר (סי' ר"ה ס"ב) וז"ל על מים שבישלו בהם ירקות מברך הברכה עצמה שמברך על הירקות עצמן אע"פ שאין בהם אלא טעם הירק עכ"ל שם והמ"א בס"ק ו' הביא כל השיטות ותמצית הדברים הוא:

א- דעת הרא"ש בפסקיו (הובא בב"י סי' ר"ב) שאין מברכים בפה"א (או בפה"ע) אלא על מים שנתבשלו או נשרו בו הפירות אבל אם נסחט מיץ מהפירות מברכים עליו שהכל (שטעם הפירות יוצא יותר ע"י בישול).

ב- דעת הרשב"א (הובא בב"י הנ"ל) כל מידי דלית דרכיה למישלקיה ולא למיסחטיה וכו' לא אמרינן שיהיו מימיהם כהן וביאר הלבוש (הובא במ"א ס"ק כ"א) דר"ל שאין מברכים בפה"א (או בפה"ע) אלא על מרק מפירות שמתחלת נטיעתם נטעי להו אדעתא דהכי דהיינו דוקא כשהרבה פירות מאותו המין עומדים לסחיטה או שדרך לבשלם כדי לאכול המרק (עיין מש"כ בשם הגרש"ז אויערבאך שליט"א בהערה 3). אבל אם בישל למשל תפוחים ואפרסקים לעשות מרק פירות ושותה המרק לבד צריך לברך שהכל שהרי עיקר אכילת תפוחים ואפרסקים אינו לצורך מי בישולם ולא נחשב נטע אדעתא דהכי (עיין מש"כ בשם הגרש"ז אויערבאך שליט"א בהערה 11 לעיל, ובהערה 25.1 לקמן . וע"ע בחזון איש סי' ל"ג אות ה' ד"ה ויש שדן בהגדרת נטע אדעתא דמשקין).

והרמב"ם (פרק ח' ה"ד הובא בב"י סי' ר"ה) כתב וז"ל ירקות שדרכן להשלק, שלקן מברך על מי שלק שלהן בפה"א, והוא ששלקן לשתות מימיהן שמימי השלקות כשלקות במקום שדרכן לשתותן עכ"ל וחלקו הפוסקים בכוונתו וכתב בנ"א דמלשונו משמע דס"ל כהרשב"א דאם דרך בני אדם לשתות המים מברכים כמקודם.

ג- דעת הרא"ש בתשובותיו (הובא בב"י סי' ר"ה) שאין מברכים בפה"א (או בפה"ע) רק היכא שעיקר הבישול הוא לצורך אכילת הפירות אבל אם הבישול היה בעיקר לצורך המים ולא לצורך הפרי מברך שהכל. (ועיין בספר בית מאיר]סי' ר"ה[וס' תהלה לדוד]סי' ר"ב אות ו' בשם הפמ"א[שתמו על מש"כ הרא"ש]הנ"ל[דאין מברכין בפה"א אלא היכא שהבישול הוא לצורך אכילת הפירות הא בגמ' איתא להדיא דעל מי שיבתא מברכים בפה"א ושם כל עיקר בישולו הוא רק לצורך המים). אמנם על ירקות שדרך אותן ירקות לעולם לבשלן לצורך אכילה והוא אינו מבשלם לאכילה אלא למימיהם אמרינן דלא איכפת לן מה שהוא מבשלן לצורך מימיהן כיון דרוב העולם מבשלים אותן לצורך הירקות בטלה דעתו כ"כ הרא"ש בתשובתו, הועתק דבריו בח"א הובא בהערה לקמן בסמוך.

ד - להלכה אנו חוששים לכל הדעות הנ"ל ולפיכך אין מברכים בפה"א (או בפה"ע) על המים שבישלו בו ירקות (או פירות) אלא א"כ יש בהם תנאים אלו:

א) שהפירות נתבשלו או נשרו עם המים.

ב) הרבה פירות מאותו המין מתבשלים לצורך מימיהם.

ג) שהבישול הוא לצורך אכילת הפירות ולא לצורך שתיית המים לבד.

ובעיקר דין שלקות שמעתי מהגרש"ז אויערבאך שליט"א דמה שמברכים על מי ירקות כברכת הירק הוא דוקא אם ניכר היטב במים טעם הירק עצמה, אבל אם אינו ניכר כ"כ טעם הירק בהמים שהוא טעם קלוש אין

1. Vegetable Soup, Bean Soup, Potato Soup

The brocha for vegetable soups, made from vegetables or beans, is borei pri hoadoma.[17]

If one ladles out some of the liquid soup, and serves it without vegetables, he should, nevertheless, make a borei pri hoadoma. (See Hebrew footnote for an explanation of this halacha).[18]

If flour was added to thicken the soup, the brocha nevertheless remains borei pri hoadoma.[g]

If the vegetable soup contains barley or noodles the brocha is *borei menei mezonos* - as explained in paragraph 4, below.

2. Vichyssoise (Cream Of Potato) Soup

Vichyssoise soup is made from finely ground or pureed potatoes. If there are solid bits of potato in the bowl (as is usually the case) the brocha is *borei pri hoadoma*.[18.1] If not the brocha is *shehakol*.[h] [19]

[g] Normally if one of the ingredients of a mixture is mezonos the brocha is *borei menei mezonos*. In this case, however, since the flour is added merely to thicken the soup it is not considered the ikar, as explained in Chapter 4, Section D.1b.

[h] Vegetables which are pureed to the extent that they no longer retain either their original form or appearance are subject to *shehakol*, as explained in Chapter 22, Section C.

מברכים על המים ברכת הירק, רק שהכל.

[17] ראה הערה 15.

[18] ראה הערה 16.

[18.1] ראה הערה 15.

[19] תהלה לדוד (סי׳ ר״ב אות ז׳) ז״ל אם באמת גוף הפרי נשתנה ונימוח ע״י בישול גם על מי בישול מברך שהכל, עכ״ל. וכן שמעתי מהגרש״ז אויערבאך שליט״א שאם הירקות מרוסקים לגמרי שדינם לברך שהכל על הירקות (כרמ״א בסי׳ ר״ב סעי׳ ז׳) גם על מי בישולם אין לברך אלא שהכל. (ע״ע מש״כ לעיל בהערה 16 אות ג׳).

(ולא דמי למש״כ לעיל בהערה 15 דאם יש חתיכות ירק במרק מברכים בפה״א דהתם הברכה הראויה לחתיכות הירק היא בפה״א והמים נפטרים בברכת הירק מטעם עיקר וטפל משא״כ על מרק מירק המרוסק לגמרי אף על הירק עצמו אין מברכים אלא שהכל, כמש״כ פרק כ״ב הערה 30).

וראיתי בספר וזאת הברכה (עמוד 46) שכתב בשם הגרש״ז אויערבאך שליט״א לענין

3. Instant Soups

Vegetable soups made from dehydrated[i] soup mixes (i.e., packets of dried vegetables or herbs and flavoring which are added to water to make "instant" soup) are usually eaten for the liquid soup. The flavorings and vegetable solids are added merely to enhance the liquid.

Since the liquid is the *ikar*, the appropriate brocha is *shehakol,* which will exempt the other (enhancing) ingredients.[j] [20]

Some types of microwave ready instant soup (dehydrated ingredients packaged in a ready to serve cup) contain ample amounts of vegetables. The brocha for such soups is *borei pri hoadoma,* as delineated in paragraph B.1 above.

Other types of microwave ready "soup in a cup" contain ample amounts of noodles. The brocha for such soups is *borei menei mezonos,* as explained in paragraph B.4 below.

Regarding instant split pea soup - see application B.11 below.

[i] Vegetables and herbs such as parsley, dill, etc. which ordinarily require inspection for insects prior to use, require no prior inspection if dehydrated[20.1].

[j] see Chapter 4, Section B.

מרק מירקות מרוסקים שאפי׳ אם נשארו מעט מן הפירות בודדות שלא נתרסקו הם בטלים ואינו מברך אלא שהכל.

ואנו מדברים כאן במיני ירקות שאין דרכם להיות נאכלים באופן מרוסק, אבל אם עשה המרק ממין ירק שע״פ רוב נאכלת באופן מרוסק, צריך לברך בפה״א על המים - שעל ירקות אלו מברכים בורא פרי האדמה אפי׳ במרוסק (כמש״כ בפרק כ״ב) - וממילא גם על מי בישולם דינו לברך בפה״א.

[20] עיין במ״ב סי׳ ר״ח ס״ק כ״ג שעל זופ״א (מרק) מהרבה מים וקצת גרויפי״ן (שאינו מה׳ מיני דגן) מברך ברכה אחת שהכל, שהמים הם העיקר והגרויפין נתבטלו לגבי המים.

[20.1] נתברר לנו מחכמי מדע של dehydrated herbs שעל פי רוב תוצאות אלו באים לשוק לאחר י״ב חודש מעת הייבוש, ומבואר בשו״ע (יו״ד סי׳ פ״ד סעי׳ ח׳) שלאחר י״ב חודש מותר, דנעשו התולעים כעפר, ואף על מין שיש ספק אם בא לשוק אחר י״ב חודש או קודם, מ״מ יש להתירו מטעם ספק ספיקא (עיין שו״ע שם וש״ך ס״ק כ״ט) ספק י״ב חודש ואת״ל אינו י״ב חודש ספק נתפרר מחמת החום והייבוש והשיפשוף, (ויש עוד ספק, ספק היו בו תולעים ספק לא

4. Soups Containing Barley or Noodles

For vegetable barley soup or vegetable noodle soup one should make a *borei menei mezonos* on the barley or noodles, which will exempt the vegetables[21] and the liquid[22] as well.

Even if the soup contains more vegetables than barley, nevertheless, one should make a *borei menei mezonos* on the barley, which will exempt the other ingredients.[22.1] [k]

5. Mushroom Soup

The brocha for mushroom soup is *shehakol*.[23]

[k] If the soup consists mostly of liquid, containing only a small amount of barley grains, the following procedure should be followed: First make a *borei menei mezonos* on some of the barley. Next take some other food or drink whose brocha is *shehakol* (except water) and make a *shehakol* on it while having intention to exempt the soup. (One should not make a *shehakol* on water in order to bypass an uncertainty - see Chapter 13, Section A.5a).[22.2]

היו בו) ויש גם עוד סניפים להתיר ואכמ״ל.

ובתשובות בכתב שקבלתי מהגרש״ז אויערבאך שליט״א (ה׳ ניסן תשמ״ה) בענין תולעים כתב וז״ל חושבני דיש לסמוך שלאחר ו׳ חדשים נעשה כעפר (דעת הפר״ח, יו״ד סי׳ פ״ד) אע״ג דיש אוסרים בממית אותם בידים, עכ״ל.

21 מטעם כל שיש בו מחמשת המינים מברכין במ״מ וכן שמעתי מהגרש״ז אויערבאך שליט״א ועיין בהערה 22.1 מש״כ עוד בשמו. ועיין בהערה דלקמן בסמוך, ע״ע בפרק ד׳ ושם תמצא כל הפרטים הנוגעים לדין ״כל שיש בו״.

22 מ״ב סי׳ ר״ה ס״ק י״א דאם אוכל המרק עם הלביבות עצמן מברך עליהן במ״מ ופוטר בזה את הרוטב ג״כ לכו״ע מטעם טפל. ועיין מש״כ לעיל בהערה 15 דלא קשה ממש״כ המ״א (בסי׳ קס״ח סק״ל) דלא אזלינן בתר רוב וגם לא אמרינן ״כל שיש בו״ בתערובת לח ויבש דזה דוקא כשלא נתבשלו יחד אבל בנתבשלו יחד שפיר אמרינן ״כל שיש בו״ וברכת במ״מ פוטרת מינים לחים ויבשים שבתערובת כמבואר במסגרת השולחן ולקוטי שושנים הובאו בהערה הנ״ל.

22.1 עיין במ״ב סי׳ ר״ח ס״ק כ״ג תבשיל של מעט גריסים (barley) עם מים הרבה אפשר דלא בטלי המים למעט גריסים שבו. ושמעתי מהגרש״ז אויערבאך שליט״א דבמרק מגריסים וירקות קצוצות אע״פ שהגריסים הוא המיעוט כנגד הירקות, מ״מ כיון שמעורבים בירקות קצוצות והכל ביחד בכמות חשובה (כנגד המים) שפיר בטל המים להמאכל שהוא העיקר וכיון שיש במאכל גריסים ונתן בו הגריסים לטעם ולשביעה הו״ל עיקר ומברך במ״מ ופוטר הירקות והמים.

22.2 אג״מ או״ח ח״א סי׳ ס״ט.

23 עיין בשו״ע סי׳ ר״ד סעי׳ א׳ דמברכים

For soup containing mushrooms and vegetables; if the majority ingredient (not counting the liquid) is mushrooms the brocha is *shehakol*, if the majority ingredient is vegetables the brocha is *borei pri hoadoma*.[l] A separate brocha is not required for the liquid soup.[24]

For mushroom barley soup one should make a *borei menei mezonos* on the barley, which will exempt the mushrooms and the liquid soup as well (see paragraph 4 above).

6. Fruit Soups

For fruit soups containing solid pieces of fruit, one should make a brocha for the fruit which will exempt the liquid soup. For example, for soup made from cherries, peaches, and plums, one should recite *borei pri hoetz*.[25]

If one wishes to eat the liquid without the fruit[m], he should make a *shehakol*.[25.1]

For soups containing (solid pieces of) fruits of the tree and fruits of the ground one should make a brocha on the majority type.[26]

To illustrate, if the soup contains a majority (not counting the liquid) of fruits of the ground (e.g., pineapple, rhubarb, strawberries) the brocha is *borei pri hoadoma*. In either case (fruit of the tree

[l] See Chapter 4, Section D.3.

[m] If a few fruit pieces wind up being served along with the liquid, they are covered by the *shehakol*.[25.2]

שהכל על כמהין ופטריות, ולכן פשוט הוא דעל מרק פטריות מברכים שהכל.

[24] ראה הערה 15.

[25] מ"ב סי' ר"ב ס"ק נ"ד, ועיין מש"כ בהערה 15.

[25.1] עיין בשו"ע סי' ר"ב סעי' י' ובמ"ב ובה"ל ושעה"צ שם שמברכים שהכל על מי בישול פירות, שלדעת הרשב"א (הובא בהערה 3, ובהערה 16 אות ב') כל מידי דלית דרכיה למישלקיה לא אמרינן שיהיו מימיהם כהן, ולפיכך מברך שהכל על מי בישול פירות ויוצא גם להרא"ש (הובא בהערות הנ"ל).

[25.2] מ"ב סי' ר"ח סס"ק כ"ג.

[26] ראה פרק ד' הערה 34.

or of the ground) the liquid which is eaten together with the fruit is exempted by the brocha made on the fruit.[27]

7. Cabbage Soup, Beet Borscht

The brocha for cabbage soup (with pieces of cabbage)[28] and beet borscht (with pieces of beet)[29] is *borei pri hoadoma*.

Regarding eating the liquid only (without pieces of cabbage or beet) see Hebrew footnote.[29.1]

27 מ״ב סי׳ ר״ב ס״ק נ״ד. וכתב בשו״ע סי׳ ר״ב סעי׳ י״ב דעל פירות שטובים חיים וגם מבושלים מברך בפה״ע גם כשהם מבושלים ועיין שם במ״ב ס״ק ס״ז דאפי׳ פירות שאין דרכם לבשלם כלל אם מבשלים אותם באופן שאינו משתנה לגריעותא צריך לברך עליהם בפה״ע וכמש״כ בפרק כ״ב הערה 11 אות ב׳.

28 מ״ב סי׳ ר״ה ס״ק ח׳ - ומש״כ בפנים שמברכין בפה״א מיירי ששלקן לאכול גם את הכרוב - ובכה״ג גם אם שותה המים לבד מברך בפה״א, דהנה במרק של כרוב קיים כל התנאים שהבאנו לעיל בהערה 16: א - הוא מבושל, ב - דרך ב״א לבשל כרוב לעשות מרק, ג - הבישול היה גם לצורך אכילת הכרוב, ד - טעם הכרוב ניכר במים.

29 ומיירי שבישלן לאכל גם את הבוריקע״ס כנ״ל ושמעתי מהגרש״ז אויערבאך שליט״א דגם אם שותה המים לבד מברך בפה״א דיש בו כל התנאים של מי שלקות (שהבאנו בהערה 16) וטעם הבוריקע״ס (beets) ניכר היטב בהמים .

ודע דמה שאנו קוראים בארש״ט הוא מים שבישל בו בוריקע״ס כדי לעשות מרק, ואין זה הבארש״ט המובא בט״ז וח״א ומ״ב סי׳ ר״ה ס״ק ח׳, דשם מיירי שכבשו הבוריקע״ס כדי שיחמיצו.

29.1 לענין מרק כרוב צלול -

יש לעיין איך לברך אם בישלו רק לצורך מימיה לבד די״ל שיש לברך בפה״א ואף שעכשיו היה הבישול רק לצורך המים, אפ״ה כיון שדרך אותן ירקות לעולם לבשלן לצורך אכילה מודה הרא״ש שיש לו דין שלקות, (כ״כ הרא״ש בתשובה הנ״ל, ראה לעיל הערה 16 אות ג׳) אכן י״ל שאין דרך לעולם לבשל כרוב לצורך אכילה ולא שייך ״בטלה דעתו״ וברכתו שהכל, וצ״ע.

ולענין בארש״ט צלול -

יש לעיין איך לברך אם בישלו רק לצורך מימיהן לבד די״ל שיש לברך בפה״א ואף שעכשיו היה הבישול רק לצורך המים, אפ״ה כיון שדרך אותן ירקות לעולם לבשלן לצורך אכילה מודה הרא״ש שיש לו דין שלקות (כנ״ל) אכן אפשר דדוקא כשרוב ב״א באותו מקום מבשלים אותו לצורך הירק וגם לצורך המים, אבל לגבי בוריקע״ס שע״פ רוב מבשלים הבוריקע״ס וזורקים המים אפ״ל שגם להרא״ש אין מברכין אלא שהכל, שוב ראיתי במקור הברכה (ססי׳ כ״א) שדן בזה ותלה ד״ז במחלוקת מ״א ונ״א עיי״ש, וצ״ע.

8. Chicken or Meat Soup

The brocha for clear chicken or meat broth is *shehakol,* (even if the soup was cooked with carrots celery and other vegetables).[30]

Carrots, celery or other vegetables served with chicken soup, should, technically, require a separate brocha.[31] However, if the vegetables are eaten with the soup to enhance the flavor of the soup - as is the case for most people - they are considered *tofel* to the soup. As such, the vegetables are covered by the *shehakol* made on the chicken soup, and do not require a separate brocha.[32] [n]

If one wishes to eat a plate of soup vegetables, and takes some soup in the bowl primarily to enhance the flavor of the vegetables, the soup is considered *tofel* to the vegetables. In this uncommon case, one should make a *borei pri hoadoma* on the vegetables, which will cover the soup as well.[33] [o]

Regarding mandelin, matzo balls, or kreplach eaten together with the soup - see Chapter 4, Section E.3.

9. Corn Soup

Corn soup is made by mixing creamed corn with milk or water. The brocha is *borei pri hoadoma* which exempts the liquid. (Since the

[n] Provided that the vegetables are eaten together (on the same spoon) with the soup.[32.1]

[o] Provided that the soup is eaten together (on the same spoon) with the vegetables.[32.1]

30 שו״ע סי׳ ר״ה סעי׳ ב׳.

31 עיין בערוך השלחן סי׳ רי״ב סעי׳ ב׳ (הובא בפרק ד׳ הערה 19 ובפנים שם) דלא שייך עיקר וטפל בתערובות אלא בחתיכות קטנות המעורבות זה בזה שלוקחים בכף אחת זה וזה, וכאן במרק עוף עם חתיכות של גזר וכדומה אף שנתבשלו יחד לא חשוב כמאכל אחד לברך על העיקר ולפטור את הטפל, וכן שמעתי מהגרש״ז אויערבאך שליט״א.

32 כך שמעתי מהגרש״ז אויערבאך שליט״א, ומש״כ המ״ב סי׳ ר״ה ס״ק י״ג לא איירי במקרה כזה שעיקר כוונתו הוא לאכול הגזר כדי ללפת המרק. ע״ע מש״כ בפרק ד׳ הערות 9 - 12 ובפנים שם.

32.1 עיין מש״כ בפרק ד׳ הערה 12 ובפנים שם.

33 שמעתי מהגרש״ז אויערבאך שליט״א ומש״כ במ״ב סי׳ ר״ה ס״ק י״ג אם אוכל הירק

liquid merely enhances the corn, it is exempted by its brocha).[34]

10. Tomato Soup

Tomato soup is made from pureed tomatoes. If there are no pieces of the tomato present in the soup (which is generally the case) the brocha is *shehakol*.[35]

Tomato Rice Soup

Tomato rice soup (tomato soup and rice cooked together) is viewed as an *ikar* and *tofel* food combination (discussed in detail in Chapter 4).[36] The rule for such mixtures is: only one brocha is required, that of the *ikar*, which exempts the other component of the mixture. Thus the brocha is determined by the following:

Typically, one eats tomato rice soup primarily for the soup, and eats the rice in order to enhance the soup. In this case the soup is the *ikar*, and the brocha is *shehakol*.[37]

In the uncommon case that one primarily wants the rice and eats the soup in order to enhance the rice, the rice is the *ikar*, and the brocha is *borei menei mezonos*.[38]

If one eats tomato rice soup simply because he likes both ingredients, (i.e., neither ingredient is there to enhance the other) - than the *ikar* is the majority ingredient. In such cases if there is more soup than rice the brocha is *shehakol*, while if there is more rice than soup the brocha is *borei menei mezonos*.[39]

עם המרק א״צ לברך כ״א על הירק מיירי במקרה כזה.

34 ראה הערה 15.

35 שמעתי מהגרש״ז אויערבאך שליט״א שמברכים שהכל, שהרי העגבניות מרוסקים לגמרי (עיין מש״כ בהערה 19).

36 כך שמעתי מהגרש״ז אויערבאך שליט״א ודנין אותו כמאכל אחד ולא דמי לאורז וזופ״א המובא במ״א סי׳ קס״ח ס״ק ל׳ דהכא נתבשלו יחד וגם רוצה לאכל האורז והמרק בתורת מאכל אחד. וע׳ לעיל הערה 15.

37 שמעתי מהגרש״ז אויערבאך שליט״א מטעם שכתבנו בהערה הקודמת, וע״ע מש״כ בפרק ד׳ הערה 9 ובפנים שם.

38 שם.

39 ראה פרק ד׳ הערה 34, 35 ובפנים שם.

11. Split Pea Soup

Split pea soup is made from split peas which are cooked until dissolved. If there are no pieces of pea present in the soup the brocha is *shehakol*.[40]

Split Pea Noodle Soup

The brocha for split pea noodle soup is *borei menei mezonos*.[41] [p]

12. Onion Soup

Onion soup is made by sauteing onions and mixing them with water and spices. The brocha is *borei pri hoadoma* which covers the liquid as well.[42] [q]

13. Rice and Milk

Regarding rice and warm milk (rice and milk "soup") - see Chapter 4, Section E.2a.

[p] If the soup consists mostly of liquid, containing only a small amount of noodles - see footnote k.

[q] Onion soups made from dehydrated soup mixes are usually made from flavorings and a small amount of dehydrated onion solids. The onion solids are added merely to enhance the liquid. The brocha for such soups is *shehakol* - see B.3 above.

40 שמעתי מהגרש״ז אויערבאך שליט״א, שהרי האפונים מרוסקים לגמרי (עיין מש״כ בהערה 19).

41 ראה הערה 36 שדנין אותו כתבשיל אחד, וכל שיש בו מחמשת המינים מברכים במ״מ (ראה פרק ד׳ הערות 21 - 32 ובפנים שם).

42 עיין מ״ב סי׳ ר״ה ס״ק ז׳ שאם טיגן בצלים כדי להשביחן מברך עליהן בפה״א. ושמעתי מהגרש״ז אויערבאך שליט״א שמרק מבצלים מטוגנים אע״פ שיש בו הרבה מים ותבלינים מ״מ כיון שיש בו בצלים הו״ל הבצלים עיקר ומברך עליו ברכת הבצלים שהוא בפה״א.

CHAPTER 24

Wine and Other Beverages

Introduction

This chapter deals with the *brocha rishona* requirements for wine and other beverages.*

In Section A we discuss various types of wine products. For example, raisin wine requires a *borei pri hagofen,* while honey wine and brandy (distilled wine) require a *shehakol*. What brocha should be made for wine mixed with seltzer?

Section B deals with the brocha for other beverages (except fruit juices and soups - which were discussed in detail in the previous chapter, Chapter 23).

Note: The halacha that wine exempts other beverages (i.e., when one recites *borei pri hagofen* and drinks wine, all other beverages which were in front of him or which he intended to drink are exempted from their brocha requirements) is discussed in detail in Chapter 6.

The *brocha achrona* requirements of wine and grape juice are dealt with in Chapter 20.

* פרק זה מבוסס בעיקרו על שו״ע סי׳ ר״ב (סעי׳ א׳) ור״ד (סעי׳ ה׳,ו׳)

A. Wine

The Torah identifies wine as the "fruit" of the grapevine.[1] It is the only fruit juice identified by the Torah as a fruit.[a]

Based on this characterization (i.e., calling wine the fruit of a tree[b]), the designated brocha for wine should have been *borei pri hoetz*. Chazal, however, noting the special intrinsic importance of wine[c] designated a more specific brocha for it, i.e., *borei pri hagofen*.[2]

Since wine is identified as a fruit of the tree, some Poskim rule that if one recited *borei pri hoetz*[3] (or borei pri hoadoma[4])[d] on i, the

[a] The oil of olives is also identified as the fruit -see Chapter 22, footnote a.

[2] A grapevine is considered a tree - see Chapter 22, Section A.2.

[c] i.e., wine gladdens and satiates.

[d] *borei pri hoadoma* is valid for fruit of the tree - see Chapter 15, D.5. and

[1] תנן בר"פ כיצד מברכין על פירות האילן הוא אומר בפה"ע חוץ מן היין שעל היין הוא אומר בפה"ג, ופירש הפרישה (בריש סי' ר"ב) דאע"ג דבפירות איירי הוצרך לומר חוץ מן היין משום שמברכין גם כן עליו פרי וכיון דמיקרי פרי הוה אמינא לברך עליו בפה"ע ע"כ. ולא ביאר כאן הגמרא מנ"ל שיין נקרא פרי. אכן איתא בראש (סי' ג') דילפינן מערלה שנקרא יין פרי והתם יליף פרי פרי מבכורים שהמשקים הבאים מהם כמותם הלכך לענין ברכה נמי חשיב פרי.

[2] בגמ' (ל"ה ע"ב) פריך מאי שנא יין (שקבעו לו ברכה לעצמו) ומסיק דיין אית ביה תרתי סעיד ומשמח. וע"ע מש"כ בפרק ה' הערה 6 ופרק י"א הערה 32.1

[3] כתב המ"א סי' ר"ח ס"ק כ"ב בשם הר"י מבית לוי שאם טעה ובירך על היין בפה"ע צריך לחזור ולברך בפה"ג ועיין בר"י מבית לוי (סי' מ"ז) וז"ל: על כל המשקין של מי פירות מברכין שהכל וכו' ואפי' היין, אי לאו דאשתני למעליות', דכל דנטע כרמיה אדעת' דיין נטע ונמצא לפי זה דעיקר פרי הגפן הוי היין ולהכי תקינו ליה ברכה זו, ואם לאו היה נשאר גם היין בכלל שאר המשקין שהם בשהכל, עכ"ל. ועיין באבן העוזר שהאריך בזה והביא ראיות שיוצא בברכת בפה"ע, ובמגן גיבורים (שם, בשלטי גיבורים אות ח') שסתר ראיותיו ומסיק כהמ"א. ע"ע במ"ב סי' ר"ח ס"ק ע' ובשעה"צ שם ס"ק ס"ו וס"ז ובשדי חמד אסיפת דינים מערכת ברכות סי' א' אות ב' ובכה"ח שם אות ע"ז שיש בזה מחלוקת ראשונים ואחרונים.

וכתבנו בפנים שלא לחזור ולברך דהנה הח"א (בכלל נ' נשמת אדם אות א') אף שנשאר בצ"ע מ"מ צדד שיצא, ובהג"ה על הגר"ז (סי' ר"ב סעי' י') כתב ששמע מפיו שפסק שיצא, וכן פסק קצות השולחן (סי' נ"ג סעי' א') והמ"ב (שם) אף שלא הכריע מ"מ כתב שלא לחזור לברך דספק ברכות להקל, וכ"כ כה"ח (סי' ר"ח אות ע"ז).

[3.1] כף החיים סי' ר"ח אות ע"ז בשם יד אפרים וקיצור שו"ע.

[4] הנה לכאורה פשוט דלפי הסוברים שאם בירך בפה"ע על יין יצא ה"ה דאם בירך

brocha is valid. Accordingly, if this happened, a new brocha should not be made.[e]

1. Grape Juice

Even though grape juice[f] lacks the attribute of being able to intoxicate, it is, nevertheless, classified as wine, and requires borei pri hagofen and al hagefen.[5]

Chapter 22, A.5

[e] If one can correct himself by reciting the correct ending, *borei pri hagofen,* he should do so. This applies only in cases where the mistake is caught and can be corrected within *toch k'dei dibur* of the recital of the incorrect phrase (*borei pri hoetz* or *borei pri hoadoma*).[3.1] *Toch k'dei dibur* means "within the time it takes to say a few words" - see Chapter 15, Section B.3.

[f] Certain grape juices, produced for export to Israel and other countries, are bottled from concentrates. According to some Poskim, a *borei pri hagofen* may not be made on such grape juices.[5.1] In the United States, however, kosher grape juices (currently available) are not made from concentrate, and are unanimously subject to *borei pri hagofen.*

בפה״א שיצא. אכן בצמח צדק (דף ז׳ ד״ה ולענין אם בירך על היין) כתב וז״ל וצ״ע אם בירך עליו בפה״א אם יצא עכ״ל אמנם הריטב״א הל׳ ברכות פרק ג׳ אות י״א כתב להדיא דיצא וכ״כ הרמ״ע מפאנו באלפסי זוטא (הובא בכה״ח סי׳ ר״ב אות י״א) דיצא, וכן מצאתי בעה״י בשיטה מקובצת לדף מ״ב ע״א ד״ה בירך על הפת .

5 כתב בתשובת הרשב״א (ח״א סי׳ קס״ה, הובא בב״י ריש סי׳ ר״ב) דעל יין תוסס (מיץ ענבים) מברכים בפה״ג, וכ״כ לבוש שם, וע״ע בשו״ע סי׳ רע״ב סעי׳ ב׳ ואין לומר שכוונתו דדוקא אחר שמתחלת התסיסה (שהוא לאחר ב׳ או ג׳ ימים מהדריכה) אז חשוב יין לברך עליו בפה״ג אבל קודם לכן אינו מברך בפה״ג דהרי כתב סוחט אדם אשכול של ענבים וכו׳ דמשמע שמיד אחר הדריכה חשוב יין לברך עליו בפה״ג, ועיין במג״א [סי׳ ר״ב ס״ק כ״ז] שסובר שאפי׳ לפני שהמשיך המשקה מהפירות מברכים בפה״ג).

ויש להקשות דהרי הבאנו בהערה 2 דהטעם שקבעו חז״ל בפה״ג על יין הוא מפני שסעיד ומשמח וא״כ האיך מברכינן בפה״ג על מיץ ענבים הלא אינו משכר ומשמח אכן עיין בת׳ מנחת שלמה סי׳ ד׳ שביאר דכיון שמתחלה כשנסחט היה ראוי להיות שכר שמשמח ומשכר משום הכי חל עליו שם יין ונשאר בברכת הגפן אף דעכשיו אינו משכר ומשמח.

5.1 עיין שו״ת מנחת יצחק חלק ח׳ סי׳ י״ד ושו״ת מנחת שלמה סי׳ ד׳, ושו״ת אור לציון ח״ב פרק כ׳ אות כ״א.

2. Grape Wines

Champagne[6], cooked wine,[7] pasteurized wine,[7.1] raisin wine,[8] and fruit flavored grape wines (e.g., Plum Royale, peach flavored wine, Sangria)[9] are all classified as wine. These beverages require borei pri hagofen and al hagefen.

3. Non - Grape Wines

Honey wine (mead), cherry wine, apple wine and the like, are not made from grapes and are, therefore, subject to *shehakol*.

6 פשוט, שוב ראיתי שכ״כ בשו״ת אור לציון פרק כ׳ אות י״ח והוסיף שיין מוגז אף לדעת הרמב״ם כשר לקידוש שכיון שלא הוסיפו בו דבר ממשי כשר לנסכים וה״ה לקידוש.

7 כתבו התוס׳ בבבא בתרא (דף צ״ז ע״א ד״ה אילימא, והובא בב״י סי׳ ער״ב) שמקדשין ומברכין בפה״ג על יין מבושל ולא אמרינן דאישתני לגריעותא ע״י הבישול ודלא כפי׳ רש״י והר״ש שכתבו דיין מבושל מברכין עליו שהכל דאשתני לגריעותא, וכן פסק המחבר בסי׳ ר״ב סעי׳ א׳. ולענין לקדש על יין מבושל עיין ברמ״א סי׳ רע״ב סעי׳ ח׳ שאם יש לו יין מבושל והוא טוב יותר מיין אחר שאינו מבושל המנהג לקדש על המבושל, אבל אם היין שאינו מבושל טוב יותר או אפי׳ אם המבושל ואינו מבושל שוין (מ״ב שם ס״ק כ״ג) יש להחמיר ולקדש על האינו מבושל.

7.1 עיין מש״כ בהערה הקודמת בענין יין מבושל.

ולענין יין מאימתי נחשב מבושל –

עיין בשו״ע יו״ד הלכות יין נסך (סי׳ קכ״ג סעי׳ ג׳) דנקרא מבושל משהרתיח ע״ג האש וכתב הש״ך (ס״ק ז׳) דהיינו שיתמעט ממדתו ע״י רתיחה ועיין באג״מ י״ד ח״ב סי׳ נ״ב דמדת החום להתחשב יין מבושל פשוט שהוא ביד סולדת בו ובאג״מ יו״ד ח״ג סי׳ ל״א כתב דיש פעקטערעס מיין שמבשלין יינותיהן עד מדת החום שבמדינתנו לא פחות ממדה של מאה וששים וחמש גראד (165 degrees F) ואין בזה איסור מגע עכו״ם דודאי הוא בישול וגם ודאי מתמעט. אמנם בספר שמירת שבת כהלכתה ח״ב פרק מ״ז הערה צ״ה הביא מש״כ הגרש״ז אויערבאך שליט״א די״א שפיסטור היין (pasteurization) אינו מועיל לגבי מגע נכרי וכן שמעתי בשם הגה״צ מצעהלים זצ״ל.

8 איתא בשו״ע סי׳ ר״ב סעי׳ י״א מי שריית צימוקים או מי בישולם אם משך המים והבדילם מהצמוקים הו״ל יין ומברך עליו בפה״ג. ויכול אדם לקדש עליו כדאיתא בשו״ע סי׳ ער״ב סעי׳ ו׳, ועיין שם במ״ב ס״ק כ״ב דיש אומרים שמותר לבשל הצמוקים ולסנן היין ולקדש עליו, [עיין במנחת שלמה (הנ״ל) שמפשטות דברי המחבר (סעי׳ י״א) משמע דס״ל שגם מי בישולו של צמוקים הו״ל יין וביאר שאע״ג דהטעם שלו אינו ממש כמו יין, מ״מ אפשר דמ״מ ה״ז חשיב כיין חלש דסעיד ומשמח קצת]. ויש מחמירין דלא נקרא יין עד שיהיה תוסס ג׳ ימים .

9 איתא בשו״ע סי׳ ר״ב סעי׳ א׳ דעל יין קונדיטן דהיינו שנותנים בו דבש ופלפלין

4. Brandy, Cognac

Brandy is a spirit distilled from wine or fruit juice (e.g., blackberry brandy, cherry brandy, etc.). Brandy from grapes of the Cognac district of France is called Cognac.

The minhag is to make a *shehakol* on all types of brandy and cognac, even for those made from distilled wine.[g] [10]

5. Diluted Wine, Wine and Seltzer

Borei pri hagofen may be made on wine and seltzer or wine and water mixtures - providing that most people will drink such a mixture in place of wine (see footnote[h]).[11]

[g] In the opinion of many Poskim since the distilled product is considerably altered from its original state, it is not subject to *borei pri hagofen*.

[h] provided that the mixture contains at least 50 % wine[11.1] (according to some

מברכין בפה״ג ועיין בבה״ל סי׳ ר״ב (סעי׳ א׳ ד״ה ואם הרוב) שאם דרך העולם לערב אותן משקין ביין להשביח טעמו אז אפי׳ הם רובא נגד היין וכו׳ ואפי׳ נשתנה טעם היין מכמות שהיה מקודם וכו׳ מ״מ מברכים עליו בפה״ג .

ולענין קידוש על יין קונדיטן - בסי׳ ער״ב סעי׳ ח׳ כתב המחבר דמקדשין עליו וי״א דאין מקדשין עליו וכתב הרמ״א דהמנהג לקדש עליו.

[10] עיין בכה״ח סי׳ ר״ב אות ט״ו שהביא מחלוקת הפוסקים בזה: המחזיק ברכה כתב דהדבר פשוט מאד דברכתו שהכל וכן מנהג העולם, והמו״ק ס״ל דברכתו בפה״ג (אכן עיין במו״ק הנ״ל שכתב דלא נהוג עלמא הכי לברך בפה״ג). ועיין בשו״ת לבושי מרדכי או״ח סי׳ ל״ג, והר צבי או״ח ח״א סי׳ צ״ז, ושו״ת יד יצחק ח״ב סי׳ ס׳ (הובאו בספר מקור הברכה סי׳ י״ג). שוב ראיתי דבריהם הובאו בקצרה בילקוט יוסף סי׳ ר״ב אות י׳. (אמנם בספר ארחות רבינו כתב בשם החזו״א זצ״ל לברך בפה״ג על קוניאק אמיתי]נראה דר״ל קוניאק העשוי מיין[והסכים בעל הק״י זצ״ל לזה).

[11] מ״ב סי׳ ר״ד ס״ק כ״ט ול״ב.

[11.1] הנה ברמ״א סי׳ ר״ד סעי׳ ד׳ איתא שאם היין יותר מאחד משׁשה במים שם יין עלי אכן בסי׳ ער״ב סעי׳ ה׳ כתב הרמ״א דיינות שלנו יותר טובים בלא מזיגה. ועיין בעולת תמיד (סי׳ ר״ד אות ז׳) וז״ל נר׳ דעכשיו שאין נוהגים כלל למזוג היין במים כי היינות שלנו רפויים מאוד אם נתערב מעט מים בו אפי׳ המים שנתערב בו הוא פחות מהיין אפ״ה אין מברכין עליו בפה״ג מיהא למעשה צ״ע עכ״ל. והא״ר (שם ס״ק י׳) מביא דברי הע״ת הנ״ל והוסיף דלהכי השמיט הלבוש מש״כ הרמ״א בסי׳ ר״ב (הנ״ל) והפמ״ג (שם א״א ס״ק ט״ז) מביא דברי הא״ר להלכה וז״ל ויינות שלנו אין חזקים כל שיש רוב מים ראוי לברך שהכל עכ״ל. וכן הכריע הכה״ח (שם

If most people would not drink such a mixture in place of wine, the brocha is *shehakol*.[12]

Since it is often difficult to judge if people would drink a particular mixture in place of wine, it is suggested that one who wishes to dilute wine should preferably make the *borei pri hagofen* on (undiluted) wine or grape juice,[13] (when making the *borei pri hagofen* - the diluted wine drink should be in front of him[14] or he should have intention[15] to exempt it).[16]

(Regarding the *brocha achrona* for diluted wine - see footnote[i]).

6. Diluted Grape Juice

One should not make a *borei pri hagofen* on diluted grape juice, even if only a small percentage of water or beverage has been

Poskim the mixture must contain at least two thirds wine)[11.2]

[i] If one wishes to drink a *shiur* of this mixture, an uncertainty will arise with regard to the *brocha achrona*[16.1]. One can bypass the uncertainty by drinking a shiur of undiluted wine. The al hagefen which must be recited for the undiluted wine will exempt the diluted wine as well.[16.2] Other suggestions for bypassing an uncertainty in situations where making a brocha achrona is questionable may be found in Chapter 20, Section F.2.

אות ל״ב).

11.2 כ״כ בספר ויגד משה (עמוד נ״ב ע״ב ד״ה ושיעור מזיגה) שאין להוסיף יותר מחלק אחת לב׳ חלקים כדי שיהיה בו לכל הפחות 66% יין, ועיין בספר ארחות רבינו (עמוד פ״ז) ששמע מהגר״ח קניבסקי שליט״א שכן הורה לו החזו״א זצ״ל שלא לערב בו מים יותר משליש.

12 מ״ב סי׳ ר״ד ס״ק כ״ט ול״ב.

13 עיין בארחות חיים (סי׳ תע״ב אות ח׳) שכתב בשם מאורי אור דאין אנו רגילין בשיעור מזיגה לכך לא נהגו במזיגה אפי׳ ערב פסח לצורך חלשים ואין להורות רק מעט מזעיר. ע״ע מש״כ בהערות 11.1, 11.2.

14 ראה פרק ו׳ הערה 10 ובפנים שם.

15 ראה פרק ו׳ הערה 11 ובפנים שם.

16 ואף אם התערובות של יין ומים אינו חשוב יין כלל כבר ביארנו דיין פוטר שאר משקין אפי׳ משקין שלא היו בפניו כשבירך בפה״ג ובלבד שהיה בדעתו לשתותם בשעה שבירך על היין - עיין מש״כ בפרק ו׳ הערה 13.

16.1 דאם באמת חשוב יין צריך לברך על הגפן אבל אם אינו חשוב יין צריך לברך בורא נפשות - ועיין מש״כ בפרק כ״א הערה 24.

16.2 ראה הערה 16.

added.[17] It is suggested that if one wishes to drink diluted grape juice he should make the *borei pri hagofen* on (undiluted) grape juice or wine, (when making the *borei pri hagofen* - the diluted grape juice should be in front of him or he should have intention to exempt it).

(Regarding the *brocha achrona* for diluted grape juice - see foot-note to previous paragraph).

7. Vermouth

Vermouth is wine fortified with alcohol and flavoring. Usually it is mixed in small quantities with whiskey (e.g., with gin to make martinis), in which case the brocha is *shehakol*.[18]

There is a question among the Poskim as to the brocha required when drinking vermouth straight. The Poskim advise, therefore, that if one wishes to drink vermouth straight, he should make a *borei pri hagofen* on wine, and have specific intention to exempt the vermouth.[18.1] [j]

[j] If one wishes to drink a shiur of vermouth, an uncertainty will arise with regard to the *brocha achrona*. For suggestions to bypass the uncertainty see previous footnote and Chapter 20, Section F.2.

17 מנחת שלמה (סי׳ ד׳) וע״ע בשו״ת אור לציון פרק כ׳ אות י״ח שכתב גבי מיץ ענבים שפעמים שטעמו פג אף כשמוסיף בו מעט מים.

18 עיין ברמ״א סי׳ ר״ב סעי׳ א׳ (ובה״ל שם ד״ה מברך) שאם נתערב יין בשכר אם הרוב שכר מברך שהכל וממילא אפי׳ אם נאמר שעל ווערמיט לחודי׳ צריך לברך בפה״ג כאן שמערבים מעט ווערמיט עם הרבה יי״ש ודאי מברכין על העיקר שהוא היי״ש.

18.1 הנה הבה״ל סי׳ ר״ב סעי׳ א׳ ד״ה שהוא מביא דעת הח״א כלל נ״ה סי׳ א׳ דיש לברך עליו בפה״ג (ועיין שם דיש לו דין יין לענין יין נסך אמנם בחכמת אדם כלל ע״ה סי׳ י׳ הביא מחלקת אחרונים לענין יין נסך) ודעת הפמ״ג שמסתפק בזה דאפשר לומר שלא לברך עליו כלל משום שאין החיך נהנה ממנו כ״א לרפואה אמנם בא״א בוטשאטש (שם ס״ק א׳)

כתב על הפמ״ג שאין זה על המצוי במדינות אלו ששותין אותו כל ההמון והמנהג מעיד שלא נפגם טעם יין עכת״ד והנה כאן בארצות הברית יש ב״א ששותים אותו ומ״מ לא רגילי אינשי לשתותו כמו ששותים שאר יינות וכיון שנשאר הבה״ל בספק כתבנו דטוב יותר לפוטרו ביין גמור וכן כתב הכה״ח סי׳ ר״ב ס״ק י״ט.

B. Other Beverages

1. Beer, Whiskey

Beverages such as beer and ale, although made from barley (a *mezonos* grain) are, nevertheless, subject to *shehakol*.[19]

Similarly the brocha for whiskey[k] (which is distilled from grain) is *shehakol*.[20]

2. Coffee, Cocoa, Tea

Although coffee is made from coffee beans and cocoa is made from cocoa beans (fruits of the tree) and tea is made from tea leaves, nevertheless, the brocha is *shehakol*.[21]

[k] Regarding whiskey served during the course of a meal - see Chapter 5, Section B.2b.

[l] *B'dieved*, if one made a *borei pri hoetz* (or *hoadoma*) on brewed coffee or tea, the brocha is valid. *Borei pri hoetz* (or *hoadoma*) is not valid, even *b'dieved*, for instant coffee or instant tea.[21]

[19] שו״ע סי׳ ר״ד סעי׳ א׳ ע״ע מש״כ בפרק ד׳ בפנים אצל הערה 26, 26.1.

[20] ואף על אותן העשויים מה׳ מיני דגן מברכים שהכל דהו״ל כשכר שעורים (שו״ע סי׳ ר״ד סעי׳ א׳) דמברכים עליו שהכל וכ״כ בהר צבי ח״א סי׳ צ״ז דיי״ש משעורים וכדומה ודאי ברכתו שהכל כדנקטינן בשכר גופיה.

[21] עיין בבאר היטב (סי׳ ר״ב אות י״ט) שהביא מחלוקת הפוסקים אם מדינא ראוי לברך בפה״א על טע״ה וקאוו״י מדין מיא דשיבתא כשיבתא ומביא מש״כ הלכות קטנות ופנים מאירות דאף דמדינא היה ראוי לברך בפה״א מ״מ מנהג העולם לברך שהכל. (בכה״ח סי׳ ר״ב אות ע׳ מביא שהמו״ק תמה דאי ס״ל דמימיו כמוהו הו״ל לברך בפה״ע דהא פרי אילן הוא).

והנה כבר הבאנו לעיל (פרק כ״ג הערה 15) דעת הרא״ש בתשובותיו (הובא להלכה במ״א ומ״ב) שאין מברכים בפה״א על מי בישול ירקות אלא היכא שהבישול הוא לצורך אכילת הירקות. ועל פי זה כתב הגר״ז (סי׳ ר״ב סעי׳ י״ב ובסידורו פרק ז׳ אות י״ד) לברך שהכל על טיי״א וקאווי״א.

ולענין בדיעבד - אם בירך בפה״ע או בפה״א על טע״ה או קאוו״י אחר שיש אומרים דברכתו בפה״א מדינא ודאי אין לחזור ולברך, ועיין בצמח צדק דף ט׳ עמוד ג׳ שכתב להדיא שבדיעבד יצא. ולכאורה לפי מש״כ הגרש״ז אויערבאך שליט״א במנחת שלמה סי׳ ד׳ (ראה פרק כ״ג הערה 6.2) אם בירך בפה״א על אינסטנט (instant) טע״ה או קאוו״י חשוב כמים בעלמא וצריך לחזור ולברך שהכל.

3. Milk

The brocha for milk is *shehakol*.[22]

4. Coconut Milk

The brocha for coconut milk is *shehakol*.[23] [m] However, a *borei pri hoetz* made on the coconut exempts the coconut milk from a separate brocha.[24]

5. Water

If one drinks water because he is thirsty, a *shehakol* is required. (See, Chapter 13, Section A.5.)

However, if one drinks water for a purpose other than to quench his thirst (or as an enjoyable drink), a brocha is not required. For example, if one drinks a glass of water in order to take a pill, a brocha is not required.[n] [25]

Flavored water beverages such as soda pop, kosher "kool aid" type drinks, etc., require a *shehakol*. Unlike plain water, flavored beverages require a *shehakol* even if one drinks them to help swallow a pill.[26]

[m] *B'dieved*, if one made a *borei pri hoetz* (or *hoadoma*) the brocha is valid.[23.1]

[n] Providing he is not drinking the water also to quench his thirst.

22 שו"ע סי' ר"ד סעי' א'.

23 כה"ח סי' ר"ב אות ס"ב בשם בן איש חי (פ' פנחס אות ט'), קצות השולחן סי' נ"ג בבדה"ש אות ח'.

23.1 הכה"ח הנ"ל מביא דעת הגו"ר שלכתחלה צריך לברך על מים שבתוך אבטיחים בפה"א ולפ"ז יש לברך בפה"ע על המים שבתוך הcoconut, ובקצות השולחן הנ"ל כתב לברך שהכל ואם בירך בפה"ע יצא בדיעבד.

24 כה"ח שם.

25 ראה פרק י"ג הערות 22-61.

26 מ"א סי' ר"ד ס"ק י"ח, גר"ז שם סעי' י"ג, ח"א כלל מ"ט סי' ט', מ"ב סי' ר"ד ס"ק מ"ב.

CHAPTER 25

Shehakol

Shehakol is a very general brocha.* It is a statement[a] acknowledging that all things came (and continuously come[b]) into being by the word of *Hashem*.[1] [c]

The calibre of each brocha was ranked by *chazal* according to a specific ranking system.[d] The less specific the brocha, the lower the

[a] Regarding the proper pronunciation of this brocha - see Hebrew footnote below.[1.1]

[b] This is discussed in the preface of Volume One, and in footnote b (there).

[c] Also see Chapter 15, D.6

[d] This is discussed in detail in Chapter 11, A.1:

[1] עייו בח״א (כלל מ״ט סי׳ ב׳) וז״ל אע״פ שברכת שהכל נהיה היא כוללת הכל שמודה לה׳ שהוא ברא הכל וכו׳ לא יאמר אדם למה לי טורח זה ללמוד דיני ברכות אלא על כל דבר שאסתפק אברך שהכל, אסרו חז״ל דבר זה ואמרו שמחוייב לילך אצל חכם וילמוד הברכות ואסרו ליהנות מעה״ז עד שיודע בבירור איך לברך בפרט על כל דבר וכו׳ והטעם נ״ל שאם נאמר על מלך אחד שיש לו ״הכל״ בארצו אין מחויב מזה שלא יחסר בו שום דבר פרטי כי ״הכל״ נאמר על הרוב, ולכן אין זה שבח גמור לברך שהכל אלא צריך לפרוט הדבר, עכ״ל.

[1.1] עיין בשערי תשובה סוף סי׳ ר״ד שמביא מחלוקת הפוסקים שי״א שצריך לומר נהיה בסגול תחת היו״ד וי״א שצריך לומר בקמ״ץ תחת היו״ד, ועיין בגר״ז (ס״ס ר״ד) שפסק לומר בקמ״ץ, אכן הח״א (ריש כלל מ״ט) והערה״ש (סי׳ קס״ז סעי׳ ז׳) פסקו

* פרק זה מבוסס בעיקרו על שו״ע סי׳ ר״ד

ranking. Since *shehakol* is all-inclusive, it is the lowest ranking of all the brochos.[2]

Although *shehakol* can, in a pinch, be used for any food,[e] it was designated to be used only in situations where a more specific brocha (such as *borei pri hoetz* or *borei menei mezonos*) is inappropriate.[3]

A. Non-Produce

Chazal designated *shehakol* for all non-produce foods - i.e., for all foods which do not grow from the ground.[4]

Included are:

- meats, fish, and poultry[5]
- dairy products (milk, cheese, cream, etc.)[6]
- eggs[7]

[e] See Chapter 16, A.2.

שצ״ל בסגול. ע״ע בכה״ח סי׳ ר״ד אות כ״א, ובמש״כ בהקדמה לחלק א׳, הערה 11.

[2] שו״ע סי׳ רי״א סע׳ ג׳ ומ״ב שם ס״ק י״ב. ע״ע מש״כ בפרק י״א הערה 1, ולעיל בהערה 1.

[3] כתב האבודרהם למה בכל הברכות מברכים ״בורא״ ובזו ״נהיה״, יאמר גם בזו ״שהכל ברא״? ותירץ כיון שתקנו מטבע ברכה זו על דבר שאין גדולו מן הארץ כגון בעלי חיים והיוצא מהם, אין לומר בהם ״בורא״ שעיקר בריאתם לא לכך היתה, וראיה לדבר אדם הראשון שלא הותר לו בשר באכילה. ועוד כיון שתקנו מטבע זה על יין שהחמיץ וחומץ ופת שעפשה וכו׳ שכל אלו אינם תיקון הבריאה אלא השחתה והפסדת הבריאה אין לומר בהם ״בורא״, ע״כ. ע״ע בערה״ש ריש סי׳ ר״ד.

[4] משנה דף מ׳ ע״ב, טושו״ע ריש סי׳ ר״ד.

[5] שו״ע שם, וראה הערה 3 לעיל, ועיין בערה״ש (ר״ס ר״ד) דאע״ג דכל הבעלי חיים נזונים מן הקרקע מ״מ אין גידולן מן הארץ ומש״ה תנן לברך עליהם שהכל.

[6] שו״ע שם. ולענין מי שטעה ובירך בפה״א על הגבינה כתב הלק״ט (ח״א סי׳ רל״ח, הובא בבאר היטב סי׳ ר״ד אות א׳) דלא יצא, ועיין בכה״ח (סי׳ ר״ד אות ב׳) מה שהקשה עליו.

[7] שו״ע שם.

ולענין ביצה חיה

הנה מבואר בש״ס ופוסקים דב״א גומעין ביצה כשהיה חיה כדאיתא ברש״י ביצה (דף ד׳ ע״ב ד״ה ומאי טעמא) דיש בני אדם גומעין כך, ובהתוס׳ בשבת (קמ״ג ע״ב ד״ה הלכה) ועיין בשו״ע יו״ד סי׳ קי״ג סעי׳ י״ד (עיי״ש בט״ז ס״ק י״ד) שנאכלת ע״י הדחק .

ועיין בספר מחזיק ברכה להחיד״א סי׳ ר״ד ס״ק א׳ (הובאו דבריו בשע״ת שם ס״ק י״ז) דהאוכל חלמון ביצה כמות שהוא חי

- mushrooms,[8] [f]
- sugar[9] [g] and salt[10] [h]
- water (see footnote[i])
- candy (except if the majority ingredient is fruit or nut[j])

[f] B'dieved, if one recited a *borei pri hoadoma* for mushrooms, the brocha is valid.[8.1]

[g] B'dieved, if one recited a *borei pri hoetz* or *borei pri* hoadoma for cane sugar, or a *borei pri hoadoma* for beet sugar - the brocha is valid.[9.1]

[h] Foods which are not eaten even in times of pressing need are not subject to a brocha. Thus, a brocha is not required for eating spices such as whole black or white pepper, ginger, whole cloves, and the like - as discussed in Chapter 13, A.1.[10.1]

[i] Note: If one drinks water for a purpose other than to quench his thirst (or as an enjoyable drink), a brocha is **not** required. For example, if one drinks a glass of water in order to take a pill, a brocha is not required. This subject is discussed in more detail in Chapter 13, A.5.

[j] See Chapter 22, Paragraphs D.2, 3 and 4.

לצחצח הקול יברך אף שאינו נהנה בטעם אכילתו עכ״ל.

ועיין בספר החיים (מהגר״ש קלוגר זצ״ל, סי׳ תרי״ב סוף סעי׳ ב׳) שכתב דביצים חיים אינם נאכלים כלל ואין לברך עליהם כלל, ואף שכתב השו״ע שעל ביצים מברכים שהכל ולא חילק בין חיים למבושלים, כוונתו רק למבושלים. אכן בשו״ת מהרש״ם (ח״ו סי׳ פ״ח ד״ה ובדין) חלק עליו והביא שמתוס׳ שבת (קמ״ג ע״ב) מוכח דעומדת לאכילה.

ע״ע מש״כ בפרק כ״א הערה 12.1 (לענין שיעור ב״א על ביצה כשאוכלו כמות שהוא חי) בשם שו״ת חתם סופר והאור שמח וש״א דנחשבים כאוכל בין לעינן יוה״כ בין לענין ברכה, ובערוה״ש סי׳ ש״ח סעי׳ נ״ח. ע״ע שו״ת בצל החכמה ח״ג סי׳ קי״ז.

[8] גמ׳ שם (מ׳ ע״ב) על כמהין ופטריות שהכל שאינו יונק מן הארץ, ועיין בגר״ז (בסידורו פ״ז סעי׳ א׳) ובערה״ש (סי׳ ר״ד סעי׳ ה׳) שפירשו דהוא מה שאנו קורין ״שוומליך״ (דהיינו mushrooms), וכ״כ באורחת חיים בשם מאורי אור, ובש״א.

[8.1] ערה״ש שם וכ״כ בכה״ח סי׳ ר״ד אות ב׳. ועיין בפתח הדביר (הובא באורחת חיים שם) שחולק.

[9] שו״ע סי׳ ר״ב סע׳ ט״ו ומ״ב שם ס״ק ע״ד, ע״ע בבה״ל שם, ובמש״כ בפרק כ״ב הערה 52.

[9.1] בה״ל שם.

[10] שו״ע סי׳ ר״ד סע׳ א׳.

[10.1] שו״ע סי׳ ר״ב סע׳ ט״ז שאין דרך לאכלם אלא ע״י תערובות, אבל באוכל מלח לבד צריך לברך, אף שגם אין דרך ב״א לאכול מלח אלא ע״י תערובות מ״מ כשאוכל מלח לבד יש לו עכ״פ הנאה קצת מהאכילה, משא״כ בתבלינים הנ״ל שאין הנאה כשאוכלן לבדן, (מ״ב סי׳ ר״ד ס״ק ה׳).

- chewing gum[11]
- hydroponically grown produce, alfalfa or bean sprouts[k]
- juices[l] (except wine and grape juice[m])
- coffee, tea, beer, whiskey[n]
- honey[11.1] [o]

B. Default Brocha

Shehakol is also a default brocha - it is the brocha used when no other brocha is appropriate.[12] To illustrate:

A *borei "pri" hoetz* (or *hoadoma*) may be made only if the fruit (or vegetable) is recognizable (see Chapter 22, C). If the fruit (or vegetable) is not recognizable, the default brocha, *shehakol*, is used.[13]

If a fruit is normally only eaten cooked and one eats it raw, or if a fruit is normally only eaten raw and one eats it cooked, the normal brocha is not appropriate (see Chapter 22, B). The default brocha is *shehakol*.[14]

[k] See Chapter 22, Paragraphs D.5 and D.7.

[l] Although juices are derived from fruits and vegetables, they are not considered products of the ground. This is because the moisture content of the fruit is viewed as "sweat" of the fruit, rather than as a component of the fruit itself - see Chapter 23, Section A. Also see Chapter 23, Section B for a full discussion of soups.

[m] See Chapter 24

[n] See Chapter 24, Section B.

[o] When used to sweeten other foods a *shehakol* is not required, as it is exempted

[11] כן משמע להדיא מאג״מ או״ח ח״ב סי׳ נ״ז, וכ״כ בשו״ת אור לציון (ח״ב פרק י״ד אות ח׳) שכיון שיש בו סוכר והוא מוצצו הוי כמוצץ קנים מתוקים שמברך עליהם שהכל כדאיתא בשו״ע סי׳ ר״ב סע׳ ט״ו.

[11.1] על דבש תמרים מברך שהכל כדאיתא בשו״ע סי׳ ר״ב סעי׳ ח׳ (ועיין שם במ״ב ס״ק מ״ז), וכ״ש שעל דבש דבורים מברך שהכל כמש״כ במ״ב סי׳ ר״ד ס״ק נ׳ (ועיין באג״מ או״ח ח״א סי׳ ס״ג).

[12] עיין ח״א כלל מ״ט סי׳ ב׳ שכתב דמה שתקנו חז״ל ברכת שהכל הוא רק על דברים שאינם חשובים וכוונתן דאפי׳ דברים הפחותים האלו הם בדברו ובהשגחתו.

[13] ראה פרק כ״ב הערה 30 ובפנים שם.

[14] ראה פרק כ״ב הערה 11 ובפנים שם.

Food which is burnt or moldy,[p] is not subject to its normal brocha. In the unlikely event that one has to eat such food[q], the brocha defaults to *shehakol*.[r] [15]

C. Correct Brocha Can't Be Determined

Since *shehakol* is a general brocha, it may be used in cases where the correct brocha can not be determined. This is discussed in greater detail in Chapter 16 (Section A.2).

by the brocha of the other foods - see Chapter 4, Section B.

[p] I.e., the food is technically edible,[15.1] but is thoroughly burnt or spoiled -to the extent that most people would not eat it.

Conversely, food which is not thoroughly spoiled, retains its original brocha.

In the following example the food does not loose its original brocha: a pot of food was scorched (and the food absorbed the burnt smell and/or taste) or too much salt or pepper was added. The food is definitely not good, but most persons would consume it, rather than throw it away and start over. Since it was not thoroughly burnt or spoiled, it retains its original brocha.[15.2]

[q] If part of the food is totally burnt, and one wishes to eat from the unburnt part, he should recite the brocha normally required for that type of food. For example, half of a slice of toast was burnt (but technically edible) and the other half was not. One who eats from the good side should make a *hamotzi*.[15.3]

[r] Foods which are burnt or spoiled beyond the point where people would eat them in times of need are not subject to a brocha - see Chapter 13 A.2.[15.4]

15 טוש״ע ריש סי׳ ר״ד. ולענין ברכה אחרונה על פת שעפשה או נתקלקלה עיין בבה״ל שם שכתב לברך בורא נפשות, אבל אם אכל שיעור שביעה דברכת המזון שלו דאורייתא חייב לברך בהמ״ז וסיים שצ״ע למעשה. ועיין בקצות השלחן (סי׳ נ׳ בבדי השלחן אות ב׳) שחולק על המ״ב דפת שעפשה לא נקרא ״לחם״ ולעולם מברך רק שהכל ובורא נפשות.

15.1 ב״י ריש סי׳ ר״ד הובא במ״א ובמ״ב שם.

15.2 כך שמעתי מהגרש״ז אויערבאך שליט״א שתבשיל שנשרף קצת ועדיין ראוי לאכילה רק שאינו טעים כל כך, או שקלט ריח העשן, מברך ברכה הראוי׳ לו, דמש״כ הפוסקים שמברכים שהכל על תבשיל שנתקלקל ״קצת״ ר״ל שנתקלקל הרבה אלא שעדיין יכול לאוכלו ע״י הדחק דומה לפת שעפשה דמיירי שעפשה ממש אלא שראוי לאכול ע״י הדחק, אמנם אם רק קלט הטעם או הריח, או שרק אינו טעים כ״כ כמו אם נתן בו הרבה מלח או פלפל, לא נחשב נתקלקל ולא אבד ברכתו.

15.3 שעה״צ שם אות א׳.

15.4 עיין מש״כ בפרק י״ג בהערה 1.1, ו111.

CHAPTER 26

Bread and Bread Products

Introduction

This chapter deals mainly with determining which types of bread and bread products require *hamotzi* and *bircas hamozon*.*

In Section A, the brocha requirements for bread are explained. For example, is *n'tilas yodahyim*, *hamotzi* or *bircas hamozon* required if one wishes to eat only a tiny piece of bread.

Section B deals with how to determine if a particular product is (or is not) considered bread. We discuss, for example, why a *hamotzi* is not required for bread sticks, Melba toast, and matzo crackers.

Section C is about products made from bread. For example, are *hamotzi* and *bircas hamozon* required for a slice of french toast (a slice of bread dipped in egg and fried), for a matzoh ball, or for a serving of challah kugel?

> Note: In certain cases "bread family" products such as cake, crackers, etc., are treated as genuine bread. In such instances *hamotzi* is required. This subject is discussed in detail in the next chapter (Chapter 27).
>
> Pizza, "mezonos bread", and other related products are discussed in the next chapter (Chapter 27).

* פרק זה מבוסס בעיקרו על שו"ע סי' קס"ז וקס"ח

A. The Brocha Requirement For Bread

He brings forth ... bread which satiates man's heart. Tehillim 104

1. Brocha Explicitly for Bread

Of all the foods which exist, no food satiates and sustains life like bread.[1] Because of this important quality, Chazal put bread into a class of its own. They designated a separate brocha, *hamotzi*[2], explicitly for bread.[3] [a]

[a] Whenever one makes *hamotzi*, the following procedure should be followed:

1. Before Making the Brocha:

The *hamotzi* should preferably be made on a whole loaf or roll, rather than on a piece (or slice) of bread.[3.1] (Also see Chapter 11, footnote d).

Salt should be brought to the table before washing, so that the bread may be dipped into some salt before it is eaten.[3.2]

1 בספר תהלים פרק ק״ד פסוק ט״ו כתוב ולחם לבב אנוש יסעד, ופי׳ הרד״ק ושאר מפרשים דר״ל שאין מאכל סועד הלב כמו הלחם. ועיין באבודרהם (ריש הל׳ ברכות) שלחם הוא מובחר המאכלים שבו קיום מין האדם וחיותם.

2 משנה ריש פרק כיצד מברכין ובגמ׳ שם ל״ה ע״ב הביא הפסוק הנ״ל, ובגמ׳ ל״ח ע״ב מסיק והלכתא המוציא לחם מן הארץ ועיין שם בתוס׳ ד״ה והלכתא שתקנו הז״ל נוסח זה שהוא לשון המקרא (תהלים ק״ד) מצמיח חציר לבהמה ועשב לעבודת האדם להוציא לחם מן הארץ.

וכתב האבודרהם דבזה מתורץ מאי שנא הכא דאמרינן מן הארץ ולא מן האדמה כמו בורא פרי האדמה משום דלישנא דקרא הכי הוא. ע״ע בכה״ח סי׳ קס״ז אות כ״ד.

וצריך לברך המוציא בה״א קודם המ״ם אמנם בדיעבד אם בירך מוציא (בלי ה״א) יצא, (מ״ב סי׳ קס״ז ס״ק ט״ז).

3 עיין באבודרהם (שם) וז״ל ומברכים עליהן (על פת) המוציא שהואיל ובאו לכלל עלויין שלהם זנים וסועדים את הלב נעשין כמין בפני עצמן לברך עליהן ברכה מיוחדת עכ״ל. ועיין בגר״ז סי׳ קס״ז סעי׳ א׳ שכתב וז״ל והפת הוציאו מכלל פירות הארץ לברך עליו המוציא לחם מן הארץ מפני חשיבות הלחם שסועד הלב שנאמר ולחם לבב אנוש יסעד.

3.1 שו״ע סי׳ קס״ח סעי׳ א׳, דמצוה לברך המוציא על מה שחשוב יותר משום הידור מצוה (ח״א כלל מ״ב סי׳ ה׳, ומ״ב וש״א שם).

3.2 איתא בגמ׳ דף מ׳ ע״א אין הבוצע רשאי לבצוע עד שיביאו מלח או לפתן לפני כל אחד ואחד, וכתבו התוס׳ (ד״ה הבא) ואין אנו רגילין להביא על השולחן לא מלח ואינו לפתן דפת שלנו חשוב ולא צריך מלח, וכתב הב״י (סי׳ קס״ז בשם שבלי הלקט הובא ברמ״א שם סעי׳ ה׳) מה שנהגו עכשיו לבצוע על המלח, כי השולחן דומה למזבח והאכילה לקרבן ונאמר

The requirement to make hamotzi before eating bread is

One should cut a slice or wedge leaving it partially connected to the loaf, make the brocha and then break off that piece. (It is considered connected if one can lift the smaller part and the larger part will not fall off. On Shabbos, since the bread must be completely whole for the *lechem mishneh* requirement, it should not be cut into until after the brocha has been recited. However a mark should be made at the place where it is to be cut).[3.3]

2. While Reciting the Brocha:

The bread (upon which the brocha is being made) should be held with all ten fingers touching the bread while the brocha is being recited.[3.4]

When he recites *Hashem's* Name, he should raise the bread. On Shabbos, (since the brocha is being recited on two challis) both challis should be raised while reciting *Hashem's* Name.[3.5]

The *hamotzi* should be enunciated clearly.[3.6] One should pause momentarily between the words *lechem* and *min*.[3.7]

3. After Reciting the Brocha:

Directly after making *hamotzi*, a choice piece of bread should be cut. The choicest parts of the bread are the upper and lower crusts. Therefore, the piece to be used should include some of the upper and lower crust.[3.8]

על כל קרבנך תקריב מלח, ועיין במ"א ובמ"ב שם שהביאו מהמקובלים לטבול המוציא במלח ג' פעמים.

3.3 שו"ע סי' קס"ז סעי' א' ובמ"ב שם.

3.4 איתא בשו"ע (סי' קס"ז סעי' ד' בשם תוס' דף ל"ח ע"ב ד"ה והלכתא) כיון דתקנו חז"ל ברכת המוציא כנגד הפסוק (תהלים ק"ד) מצמיח חציר וכו' להוציא לחם מן הארץ, על כן יש לבצוע בשתי ידיו בעשר אצבעות נגד עשר תיבות שבמקרא זה. עוד כתוב בשו"ע (שם) שהוא כנגד י' תיבות בפסוק עיני כל אליך ישברו וכנגד י' תיבות בפסוק ארץ חטה ושעורה, וכנגד י' תיבות בפסוק ויתן לך.

והביא המ"ב (שם ס"ק כ"ד) שהוא גם כנגד י' מצוות התלויות בפת כי עשר מצות אדם עושה עד שלא יאכל פרוסת פת: בשעת החרישה לא תחרוש בשור ובחמור יחדו, בשעת הזריעה שדך לא תזרע כלאים, בשעת דישה לא תחסום שור בדישו, לקט, שכחה, ופיאה, תרומה, ומעשר ראשון ושני, וחלה .

3.5 מ"ב סי' קס"ז ס"ק כ"ג.

3.6 עיין מש"כ בפרק ב', Section C.3.

3.7 טור ושו"ע שם שיתן ריוח בין "לחם" ובין "מן" שלא יבליע המ"ם.

3.8 איתא בשו"ע ורמ"א ריש סי' קס"ז בוצע בפת במקום שנאפה היטב וכו' ר"ל שהוא כבוד הברכה לבצוע במקום המובחר שבפת, (לבוש וגר"ז שם). ועיין בערוך השולחן (שם) שכתב דבפת שלנו אנו יוצאים לכל הדיעות ורק לא יבצע על הרך אא"כ אין לו שיניים ובפת עיגול שלנו שקורין בייגי"ל או פת דק שקורין קוכונ"ס כל המקומות שוים.

ולענין כמה צריך לאכול מן הפת, עיין שם במ"א ס"ק ז' דיש להחמיר לכתחילה לאכול כזית מן הפת - עיין מש"כ לקמן בהערה 8.1.

midirabonon.[4] The requirement to recite bircas hamozon (to "bentch") after eating bread is midioraisa, a positive Torah[b] commandment.[5 c]

2. No Minimum Shiur

We have learned[d] that the requirement to bentch is dependant on eating a minimum of one *k'zayis* of bread[6] (within a specific period of time).[7 e]

There is no minimum required, however, for making *hamotzi*.[f]

If he was *motzi* other persons who are eating with him, he should place a piece of bread in front of each of them (not in their hands).[3.9] Care should be taken not to throw it.[3.10]

[b] The Torah connects eating bread to making a brocha, ("and you shall eat ... bread... and you shall make a brocha", Devorim 8.10) thereby giving us the positive commandment to "bentch" after eating bread. The consideration that bentching is of Torah origin (*midioraisa*) bears halachic implications, as discussed in Chapter 17, Section E.

[c] When a person eats a meal and is not satiated, his requirement to bentch is only *midirabonon* - see Chapter 17, Section C.

[d] Chapter 17, Section B.

[e] The requirement to recite *n'tilas yodahyim* is also dependant on a minimum *shiur*. If one wishes to eat less than the *shiur* he should wash his hands - but not make the brocha (*n'tilas yodahyim*)[7.1].

[f] Some Poskim suggest that directly after making *hamotzi*, a *k'zayis* of bread

[3.9] שו״ע סי׳ קס״ז סעי׳ י״ח שאין הבוצע נותן ביד האוכל אא״כ היה אבל.

[3.10] שו״ע סי׳ קע״א סעי׳ א׳. וכתב שם הב״י (מובא במ״ב ס״ק ט׳) דאסור לזרוק פת אפי׳ אם לא נמא ע״י זריקה, דזלזול הוא לפת ובמ״ב סי׳ קס״ז ס״ק פ״ח מביא עוד טעם שכיון שהיא פרוסת המוציא הוי בזיון מצוה.

[4] טור סי׳ קס״ז, מ״ב שם ס״ק מ״ט.

[5] עיין מש״כ בריש פרק י״ז.

[6] ראה פרק י״ז הערות 6, 7 ובפנים שם.

[7] ראה פרק י״ז הערות 6 - 15 ובפנים שם.

[7.1] עיין בשו״ע סי׳ קנ״ח סעי׳ ב׳ שכתב דעל פחות מכביצה (ב׳ כזיתים) יטול ידיו ולא יברך וכן פסק המ״ב שם (ס״ק י׳), ובאג״מ א״ח ח״ד סי׳ מ״א מביא דהגר״א שם הכריע לברך אפי׳ על כזית א׳, וז״ל האג״מ על כן ודאי טוב לכתחלה שיאכל כביצה אבל אם אינו רוצה אלא לאכול כזית פת נמי צריך לברך

Hamotzi is required even for a tiny piece of bread.[8] [g]

To illustrate: if one wishes to eat one hors-devours[h] he should first wash, but should not recite *n'tilas yodahyim*.[9] He should make *hamotzi*, but should not bentch.[9.1] [i]

should be eaten.[8.1] Note: If less than a k'zayis of bread is eaten at a meal, it is questionable if the brocha on that small amount of bread covers the other foods which will be eaten during the course of the meal - see Chapter Five, Section F.1.

[g] Regarding products made from matzoh meal or bread crumbs - see paragraph C.3 of this chapter. Regarding bread crumbs which are one of the ingredients of a mixture - see Chapter 4, Section D.

[h] Hors-devours usually are made with small pieces of bread which are less than a *k'zayis*.

[i] If he ate a half *k'zayis* of bread, and a half *k'zayis* of food which would normally require a *borei nefoshos* - he must make a *borei nefoshos*.[9.2]

ענט"י. ועיין בהערה 9.

8 טור ושו"ע סי' קס"ח סע' י', ע"ע במ"ב שם ס"ק ס' וס"ק מ"ז ,ובהערה 34 לקמן ובפנים שם.

8.1 מ"א סי' קס"ז ס"ק ז' הובא במ"ב שם ס"ק ט"ו וסס"ק ל"ה, ואף דעצם חיוב ברכת המוציא הוא אפי' על פחות מכזית מ"מ טוב לברך על כזית, והדגול מרבבה (שם) נתן טעם לחומרא זו, והוא דכיון דהמוציא פוטרת שאר מאכלים שבסעודה צריך לאכול כזית כדי שיהא שיעור חשוב כדי לפטור שאר מאכלים - עיין מש"כ בפרק ה' הערה 37 ובפנים שם.

(ומדברי הדגול מרבבה הנ"ל משמע דאם אוכל לחם לבד יכול לאכול פחות מכזית ולא חיישינן להראב"ד]הובא בב"י סי' קס"ח ד"ה ומ"ש רבינו פת גמור[דסובר דעל פחות מכזית לחם צריך לברך בומ"מ).

ע"ע במ"ב סס"ק ל"ה ובכה"ח אות ט"ו שמביא מהשל"ה וש"א דלכתחילה צריך לאכול הכזית קודם שידבר.

9 מ"ב סי' קנ"ח ס"ק י' דלכתחלה נכון ליטול ידיו בלי ברכה אף לפחות מכזית ובאג"מ (א"ח ח"ד סי' מ"א) כתב שצריך ליטול ידיו (בלי ברכה) אף על פחות מכזית. עוד כתב שם המ"ב שאם אוכל פחות מכזית פת בדרך טפל כגון למתק חריפות יש לסמוך שלא להצריך נטילה כלל, עיין מש"כ בפרק ד'. footnote c

9.1 ראה פרק י"ז הערות 8 - 13 ובפנים שם.

כתב באו"ר (סי' קס"ח אות כ"א בשם הכ"מ) קשה מה ראו חכמים להחמיר בברכה שלפניו שהוא מדרבנן יותר מברכה אחרונה שהוא מדאורייתא, ותירץ דברכה ראשונה חיישינן שמא ימלךְ ויאכל כשיעור ונמצא שהוא צריך ברכה לפניו ואין בידו לתקן, אבל אחריו אוקמוה אדינא.

9.2 מ"ב סי' ר"י ס"ק א'.

3. Mistake

If one mistakenly recited *borei menei mezonos*[10] or shehakol[10.1] on bread, the brocha is, b'dieved, valid.

If one mistakenly recited borei pri hoadoma on bread, it is questionable whether or not the brocha is valid.[10.2] [j]

B. Products Considered to be Bread

Classifying "Bread"

Most baked products made from grain flour[k], including bread, cake, crackers and the like, are classified as in the bread "family".[l]

Chazal, however, designated that hamotzi be made only on products which people generally use as the mainstay of their meal, rather than as a between meal filler or snack.[11] Only such products are considered "genuine" bread.

[j] However, if *borei pri hoetz* or *borei pri hagofen* were mistakenly recited, it is invalid and a new brocha (*hamotzi*) is required - see Chapter 15, D.3, D.4 and D.5.

[k] i.e., wheat, barley, spelt, rye or oat flour

[l] See next chapter.

[10] ח״א (כלל נ״ח סי׳ א׳ ונ״א שם אות א׳ דכן מוכח משו״ע סי׳ קס״ח סע׳ ו׳ והובא בבה״ל סי׳ קס״ז סעי׳ י׳ ד״ה במקום), שעה״צ (סי׳ קע״ו אות ב׳), ע״ע בברכי יוסף (סי׳ קס״ז אות י׳ וסי׳ ר״ז סוף שיורי ברכה שם), ובבית מנוחה (דינים השייכים לברכת המוציא אות ח׳) ובש״א הובאו בשדי חמד (מערכת ברכות סי׳ א׳ אות א׳). וע׳ ערוה״ש (סי׳ קס״ז סע׳ י״ט).

והנה בפרק ט״ו הערה 19 כתבנו בשם הח״א דאם בירך בומ״מ על כל דבר יצא, ולאחרונה שמעתי מהגרש״ז אויערבאך שליט״א שיש להורות כהח״א הנ״ל, אמנם הבאנו שם בהערה 20 דברי האג״מ או״ח ח״ד סי׳ מ׳ שלא יאכל על ברכה דמזונות אלא רק חתיכה קטנה שהדרך להניחה בפעם אחת לפיו ולא יותר דמאחר שהוא רק לבדיעבד שיצא וכל פעם הרי הוא חיוב אחר בהברכה ואין לו לאכול על מה שיצא רק בדיעבד, עיי״ש.

[10.1] שו״ע סי׳ קס״ז סע׳ י׳ וסי׳ ר״ו סעי׳ א׳.

[10.2] ראה פרק ט״ו הערה 27.

[11] ב״י סי׳ קס״ח (ד״ה ומה שפי׳ רבינו בפת) וז״ל ע״כ לומר דלאו במידי דמיקרי לחם

This is the single most important criterion[12] in determining whether or not a product is considered "genuine" bread (with regard to hamotzi, bentching, and *n'tilas yodahyim*).

Example: Sweet Rolls

For example, on Rosh Hashona many people use raisin challah for their meal. Even though the challah is somewhat sweeter than ordinary challah, and contains raisins, since it is used as the mainstay of a meal, the brocha is *hamotzi*. (Members of the S'fardic community - see footnote[m]).

By contrast, there is a type of sweet roll and sweet "bagel" (sold in grocery stores in Eretz Yisroel) which most people eat for a snack rather than with a meal. These rolls have a consistency similar to challah, and a similar (but somewhat sweeter) taste. Since they are eaten by most people for a snack, the brocha is *borei menei mezonos*.[13]

[m] The minhag of the S'fardic community is to make *borei menei mezonos* on challah if the sweetness is discernable. Preferably, *hamotzi* should be made on regular challah or bread. The sweeter challah may then be eaten during the course of the meal.[12.1]

תליא מילתא אלא לא קבעו חכמים לברך המוציא וג' ברכות אפי' בכזית אלא בלחם שדרך בני אדם לקבוע עליו וכו' וזה נראה עיקר עכ"ל.

12 עיין בח"א כלל מ"ב סי' א' דלא נקרא לחם אא"כ יש בו ו' תנאים:

א - שיהיה הקמח מן ה' מיני דגן,

ב - שלא יהיה נילוש רק במים לבד (ע"ע פ' כ"ז הערה 42)

ג - שלא יהיה ממולא או נילוש בתוכו שאר מינים,

ד - שיהיה בלילתו עבה,

ה - שיהיה עב קצת,

ו - שיהיה נאפה בתנור או באילפס בלא משקה (ע"ע פרק כ"ז הערה 34, ובפנים שם).

12.1 ראה הערה 15 לקמן. שוב ראיתי בשו"ת אור לציון (ח"ב פרק י"ב הערה ד') דנוהגים בני ספרד כהמחבר בסי' קס"ח סעי' ז' שכל שמרגיש טעם המתיקות בהעיסה מברך בומ"מ (וכ"כ בכה"ח שם אות נ"ח), אמנם כיון שרגילין לקבוע עליו סעודה ירא שמים לא יאכלנה אלא בתוך הסעודה.

13 כך שמעתי מהגרש"ז אויערבאך שליט"א.

ועיין בקונטרס אחרון לברכת הנהנין נדפס בסוף הגדה מעשה נסים מהר"י מליסא (בעל חוות דעת ודרך החיים) וז"ל לכן נלע"ד כיון דרש"י כתב הטעם בפת כיסנין דאין אוכלין ממנו רק דבר מועט, נר' מזה דעיקר טעם הפטור בפת הבא בכיסנין הוא משום דכיון דעל

Example: Matzoh

To further illustrate, most people use matzoh[n] for a meal. Therefore, the brocha on matzoh is *hamotzi*.[14] (Members of the S'fardic community - see footnote[o]).

Matzoh squares and matzoh crackers, on the other hand, although different than regular matzoh in shape, are almost identical in taste and consistency. However, most people eat them as a snack,

[n] i.e., regular matzoh, not egg matzoh or matzoh crackers

[o] The minhag of the S'fardic community is to make *borei menei mezonos* on matzoh - except on Pessach. Preferably, *hamotzi* should be made on regular challohs or bread. The matzos may then be eaten during the course of the meal.[14.1]

פת כזו אין רגילין לקבוע עליו סעודה לא חשוב לברך עליו המוציא וג׳ ברכות. ולפי זה הכל תלוי בראות עיני המורה, וכל שהוא פת שאינו מדרך העולם לקבוע עליו לפי ראות עיניו יש לו דין פת כיסנין עכ״ל.

ומהגרש״ז אויערבאך שליט״א שמעתי שכן ראוי להורות ולכן ״בייגל מתוק״ (נמכר בא״י ועשוי מבצק לחם רגיל אבל שינוי צורה מיוחד וגם מתוק קצת יותר מלחם רגיל, ואוכלים אותו לחטיף [snack] וקינוח) מברכים עליו במ״מ, דכל שהוא פת שאינו מדרך העולם לקבוע עליו יש לו דין פת כיסנין.

[14] כך הוא המנהג אצל כל בני אשכנז ועיין בשיירי כנסת הגדולה סי׳ קנ״ח אות א׳ שהקשה מאי שנא מצה מהא דאיתא בשו״ע סי׳ קס״ח סעי׳ ז׳ דעל כעבים יבשים (הנקראים בישקוני״ש) מברכים בומ״מ, ולמה לא מברכים בומ״מ על מצה בשאר ימות השנה? ותירץ שהמצה אינו כ״כ קשה כהבישקוני״ש ולפיכך צריך לברך המוציא וברכת המזון. ובשו״ת בית דוד (סי׳ ע׳ וסי׳ פ״ג, הובא במחזיק ברכה סי׳ קנ״ח סעי׳ ה׳) החזיק הוראה זו מתרי טעמים חדא כי הבישקוני״ש הם משהים אותם בתנור יותר משיעור אפיה משא״כ במצות, ועוד שהיה למצה זו בפסח דין פת. ע״ע בהר צבי או״ח סי׳ צ״א, ובמנחת יצחק ח״א סי׳ ע״א, ובציץ אליעזר חי״א סי׳ י״ט, ובהערה לקמן בסמוך.

[14.1] כן מנהג הספרדים ובני עדות המזרח לברך בומ״מ על המצה בשאר ימות השנה וכ״כ בגנת ורדים (גן המלך ס׳ ס״ד) ועיין בבית מנוחה (סדור ודינים כמנהג ספרדים מהרי״ש אשכנזי זצ״ל, שנת תר״ג, דיני נט״י ,אות ד׳) שמביא מש״כ החיד״א במחזיק ברכה (סי׳ קנ״ח אות ה׳) דברכתו בומ״מ אלא ירא שמים טוב שלא יאכל מצה אחר הפסח כ״א כשקבע סעודתו עליה וכתב דנ״ל דגם ירא שמים יכול לאכול מצה אחר פסח אף בלתי קביעות סעודה עליה ויטול ידיו ולא יברך ענט״י ויברך בומ״מ כיון דגם על פת גמור אם ברך עליו בומ״מ יצא.

ועיין בכף החיים סי׳ קנ״ח אות מ״ג שהביא הרבה דעות לכאן ולכאן ומסיק לדינא שירא שמים יחמיר ולא יאכל אלא בקביעות סעודה, וע״ע בשו״ת יחוה דעת חלק ג׳ סי׳ י״ב.

שוב ראיתי בשו״ת אור לציון להג״ר בן

rather than as the mainstay of a meal. The appropriate brocha, therefore, is *borei menei mezonos*.[15]

Other Genuine Bread Products

Other examples of products which are used primarily as the mainstay of a meal are:

- Rolls
- Onion rolls
- Garlic bread
- Bagels[16]
- Toast (toasted slice of bread)[17]
- Corn Bread[P]
- Whole Wheat and Multi-Grain[18] Bread
- Rye, Pumpernickel, and White Bread

Not Genuine Bread

Examples of products which are used primarily as snacks (and therefore subject to *borei menei mezonos*)[18.1] are:

- Toasted bread thins such as "Melba toast"[19]

[P] Virtually all breads produced today are made primarily from wheat flour. For example, "corn" bread, "pumpernickel" bread, "white" bread, and "rye" bread are all made primarily from wheat flour.

ציון אבא שאול שליט״א (פרק י״ב אות ג׳) שכתב דמנהג בני ספרד לברך עליו בומ״מ, ומ״מ טוב להזהר שלא לאכול מצה אלא בתוך הסעודה.

15 כך שמעתי מהגרש״ז אויערבאך שליט״א ועיין מש״כ בהערה 13.

16 שו״ע סי׳ קס״ח סעי׳ י״ד (דרך עשית ״הבייגעל״ שלשים עיסה וחולטין אותו במים רותחין לשעה מועטת ואח״כ אופים אותו בתנור,וממילא דינו כחלוט הנזכר בשו״ע שפת גמור הוא, שוב מצאתי שכ״כ החזון איש או״ח סי׳ כ״ו ס״ק ט׳).

17 כה״ח סי׳ קס״ח אות ס״ו וכן שמעתי מהגרש״ז אויערבאך שליט״א שפשוט הוא דמברך המוציא ראה הערה 19.1.

18 נעשו מה׳ מיני דגן.

ולענין פת הנעשה מקמח קטניות או מקמח אורז או דוחן עיין בשו״ע סי׳ ר״ח סעי׳ ח׳ שמברכים שהכל ולא העתקנו דין זה בפנים מפני שפת זה אינו מצוי כ״כ.

18.1 ראה הערה 13.

19 שמתי לפני הגרש״ז אויערבאך שליט״א

- Toasted Bagel or Pita Chips[q]
- Bread Sticks
- Sweet Croissants
- Oriental Bagels, (Ka'ak, is somewhat similar to hard pretzel)
- Soft Pretzels

C. Products Made From Bread, e.g., Bread Kugel, French Toast

This section deals with the brocha requirements for products made from bread or matzoh. The essential rule is: if the bread was cooked and the pieces of bread were smaller than a *k'zayis*[r] it does not require hamotzi.[20]

[q] The brocha is *borei menei mezonos* providing that the bagel or pita was made especially for the production of toasted chips. However, if a particular product is made from left over bagels or pita bread chips, *hamotzi* and bentching are required.[19.1]

[r] A *k'zayis*, (literally "olive size") is equal to the volume of half of an egg. A

כמה מיני חטיפי מאפה "מלבה טאוסט" (melba toast) ופסק לברך עליו בומ"מ, דזהו ממש הכעבים יבשים המובא בשו"ע (סי' קס"ח סעי' ז') והגם שיש אנשים שאוכלים צנימים אלו לסעודה כתחליף ללחם מ"מ כיון שהם קשים מאד מסתברא שהם נאכלים בעיקר כחטיף בעלמא.

ובמצה עצמה כבר נהגו הספרדים לברך במ"מ, וזה עוד גרוע יותר ממצה, שמצה יותר נוח לאכל ממנו הרבה (כדרך שאוכלים פת בסעודה) מלאכול הרבה מלבה טאוסט.

ולכן מסתברא שכל זמן שאינו אוכל שיעור קביעות סעודה מברך במ"מ ואפי' שבתחילה אופים אותם בתואר לחם גמור ורק אח"כ חותכים אותם לחתיכות דקות ואופים אותם פעם שניה לעשות מהם צנימים מ"מ לא מיקרי פת מחמת אפיה ראשונה דהרי כל אפייתם הוא כדי לעשות מהם כעבים יבשים. (עיין בשדי חמד מערכת ברכות סי א' אות ב' מש"כ בשם ספר בירך את אברהם דאזלינן בתר עיקר עשייתו, ובתורת חיים סי' קנ"ח סוף אות ג' הובא בספר תוספת ברכה סי' ס"ט). אמנם בית חרושת שמשתמשים בלחם ישן ועושה מהם צנימים, וכן אדם פרטי שעושה בבית בטוסטר פשוט שמברכים עליו המוציא ובהמ"ז, עכת"ד.

ע"ע בהערה דלקמן בסמוך ובמש"כ בהערה 13 לעיל.

19.1 שמעתי מהגרש"ז אויערבאך שליט"א, כיון שלא אפו אותם מתחילה כדי לעשות מהם צנימי חטיף, והיה לו שם לחם ,לא בטל שם לחם ע"י האפיה שניה, ע"ע בהערה הקודמת ובהערה 34 לקמן.

20 איתא בגמ' (דף ל"ז ע"א) אפאה ובשלה (לאחר שאפאה לחם בתנור חזר ובשלה במים), בזמן שהפרוסות קיימות בתחילה מברך המוציא ולבסוף ג' ברכות (ברכת המזון), אין הפרוסות קיימות מברך בומ"מ ולבסוף מעין ג'

1. Cooked Bread - Pieces Smaller Than K'zayis

If pieces of bread smaller than a k'zayis were cooked in liquid,[21] they are no longer classified as bread.[22] The brocha is borei menei mezonos.[23]

The brocha achrona is al hamichya.[24] Even if one ate a large quantity, he is not required to bentch.[s]

a. Deep Fried

Deep frying[25] (i.e., the bread is entirely covered by the oil[26]) is likened, halachically, to cooking. Thus the brochos for deep fried pieces of bread (which are smaller than a *k'zayis*) are *borei menei mezonos* and *al hamichya*.

good approximation of a *k'zayis* is an amount equal to about half of the center slice of rye bread - see Volume One, Addendum One, Section A.1.

[s] Cooked bread products are not even considered to be products of the bread "family" since they lack the appearance and properties of bread. Rather they are in the category of cooked mezonos products such as noodles and cooked cereals. If eight *k'zaysim* of any product of the bread family (e.g., cake, crackers) were eaten, *bircas hamozon* is required. Cooked bread, however, is exempt from *bircas hamozon* even if more than eight *k'zaysim* were eaten.[24.1]

(על המחיה), ומפרש הירושלמי שהפרוסות קיימות היינו שיש בהם כזית, אין הפרוסות קיימות היינו שאין בהם כזית, וכתב הב״י (סי׳ קס״ח ד״ה אמר רב יוסף) שמכאן למדנו שהיכא שנתבשל הכל תלוי ביש בפרוסות כזית.

21 עיין במ״א (שם ס״ק כ״ה) דדוקא אם בישלו בכלי ראשון (היינו שעומד על האש או אפי׳ העבירו מן האש כל זמן שהיד סולדת בו נקרא כלי ראשון - עיי״ש במ״ב ס״ק נ״ב, ובבדי השולחן סי׳ מ״ח אות כ״ח) אבל אם בישל הפת בכלי שני לא חשיב בישול. ועירוי מכלי ראשון על הפת הוי ספק ע״ש.

22 וכתב הטור (שם) שאם נתבשלה ואין בה כזית אע״פ שנראה שיש בה תואר לחם אין מברך עליה אלא בומ״מ דכיון שנתבשלה אינו חשוב תואר לחם.

23 שו״ע סי׳ קס״ח סע׳ י׳.

24 שו״ע שם.

24.1 מ״א שם ס״ק כ״ח, מ״ב שם ס״ק נ״ז.

25 כך שמעתי מהגרש״ז אויערבאך שליט״א ומהגרי״ש אלישיב שליט״א דטיגון בהרבה שמן (deep fry) נחשב כבישול ממש ומה שנסתפקו המ״א והמ״ב (ס״ק נ״ו) אם טיגון נחשב כבישול או כאפיה מיירי בטיגון רגיל בקצת שמן ולא בטיגון בהרבה שמן.

26 גדר זה שמעתי מהגרש״ז אויערבאך שליט״א.

b. Pan Fried With Little or No Oil

Frying in a pan which is sprayed with a non sticking substance, or wiped with an oil moistened cloth, is not considered cooking. This also applies to cases where the bottom of the pan is coated with a bit of oil - just enough to prevent scorching.[27] Bread pieces, large or small which are fried this way, remain classified as bread. Therefore, the brocha is hamotzi (and bircas hamozon).

c. Pan Fried With Oil

Ordinary pan frying[28] (i.e., more oil than needed to prevent scorching, but not enough to cover the food[29]) is similar in some respects to cooking and in other respects to baking.

There is a halachic uncertainty as to whether *hamotzi* is required for bread pieces (smaller than a *k'zayis*) which are fried this way and also have the appearance of bread.

Therefore, if one wishes to eat products which are made this way, (e.g., matzoh brei or french toast fried in oil) he must first wash and make *hamotzi* and eat a *k'zayis* of regular bread. After eating, he is required to bentch.[30] (A practical suggestion for making "mezonos"

[27] רמ״א סי׳ קס״ח סעי׳ י״ד, וז״ל דרכי משה (הארוך) בשם הגהות מיימונית שם, ואע״ג שסכין אותו מעט שמן משהו בעלמא הוא שלא תשרף העיסה עכ״ל, והסביר לי הגרי״ש אלישיב שליט״א דנכלל בזה מה שמכסין תחתית האילפס במעט שמן שלא תשרף, אבל אם נתן שמן מעט יותר מזה אף אם כוונתו שלא תשרף מ״מ חשוב טגון. שוב מצאתי כתוב במחצית השקל ס״ק ל״א שיעור לאותו מעט, ודו״ק. ע״ע פרק כ״ז הערה 32.

[28] עיין מ״ב בס״ק נ״ו דממ״א ס״ק ל״ו משמע דטיגון במחבת במשקה (עדיף מבישול בקדירה, דאילו בישול בקדירה בין אם יש בו תואר לחם לאחר הבישול בין אם אין בו תואר לחם מברך בומ״מ, משא״כ טיגון במחבת) אם יש בו תואר לחם לאחר הטיגון חשוב לחם ומברך המוציא. וכן משמע ממש״כ המ״א בס״ק ל״א (כ״כ לבושי שרד וש״א).

וכתב המ״ב (הנ״ל) דיש להסתפק בזה (דהמ״א חידש זה כדי לפרש דברי הרמ״א שם, אבל האבן העוזר והבית מאיר וש״א פירשו הרמ״א באופן אחר ולפי פירושם טיגון במשקה הו״ל כבישול עיי״ש, ע״ע בשעה״צ ס״ק נ״ב וכה״ח אות קי״ג), ומסיק המ״ב שבטיגון לא יאכל בשיש בו תואר לחם כי אם בתוך הסעודה ועיין מש״כ מזה בהערה 37 אות ה׳.

[29] הסביר לי הגרש״ז אויערבאך שליט״א שספיקו של המ״ב (הנ״ל) אינו בציור שממלא את המחבת בשמן דזה חשוב בישול ממש, דמה לי בישול במים מה לי בישול בשמן, אלא הספק הוא בכעין טיגון שלנו שמטגנין עם קצת שמן. ע״ע בהערה 25 ובפנים שם.

[30] מ״ב שם.

matzoh brei or french toast is offered in paragraph C.4 below).

2. Cooked Bread - Pieces Larger Than K'zayis

Bread pieces which are larger than a *k'zayis* are considered to be bread regardless of whether they were boiled, cooked, or fried. Therefore, the brocha for any product containing pieces of bread which are larger than a *k'zayis* - is *hamotzi*.[31]

For example, french toast (bread dipped in eggs and fried) made from a whole slice of bread requires hamotzi.

The brocha achrona for such products is bircas hamozon[32] provided that a k'zayis of bread was eaten.[33]

3. Matzoh Meal

Bread (or matzoh) even if ground into fine particles, is still considered bread.[34] Thus, in the unlikely event that one wishes to eat plain uncooked matzoh meal, matzoh flour, or bread crumbs - he is required to make hamotzi.[35] If he eats a shiur, he is required to bentch.[36]

Matzoh meal and matzoh flour products such as matzoh balls and Passover cake are discussed below (See paragraphs 5.a - 5.d, and Hebrew footnote below[37]).

31 שו״ע שם סעי׳ י׳, ועיין בב״י (הובא בהערה 20) דהיכא שנתבשל ויש בפרוסות כזית לא שאני לן בין אית ביה תוריתא דנהמא ללית ביה ולעולם לא נתבטל מהם שם פת. ע״ע מש״כ בהערה 50 לקמן.

32 שו״ע שם.

33 ראה מש״כ בפרק י״ז Section B.

34 טור שם וז״ל ואם אינו מבושל ולא מחובר אלא מפרק דק דק אף על פי שאין בו כזית ולא תואר לחם מברך עליו המוציא ושלש ברכות דכיון שהוא פת בפני עצמו אינו יוצא לעולם מתורת פת, עכ״ל.

35 טור שם, שו״ע סי׳ קס״ח סע׳ י׳, ע״ע במ״ב שם ס״ק מ״ז וס״ק מ״ט אות ג׳ וס״ק ס׳.

36 ראה מש״כ בפרק י״ז Section B, ועיין שו״ע סי׳ קס״ח סעי׳ ט׳ ומ״ב שם ס״ק מ״ח דעל פחות מכזית פת לא מברך שום ברכה אחרונה.

37 **בענין תוצרת קמח מצה**

איתא במגן אברהם (שם ס״ק כ״ח) שאם

Regarding products breaded with a matzoh meal coating (e.g., fried fish, chicken schnitzel) - see Chapter 4, Section G.2.

פירר הלחם עד שהחזירן לסולת ואח״כ חזר וגבלם ואפאם, וכן כשגבלם וחיברם יחד ובשלם ועשה ״קניידליך״ (matzoh balls) והם יותר מכזית, מברך המוציא כיון שתחילתו היה לחם לא נפיק מתורת פת עד שאין בכל אחד כזית, והמ״א המוציא דין זה מהגמ׳ (מ״ז ע״ב, מבואר במחה״ש עיי״ש) אבל המ״ב (ס״ק נ״ט) מביא הרבה אחרונים (עיין שעה״צ שם ס״ק נ״ג) שחולקים וסוברים שאין ראיה מהגמ׳ לדין זה (עיין היטב בנ״א כלל נ״ד אות ד׳).

והנה לקבוע איך לברך על מאכל מקמח מצה יש שני דברים שצריכים להביא בחשבון, 1-אם בשעת הגיבול בטל שם לחם שהיה לו מתחילה, 2-אם ע״י הפעולה שעושים אחר כך מקבל שם לחם מחדש. והעתקנו כאן הלכה למעשה שיוצא לנו מהכרעת המ״ב ס״ק נ״ט:

א – גבלו ובישלו (״קניידליך״)

כתב המ״ב דיש לברך בומ״מ

(דהרי כשעירב הקמח מצה עם ביצים ושמן בטל תואר לחם, וגם ע״י הפעולה שעושה אח״כ דהיינו הדיבוק והבישול אינו מקבל שם לחם מחדש שאפילו יקח בצק של לחם ויבשלו קי״ל שאינו נחשב לחם, ואדרבא דינו כתבשיל של דגן דמברכים עליו בומ״מ).

וכיון שאינו חשוב כלחם צריך לברך לאחריו על המחיה, ואפילו אם אוכל שיעור קביעת סעודה מ״קניידליך״ מברך על המחיה (ולא בהמ״ז).

ב – גבלו ברוב מים (ומיעוט שמן וביצים) ואפאו

כתב המ״ב דיש בזה ספק להלכה ונכון שלא יאכלם כי אם בתוך הסעודה

(דהרי כשעירבו עם שומן וביצים בטל תואר לחם שהיה לו מתחילה, אך כיון שאפאו יש ספק אם מקבל שם לחם מחדש ע״י האפיה, ע״ע שעה״צ סי׳ תע״א אות י״ז).

ג – גבלו ברוב מי פירות או ביצים (ומיעוט מים) ואפאו

כתב המ״ב דמברך בומ״מ

(דהרי מחמת הגיבול בטל תואר לחם, וע״י האפיה לכל היותר מקבל שם פת הבאה בכיסנין ולא שם לחם כיון שתערובת כזו היא של עוגה ולא של לחם). ע״ע מש״כ לקמן בהערה 43.

ד – גבלו במים לבד ואפאו

כתב המ״ב דמברך המוציא ובהמ״ז

(דהרי ע״י גבולו במים לא בטל תואר לחם דאף כשנשרה פת במים לא בטל תואר לחם עד שנתלבן המים כדאיתא בתוס׳ דף ל״ז ע״ב בשם רבינו דוד ממי״ץ [והדין הובא בשו״ע סעי׳ י״א], ואפי׳ אם האפיה לא החזירו לשם לחם עדיין שם לחם עליו מתחילה, וכ״ש אם ע״י האפיה חוזר לשם לחם).

ה – גבלו במעט שמן וביצים וטגנו במשקה

כתב המ״ב (ס״ק נ״ט) שאם טגן קניידלי״ך במחבת במשקה חשיב כבישול ומברך עליהם בומ״מ אפי׳ אם אכל הרבה,

(ר״ל דמחמת הגיבול בטל תואר לחם וע״י טיגון לא חזר עליו שם לחם דטיגון חשיב כבישול).

(ויש להקשות דלכאורה סותר המ״ב למש״כ בס״ק נ״ו דשם מביא דעת המ״א דטיגון לא הוי כבישול ודעת החולקים דסוברים שטיגון הוי כבישול והמ״ב לא הכריע כנגד המ״א וכאן סתם דלא כהמ״א. אכן אין זה קושיא כלל, דהמ״א שם בא לתרץ לשון הרמ״א ומיירי שם בדאית ביה תואר לחם לכן לא הוי הטיגון כבישול ובכגון זה מסופק המ״ב בס״ק נ״ו, משא״כ בס״ק נ״ט מיירי שגבלו בשמן וביצים ובטל תואר לחם, בזה גם המ״א מודה דלא יחזור לו תואר לחם ע״י הטיגון, וזה מדוייק בלשון המ״ב ס״ק נ״ו וז״ל משמע ממ״א דלא הוי כבישול ומהני ביה תואר לחם ע״כ,ודו״ק).

4. A Practical Suggestion

Any product made with bread or matzoh can be made in a way that they will definitely not require hamotzi and will also be exempt from *bircas hamozon* by using the following procedure:[38]

> Break the bread or matzoh into pieces smaller than a *k'zayis*. Boil the bread pieces in water for about one minute.[39] Continue in the usual manner with whatever recipe is being used.[40]

After boiling, the bread is no longer halachically classified as bread. For example, by using this procedure one can make "mezonos french toast" (i.e., slices of french toast which can be eaten without washing, *hamotzi*, or bentching).

5. Applications

a. Matzoh Balls

The brocha for matzoh balls is *borei menei mezonos*.[40.1] [t] Regarding soup with matzoh balls in it - see Chapter 4, Section E.3c.

[t] Even though the end product (the matzoh ball) is larger than a *k'zayis*,

[38] כך שמעתי מהגרש״ז אויערבאך שליט״א, שיכול לכתחילה להסיר ממנו שם פת ע״י שיבשלו בכלי ראשון על האש במים רותחים שבעת הבישול בטל ממנו שם פת ואע״פ שגיבלן ועשה ממנו חתיכה אחת מ״מ מברך בומ״מ, כנ״ל, וע״ע מש״כ בהערה 22.

עוד שמעתי מהגרש״ז אויערבאך שליט״א שגם במצה יכול לעשות עצה זו כדי לבטל ממנה שם פת. (ועיין בשעה״צ סי׳ תס״א ס״ק ל״ג, דמצה פחות מכזית שבשלה אין שם לחם עליה). ועיין בחזון איש או״ח סי׳ כ״ו ס״ק ט׳ שכתב דדוקא שנתבשל שיעור בישול או שיעור כמאכל בן דרוסאי אבל הוחלטו ברותחין וסלקן מיד לא נפק מתורת לחם אכן מהגרש״ז אויערבאך שליט״א שמעתי שדבריו אלו קשים להבינם דמה שייך שיעור מאכל בן דרוסאי במצה, ועיין בהערה דלקמן בסמוך.

[39] עיין באבן העוזר סי׳ קס״ח מש״כ על דברי המ״א ס״ק כ״ח ובתוך דבריו כתב דמיד שהתחיל הפתיתי לחם להרתיח שהיד סולדת בו מיד מקרי בישול לענין שינוי צורתו ואז נתבטל מתורת לחם ע״כ, ומהגרש״ז אויערבאך שליט״א שמעתי שמיד שנשתנה טעם וצורת הלחם נתבטל מתורת לחם והוא כבתוך דקה או חצי דקה, ועיין בהערה הקודמת.

[40] מ״ב סי׳ קס״ח ס״ק נ״ט דלא כהמ״א ס״ק כ״ח, וראה הערה 37 אות א׳.

[40.1] ראה הערה הקודמת.

b. Matzoh Meal Latke, "Chremzil"

Matzoh meal latkes and "chremzil" are generally made by mixing matzoh meal, eggs, oil, water, and spices into a batter, and frying them in oil. The brocha for this type of product is *borei menei mezonos*.[41]

c. Passover Cake

The brocha for passover cake made from matzoh flour or matzoh meal, is *borei menei mezonos*.[42] [u](The brocha for passover cake made from potato starch, however, is *shehakol*[v]).[43]

d. Bread Pudding (Challah Kugel), Bread Stuffing

The minhag is to make a borei menei mezonos for all types of challah and bread puddings.[44]

nevertheless, since it was originally less than a *k'zayis*, and it was boiled, the brocha is *borei menei mezonos*.

[u] Regarding *brocha achrona* requirements - see Addendum One, Section C.2.

[v] See Chapter 22, Section C.1. The *brocha achrona* for cakes made from potato starch is *borei nefoshos* - see Chapter 21, Section C.

41 מ״ב שם, וראה הערה 37 אות ה׳.

42 מ״ב ס״ק נ״ט, וראה הערה 37 אות ג׳, וכן שמעתי מהגרש״ז אויערבאך שליט״א שיש לברך עליו בומ״מ. ומהגרי״ש אלישיב שליט״א שמעתי שיש לפקפק על מנהג העולם שמברכים עליו בומ״מ דהנה מתחילה היה עליו שם לחם, וגם אחר האפיה יש עליו תואר לחם, ואף שטען הבית אפרים (הובא בשערי תשובה ס״ק כ״ד) דאזיל חיורא ואתי סומקא, ומש״ה אין בו צורת פת ולכן מברכים בומ״מ זה חידוש (דמ״מ יש עליו תואר לחם) ועדיין יש לפקפק למה לא מברכין המוציא, אבל להלכה למעשה יכול לסמוך על המ״ב ולברך בומ״מ.

43 עיין מש״כ בפרק כ״ב הערה 35, 46.1.

44 שמעתי מהגרש״ז אויערבאך שליט״א שמברכים עליו בומ״מ, דהנה עושים חלה קוגל ע״י ששורים החלה במים ואח״כ סוחטים ומרסקים אותו ועושה ממנו כמין עיסה וגובלים אותו עם ביצים ושמן, ואין מצטרפים המים שנשאר בהחלה דאותו מים חשוב כחלק של החלה דלא גרע משאר לחם שיש בו מים, ולכן כשגובלן עם ביצים ושמן נחשב כגיבולו ברוב מי ביצים שבכגון זה הכריע המ״ב לברך בומ״מ, ויש עוד טעם לפטרו מהמוציא והוא

Similarly, the brocha for bread or matzoh meal stuffing is borei menei mezonos.[45]

The brocha requirements for stuffed meat or stuffed chicken are as follows:

One should first make a borei menei mezonos and eat some of the stuffing. He should then make a shehakol and eat some meat without stuffing.[46]

e. Matzoh Brei

The brocha for matzoh brei which is deep fried (i.e., the matzoh brei is entirely covered by the oil) is *borei menei mezonos*. The *brocha achrona* is *al hamichya*. Even if a large quantity was eaten, *bircas hamozon* would not be required.[w] [47]

The brocha requirements for matzoh brei which is pan fried (with no oil, or with some oil but not deep fried) is questionable. It should only be eaten if one made *hamotzi* on bread.[48]

Matzoh brei which unquestionably requires *borei menei mezonos*

[w] See footnote s above.

שבסתמא נתלבן המים בשעת השרייה (ודינו כמו לחם שנתבשל שבטל שם לחם) וכן הוא המנהג לברך עליו בומ״מ, עכת״ד.

45 שמעתי מהגרש״ז אויערבאך שליט״א, ועיין בהערה הקודמת.

46 שמעתי מהגרש״ז אויערבאך שליט״א, דכשאוכלים בשר או עוף ממולא עם מילוי של קמח מצה או של חלה, מברך בומ״מ, וצריך לאכול מהמילוי, ואח״כ הבשר שיאכל עם המילוי נפטר ע״י ברכה זו, והבשר שאוכל בלי המילוי צריך לברך עליה שהכל, ולא דמי לעוגה שיש לה מילוי פירות שהבומ״מ פוטרת את הפירות משום שאינו אוכל מהפירות לבד רק קצת, משא״כ הכא אוכל הרבה מהבשר לבד, לפיכך מה שאוכל לבד אינו טפל להמזונות.

47 שמעתי מהגרש״ז אויערבאך שליט״א, דהנה שוברים את המצה לחתיכות פחות מכזית וכשמטגנים אותו בהרבה שמן באופן שהשמן מכסה את המצה בודאי הו״ל כבישול חתיכות שאין בהם כזית (ראה הערה 37 אות א׳) עכת״ד.

48 שמעתי מהגרש״ז אויערבאך שליט״א שיש להסתפק בזה כיון שכל פרוסה ופרוסה ניכרת לא בטל תואר לחם (ובכגון זה מסתפק המ״ב בס״ק נ״ו אי הוי כבישול או לא, ומסיק דהנכון שלא יאכל כי אם בתוך הסעודה).

can be made by following the suggestion offered above (in Paragraph 4).[49]

f. French Toast

French toast (bread dipped in eggs and fried), is subject to either *hamotzi* or *borei menei mezonos* depending on how it is made:

" Hamotzi" French Toast

French toast made with a whole slice of bread, requires *hamotzi* and bentching. Since it is larger than a *k'zayis*, it retains its bread status regardless of how it is fried.[50]

French toast made with pieces smaller than a *k'zayis*, but fried without oil (or with just enough oil to prevent scorching) requires *hamotzi* and bentching.[x] Frying without oil is likened to baking. Therefore the bread retains its bread status even though it is smaller than a *k'zayis*.[y] [51]

[x] bentching is not required if less than a *k'zayis* was eaten - see Chapter 17, Section B.

[y] The brocha requirements for french toast which is made from pieces smaller than a *k'zayis* and fried with oil (but not deep fried) is questionable. One wishing to eat french toast made this way should first make *hamotzi* on ordinary bread, and eat a *k'zayis*.[51.1]

[49] עיין מש״כ בשם הגרש״ז אויערבאך שליט״א בהערה 38.

[50] ראה לעיל הערה 31 ובפנים שם. ועיין בבה״ל (סי׳ קס״ח סעי׳ י׳ ד״ה אם) שמביא שהפמ״ג (א״א אות כ״ח) מסתפק אם אחר בישול היה כזית ואח״כ פיררו לפירורין קטנים אם נימא כיון שהיה בעת בישול כזית תו לא נפקע מיניה שם לחם ע״י שהמעיטו לפחות מכזית, ועיין בחזון איש (או״ח סי׳ כ״ו אות ה׳) שכתב דאם בישל פרוסה כזית ואח״כ פתתה לפרוסות פחות מכזית בטלה ומברך עליה בומ״מ - אמנם אם פותת ואוכל מיד, אינו בטלה, דאם לא כן לא מש״ל פרוסה קימת אלא כשלועס כזית שלם, ונשאר שם בצ״ע על זה.

[51] ראה לעיל הערה 27 ובפנים שם.

[51.1] ראה לעיל הערות 28 - 30 ובפנים שם.

"Mezonos" French Toast

French toast made with pieces smaller than a *k'zayis*, but deep fried with oil (i.e., the bread is entirely covered by the oil) requires *borei menei mezonos* and *al hamichya*.[z] Deep frying is halachically likened to boiling.[52] Since the bread is smaller than a *k'zayis*, and was cooked, it is no longer considered bread.[53]

French toast may be made in a way that will exempt it from *hamotzi* and *bircas hamozon*, by using the simple procedure outlined above (Paragraph C.4).

[z] Even if a large quantity was eaten, *bircas hamozon* would not be required. Also see footnote s above.

[52] ראה הערה 25 ובפנים שם.

[53] ראה הערות 20 - 23

CHAPTER 27

Mezonos

Introduction

This chapter discusses the brocha requirements for all "mezonos" products - from cooked cereal to pizza.*

Mezonos products can be divided into two broad categories, products which are in the "bread family", and products which are not considered in the "bread family" (referred to as "non bread family" mezonos). This is addressed in Section A.

Section B deals with non bread family mezonos, primarily cooked products such as noodles, spaghetti, and cooked cereals.

Section C discusses "bread family" products such as cake and crackers. In certain cases "bread family" products are treated as genuine bread. In such instances - unusual as it may seem - *n'tilas yodahyim, hamotzi,* and bentching are required.

In Section D specific applications, such as pizza, "mezonos" bread, doughnuts, granola, ice cream cake, kreplach, and pancakes, are discussed.

Note: A listing of other mezonos topics may be found at the end of this chapter.

* פרק זה מבוסס בעיקרו על שו"ע סי' קס"ח ור"ח

A. Two Categories Of Mezonos

Chazal considered products made from wheat, barley, spelt, oats, or rye, as the most important type of food.[1] They designated a special *brocha rishona*, and a special *brocha achrona* for products made from these grains.[2] [a]

Borei menei mezonos, the *brocha rishona*, acknowledges the creation of foods which satiate and sustain (life).[3] *Al hamichya*, the *brocha achrona*, contains the essential elements of *bircas hamozon*.[b] [4]

Mezonos products can be divided into two broad categories:

- "Bread family" products[c] (most baked products such as cake, crackers, etc.).
- "Non bread family mezonos" products (most cooked products such as noodles, oatmeal, etc.).

In most cases both non bread family mezonos products and bread family products have the exact same brocha requirements.

[a] Buckwheat kernels (kasha), and millet are not mezonos grains - see Chapter 22 Section D.9.

Rice, although not one of the five mezonos grains, has satiating qualities which are very similar to mezonos grains. Chazal designated for it the *brocha rishona* (but not the *brocha achrona*) designated for foods which satiate, *borei menei mezonos* - see Addendum 4.

[b] See Chapter 20, Section B.

[c] The halachic term for such products is *pas haboh b'kisnin*.

[1] טור ריש סי׳ ר״ח. וז״ל ה׳ מיני דגן וכו׳ שהן גם כן חשובים שנשתבחה בהן ארץ ישראל וכו׳ ועוד יש להם מעלה כי עליהם יחיה האדם וכו׳, הילכך אפי׳ לא עשה מהן פת אלא תבשיל כגון מעשה קדרה או דייסא וכו׳ מברך עליהן בומ״מ ולבסוף ברכה אחת מעין ג׳ ע״כ.

ועיין בלבוש סי׳ רי״א סעי׳ ד׳ וז״ל המין שמברכין עליו מורה על ההשגחה הגדולה שמשגיח השם ית׳ על בריותיו וזן ומפרנס ומשביע אותם וכו׳ כי ודאי בומ״מ היא הברכה החשובה שבכל הברכות חוץ מברכת הפת עכ״ל.

[2] שם. ע״ע מש״כ בפרק י״א הערה 8.

[3] טור ולבוש שם.

[4] ראה מש״כ בפרק כ׳ Section B.1.

Both types of products require *borei menei mezonos* and *al hamichya*.[d] However, in certain instances bread family products are treated like genuine bread. This halacha will be discussed in Section C.[e]

B."Non Bread Family" Mezonos

Grain products[5] which are cooked are classified as non bread family mezonos.[6]

Such products are not considered to be in the bread family category because they do not have bread-like properties and appearance.[f] The *brocha rishona* for non bread family mezonos products is *borei menei mezonos*. The *brocha achrona* is *al hamichya*. *Hamotzi* and bentching are never required for products in this category - even if a *shiur seuda* is eaten.[7] [g] (*Shiur seuda* is defined below in Section C).

[d] al hamichya is required only if a *k'zayis* or more is eaten within a specific period of time - see Addendum A.

[e] I.e., one wishing to eat a *shiur seuda* (an amount equal to the amount normally eaten for a meal) of a bread family product such as cake or crackers, must wash and recite the brocha *n'tilas yodahyim*, recite *hamotzi*, and bentch. The issue of whether or not a product is in the bread family has other halachic implications - see Addendum Two and Chapter 17, Section D.

[f] the term "bread-like properties and appearance" is a loose translation of the halachic term: *"turisa d'nahama"*.

[g] see footnote ii for an exception

[5] היינו מה׳ מיני דגן חתוכים או כתושים (שו״ע ריש סי׳ ר״ח), או שהסיר קליפתן וגם מקצת מגופן (מ״ב ס״ק י״ד). ולענין גרעיני דגן שלימים מבושלים עיין בשו״ע ורמ״א סעי׳ ד׳ (ובערוה״ש סעי׳ י׳), ולא הבאנו דינו של גרעינים שלימים בפנים דאינו מצוי במדינתינו. ולענין שעורים שלימים שהוסר קליפתן pearled barley ראה הערה 8 לקמן.

[6] שו״ע סי׳ ר״ח סעי׳ ב׳, ועיין בהערה דלקמן בסמוך.

[7] ח״א (כלל נ״ד סי׳ ב׳) וז״ל וכן כל מיני מאכל שעושין מקמח של ה׳ מינים הנזכרים ובשלן במים או בשאר משקין, ואפי׳ אותן שבלילתן עבה רק שחותך העיסה לפרורין קטנים (כמו noodles, farfel, etc.), שאין בכל אלו תואר לחם ואין בכל חתיכה כזית ומכ״ש אם בלילתן רכה אפי׳ אכל הרבה כדי שביעה מברך תחילה בורא מיני מזונות ולבסוף על המחיה, עכ״ל. וע״ע בהערה 9 לקמן.

ודע דיש דברים שאע״פ שהם מבושלים ראוי לירא שמים שלא לאכל ממנו כשיעור סעודה והוא עיסה מקמח ומים אפי׳ אם נעשה

Examples of cooked grain products include: cooked barley,[8] cooked cereal (e.g. farina, oatmeal),[9] noodles, macaroni, spaghetti[10], egg farfel,[11] matzo balls, and the like.[12]

Note: Cooked cereals are discussed in Addendum 5, Section B.

Fried Mezonos

Products which are deep fried[h] in oil are also classified as non bread family mezonos (deep frying is halachically equivalent to cooking).[13] For example, chinese noodles which are deep fried (not cooked) are in the same category as cooked noodles. Another common product which is deep fried is doughnuts - see application D.4, below.

Pan fried products are discussed more fully in paragraph D.1, below.

[h] i.e., the food is entirely covered by the oil

בלילה עבה, שבישלה או טיגנה במשקין, והיא גדולה מכזית - עיין מש״כ לקמן בהערה 41.

8 לענין ברכת פערי״ל גרויפי״ן (pearl barley) עיין מ״ב סי׳ ר״ח ס״ק ט״ו. ועיין באג״מ א״ח ח״א סי׳ ס״ח שאם הסיר מהם יותר מקליפתן פשוט שמברכים בומ״מ, ואם ספק אם הסיר מהם יותר מקליפתן יש להורות לברך בומ״מ ולאחריו על המחיה. (ע״ע בספר מקור הברכה סי׳ ו׳ שכתב דלפי בירורו רובא דרובא של פערי״ל גרויפי״ן שמשתמשים בהן הן גרויפי״ן שהוסר קליפתן עם קצת מהגרעין עצמו ולפי זה בפערי״ל גרויפי״ן שלנו פשוט שמברכים בומ״מ.) ועיין בערוה״ש (סי׳ רי״ב סעי׳ א׳). ע״ע מש״כ בפרק ד׳ הערה 24.

9 איתא בגמ׳ דף ל״ו ע״ב דעל דייסא כ״ע לא פליגי דמברך בומ״מ וכו׳, וכתב בשו״ע סי׳ ר״ח סעי ב׳ דעל דייסא (אפי׳ עירב עמהם מינים אחרים) מברך בומ״מ ולבסוף על המחיה, וכתב הברכי יוסף (שם) בשם רבינו ישעיה וז״ל בין אם קבע עליהם סעודתו בין אם לא קבע עליהם סעודתו וכו׳ מברך עליהם בומ״מ עכ״ל וע״ע בהערה 7 לעיל. ע״ע באג״מ אבן העזר ח״א סי׳ קי״ד.

10 רמ״א סי׳ קס״ח סעי׳ י״ג, וז״ל אבל אי לית ביה תואר לחם כגון לאקשין לכו״ע אין מברכין עליהם המוציא ולא ג׳ ברכות דלא מיקרי לחם. ועיין מש״כ לקמן בהערה 40.5. ע״ע בברכי יוסף (שם אות ג׳) ובכף החיים (שם אות מ״ט) ובהערה דלקמן בסמוך.

11 ח״א כלל נ״ד סי׳ ב׳ בסוגריים (וכן מצאתי כתוב בסדר ברכת הנהנין המיוחס לר׳ יעקב מעמדין זצ״ל, אות פ׳) וידוע דאופן עשייתן של פארפיל הוא ע״י בישול או טיגון בהרבה מים. ולענין הכוסכוס הנעשה מפת יבש בכלי מנוקב שעל גבי קדירה ומתבשלת מהזיעה וההבל עיין בכה״ח סי׳ קס״ח אות כו׳. והמאכל הנקרא כוסכוס במקומנו נעשה מsemolina מבושל ודינו כשאר מעשה קדרה.

12 מ״ב סי׳ קס״ח ס״ק נ״ט וראה מש״כ בפרק כ״ו Section C.

13 ראה מש״כ בשם הגרש״ז אויערבאך

Roasted Grain

Roasted grain products (such as granola) are not considered mezonos, and are not subject to *borei menei mezonos*, nor to *al hamichya*. Granola is dealt with in paragraph D.14 below.[i]

C. "Bread Family" Products - Pas Haboh B'kisnin[j]

Almost all mezonos products which are baked,[14] have bread-like properties and appearance.[k] Therefore most baked goods, both those

[i] Grains which are eaten raw are also not subject to *borei menei mezonos*.[13.1]

[j] pas haboh b'kisnin, is the halachic term used to connote mezonos products which have bread like properties and appearance but which are generally used for a snack rather than for a meal. See Addendum Two, Section B.

[k] see footnote f

שליט״א והגרי״ש אלישיב שליט״א בפרק כ״ו הערות 25 ו29.

13.1 שו״ע סי׳ ר״ח סעי׳ ד׳. ע״ע בהערה 5 לעיל.

14 **הקדמה: מיני עיסות וההלכות הנוגעות לכל מין**

השו״ע בסי׳ קס״ח מביא כמה מיני עיסות וההלכות הנוגעות לכל מין ומין, והמ״א (בסוף הסי׳) מסדרן לשש מחלקות, ואלו הם:

א – עיסה שגילושה בסוכר ותבלינים (מין פת הבאה בכיסנין) מובאה בסעי׳ ז׳, וזה נוגע לרוב מיני ״קייקס״ cakes שבזמנינו, מברכים על דברים מסוג זה בומ״מ, ואם אכל מהם שיעור קביעות סעודה מברכים המוציא ובהמ״ז. עיין בהערה 15 לקמן שיש מח׳ הפוסקים מה נקרא פת הבב״כ, ושם הבאנו דברי הר״י מליסא לבאר עיקר טעם הפטור בפת הבא בכיסנין.

גם נכלל בסוג זה עיסה הנאפה יבשה שנוגע לרוב מיני רקיקין ועוגיות crackers, cookies שבזמנינו, וגם נכלל בזה עיסה שנילושה במי פירות.

ב – עיסה ממולאה בפירות (מין פת הבאה בכיסנין) מובא בסעי׳ ז׳, וזה נוגע ל״המןטאשין״ hamentashen ועוגה ממולאה pie שבזמנינו, מברכים עליהם בומ״מ. בדרך כלל א״א לאכול מהם שיעור לחייב בהמ״ז, ראה לקמן הערה 51 ובפנים שם.

ג – עיסה ממולאה בשר או גבינה (פשטיד״א) מובאה בסעי׳ י״ז, וזה נוגע לפיצה pizza שבזמנינו, ראה לקמן הערות 45 -50 ובפנים שם.

ד – עיסה שבישלה במים או שטיגנה בשמן (תחילתו עיסה וסופו סופגנין) מובאה בסעי׳ י״ג, נוגע לסופגניות doughnuts ו״קרעפלאך״ kreplach שבזמנינו, מעיקר הדין כיון שאינם אפויים אין להם דין לחם כלל ואפי׳ אם אכל מהם שיעור קביעות סעודה מברך עליהם בומ״מ ועל המחיה, ראה הערה 41 לקמן ובפנים שם.

which are made from dough as well as those which are made from batter[14.1] are classified as *pas haboh b'kisnin* - "bread family" products[15].

Most types of cakes, cookies, pretzels, pies, knishes, and crackers are considered bread family products.

Exception:

Products which are baked to a thin consistency[16] such as wafers,[16.1] or wafer thin crackers[16.2] do not have bread-like appearance.

ה – **עיסה של קמח ומים מבלילה רכה** (ניבלא״ש, טרוקנין, טרית״א) מובאה בסעי׳ ח׳ ובסי״ד ובסט״ו,והיא נעשית מקמח והרבה מים ואופין אותה בתנור או באילפס בלי משקים, - אם בשעת אפייה מתקבץ ונעשה עבה נחשב כפת גמור וברכתו המוציא - ואם נתפשט העיסה ומ״מ נעשה עבה קצת ברכתו בומ״מ ואם אכל שיעור קביעות סעודה מברכים המוציא וברהמ״ז (נוגע ל״פנקייק״ עבה thick pancakes) - ואם נעשה דק ביותר אין עליו תואר לחם כלל ואפי׳ אם אוכל שיעור קביעות סעודה אין מברך עליו אלא בומ״מ. ראה הערה 32 לקמן ובפנים שם.

ו – **לחם שבישלו** (חביצ״א) מובא בסעי׳ י׳, נוגע ל״קניידלאך״ (kneidlach) וללחם מטוגן (french toast) וחלה קוגל (challah kugel) ראה פרק כ״ו Section C.

[14.1] שו״ע סי׳ קס״ח סעי׳ ח׳, שאם קבע סעודתו על אותן לחמניות שבלילתן רכה מברך המוציא ובהמ״ז, וכ״כ בשו״ע שם ט״ו דאם קבע סעודתו על טרוקנין מברך המוציא (וטרוקנין הוא בלילה רכה, כ״כ הב״י בשם הירושלמי). ע״ע בהערה לעיל בסמוך אות ה׳.

[15] דלא נזכר בהדיא שחולקין הפוסקים ואפשר דמודו להדדי (דכל שהוא משונה בטעם ובתואר פת דעלמא שדרך העולם לקבוע סעודתם עליו יצא מתורת לחם).

וכעין זה כתב הר״י מליסא (בעל חוות דעת ודרך החיים) בקונטרס אחרון לברכת הנהנין נדפס בסוף הגדה מעשה נסים וז״ל לכן נלע״ד כיון דרש״י כתב הטעם בפת כיסנין דאין אוכלין ממנו רק דבר מועט, נר׳ מזה דעיקר טעם הפטור בפת הבאה בכיסנין הוא משום דכיון דעל פת כזו אין רגילין לקבוע עליו סעודה לא חשוב לברך עליו המוציא וג׳ ברכות, עכ״ל. ושמעתי מהגרש״ז אויערבאך שליט״א שטעם זה עיקר להלכה, ע״ע בפרק כ״ו הערה 13 ובפנים שם.

[16] ואפי׳ קבע סעודתו עליו אין מברכים עליו אלא בומ״מ ועל המחיה. ואף שהמ״א (שם ס״ק מ״א) חולק על המחבר וס״ל דאם קבע מברך המוציא, מ״מ גם המ״א מודה דבדברים הדקים ביותר כמו ואפלטק״ס אפי׳ קבע עלייהו לא הוי קביעות ומברך בומ״מ דכן כתב המ״א בס״ק מ׳ (עיין באר היטב אות ל״ד) וכ״כ המ״ב בס״ק ל״ח (ועיין שם בשעה״צ אות ל״ה ול״ו).

[16.1] נלמד ממ״א ומ״ב שם.

[16.2] איתא בשו״ע (סי׳ קס״ח סעי׳ ט״ו) שעל טריתא אפי׳ קבע סעודתו עליו אין מברכים המוציא - וטריתא הוא שעושין בלילה רכה מאד ושופכין על הכירה והוא מתפשט ונאפה והוא דקה מאוד ואין עליו תורת לחם.

They are classified as non bread family mezonos.[16.3] [l]

1. When Treated Halachically As Bread

Bread family products, although technically classified as "bread", are ordinarily not subject to *hamotzi*[17] [m](nor to bentching,[18] nor to n'tilas yodahyim[19]) since they are eaten primarily as snacks.

At times, however, people make bread family products the mainstay of their meal. For example, a person who is pressed for time, might eat a large helping of cake for breakfast, in place of a conventional meal. When products of the bread family are used as the mainstay of a meal, they are treated as genuine bread.

This rule[n] applies only when a shiur - an amount suitable for a meal[o] [20] - is eaten. In such instances n'tilas yodahyim, hamotzi, and bentching are required.[21]

[l] Regarding matzoh - see Chapter 26, Section B, and the accompanying Hebrew footnote (14).

[m] Also see Chapter 26 Section B.

[n] that bread family products are treated as genuine bread

[o] i.e., the amount that people in his country would eat for a meal.[20.1]

וכן ״ואפלטק״ס״ (מובא במ״ב שם ס״ק ל״ח בשם הפוסקים) שעושין ג״כ בלילתה רכה והם דקים מאוד אין עליו תורת לחם.

ושמעתי מהגרש״ז אויערבאך שליט״א ,שהיום שעושים תוצרות מדגן במכונה שלוחצת את העיסה בלחץ חזק ונעשים דקים כנייר אין עליהם תורת לחם ואפי׳ אם קבע סעודתו עליהם אין מברכים המוציא, ואע״פ שעשוים מעיסה בלילה עבה מ״מ מסתברה שכיון שבסוף נעשה דקה דינם כטריתא (הנ״ל).

16.3 ראה הערה 16.

17 עיין בב״י סי׳ קס״ח (ד״ה ומה שפי׳ רבינו) כל שאין דרך בני אדם לקבוע סעודתן עליו לא חייבוהו לברך המוציא ושלש ברכות (בהמ״ז). ע״ע פרק כ״ו הערות 11 - 13.

18 ב״י שם.

19 שו״ע סי׳ קנ״ח סע׳ א׳.

20 שו״ע סי׳ קס״ח סע׳ ו׳ ועיין מש״כ בהערה 23 לקמן.

20.1 אג״מ או״ח ח״ג סי׳ ל״ב (לפי הגר״א), וז״ל הוא השיעור כאכילת אדם בינוני בכל מדינה ומדינה שעומדין עכ״ל.

21 שו״ע סי׳ קס״ח סע׳ ו׳ וח׳. ועיין שם במ״ב ס״ק כ״ה דמבואר בשו״ע סי׳ קנ״ח ס״א

Note: We refer to this shiur as *shiur seuda*.[p]

2. Shiur Seuda

If a *shiur seuda* of bread family products was eaten,[q] it is treated as genuine bread.[22] [r]

[p] Actually the term is *shiur k'veyas seuda*. We have shortened it to *shiur seuda* for smoother reading.

[q] Even if it was eaten only as a snack, nevertheless, since it is an amount suitable for a conventional meal, it is treated as genuine bread.[22]

[r] According to most Poskim if one ate a *shiur seuda* and was satiated his obligation to bentch is *midioraisa*.[22.1]

דגם נטילת ידים בעי, ע״ע במ״ב סי׳ קנ״ח ס״ק ח׳ דגם צריך לברך ברכת ענט״י ודלא כהלבוש והשל״ה (ע״ע מש״כ בהוספה ב׳ הערה 6).

[22] איתא בב״י סי׳ קס״ח ד״ה והאגור וז״ל בין סעודת ערב ובוקר בין סעודת עראי אם אכל שיעור שבני אדם קובעין עליו מיקרי קביעות ואי לא לא עכ״ל ועיין בנ״א (כלל נ״ד אות א׳) שדייק מכאן דאפ׳ בסעודת עראי מהני אם אכל שיעור שאחרים קובעים עליו.

וכן שמעתי מהגרש״ז אויערבאך שליט״א שגם אם רוצה לאכל פהבב״כ שלא בתורת קביעות סעודה רק לתענוג בעלמא בין סעודה לסעודה מ״מ אם דעתו לאכול כשיעור קביעות צריך לברך המוציא ובהמ״ז. שוב שאלתי אותו שראיתי שכתב בשמו בספר שמירת שבת כהלכתה (פרק נ״ד הערה ס״ה) דיש להסתפק לגבי מה שנוהגים לקדש בבה״כ אחרי התפילה בשבת דכיון שאוכלים רק דרך ארעית אם זה נחשב לקביעות סעודה, והשיב שאמר זה בלשון יש להסתפק וכסברא בעלמא (בדרך לימוד זכות) אבל להלכה ולמעשה אם אכל שיעור סעודה מ״ליקאך״ ועוגות וכדומה צריך לברך בהמ״ז דהוי קביעות סעודה אע״פ שאכלו דרך ארעית, והגע בעצמך, הלא בארצה״ב אוכלים סעודתם הרבה פעמים רק דרך מהירות וארעית, האם נאמר דלא נחשב סעודה?

ע״ע בערוך השולחן סי׳ קס״ח סוף סע׳ י״ח וז״ל וכדי ללמד זכות (על אלו שאוכלים פת הבב״כ כשעורכים השולחן בעת איזה שמחה) נלע״ד קולא מלשון הרי״ף וכו׳ ומשמע מלשונו דאינו תלוי בשיעור קביעת הסעודה אלא באופן האכילה בין ההכנה לאכילת עראי ובין ההכנה לאכילת קבע, וזה ידוע שבאכילת סעודה גמורה פושטין הבגדים העליונים ויושבים סביב השולחן אבל באכילת אלו חוטפין ואוכלין כמה שהן בלי הכנה, ויש אוכלין מעומד ומהלך כידוע וסוברים דזה לא מקרי קביעות סעודה וכו׳ וכל ירא אלקים ירחק את עצמו מזה והוא רחום יכפר עון עכ״ל.

עוד שמעתי מהגרש״ז אויערבאך שליט״א , דמי שדעתו לקבוע סעודה על פת הבב״כ ואוכלו במקום סעודה אלא שאוכל פחות מכשיעור סעודה (למשל, שיושב לאכול פת הבב״כ עם כוס קפה לסעודת בוקר) אינו מברך אלא בומ״מ.

[22.1] ראה הערה 25.1

There is a difference of opinion among the Poskim as to the minimum amount considered to be a *shiur seuda*.[23]

According to some Poskim, an amount of food equal to the volume of four eggs[24] is a sufficient amount of food for a minimal meal. They rule, therefore, that the *shiur seuda* is equal to the volume of four eggs.

Other Poskim are of the opinion that the *shiur seuda* is calculated according to the amount of food the average person eats for a regular meal.[s] (See exception in footnote below[t]).

[s] Since the amount can vary from country to country, and generation to generation, the *shiur* can not be stated in a fixed number of ounces. Rather, one must estimate if the volume of bread family products which he ate is equal to the amount eaten for a meal.

[t] Older persons, and people in their early teens, typically eat less than the

[23] איתא בשו״ע סי׳ קס״ח סע׳ ו׳ שאם אכל מפת הבב״כ שיעור שאחרים רגילים לקבוע עליו אע״פ שהוא לא שבע ממנו מברך עליו המוציא וברהמ״ז. ולא פירש המחבר מהו השיעור, ויש בזה מחלוקת אחרונים:

כמה אחרונים כתבו שיש ללמדו מדין עירוב (שו״ע סי׳ שס״ח) ששם איתא דשיעור סעודה הוא ג׳ או ד׳ ביצים, כן פסקו הא״ר והברכי יוסף והר״י מליסא (הובא בהערה 15 לעיל) וכן הובא ברע״א בשם הר״ם חביב, ודעה זו מובא במ״ב ס״ק כ״ד בשם ״כמה אחרונים״ ועיין בכף החיים סי׳ קס״ח אות מ״ה שמביא הרבה אחרונים המסכימים לשיעור זה ומביא בשם המח״ב דכן מנהג העולם.

וכמה אחרונים סוברים דאין לברך המוציא וברהמ״ז אלא כשיעור סעודה קבוע שהוא של ערב או בוקר, כן דעת הגר״א מובא בחיי אדם כלל נ״ד סי׳ ד׳ ובנ״א שם אות א׳, ובמ״ב הנ״ל ועיין שם בשעה״צ (אות י״ט) שכן מוכח דעת המ״א.

ויש פוסקים שביארו ששיעור סעודת ערב או בוקר הוא כחצי עשרון, דהיינו כ21.6 ביצים. (כ״כ הגר״ז סעי׳ ח׳, והערה״ש סעי׳ ט״ז).

אכן באג״מ (או״ח ח״ג סי׳ ל״ב) כתב דאין לחשוש לשיעור זה דשום אדם אינו אוכל שיעור גדול כזה לסעודתו.

ולהלכה למעשה עיין באג״מ או״ח ח״ג סי׳ ל״ב שכתב דדעת המ״ב נוטה יותר כדעת הגר״א ודעימיה שהוא כשיעור סעודה קבועה של ערב או בוקר. וכן משמע מאג״מ או״ח ח״ד סי׳ מ״א שכתב שם ז״ל וכן מסתבר לע״ד דקביעות סעודה על פת הבב״כ וכו׳ הוא שיעור גדול שאפשר לשבוע מזה הרבה בני אדם עכ״ל ונר׳ שר״ל שהשיעור הוא מה שדרך הרבה בני אדם לאכול ולשבוע ממנה דהוא כדעת הגר״א הנ״ל. ומהגרש״ז אויערבאך שליט״א שמעתי שקשה להכריע בין הפוסקים הנ״ל אמנם יש לצדד ולומר דשיעור קביעות סעודה בימינו הוא גם כשיעור ד׳ ביצים וממילא י״ל שאם אכל ד׳ ביצים יכול לברך בהמ״ז אפי׳ לפי הגר״א אבל למעשה צ״ע. וכן שמעתי מהגרי״ש אלישיב שליט״א די״ל דשיעור סעודת ערב או בוקר בימינו הוא כד׳ ביצים והאוכל ד׳ ביצים יכול לברך בהמ״ז גם לפי דעת הגר״א.

[24] אג״מ או״ח ח״ג סי׳ ל״ב דיש להחמיר

a. When Eating A Large Volume Of Bread Family Products

Since there is a difference of opinion regarding the *shiur seuda*, when eating a large volume of cake, crackers, or other bread family products, one should either:

- eat an amount which is definitely less than the *shiur* - **less** than the volume of four eggs - and make *borei menei mezonos* and *al hamichya*,[u] or...
- eat an amount which is definitely more than the *shiur* - **more** than the quantity of a regular meal - and make *hamotzi* and *bircas hamozon*.[25] [v]

average person. The *shiur seuda* for such persons is based on the amount of food normally eaten for a meal by persons in that natural age grouping (which is less than the *shiur* of an ordinary person).[24.1]

If, for example, most American girls in their early teens eat only one sandwich or roll for a typical morning or evening meal, that amount is the *shiur seuda* for 13 and 14 year old American girls. (Even though this amount is less than the volume of four eggs, nevertheless, it is considered the *shiur seuda* for persons in that grouping).

[u] provided that he is not satiated. If he ate less than the volume of four eggs but became satiated - see Hebrew footnote.[24.2]

[v] If one wishes to eat more than the volume of four eggs, but less than the quantity of food eaten at a regular meal - he should first (wash and) make *hamotzi* on a *k'zayis* of genuine bread.

רק מכשיעור ד׳ ביצים ויותר כדאיתא במ״ב שם, וז״ל וטעמו דלא מחמיר כשיעור ג׳ ביצים הוא מכיון דיותר נוטה כדעת הגר״א ודעימיה לכן וכו׳ סגי להחמיר רק לסוברים ד׳ ביצים עכ״ל. וגם שמעתי מהגרש״ז אויערבאך שליט״א ומהגרי״ש אלישיב שליט״א שיכול לכתחלה לברך בומ״מ ועל המחיה על אכילה פחות מד׳ ביצים.

[24.1] בה״ל סי׳ קס״ח סעי׳ ו׳ ד״ה אע״פ, אג״מ או״ח ח״ג סי׳ ל״ב. ושמעתי מהגרש״ז אויערבאך שליט״א שיש לומר דה״ה לגבי נשים דשיעורן כפי מדת אכילת נשים, דהנה במ״א איתא ששיעור זקנים כמדת אכילת זקנים ואין שום סברא לחלק בין זקנים לנשים.

[24.2] ראה הערה 27.1.

[25] עיין במ״ב סי׳ קס״ח ס״ק כ״ד שכתב דלכתחילה טוב לחוש לדעת המחמירים, וכל שכן אם הוא מין מאפיה שיש להסתפק בו אם הוא ״פת הבאה בכיסנין״ או ״פת גמור״ בודאי יש לחוש להמחמירים, ולפי זה בהרבה מיני מאפיה שלנו שיש להם דין ״ספק פת״ (כמבואר ב Addendum Two, B.2) ודאי יש לחוש שלא לאכול מהן ד׳ ביצים שלא בתוך הסעודה.

וכן פסק האג״מ או״ח ח״ג סי׳ ל״ב (מובא בהערה 24 לעיל). וכן שמעתי מהגרש״ז אויערבאך שליט״א (ועיין מש״כ בהערה 23 שדעתו נוטה לומר שד׳ ביצים הוא שיעור סעודה גם להגר״א ואף שאין להכריע כן למעשה עכ״פ ודאי אין לאכול ד׳ ביצים שלא בתוך סעודת פת).

b. After The Fact

• If one ate more than the volume of four eggs, but less than the amount the average person eats at a regular meal - and does **not** feel satiated (full) - he should recite *al hamichya*.[26]

• If one ate more than the volume of four eggs, and feels satiated[w] - he should recite *bircas hamozon*.[27] [x]

Note: Neither *bircas hamozon*[25.1], nor al hamichya (nor any other brocha achrona) are required unless at least one k'zayis was eaten within k'dei achilas praas[25.2] (a measurement of time equal to slightly more than three minutes according to many Poskim). See Addendum One, Section A.1b

[w] If one ate less than the volume of four eggs but nevertheless, was satiated - see footnote[27.1]

[x] One who ate a shiur seuda and became satiated, but can not remember whether or not he bentched - should bentch.[27.2]

25.1 מ"א סי' ר"י ס"ק א', ח"א כלל נ' סי' י"ג, מ"ב סי' ר"י ס"ק א', אג"מ או"ח חלק ד' סי' מ"א ד"ה עכ"פ. וע"ע כה"ח סי' קפ"ד אות מ"א.

25.2 מ"א וח"א ומ"ב שם. ע"ע מש"כ ב Addendum 1 הערה 3. ע"ע באג"מ שם ובח"א סי' ע"ו דאפי' אם אכל כדי שביעה כל שלא אכל כזית אחד בתוך כדי אכילת פרס אינו יכול לברך בהמ"ז. ע"ע בהוספה א' הערה 25.

26 שמעתי מהגרש"ז אויערבאך שליט"א.

27 שמעתי מהגרש"ז אויערבאך שליט"א דבכה"ג יכול לברך המוציא ובהמ"ז לכתחילה, ויש להוסיף דבכה"ג מסתבר דמצות בהמ"ז שלו הוא דאורייתא.

(וגם הגר"ז שהחמיר בשיעור קביעת סעודה וסובר שהוא כ6.12 ביצים כתב בסידורו פרק ב' אות ב' שאם אוכל כשיעור ד' ביצים ושבע ממנו יטול ויברך המוציא ובהמ"ז עליו לבדו. ע"ע באג"מ מובא בהערה 24 לעיל, ובערוך השלחן סי' קס"ח ססעי' י"ז בסוגריים).

27.1 עיין במ"ב (ס"ק כ"ד) שכתב בשם המ"א, שאם אכל פת הבב"כ בלבד כשיעור שאחרים אוכלים עם ליפתן והוא שבע מהפת כיסנין בלבד בלי ליפתן - צריך לברך ברהמ"ז עליו, (כיון שהוא שבע מן הפת הבב"כ וגם אחרים שבעים משיעור כזה כשאוכלים אותהמנו עם ליפתן, לא אמרינן בטלה דעתו).

הנה בהערה 28 הבאנו דעת הגר"ז והגרש"ז אויערבאך שליט"א דדוקא אם אכל לכה"פ ד' ביצים מהפת הבב"כ עם הליפתן, ועיי"ש שכתבנו דמסתימת הח"א והמ"ב הנ"ל משמע שאפי' על פחות מד' ביצים פת הבב"כ עם הליפתן צריך לברך בהמ"ז, וכן פסק האג"מ, ולכן בנידון דידן שלא אכל ליפתן אבל שבע מאכילתו ויש חשש חיוב בהמ"ז דאורייתא אולי שיותר ראוי לאכול כזית פת גמור כדי לברך בהמ"ז בלי ספק, וצ"ע.

27.2 **בענין מי שאכל שיעור סעודה מפת הבב"כ ומסופק אם בירך ברהמ"ז**

עיין בפמ"ג סי' קס"ח מ"ז אות ו' דבכל

3. Shiur When Eaten Together With Other Foods

If one eats bread family products in place of bread[y], together with foods[28] which are normally eaten within a meal (e.g., meat, fish, eggs, etc.)[28.1], the other foods are counted towards the *shiur*.

[y] i.e., he eats an amount of bread family products equal to the amount of bread

מיני פת הבב"כ, חוץ מעיסה הנילוש בדבש (דבורים) או מי פירות, אם אכל כדי שביעה ומסופק אם בירך בהמ"ז צריך לחזור ולברך דחיוב בהמ"ז בהני מינים הוי דאורייתא, ורק בפת הבב"כ הנילוש במי פירות יש להסתפק אם חוזר ומברך, דהנה לדעת הרא"ש (הל' חלה סוף סי' ג') יש ספק אם עיסה הנילושה במי פירות חייבת בחלה, ולפ"ז יש לצדד דבפת הבב"כ מעיסה הנילושה במי פירות אינו נחשב לחם לגבי בהמ"ז ואם אכל כדי שביעה ומסופק אם בירך בהמ"ז אין צריך לחזור ולברך (ע"ע בא"א שם אות ט"ז, ובפמ"ג בפתיחה להל' תערובות בסוף הפתיחה ד"ה ואגב, מובא בשערי תשובה סי' קפ"ד ס"ק ו', ע"ע בחכמת שלמה סי' קס"ח סעי' ו').

אמנם המחזיק ברכה (סי' קפ"ד אות ג') והבית מנוחה (דיני מי ששכח ולא בירך ועל כמה יכול לברך, אות ג') השיגו על הפמ"ג הנ"ל ופסקו דגם על פת הבב"כ ממי פירות צריך בכה"ג לחזור ולברך בהמ"ז מספק (מובא בכה"ח סי' קפ"ד אות ט"ז עיי"ש, ע"ע בשדי חמד מערכת ברכות סי' ד' אות י"א).

ומהגרש"ז אויערבאך שליט"א שמעתי דספיקו של הפמ"ג נוגע רק לעיסה הנילושה במי פירות בלי מים כלל, אבל אם עירב בה מעט מים חייבת בחלה לכו"ע (ע"ש בטור יו"ד סי' שכ"ט) ולכן בפת הבב"כ שלנו אין להסתפק כלל, והוסיף שגם לפי הרא"ש מסתבר דחיוב בהמ"ז דאורייתא דהלא להרא"ש אין הטעם דלאו לחם הוא רק שהגלגול אין מחברם (כן צדד הפמ"ג בסי' קס"ח א"א אות ט"ז).

28 מ"א שם ס"ק י"ג, ח"א כלל נ"ד סי' ד', ומ"ב ס"ק כ"ד.

ועיין באג"מ (או"ח ח"ג סי' ל"ב) וז"ל אבל כאשר במדינה זו מברכת השי"ת רגילין לאכול הרבה דברים בסעודה וממעטין ממילא באכילת לחם והמג"א בס"ק י"ג כתב שהקביעות סעודה אם אכל (פת הבב"כ) עם בשר ודברים אחרים הוא כשיעור הפת שאוכלים עם בשר ודברים אחרים נמצא שבמדינה זו הוא שיעור קטן להרבה אנשים עוד פחות מג' ביצים, ואף שבערוך השולחן סעי' י"ז מסיק דצריכין לשער בפת בלבד, לא מסתבר זה דהרי גם בדורות הקודמים אכלו בסעודות בשר וכמה מיני ליפתן והיתה שביעתם גם בצרוף כל המינים ולא אכלו מן הלחם לבד כדי שביעה, עכ"ל.

והנה מסתימת הח"א והמ"ב הנ"ל משמע שאפי' על פחות מד' ביצים פת אם אכל כשיעור שאוכלים עם ליפתן ושבע צריך לברך בהמ"ז, וכן פסק האג"מ הנ"ל, אמנם הגר"ז (סי' קס"ח סעי' ח') כתב דאם אכל פחות מד' ביצים פת הבב"כ עם ליפתן אפי' אם שבע ממנו הו"ל ספק קביעות סעודה ורק אם אכל ד' ביצים מן הפת הבב"כ מצטרף עם הליפתן לשיעור סעודה, וכן שמעתי מהגרש"ז אויערבאך שליט"א שיש להקל בכה"ג אם אכל פחות מד' ביצים מן הפת הבב"כ. (ע"ע בשו"ת שבט הלוי ח"ז סי' כ"ה). וצ"ע.

28.1 במ"א (ס"ק י"ג) כתב שאכל עמו בשר ודברים אחרים, ובמ"ב (ס"ק כ"ד) כתב בזה"ל ואם אכלו עם בשר או דברים אחרים

For example, one wishes to avoid bentching at a wedding meal. He decides to eat the entire meal, but substitutes crackers[z] for the bread (i.e., he eats an amount of crackers equal to the amount of bread normally eaten during the meal). Since the crackers plus the other foods amount to a *shiur seuda*, he must wash, recite *hamotzi* and bentch.[29]

normally eaten during the meal.[28.2]

[z] Some Poskim rule that this applies only to types of products within the bread family which are used as bread substitutes (egg matzoh, bread sticks, crackers, etc.).[29.1]

Other Poskim make no distinction between cakes and other types of products of the bread family. According to this view, if, in the above example one ate cake in place of bread at the wedding meal, he must wash, make hamotzi and bentch.[29.2]

שמלפתים בו פת וכו׳. ושמעתי מהגרש״ז אויערבאך שליט״א דדוקא דברים שאוכלים עם הפת הבב״כ בתורת ליפתן אבל דבר שאינו אוכל עמו בתורת ליפתן כגון דייסא לא יצטרף אף שהוא מהדברים שאוכלים בתוך הסעודה לשביעה.

וכ״כ הר״י מליסא (בקונטרס אחרון נדפס בסוף הגדה מעשה נסים, דיני ברכת בומ״מ, אות ג׳) וז״ל אבל דבר שאוכל בפני עצמו ולא ללפת, לא מצטרף, עכ״ל.

אכן מאג״מ (או״ח ח״ג סי׳ ל״ב) משמע להדיא דס״ל דאפי׳ אם לא אכל המאכלים עם הפת כיסנין בתורת ליפתן ממש, מ״מ כל שאוכל בתוך הסעודה מצטרף להפת הבב״כ שכתב וז״ל ולכן צריך ליזהר בחתונה וכו׳ שלא יאכל המיני ״קייקס״ דיש עלייהו תורייתא דנהמא דאם יאכל אף מעט קייק הוא לפעמים כשיעור פת שאוכל בסעודה שלמגן אברהם נחשב קביעות סעודה עכ״ל הרי דס״ל דגם דברים שאינם נאכלים עם הפת כיסנין בתורת ליפתן מצטרפים לשיעור. וגם באג״מ או״ח ח״ב סי׳ מ״א כתב וז״ל אם אוכל גם בשר ודגים וכל המינים שאוכלין בסעודה וכו׳ דמשמע דכל הדברים הנאכלים בסעודה מצטרפים ולא רק דברים הנאכלים עם הפת ממש.

ע״ע בספר מקור הברכה עמוד קי״ב.

28.2 מ״א ומ״ב שם.

29 אג״מ או״ח ח״ג סי׳ ל״ב ואו״ח ח״ד סי׳ מ״א, ועיין מש״כ לעיל בסמוך בשם הגרש״ז אויערבאך שליט״א דדבר שאינו אוכל עם הפת ממש אינו מצטרף לשיעור קביעות סעודה, ולפי זה אם אכל הפת כיסנין רק בתחילת החתונה ואח״כ אכל הבשר ושאר מאכלים בלי פת הבב״כ, אינו צריך לברך בהמ״ז. שוב מצאתי ד״ז כתוב בשמו בספר ששכה״ל פרק נ״ד אות קל״ב, עיי״ש.

29.1 כך שמעתי מהגרש״ז אויערבאך שליט״א.

29.2 משמעות האג״מ או״ח ח״ג סי׳ ל״ב וז״ל ולכן צריך ליזהר בחתונה וכו׳ שלא יאכל המיני קייקס דיש עלייהו תוריתא דנהמא דאם יאכל אף מעט קייק הוא לפעמים כשיעור פת שאוכל בסעודה שלמגן אברהם נחשב קביעות סעודה עכ״ל. הרי דגם קייק הנאכל עם בשר ודגים מצטרף לשיעור קביעות סעודה.

4. Changed His Mind

If one made a *borei menei mezonos* and ate a small amount, then changed his mind and ended up eating a *shiur seuda,* he is required to bentch.[30] (Regarding the validity of the original brocha rishona for the added food - see Hebrew footnote.)

Conversely, if one planned to eat a *shiur seuda* and washed and made *hamotzi* on the bread family product, then changed his mind and decided to eat a small amount, he is not required to make a *borei menei mezonos* on the small amount that he will eat. If he ended up eating less than a *shiur seuda* (but one *k'zayis* or more) the *brocha achrona* is *al hamichya.*[31]

D. Additional Applications

1. Pancakes

Products deep fried in oil are considered "cooked" and are thus not bread family mezonos.[aa] Products made in a pan without oil are considered "baked" and thus categorized as bread family products.[bb] Therefore:

[aa] The brocha rishona for deep fried pancakes made with flour is *borei menei mezonos*. The *brocha achrona* is *al hamichya. Hamotzi* and bentching are never required for non bread family products, even if a *shiur seuda* is eaten - see this chapter Section B.

[bb] The *brocha rishona* for pan fried pancakes made with flour is *borei menei*

[30] שו"ע סי' קס"ח סע' ו'. וכתב במ"ב שם ס"ק כ"ו דהמוציא אין צריך לברך על מה שנמלך לאכול כיון דאין במה שמונח לפניו שיעור אלא ביחד עם מה שאכל כבר. (אכן עיין בשעה"צ שם ס"ק כ"א שכתב דצריך עכ"פ לברך בומ"מ על מה שנמלך, דמתחילה לא היה בדעתו לאכול יותר ואח"כ נמלך ובנמלך כזה דינו דצריך לחזור ולברך. ע"ע מש"כ בסוף פרק ז' ובהערה 26 שם בדין נמלך גמור).

אבל אם באמת יש שיעור במה שלא אכל עדיין, אז צריך ליטול ידיו ולברך ענט"י והמוציא ובהמ"ז (מ"ב שם).

[31] אג"מ או"ח ח"ב סי' נ"ד, ויו"ד ח"ג סי' ק"כ, אות ב'.

a. Made Without Oil

Pancakes [32] [cc](made with flour) in a pan which is sprayed with a non sticking substance, or wiped with an oil moistened cloth,[33] are considered bread family products. Even if the bottom of the pan is coated with a bit of oil - just enough to prevent scorching - the pancakes are nevertheless considered bread family products.[34] One wishing to eat a *shiur seuda* of such pancakes must wash, make *hamotzi,* and bentch.

b. Made With Oil

There is a halachic uncertainty as to whether or not pancakes which are fried in oil (less oil than deep fried but more than the amount used just to prevent scorching) belong in the bread family.[dd] Accordingly, one wishing to eat a *shiur seuda* of such pancakes, should first wash and make *hamotzi* on a *k'zayis* of bread.[35]

mezonos. The *brocha achrona* is *al hamichya*. However, if a *shiur seuda* is eaten *hamotzi* and bentching are required - see this chapter Section B.

[cc] not thin ones - see below (paragraph d, Thin Pancakes)

[dd] The process of pan frying a product (in oil) is similar in some respects to cooking and in other respects to baking.

[32] איתא בשו"ע סי' קס"ח סע' ט"ו שעל "טרוקנין" מברכים בומ"מ ואם קבע סעודתו עליו מברך המוציא ובהמ"ז. ופי' שם במ"א ובמ"ב (ס"ק פ"ח ופ"ט) שעושין בלילתה רכה מאוד ואופין אותו בגומא ומתקבץ העיסה יחד ונעשה כמו פת (ועיין במ"ב שם, מובא בהערה 16 לעיל, דדוקא אם לא היה דקין ביותר). ועיין ברמ"א סעי' י"ד שאם אפו באילפס בלא משקה או מעט משקה (שמושחין בו האילפס כדי שלא ישרף העיסה) דינו כאפיה ממש. ושמתי "פאנקייק" לפני הגרש"ז אויערבאך שליט"א ופסק שיש עליהן תואר לחם ואם קבעו עליהן סעודה צריך ליטול ידיו,ולברך ענט"י, המוציא, ובהמ"ז.

[33] רמ"א סעי' י"ד, ועיין מש"כ בהערה הקודמת.

[34] רמ"א שם, דרכי משה (הארוך) בשם הגהות מיימונית וז"ל ואע"ג שסכין אותו מעט שמן משהו בעלמא הוא שלא תשרף העיסה עכ"ל, והסביר לי הגרי"ש אלישיב שליט"א דנכלל בזה מה שמכסין תחתית האילפיס במעט שמן שלא תשרף, אבל אם נתן שמן קצת יותר מזה אף אם כוונתו שלא תשרף מ"מ חשוב טיגון.

[35] מ"ב סי' קס"ח ס"ק נ"ו ועיין מש"כ בפרק כ"ו בהערה 29, ומש"כ בהערה הקודמת בשם הגרי"ש אלישיב שליט"א.

c. Deep Fried in Oil

Pancakes which are deep fried are not considered bread family mezonos. Therefore, its brochos are *borei menei mezonos* and *al hamichya*. *Hamotzi* and bentching are never required - even if a *shiur seuda* is eaten.[ee] [35.1]

d. Thin Pancakes, Blintzes

Thin pancakes such as blintz "shells" (the pancake-like outer part of a blintz) are **not** considered bread family mezonos. The brocha for thin pancakes, blintz shells, or blintzes is *borei menei mezonos* and *al hamichya*[ff], even if more than a shiur seuda is eaten.[36] Hamotzi and bentching are never required for blintzes or thin pancakes.

2. Knishes, Borekas

Knishes and borekas are made from dough which is baked. They are, therefore, considered bread family products. The brocha rishona is borei menei mezonos.[37]

The *brocha achrona* is *al hamichya*, provided that at least one *k'zayis*

[ee] see this chapter Section B.

[ff] Al hamichya is required only if at least one *k'zayis* of the mezonos part (shell) is eaten within *k'dei achilas praas*. If less than one *k'zayis* of shell is eaten, the *brocha achrona* is *borei nefoshos* (provided that between the filling and the shell at least one *k'zayis* is eaten).[36.1]

[35.1] ראה מש"כ בשם הגרש"ז אויערבאך שליט"א והגרי"ש אלישיב שליט"א בפרק כ"ו הערות 25 ו29.

[36] ראה הערה 16.

[36.1] ראה Addendum One, Section C ובהערות 42 - 49 שם.

[37] בצק של קני"ש ובורקס שלנו נלושים (ע"פ רוב) עם שמן ושאר תבלינים, ולא כעיסת פת, ומבואר במ"ב סי' קס"ח ס"ק פ"ב, דאף להסוברים דעל פשטיד"א מברכים המוציא (ראה הערה 47), על פשטיד"א מעיסה כזאת מברכים בומ"מ לכו"ע, וכן פסק הגר"מ פיינשטיין זצ"ל שמברכים בומ"מ (דעתו מובא בחוברת לתורה והוראה חוברת ה', תשל"ה, עמוד 22). ואם עשה הבצק מקמח ומים בלי שמן כעיסת פת, דינו כפשטיד"א המובא בהערה 47 ע"ש.

of the mezonos part (crust)[38] is eaten within *k'dei achilas praas*.[gg] If less than one k'zayis of crust was eaten, the brocha achrona is borei nefoshos (provided that between the filling and the crust at least one k'zayis was eaten).[39]

If one wishes to eat a *shiur seuda* of knishes or borekas, he must wash, make *hamotzi* and bentch[40 hh]. The potato, cheese, kasha, or meat filling is counted towards the *shiur seuda*.[40.1]

3. Egg Rolls

Egg rolls are made from dough which is deep fried. They are **not** considered bread family mezonos (because the dough is fried rather than baked[40.2]). (Regarding eating a *shiur seuda* of egg rolls - see Hebrew footnote[40.3]).

[gg] i.e., within 3 or 4 minutes - see Addendum One, Section A.1b.

[hh] Bentching is not required if less than one *k'zayis* of mezonos (crust) was eaten within *k'dei achilas praas* - see Addendum One, Section A.1b.

38 ראה Addendum One, Section C ובהערות 42-49 שם.

39 מ"א סי' ר"י ס"ק א', מ"ב שם ס"ק א'.

40 ראה הערות 19, 20 לעיל, ובפנים שם, ופשוט שאין מברכים בהמ"ז אם אכל פחות מכזית מן הבצק בתוך כדי אכילת פרס.

40.1 לפי האג"מ (הובא בערה 28) פשוט שהמילוי מצטרף לשיעור קביעת סעודה (ובלבד שאכל מן הבצק כשיעור הפת שאוכלים עם בשר ודברים אחרים, ע"ש). וכן שמעתי מהגרש"ז אויערבאך שליט"א שהמילוי מצטרף (עיין בהערה 28 דדוקא אם אכל ד' ביצים מן הפת הבב"כ). והסביר לי דלא דמי לעוגת גבינה דלדעתו אפי' אם אכל כשיעור בצק לא מצטרף המילוי של גבינה או של פירות לשיעור קביעת סעודה דהתם עיקר כוונתו על המילוי ולא אוכלו בתורת ליפתן לבצק, משא"כ ב"קניש" ובורקס כוונתו לאכול המילוי לשם שביעה ולכן המילוי חשוב כליפתן לבצק ומצטרף לשיעור קביעות סעודה. (ע"ע בהערה 57 לקמן).

40.2 ראה מש"כ בשם הגרש"ז אויערבאך שליט"א והגרי"ש אלישיב שליט"א בפרק כ"ו הערות 25 ו291.

40.3 עיין מש"כ בהערה 41 שאם לש עיסה מקמח ומים ואח"כ בישלה ויש בפרוסות כזית, שירא שמים צריך ליזהר מלאכול אפי' אכילה מועטת שלא בתוך הסעודה, ואם לש העיסה עם שמן ותבלינים ואח"כ בישלה, ויש בפרוסות כזית ,ירא שמים צריך להזהר מלאכול שיעור קביעות סעודה, מ"מ בזה (egg rolls) יש לעיין אם נחשב העיסתה דקה ביותר ואין עליה תואר לחם כלל כמו שכתב המ"א לענין ואפלטק"ס (ראה הערה 16) ואינו צריך להזהר כלל, אמנם מסתבר דאינו דקה כמו ואפלטק"ס, וצ"ע.

4. Noodles, Macaroni, Spaghetti

Noodles, macaroni, spaghetti, and the like, are made from dough which is boiled in water. We have learned that cooked mezonos products are not considered bread family products. Therefore, even if a *shiur seuda* is eaten - the brocha is *borei menei mezonos* and *al hamichya*.[40.4] (Regarding noodle kugel see paragraph 10).

5. Kreplach, Ravioli, Lasagna

Kreplach, ravioli, lasagna, and the like, are made from dough which is boiled. They are, according to most Poskim, not considered bread family products. Even if the kreplach, ravioli, and lasagna are subsequently baked in an oven, they are, nevertheless, not considered bread family products.[40.5]

Thus, even if a *shiur seuda* is eaten they are not subject to *hamotzi* nor *bircas hamozon*. (See footnote below[ii]).[41]

[ii] There is a minority ruling that any product which starts out as a bread-like dough, and the pieces are larger than *k'zayis*, retains its classification as a bread family product even if it is subsequently boiled, or deep fried. The Mishna Berura

(ועיין מש״כ לעיל בהערה 16.2 בשם הגרש״ז אויערבאך שליט״א).

[40.4] רמ״א סי׳ קס״ח סעי׳ י״ג, וז״ל אבל אי לית ביה תואר לחם כגון ״לאקשין״ לכו״ע אין מברכין עליהם המוציא ולא ג׳ ברכות דלא מיקרי לחם.

[40.5] ראה מש״כ בהערה דלקמן בסמוך.

[41] **בענין תחילתו עיסה וסופו סופגנין שבסי׳ קס״ח**

א – המחבר (שו״ע סי׳ קס״ח סע׳ י״ג) - מביא מחלוקת בנוגע למאכל שמתחילה היתה עיסה רגילה (דהיינו שלש קמח במים בלילה עבה כפת שבשעת לישה יש לה תורייתא דנהמא) רק שלבסוף לא אפה אותה אלא בישלה או טיגנה בשמן - הר״ש ס״ל שאנו הולכין אחר שעת הגמר ולא מקרי לחם כשלא נאפה בסופה ואין מברכים אלא בומ״מ (ואע״פ שהיה על העיסה תורייתא דנהמא מ״מ הבישל והטיגון מבטל ממנה תורייתא דנהמא), ור״ת ס״ל שאע״פ שלא נאפה העיסה בסופה, מ״מ כיון שבתחילתה היתה עליה שם לחם, דינה כלחם ומברך המוציא.

ב – ופסקו המחבר והרמ״א - שהעיקר כדעה הראשונה דאין מברכין עליה המוציא, ויירא שמים יצא ידי שניהם. כתב המ״ב (ס״ק ע״ז) שירא שמים צריך ליזהר מלאכול אפי׳ אכילה מועטת שלא בתוך הסעודה.

והמחבר ורמ״א ומ״ב מיירי בעיסת סופגנים או קרעפליי״ך שלשו מקמח ומים (כעין עיסה שעושים ממנו לחם) - אכן הסופגניות או קרעפליי״ך שבזמנינו שלשים הבצק עם הרבה

6. Doughnuts

Doughnuts are generally made from dough which is deep fried. According to most Poskim, they too are not considered bread family products. (See footnote below[jj]).[41.1]

advises that a *yorei shomayim* who wants to eat a *shiur seuda* of these types of products, should eat them during the course of a bread meal.[41.2]

[jj] See minority ruling discussed in the previous footnote. The Poskim advise that a *yorei shomayim* should not eat a *shiur seuda* of doughnuts outside of a bread meal.[41.3]

שמן או סוקר או תבלינים לכו"ע אין עליהם דין לחם, רק לכל היותר יש להם דין פת הבאה בכיסנין.

ג - **ודין קרעפלי"ך וסופגניות שבזמנינו** - תלוי במחלוקת הנ"ל דלפי דעה הראשונה שהולכין בתר סופו, אין עליהן דין לחם ולא דין פת הבאה בכיסנין ואפי' אם אכל שיעור קביעות סעודה אין מברכין עליהן אלא בומ"מ ועל המחיה, אבל לפי דעה האחרונה כיון שבתחילתה היתה על העיסה שם פת הבאה בכיסנין, נשאר עליה דין פת הבב"כ ואם אכל שיעור קביעות סעודה צריך נט"י וברכת המוציא וברכת המזון.

ולכן אף דמעיקר הדִין מותר לקבוע על קרעפלי"ך וסופגניות ולברך בומ"מ ועל המחיה, מ"מ ירא שמים צריך ליזהר מלאכול שיעור קביעות סעודה ממינים אלו שלא בתוך סעודת פת. (שו"ע ורמ"א סעי' י"ג, ח"א כלל נ"ד סי' ו' - ועיין במ"ב ס"ק ע"ו דאפי' בשהיתה דעתו בשעת בלילה רק לבשלה או לטגנה גם בכה"ג נכון לירא שמים לחוש שלא לקבוע עליהן שלא בתוך סעודת פת).

ד – והנה במש"כ הרמ"א ש"פשטידא" ו"קרעפליך" מיקרי תואר לחם (ולדעה שניה יש להם דין פת), ו"לאקשין" מיקרי אין בו תואר לחם (ואפי' לדעה שניה אין לו דין פת) הקשו האחרונים, דלכאורה זה תרתי דסתרי דהרי הבישול מעביר תואר הלחם ולכן "לאקשין" מיקרי אין בו תואר לחם, וא"כ איך פסק שיש ל"קרעפליך" תואר לחם?

ופי' המ"א (ס"ק ל"ו) דמיירי שאפה ה"פשטידא" או ה"קרעפליך" במחבת ר"ל שהיה שם מעט מים שנתבשל' בהם בשעת אפייתה אבל ה"קרעפליך" שבמקומותנו שמבשלים אותן בקדרה, אין הכי נמי שאין עליהם תואר לחם - כן ביאר הגר"ז (שם סעי' י"ז).

אכן המ"ב (שם ס"ק ע"ח) מביא שהרבה אחרונים חולקים על פירושו של המ"א (אבן העוזר ובית מאיר ומגן גבורים הובאו בשעה"צ אות ע"ג וע"ד) וסוברים שמיירי שבפרוסות ה"פשטידא" וה"קרעפליך" יש כזית בצק ולכן לא בטל מהם תואר לחם ע"י הבישול. (ולפי האחרונים הנ"ל צריך לזיהר שלא לאכול שיעור סעודה מ"קרעפליך" או סופגניות שיש בהם כזית או יותר אפי' אם בישלם בהרבה מים או טיגנם בהרבה שמן).

41.1 ראה הערה הקודמת.

41.2 ראה הערה 41.

41.3 ראה הערה 41. ודע דאם רצה לאכול סופגניות או שאר עוגה בתוך הסעודה ראוי שיכוין בשעת ברכת המוציא לפטור אותן, כ"כ הבה"ל סי' קס"ח סעי' ח' ד"ה טעונים, וע"ע מש"כ בסוף Addendum 2.

7. "Mezonos Bread"

The brocha for bread made from dough which was kneaded with (mostly) fruit juice (instead of mostly water) is, technically, *borei menei mezonos*[42] - subject to one very important condition:[43] that people in that country[44] use that "bread" primarily for snacks, rather than for meals.[kk]

[kk] In countries where "mezonos breads" are used primarily for snacks the brocha is *borei menei mezonos* - however the following restrictions apply:

1. To qualify as "mezonos bread" it must be made with natural undiluted fruit juice - not from concentrated fruit juice.[43.1]

2. Less than a *shiur seuda* must be eaten - see Section C. If a *shiur seuda* is eaten, washing, *hamotzi*, and bentching are required.[43.2]

42 הנה בשו״ע (סעי׳ ז׳) איתא דעל עיסה שעירב בה דבש או מי פירות וטעם תערובות המי פירות ניכר בעיסה מברכים בומ״מ, וכתב הרמ״א דוקא כשיש בהם הרבה דבש, וביאר המ״ב (ס״ק ל״ג) דלפי הרמ״א בעינן שיהיה הרוב מהן ומיעוט מים שעי״ז נרגש מהם הטעם הרבה מאוד וכו׳ אמנם המהרש״ם (דעת תורה שם סעי׳ ז׳) פסק דבכה״ג שנילוש מרוב מי פירות, אף אם אין הטעם מורגש מ״מ מברכים בומ״מ.

ושמעתי מהגרי״ש אלישיב שליט״א שלכתחלה נכון שלא לאכול ״לחמניות מזונות״ שטעמם וצורתם דומים ללחם, אכן מעיקר הדין יכול לסמוך על פסקו של המהרש״ם לברך על לחמים אלו בומ״מ.

ומהגרש״ז אויערבאך שליט״א שמעתי, שמאחר שנילוש מרוב מי פירות אין מברכים עליהם אלא בומ״מ - דמסתמא מרגיש טעם המי פירות, ושכן המנהג בירושלים לברך בומ״מ על לחמים כאלו, ואין דרך במקומות אלו לקבוע סעודה עליהן. (אבל במקום שדרך לקבוע סעודה עליהן צריך לברך המוציא - עיין לקמן בהערה 45).

עוד שאלתי, במקום שאין דרך לקבוע עליהן, איך ינהג מי שדעתו לקבוע סעודה על לחם כזה ואוכל פחות מכשיעור סעודה (למשל, שיושב לאכול בייגל אחד עם כוס קפה לסעודת בוקר) האם זה מחייב אותו לברך המוציא ובהמ״ז. וענה שאף בכה״ג אם אכל פחות משיעור סעודה אינו מברך אלא בומ״מ.

43 ב״י סי׳ קס״ח (ד״ה ומה שפי׳ רבינו בפת) וז״ל ע״כ לומר דלאו במידי דמיקרי לחם תליא מילתא אלא לא קבעו חכמים לברך המוציא וג׳ ברכות אפי׳ בכזית אלא בלחם שדרך בני אדם לקבוע עליו וכו׳ וזה נראה עיקר עכ״ל. ע״ע בפרק 26 בהערות 11 ו-13 ובפנים שם.

43.1 כך שמעתי מהגרש״ז אויערבאך שליט״א שהמים שמערבים עם הריכוז (concentrate) אינו נחשב כהמיץ, והו״ל עיסה הנילוש ברוב מים.

ע״ע במנחת שלמה סי׳ ד׳ דה״ה במיץ ענבים משוחזר שאין מברכים עליו בפה״ג ואין מקדשים עליו בשבת. ע״ע במנחת יצחק ח״ט סי׳ י״ז.

43.2 עיין מש״כ לעיל בהערות 20 - 23.

44 ראה הערה 48 לקמן.

However, if a particular "mezonos bread" is made with fruit juice, but is used primarily for meals rather than for snacks, hamotzi and bentching are required.

For example, in the United States today, many types of "mezonos bread" are almost identical to genuine bread in taste and appearance, and are primarily used for meals, e.g., for sandwiches or as dinner rolls. The brocha for such types of "mezonos bread" is hamotzi.[45]

8. Pizza

a. Dough Made With Fruit Juice

Some establishments knead their pizza dough with fruit juice, in order to insure that its brocha be borei menei mezonos (rather than hamotzi).[11]

It should be noted, that even for such pizza, if one intends to eat a shiur seuda he must wash, make hamotzi and bentch.[46]

b. Regular Pizza Dough

The brocha requirement of regular pizza[47] (not made with fruit

[11] This approach is technically acceptable, subject to some very important conditions: a. that people in that country often use such pizza for snacks, rather than for meals; b. that the fruit juice used is not made from concentrate; c.that more juice than water is kneaded into the dough.[45.1]

[45] שמענו מהגרש"ז אויערבאך שליט"א שלפי מה שאמרנו שדרך לקבוע סעודה עליהן באר"הב יש להם דין לחם גמור ומברכים המוציא אפי' בלי קביעת סעודה.

[45.1] ראה הערות 42 - 44 לעיל.

[46] ראה הערות 17 - 20 לעיל.

[47] **בענין פיצה** איתא בשו"ע (סוף סי' קס"ח) שעל פשטיד"א (דהיינו שעושה עיסה מקמח ומים כמו שעושין לפת, וממלאין אותו בבשר או בדגים או בגבינה ואופין אותו בתנור) מברכין המוציא ובהמ"ז.

וחלקו המ"א והט"ז בזה - דעת המ"א (ס"ק מ"ד) דמברך המוציא אפי' אם לא קבע עליו ולא דמי לפת הבב"כ שאין מברכין

juice) can vary from country to country[48]. In places where most people eat pizza for a meal, hamotzi and bentching are required. However, where most people eat pizza as a snack, borei menei mezonos and *al hamichya* are required (provided that less than a *shiur seuda* is eaten).[49]

It is often difficult to determine whether most people eat pizza as a snack, or as a meal. In cases such as these the Poskim advise to do as follows: If the individual eating the pizza is doing so for a snack, (and he plans to eat less than a *shiur seuda*) he should make a *borei menei mezonos* and *al hamichya*. If he is eating the pizza as a meal, he should wash, make *hamotzi*, and bentch (even when eating less than a *shiur seuda*).[50]

המוציא אא״כ קבע, דפת הבב״כ דרכן לאכול לקינוח ולא לשובע מש״ה אינם נחשבים לחם, משא״כ פשטיד״א שגם המילוי הוא מזון ודרך לאכלן לרעבון וכדי לשבוע והוי כמו שאר פת הנאכלת עם בשר או אם דגים או עם גבינה, ולא בטל מיניה שם לחם. אבל הט״ז (ס״ק כ׳) סובר דאין חילוק בין מילוי פירות או מילוי בשר ודגים, ולכן גם פשטיד״א דינו כשאר פת הבב״כ דדוקא אם קובע עליו מברך המוציא אבל אם אינו קובע עליו מברך בומ״מ ועל המחיה.

והמ״ב הכריע (שם בס״ק צ״ד) כהמ״א דמברך המוציא אפי׳ לא קבע עליו, אמנם אם עשויים לתענוג ולא לסעודה דינם כשאר מיני פת הבב״כ דמברך בומ״מ ועל המחיה בדלא קבע עליהן.

ומהגרש״ז אויערבאך שליט״א שמעתי שפיצה כיון שבא״י אוכלים אותה על פי רוב לסעודה, מברכים המוציא ובהמ״ז.

ובמקומות שבודאי אוכלים אותה לתענוג או לקינוח מברכים בורא מיני מזונות.

שוב שאלתי איך לעשות למעשה בארצות הברית, שקשה לידע אופן אכילתו שהרבה אנשים אוכלין פיצה לתענוג (כ״חטיף״) ולא לסעודה ומ״מ יש אוכלים פיצה בעיקר לסעודה.

ופסק שבמקומות כאר״הב תלוי בדעת כל אחד ואחד - דהיינו אם אוכלו לסעודה חייב לברך המוציא ובהמ״ז אפי׳ על פחות משיעור סעודה, ואם אוכלו לתענוג ולא לסעודה מברך בומ״מ כשאוכל פחות משיעור קביעות סעודה.

48 עיין בטושו״ע ריש סי׳ ר״ה לענין ירקות הנאכלים חיים ומבושלים דהולכין אחר מה שהוא דרך בני אדם לאכול (או חי או מבושל), והכה״ח (סי׳ ר״ב אות צ״ב) מביא בשם דרכי החיים דאינו תלוי בדרך של ב״א של אותו מקום רק לפי דרך ב״א של אותו מדינה אכן בח״א כלל נ״א סי׳ ב׳ ובנ״א (שם אות א׳) כתב דהכל תלוי בדרך של אותו מקום והשעה״צ סי׳ ר״ה אות ג׳ העתיק דברי הח״א, ולכאורה ה״ה והוא הטעם כאן שתלוי בדרך אכילתן של בני אדם, דהיינו של אותה מקום.

(ועיין באג״מ או״ח ח״ג סי׳ ל״ב שכתב דהשיעור תלוי כאכילת אדם ״בכל מדינה ומדינה״ שעומדין, ואפשר דה״ה לענין דרך אכילה ס״ל דהולכין אחר אכילתן של רוב ב״א באותה מדינה, אמנם קשה לדעת אם כוונתו לאפוקי מקום, דאפשר שלא ירד לדון בזה כלל).

49 ראה הערה 47.

50 שם.

9. Egg Matzoh

The brocha for matzoh whose dough was kneaded with (mostly) fruit juice[mm] or eggs (instead of mostly water) is *borei menei mezonos*. The *brocha achrona*, if less than a *shiur seuda* is eaten, is *al hamichya*.[51]

If egg matzoh is eaten at a meal in place of bread or regular matzoh together with other food, the other food is also counted towards the *shiur seuda* (see paragraph C.3 above). The brocha in that case would be *hamotzi*.

For example,the Poskim suggest that when *erev Pessach* falls on Shabbos, one may use egg matzoh instead of challah for the Friday evening and Shabbos morning meals. Although there is a requirement to eat bread for the Shabbos meals, nevertheless, the egg matzoh is treated as genuine bread with regard to both the Shabbos and brocha requirements.[52]

[mm] not from concentrate[51.1]

51 דינה כפת הנילושה במי פירות דמברכים בומ״מ כדאיתא בשו״ע סי׳ קס״ח סעי׳ ז׳ (ע״ע הערה 42) וה״ה במצה הנילושה במי ביצים. וכ״כ במאמר מרדכי סי׳ תמ״ד אות ב׳ דעל מצה עשירה, בין בשאר ימות השנה בין בשבת ערב פסח, אם אכל פחות משיעור קביעות סעודה צריך לברך בומ״מ ועל המחיה. ועיין בכף החיים סי׳ תע״א אות טו״ב דחולה שאסרו לו הרופאים לאכול מצה בליל א׳ של פסח, יאכל מצה עשירה ומברך עליה בומ״מ.

(ע״ע מ״ב סי׳ קס״ח ס״ק צ״ד).

51.1 ראה הערה 43 לעיל.

52 אג״מ או״ח ח״א סי׳ קנ״ה.

ולענין אכל פחות מכשיעור פת הבב״כ בשבת

עיין בברכי יוסף סי׳ קס״ח אות ה׳ (מובא בשע״ת סי׳ קס״ח אות ד׳ וסי׳ רע״ד ס״ק ב׳, ובכף החיים שם אות מ״ח) שמביא מחלוקת הפוסקים, שי״א שכל אכילת שבת נחשבת קבע, וממילא אפי׳ אכל פחות מכשיעור סעודה מ״מ חייב לברך המוציא ובהמ״ז. וי״א דלענין פת הבב״כ אין חילוק בין שבת לחול. והסכים הבר״י לדעה זו, דעל אכילת עראי מברך בומ״מ ועל המחיה, וכתב דכן עָמא דבר. (ע״ע בברכי יוסף סי׳ תמ״ד, ובמאמ״ר שם אות ב׳).

אכן האג״מ (הנ״ל) מביא דברי הִשע״ת וכתב דמש״כ שאין חילוק בין שבת לחול הוא רק כשאכל הפת הבב״כ שלא לסעודה המחוייבת, אבל לסעודות המחוייבות (ר״ל סעודת ליל שבת וסעודת שחרית, עיין לקמן בסמוך) לכו״ע הוא קביעות סעודה ואפי׳ אכל פחות משיעור קביעות צריך לברך המוציא ובהמ״ז.

ולענין פת הבב״כ לסעודת שלישית

עיין בברכי יוסף סי׳ תמ״ד, שכתב דכיון דרגיל לקיים סעודת ג׳ תדיר בפת ובקביעות סעודה, לכן כשאוכל כביצה ממצה עשירה נחשבת כקביעות ויברך בהמ״ז. ומאמ״ר (שם

10. Noodle Kugel

Noodle kugel is considered non bread family mezonos. Even if a *shiur seuda* is eaten, *hamotzi* and bentching are not required.[53]

11. Cakes

Cakes made with grain flour are bread family products. Even cakes made with a substantial amount of non-grain ingredients such as carrot cake and zucchini cake, are, nevertheless, bread family products.[54]

Corn[nn] muffins and bran[oo] muffins are made with a significant amount of grain flour. They are, therefore, bread family products.[pp]

Cakes made from matzoh meal (e.g., Passover cakes made from matzoh meal) are bread family products.[qq]

[nn] The brocha for products made from corn flour - with no grain flour added - is *shehakol,* see Chapter 22, Section C.2k.

[oo] The brocha for products made from bran - with no grain flour added - is *shehakol,* see Addendum Five, Section A.4e.

[pp] However, the brocha for corn muffins made entirely from corn meal is *shehakol* - see Chapter 22, Section C.2.

[qq] See Chapter 26, Section C.5c.

אות ב׳) חולק עליו וסיים שגם בסעודת שלישית אין מברכים המוציא ובהמ״ז אא״כ אכל שיעור קביעות סעודה.

ושמעתי מהגרש״ז אויערבאך שליט״א דפחות מכשיעור סעודה מפת הבב״כ בסעודת שלישית לא נחשב קביעות (דאינה סעודה המחוייבת).

53 שמעתי מהגרש״ז אויערבאך שליט״א שלאקשין קוגל (קוגל העשוי מאטריות שבישלו וגבלו עם ביצים ותבלינים ואח״כ אפו אותו) דינו כמעשה קדרה שאין לו תואר לחם כלל. ואינו דומה לעיסה שחלטו במים רותחין ואח״כ אפו בתנור (המובא בשו״ע סי׳ קס״ח סעי׳ י״ד) שהיא פת גמורה, כיון דנגמר הלאקשין מקודם האפיה הוי כמו שלוקח תבשיל ואופה אותה.

54 נלמד משו״ע סי׳ ר״ח סעי׳ ט׳, ובעינן שיהיה בו טעם דגן כדמסיק הבה״ל שם ד״ה מברך. עיין מש״כ בפרק ד׳ הערה 28. ועיין מש״כ בפרק ד׳ Section D.1 שאם מערבין הקמח רק לדבק או שיהא מרופרף (soft) אין הקמח חשוב כעיקר, ובכה״ג מברכים עליו

All of the ingredients in cake count towards the *shiur seuda*.[54.1]

Note: Regarding the requirement to make a brocha for cake served at a (bread) meal - see Addendum Two, and Hebrew footnote below.[55]

Regarding the *shiur* of cake required for *al hamichya* - see Addendum One Section C.2.

12. Ice Cream Cakes

Ice cream layer cakes[rr](i.e., cakes with a substantial amount of ice cream spread between each layer) or ice cream rolls (i.e., cake rolls with a substantial amount of ice cream filling) are, nevertheless, bread family products. The *brocha rishona* is *borei menei mezonos* (since the ice cream is generally eaten as an enhancer to the cake a

[rr] Regarding ice cream sandwiches - see Chapter 4, Section E.2b.

שהכל.

54.1 עיין שם במ״ב ס״ק מ״ח שכתב דנוהגים העולם לברך על המחיה כשיש שם כזית אף אם אין בו שיעור כזית מן המין דגן, ושמעתי מהגרש״ז אויערבאך שליט״א שה״ה לענין שיעור קביעת סעודה, (ע״ע בחזון איש או״ח סי׳ כ״ו ס״ק ח׳).

55 **בענין אוכל מיני ״קייקס״ בתוך סעודת פת**

עיין מש״כ בסוף Addendum 2 (הערות 12 - 15) ובפנים שם, דאין מברכים בתוך הסעודה על עוגה אלא על אותן שיש להן ג׳ תנאים המובאים שם. ולפי זה אין מברכים בתוך הסעודה על הרבה מיני עוגות שבזמנינו. וכן שמעתי מהגרי״ש אלישיב שליט״א, שאף על מיני עוגות שבזמנינו אין לברך עליהן תוך הסעודה אלא כשיש להם כל הג׳ תנאים.

אמנם באג״מ או״ח ג׳ סי׳ ל״ג כתוב שמיני ה״קייקס״ שבמדינתנו הם כיסנין ודאי (ולפי זה חייבים לברך עליהם בתוך הסעודה). ושמעתי מהגרש״ז אויערבאך שליט״א שאה״נ רוב עוגות שבזמנינו נקראים ודאי פת הבב״כ כמו טורט, ועוגת שוקולד, ועוגות שעושים עם הרבה קרם, ועוגיות שנעשה מבלילה רכה מהרבה ביצים וסוכר ושמן וכדומה. ורק עוגות שמרים (yeast cake), ורוגלאך, ועוגיות (cookies) מבצק קשה אפי׳ שמפזרים עליהם סוכר או מורחים ריבה, וכן בסקוטים וקרקרים (crackers) וכדומה, נחשבים ספק פת הבב״כ (שאין מברכים עליהן בתוך הסעודה).

second brocha, *shehakol*, is not required for the ice cream).[56] [ss]

The *brocha achrona* for ice cream cake is *al hamichya*, provided that a *k'zayis* of cake is eaten within *k'dei achilas praas*. The ice cream filling is not counted towards the *k'zayis*.[57] A portion of ice cream cake is typically larger than a *k'zayis*, but the amount of cake is often less than a *k'zayis* - in which case the *brocha achrona* is *borei nefoshos*.[58]

Ice Cream Cake Made Without Flour

Some recipes call for making the cake with potato starch instead of flour. The brocha for such ice cream cakes is *shehakol*, and *borei nefoshos*.[tt]

Such cakes, when eaten during the course of a meal, are not covered by the *hamotzi* and require a *shehakol*. They are, however, covered by bentching, and do not require a separate *brocha achrona*.[uu]

13. Pies, Strudels

Pies, strudels, and the like are bread family products. The *brocha rishona* is *borei menei mezonos*.[59] [vv]

[ss] However, if he is eating the cake to enhance the ice cream - then two brochos are required. First, he should break off a piece of cake and make a *borei menei mezonos*. Next, he should make a *shehakol* and eat some of the ice cream - see Chapter 4, Section E.2b.

[tt] see Chapter 22, Section C.2a.

[uu] See Chapter 5, Section C.

[vv] The brocha for cheese cakes made with a thin layer of dough is *shehakol*. The

[56] כך שמעתי מהגרש״ז אויערבאך שליט״א ואע״פ שאינו נאפה יחד מ״מ מסתברא שדעתו שילפת הגלידה את העוגה ע״כ, וכעין זה איתא במ״ב סי׳ רי״ב ס״ק ו׳ (ומיירי כאן שאין המזונות נאכלת ללפת את הגלידה בלבד אלא שרוצה לאכל שניהם, בזה אמרינן דמסתברא שהמזונות עיקר). וע״ע שו״ת מנחת שלמה סי׳ צ״א אות ד׳.

[57] כך שמעתי מהגרש״ז אויערבאך שליט״א וכעין זה כתב בשו״ת מנחת שלמה סי׳ צ״א אות ד׳.

[58] ראה פרק כ״א הערה 24 ובפנים שם.

[59] מנחת שלמה שם.

The *brocha achrona* for pies, etc., is *al hamichya,* provided that a *k'zayis* of crust is eaten within *k'dei achilas praas*. The fruit or cheese filling is not counted towards the *k'zayis*.[60]

Pies eaten as desserts (and not for satiation) during the course of a bread meal are not covered by the *hamotzi* and require a separate brocha (*borei menei mezonos*) - as explained in Addendum Two (Section B.1).[61]

14. Toasted Grain - Granola

The brocha for products made from roasted kernels of grain,[62] such as granola[63], is *borei pri hoadoma*. The *brocha achrona* is, techni-

brocha for cheese cakes made with a thick dough is *borei menei mezonos*. See Chapter 4, Section G.5.

60 שם. ע"ע חזו"א סי' כ"ו ס"ק ח' וAddendum One, Section C.2.

61 אכן עיין מש"כ Addendum Two הערה 11.

62 איתא בגמ' (ל"ז ע"א) הכוסס את החטה מברך עליה בפה"א. ונפסק בשו"ע (סי' ר"ח סעי' ד') דעל דגן חי או קליות (roasted grain) מברך בפה"א ולאחריו בורא נפשות, ועיין בערה"ש (שם סעי' ט') שמסביר דדגן חי או קלוי אין עליו לא שם פת ולא שם מזון ואינו אלא ככל פרי האדמה, ולכן אין מברכים עליו אלא בפה"א.

63 שמעתי מהגרש"ז אויערבאך שליט"א ש"גרנולה" - והוא שיבולת שועל שבבית חרושת מרככים אותו קצת באידים ואח"כ קולים אותו בתנור ומערבים אותו עם דבש ואגוזים, והוא נאכל לא מבושל עם חלב, אינו נחשב כמבושל בגלל מאידים כיון שפעולת האידים אינה מרככת כמו פעולת הבישול, וגם אחר ששורים אותו בקערה עם חלב לזמן קצר אינו חשוב כנתבשל - דינם כקליות (שעל קליות מברכים בפה"א ונכון שלא לאכלו אלא תוך הסעודה כמבואר בסי' ר"ח סעי' ד'). (הראתי "גרנולה" למרן שליט"א).

עוד שמעתי ממרן שליט"א דעוגיות גרנולה - עשוים מתערובת, גרנולה, סוכר, מרגרינה, וכו' ואופים בתנור - נחשבים כקליות וברכתם בפה"א, אם ניכר צורת הפרי, ונכון לאוכלם תוך הסעודה. (אמנם אם

עשוים עם מים אינו חשוב כקליות, עיין מש"כ לקמן בהערה 65 ובפנים שם).

עוד שמעתי ממרן שליט"א דעוגיות גרנולה - עשוים מתערובת, גרנולה, סוכר, מרגרינה, וכו' ואופים בתנור - נחשבים כקליות וברכתם בפה"א, אם ניכר צורת הפרי, ונכון לאוכלם תוך הסעודה. (אמנם אם עשוים עם מים אינו חשוב כקליות, עיין מש"כ לקמן בהערה 65 ובפנים שם).

cally, *borei nefoshos* (however, see footnote).[64] [ww]

If the granola is subsequently cooked (in liquid), or mixed with liquid and baked, *borei menei mezonos* and *al hamichya* are required.[65]

15. Beer and Other Grain Beverages

The brocha for beverages made from grain (e.g., beer) is *shehakol*. The *brocha achrona* is *borei nefoshos*.[66]

Listing of "mezonos" topics found in other chapters:

- *Mezonos mixed with other foods* -

such as noodle casserole, cholent, ice cream sandwiches, tuna and crackers, cereal and milk - are discussed in Chapter 4.

- *Mezonos eaten during a meal* -

such as pie, are often not covered by the *hamotzi* made at the

[ww] There is, however, uncertainty among the Rishonim, as to which *brocha achrona* is most appropriate for roasted grain products. The Shulchan Aruch suggests, therefore, that a *yorei shomayim* should try to avoid having to make a *brocha achrona* on such products (either by only eating them during the course of a bread meal[64.1] or by eating less than a *k'zayis* within *k'dei achilas praas*.[64.2]

64 מדסתם השו״ע (סי׳ ר״ח סעי׳ ד׳) וכתב לברך עליו בנ״ר, משמע דס״ל דמעיקר הדין צריך לברך בנ״ר (ועפ״ז כתב המ״א שם דאם אירע שאכלו שלא בתוך הסעודה יברך אחריו בנ״ר - כ״כ במחצית השקל שם אות ז׳). וכ,כ הערוך השלחן (שם סוף סי׳ ט׳) דכן הוא דעת רוב הפוסקים.

64.1 איתא בשו״ע שם דהתוס׳ (ל״ז ע״א ד״ה הכוסס) נסתפקו אם יברך לאחריו ברכה מעין שלש ולכן נכון שלא לאכלו אלא בתוך הסעודה ויפטרנו בבהמ״ז ע״כ. ומסביר המ״ב (שם ס״ק י״ז) ד״על המחיה״ אין יכול לומר דאינו מין מזון, ו״על האדמה ועל פרי האדמה״ אין יכול לומר דלא מצינו שתקנו נוסח כזה, ולכן נשאר הדבר בספק.

64.2 פשוט שמותר לאכול פחות משיעור ב״א שהוא כזית בתוך כדי אכילת פרס, וכ״כ הגר״ז בסידורו פ״א ס״ח, והח״א כלל נ״ד סי׳ א׳.

65 עיין אג״מ או״ח ח״ד סי׳ מ״ו לענין בישול, ונר׳ דה״ה לענין נתערב עם משקה ונאפה.

66 נלמד משו״ע סי׳ ר״ח סעי׳ ו׳.

beginning of the meal. *Pas haboh b'kisnin* which is eaten during the course of a meal is dealt with in Addendum 2.

- *Mezonos products eaten before a meal -*

are sometimes covered by bentching. For example, in most cases cake eaten before a meal will be covered by bentching and will not require a *brocha achrona*. This subject is discussed in Chapter 17.

- *Al hamichya -*

halachos relating to the *brocha achrona* for mezonos products are discussed in Chapter 20.

- *Mezonos soups -*

(e.g., noodle soup, mushroom barley soup) are discussed in Chapter 23 (Section B.5).

- *Mezonos products made from bread*

(e.g., french toast) and products which are similar to bread (e.g., bread sticks, melba toast) are discussed in Chapter 26.

- *Rice -*

which is not a true a mezonos product, is dealt with in Addendum 4.

- *Mezonos cereals -*

are dealt with in Addendum 5.

ADDENDUM THREE

Forgot R'tzei Or Yaaleh V'yavo

*How To Be Yotzi Without Bentching A Second Time**

If one forgot to recite *r'tzei* or *yaaleh v'yavo* while bentching on Shabbos or Yom Tov, he is required, in most instances, to bentch again, (see Chapter 18 Section F).

However, if he caught the error before he finished bentching - he can, in many instances, rectify the situation - and , thereby, avoid benching again.

An important factor affecting whether or not one will be required to bentch again is - the point in bentching at which the error is caught:

Section A deals with cases where the error is caught before he finished the third brocha.

Section B deals with cases where the error is caught between the third and fourth brochos.

Section C deals with cases where the error is caught in the fourth brocha.

A. Caught Error In Third Brocha

This section deals with one who caught the error before he finished the third brocha. The third brocha ends with: ברוך אתה ה׳ בונה (ברחמיו) ירושלים אמן.

* פרק זה מבוסס בעיקרו על שו״ע סי׳ קפ״ח.

The rules are as follows:

- If he caught the error before saying Hashem's name he should go back and recite *r'tzei* or *yaaleh v'yavo*, then continue from ובנה ירושלים.[1] [a]

- If he said ברוך אתה ה׳, he should immediately say the words למדני חוקיך ("ברוך אתה ה׳ למדני חוקיך" is a sentence in Tehillim[1.1]).[b] By doing so he merely added a sentence from Tehillim to the text of the third brocha, instead of completing it. Since he is still in the midst of the third brocha, he may recite *r'tzei* or *yaaleh v'yavo* and continue bentching from that point (ובנה ירושלים).[2]

B. Caught Error Between Third and Fourth Brochos

Technically, once the third brocha of bentching has been recited the Torah obligation to bench is over.[c] However, if one remains silent and does not start the fourth brocha, it is considered as if he is still engaged in bentching.[3]

Therfore, if the error was caught before one actually started the fourth brocha, it can still be rectified with a special substitute

[a] Since he did not finish the third brocha he can simply go back to the point of error within that brocha and recite the brocha correctly.

[b] Also see Chapter 15, Secton E.

[c] The first three brochos of *bircas hamozon* are of torah origin - see Chapter 17, Section A.

[1] מ״ב סי׳ קפ״ח ס״ק כ״ב.

[1.1] תהלים קי״ט י״ב.

[2] מ״ב שם בשם הח״א, ועיין בשעה״צ שם אות י״ח. (ע״ע בשע״ת שם שי״א שאין לסיים למדני חוקיך אלא כיון שאמר השם יסיים בונה ירושלים, ויאמר ברוך אשר נתן וכו׳). וע׳ באג״מ ח״ד סי׳ צ״ג שחולק על מ״ב הנ״ל.

[3] איתא בגמ׳ (דף מ״ט ע״ב) אמר רב מנשיא בר תחליפא לא שנו אלא שלא פתח בהטוב והמטיב אבל פתח בהטוב והמטיב חוזר לראש. וכן נפסק בשו״ע סי׳ קפ״ח סעי׳ ו׳ ועיין בלבוש (שם בהג״ה) שציין למש״כ בסי׳ קי״ד סעי׳ ו׳, ועיין בגר״ז סי׳ קפ״ח סעי׳ ט׳ וז״ל וכל זה כשנזכר קודם שהתחיל ברכת הטוב והמטיב שכיון שמזכיר קדושת היום מיד אחר סיום בונה ירושלים קודם שפתח בברכה שלאחריה ה״ז כאלו הזכיר קודם סיום ברוך בונה ירושלים שכל שלא פתח בברכה שלאחריה לא נקרא סיום ברכה לענין דברים שמחזירים אותו כמ״ש בסי׳ קי״ד עכ״ל.

brocha[3.1] created by Chazal for such cases.[4] After finishing this special brocha, he should proceed bentching as usual (continue from ברוך אתה ה׳ אמ״ה הקל אבינו).

> Note: If the meal continued until after sunset at the close of Shabbos or at the close of Yom Tov, etc. the brocha is said without Hashem's Name.[5] For example, if one forgot *r'tzei* on Shabbos he recites:

ברוך אתה ה׳ אלקינו מלך העולם שנתן שבתות למנוחה...

However, if the meal continued until after sunset he should say:

ברוך שנתן שבתות למנוחה....

The following are the texts of these substitute brochos:

3.1 כתב המ״ב שם (ס״ק י״ז) שאם אינו יודע נוסח כל הברכה רק ההתחלה והסיום יצא, אבל אם אינו יודע הנוסח כלל הביא מהט״ז שצריך לחזור לראש בהמ״ז ובבה״ל כתב שדין זה צ״ע למה לא יאמר כאן רצה (או יעלה ויבא) כיון שלא התחיל עדיין ברכה שאחריה. ועיין בשמירת שבת כהלכתה פרק נ״ז אות ט״ו. ע״ע ערוך השלחן סי׳ קפ״ח סעי׳ י״ד.

4 גמ׳ שם, ועיין שם בתוס׳ ד״ה ברוך שתקנו חז״ל ברכה זו למי ששכח רצה. והקשה הב״י (סי׳ קי״ד ד״ה מצאתי כתוב) למה לא תקנו חז״ל בשמונה עשרה של חוה״מ ור״ח למי ששכח יעלה ויבא ולא אמר עדיין מודים שיאמר ברכה זו, ותירץ דבשמונה עשרה יהיה הפסק אם יברך משא״כ בבהמ״ז שכבר סיים בהמ״ז, דהטוב והמטיב ביבנה תקנוה. עוד עיין בספר בית יוסף (האחרון) על מס׳ ברכות דף מ״ט ד״ה ברוך.

5 כתב המחבר בסי׳ קפ״ח היה אוכל ויצאה שבת מזכיר של שבת בבהמ״ז, וכתב הבה״ל (שם) שאם שכח להזכיר רצה אין לברך ברכת אשר נתן בשם ומלכות דיש כאן מחלוקת אי אזלינן בתר תחילת סעודה או לא, וספק ברכות להקל.

(ואינו מבואר מהבה״ל אי מיירי דוקא אחר צאת הכוכבים או אחר שקיעה, ולכאורה מסתבר יותר שאין לברך בשם ומלכות אחר שקיעה שאז מתחיל הספק, ואף שיש ספק ספיקא לברך דלמא שבת עכשיו ואת״ל חול דלמא אזלינן בתר תחילת סעודה, כבר הבאנו בפרק ט״ז הערה 7 מש״כ כה״ח ומ״ב דאפי׳ בספק ספיקא אמרינן ספק ברכות לקולא).

שוב מצאתי שהגר״ז (בהוספות בסוף שו״ע שלו) כתב להדיא דאין לברך ברכת אשר נתן אחר שקיעה (הובאו דבריו בקצות השולחן סי׳ מ״ז סעי׳ ג׳).

ולענין שבת שחל ביום א׳ של יו״ט שמשום שבת אינו מברך כלל אחר השקיעה ומשום יו״ט צריך לברך - עיין בקצות השולחן סי׳ מ״ז (בבדי השולחן שם אות י״ד) וז״ל שבת ויו״ט ונמשכה סעודתו עד הלילה שהיא מו״ש ויום ב׳ דיו״ט ושכח רצה ויעו״י שמשום שבת אינו מברך כלל, מברך של יו״ט וכולל גם שבת. וכן כל כה״ג כיון שהזכרת הא׳ ספק והב׳ ודאי כולל הספק בהודאי ואין בזה חשש ברכה לבטלה. עכ״ל.

Shabbos

On Shabbos[d] say:[6]

ברוך אתה ה׳ אלקינו מלך העולם שנתן [6.1] שבתות למנוחה לעמו ישראל באהבה לאות ולברית. ברוך אתה ה׳ מקדש השבת.

Yom Tov

On Yom Tov[e] say:[7]

ברוך אתה ה׳ אלקינו מלך העולם שנתן[7.1] ימים טובים לעמו ישראל לששון ולשמחה את יום חג (פלוני) הזה. ברוך אתה ה׳ מקדש ישראל והזמנים.

On Yom Tov which falls on Shabbos[f] - if both *r'tzei* and *yaaleh v'yavo*[g] were omitted - say:[8]

[d] After sunset at the close of Shabbos (e.g., at the *shalosh seudos* meal) the brocha should be said (without Hashem's Name) as follows:

ברוך שנתן שבתות למנוחה לעמו ישראל באהבה לאות ולברית.

[e] After sunset at the close of Yom Tov the brocha should be said (without Hashem's Name) as follows:[7.2]

ברוך שנתן ימים טובים לעמו ישראל לששון ולשמחה את יום חג פלוני הזה.

[f] After sunset at the close of Yom Tov and Shabbos, the brocha should be said (without Hashem's Name) as follows:

ברוך שנתן שבתות למנוחה לעמו ישראל באהבה לאות ולברית וימים טובים לישראל לששון ולשמחה את יום חג (פלוני) הזה.

[g] If he only omitted *r'tzei* say the substitute brocha for Shabbos (number 1). If

[6] שו״ע סי׳ קפ״ח סעי׳ ו׳, ועיין במ״ב ס״ק ל״א ובה״ל שם ד״ה בשבת דאפי׳ בסעודה רביעית או חמישית בשבת או יו״ט יגמר נוסח זו, וכשמברך לפני השקיעה יאמר הברכה בשם ומלכות - אבל כשמברך אחר שכבר יצא שבת או יו״ט, דהיינו אחר השקיעה, יברך בלי שם ומלכות, כמש״כ בהערה הקודמת.

[6.1] ובנוסחות אחרות: אשר נתן כן הוא בגר״ז סי׳ קפ״ח דסעי׳ ז׳, ובח״א כלל מ״ז סי׳ ט״ז.

[7] ראה הערה 5.

[7.1] ובנוסחות אחרות: אשר נתן כן הוא בגר״ז סי׳ קפ״ח דסעי׳ ח׳, ובח״א כלל מ״ז סי׳ י״ז.

[7.2] ראה הערה 5, וביו״ט - אחר שקיעה לפני חול המועד - אומר הברכה בנוסח של חול המועד, כ״כ קצות השולחן סי׳ מ״ז סעי׳ ד׳ ועיי״ש בבדי השולחן אות י׳.

[8] שו״ע שם, ועיין במ״ב שם ס״ק כ׳.

ברוך אתה ה׳ אלקינו מלך העולם שנתן שבתות למנוחה לעמו ישראל באהבה לאות ולברית וימים טובים לששון ולשמחה את יום חג (פלוני) הזה. ברוך אתה ה׳ מקדש השבת **וישראל והזמנים.**

On Chol Hamoed say:[9]

ברוך אתה ה׳ אלקינו מלך העולם שנתן מועדים[h] לעמו ישראל לששון ולשמחה את יום חג (פלוני) הזה.[i]

On Chol Hamoed which falls on Shabbos - if both r'tzei and yaaleh v'yavo were omitted - say:[10]

ברוך אתה ה׳ אלקינו מלך העולם שנתן שבתות למנוחה לעמו ישראל באהבה לאות ולברית ומועדים לששון ולשמחה את יום חג (פלוני) הזה. ברוך אתה ה׳ מקדש השבת וישראל והזמנים.

Rosh Chodesh

On Rosh Chodesh[j] say:[11]

ברוך אתה ה׳ אלקינו מלך העולם שנתן ראשי חדשים לעמו ישראל לזכרון.[k]

he just omitted *yaaleh v'yavo* say the substitute brocha for Yom Tov (number 2).

[h] Another version of the text (referring to Chol Hamoed) reads שנתן ימים קדושים rather than שנתן מועדים.[9.1]

[i] Note: there is no closing brocha (i.e., unlike the first and last days of Yom Tov which closes with ברוך אתה ה׳ מקדש ישראל והזמנים).

[j] After sunset at the close of Rosh Chodesh, the brocha should be said (without Hashem's Name) as follows: ברוך שנתן ראשי חדשים לישראל לזכרון.

[k] Note: unlike Shabbos and Yom Tov, there is no closing brocha.

9 גר״ז סי׳ קפ״ח סעי׳ י׳, קצות השולחן סי׳ מ״ז סעי׳ ד׳, ועיין מ״ב שם ס״ק כ״ז.

9.1 פמ״ג א״א סי׳ קפ״ח אות י׳, ח״א כלל מ״ז סי׳ כ״א, שעה״צ סי׳ קפ״ח אות י״ט.

10 קצות השולחן סי׳ מ״ז סעי׳ ו׳, ועיין במ״ב סי׳ קפ״ח ס״ק ל׳ שמסיק לדינא שבשבת ור״ח יזכיר של ראש חודש בהחתימה (דלא כהמחבר), ולפי זה ה״ה בשבת חול המועד יזכיר של חוה״מ בהחתימה, דחוה״מ דינו כר״ח כמבואר בשו״ע שם סעי׳ ז׳.

11 שו״ע שם סעי׳ ז׳.

On Rosh Chodesh which falls on Shabbos - if both r'tzei and yaaleh v'yavo were ommited[l] - say:[12]

ברוך אתה ה׳ אלקינו מלך העולם שנתן שבתות למנוחה לעמו ישראל באהבה לאות ולברית וראשי חדשים לזכרון. ברוך אתה ה׳ מקדש השבת וראשי חדשים.

Rosh Hashona

On Rosh Hashona[m] say:[13]

ברוך אתה ה׳ אלקינו מלך העולם שנתן ימים טובים לעמו ישראל את יום הזכרון הזה. ברוך אתה ה׳ מקדש ישראל ויום הזכרון.

On Rosh Hashona which falls on Shabbos[n] - if both r'tzei and *yaaleh v'yavo* were ommited - say:[14]

ברוך אתה ה׳ אלקינו מלך העולם שנתן שבתות למנוחה לעמו ישראל באהבה לאות ולברית וימים טובים לזכרון את יום הזכרון הזה. ברוך אתה ה׳ מקדש השבת וישראל ויום הזכרון.

Chanuka, Purim

There is no substitute brocha for Chanuka or Purim.[o]

[l] After sunset at the close of Shabbos Rosh Chodesh, the brocha should be said (without Hashem's Name) as follows:
ברוך שנתן שבתות למנוחה לעמו ישראל באהבה לאות ולברית וראשי חדשים לזכרון.

[m] After sunset at the close of Rosh Hashona, the brocha should be said (without Hashein's Name) as follows:
ברוך שנתן ימים טובים לעמו ישראל את יום הזכרון הזה.

[n] After sunset at the close of Rosh Hashona, the brocha should be said (without Hashem's Name) as follows:
ברוך שנתן שבתות למנוחה לעמו ישראל באהבה לאות ולברית וימים טובים לזכרון את יום הזכרון הזה.

[o] On Chanuka and Purim (a paragraph beginning with the words) *al hanisim*

[12] קצות השולחן שם, מ״ב שם ס״ק ל׳ ע״ע בהערה 10.

[13] מ״ב שם ס״ק י״ט, ועיין שם ובשעה״צ ס״ק ט״ו דיש לחתום בר״ה.

[14] קצות השולחן סעי׳ מ״ז סעי׳ ו׳.

If one omitted *al hanisim,* he should finish bentching in the normal manner.[15]

One may, however, include a reference to Chanuka or Purim in the *horachamon* segment of bentching.

On Chanuka he should recite as follows:[16]

הרחמן (הוא) יעשה לנו נסים ונפלאות כשם שעשית לאבותינו בימים ההם בזמן הזה.
בימי מתתיהו בן יוחנן.....להודות ולהלל לשמך הגדול.

On Purim he should recite as follows:[17]

הרחמן (הוא) יעשה לנו נסים ונפלאות כשם שעשית לאבותינו בימים ההם בזמן הזה.
בימי מרדכי ואסתר.....ואת בניו על העץ.

C. Started Fourth Brocha

Within The First Six Words

If he started the fourth brocha, but nevertheless caught the error within recital of the first six words (ברוך אתה ה׳ אלוקינו מלך העולם) his bentching can still be rectified (according to many Poskim).[18]

is added to the second brocha of *bircas hamozon.* If one caught the omission before saying Hashem's Name at the close of the second brocha he should go back and recite *al hanisim.*[15.1]

15 שו״ע סי׳ תרפ״ב סעי׳ א׳.

15.1 שו״ע שם. ועיין בשעה״צ סי׳ קפ״ח אות י״ח שאם נזכר אחר שאמר כבר ברוך אתה ה׳ לא יאמר למדני חוקיך כמו בשכח רצה או יעלה ויבא.

16 רמ״א ססי׳ קפ״ז ושו״ע ורמ״א סי׳ תרפ״ב סעי׳ ד׳, ובפנים העתקנו הנוסח שברמ״א בסי׳ תרפ״ב, אכן בסי׳ קפ״ז כתב הרמ״א שיאמר הרחמן הוא יעשה לנו נסים כמו שעשה בימים ההם וכו׳ עוד עיין בקצות השולחן סי׳ מ״ז סעי׳ ז׳ שמביא נוסח קצת שונה - הרחמן הוא יעשה לנו נסים כמו שעשה לאבותינו בימים ההם וכו׳.

17 מ״ב (סי׳ תרפ״ב ס״ק ה׳) בשם הלבוש.

18 גמ׳ שם (מ״ט ע״ב אבל פתח בהטוב והמטיב חוזר לראש וכתב הרא״ש (פרק ז׳ סי׳ כ״ג) לא שנו אלא שלא פתח וכו׳ דאמרינן לעיל גבי שמונה עשרה שאם עקר רגליו חוזר לראש וכאן אין עקירת הרגל אחר אלא סילוק סדר ברכות דאורייתא הוי כמו הפסקה גמורה

For example, one forgot *r'tzei* and caught the error while saying the first few words of the fourth brocha (i.e., he already said ברוך אתה ה׳ אלקינו מלך העולם).

At this point if he were to continue bentching as usual (הקל אבינו מלכנו ...אדירנו) his bentching would be invalid. However, since he started saying ברוך אתה ה׳ אלקינו מלך העולם, he should continue with שנתן שבתות למנוחה... (the substitute brocha for *r'tzei*).

He should then contininte bentching as usual:

ברוך אתה ה׳ אלקינו מלך העולם הקל אבינו מלכנו אדירנו....

Past The First Six Words

Once he is past that point (past ברוך אתה ה׳ אלוקינו מלך העולם) nothing can be inserted or substituted to rectify the omission of *r'tzei* or *yaaleh v'yavo*.[19] In most cases *bircas hamozon* will be invalid and must be recited again - see Chapter 18, Section E.

עכ״ל.

ודע דיש פוסקים שסוברים דמיד כשאומרים מלה ראשונה של ברכה רביעית שוב אין לו תקנה, דכבר הסיח דעתו מבהמ״ז דאורייתא, וצריך לחזור לראש (כן הוא דעת הבר״י, זכ״ל, שע״ת, בית מנוח, מאמ״ר, גר״ז, תהלה לדוד, חסד לאברהם, ובן איש חי, הובא בכה״ח שם אות כ״ח). וכ״כ במטה אפרים (מבעל שע״ת) סי׳ תקפ״ג סעי׳ ד׳. אבל המ״ב בסי׳ קפ״ח ס״ק כ״ג כתב בשם הח״א שאם אמר רק בא״י אמ״ה יסיים אשר נתן שבתות למנוחה וכו׳ ואח״כ יחזור ויאמר ברכת הטוב והמטיב ועיין בבה״ל עכ״ל. וכן מצאתי נפסק במקור חיים סי׳ קפ״ח. אכן בבה״ל (שם ד״ה עד) נשאר בצע״ג על הח״א.

ויש להסתפק בכוונת המ״ב בזה שבמ״ב מביא דעת הח״א ובסוף דבריו כתב לעיין בבה״ל ובבה״ל הקשה על הח״א וסיים בצע״ג (וכעין זה מאצינו בהל׳ בישול בשבת ומקומות אחרות) ושמענו מהגרש״ז אויערבאך שליט״א שכוונת המ״ב לפסוק כהחיי אדם כמו שמביא במ״ב ואף שיש עליו קושיות ונשאר בצע״ג מ״מ ס״ל דיש להורות כמותו, וכן היה המנהג בזה כהח״א.

19 מ״ב וש״א סי׳ קפ״ח שם

ADDENDUM 4

Rice And Rice Products

A. Brocha Rishona

Rice[1] is neither one of the five major grains (i.e., wheat, barley, oats, spelt, and rye), nor is it one of the seven species of produce that Eretz Yisroel is praised for. Rice kernels grow on a grass plant. Its brocha, therefore, should have been *borei pri hoadoma*.

However, since rice (when cooked, or milled into flour and baked) has satiating qualities which are very similar to those of the five major grains,[a] *Chazal* designated for it the *brocha rishona* designed for foods which satiate - *borei menei mezonos*.[2]

The requirement to make a *borei menei mezonos* applies to all types

[a] Rice is the principle satiating food for a third of the people of the world.

1 איתא בגמ׳ (דף ל״ז ע״א) דעל אורז מבושל מברך במ״מ, וכתבו שם בתוס׳ וז״ל רש״י פי׳ אורז ״מיל״ ויש מפרשים ״ריזו״ ע״כ, וכתב הב״י (סי׳ ר״ח) דסוגיין דעלמא היות ויש בזה ספק לכן כל ירא שמים לא יאכל אורז אלא תוך הסעודה, וכ״כ הח״א (כלל נ״א סי׳ י״א) והגר״ז (בסידורו פ״א סעי׳ י״א).

והט״ז כתב דמותר אפי׳ ליר״ש לאכלו שלא בתוך הסעודה רק יברך שהכל כדי לצאת מהספק.

אמנם המ״ב (שם ס״ק כ״ח) מכריע דאורז הוא ״רייז״ וכתב (בשעה״צ שם אות ל״א) שיש לסמוך על זה ולברך בומ״מ. ע״ע מש״כ בהערה 3 לקמן.

2 ב״י (סי׳ ר״ח) בשם הרא״ש, וז״ל מברך עליו תחלה במ״מ, אע״פ שאינו מז׳ המינים, כיון שהוא נקרא מזון כי הוא משביע וסועד את הלב עכ״ל.

of cooked rice:[3] white rice, brown rice[4], and par boiled ("minute" or long grain) rice[5]. It also applies to products made from milled rice (e.g., rice cereals[6]) and from rice flour (e.g.,rice bread)[7].

The requirement to make a *borei menei mezonos* does not apply to raw[8] or roasted rice kernels[9].

Regarding crisp rice cereal, and puffed rice[10] - see Addendum 5, Section A.2.

3 איתא ברמ״א (סי׳ ר״ח סעי׳ ז׳) דהא דמברך במ״מ על אורז מבושל הוא דוקא אם נתבשל עד שנתמעך, וכתב הבה״ל (שם) דלדינא מחולקים בזה הרבה אחרונים אם לברך על אורז שלמים במ״מ או בפה״א או שהכל, ומביא מהפמ״ג דאם הוסר קליפתן כמו אורז שלנו יש לצדד דאין זה בכלל שלמים ואפי׳ אם לא נתמעכו ע״י בישול יוכל לברך במ״מ, ומסיק להלכה דבאורז שלנו אפי׳ שלמים ולא נתמעך או נתדבק ע״י בישול, המברך במ״מ לא הפסיד.

ושמעתי מהגרש״ז אויערבאך שליט״א שדעת המ״ב הנ״ל שגם לכתחלה יכול לברך במ״מ, ולמעשה אם נתבשל האורז ונעשה גוש אחד כגון ״קוגל״ ודאי נכון לברך במ״מ, אכן בשלמים שלא נתדבקו יחד יש נוהגים לברך בפה״א ויש נוהגים לברך במ״מ כהמ״ב, ודעביד כמר עביד ודעביד כמר עביד. (ועיין בכה״ח סי׳ ר״ח אות ל״ט שמביא דבמקום מנהג לא אמרינן ספק ברכות להקל ולכן גבי אורז אע״ג דאיכא פלוגתא בזה מ״מ היכא דנהוג נהוג).

4 ראיתי במחקרים מדעיים ממומחים שאורז מלא (brown rice) הוא אותו מוצר כמו אורז לבן ובשניהם מורידים את הקליפה אלא שבאורז לבן משפשפים יותר את הגרגר, ולפי מה שהבאנו בשם הפמ״ג בהערה הקודמת, כל שהוסר קליפתן המברך במ״מ לא הפסיד, ושמתי את שני מיני אורז אלו לפני הגרי״ש אלישיב שליט״א ופסק שאין שום חילוק בין אורז לבן ואורז מלא לענין ברכתם.

5 בדרך כלל כשמבשלים מין אורז זו הגרעינים נשארים שלמים ואינם מתדבקים זה לזה, ולפ הכרעת הבה״ל הנ״ל (הובא בהערה 3) המברך במ״מ לא הפסיד.

6 ב״י שם (עיין בבה״ל הובא בהערה 3 שבדייסא מאורז כו״ע לא פליגי דמברך במ״מ).

7 שו״ע שם.

8 איתא בגמ׳ (ל״ז ע״א) הכוסס את האורז (פרש״י כמות שהיא, דהיינו בלי בישול או אפיה) מברך בפה״א. ועיין מש״כ בפרק י״ג הערה ז׳ דנר׳ דהא דאיתא בשו״ע כאן דעל אורז חי מברך בפה״א מיירי בלחים וראויים לאכילה ע״י הדחק, דפשוט הוא דאם אינם ראויים לאכילה אפילו ע״י הדחק אין מברכים עליהם כלל.

שוב ראיתי בספר ברכת הנהנין פ״ו הערה 1, שעומד על זה ומביא מספר משנה הלכה כמש״כ, עוד מביא משו״ת שבט הלוי סי׳ ר״ה דלא מיירי בחי ממש אלא ר״ל חי היינו בכרמל שראוי לאכול. ע״ע מש״כ בספרי טלטולי שבת בענין מוקצה, פרק ה׳ הערות 20, 21.

9 עיין בשו״ע שם סעי׳ ד׳ דעל קליות אפי׳ מחמשת המינים אין מברכים אלא בפה״א.

10 עיין מש״כ (Addendum 5) הערה 6, ע״ע הערה 17 לקמן.

B'dieved

B'dieved, if one recited *borei pri hoadoma*[11] (or shehakol[12]) for rice or rice products, he is yotzei.

B. Brocha Achrona

Although al hamichya is the brocha achrona for mezonos products, it is **not** the designated brocha achrona for rice.[13] This is because *al hamichya* was designed only for fruit and grain of the "seven species".[14] Rice and rice products are subject to the *brocha achrona* designated for all foods which are not of the "seven species" - *borei nefoshos*.[d]

B'dieved

B'dieved, if one recited *al hamichya* for rice or rice products he is *yotzei*.[15]

b The halachos of *borei nefoshos* are discussed in detail in Chapter 21.

11 ט״ז (שם ס״ק ח׳) קצות השלחן סי׳ נ״ב סעי׳ ה׳.

ועיין בשו״ת אור לציון (ח״ב פי״ד אות כ״ב) שכתב דהאוכל אורז מבושל וגם דבר שברכתו בפה״א כגון ירקות צריך להקדים ולברך במ״מ על האורז, ואם הקדים לברך בפה״א על הירקות לא יברך שוב על האורז אלא יאכל האורז בלא ברכה אחרת, אכן טוב שיברך שהכל על מעט סוכר וכדומה ויכוין לפטור בברכה זו את האורז, ע״כ. (וק״ק למה לא נתן עצה שיברך בומ״מ על עוגה וכדומה ויכוין לפטור בברכה זו את האורז, דהא עיקר ברכתו הוא בומ״מ).

12 עיין משׁ״כ בפרק ט״ו הערה 29 ובפנים שם, ולפי הט״ז (שם) והגר״ז (בסידורו פרק א׳ סעי׳ י״א) צריכים לכתחלה לברך שהכל.

13 שו״ע סי׳ ר״ח סע׳ ז׳.

14 ב״י סי׳ ר״ח בשם רש״י, מ״ב שם ס״ק כ״ט.

15 עיין בברכי יוסף סי׳ ר״ח אות ז׳ (הובא בשע״ת ס״ק ט׳, ובכה״ח אות מ״א) וז״ל מי שאכל אורז מבושל ובירך אחריו על המחיה או שאכל לחמניות ואורז ובירך על המחיה כיון דאורז מסעד סעיד וגידולו מן הארץ ברכת על המחיה פוטרתו וכו׳ דמקרי שפיר מחיה וכלכלה.

Similarly if one ate cake and rice and recited *al hamichya* for both foods, he is *yotzei* and a second brocha may not be made.[16]

C. Other Rice Products

1. Rice Cakes

Rice cakes are produced by applying hot air, steam and pressure to rice grains. Since *borei menei mezonos* is designated only for rice which was cooked, it is, according to many poskim, inappropriate for rice cakes. Therefore, it is preferable to make a *borei pri hoadoma* for rice cakes. However, *borei menei mezonos* is also acceptable (see Hebrew footnote).[17]

Regarding rice cakes eaten with other foods (e.g., fried egg on a rice cake, rice cakes and cheese) see Chapter 4.

16 עיין בברכי יוסף ובשע״ת הובאו בהערה הקודמת, דמשמע להדיא דדוקא בדיעבד שאכל אורז ולחמניות וכבר בירך על המחיה יצא אבל לכתחילה לא, אכן הבן איש חי (שנה א׳ פ׳ פנחס אות י״ח הובא בכה״ח סי׳ ר״ח אות מ״א) פסק לברך לכתחילה על המחיה על הכיסנין ויפטור האורז ג״כ בזה הברכה ודלא כהמגיה להחסד לאלפים סי׳ ר״ח אות י״ט שכתב לברך תחילה בנ״ר על אורז ואח״כ על המחיה על הכיסנין.

17 שמעתי מהגרש״ז אויערבאך שליט״א שיש פוסקים לברך במ״מ (כמו על אורז מבושל שנתדבקו ע״י בישול) ויש פוסקים לברך שהכל (כמו על דבר שנשתנה) ואני סובר שמברכין עליו בפה״א. ואף אם יש לו ירקות אינו צריך להטריח עצמו ולברך בפה״א על הירקות תחילה אלא יכול לברך בפה״א לכתחילה. אכן אם בירך במ״מ ודאי יצא דסוף סוף יש לו שביעה מהם.

ושמעתי מהג״ר עזריאל אויערבאך שליט״א שחמיו הגרי״ש אלישיב שליט״א לא ס״ל כאביו שליט״א ואמר לברך בומ״מ מטעם שע״י החום נתדבקו הגרעינים יחד ולכן נחשב כבישול, ולמעשה אחר שהוא ספק טוב לברך בפה״א.

ועיין בשו״ת אור לציון (פרק י״ד אות כ״א) שכתב לברך בפה״א, שכל דבר שספק אם ברכתו בומ״מ או בפה״א מברך בפה״א, שמספק יורד דרגה. וסברה זו תמצא באג״מ על השאלה איך לברך על חטה תפוחה, שמתחלה כתב (או״ח ח״ד ססי׳ מ״ד) שנוטה דעתו לברך בפה״א ואח״כ כתב (שם סי׳ מ״ה) שכיון שהוא ספק אין להוציאו מברכת בפה״א שהיא תחלה לברכת במ״מ וכו׳ ומ״מ מאחר שעכ״פ הוא זן יכול גם לברך במ״מ.

(ע״ע בספר ברכת הנהנין עמוד קצ״א שמביא פסקו של הגרי״ש אלישיב שליט״א וכתב שלא הכריח זה לדבר ברור אלא רק נוטה לומר שברכתן בומ״מ).

2. Mixtures Containing Rice

Generally when a food mixture such as a casserole or a stew contains a mezonos the brocha for the entire mixture is *borei menei mezonos*, even though the mezonos is not the majority ingredient. This rule does not apply to rice.[18]

For example, for a stew containing eight ounces of meat and two ounces of noodles, the brocha is *borei menei mezonos*. However, for a stew containing eight ounces of meat and two ounces of rice, the brocha is *shehakol*.

This halacha is discussed in detail in Chapter 4, Section D.

3. Rice Bread

The brocha for bread made from rice flour is *borei menei mezonos*. The *brocha achrona* is *borei nefoshos*.[19]

4. Rice Beverages

The brocha for beverages made from rice (e.g., sake) is *shehakol*. The *brocha achrona* is *borei nefoshos*.[20]

5. Rice Cereals

Rice cereals are discussed in Addendum 5.

18 טושו״ע סי׳ ר״ח סעי׳ ז׳, ועיין ערוה״ש סי׳ רי״ב סעי׳ א׳, ע״ע מש״כ בפרק ד׳ הערה 35 ובפנים שם.

19 שו״ע סי׳ ר״ח סע׳ ז׳ ומ״ב שם ס״ק כ״ח.

20 דאפי׳ על משקה מחמשת המינים אין מברכים אלא שהכל כמש״כ בסוף פרק כ״ז, כש״כ על משקה מאורז.

ADDENDUM 5

Breakfast Cereals

This addendum discusses the *brocha rishona* and *brocha achrona*[a] requirements for most types of breakfast cereals.[b]

Note: We have used brand names in this chapter to identify specific cereals. One should not imply that cereals which are mentioned are approved to be Kosher.[1]

A. Ready to Eat Cereals

Ready to eat cereals are made primarily of corn, wheat, oats, or rice. Most ready to eat cereals today can be grouped into one of the following 6 categories:[c]

Flakes (e.g. corn flakes)

[a] Note: A *brocha achrona* is required only if at least one *k'zayis* is eaten within *k'dei achilas praas* as explained in Addendum 1.

Also see Chapter 20 - regarding the halachos of *al hamichya* (the *brocha achrona* for cereals made from wheat or oat flour), and Chapter 21 - regarding the halachos pertaining to *borei nefoshos* (the *brocha achrona* for all other types of cereals).

[b] In most cases, both the *brocha rishona* and the *brocha achrona* made on the cereal covers the fruit, milk, and other items added to enhance the cereal - see Chapter 4 (Section E.3a).

[c] Source: Caldwell, E. and Fast, R. 1990. Breakfast Cereals and How They Are Made, American Association of Cereal Chemists.

[1] ולענין בישול עכום - עיין בסוף ספר טהרת מים שהעלה שאינם נחשבים "עולה על שולחן מלכים" ואין בהם משום בישול עכום, ע"ע שם מש"כ בנוגע לברכות.

Oven puffed crisp rice (e.g., Rice Krispies)

Gun puffed whole grains (e.g., Puffed Rice)

Extruded dough (e.g. Cheerios, Alpha Bits)

Shredded wheat

Granola

1. Flakes

a. Corn Flakes

The process used by the major manufacturers of corn flakes[d] consists of passing pieces of corn kernels between two rollers, thereby pressing them into flakes.[e] The brocha for corn flakes made by this process is borei pri hoadoma since the corn kernel is still intact when served.[1.1]

[d] Kellog's Corn Flakes and Post Toasties are currently made by this process.

[e] The corn kernel is cut into two or three pieces (grits) cooked with sugar and flavoring, dried, flaked, and then toasted.

[1.1] דעת הגר״מ פיינשטין זצ״ל הובא בחוברת לתורה והוראה (חוברת ב׳ קיץ תשל״ג וחוברת ו׳ שנת תשל״ו).

(הנה באג״מ אבן העזר סי׳ קי״ד כתב [בשנת תשי״ט] שעל קארן פלעיקס [corn flakes] כיון שלא ניכר הפרי יש לברך שהכל - אמנם בחוברת לתורה והוראה תשל״ג חזר מזה ופסק לברך בפה״א.

וזה תוכן דבריו בחוברת הנ״ל: ואותן [cereal] הנעשים מקאר״ן שלנו שהוא שלם ויבש (נר׳ דר״ל גרעינם שלמים וה״ה אם נחתך לב׳ או ג׳ חתיכות שדינו כשלם ולא כנימוח), אע״פ שנשתנה מראיתו ממה שהיתה מתחילת בריאתו ע״י החום והדוחקא, מברכים בפה״א, כל זמן שאינו נטחן או מעוך כאו״ח סי׳ ר״ב ס״ז ובמג״א ס״ק י״ח, דדוקא דבר שנימוחו לגמרי מברכים שהכל משא״כ בקאר״ן שלנו הנעשה סיריע״ל יבש וכו׳ דלא נתבטל עצם צורתו ע״י אחד ממעשים הנ״ל רק נשתנה לאופן שאינו ניכר לעינים - נחשב כאילו עדיין בצורתו ומברכים בפה״א ואחריו בורא נפשות, עכת״ד.

וכן נפסק בחוברת לתורה והוראה, תשל״ו, והוסיפו שם בזה״ל: גם עלינו להוציא שהסיריע״ל יבשה הנעשה מקאר״ן שלנו באופן שכתבנו נקרא פאס״ט טאסטי״ס, וכעת שמענו שכל דייסא יבישה של קאר״ן נעשה באופן זה וממילא ברכתה בפה״א - ומש״כ על הקופות

In another process, corn is cooked into a dough and extruded (pressed, formed and cut) into small pellets. These pellets are then rolled into flakes. The brocha for this type of corn flakes is shehakol.[2]

If one can not determine which process was used for a particular kind of corn flakes, he should make a shehakol.[f]

The brocha achrona (for both types of corn flakes) is *borei nefoshos*.

b. Wheat Flakes

The brocha for all types of wheat flake cereals[g] (including flakes which are sugar coated) is *borei menei mezonos*.[h] The *brocha achrona* is *al hamichya*.[3]

[f] See Chapter 16, paragraph A.2a.

[g] Such as Wheaties and Almond Clusters

[h] Wheat flakes are made by cracking whole kernels of wheat and cooking them. The cooked wheat kernels form golf ball size clumps. The clumps are separated into individual kernels which are then rolled into flakes and toasted. In another process wheat is cooked into a dough and extruded into small pellets. The pellets are flaked and toasted. Both types of flakes are subject to *borei menei mezonos* and *al hamichya*.

לפעמים מיל״ד קאר״ן [milled corn] כוונתו בזה שהוסרה קליפתן אבל עדיין נשאר הגרעינין שלמים כבתחילה וברכתן בפה״א ורק כשכותבין קמח של קאר״ן כוונתו לקאר״ן טחון ואז ברכתו שהכל, עכ״ל.)

[2] ראה הערה הקודמת, ע״ע פרק כ״ב הערות 35, ו46.1.

[3] כתבנו בפנים (footnote h) שמתחילה מסדקים הגרעינים כדי שיכנס בהם המים בשעת הבישול, ומבשלים אותם היטב וע״י הבשול נתדבקו הגרעינים, ולכן מברך על דייסא זו במ״מ, ולא דמי לגרעינים שלמים מבושלים שמברך עליהם בפה״א (כדאיתא בשו״ע סי׳ ר״ח סעי׳ ד׳, ובמ״א שם ס״ק ה׳). וחילוק זה (בין שלמים שלא נתבקעו ובין שלמים שנתבעקו) תמצא בהמאירי (דף ל״ז ע״א) וז״ל ומה שאמרו הכוסס את החטה מברך בפה״א פירוש בחרוחין (ר״ל קלוי) או שבישלן מעט ולא נתבקעו, אבל נתבקעו מברך במ״מ וברכת מעין ג׳, עכ״ל. וגם מהאג״מ (או״ח ח״ד סי׳ מ״ה) משמע דבנ״ד צריך לברך במ״מ, דז״ל האג״מ הרי אם היה המציאות שהיו (הגרינים שלמים) נדבקין סובר (המ״א) דיש לברך

c. Rice Flakes

The brocha for all types of rice flake cereals is *borei menei mezonos*. The *brocha achrona* is *borei nefoshos*.[i] [4]

2. Oven Puffed Crisp Rice (e.g., Rice Krispies)

Crisp rice cereals are made by a process called oven puffing.[j] The brochos are *borei menei mezonos* and *borei nefoshos*.[5]

This also applies to crisp rice which is flavored with cocoa or fruit flavoring.[k]

3. Gun Puffed Whole Grains

Gun puffed whole grain cereals are made from either wheat or rice.[l]

[i] Rice flakes are made by cooking pieces of rice kernels, which are then flaked and toasted. In another process, a dough made from rice flour is extruded into pellets which are flaked and toasted. The brocha for either cooked pieces of rice kernels or products made from rice flour is *borei menei mezonos*. Therefore the brocha for either type of rice flakes is *borei menei mezonos*.

[j] The main process for making crisp rice is as follows: Whole rice is cooked with sugar and flavorings. The rice kernels are then dried and slightly squashed. The kernels are placed in an extremely hot oven for puffing, after which they are toasted. In another process ground rice is cooked into a batter and extruded into small pellets. The pellets are then puffed and toasted. Both types of crisp rice are subject to *borei menei mezonos* and *borei nefoshos*.

[k] Such as Cocoa Pebbles, Cocoa Krispies, Fruity Pebbles

[l] Such as Sugar Crisp

במ"מ, וא"כ כשחזינן שנדבקו משום שע"י הבשול נסדקו הקליפות באיזה מקומות וע"י זה נדבקו, יש לברך במ"מ, עכ"ל.

[4] בין אם נעשה מאורז מבושל, בין אם נעשה מקמח של אורז ברכתו בומ"מ ובורא נפשות - ראה Addendum 4 הערות 3, 7 ובפנים שם.

[5] אג"מ אבן העזר סי' קי"ד.

a. Puffed Wheat

The *brocha rishona* for puffed wheat cereals (including sugar coated puffed wheat [m]) - is *borei pri hoadoma*.[6]

The *brocha achrona* for puffed wheat is, technically, *borei nefoshos* (however, see footnote [n]).

b. Puffed Rice

The brocha for puffed rice cereals (including sweetened or flavored puffed rice) is *hoadoma*. The *brocha achrona* is *borei nefoshos*.[7.1]

4. Extruded Dough

Many cereals are made from a dough which is squeezed (extruded) to form a shape, then oven puffed, gun puffed, baked or toasted. Extruded dough cereals are made from wheat, corn, rice or oat flours, alone or in mixtures. The dough is extruded into shapes like little "o"s, alphabets, animals, bite-size squares, rippled flakes, and the like.

[m] In this process, whole kernels are sealed in a chamber (gun) which is heated and pressurized. When the kernels are released (shot) the pressure escaping from the kernels cause them to pop (puff).

[n] Puffed grains are halachically equivalent to roasted grains.[6.1] There is, an uncertainty among the Rishonim, as to which *brocha achrona* is most appropriate for roasted grain products. The Shulchan Aruch suggests, therefore, that a *yorei shomayim* should try to avoid having to make a *brocha achrona* on such products (either by only eating them during the course of a bread meal or by eating less than a *k'zayis* within *k'dei achilas praas)*.[6.2]

6 אג"מ או"ח ח"ד סי' מ"ד ומ"ה. וכן שמעתי מהגרש"ז אויערבאך שליט"א דדינו

כקליות שמברכים עליהם בפה"א (ראה פרק כ"ז הערה 62) ואע"פ שהגרעין נתפח ע"י חום מ"מ לא חל עליה דין בישול מחמת זה, ומה שמכניסים אידים (steam) עם החום אין זה דרך בישול.

6.1 ראה הערה הקודמת.

6.2 ראה מש"כ בפרק כ"ז 64.1.

7 שמתי Cheerios לפני הגרש"ז

a. Made From Wheat or Oat Flour

If it is made from wheat[o] or oat flour[p] (even if sweetened, sugar coated, or flavored), the brochos are *borei menei mezonos* and *al hamichya*.

b. Made From Rice Flour

If it is made from rice flour[q] (even if sweetened or flavored), the brochos are *borei menei mezonos* and *borei nefoshos*.[8]

c. Made From Corn Flour

If it is made from corn flour[r], the brochos are *shehakol* and *borei nefoshos*.[9]

d. Made From Corn Flour and Wheat Starch

If it is made from corn flour and wheat starch[s], the brochos are *shehakol* and *borei nefoshos*. The wheat starch is added as a carrier or binder, and is *tofel* to the other ingredients.[9.1]

[o] Such as Wheat Chex

[p] Such as Cheerios (also see Hebrew footnote 7)

[q] Such as Rice Chex

[r] Such as Corn Chex, Corn Pops

[s] Such as Ripple Crisp, Cocoa Puffs

אויערבאך שליט״א ואמר שיש להם תוריתא דנהמא ואם אוכל מהם שיעור קביעות סעודה (ראה פרק כ״ז הערות 20 - 22) צריך לברך המוציא וברכת המזון.

[7.1] ראה Addendum 4 הערה 9

[8] ראה Addendum 4 הערות 3, 7.

[9] ראה פרק כ״ב הערה 30 אות ה׳, והערה 35 שם.

[9.1] כך נתברר לי מחכמי מדע של cereals. ועיין מש״כ בפרק ד׳הערות 30 ו31 ובפנים שם.

e. Made From Corn Flour With Small Amount of Oat Flour Added

If the primary ingredient is corn flour, but it also contains some oat flour (small amounts of oat flour are commonly mixed with corn flour to add flavor and/or nutrition) - the rule is as follows:

- If the oat flour can be tasted, the *brocha rishona* is *borei menei mezonos*.[10] Since oat flour has a distinctive flavor it is often possible to taste it - see footnote[t].

- If the oat flour can not be tasted, the *brocha rishona* is *shehakol*.[11]

The *brocha achrona* for cereals with small amounts of wheat or oat flour is, generally, *borei nefoshos* - see footnote.[u]

[t] A practical suggestion for discerning if oat flour is present: Taste some Cheerios and note the distinctive flavor of oat flour. Then taste the cereal in question. If it contains a sufficient percentage of oat flour, one should be able to discern the "Cheerio-like" taste. Crispy Critters, for example, is made from corn flour with oat flour added. If one were to carefully taste Crispy Critters he should be able to discern the "Cheerio-like" flavor.

If one does not have a discerning taste, he should ask someone, more discerning or experienced than himself, to taste it for him. However, if the cereal is highly sweetened even an experienced taster will usually be unable to taste the oat flour. In cases such as this (where the correct brocha can not be determined) one is permitted to make a *shehakol* - see Chapter 16, Section A.2a.[10.1]

[u] Since the cereal contains a small percentage of *mezonos*, it is highly unlikely that a *k'zayis* of the *mezonos* ingredient will be eaten within *k'dei achilas praas*. However, if a *k'zayis* of the *mezonos* ingredient will be eaten within *k'dei achilas praas* an *al hamichya* is required, as discussed in the following paragraphs (multi grain cereals).

[10] שו"ע סי' ר"ח סעי' ט', מ"ב שם ס"ק מ"ד ומ"ה, ע"ע מש"כ בפרק ד' הערה 28, ובפנים שם אצל הערה 59.2.

[10.1] כך שמעתי מהגרש"ז אויערבאך שליט"א, והוסיף שאם א"א להרגיש אם יש בו טעם דגן מחמת המתיקות, מעיקר הדין יכול לברך שהכל, אמנם בעל נפש יקח דבר שברכתו בומ"מ ודבר שברכתו שהכל וע"י זה יכול להוציא את עצמו מן הספק.

[11] ראה ב' הערות הקודמות.

f. Multi Grain

If the cereal contains a substantial percentage[v] of oat and/or wheat flour,[w] the *brocha rishona* is, unquestionably, *borei menei mezonos*.

Regarding the *brocha achrona*, if at least one *k'zayis* of the wheat and oat ingredient was eaten within *k'dei achilas praas*, the brocha is, *al hamichya*.[12] [x] Otherwise, the brocha is *borei nefoshos*.[y]

For example, one ate a bowl of multi-grain cereal (consisting of three *k'zaysim*) within *k'dei achilas praas*.[z] The oat and wheat flours together comprised one third of the ingredients of the cereal. Since a *k'zayis* of *mezonos*[aa], was eaten within *k'dei achilas praas*, an *al hamichya* is required.[bb]

[v] e.g., the first ingredient listed is either wheat or oat flour

[w] Such as multi grain Start

[x] see Addendum One, Section C.1.

[y] According to some Poskim, if the wheat and oat flours together constitute more than fifty percent of the ingredients, the entire cereal is counted toward the *k'zayis*. According to this view, if only one *k'zayis* of cereal was eaten within *k'dei achilas praas* an *al hamichya* is required - see Hebrew footnote.[12.1]

[z] Many Poskim rule that this time period is equal to slightly more than three minutes - see Addendum One, Section A.b

[aa] Three thirds of a *k'zayis* of cereal equals one *k'zayis* of *mezonos*.

[bb] The Poskim recommend that the *mashgiach* (kashrus supervisor) should en-

[12] ראה הערה 10, ובהערה דלקמן בסמוך.

[12.1] כתבנו (Addendum 1 הערות 45.2 - 48, ובפנים שם) שלפי האג"מ אין מברכים "על המחיה" אלא א"כ אכל כזית דגן תוך כדי אכילת פרס, והמ"ב כתב שעל פת כיסנין שמעורב בתבלינין הרבה נוהגין העולם לברך עליו לבסוף "על המחיה" כשיש בו כזית אף שבמין דגן לבדו שנמצא בו אין בו שיעור כזית, ולכאורה משמע מזה דעל דייסא מקמח תירת וקמח דגן אף אם אין בו רוב דגן מ"מ (לפי מנהג העולם) יש לברך עליו "על המחיה" - אכן מהגרש"ז אויערבאך שליט"א שמעתי דאף לפי מה שמביא המ"ב אין לברך על המחיה, דמש"כ המ"ב שמצטרף תבלינים עם האוכל גופא לשיעור הוא דוקא אם יש בו רוב דגן, אבל אם אין בו רוב דגן לכו"ע אין

g. Made With Bran

Bran is the outer shell of a grain. The brochos for cereals [cc] made from bran only (i.e., not containing wheat or oat flour) is *shehakol* and *borei nefoshos*.[13]

If the cereal consists of bran and wheat or oat flours (e.g., bran flakes, bran flakes with raisins) the brochos are *borei menei mezonos* and *al hamichya*.[13.1]

5. Shredded Wheat

Shredded wheat cereal is made from cooked wheat kernels which are shredded and then baked. The brochos are *borei menei mezonos* and *al hamichya*.

6. Granola Cereals

Granola cereals are made from rolled oats and other ingredients [dd] which are toasted. We have learned that grains which are roasted or toasted (without being cooked) are subject to *borei pri hoadoma*.[ee] Thus the *brocha rishona* for granola cereal, is *borei pri hoadoma*.[13.2]

deavor to advise the public as to whether or not a serving of the cereal for which he gives his *hechsher* contains a *k'zayis* of *mezonos*.[12.2]

[cc] Such as All Bran

[dd] such as nuts, raisins, dried fruit, honey, sugar, oils, and flavorings.

[ee] See Chapter 27, Section D.14.

מצטרף לשיעור. ולפי זה בדייסא מקמח תירות אפי׳ אם יש בו דגן כיון שאין בו רוב דגן אינו מברך אלא בורא נפשות.

12.2 כך שמעתי מהגרש״ז אויערבאך שליט״א, שיש חיוב על המשגיח לברר כמה אחוז דגן יש בכל כזית כדי שנדע אם לברך על המחיה או בורא נפשות, ואם אינו יודע איך סומכים עליו לאכול מהשגחתו?

13 אג״מ אבה״ע ח״א סי׳ קי״ד.

13.1 עיין בהערה 10.

13.2 ראה מש״כ בפרק כ״ז הערות 62 ו63.

The *brocha achrona* is, technically, *borei nefoshos* (however see footnote).[14] [ff]

B. Cooked Cereals

Hot cereals are made primarily from oats (oatmeal) or wheat (Farina). Hot cereals made from corn and rice are also produced but in relatively small quantities.

1. Cooked Wheat or Oat Cereals, e.g., Farina, Oatmeal

The brocha for cooked cereals made from wheat or oats (or barley) is *borei menei mezonos*. The *brocha achrona* is *al hamichya*.[15]

Exception, Loose

If the cereal is so loose that one could drink it as a liquid, the brocha is *shehakol*.[16] For example, cooked Farina is commonly eaten as a thick cereal. In the uncommon instances where it was made loose enough to be a drink, (even though it was eaten with a spoon as Farina is normally eaten, nevertheless,) the brocha is *shehakol*.[17]

The *brocha achrona* is *borei nefoshos*, provided that a shiur is eaten. Generally, one does not consume a shiur (a *riviis*) within the short time span required for a *brocha achrona* - see Chapter 21, Section C.7

[ff] There is, however, uncertainty among the Rishonim, as to which *brocha achrona* is most appropriate for roasted grain products. The Shulchan Aruch suggests, therefore, that a *yorei shomayim* should try to avoid having to make a *brocha achrona* on such products (either by only eating them during the course of a bread meal or by eating less than a *k'zayis* within *k'dei achilas praas)*.[14.1]

14 ראה שם הערה 64.

14.1 ראה שם הערות 64.1 ו64.2.

15 ראה פרק כ״ז הערה 9, אג״מ אבה״ע ח״א סי׳ קי״ד.

16 שו״ע סי׳ ר״ח סעי׳ ו׳. ע״ע בפרק ד׳ הערה 26.1, ובפרק כ׳ הערה 19.1 בפנים, ובפרק כ״ד הערה 19, ובפרק כ״ז הערה 66 בפנים.

17 שמעתי מהגרש״ז אויערבאך שליט״א

2. Cooked Corn or Rice Cereals

The brochos for cooked corn cereal are *shehakol* and *borei nefoshos*.[18]

The brochos for cooked rice cereal are *borei menei mezonos* and *borei nefoshos*.[19]

שאף אם אוכל אותו בכף כדרך שאוכל דייסא עבה מ״מ כיון שהוא רכה וראוי לשתיה דינו כשתיתה רכה (שו״ע סי׳ ר״ח סעי׳ ו׳) דמברכים שהכל.

[18] ראה פרק כ״ב הערה 35, אג״מ שם.

[19] ראה Addendum 4 הערות 3, 6, אג״מ שם.

Glossary

GLOSSARY

Transliterations:

Hebrew terms used in the English text have been transliterated and italicized. Since the English language is not as precise as the Hebrew, a straight letter for letter or phoneme for phoneme conversion is impossible.

The approach we have selected is to adopt transliterations which reflects the Hebrew pronunciation most commonly used and recognized by the American reader. We therefore used, at times, english letter combinations which we felt were closest to the Hebrew word as commonly pronounced. For example, technically the word for blessing is best transliterated "berochoh". We felt however, that the reader would more easily associate "brocha" with the hebrew word ברכה.

Definitions:

The purpose of this glossary is not to give a comprehensive and precise definition of each term included. It was intended merely to help the reader obtain a general idea of terms as they are used in this sefer.

ad-noy — The Name of G-d
afikomen — the piece of matzo eaten at the conclusion of Passover seder
al hagefen — the concluding blessing said after wine or grape juice
al hamichya — the concluding blessing said after cake or grain (mezonos) products
al hanisim — a paragraph added on Chanuka and Purim
appearance see p.260)
b'dieved — after the fact
b'mzumon — see zimun
Beis Hamikdosh — Holy Temple
bentch (Yiddish) — to recite the concluding blessing after bread (bircas hamozon in Hebrew)
bircas hanehenin — blessing made on food, beverage, and fragrance
bircas hamitzvos — blessings made prior to preforming a mitzvah
borei menei mezonos — blessing for cake and grain (mezonos) products

borei nefoshos — concluding blessing made after certain foods and beverages
borei pri hagofen — blessing for wine or grape juice
borei pri hoadoma — blessing made for vegetables and fruits that grow in or on the ground
borei pri hoetz — blessing made for fruits that grow on trees
bris milah — circumcision
brocha arucha — long brocha
brocha sheaina tzricha — a blessing that is not necessary
brocha l'vatolah — blessing made in vain
brocha achrona — concluding blessing after food or beverage
brocha rishona — initial blessing before food or beverage
brocha — blessing
brochos — blessings
brochos aruchos — long brochos
chashivus — importance
chazal — Hebrew anacronym refering to sages (of the Talmudic era) of blessed memory
chazon — cantor
cholent — a stew normally containing barley, beans, potatoes and meat served at the Shabbos morning meal
choshuv — important
choson — bridegroom
cooked — (e.g., farina, noodles)
d'oraisa — according to Torah law
d'rabbonon — according to Rabbinic law enacted by sages of the Talmudic era
daven — pray
divrei — Torah Torah discussion
Dovid Hamelech — King David
eiruv — (colloquial usage) an area so enclosed so as to permit carrying on Shabbos
eretz yisrael — the land of Israel
erev — eve of
farfel — egg barley
gemorah — Aramaic word for the Talmud
gerim — prosteytes
gorem brocha sheaina tzricha — causing an unnecessary brocha to be made
halacha — law
halachic — pertaining to the law
halachos — laws
hamotzi — blessing made on bread
haposkim — the legal authorities
hashem — the Name (of G-d)
havdalah — blessings recited at Sabbath's end
hazon — the first brocha of bentching
hefsek — break or interruption

hefsekim — breaks or interruptions
hesech hadaas — lapse of mind, (loss of concentration on the matter at hand)
hilchos — the laws of
ikar — primary (food)
ikul — hallachic term for digestion
issur — prohibition
k'dei achilas praas — amount of time to eat half of a loaf (slightly more than three minutes according to many Poskim k'dei shtiyas reviis amount of time to drink a reviis (see p.249)
k'zayis — size of an olive (volume approx. one cubic oz. see p. 246)
k'zaysim — more than one k'zayis
kallah — bride
karpas — vegetable or herb used for Passover seder
kavonah — concentration
kedusha — prayer
kiddush — benediction on wine on Sabbath and Holidays
l'chatchilla — initially (the best way)
lechem mishneh — two whole loaves of bread for Sabbath meals
m'ayn sholosh — brocha achrona which resembles the three brochos of bentching
m'lo lugmov — a cheek-full
machlokes — difference of opinion
machmir — a stringent view
maris ayin — prohibition because of appearance of wrong doing
mayim achronim — water for washing hands at end of meal
melavah malka — meal after conclusion of Shabbos
mezonos — grain products (wheat, barley, spelt, oat or rye) which are baked (e.g., cakes crackers), fried (e.g., midioraisa from Torah law
midirabonon — from Rabbinic law (Talmudic era)
minhag — custom
mitzvohs — Torah or Rabbinic commandments
morror — bitter herbs for Passover seder
motzi — discharge another person from his obligation to make a blessing
n'tilas yodahyim — washing the hands before the meal
nodeh — the second brocha of bentching
pas haboh b'kisnin — baked goods (which are not commonly used as mainstay of the meal and do not have bread-like pesach Passover
poskim — legal authorities
posuk — a verse from the Torah
r'tzei — a paragraph added to bentching on Shabbos
racheim — the third brocha of bentching
reviis — measurement of fluid volume (approx. 3 oz. see p.248)
rishonim — early Rabbinic authorities of the post-Gaonic era (approx.11-16 century)
sefer — book
seforim — books

seuda — meal
sh'ma — Hear O' Israel statement of G-d's unity
shehakol — initial blessing for many foods and beverages
sheva brochos — seven blessings said at the meal for bride and groom during the week after their marriage
shir hamaalos — a Psalm said before the blessing after the meal
shiur — specific amount
shiur k'veyas seuda — an amount suitable for a meal
Shlomo Hamelech — King Soloman
shmoneh esrei — "Eighteen" blessings the main prayer of the prayer services (Amidah)
shul — synagogue
shulchan aruch — name of the Code of Jewish law
siddur — prayer book
simcha — celebration
sofek brochos l'hokel — doubtful if blessing should be made, adopt a lenient view (see p. 236)
sofek — doubt
taaruvos — mixture
tefach — handbreath (measurement of length, approx. four inches)
tehillim — Psalms
tofel — subordinate (food)
turisa d'nahama — bread like properties and appearance
yaaleh v'yavo — a paragraph added to bentching on Holidays
Yehoshua — Joshua
Yerusholayim — Jerusalem
yiras shomayim — fear of (G-d) Heaven
yotzei — discharged from one's obligation
zimun — the obligation of benching together
ztz"l — of sainted memory

Index

Index

absolute tofel, definition 55
activity, reciting brocha
while engaged in 36
additional items; also see
subsequent items
airport with regard to
change of location 149
al hagefen (also see m'ayn shalosh) 252, 345-372
- al hamichya recited instead 251
- ate mezonos and wine forgot al hagefen 365-366
- beverages covered by 355
- bircas hamozon recited instead 252
- combining with al hoetz and al hamichya 352
- meaning of 349
- recited al hagefen instead of borei nefoshos 385
- recited Eretz Yisroel text for non Eretz Yisroel wine 352
- should have said al hagefen, bentched 327, 361
- should have said al hagefen, said al hamichya 361
- should have said al hagefen, said al hoetz 361
- should have said al hagefen, said borei nefoshos 361, 387
- text for wine of Eretz Yisroel 350-351

al hamichya (also see m'ayn shalosh) 251, 345-372
- ate mezonos and grapes forgot al hamichya 365-366
- ate mezonos and wine forgot al hamichya 365-366
- ate passover cake (potato starch), said al hamichya 384

al hamichya (con't):
- bentched for mezonos 327
- foods covered by 352
- meaning of 349
- mistakenly said for rice 384, 519
- recited al hamichya instead of borei nefoshos 385
- recited bircas hamozon instead 251
- recited instead of al hagefen 252
- recites bircas hamozon instead 251
- should be combined with al hagefen, and al hoetz 352
- should have said al hamichya, said al hagefen 360
- should have said al hamichya, said borei nefoshos 360, 387
- should have said borei nefoshos, said al hamichya 384

al hanisim in bentching 320-321, 515

al hoetz (also see m'ayn shalosh) 252, 345-372
- ate mezonos and grapes forgot al hoetz 365-366
- foods covered by 356-357
- for fruit grown in Eretz Yisroel 350-351
- for fruits not of seven species 357
- meaning of 349
- recited al hoetz for fruits not of seven species 357, 386
- recited al hoetz for vegetable 357, 386
- recited al hoetz instead of borei nefoshos 385
- recited Eretz Yisroel text for non Eretz Yisroel fruit 352
- recited on ordinary fruit 386
- should have said al hagefen, said al hoetz 361

al hoetz (con't):
- should have said al hamichya, said al hoetz 360
- should have said al hoetz, bentched 362
- should have said al hoetz, said al hamichya 362
- should have said al hoetz, said al hagefen 362
- should have said al hoetz, said borei nefoshos 362, 387
- should have said borei nefoshos, said al hoetz 385

ale 450
alfalfa or bean sprouts 456, 419
almonds, eaten raw 401
almonds, sugar coated 418
amain, interrupt bentching to answer 314
amain, reason for saying in middle of bentching 303
amount of food; see shiur
amount of wine needed to exempt 101
animal shaped cereals 529
answering amein while making a brocha 43
apartment, going to another while eating 139
appetizers eaten before meal, brocha achrona for 334
appetizers eaten during a meal 91
apple compote 409
apple juice 430
apple juice, mistakenly said borei pri hoetz on 431
apple sauce 409
apple sauce to enhance potato latkes 58
apple wine 446
apricot nectar 429
ate cake before meal - brocha achrona requirement 328, 336, 337
ate food to offset taste of whiskey 55
ate in one place, wants to bentch in another 288-292
ate mezonos before meal - brocha achrona requirement 329, 337
ate snack before meal - brocha achrona requirement 327-331
ate; also see eat, eats
audibly, brocha must be recited 34
b'rov am hadras melech 191
baby food 408
backyard; see yard
bagel or pita chips 468
bagels 467
baked goods, classifying 260
baked products such as cake 480
banana, mashed 406
banana plant 393
bar mitzvah reception, brocha achrona after 342
barley 64
barley, cooked 482
barley kernels, brocha achrona for 251
bathing suit, bentching while wearing 312
bathing suit, brocha while wearing 24
bathrobe, bentching while wearing 311
bathroom, making brocha adjacent to open door of 20
bean sprouts 419
beans, soya 415
beans, uncooked 199
bed, making brocha in 23
beer 66, 353, 379, 450, 456, 506
beer, brocha achrona for 251
beet borscht 438
beet, raw 420
beets, raw 199
before meal snack, brocha achrona for 327-331

being motzi others 183-196
- after eating afikomen 187
- both must have intent 187
- brocha achrona 189
- cases one should 191-196
- child being motzi 196
- didn't say amein 189
- for a mitzvah 193
- for kiddush or havdalah 193
- its rationale 184
- lechem mishna 193
- listener unable to recite brocha 194
- men being motzi women 195
- minhag not to 190
- not eating at same table 188
- reciter not eating 186
- reciter omitted words 184
- reciter spoke in middle 185

being motzi others (con't)
- reciters brocha invalid 185
- requirements necessary 186
- via telephone 184
- who may do so 195
- women being motzi others 195

bentch, said "let us bentch" eating after 127
bentch - see bentching
bentched, does not remember if 258
bentching (also see bircas hamozon) 279-343
- at another location e.g., sheva brochos 290
- ate k'zayis and regurgitated 282
- ate less than k'zayis of bread 282, 330
- b'mzumon 314
- begin immediately after washing mayim achronim 306-307
- being respectfully dressed while 311
- bentched instead of reciting borei nefoshos 386
- bentched standing or walking 308
- brocha for host to be recited out loud 305
- child crying or disturbing 309
- child forgot if he bentched 296
- communicating with others while 309-310,312-315
- engage in other activity while 310
- exceeded minimum time span for eating k'zayis 284
- family to recite brocha for host 305
- foods covered by 325-343
- foods not covered by 328-331
- forgot r'tzei after "shalosh seudos" 318, 512
- forgot to say al hanisim on Chanuka and Purim 320, 514
- forgot to say r'tzei on Shabbos 317, 512
- *forgot to say yaaleh v'yavo:*
  on Chol Hamoed 319, 513
  on Rosh Chodesh 319, 513
  on Yom Tov 317, 513
- forgot whether or not he bentched 293
- gesturing while 309
- if need to go to the bathroom 281,316

bentching (con't)
- in bathing suit 312
- in doubt if obligated to 292-296
- in pajamas, nightgown, or bathrobe 311
- in place other than where he ate 288-292
- in the presence of diapers 280
- in the presence of improperly clad persons 281, 316
- in the presence of odors 280, 291
- interrupt recital to answer amain 314
- interrupt recital to answer kaddish or kedusha 313
- left the place where he ate 291
- meaning of first three brochos 302
- minhag to recite horachamon text 304
- mistake in - also see mistake
- mistakenly bentched for mezonos 327
- mistakenly bentched for wine 327
- motzi others 298-299
- not sure if he ate a k'zayis 294
- obligation to recite three themes 302
- omission of words in 305
- omitted r'tzei, caught error before finishing 509
- omitted yaaleh v'yavo, caught error before finishing 509
- pass a platter or remove tie while 310
- pausing during 315-316
- place not suitable for 290
- place of 288-292
- prepared to and then changed mind 125
- prerequisites for 280
- reason for saying amain in middle of 303
- recited r'tzei or yaaleh v'yavo at weekday meal 324
- recited yaaleh v'yavo before r'tzei 319
- requirement of children to 287, 296
- requirement of cohanim/leviim to 287
- requirement of gerim to 287
- requirement of women to 286, 295
- requirement to bentch when not satiated 284, 294
- requirement to bentch where he ate 288-292

bentching (con't):
- requirement to sit 308
- Rosh Chodesh 318-323, 513
- Rosh Chodesh meal ended after nightfall 322, 323
- Rosh Chodesh starts on a Motzi Shabbos 322
- Shabbos and Yom Tov 316-324, 509-516
- Shabbos or Yom Tov meal ended after nightfall 322
- should use siddur for 309
- snap fingers while 309
- speak in front of one who is 310
- speaking after lifting cup of wine 306
- speaking after washing mayim achronim 306-307
- speaking during 312-315
- special brocha for host 304
- suggestions for bypassing uncertainty 296
- unsure if he ate a k'zayis of bread 294
- wearing hat and jacket for 308
- while reciting realized was not obligated 293
- who composed text 302, 303
- who may be motzi others 298
- wine served for 105
- with proper kavonah 307-310
- woman forgot to say r'tzei or yaaleh v'yavo 321
- woman forgot whether or not she bentched 293

beverage taken with medicine 201
beverages before meal, brocha achrona requirements for 338, 339
beverages covered by al hagefen 355
beverages other than wine 450-451
beverages requiring borei nefoshos 378-382
beverages uncertain whether covered by brocha on wine 242
beverages, regard to brocha achrona 248
binding agent 67
bircas hamozon 250
bircas hamozon recited instead of al hagefen 252
bircas hamozon recited instead of al hamichya 251
bircas hamozon - see bentching
blackberry brandy 447
blintzes 494
blintzes and sour cream 58
blintzes, eat a shiur seuda of 494
blintzes eaten during a meal 88
blueberry plant 393
borei menei mezonos on non-mezonos foods 227
borei menei mezonos - see mezonos

borei nefoshos 253, 373-390
- ate shiur of solid & shiur of liquid 379
- beverages covered by 378-382
- bypassing uncertainty in 389-390
- does not know if ate shiur 388
- does not know if exceeded time limit 388
- doubts 388-390
- foods covered by 377-384
- forgot if he made 388
- hot drinks 379-380
- ices, ice cream 380-381
- meaning of the brocha 376
- minimum shiur 374,388
- mistakes 384-387
- obligation 374-375
- origin of 374
- place where he ate 375
- said bircas hamozon instead 386
- soups 381-382
- suggestions for bypassing uncertainty 389
- time limit 375,389
- was recited instead of bentching 387
- yogurt, leben 381

borei pri hagofen (see individual wines listed) 443-451
- for diluted grape juice 448
- for diluted wine 447
- for wine and seltzer mixture 447
- on beverages other than wine 228
- see wine exempts

borei pri hoadoma (also see individual foods listed) 391-441
- classifying plant vs. tree 393, 422-424
- for mashed vegetables, 402-405
- listing of vegetables, (also see food index) 396

borei pri hoadoma (con't):
- made on fruit 226
- mistakenly said for bread 464
- mistakenly said for corn flour product 411
- mistakenly said for fruit of a tree 395
- mistakenly said for potato flour product 410
- mistakenly said for prune juice, 430
- mistakenly said for pureed vegetables 410
- mistakenly said for rice 519
- mistakenly said for sugar 416
- mistakenly said for tomato juice 429
- on foods other than vegetables 229
- vegetable normally eaten cooked, if eaten raw 397-401, 456
- vegetable normally eaten raw, if eaten cooked 397-401, 456

borei pri hoetz (also see individual food items, fruit) 391-441
- classifying plant vs. tree 393, 422-424
- for edible pits 411
- for fruit from bushes 392
- for fruit from cactus 392
- for fruit from vine 392
- for fruit peels 416
- for mashed fruit 402-405
- fruit normally eaten cooked, if eaten raw 397-401, 456
- fruit normally eaten raw, if eaten cooked 397-401, 456
- listing of fruits, (also see food index) 396
- made on vegetable 225
- mistakenly said for apple juice 431
- mistakenly said for bread 464
- mistakenly said for chocolate 416
- mistakenly said for juice 428
- mistakenly said for prune juice, 430
- mistakenly said for pureed fruit 410
- mistakenly said for vegetable 395
- on foods other than fruit 229
- recited on fruit of plant 395

borekas 494

borekas, eat a shiur seuda of 494

boruch shaim k'vod malchuso l'olom voed 231

bran flake cereals 531

bran muffins 502

brandy 447

bread (also see hamotzi) 459 -477
- amount required for bentching 282
- cooked 486
- crumbs 471
- crumbs; also see matzo meal, flour, mezonos
- deep fried 469
- dipped in salt after hamotzi 460
- eaten as tofel 57
- eaten solely to exempt any other foods 97
- exempts, principle that 82
- for lechem mishna 461
- how to hold when making hamotzi 461
- how to slice after making hamotzi 461
- less than a k'zayis eaten 96
- minimum required for n'tilas yodahyim 462
- mistakenly said borei menei mezonos on 464
- mistakenly said borei pri hagofen on 464
- mistakenly said borei pri hoadoma on 464
- mistakenly said borei pri hoetz on 464
- mistakenly said shehakol on 464
- pan fried 470
- part to use for hamotzi 461
- products 259
- products classified as 464
- products made from 468
- regarding change of location 149-151
- sticks 468
- stuffing 475
- whole for hamotzi 460

bread family products - pas haboh b'kisnin 483-506
- ate large volume and was satiated 486, 488
- ate large volume for a snack 486
- ate less than shiur, changed mind and ate more than shiur 492
- ate small amount but was satiated 488

bread family products (con't)
- eating a large volume of 485-492
- eats cake instead of bread at meal 491
- eats crackers at a meal 492
- minimum amount considered shiur 487
- pas haboh b'kisnin 483-506
- planned to eat shiur, ate less than shiur 492
- products classified as 483-485
- shiur for older persons and teenagers 487
- shiur k'veyas seuda 486-492
- shiur when eaten with other foods 490
- treated halachically as bread 485-492
- turisa d'nahama (definition of) 481
- what to do when eating large volume of 488

breakfast cereals 77
breakfast cereals - see cereals
broccoli, eaten raw 400

brocha achrona (also see borei nefoshos, m'ayn shalosh)
- after kiddush in shul 341
- after smorgasbord or reception 341
- al hagefen 252
- al hamichya 251
- al hoetz 252
- borei nefoshos 253
- changes mind after making 124
- doubtful situations 258
- for appetizer before a meal 334
- for cake 256
- for cake, crackers eaten before a meal 331, 336
- for dates 356-367
- for figs 356-367
- for foods eaten before a meal 325-343
- for fruits of seven species 356-367
- for grapes 356-367
- for ice cream cake 504
- for ikar and tofel 254
- for ikar and tofel 77
- for kiddush before a meal 331, 340-343

brocha achrona (con't)
- for liquids 248
- for mezonos - see al hamichya and m'ayn shalosh
- for mixtures 254
- for mixtures containing mezonos 255
- for olives 356-367
- for pomegranates 356-367
- for raisins 356-367
- for solids 245
- for wine before a meal 331, 332, 334
- for wine - see al hagefen and m'ayn shalosh
- gorem brocha sheaina tzricha 211
- half k'zayis bread and half k'zayis borei nefoshos food 463
- in middle of meal 216
- made by mistake 124
- prepared to and then changed mind 125
- prerequisites for 257
- priority of 258
- requirements for foods eaten before a meal 325-343
- rules of 245-258
- started without bread, changed mind and washed 343
- types of 250-254
- water taken to make 202
- with regard to being motzi others 189
- with regard to beverages 248
- with regard to change of location 152
- with regard to cheesecake 257
- with regard to hot beverages 250
- with regard to pie filling 257
- with regard to priority of brochos 179
- with regard to shiur 245
- with regard to whole item 245
- meal to exempt foods which will be eaten in meal 333

brocha
- being motzi others; see being motzi others
- categories of importance 166
- can't determine correct 234
- cannot remember if made 237, 241
- doubtful suggestions to bypass 238-240

brocha (con't):
- for numerous items 109
- in one place eat in another; see change of location
- in questionable situations rules 234
- in vain; see brocha l'vatolah
- just to be sure 212
- l'vatolah (brocha in vain) 209-218
- l'vatolah definition of 209
- l'vatolah to teach children 213
- l'vatolah; also see unnecessary brocha
- made on apple, wants grapes 112
- made on choshuv and non-choshuv items 112
- made on non-choshuv, wants to eat choshuv 112
- made with wrong item in mind 221
- mistakenly recited wrong ending 221, 223
- mistakes in 219
- must be enunciated clearly 35
- must be recited audibly 34
- not required for non-kosher food 205
- not required for prohibited food 204
- not required for stolen food 204
- not required for tasting 203
- omitted word 220
- on food covered by previous brocha 211
- on tofel 75, 212
- one hundred daily requirement of 216
- order of; see priority of brochos
- preparing to make 30
- prerequisites for 7-27
- priority of 165-182
- questionable situations 233-243
- riding while reciting 38
- sheaina tzricha; see unnecessary brocha
- standing while reciting 37
- uncertain if still valid 241
- uncertain if valid in present location 243
- unnecessary; see unnecessary brocha
- valid for subsequent items 109
- walking while reciting 38
- what to do after making invalid 231
- when not required 197-207

broth 432
brussels sprouts 419
buckwheat kernels 420
buckwheat kernels; see kasha
building, leaving while eating 139
burnt food 200
burnt or moldy food 457
burnt toast 457
bush, fruit from 392
bush, fruit from low 392
business discussions in middle of meal 130
bypassing an uncertainty - see suggestion
cab, eats while waiting for 148
cabbage and noodles 353
cabbage soup 438
cactus, fruit from 392
cake (also see bread family products) 502
- also see mezonos
- ate large amount 261
- ate large volume for a snack 486
- bran muffins 502
- brocha achrona for 256
- brocha achrona for ice cream cake 504
- carrot cake 502
- cheese 79
- corn muffins 502
- dipped into whiskey 69
- doughnuts 497
- eat a shiur seuda of 502
- eaten before a meal, brocha achrona for 331, 336
- eaten during a meal 88, 95, 262
- eating a large volume of 488
- eats cake instead of bread at meal 491
- filled 261
- for breakfast 484
- ice cream 503
- kovaya seuda on 261
- made from matzoh meal 502
- mainstay of meal 261
- muffins 502
- pas haboh b'kisnin 261
- passover cake from potato starch 405
- passover cakes 502
- pie 504
- pies eaten during a meal 95, 262
- strudel 504

cake (con't):
- sweet croissants 468
- sweet roll and sweet bagel 465
- wafers 484
- what to do when eating large volume of 488
- zucchini cake 502

can not remember - see forgot
candied fruit peels 416
candied orange peels 416
candy 455
candy bar from sesame seeds 414
candy, changed location while in mouth 135
candy, chocolate nut 417
candy eaten during a meal 87
car with regard to change of location 147, 148
carrot cake 502
carrot juice 431
carrots, mashed 406
cereal and milk 72
cereals 77, 523-533
- animal shapes 529
- bran flakes 531
- Cheerios 528
- cooked 532-533
- corn flakes 524
- Corn Chex 528
- Farina 532-533
- granola 531
- hot 532-533
- multi grain 530
- puffed grains 526
- puffed rice 527
- puffed wheat 527
- rice flakes 526
- Rice Chex 528
- Rice Krispies 526
- rippled flake 527
- shapes, alphabets 527
- shredded wheat 531
- Sugar Crisp 526
- wheat flakes 525
- Wheat Chex 528

challah and bread puddings 474
challah sweet - see sweet challah
champagne 446
change location, had specific intent to 134
change of location 133-154
- after eating bread or mezonos 151
- after eating fruit of seven species 151
- apartment to apartment 139
- eating in cab 149
- exceptions 135-138
- house to car 147
- house to succah 139, 144
- house to yard 139
- leaving a yard 140
- leaving building 139
- leaving to perform a mitzvah 153
- left for a few moments 136
- one side of ballroom to another 142
- park 143
- room to room 142
- second place within sight of first 141
- to go to sheva brochos 154
- traveler 147-149
- waiting for cab 148
- walkway or street between 142
- what is considered a 138
- what is not considered 142
- with regard to brocha achrona 152
- yard enclosed by eruv 143

change of mind eating after 123-132
change of mind; also see hesech hadaas
change of place; see change of location
changed location left friend at table 145
changed location, took the food along 134
changed location with food in mouth 135
Chanuka, forgot to say al hanisim in
bentching 320, 514
Cheerios cereal 528
cheese 454
cheese and crackers 60
cheese cake 79
cheesecake, brocha achrona for 257
cherry brandy 447
cherry jelly 404
cherry wine 446
chestnuts, not roasted 398
chewing gum 455
chewing gum changed location while 135
chicken chow mein 62
chicken cutlets, vegetarian 414
chicken soup, borei nefoshos for 381-382

chicken soup with carrots celery 439
chicken soup; see soup
child
- being motzi others 196, 299
- crying or disturbing bentching 309
- forgot if he bentched 296
- parents teaching to bentch 288
- requirement to bentch 287, 296

chinese noodles 482
chips, corn 410
chips, potato 407
chocolate 415
- mistakenly said borei pri hoetz on 416
- nut candy 417

choking, drank water to relieve 202
Chol Hamoed, forgot to say yaaleh v'yavo in bentching 317, 513
cholent 63, 65, 66, 80
cholent kugel, cholent with kishka 80
chopped fruit or vegetables 402-405
chremzil 474
classifying plant vs. tree 393, 422-424
classifying tree vs. vegetable plant with regard to brochos 393
clear chicken or meat broth 439
coating agent 67
cocoa 450
coconut milk 451
coffee 380, 450, 456
- borei nefoshos for 380
- brocha achrona for 250
- doughnut dipped into 69, 73
- or tea during a meal 85

combination; also see mixtures
communicating with other people while bentching 309-310, 312-315
compote, apple 409
compote, fruit 409 dehydrated apple snacks 409
cone, ice cream 61
cooked barley 482
cooked bread 486
cooked cereals 482, 532-533
cooked fruit - see fruit normally eaten cooked
cooked mezonos products such as noodles, oatmeal 480
corn bread 467
corn cereal - see cereal
corn chips 410
corn chips, recited borei pri hoadoma on 411
corn flakes 524
corn muffins 502
corn, popped 409
corn soup 439
Corn Chex cereal 528
cornstarch 405
correct pronunciation of Hashem's name 35
cottage cheese and fruit 59, 70
cough drops 200
cough medicine 200
coughing, drank water to relieve 202
cracker with cream cheese 58
crackers and cheese 60
crackers and tuna 60, 74
crackers eaten before a meal, brocha achrona for 331, 336
cranberry juice 428
cranberry juice from concentrate 428
cranberry plant 394
cream 454
cream cheese eaten with cracker 58
cream of potato soup (vichyssoise) 434
creamed spinach 408
crisp rice cereal 526
croissants 468
custom; see minhag
dairy products 454
danish, brocha on fruit removed from 76
dates (also see seven species) 356-357
- brocha achrona for 252, 356-367

davening in middle of meal 131, 153
davening in the presence of unclad persons 8
deep fried bread 469
definite pas haboh b'kisnin 336, 337
definition of a tree with regard to brochos 392
definition of absolute tofel 55
delay after eating; see shiur ikul
delay after making a brocha 47
delay in the middle of a brocha 49
dessert, fruit eaten as 86
dessert-type foods during a meal 86

diapers - bentching in the presence of 280
diapers, brocha in presence of 20
diced onion in stew 68
diet, resolved to eat specific amount 129
diet, water intake for 202
different foods in mixtures 61
digestion; see shiur ikul
diluted grape juice 448
dining; also see eating
dinner guests not adequately clad 24
dirty hands while making brocha 21
disrupting someone who is bentching 310
does not remember - see forgot
doubtful situations gorem brocha sheaina tzricha to resolve 217-218
doubtful situations of bentching 293-296
doubtful situations suggestions to bypass 238-240
doubtful whether food covered by hamotzi 242
doubtful whether previous brocha still valid 241
doubts in a brocha 233-243
doughnut dipped into liquid 69, 73
doughnuts 482, 497
doughnuts, eat a shiur seuda of 497
dress code for bentching 311
drinking or eating throughout the day 162
drinks; see beverage
eating after mayim achronim 126
eating after preparing for brocha achrona 125
eating after preparing to bench 125
eating immediately after making a brocha 48
eating or drinking throughout the day 162
eating right before a meal 215
eating session; also see meal
eating while walking 147
eating with others changed location 145-147
eats bread family products in place of bread 490
eats cake to counteract whiskey 57
eats food to stimulate appetite for another 55
eating one food to offset taste of another 55
edible pits 411
egg farfel 482
egg matzoh 501
egg matzoh, eat a shiur seuda of 501
egg products 378
egg rolls 495
egg rolls, eat a shiur seuda of 495
eggplant 234
eggplant, mashed 406
eggs 454
eggs, uncooked 199
enhance, food eaten to 58
enhance, mezonos eaten to 60
enunciated clearly, brocha must be 35
Eretz Yisroel - products of 350-352
error - see mistake
Farina cereal 482, 532-533
fast day, food eaten on 206
female - see woman, women
female singer, brocha while listening to 26
figs; also see seven species
figs, brocha achrona for 253, 356-357
first bite of item which brocha was made 38
fish 454
fish, fried, batter dipped 78
fish, raw 199
flour (also see mezonos)
- added to give flavor or sustenance 66
- used as a binding or a thickening agent 67
- used as coating agent 67
- used to prevent food from sticking 67
- vegetable 405
food
- acrid tasting 200
- amount of; see shiur
- brought after brocha was made 32
- brought from neighbor during a meal 98
- burnt 200
- combinations; see mixtures, ikar and tofel
- covered by al hamichya 352
- covered by al hamichya 353-355
- covered by al hoetz 356-357
- covered by bentching 325-343
- covered by borei nefoshos 377-384

food (con't)
- covered by hamotzi 83
- eaten before a meal, brocha achrona requirements for 325-343
- eaten before meal, forgot to make brocha achrona for 327-331
- eaten during a meal, general rules regarding 96
- eaten for medicinal purposes 200
- eaten on fast day 206
- eaten right before a meal 215
- eaten to enhance other foods 58
- eaten to stimulate appetite; see appetizers
- exempt by bircas hamozon 250
- exempt by hamotzi; see (individual foods) eaten during a meal e.g., cake
- from freezer during a meal 98
- in mouth while making brocha 20
- inedible 198
- kashrus questionable 205
- mixtures; see mixtures
- non-kosher 205
- not covered by bentching 328-331
- not palatable 198
- not pleasurable to eat 198
- prohibited or stolen 204
- spoiled 200
- strained, pureed 403
- taken with medicine 201
- tasted to sample 203
- which is burnt or moldy 457
- which requires m'ayn shalosh brocha 353-357

forgot
- al hanisim, caught error before finishing 514
- if he made borei nefoshos 388
- if he said m'ayn shalosh 367
- r'tzei, caught the error before finishing 509
- to bentch 291-293, 295-296
- to bentch where he ate 291
- to make brocha food still in mouth 224
- to make brocha food swallowed 225
- to say al hanisim on Chanuka and Purim 320, 514

forgot (con't):
- to say r'tzei after "shalosh seudos" meal 318, 512
- to say r'tzei after seudah 317, 512
- to say yaaleh v'yavo after Chol Hamoed meal 319, 513
- to say yaaleh v'yavo after Rosh Chodesh meal 319, 513
- to say yaaleh v'yavo after Yom Tov meal 317, 512
- whether he made brocha 237, 241
- whether or not he bentched 293
- whether or not she bentched 293
- yaaleh v'yavo, caught error before finishing 509

french toast 470, 471, 476, 477
Friday night meal, did not eat 317
fried egg on rice cake 70
fried fish 78
fried mezonos 482
fried onion rings 79
frozen ices - see ices

fruit
- and chicken during a meal 95
- and cottage cheese 59, 70
- brocha achrona for 253
- cocktail 62
- cocktail eaten as appetizer 92
- compote 409
- eaten as a main course 88
- eaten during a meal 86
- eaten with bread during a meal 91
- eaten with fruits of seven species, brocha achrona for 356-367
- flavored grape wines 446
- ground or chopped 402-405
- juices 426-432
- juices from concentrate 428
- listing of (also see food index) 396
- mashed 402-405
- mashed, chopped or ground 402
- nectars 429
- normally eaten cooked, if eaten raw 397-401, 456
- normally eaten raw, if eaten cooked 397-401, 456
- of seven species; see seven species
- peels 416

fruit (con't):
- peels, candied 416
- platter during a meal 89, 90
- soup 437
- soup eaten during a meal 91
- topping to enhance ice cream 58
- undeveloped or unripe 421

garbage, making a brocha in the presence of 20
garlic bread 467
gefilte fish with horseradish 59
general rules regarding foods eaten during a meal 96
gesturing, reciting brocha while 37, 46, 49
gesturing while bentching 309
gorem brocha sheaina tzricha 210, 213-218
gorem brocha sheaina tzricha to resolve doubtful situation 217-218
goulash 68
grain beverages, beer 506
grain products - mixtures 353-354
granola 483, 505
granola cereals 531
grape juice 445
grape juice; also see wine
grape juice, diluted 448
grapefruit eaten as appetizer 92
grapefruit juice 428
grapefruit juice from concentrate 428
grapes; also see seven species 356-357
grapes and other fruit 112, 168, 357
grapes, brocha achrona for 253, 356-357
ground fruit or vegetables 402-405
ground soya 414
ground spices 404
guava nectar 429
guest, with regard to specific intent 120
guests, wine exempts with regard to 104
guests, with regard to hesech hadaas 131
hagofen; also see borei pri hagofen
halachic definition of nakedness with regard to men 8
halachic definition of nakedness with regard to women 13
half k'zayis borei nefoshos, half k'zayis m'ayn shalosh 382
half k'zayis grapes, half k'zayis mezonos, brocha achrona for 382
half k'zayis m'ayn shalosh, half k'zayis borei nefoshos 382
half shiur of solid, half shiur of liquid 379
halvah 415
hamotzi (also see bread) 459 -477
- amount of bread which should be eaten 462
- before making brocha 460
- classifying bread 464
- enunciating 461
- foods covered by 83
- how to hold bread 461
- how to slice bread 461
- minimum required for 462
- on food other than bread 226
- on Shabbos 461
- on whole loaf or roll 460
- part of bread to be used 461
- requirement 461
- salt on table before brocha 460
- uncertain whether food covered by 242

hand, item in before making brocha 31
harsh taste, ate something to offset 55
Hashem's name, correct pronunciation of 35
Hashem's name, proper kavonah of 33
hat and jacket for bentching 308
havdalah wine regarding exempting other beverages 107
hefsek while making a brocha 41
hefsekim 41
herbal teas 200
hesech hadaas (also see change of mind) 123-132
- with regard to guests 131
- with regard to husband 132

hesitate - see pause
honey 456
honey wine 446
horachamon text in bentching 304
hors-devours 462
horseradish to enhance gefilte fish 59
host (also see guest)
- brocha for when host not present 305
- paying for meal not required to recite brocha for 305
- requirement of family members to recite brocha for 305

host (con't):
- special brocha in bentching for 304
- wine exempts with regard to 104
hot cereals 532-533
hot dogs, vegetarian 414
hot drinks - borei nefoshos 379-380
husband with regard to hesech hadaas 132
hydroponically grown produce 456
hydroponically grown vegetables 418
ice cream, borei nefoshos for 381
ice cream cake 503
ice cream cone 61
ice cream, ices, sherbet, during meal 87
ice cream sandwiches 72
ice cream with fruit topping 58
ices, borei nefoshos for 380
ikar and tofel (also see mixtures, ikar, tofel)
- brocha achrona for 77
- rules of 74
- with regard to brocha achrona 254
- with regard to mixtures 61
ikar; also see tofel
ikar, determining which ingredient of mixture is 64
ikul; see shiur ikul
illness brocha on non-kosher food 205
improperly clad persons - bentching in presence of 281
in doubt whether or not must bentch 292
inadequately clad women seen through window 27
incorrectly pronounced word of brocha 35
ingredients; also see mixtures
instant potatoes 407
instant soup 435
intent to eat additional items, did not have when making brocha 115
intention; also see specific intention
interruption while making a brocha 41
intoxicated, brocha while 22
invalid brocha made what to do 231
jacket and hat for bentching 308
jelly, strawberry or cherry 404
juice 426-432
juice from concentrate 428
juice from concentrate, mistakenly said borei pri hoetz or hoadoma on 429
juice mistakenly recited borei pri hoetz or hoadoma on 428
juice or syrup served in dish with the fruit 431
k'dei achilas praas 283
k'dei shtiyas reviis 249
k'zayis 246
- ate bread less than a 96, 282
- within k'dei achilas praas 97, 247, 283
ka'ak (hard oriental bagel) 468
kaddish or kedusha, interrupt bentching for 313
kasha 354, 378, 420
kasha, brocha achrona for 251
kashrus of food questionable 205
kavonah in bentching 307-310
kavonah of Hashem's name 33
kavonah, reciting a brocha without 33
kiddush, brocha achrona recited for 331, 340-343
kiddush exempts; see wine exempts
kiddush in shul or friends house, brocha achrona after 341
kishka in cholent 80
kiwi vine 394
knishes 79, 494
knishes, eat a shiur seuda of 494
kosher kool aid 451
kovaya seuda on cake 261
kreplach 496
kreplach, lasagna, ravioli - eat a shiur seuda of 496
kreplach with soup 73
kugel, potato 407
kugel, vegetable 408
languages, recited brocha in other 35
lasagna 496
latkes
- matzo meal added to 67
- matzoh meal 474
- potato 407
- spinach 408
- vegetable 408
leaving a building while eating 139
leben , borei nefoshos for 381
lechem mishna 170
lechem mishneh requirement 461
left while eating; see change of location

length of time a brocha is effective (also see shiur ikul) 155-164
liquid
- and solid mixtures 69
- brocha achrona for 248
- doughnut dipped into 69, 73
- made of mezonos grains 66

listening to someone's brocha; see being motzi others
listing of fruits, (also see food index) 396
listing of vegetables, (also see food index) 396
location, change of 133-154
location for bentching 288-292
low bushes, fruit from 392
luckshen kuggel - see noodle kuggel
m'ayn shalosh 251, 345-372
- addition for Shabbos, Yom Tov, Rosh Chodesh 350
- ate less than a k'zayis 347, 354
- being motzi someone 371
- brocha, foods which require a 352-357
- bypassing uncertainty in 369-372
- combine al hamichya, al hagefen, and al hoetz 352
- combined brocha order 352
- does not know if ate shiur 368
- does not know if exceeded time limit 368
- does not know if required 368
- elements incorporated in brocha 349
- for mixtures containing grain products 353-354
- for products grown in Eretz Yisroel 350-352
- forgot if he said 367
- half k'zayis grapes, half k'zayis mezonos 382
- left the place where food was eaten 347
- mistakes 357-366
- obligation 346
- omitted a word or phrase 363-364
- recite in place where food was eaten 347
- recite while sitting 348
- recited while standing or walking 348
- suggestions for bypassing

m'ayn shalosh (con't)
uncertainty 389
- time limit 347
- where making brocha is questionable 367
- woman motzi man 371

m'lo lugmov 102
macaroni 482, 496
made a brocha with head uncovered 17
made brocha, then food was brought 32
making brocha
- adjacent to bathroom door 20
- after drinking alcoholic beverage 22
- after hands became soiled 21
- after having scratched head 21
- after having touched body 21
- after having touched dirt from nose or ears 22
- after touching substance with ruach ro'oh 21
- in bed 23
- in office or place of business 24
- in pajamas or robe 23
- in presence of chemical odors 27
- in presence of diapers 18
- in presence of garbage 20
- in presence of odor from fresh paint 27
- in presence of odor from kerosene 27
- in presence of odor from tar 27
- in presence of odors 18, 19
- in presence of waste products 18
- while being unclad 9, 16
- while facing another person's nakedness 8
- while facing exposed hair 14
- while facing
  improperly clad brother, husband 10
  improperly clad clients 25
  improperly clad daughter 14
  improperly clad employees 25
  improperly clad infant 10
  improperly clad mother 12, 14
  improperly clad non-Jew 10
  improperly clad sister 14
  improperly clad son 10
  improperly clad wife 12, 14
- while facing waste substances 18
- while facing woman wearing sheer

making brocha (con't):
stockings 26
- while hands are dirty 21
- while having need to go to bathroom 23
- while improperly clad women seated at table 24
- while infant being nursed 26
- while intoxicated 22
- while listening to recorded voice of female singer 26
- while not wearing a belt or trousers 9
- while personal hygiene below halachic standard 20
- while touching own nakedness 9
- while unclad 9
- while wearing bathing suit 24
- while wearing bathrobe without belt 16
- while wife or daughters singing 26
- while woman singing 13

mandelin and soup 69, 72
mango nectar 429
martini 449
mashed 402-405
- banana 406
- carrots 406
- eggplant 406
- food 405
- fruit or vegetable, guideline for determining brocha 405
- fruit or vegetables 402-405
- potatoes 406
- vegetables, recited borei pri hoadoma on 410

matzoh 466
- balls 473, 482
- balls with soup 73
- brei 470, 475
- crackers 466
- flour 471
- meal add to meat balls 67
- meal latkes 474
- meal; also see flour
- minhag S'fardim 466
- squares 466

mayim achronim, requirement to begin bentching immediately 306-307
mayim achronim; also see washed mayim achronim
mead wine 446
meal (also see eating session)
- brocha achrona in middle of 216
- brocha before to exempt foods which will be eaten during 333
- food eaten right before 215
- what causes it to end 124

meaning of borei nefoshos 376
meaning of Hashem's name 33
meaning of m'ayn shalosh brocha 349
meaning of shehakol 453
measurement; see shiur
meat balls, matzo meal or oatmeal added 67
meat burgers, vegetarian 414
meat, uncooked 199
meat; also see stew
meats 454
medicine 200
melba toast 467
melon eaten as appetizer 92
mezonos (also see bread family products, cake, flour) 479-507
- added to give color or aroma 67
- added to give flavor or sustenance 66
- ate small amount, then changed mind and ate shiur seuda 493
- baked products such as cake - see bread family products
- bread 498
- bread, eat a shiur seuda of 498
- brocha achrona for - see al hamichya and m'ayn shalosh
- cooked product (noodle, oatmeal) 480
- eaten as tofel 57
- eaten to enhance 60
- french toast 473, 477
- made in pan without oil 493
- matzoh brei 473, 477
- products baked to thin consistency 484
- two categories of 480
- when treated halachically as bread 485
- with regard to changing location 149-151

milk 451, 454

millet 354, 420
millet, brocha achrona for 251
minhag not to be motzi others 190
minor - see child
mistake (also see forgot)
- ate mezonos and grapes forgot al hamichya 365-366
- ate mezonos and grapes forgot al hoetz 365-366
- ate mezonos and wine forgot al hagefen 365-366
- ate mezonos and wine forgot al hamichya 365-366
- ate passover cake (potato starch), said al hamichya 384
- bentched for meal of foods other than bread 327-331
- bentched for mezonos 327
- bentched for wine 327
- bentched instead of borei nefoshos 327-331
- m'ayn shalosh brocha 357-364
- omitted from m'ayn sholosh 363-364
- omitted phrase for Shabbos or Yom Tov from m'ayn sholosh 364
- realized while in meal that he had forgotten brocha achrona 330
- said al hamichya for rice 384, 519
- said al hoetz for fruits not of seven species 357, 386
- said al hoetz for vegetable 357, 386
- said borei menei mezonos on bread 464
- said borei pri hagofen on bread 464
- said borei pri hoadoma for rice 519
- said borei pri hoadoma on bread 464
- said borei pri hoadoma on corn chips 411
- said borei pri hoadoma on potato or corn flour product 410
- said borei pri hoadoma on prune juice 430
- said borei pri hoadoma on pureed vegetables 410
- said borei pri hoadoma on sugar 416
- said borei pri hoadoma on tomato juice 429
- said borei pri hoetz on apple juice 431

mistake (con't):
- said borei pri hoetz on bread 464
- said borei pri hoetz on prune juice 430
- said borei pri hoetz or hoadoma on juice 428
- said Eretz Yisroel text for non Eretz Yisroel fruit 352
- said m'ayn shalosh with wrong closing text 359
- said m'ayn shalosh with wrong opening text 359
- said shehakol on bread instead of hamotzi 464
- should have bentched, said borei nefoshos 387
- should have said al hagefen, bentched 361
- should have said al hagefen, said al hamichya 361
- should have said al hagefen, said al hoetz 361
- should have said al hagefen, said borei nefoshos 361, 387
- should have said al hamichya, bentched 360
- should have said al hamichya, said al hagefen 360
- should have said al hamichya, said al hoetz 360
- should have said al hamichya, said borei nefoshos 360, 387
- should have said al hoetz, bentched 362
- should have said al hoetz, said al hagefen 362
- should have said al hoetz, said al hamichya 362
- should have said al hoetz, said borei nefoshos 362, 387
- should have said borei nefoshos, bentched 386
- should have said borei nefoshos, said al hagefen 385
- should have said borei nefoshos, said al hamichya 384
- should have said borei nefoshos, said al hamichya 384

mistake (con't):
- should have said borei nefoshos, said al hoetz 385
- should have said borei pri hoadoma, said borei pri hoetz 395
- should have said borei pri hoetz, said borei pri hoadoma 395
- wine not from Eretz Yisroel, ended brocha with al gafno 352
- wrong m'ayn shalosh, caught mistake while reciting 358

mistakenly made brocha achrona 124
mistakenly recited wrong ending of brocha 221, 223
mistakes in a brocha rishona 219
mixture of different foods 61
mixtures
- brocha achrona for 254
- containing grain products 353-354
- containing mezonos 255
- containing mezonos 64
- determining which ingredient is ikar 64
- ingredients eaten on single spoonful 64
- ingredients recognizable 63
- solids and liquids 69

with regard to ikar and tofel 61
moldy or burnt food 457
motzi others in bentching 298-299
motzi; see being motzi
muffins 502
multi grain cereals 530
multi-grain bread 467
mushroom barley soup 437
mushroom soup 436
mushrooms 378, 455
n'tilas yodahyim, amount of bread required for 462
naked, brocha while 8
nectars 429
neighbor, food brought from during a meal 98
nightgown, bentching while wearing 311
non bread family products 480
non-kosher food 205
noodle kuggel 502
noodle kuggel, eat a shiur seuda of 502
noodles 480, 482, 496
noodles, eat a shiur seuda of 496
nosh before meal, brocha achrona for 327-331
not sure if he ate a k'zayis of bread 294
not sure if he bentched 292-296
nutritional supplements, unpleasant tasting 198
nuts, sugar coated 418
oat cereals - see cereal
oatmeal 480, 482
oatmeal added as binder 67
oatmeal; also see flour, mezonos
odor, brocha in presence of 19
odors - bentching in the presence of 280, 291
olive oil 444
olives, brocha achrona for 252, 356-357
olives; also see seven species
omitted a word of brocha achrona 363
omitted - see forgot
omitted word of brocha 220
one hundred brochos, daily requirement of 216
one hundred brochos—gorem brocha sheaina tzricha 216
onion rings, fried 79
onion rolls 467
onion soup 441
onions eaten raw 399
orange juice 427
orange juice from concentrate 428
orange peels, candied 416
order of brochos; see priority of brochos
oriental bagels, ka'ak 468
other person's hand on head considered sufficient head covering 17
out-loud, brocha must be recited 34
own hand on head not considered sufficient head covering 17
pajamas, bentching while wearing 311
pan fried bread 470
pancakes 492
pancakes, eat a shiur seuda of 493
pancakes, potato 407
papaya plant 395
parents teaching child to bentch 288
park, change of location 143
pas haboh b'kisnin 259-263
- also see bread family

pas haboh b'kisnin (con't):
- ate large amount 261
- definition 483
- eaten before a meal 331, 336
- eaten for dessert 95, 262

passover cake (potato starch), mistakenly said al hamichya 384
passover cake 474, 502
passover cake made from potato starch 405, 474
pause after making a brocha 47
pause in the middle of a brocha 49
pausing during bentching 315-316
peach nectar 429
peanut butter 410
peanut butter to enhance rice cakes 58
peanut raisin mix 382
peanuts, unroasted 398
pear nectar 429
peels, fruit 416
pie 261, 504
pie filling, regard to brocha achrona 257
pies, cakes eaten during a meal 95, 262
pita chips 468
pits 411
pizza 499
pizza, eat in place of a meal 500
pizza, eat less than a shiur seuda of 500
pizza made with fruit juice 499
place where food was eaten, bentch in 288-292
place where food was eaten, recite m'ayn shalosh in 347
place; see location
Plum Royale wine 446
pomegranates, brocha achrona for 253, 356-357
pomegranates; also see seven species
popcorn 402, 409
poskim differ with regard to which brocha required 234
potato chips 407
potato chips from dehydrated granules (e.g., Pringles) 407
potato kugel 407
potato latkes 58, 407
potato or corn flour product, recited borei pri hoadoma on 410
potato pancakes 407
potato, raw 420
potato starch 405
potatoes, dehydrated granules 407
potatoes, instant 407
potatoes, mashed 406
potatoes, raw 199
poultry 454
practical suggestion for mezonos matzoh brei or french toast 471- see suggestion
preparing to make brocha 30
prerequisites for bentching 280
principle of sofek brochos l'hokel 236
principle that bread exempts 82

priority of brochos 165-182
- according to type of brocha 167
- b'dieved did not follow 182
- bread 171
- brocha achrona 179
- cases where it does not apply 179-181
- explicitness of brocha 167
- food most preferred 170
- foods requiring shehakol 178
- fruits and vegetables 176
- mezonos 173
- seven species 167
- whole food items 169
- wine 175

problem in bentching - see bentching
problem; see doubt, doubtful
products baked with granola 506
products of Eretz Yisroel, brocha achrona for 350-352
prohibition to make brocha while naked 8
pronunciation of shehakol 453
prune juice 429
prune juice, mistakenly said borei pri hoetz or borei pri hoadoma on 430
puffed grain cereal 526
puffed rice cereal 527
puffed wheat cereal 527
pumpernickel bread 467
pumpkin seeds 413
pureed fruit or vegetables 402-405
pureed or strained foods 403
pureed spinach 409
Purim, forgot to say al hanisim in bentching 320, 514

questionable if tree or plant 395
questionable situations; see doubtful situations
quiche, spinach 409
r'tzei in bentching 316-324, 512-516
r'tzei - see bentching, Shabbos
raisin challah 465
raisin wine 355, 446
raisins, brocha achrona for 356-357
raspberry plant 395
ravioli 496
raw almonds 401
raw beet 420
raw beets 199
raw broccoli 400
raw carrots 399
raw eggs 199
raw fish 199
raw foods 198
raw meat 199
raw onions 399
raw potato 199, 420
raw string beans 400
raw vegetable - see vegetable normally eaten raw
raw zucchini 400
ready to eat cereals - see cereals
realized while eating forgot to make brocha 224
reception, brocha achrona after 341
recite bircas hamozon - see bentching
recited a borei pri hoadoma for mushrooms 455
recited a borei pri hoetz or borei pri hoadoma for cane sugar 455
recited brocha in other languages 35
recited brocha, slurred words while 35
recited r'tzei or yaaleh v'yavo in bentching at weekday meal 324
reciting a brocha
- for another; see being motzi others
- with the proper kavonah 33
- without proper kavonah 33
- without understanding it 33
- while engaged in an activity 36
- while gesturing 37, 46, 49
- while learning Torah 36
- while snapping fingers 37, 49
regurgitated 282
restaurant which has a female vocalist 26
reviis 248
rice 517-521
- ate rice and cake said al hamichya for both 520
- beverages 521
- bread 521
- brocha achrona for 251
- brown 518
- cake, fried egg on 70
- cakes 520
- cakes and peanut butter 58
- cereal - see cereal
- cooked 518
- flakes 526
- minute 518
- mistakenly said al hamichya 385
- mixture containing 521
- products 520
- products, brocha achrona for 354, 519
- uncooked 199
- with regard to ikar and tofel 60, 65
Rice Chex cereal 528
Rice Krispies 526
riding while reciting brocha 38
right hand, item in before making brocha 31
rippled flake cereal 527
roasted grain products 483
rolls 467
room, leaving while eating 142
Rosh Chodesh
- bentching 318-323, 513
- forgot to say yaaleh v'yavo in bentching 319, 513
- meal which ended after nightfall 322, 323
- omitted phrase from m'ayn shalosh 364
- phrase added to m'ayn shalosh 350
- which starts on a Motzi Shabbos 322
rule of; also see principle of
rules of ikar and tofel 74
rules relating to specific intent 119
rye bread 467
sake (rice beverage) 521
salad 62

salt 455
sandwich type combinations 70
sandwiches, ice cream 72
sangria wine 446
satiated, requirement to bentch when not 284,294
saying "shh" while making a brocha 47
seeds
- pumpkin 413
- sesame 413
- sunflower 412
- watermelon 413
sesame seed candy bar 414
sesame seeds 413
seven species with regard to change of location 151
Shabbos
- bentching 316-324, 509-516
- forgot to say r'tzei in bentching 317, 512
- lechem mishneh requirements 461
- meal ended after nightfall 322
- omitted phrase from m'ayn shalosh 364
- phrase added to m'ayn shalosh 350
shehakol (also see individual food items) 453-457
- can be used for any food 454
- default brocha 456
- foods designated for 454
- meaning of 453
- mistakenly said for bread 464
- on non-shehakol foods 230
- proper pronunciation of 453
- using in cases of doubt 235
sheva brochos leaving in middle of meal to go to 154
Shir Hamaalos eating after 129
shirt sleeve over head considered sufficient head covering 17
shiur ikul 155-164
- definition of 156
- rules 162
- with regard to brocha achrona 158
- with regard to brocha rishona 157
- with regard to large amount of food 161
- with regard to snacks 159
shiur k'veyas seuda 486-492
shiur seuda, foods that are counted towards 491
shiur seuda for older persons 487,488
shiur seuda for teenagers 487, 488
shiur with regard to brocha achrona 245
shomeiah k'oneh principle of 184
shomeiah k'oneh; see being motzi others
shredded wheat cereals 531
sickness; see illness
siddur, should use for bentching 309
situation where facing improperly clad woman can not be avoided 15
size; see shiur
skipped word of brocha 220
sleep in middle of meal 129
slurred words of brocha 35
smorgasbord, brocha achrona recited after 341
snack before meal, brocha achrona for 327-331
snacks eaten during a meal 86
snap fingers while bentching 309
snapping fingers, reciting brocha while 37, 49
soda pop 451
sofek brochos l'hokel - principle of 236
sofek brochos l'hokel - where minhag to make brocha 237
sofek pas haboh b'kisnin 336
soft pretzels 468
solid and liquid mixtures 69
solids brocha achrona 245
soup (see individual soups listed) 432-441
- borei nefoshos for 381-382
- flour added to thicken 67
- from dehydrated soup mixes 435
- halachic classification 433
- mixes, instant 435
- nuts and soup 69, 72
- with mandelin 69, 72
- with matzo balls, kreplach 73
- with soup nuts 69, 72
sour cream to enhance blintzes 58
soya beans 415
spaghetti 482, 496
speaking after making a brocha 42

speaking divrei Torah in the presence of unclad persons 8
speaking during bentching 312-315
speaking in front of one who is bentching 310
speaking while making a brocha 45
specific intent 110
- excluding other items 121
- guest 120
- ones usual practice 119
- rules relating to 119
- served by wife or mother 121
- to change location 134
- with regard to meal 119
- with regard to tofel 55, 75
- for subsequent items 110

spices, food tasted to see if needed 203
spices, ground 404
spices such as whole black or white pepper, ginger, whole cloves 455
spinach
- chopped, creamed 408
- latkes 408
- pureed 409
- quiche 409

split pea noodle soup 441
Split pea soup 441
spoiled food 200
sprouts, alfalfa 419
sprouts, bean 419
standing while reciting brocha 37
starch, vegetable 405
started brocha without knowing which brocha required 30
started meal without bread, changed mind and washed - brocha achrona requirements 343
stew with diced onion 68
stews 63
strained apple 409
strained fruit (e.g., baby food) 408
strained, pureed foods 403
strained vegetables (e.g., baby food) 408
strawberries 392
strawberry or cherry jelly 404
string beans, eaten raw 400
strudel 504
studying, reciting brocha while 36
stuffed chicken 475
stuffed meat 475
subsequent items, did not have intent for 115
subsequent items of different type covered by brocha 117
subsequent items of same type covered by brocha 116
subsequent items, specific intention for 110
succah, leaving while eating 139, 144
sugar 414, 455
sugar coated almonds 418
sugar coated nuts 418
sugar cube eaten during a meal 87
sugar, mistakenly said borei pri hoadoma on 416
Sugar Crisp cereal 526
suggestion for making mezonos matzoh brei or french toast 471
suggestions to bypass doubtful situations 238-240
sundown - see nightfall
sunflower seeds 412
sweet challah 465
sweet challah, minhag S'fardim 465
sweet croissants 468
sweet roll and sweet bagel 465
switching item after making brocha 38
talking after making a brocha 42
talking while making a brocha 45
taste, foods having an unpleasant 198
tasting food 202-203
taxi; see cab
tea 380, 450, 456
- borei nefoshos for 380
- brocha achrona for 250
- coffee during a meal 85
- herbal 200

teenagers, shiur seuda for 487, 488
tehina 410
telephone, being motzi others via 184
thickening agent 67
time (length of) brocha is effective 155-164
toast 467
toast, burnt 457
toasted bread thins such as melba toast 467
toasted grain, granola 505

toch k'dei dibur 47, 135, 223
tofel (also see ikar)
- brocha on 76, 212
- eaten after ikar 56, 59
- eaten before ikar 75, 214
- had no specific intent for 75
- left over 77
- left premises before eating 75
- to a tofel 76
tomato juice 429
tomato juice, mistakenly said borei pri hoadoma on 429
tomato rice soup 440
tomato soup 440
traveler with regard to change of location 147-149
tree, definition, with regard to brochos 392
tuna and crackers 60,74
turisa d'nahana 259
- definition of 481
uncertain if need borei nefoshos 388-390
uncertain - see not sure, doubt, forgot, mistake
uncertainty in m'ayn shalosh, bypassing 369-372
uncertainty - see suggestion
uncertainty with brocha, special text for situations of 390
uncertainty; see doubt, brocha uncertain
uncooked beans 199
uncooked matzoh meal 471
uncooked rice 199
uncooked; also see raw
understanding, reciting a brocha without 33
undeveloped or unripe fruit 421
unnecessary brocha; also see brocha l'vatolah
unnecessary brocha, causing a 210
vegetable
- barley soup 436
- flour 405
- ground or chopped 402-405
- hydroponically grown 418
- juices 431
- latkes 408
- listing of (also see food index) 396
- loaf 408

vegetable (con't):
- mashed 402-405
- noodle soup 436
- normally eaten cooked, if eaten raw 397-401, 456
- normally eaten raw, if eaten cooked 397-401, 456
- soup, borei nefoshos for 381-382
- soup containing barley or noodles 434
- soup, liquid soup eaten without vegetables 432
- soups 434
- starch 405
vegetarian chicken cutlets 414
vegetarian hot dogs 414
vegetarian meat burgers 414
vermouth 449
vichyssoise soup (cream of potato soup) 434
vine, fruit from 392
visitor; see guest
vitamins, chewable 200
wafer thin crackers 484
wafers 484
walking while reciting brocha 38
washed mayim achronim - eating after 126
washed mayim achronim - talking after 126
washed mayim achronim, then changed mind 125
waste substances, making brocha in presence of 20
water 455
- drank to relieve choking, coughing,etc. 202
- fountain 32
- not for thirst 201
- taken for diet 202
- taken to make brocha achrona 202
-to take a pill 201, 451
- with regard to brocha achrona 254
watermelon eaten during a meal 87
watermelon seeds 413
wearing a hat and a jacket for bentching 308
wedding reception, brocha achrona after 342

wheat cereal - see cereal
wheat flakes 525
wheat kernels, brocha achrona for 251
Wheat Chex cereal 528
while facing waste substances 18
whiskey 450, 456
- as appetizer 94
- cake dipped into 69
- during the meal 85
- eats cake to counteract 57
- for l'chayim 94
white bread 467
whole item with regard to brocha achrona 245
whole roasted grain kernels - also see granola
whole roasted grain kernels, brocha achrona for 353, 531
whole wheat bread 467
wife or mother serves him, with regard to specific intent 121
wine (also see individual wines listed) 444-449
- amount of needed to exempt 101
- and beverages at a kiddush 106
- and seltzer mixture 447
- and water mixtures 447
- at smorgasbords 106
- before a meal, brocha achrona for 331, 332
- before meal exempts wine during meal 104
- bentching with 306
- brocha achrona for - see al hagefen and m'ayn shalosh
- diluted 447
- during the meal 85
- exempts other beverages 99
- exempts with regard to guests 104
- exempts with regard to host 104
- fruit flavored 446
- grapes from Eretz Yisroel 350
- lifted cup to bentch 127
- or grapes; also see seven species
- served for benching 105
- uncertain whether beverages were covered by brocha on 242
woman
- being motzi man for m'ayn shalosh 371
- being motzi others 195, 299
- forgot to say r'tzei or yaaleh v'yavo in bentching 321, 509-516
- forgot whether or not she bentched 293
- making brocha in front of improperly clad woman 15
- requirement to bentch 286, 295
word omitted in brocha 220
wrong brocha achrona (also see mistake) 360-363
wrong brocha - see mistake
wrong brochos valid b'dieved 225
wrong item in mind when making brocha 221
yaaleh v'yavo in bentching 316-324
yaaleh v'yavo - see bentching, Yom Tov
yard, leaving while eating 140
yard, one side to another while eating 142
yogurt , borei nefoshos for 381
yom kippur; see fast day
Yom Tov
- forgot to say yaaleh v'yavo in bentching 319, 512
- meal ended after nightfall 322
- omitted phrase from m'ayn shalosh 364
- phrase added to m'ayn shalosh 350
yotzi; also see being motzi others
zimun (three or more persons bentching together) 195
zucchini cake 502
zucchini, eaten raw 400

Halachos of Brochos

Handbook

Quick Reference Guide for Brocha Rishona and Brocha Achrona of Over 700 Foods

Introduction

How To Use This Handbook

This handbook was designed as a quick reference guide for the pertinent brocha requirements of over 700 food items. Information is arranged in four columns as follows:

Foods appear in this column	The *brocha rishona* (initial brocha) appears in this column.	The *brocha achrona* (concluding brocha) appears in this column.	Comments, and clarifying remarks appear in this column.
Items are Listed Alpha-betically	[page numbers appear in brackets] Numbers 1-263, see Halachos of Brochos Volume 1. Numbers 279-533, see Volume 2.	Where the brocha is dependent on another factor, a ☞ symbol directs the readers attention to the comment.	Three terms are very frequently referred to: K'ZAYIS - size of an olive (volume of approx. one fluid oz; see p. 246). A good approximation of a *k'zayis* is half of a center slice of a large rye bread. REVIIS - measurement of fluid volume (approx. 3 - 4.5 oz; see p.248). K'DEI ACHILAS PRAAS - amount of time - (slightly more than three minutes according to many Poskim, see p. 247).

Halachic Sources

Most of the material in this handbook has been excerpted or summarized from sections of the Halachos of Brochos which deal with the brocha requirements of specific types of foods (about 8 of the 27 chapters).

The Halachos of Brochos, is, in turn, based on a compilation of halachic rulings rendered by the Shulchan Aruch, Mishna Berura, and rulings and opinions of Hagaon Rav Shlomo Zalman Auerbach *shlita*, and other Poskim. I had the great *zchus* of being able to present my questions to Hagaon Rav Shlomo Zalman Auerbach *shlita* and receive his rulings. Many of the questions were re-asked on different occasions over a six year period. A transcript of many of the questions along with the answers, as I understood them, was submitted to him for verification. Hagaon Rav Shlomo Zalman Auerbach *shlita* reviewed the transcript and returned it with minor corrections and additions. The text of this transcript may be found in the last section of volume two.

Breakfast Cereals

Although many of the more common breakfast cereals (e.g., Corn Flakes, Rice Krispies, Cheerios) are included in this handbook - since cereals are constantly being introduced (or changed) - it is not feasible to list each and every cereal available. The reader is directed to Addendum 5 (at the end of volume two) which endeavors to provide the reader with the information necessary to help him determine the brocha requirements of virtually every cereal available.

Kashruth Disclaimer

In a few instances, brand names are used to identify specific foods (e.g., breakfast cereals). Since the formulation or supervision can change, one should not imply that brands which are mentioned in this handbook are approved to be Kosher.

A....

Acorn Squash	*hoadoma* [pg 396]	*borei nefoshos* [pg 378]	
Ades Soup	☞	☞	see Split Pea Soup
Ale	*shehakol* [pg 450]	*borei nefoshos* [pg 353]	
Alfalfa Sprouts	*shehakol* [pg 419]	*borei nefoshos* [pg 378]	Alfalfa sprouts do not grow in the ground; pg 419.
All Bran (cereal)	*shehakol* [pg 531]	*borei nefoshos* [pg 531]	Bran is the outer shell of a grain, therefore, for cereals made from bran only (i.e., not containing wheat or oat flour) make *shehakol;* pg 531. The milk eaten to enhance the cereal is covered by the brocha of the cereal; pg 58.
Almond	*hoetz* [pg 396]	*borei nefoshos* [pg 378]	If he also ate a *k'zayis* of grapes or other fruit of the seven species, the *al hoetz* will exempt the almonds from *borei nefoshos;* pg 357. Regarding the *brocha achrona* requirement for natural items which are whole (e.g., a whole almond) see pg. 245.
Almond, Chocolate Covered	☞	☞	see Chocolate Covered Fruit or Nut
Almond Clusters	☞	☞	Almond Cluster candy: see Chocolate Covered Fruit or Nuts. Almond Cluster cereal; see Wheat Flake Cereals.
Almond, Sugar Covered	☞ [pg 418]	☞ [pg 378]	If coating is hard, and eaten before the nut, make *shehakol,* then, before eating the nut, make *hoetz* for the nut. If mostly sugar with little bits of nut, no separate brocha for nut; pg 418. If candy is too hard and *k'zayis* not eaten within *k'dei achilas praas* - no brocha achrona; however, if a *k'zayis* is eaten within *k'dei achilas praas,* make *borei nefoshos;* pg 247. Also see Almond.

Almonds, Ground	☞ [pg 403]	☞ [pg 245, 373]	If eaten to enhance another food, is covered by the brocha of the other food; pg 58. When not eaten to enhance another food, and not ground so finely as to be unrecognizable (see Fruit Mashed) - make *hoetz* and *borei nefos*hos (provided that at least one *k'zayis* was eaten within *k'dei achilas praas*). Amount required for brocha achrona is generally not eaten; pg 245, 373.
American Cheese	*shehakol* [pg 454]	*borei nefoshos* [pg 377]	Also see Crackers With Cheese.
Anchovies	*shehakol* [pg 454]	*borei nefoshos* [pg 377]	Anchovies are a type of fish. If eaten on a cracker may be exempted by brocha of cracker - see pg 74.
Apple	*hoetz* [pg 396]	*borei nefoshos* [pg 378]	If he also ate a *k'zayis* of grapes or other fruit of the seven species, the *al hoetz* will exempt the apple from *borei nefoshos*; pg 357.
Apple, Baked	☞	☞	see Baked Apple
Apple - Beet Salad	☞	*borei nefoshos*	If beets are the majority ingredient the *brocha rishona* is *hoadoma*; if apples are the majority ingredient the *brocha rishona* is *hoetz*; pg 68.
Apple Blintz	☞	☞	see Blintz
Apple Cake	*mezonos* [pg 504]	☞ [pg 256, 502]	If *k'zayis* of *mezonos* eaten within *k'dei achilas praas* - *al hamichya*. If less than *k'zayis* of *mezonos* eaten - *borei nefoshos* (provided that between filling and *mezonos* one *k'zayis* was eaten); pg 255, 495. If large volume of cake eaten; see pgs 483-492.
Apple-Carrot Tzimmes	*hoadoma* [pg 68]	*borei nefoshos* [pg 378]	Carrots are generally the primary ingredient therefore the *brocha rishona* is *hoadoma*; pg 68.

Apple Compote, (Homemade Apple Sauce)	*hoetz* [pg 409]	*borei nefoshos* [pg 377]	Home made apple compotes generally contain solid pieces (or strands) of apple. Since there are (intact) pieces of fruit in the compote, the brocha is *hoetz* -pg 409. Also see Apple Sauce.
Apple Fritters, (with thick batter coating)	*mezonos* [pg 79]	☞ [pg 255]	If *k'zayis* of *mezonos* eaten within *k'dei achilas praas* - *al hamichya*. If less than *k'zayis* of *mezonos* eaten - *borei nefoshos* (provided that between filling and *mezonos* one *k'zayis* was eaten); pg 255, 495.
Apple Juice	*shehakol* [pg 430]	*borei nefoshos* [pg 378]	When eating baked apple, the *hoetz* made on the apple exempts the juice in the dish as well; pg 431.
Apple Kugel	☞ [pg 399]	*borei nefoshos* [pg 378]	If flour added - not as a binder, but to give sustenance or flavor - make *mezonos;* pg 67. If made without flour (or flour added as a binder) make *hoetz* (apples require *hoetz* - whether raw, cooked or baked; pg 399). The *brocha achrona* is generally *borei nefoshos*, however, in the unusual case that it is made with flour or dough, and a *k'zayis* of the *mezonos* is eaten within *k'dei achilas praas*, make *al hamichya*.
Apple-Noodle Kugel	*mezonos* [pg 502]	☞ [pg 353]	If a *k'zayis* of the *mezonos* is eaten within *k'dei achilas praas*, make *al hamichya*. If not, make *borei nefoshos*, provided that between the apples and noodles at least one *k'zayis* is eaten within *k'dei achilas praas*. This is not a bread family product; pg 502.
Apple Pie	☞	☞	see Pie
Apple Sauce	*shehakol;* [pg 409]	*borei nefoshos* [pg 377]	Also see Apple Compote (Homemade Apple Sauce). If apple sauce is eaten to enhance another food (e.g., on latkes) it is covered by the brocha of the other food; pg 74.

Apple Sauce Cake	*mezonos* [pg 502]	*al hamichya* [pg 256]	The major ingredient of this cake is flour. The *minhag haolom* is to make an *al hamichya* on a *k'zayis* of cake (even though less than one *k'zayis* of flour is eaten). Some poskim rule that the other ingredients do not count towards the *k'zayis* - see pg 256. This is a bread family product. If a large volume is eaten, see pgs 483-492.
Apple Snacks (weight control snacks)	*hoetz* [pg 409]	☞ [pg 245, 374]	Made from dehydrated bits of apple which are colored and flavored; make *hoetz*. Although the apple is not recognizable, nevertheless, since the pieces of apple are intact, the brocha is unchanged; pg 409. Amount required for brocha achrona is generally not eaten; pg 245, 374.
Apple Strudel	*mezonos* [pg 504]	*al hamichya* [pg 505]	Generally, less than a *k'zayis* of the *mezonos* is eaten within *k'dei achilas praas*, in which case make *borei nefoshos*, provided that between the filling and *mezonos* at least one *k'zayis* is eaten within *k'dei achilas praas*.
Apple Turnover	☞	☞	see Pie
Apple Wine	*shehakol* [pg 446]	*borei nefoshos*	Not made from grapes, therefore not classified as wine; pg 446.
Apricot	*hoetz* [pg 396]	*borei nefoshos* [pg 378]	If he also ate a *k'zayis* of raisins or other fruit of the seven species, the *al hoetz* will exempt the apricots from *borei nefoshos*; pg 357. When eating stewed or canned apricots, the *hoetz* made on the apricots exempts the juice in the dish as well; pg 431.
Apricot Nectar	*shehakol* [pg 429]	*borei nefoshos* [pg 378]	
Apricot Preserve	☞	☞	see Fruit Preserves
Arbis	☞	☞	see Chickpeas

Artichoke	*hoadoma* [pg 396]	*borei nefoshos* [pg 378]	Note: Artichoke leaves require inspection for insects prior to using. May be checked at time of eating as follows: break off a leaf and, before eating, carefully scrutinize both sides of it (both sides of each leaf to be eaten should be carefully checked).
Asparagus	*hoadoma* [pg 396]	*borei nefoshos* [pg 378]	Note: Fresh, frozen, and canned asparagus have a high incidence of infestation (under the scales, and in the florets) and require inspection. If peeled and washed, can be used without inspection.
Asparagus Soup	☞ [pg 434]	*borei nefoshos* [pg 382]	Made from finely ground or pureed asparagus: if there are solid bits of asparagus in the bowl (as is usually the case) make *hoadoma*, if not, make *shehakol*; pg 434. The liquid has the *shiur* of solids (*k'zayis*) for *brocha achrona*; pg 382. Also see Vegetables, Pureed. Note: Pureed asparagus do not need inspection for insects.
Avocado	*hoetz* [pg 396]	*borei nefoshos* [pg 378]	If cubed and mixed into salads consisting mainly of *hoadoma* products, the hoadoma made on the salad vegetables will exempt the avocado as well.
Avocado Dip	☞	☞	Generally eaten to enhance another food in which case it is covered by the brocha of the other food; pg 74. Also see Fruit, Pureed.

B....

Baby Food	*shehakol* [pg 408]	*borei nefoshos* [pg 378]	Vegetables or fruits in baby foods are generally pureed, thus if an adult wishes to eat baby food, make a *shehakol*; pg 408.
Bagel	*hamotzi* [pg 467]	*bircas hamozon* [pg 306-315]	Make the *hamotzi* on a whole bagel rather than on a piece (see procedure for making *hamotzi*; pg 460). Bentching required only if a *k'zayis* of bread is eaten within *k'dei achilas praas*; pg 283. (For halachos of reciting *bircas hamozon* see 306-315).

Bagel, Sweet	*mezonos* [pg 465]	*al hamichya* [pg 353, 483]	A type of sweet roll (sold in grocery stores in Eretz Yisroel) which most people eat for a snack rather than with a meal. Since it is eaten by most people for a snack the brocha is *mezonos*.
Bagelach hard (also called Oriental Bagels or Ka'ak)	*mezonos* [pg 468]	*al hamichya* [pg 353, 483]	This is a bread family product. If a large volume is eaten, see pgs 483-492.
Bagel Chips	*mezonos* [pg 468]	*al hamichya* [pg 353, 468]	See Toasted Bagel Thins; Toasted Bread Thins
Baked Apple	*hoetz* [pg 399]	*borei nefoshos* [pg 378]	Apples are normally eaten baked or cooked (compote), as well as raw, therefore make *hoetz*; pg 399. The *hoetz* made on the apple exempts the juice in the dish as well; pg 431. Also see Apple.
Baked Beans	*hoadoma* [pg 396]	*borei nefoshos* [pg 378]	
Banana	*hoadoma* [pg 393]	*borei nefoshos* [pg 378]	The banana plant is not considered a tree; pg 393.
Banana Bread	*mezonos*; 502	*al hamichya*; 256	Banana bread, despite its name, is a type of cake. The major ingredient of this cake is flour, therefore make *mezonos* and *al hamichya*. The *minhag haolom* is to make an *al hamichya* on a *k'zayis* of cake (even though less than one *k'zayis* of flour is eaten) - some poskim rule that the other ingredients do not count towards the *k'zayis* - see pg 256. This is a bread family product. If a large volume is eaten, pgs 483-492.
Banana, mashed	*hoadoma* [pg 406]	*borei nefoshos* [pg 378]	Bananas retain their distinctive texture and appearance, and remain recognizable even after they are mashed, therefore make *hoadoma*, pg 406.

Banana Split	☞ [pg 58]	*borei nefoshos* [pg 381]	Generally, the fruit, nuts, whipped cream and toppings of a banana split are eaten to enhance the ice cream, and are covered by the *shehakol* made on the ice cream; pg 58. Also see Ice Cream.
Barley, cooked	*mezonos* [pg 482,65]	*al hamichya* [pg 353]	
Barley Soup	*mezonos* [pg 436]	☞ [pg 255, 353]	If a *k'zayis* of the barley is eaten within *k'dei achilas praas*, make *al hamichya*. If not, make *borei nefoshos*, provided that between the other ingredients and the barley at least one *k'zayis* is eaten within *k'dei achilas praas*. pg 255, 353. The liquid counts (with the solids) toward the minimum of one *k'zayis*; pg 382.
Barley Vegetable Soup	☞	☞	see Vegetable Soup with Barley
Batter Dipped Chicken, Batter Dipped Fish	☞ [pg 79]	☞ [pg 255]	If made with thick coating, *mezonos*; with thin coating, *shehakol*; pg 79. Brocha achrona: with thick coating and a *k'zayis* of *mezonos* ingredient eaten within *k'dei achilas praas, al hamichya*. Otherwise, *borei nefoshos* provided that between coating and chicken or fish at least one *k'zayis* was eaten; pg 255, 353.
Batter Dipped Vegetables	☞ [pg 79]	☞ [pg 255]	If made with thick coating, *mezonos*; with thin coating, *hoadoma*; pg 79. Brocha achrona: with thick coating and a *k'zayis* of *mezonos* ingredient eaten within *k'dei achilas praas, al hamichya*. Otherwise *borei nefoshos* provided that between coating and vegetable at least one *k'zayis* was eaten; pg 255, 353.
Bean Soup	*hoadoma* [pg 434]	*borei nefoshos* [pg 382]	The liquid counts (with the solids) toward the minimum of one *k'zayis*; pg 382. If the soup contains barley; see Vegetable Soup With Barley.

Beans, cooked	*hoadoma* [pg 396]	*borei nefoshos* [pg 378]	
Beans, Green, Wax (yellow) or Italian	*hoadoma* [pg 396]	*borei nefoshos* [pg 378]	
Bean Sprouts	*shehakol* [pg 419]	*borei nefoshos* [pg 378]	Bean sprouts do not grow in the ground; therefore make *shehakol*. Typically mixed with other ingredients, in which case the brocha of the primary ingredient covers it; pg 68.
Beef Stew	☞ [pg 64]	☞ [pg 378]	Beef stews are typically made with small pieces of meat and vegetables which are eaten together in a single spoonful, and neither the meat nor the vegetables are eaten as enhancers. Therefore make one brocha, that of the majority ingredient (which covers all components of the stew); pg 68.
Beer	*shehakol* [pg 450]	*borei nefoshos* [pg 353]	
Beets	*hoadoma* [pg 396]	*borei nefoshos* [pg 378]	
Bialy Roll	*hamotzi* [pg 467]	*bircas hamozon* [pg 306-315]	Make the *hamotzi* on a whole roll rather than on a piece. (Procedure for making *hamotzi*; pg 460). Bentching required only if a *k'zayis* of bread is eaten within *k'dei achilas praas*; 283. (For halachos of reciting *bircas hamozon* see 306-315).
Biscuit	☞	☞	see Cracker
Blackberries	*hoetz* [pg 396]	*borei nefoshos* [pg 378]	Note: May require inspection for insects prior to using.
Blackberry Wine	*shehakol* [pg 446]	*borei nefoshos* [pg 379]	Not made from grapes, therefore not classified as wine; pg 446.

Blintz	*mezonos* [pg 494]	☞ [pg 255, 495]	Sour cream eaten to enhance blintz is covered by brocha of the blintz. If a *k'zayis* of the shell was eaten within *k'dei achilas praas*, make *al hamichya*. Otherwise, make *borei nefoshos*, provided that between filling and shell at least one *k'zayis* was eaten; pg 255, 495.
Blueberries	*hoetz* [pg 394]	*borei nefoshos* [pg 378]	If sour cream eaten to enhance the blueberries - no additional brocha for cream; pg 58. The *brocha rishona* for packaged blueberries (the type one purchases in a supermarket) is *hoetz*. For wild blueberries, from low (approx. 9 inches or less) bushes make a *hoadoma*. Regarding the *brocha achrona* requirement for natural items which are whole (e.g., a whole blueberry) see pg. 245. Note: blueberries picked from wild bushes are sometimes infested with small white worms, and require inspection prior to use; pg 394.
Blueberry Pie	☞	☞	see Pie
Borekas	*mezonos* [pg 494]	☞ [pg 255, 495]	If a *k'zayis* of the *mezonos* is eaten within *k'dei achilas praas*, make *al hamichya*. If not, make *borei nefoshos*, provided that between the filling and crust at least one *k'zayis* is eaten within *k'dei achilas praas*. This is a bread family product. If a large volume is eaten - see pgs 483-492.
Borscht (with pieces of beet)	*hoadoma* [pg 438]	*borei nefoshos* [pg 382]	The brocha for clear borscht, without pieces of beet, is the subject of a halachic uncertainty - see pg 438, note 29.1.
Boston Cream Pie	*mezonos* [pg 504]	*al hamichya* [pg 256, 505]	Boston cream pie, despite its name, is a cake not a pie. It is made from layers of sponge cake which are filled with custard filling. The filling is an enhancer, therefore the *mezonos* made on the cake exempts the filling as well. *Brocha achrona*: If a *k'zayis* of the *mezonos* is eaten within *k'dei achilas praas*, make *al hamichya*. If not, make *borei nefoshos*, provided that between the filling and cake at least one *k'zayis* is eaten within *k'dei achilas praas*. This is a bread family product. If a large volume is eaten - see pgs 483-492.

Boston Lettuce	*hoadoma* [pg 396]	*borei nefoshos* [pg 378]	Note: Requires inspection for insects prior to using.
Bran	*shehakol* [pg 531]	*borei nefoshos* [pg 531]	Bran is the outer shell of a grain. The brocha for cereals made from bran only (e.g., All Bran) is *shehakol*; 531.
Bran Flakes, Raisin Bran (cereal)	*mezonos* [pg 531]	*al hamichya* [pg 531, 353]	Bran is mixed with wheat or oat flours, therefore, make *mezonos*; pg 531. The milk eaten to enhance the cereal is covered by the brocha of the cereal; pg 58.
Bran Muffins	*mezonos* [pg 502]	*al hamichya* [pg 256]	Bran muffins are made with a significant amount of grain flour. The *minhag haolom* is to make an *al hamichya* on a *k'zayis* of cake (even though less than one *k'zayis* of flour is eaten). Some poskim rule that the other ingredients do not count towards the *k'zayis* - see pg 256. This is a bread family product. If a large volume is eaten, see pgs 483-492.
Brandy	*shehakol* [pg 447]	☞ [pg 379]	The minhag is to make a *shehakol* on all types of brandy, even for those made from distilled wine; pg 447. A *reviis* is usually not consumed in the short minimum time span required for *brocha achrona*. Therefore, (according to most Poskim) usually exempt from *brocha achrona*; pg 379.
Brazil Nut	*hoetz* [pg 396]	*borei nefoshos* [pg 378]	If he also ate a *k'zayis* of grapes or other fruit of the seven species, the *al hoetz* will exempt the nut from *borei nefoshos*; pg 357. Regarding the *brocha achrona* requirement for natural items which are whole (e.g., a whole brazil nut) see pg. 245.
Bread	*hamotzi* [pg 467]	*bircas hamozon* [pg 306-315]	Make the *hamotzi* on the whole loaf, if possible, rather than on a slice (see procedure for making *hamotzi*; pg 460). Bentching required only if a *k'zayis* of bread is eaten within *k'dei achilas praas*; 283. (For halachos of reciting *bircas hamozon* see 306-315).

Bread Pudding	☞	☞	see Challah Kugel
Bread Sticks	*mezonos* [pg 468]	*al hamichya* [pg 468, 353, 485]	This is a bread family product. If eaten with other foods, or if a large volume is eaten, see pgs 483-492.
Bread Stuffing	☞	☞	see Stuffing, Bread
Breaded Fish (thin coating)	*shehakol* [pg 78]	*borei nefoshos* [pg 78]	Breaded fish (e.g., fried flounder, fried fish sticks) are generally made with a thin coating, therefore, make *shehakol.* If made with thick coating see Batter Dipped Fish.
Breaded Chicken or Meat (thin coating)	*shehakol* [pg 78]	*borei nefoshos* [pg 78]	Breaded chicken (e.g., schnitzel) and breaded meat (e.g., veal cutlets) are generally made with a thin coating, therefore, make *shehakol.* If made with a thick coating see Batter Dipped Chicken.
Breakfast Cereals	☞	☞	see individual listings. Cereals are discussed in detail on pgs 523 - 533.
Broccoli	*hoadoma* [pg 396]	*borei nefoshos* [pg 378]	If eaten raw; see pg. 400. Note: Broccoli florets, both fresh and frozen, have a high probability of being infested with insects, and should not be eaten, unless one is certain that it is insect free (e.g., grown in an insect free environment). Also see Broccoli Kugel, Broccoli Stems.
Broccoli Kugel, Latkes, Loaf	☞ [pg 408]	*borei nefoshos* [pg 378]	Often contains solid recognizable pieces of broccoli; in which case make *hoadoma*. If made from mashed or blended broccoli (no recognizable pieces); make *shehakol;* pg 408. Note: Broccoli florets have a high probability of being infested with insects, however, if washed and pureed, may be used without inspection, pg 409.
Broccoli Quiche	☞	☞	see Quiche, Broccoli

Broccoli Stems	*hoadoma* [pg 396]	*borei nefoshos* [pg 378]	Note: If washed thoroughly can be used without inspection for insects.
Broth, Chicken or Meat	☞	☞	see Chicken or Meat Soup
Brownies	*mezonos* [pg 502]	*al hamichya* [pg 256]	The major ingredient is flour. The *minhag haolom* is to make an *al hamichya* on a *k'zayis* of brownies not counting the icing (even though less than one *k'zayis* of flour is eaten). Some poskim rule that the other ingredients do not count towards the *k'zayis* - see pg 256.
Brussels Sprouts	*hoadoma* [pg 396]	*borei nefoshos* [pg 378]	Note: Requires inspection for insects prior to using (aphids are often found between the leaves, therefore, if whole - should not be eaten).
Bubble Gum	☞	☞	see Chewing Gum
Buckwheat (Kasha)	*hoadoma* [pg 420]	*borei nefoshos* [pg 354, 378]	Buckwheat kernels (kasha), despite its name, is not a grain.
Buttermilk	*shehakol* [pg 454]	*borei nefoshos* [pg 378]	

C....

Cabbage	*hoadoma* [pg 396]	*borei nefoshos* [pg 378]	Note: Requires inspection for insects prior to using.
Cabbage and Noodles	☞	☞	see Noodle and Cabbage
Cabbage Soup (with pieces of cabbage)	*hoadoma* [pg 438]	*borei nefoshos* [pg 382]	Regarding cabbage soup without pieces of cabbage see pg 438. Note: Cabbage requires inspection for insects prior to using.

Cabbage Strudel	*mezonos* [pg 504]	☞ [pg 255, 505]	Generally, less than a *k'zayis* of the *mezonos* is eaten within *k'dei achilas praas,* in which case make *borei nefoshos,* provided that between the filling and *mezonos* at least one *k'zayis* is eaten within *k'dei achilas praas*. Note: Cabbage requires inspection for insects prior to using.
Cake	*mezonos* [pg 502]	*al hamichya* [pg 256]	The *minhag haolom* is to make an *al hamichya* on a *k'zayis* of cake (even though less than one *k'zayis* of flour is eaten). Some poskim rule that the other ingredients do not count towards the *k'zayis* - see pg 256.
Cake, Passover	☞	☞	see Passover Cake
Calf's Foot Jelly (Petcha)	*shehakol*	*borei nefoshos*	Considered a solid with regard to the *shiur* for *brocha achrona*.
Calzone	*mezonos* [pg 494]	*al hamichya* [pg 495]	If a *k'zayis* of the *mezonos* is eaten within *k'dei achilas praas,* make *al hamichya*. If not, make *borei nefoshos,* provided that between the filling and crust at least one *k'zayis* is eaten within *k'dei achilas praas*. This is a bread family product. If a large volume is eaten - see pgs 483-492.
Cantaloupe	*hoadoma* [pg 396]	*borei nefoshos* [pg 378]	If used as an appetizer for a bread meal - see pg 62.
Carambola, (star fruit)	*hoetz* [pg 396]	*borei nefoshos* [pg 378]	If he also ate a *k'zayis* of grapes or other fruit of the seven species, the *al hoetz* will exempt the carambola from *borei nefoshos;* pg 357.
Caramel Candy	*shehakol* [pg 455]	☞	Often one does not eat a *k'zayis* within *k'dei achilas praas,* in which case a brocha achrona is not required; pg 247.
Carob	*hoetz* [pg 396]	*borei nefoshos* [pg 378]	If he also ate raisins or fruit of the seven species, the *al hoetz* will exempt the carob from *borei nefoshos;* pg 357. A *k'zayis* of dried carob is usually not eaten within *k'dei achilas praas,* in which case a brocha achrona is not required; pg 247.

Carob Cake	*mezonos* [pg 502]	*al hamichya* [pg 256]	The major ingredient of this cake is flour. The *minhag haolom* is to make an *al hamichya* on a *k'zayis* of cake (even though less than one *k'zayis* of flour is eaten). Some poskim rule that the other ingredients do not count towards the *k'zayis* - see pg 256.
Carrots	*hoadoma* [pg 396]	*borei nefoshos* [pg 378]	Raw carrots are also subject to *hoadoma;* pg 399.
Carrot Cake	*mezonos* [pg 502]	*al hamichya* [pg 256]	The major ingredient of this cake is flour. The *minhag haolom* is to make an *al hamichya* on a *k'zayis* of cake (even though less than one *k'zayis* of flour is eaten). Some poskim rule that the other ingredients do not count towards the *k'zayis* - see pg 256 .
Carrot Juice	*shehakol* [pg 431]	*borei nefoshos* [pg 378]	
Carrot-Raisin Salad	*hoadoma* [pg 396]	*borei nefoshos* [pg 378]	The raisins, being the lesser ingredient, are *tofel* to the carrots; pg 67, 68.
Carrot Tzimmis	*hoadoma* [pg 396]	*borei nefoshos* [pg 378]	Even if made with prune or other fruit, since the carrots are the *ikar* ingredient; pg 58, 68.
Casaba Melon	*hoadoma* [pg 396]	*borei nefoshos* [pg 378]	If used as an appetizer for a bread meal - see pg 62.
Cashew Nut	*hoetz* [pg 396]	*borei nefoshos* [pg 378]	If he also ate a *k'zayis* of grapes or other fruit of the seven species, the *al hoetz* will exempt the cashews from *borei nefoshos;* pg 357. Regarding the *brocha achrona* requirement for natural items which are whole (e.g., a whole nut) see pg. 245.
Casserole	☞	☞	see beef or vegetable stew
Cauliflower	*hoadoma* [pg 396]	*borei nefoshos* [pg 378]	Note: Needs inspection for insects.

Celery	*hoadoma* [pg 396]	*borei nefoshos* [pg 378]	Note: celery stalks, if washed and brushed thoroughly, can be used without inspection for insects.
Celery Soda	*shehakol* [pg 451]	*borei nefoshos* [pg 378]	
Celery Soup	☞	☞	See Vichyssoise Soup. Note: celery stalks, if washed and brushed thoroughly, can be used without inspection for insects.
Cereals	☞	☞	See individual listings. The brocha requirements of most types of breakfast cereals are discussed in detail on pgs 523-533.
Cereals, Cooked (e.g., Farina)	☞	☞	See Farina, Oatmeal, Rice Cereal, Corn Cereal. The brocha requirements of most types of hot and cold breakfast cereals are discussed in detail on pgs 523-533.
Cereals - Made From Oat or Wheat Flour	*mezonos* [pg 528]	*al hamichya* [pg 528]	This also applies to sweetened, sugar coated, or flavored oat and wheat cereals, but does not apply to roasted grain (granola) puffed grain, or all bran cereals - also see Cheerios, Granola, Puffed Wheat. The milk eaten to enhance the cereal is covered by the brocha of the cereal; pgs 523-533.
Cereals - Made From Puffed Wheat	☞	☞	See Puffed Wheat Cereals.
Cereals Made From Rice Flour	*mezonos* [pg 528]	*borei nefoshos* [pg 528, 519]	Also see Rice Chex. The milk eaten to enhance the cereal is covered by the brocha of the cereal; pg 528.
Chalapcha	☞	☞	See Stuffed Cabbage

Challah	*hamotzi* [pg 467]	*bircas hamozon* [pg 306-315]	Make the *hamotzi* on a whole challah if possible (even at a weekday meal) rather than on a piece (see procedure for making *hamotzi;* pg 460). Bentching required only if a *k'zayis* of bread is eaten within *k'dei achilas praas;* 283. (For halachos of reciting *bircas hamozon* see 306-315).
Challah Kugel	*mezonos* [pg 474]	*al hamichya* [pg 474, 253]	The minhag is to make a *mezonos* and *al hamichya* for all types of challah and bread puddings; pg 474.
Champagne	*borei pri hagofen* [pg 446]	*al hagefen* [pg 257 355]	Champagne is carbonated wine. Often it is sipped slowly, in which case it is exempt from a *brocha achrona* (the *minhag haolom* is not to make a *brocha achrona* on a beverage unless a *reviis* is consumed without interruption within a short minimum time span; pg 379). For champagne from Eretz Yisroel the brocha achrona ends with the phrase *v'al pri gafnoh* ; pg 350.
Cheerios (cereal)	*mezonos* [pg 528]	*al hamichya* [pg 528, 353]	Also applies to sugar coated and flavored varieties. The milk eaten to enhance the cereal is covered by the brocha of the cereal; pg 58. If a large volume of Cheerios is eaten - see pg 528 note 7, and 483-492.
Cheese	*shehakol* [pg 451]	*borei nefoshos* [pg 378]	
Cheese on Crackers	☞	☞	see Crackers With Cheese
Cheese Cake	☞ [pg 79, 504]	☞ [pg 505]	If made with a thin layer of dough, (i.e., the dough is being used merely to enrich the appearance of the cake) make *shehakol,* if made with a thick layer of dough (i.e., being used to for sustenance and or flavor), make *mezonos;* pg 79. *Brocha achrona*: *k'zayis* of the *mezonos* is usually not eaten within *k'dei achilas praas,* therefore in most cases make *borei nefoshos,* provided that between the cheese and *mezonos* at least one *k'zayis* is eaten within *k'dei achilas praas.*

Cheese Noodle Kugel	*mezonos* [pg 71]	*al hamichya* [pg 256]	If a *k'zayis* of the noodles is eaten within *k'dei achilas praas*, make *al hamichya*. If not, make *borei nefoshos*, provided that between the cheese and the noodles, at least one *k'zayis* is eaten within *k'dei achilas praas*. This is not a bread family product; pg 502.
Cheese Pancakes	☞ [pg 67]	☞ [pg 492-496]	Generally, flour is added for taste and satiation, in which case make a *mezonos* and *al hamichya*. If flour added just as binder, make a *shehakol* and *borei nefoshos*; pg 67. In either case, a *brocha achrona* required only if a *k'zayis* was eaten within *k'dei achilas praas*; pg 255.
Cheese -Rice Casserole	*mezonos* [pg 518]	*borei nefoshos* [pg 519]	Rice is the primary ingredient. Also see Rice.
Cherry	*hoetz* [pg 396]	*borei nefoshos* [pg 378]	If he also ate a *k'zayis* of grapes or other fruit of the seven species, the *al hoetz* will exempt the cherries from *borei nefoshos*; pg 357. Regarding the *brocha achrona* requirement for natural items which are whole (e.g., a whole cherry) see pg. 245.
Cherry Danish	*mezonos* [pg 504]	*al hamichya* [pg 256]	If a *k'zayis* of the *mezonos* is eaten within *k'dei achilas praas*, make *al hamichya*. If not, make *borei nefoshos*, provided that between the filling and *mezonos* at least one *k'zayis* is eaten within *k'dei achilas praas*. This is a bread family product. If a large volume is eaten - see pgs 483-492.
Cherry Pie	☞	☞	see Pie
Cherry Wine	*shehakol* [pg 446]	*borei nefoshos* [pg 379]	Not made from grapes, therefore not classified as wine; pg 446.
Chestnut, Roasted	*hoetz* [pg 396, 398]	*borei nefoshos* [pg 378]	If he also ate a *k'zayis* of raisins or fruit of the seven species, the *al hoetz* will exempt the chestnuts from *borei nefoshos*; pg 357.
Chestnut, Raw	*shehakol* [pg 398]	*borei nefoshos* [pg 378]	

Chewing Gum	*shehakol* [pg 456]	no *brocha achrona* [pg 247]	Amount required for brocha achrona not eaten; pg 247.
Chicken	*shehakol* [pg 454]	*borei nefoshos* [pg 377]	Also see various chicken listings (e.g., Batter Dipped Chicken, Chicken with Bread Stuffing, etc.,).
Chicken Ala King	*shehakol* [pg 68]	*borei nefoshos* [pg 377]	Chicken is the primary ingredient, vegetables are minority (and enhancing) ingredient, thus the *shehakol* covers them; pg 68.
Chicken Cantonese	☞ [pg 64]	*borei nefoshos* [pg 377]	Made from large pieces of chicken and vegetables which are not eaten together on the same forkful, therefore two brochos required; pg 64. First make *hoadoma* on vegetable, then *shehakol* on chicken; pg 167. If the pieces are small, and eaten together on the same forkful, make one brocha: if mostly vegetables, *hoadoma*, if mostly chicken, *shehakol*; pg 68.
Chicken Chow Mein	☞ [pg 63]	*borei nefoshos* [pg 377]	Generally made from small pieces of chicken, vegetables, and rice which are eaten together on the same forkful, therefore only one brocha is required; pg 64. If majority is rice, make *mezonos*; majority vegetables make, *hoadoma*; majority chicken, *shehakol*; pg 68.
Chicken Fat, (grebenes)	*shehakol* [pg 454]	☞ [pg 378]	Often eaten to enhance another food, in which case it is covered by the brocha of the other food; pg 58. Generally exempt from *brocha achrona*, as amount required for *brocha achrona* usually not eaten, pg 247.
Chicken Fricassee	*shehakol* [pg 454]	*borei nefoshos* [pg 377]	
Chicken, Fried	☞	☞	see Batter Dipped Chicken or Schnitzel
Chicken Livers with Onions	*shehakol* [pg 68]	*borei nefoshos* [pg 377]	

Chicken Pie	*mezonos* [pg 504]	*al hamichya* [pg 505]	If a *k'zayis* of the *mezonos* is eaten within *k'dei achilas praas*, make *al hamichya*. If not, make *borei nefoshos*, provided that between the filling and crust at least one *k'zayis* is eaten within *k'dei achilas praas*. This is a bread family product. If a large volume is eaten - see pgs 483-492.
Chicken Salad	*shehakol* [pg 68]	*borei nefoshos* [pg 377]	Chicken is the primary ingredient, vegetables are minority (and enhancing) ingredient, thus the *shehakol* covers them; pg 68.
Chicken Schnitzel	☞	☞	see Schnitzel
Chicken Soup	*shehakol* [pg 439]	☞ [pg 381]	Carrots, celery or other vegetables served with chicken soup, should, technically, require a separate brocha. However, if the vegetables are eaten with the soup to enhance the soup - as is the case for most people - they are covered by the *shehakol* made on the soup; pg 439. If a *k'zayis* of vegetables is eaten within *k'dei achilas praas*, make *borei nefoshos*. Clear soup is considered a liquid with regard to the *shiur* for *brocha achrona*. Generally, when eaten hot, one does not consume a *reviis* within the short span required for *brocha achrona* on liquids; pg 381.
Chicken Soup With Kreplach, Matzoh Ball	☞	☞	If soup eaten to enhance matzoh ball (eaten on the same spoon) make *mezonos*. If some of the soup is eaten separately, make *shehakol*; pg 73. If a *k'zayis* of *mezonos* ingredient eaten within *k'dei achilas praas, al hamichya* (see pg 354). The filling in the kreplach do not count towards the *k'zayis* of *mezonos*. Hot clear soup is generally exempt from a brocha achrona; see pg 381.
Chicken With Bread Stuffing	☞ [pg 475]	☞ [pg 255]	First make a *mezonos* and eat some of the stuffing. Then make a *shehakol* and eat some chicken without stuffing; pg 475. If a *k'zayis* of the stuffing is eaten within *k'dei achilas praas*, make an *al hamichya*. If a *k'zayis* of chicken (or half *k'zayis* chicken and half *k'zayis* stuffing) was eaten within *k'dei achilas praas*, make a *borei nefoshos*; pg 255, 353.

Chicken with Rice Stuffing	☞ [pg 475]	*borei nefoshos* [pg 519]	First make a *mezonos* and eat some of the stuffing. Then make a *shehakol* and eat some chicken without stuffing; pg 475.
Chickpea	*hoadoma* [pg 396]	*borei nefoshos* [pg 378]	Regarding the *brocha achrona* requirement for natural items which are whole (e.g., a whole chickpea) see pg. 245.
Chicory Lettuce	*hoadoma* [pg 396]	*borei nefoshos* [pg 378]	Note: Requires inspection for insects prior to using. Also see Endive.
Chinese Cabbage	*hoadoma* [pg 396]	*borei nefoshos* [pg 378]	Note: Requires inspection for insects prior to using.
Chinese Noodles	*mezonos* [pg 482]	*al hamichya* [pg 353]	Chinese noodles, are often eaten with other foods as an enhancer. *Mezonos* enhancers, however, are not exempt from a brocha; pg.80. If a *k'zayis* of the Chinese noodles eaten within *k'dei achilas praas*, an *al hamichya* is required. Not a bread family product; pg 482.
Chive	☞	☞	Chives (like scallions) are generally used to season other foods (e.g., cheese with vegetables added) in which case they are covered by the brocha of the other food; pg 68. Note: Requires inspection for insects prior to using. Dehydrated chives may be used without inspection; pg 435.
Chocolate	*shehakol* [pg 415]	*borei nefoshos* [pg 378]	Also see other related listings (e.g., Chocolate Covered...).
Chocolate Bar With Almonds	*shehakol* [pg 68, 415]	*borei nefoshos* [pg 378, 417]	Almonds in a chocolate bar are the (minority and) enhancing ingredient, therefore covered by the *shehakol*, however also see Chocolate Covered Nut.
Chocolate Covered Coconut Candy	☞	*borei nefoshos*	If made from shredded coconut, and coconut is clearly recognizable (see pg 405) and majority ingredient, make *hoetz*. If coconut is not clearly recognizable, or is minority ingredient, make *shehakol*; pg 68, 417.

Chocolate Cream Pie	☞	☞	Made from a pie shell which is filled with chocolate pudding and topped with whipped cream (the mezonos and the filling are not baked together). The brocha requirements are dependent on the intention of the person eating it. If eaten like a pie, i.e., the filling eaten to enhance the dough- make *mezonos* which will exempt filling. Otherwise two brochos are required. First, break off a piece of crust make a *mezonos* and eat it, next make *shehakol* and eat some of the filling by itself; pg 72. *Brocha achrona*: if a *k'zayis* of the *mezonos* is eaten within *k'dei achilas praas*, make *al hamichya*. If a *k'zayis* of filling (or half a *k'zayis* of filling and half a *k'zayis* of mezonos) was eaten within *k'dei achilas praas* - make *borei nefoshos*; pg 505
Chocolate Covered Fruit or Nut	☞ [pg 417]	*borei nefoshos* [pg 378]	If one regards the chocolate coating as an enhancer to the fruit or nut, make *hoetz*. If he regards the fruit or nut as an enhancer to the chocolate, make a *shehakol*. If neither food is regarded as an enhancer to the other: according to some Poskim recite one brocha - on the majority ingredient. Other Poskim rule that two brochos should be made; see pg 417. Regarding the *brocha achrona* requirement for natural items which are whole (e.g., a whole nut) see pg. 245.
Chocolate Covered Raisins	☞ [pg 417]	☞ [pg 356]	*Brocha rishona:* see Chocolate Covered Fruit. *Brocha achrona:* If raisins are the primary ingredient, and a *k'zayis* of raisins is eaten within *k'dei achilas praas*, make *al hoetz*. If not, make *borei nefoshos*, provided that between the raisins and the chocolate at least one *k'zayis* is eaten within *k'dei achilas praas*. pg 353. Raisins, according to some Poskim, are not subject to the *brocha achrona* requirement of natural items which are whole (discussed pg. 245) Rav S.Z. Auerbach *shlita*.
Chocolate Covered Orange Peels	*shehakol* [pg 416]	*borei nefoshos* [pg 378]	

Chocolate Fudge	*shehakol* [pg 455]	*borei nefoshos* [pg 381]	
Chocolate Milk	*shehakol* [pg 451]	*borei nefoshos* [pg 378]	
Chocolate Pudding	*shehakol* [pg 455]	*borei nefoshos* [pg 381]	Classified as a solid with regard to *brocha achrona*; therefore if a *k'zayis* was eaten within *k'dei achilas praas* make *borei nefoshos*; pg 381.
Cholent	☞ [pg 80]	☞ [pg 255]	If made from small pieces which are eaten together on the same forkful, one brocha is required: if it contains barley (more than a just a minimal amount) - make *mezonos* only. If it does not contain barley, and majority ingredient is beans or potatoes, make *hoadoma* only. If majority ingredient is rice, make *mezonos* only; pg 80. *Brocha achrona*: If a *k'zayis* of barley is eaten within *k'dei achilas praas*, make an *al hamichya* only. Otherwise make a *borei nefoshos* (providing at least one *k'zayis* was eaten within *k'dei achilas praas*); pg 255, 353. If cholent was made from large pieces, the various components require their own separate brochos; pg 80.
Chopped Herring Chopped Liver	*shehakol* [pg 454]	*borei nefoshos* [pg 377]	The Poskim maintain that when crackers are eaten with another food (e.g., chopped herring chopped liver) the other food is often being used to enhance the crackers, in which case a *mezonos* on the crackers will exempt the other food. In this case: If a *k'zayis* of crackers were eaten within *k'dei achilas praas*, make an *al hamichya* only. Otherwise make a *borei nefoshos* (providing at least one *k'zayis* was eaten within *k'dei achilas praas*); pg 255, 353 However, if the other food is not being eaten to enhance the cracker, two brochos are required (e.g., he enjoys both the liver and the crackers equally, nevertheless, wishes to eat them together because he enjoys the way they taste together); pgs 60, 74. First make *mezonos*, eat some cracker, then make *shehakol* and eat some liver. In this case each of the two foods require their respective *brochos achrona*.

Chow Mein	☞	☞	see Chicken Chow Mein
Chumous	*shehakol* [pg 405]	*borei nefoshos*	Chumous, a dressing made from ground chick peas, is subject to *shehakol* (not *hoadoma*, pg 405). It is generally eaten on bread, crackers or in salad, in which case it does not require a separate brocha; pg 74.
Cider	*shehakol* [pg 430]	*borei nefoshos* [pg 378]	
Cinnamon Roll	*mezonos* [pg 502]	*al hamichya* [pg 256]	This is a bread family product. If a large volume is eaten, see pgs 483-492.
Cobbler	☞	☞	see Fruit Cobbler
Cocoa, Hot	*shehakol* [pg 450]	☞ [pg 379]	The *minhag haolom* is not to make a *borei nefoshos* on a beverage unless a *reviis* is consumed without interruption within a short minimum time span: therefore hot cocoa is exempt from *brocha achrona*. When possible, one should, preferably, allow some of the beverage to cool off in order to drink the last four and a half ounces without interruption and make *borei nefoshos*; pg 380.
Cocoa Krispies (cereal)	☞	☞	see Crisp Rice Cereals
Cocoa Pebbles (cereal)	☞	☞	see Crisp Rice Cereals
Cocoa Puffs, (cereal)	*shehakol* [pg 528]	*borei nefoshos* [pg 528]	Applies to all cereals made from corn flour with wheat starch added (the wheat starch is added as carrier or binder, therefore brocha is *shehakol*); pg 67, 528. The milk eaten to enhance the cereal is covered by the brocha of the cereal; pg 58.
Coconut	*hoetz* [pg 396]	*borei nefoshos* [pg 378]	

Coconut Candy	☞	☞	see Chocolate Covered Coconut Candy
Coconut Cake	*mezonos* [pg 502]	*al hamichya* [pg 256]	The major ingredient of this cake is flour. The *minhag haolom* is to make an *al hamichya* on a *k'zayis* of cake (even though less than one *k'zayis* of flour is eaten). Some poskim rule that the other ingredients do not count towards the *k'zayis* - see pg 256 .
Coconut Milk	*shehakol* [pg 451]	*borei nefoshos* [pg 379]	
Coffee	*shehakol* [pg 450, 456]	☞ [pg 379]	The *minhag haolom* is not to make a *borei nefoshos* on a beverage unless a *reviis* is consumed without interruption within a short minimum time span: therefore hot coffee is exempt from *brocha achrona*. When possible, one should, preferably, allow some of the beverage to cool off in order to drink the last four and a half ounces without interruption and make *borei nefoshos*; pg 380.
Coffee Cake	*mezonos* [pg 502]	*al hamichya* [pg 256]	The major ingredient of this cake is flour. The *minhag haolom* is to make an *al hamichya* on a *k'zayis* of cake (even though less than one *k'zayis* of flour is eaten). Some poskim rule that the other ingredients do not count towards the *k'zayis* - see pg 256 .
Cognac	*shehakol* [pg 447]	☞ [pg 379]	The minhag is to make a *shehakol* on all types of brandy and cognac, even for those made from distilled wine; pg 447. A *reviis* usually not consumed in short minimum time span required for *brocha achrona*, thus usually exempt from *brocha achrona* (according to most Poskim); pg 379.
Coleslaw	*hoadoma* [pg 396]	*borei nefoshos* [pg 378]	Note: Requires inspection for insects prior to using. Coleslaw is sometimes made from Kohlrabi, a cabbage substitute, which does not need inspection for insects.

Compote	☞ [pg 409]	*borei nefoshos* [pg 378]	Home made fruit compotes generally contain solid pieces (or strands) of fruit. Since there are (intact) pieces of fruit in the compote, the brocha is *hoetz;* pg 409.
Cookies	*mezonos* [pg 502]	*al hamichya* [pg 256]	The major ingredient of most types of cookies is flour. The *minhag haolom* is to make an *al hamichya* on a *k'zayis* (even though less than one *k'zayis* of flour is eaten). Some poskim rule that the other ingredients do not count towards the *k'zayis* - see pg 256 . This is a bread family product. If a large volume is eaten, see pgs 483-492. For cookies made without flour (e.g., Passover cookies) the brocha is *shehakol*.
Corn, Baby	*hoadoma* [pg 396]	*borei nefoshos* [pg 378]	Note: Baby corn from some locales require inspection for insects prior to using.
Corn Bread	*hamotzi* [pg 467, 410]	*bircas hamozon* [pg 306-315]	"Corn" bread, is made primarily from wheat flour. (See procedure for making *hamotzi;* pg 460). Bentching required only if a *k'zayis* of bread is eaten within *k'dei achilas praas;* 283. (For halachos of reciting *bircas hamozon* see 306-315).
Corn Chex (cereal)	*shehakol* [pg 528]	*borei nefoshos* [pg 528]	Made from a batter of corn flour which is extruded, therefore, brocha is *shehakol;* pg 528. The milk eaten to enhance the cereal is covered by the brocha of the cereal; pg 58.
Corn Chips	*shehakol* [pg 410]	*borei nefoshos* [pg 378]	The brocha for products made from milled (ground) corn is *shehakol,* pg 409.
Corn Flakes	☞ [pg 524]	*borei nefoshos* [pg 524]	The process used by the major manufacturers of corn flakes (Kellog's Corn Flakes and Post Toasties are currently made by this process) consists of passing pieces of corn kernels between two rollers, thereby pressing them into flakes. The brocha for corn flakes made by this process is *borei pri hoadoma* since the corn kernel is still intact when served. For corn flakes made from the other process, make *shehakol;* pg 524.

Corn Fritters	*shehakol* [pg 410]	*borei nefoshos* [pg 378]	Corn fritters are made from milled (ground corn, corn flour) with no grain flour added, thus the brocha is *shehakol;* pg 405, 410.
Corn Kernels	*hoadoma* [pg 396]	*borei nefoshos* [pg 378]	
Corn Meal (cooked)	*shehakol* [pg 410, 533]	*borei nefoshos* [pg 378, 533]	
Corn Muffin	*mezonos* [pg 502]	*al hamichya* [pg 256]	Corn muffins are made with a significant amount of grain flour. The *minhag haolom* is to make an *al hamichya* on a *k'zayis* of cake (even though less than one *k'zayis* of flour is eaten). Some poskim rule that the other ingredients do not count towards the *k'zayis* - see pg 256 . This is a bread family product. If a large volume is eaten, see pgs 483-492.
Corn, On the Cob	*hoadoma* [pg 396]	*borei nefoshos* [pg 378]	Note: In some locales (e.g., Israel) requires inspection for insects prior to using.
Corn Pops (cereal)	*shehakol* [pg 528]	*borei nefoshos* [pg 528]	Made from a batter of corn flour which is extruded, therefore, brocha is *shehakol;* pg 528. The milk eaten to enhance the cereal is covered by the brocha of the cereal; pg 58.
Corn Soup	*hoadoma* [pg 439]	*borei nefoshos* [pg 382]	The soup is considered a solid rather than a liquid with regard to the *shiur;* therefore, if *k'zayis* was eaten within *k'dei achilas praas* make *borei nefoshos;* pg 382.
Corned Beef	*shehakol* [pg 454]	*borei nefoshos* [pg 377]	
Corned Beef and Cabbage	☞ [pg 63]	*borei nefoshos* [pg 377]	Generally made from small pieces which are eaten together on the same forkful, therefore only one brocha is required; pg 64. If majority is cabbage (and not eaten to enhance the meat) make *hoadoma;* majority beef, make *shehakol;* pg 68. Note: Cabbage requires inspection for insects prior to using.

Cottage Cheese	*shehakol* [pg 454]	*borei nefoshos* [pg 377]	
Cotton Candy	*shehakol* [pg 414]	☞	Made from spun sugar. Amount required for *brocha achrona* not normally eaten; pg 247.
Cough Drops	*shehakol* [pg 200]	☞	No *brocha achrona* since less than a *shiur* is eaten; pg 247. Also see Medicine, Flavored.
Couscous	*mezonos* [pg 481]	*al hamichya* [pg 353, 482]	Made from semolina, (not a bread family product; pg 482 note 11). Often couscous is mixed (and eaten together on same spoonful) with chickpeas or vegetables, in which case the *mezonos* made on the couscous exempts the chickpeas and vegetables; pg 68.
Crackers	*mezonos* [pg 502]	*al hamichya* [pg 256]	This is a bread family product. If a large volume is eaten, see pgs 483-492.
Crackers With Cheese or Tuna	☞ [pg 74]	☞ [pg 255]	The Poskim maintain that when crackers are eaten with another food (e.g., cheese or tuna) the other food is often being used to enhance the crackers, in which case a *mezonos* on the crackers will exempt the other food. In this case: If a *k'zayis* of crackers were eaten within *k'dei achilas praas,* make an *al hamichya* only. Otherwise make a *borei nefoshos* (providing at least one *k'zayis* was eaten within *k'dei achilas praas*); pg 255, 353 However, if the other food is not being eaten to enhance the cracker, two brochos are required (e.g., he enjoys both the tuna and the crackers equally, nevertheless, wishes to eat them together because he enjoys the way they taste together); pgs 60, 74. First make *mezonos,* eat some cracker, then make *shehakol* and eat some tuna. In this case each of the two foods require their respective *brochos achrona*.

Cranberries	*hoadoma* [pg 394]	*borei nefoshos* [pg 378]	Technically, the cranberry vine is considered a tree, however, there is a *minhag* not to make *hoetz* on berries from bushes which are less than 9 inches high. Since cranberries grow within 9 inches of the ground, its brocha is *hoadoma;* pg 394. Regarding the *brocha achrona* requirement for natural items which are whole (e.g., a whole berry) see pg. 245.
Cranberry Juice	*shehakol* [pg 428]	*borei nefoshos* [pg 378]	
Cranberry Relish	*hoadoma* [pg 405]	*borei nefoshos* [pg 378]	A mixture of cranberry, fruit and nut pieces, usually eaten alongside (but not on the same forkful with) chicken or meat. The majority ingredient is *hoadoma* (see Cranberries). However, sometimes used as a topping to enhance the chicken, and eaten together on the same forkful, in which case it is exempted by the *shehakol* made on the chicken; pg 58.
Cranberry Sauce	☞ [pg 405]	*borei nefoshos* [pg 378]	If made with pieces of cranberries which are clearly recognizable (see pg 405) make *hoadoma*. For jellied cranberry sauce made from pureed or strained cranberries (no pieces) make *shehakol*.
Cream	*shehakol* [pg 454]	*borei nefoshos* [pg 381]	Often used to flavor or enhance other foods, in which case is covered by brocha of other foods; pg 58. Creams which are thicker than beverages (e.g., sour cream) are considered solids with regard to *shiur* for *brocha achrona;* pg 381.
Cream of Broccoli Soup	☞	☞	See Vichyssoise Soup. Note: If florets are washed and pureed, inspection for insects is not required.
Cream of Celery Soup	☞	☞	see Vichyssoise Soup. Note: If celery stalks are washed and brushed before using, inspection for insects is not required.

Cream of Mushroom Soup	*shehakol* [pg 436]	☞ [pg 381]	*Brocha achrona*: if the soup contains pieces of mushroom, or pureed mushroom, it is considered a solid with regard to the *shiur*. Therefore if a *k'zayis* was eaten within *k'dei achilas praas* make *borei nefoshos* (pg 382). If it does not contain mushrooms (e.g., instant mushroom soup) it is considered a liquid with regard to the *shiur*, thus if eaten hot, is generally exempt from *brocha achrona*; see pg 381.
Cream of Potato Soup	☞	☞	see Vichyssoise Soup
Cream of Spinach Soup	☞	☞	see Vichyssoise Soup. Note: Spinach which is washed and pureed, may be used without inspection for insects, pg 409.
Cream Pie	☞	☞	see Chocolate Cream Pie; Pie
Cream Puffs	*mezonos* [pg 504]	*al hamichya* [pg 256, 505]	The cream filling does not require a separate brocha (although the cream and the cake are not baked together, nevertheless, since the cream is an enhancer, it is covered by the *mezonos* made on the cake). *Brocha achrona:* If a *k'zayis* of the *mezonos* is eaten within *k'dei achilas praas*, make *al hamichya*. If not, make *borei nefoshos*, provided that between the filling and *mezonos* at least one *k'zayis* is eaten within *k'dei achilas praas*. This is a bread family product. If a large volume is eaten - see pgs 483-492.
Creamed Spinach	☞	☞	see Spinach, Creamed
Cranshaw Melon	*hoadoma* [pg 396]	*borei nefoshos* [pg 378]	If used as an appetizer for a bread meal; see pg. 62.
Crepe	☞	☞	see blintzes

Crisp Rice Cereals (e.g., Rice Krispies)	*mezonos* [pg 526]	*borei nefoshos* [pg 526, 519]	Applies to sweetened crisp rice cereals as well such as: Cocoa Pebbles, Cocoa Krispies, Fruity Pebbles. The milk is covered by the brocha for the cereal; pg 72.
Croissant	*mezonos* [pg 464, 468]	*al hamichya* [pg 353]	Croissants are eaten by most people for a snack rather than as the mainstay of their meal. They are therefore not treated as bread, and the brocha is *mezonos*. This is a bread family product. If a large volume is eaten, see pgs 483-492.
Croutons (made from bread)	☞	☞	Packaged croutons sold in grocery stores are made from bread baked especially for the production of croutons, therefore, the brocha is *mezonos*; (see pg 468). When eaten in salads or soups, make two brochos, first make *mezonos* and eat some croutons, then the appropriate brocha for the salad or soup, (see pg 60); Rav S.Z. Auerbach *shlita*. (If the croutons were deep fried the brocha is *mezonos* according to all views; pg 469). For homemade croutons, made from left over bread which was toasted - make *hamotzi*; pg 468. If eaten with salads or soups, two brochos are required. The *hamotzi* does not exempt the other foods eaten; pg 96. Typically, less than a *k'zayis* of croutons are eaten within *k'dei achilas praas*, in which case neither *al hamichya* nor bentching is required; pg 255, 282.
Croutons (soup mandel type)	*mezonos*	☞	If eaten in salads or soups, make two brochos; see Croutons (made from bread). Typically, less than a *k'zayis* eaten within *k'dei achilas praas*, therefore, *al hamichya* is not required; pg 255.
Cucumbers	*hoadoma* [pg 396]	*borei nefoshos* [pg 378]	
Cucumber Relish	☞ [pg 58]	☞	Cucumber relish is usually eaten as a topping to enhance meat or other foods, or is spread on bread or crackers: in which case it is covered by the brocha made on the other foods.

Cupcake	*mezonos* [pg 502]	*al hamichya* [pg 353]	The *minhag haolom* is to make an *al hamichya* on a *k'zayis* of cake (even though less than one *k'zayis* of flour is eaten). Some poskim rule that the other ingredients do not count towards the *k'zayis* - see pg 256 .
Cupcake, Cream Filled	*mezonos* [pg 502]	*al hamichya* [pg 353]	If a *k'zayis* of the *mezonos* is eaten within *k'dei achilas praas* make *al hamichya* (see Cupcake). If not, make *borei nefoshos*, provided that between the filling and the *mezonos* at least one *k'zayis* is eaten within *k'dei achilas praas*. This is a bread family product. If a large volume is eaten - see pgs 483-492.
Currant	*hoetz* [pg 396]	*borei nefoshos* [pg 378]	If he also ate a *k'zayis* of grapes or other fruit of the seven species, the *al hoetz* will exempt the currants from *borei nefoshos*; pg 357.
Cutlets	*shehakol* [pg 78]	☞	If made with thick coating, *mezonos*; with thin coating, *shehakol*; pg 79. *brocha achrona*: with thick coating and a *k'zayis* of *mezonos* ingredient eaten within *k'dei achilas praas, al hamichya*. Otherwise, *borei nefoshos* (provided that between coating and meat at least one *k'zayis* was eaten within *k'dei achilas praas*; pg 353).

D....

Date	*hoetz* [pg 396]	*al hoetz* [pg 356]	Note: California dates do not require inspection for insects. Dates from other countries might require inspection. For dates from Eretz Yisroel, the *brocha achrona* ends with the phrase *v'al peirose'ho*, (pg 350). Note: before eating fruit from Eretz Yisroel, verify that it is not subject to the prohibitions of *orloh* and *shviis*, and that *terumos* and *maasros* were taken.
Date Cookies	*mezonos* [pg 502]	*al hamichya* [pg 256]	The major ingredient is flour. The *minhag haolom* is to make an *al hamichya* on a *k'zayis* of cookie (even though less than one *k'zayis* of flour is eaten). Some poskim rule that the other ingredients do not count towards the *k'zayis* - see pg 256 .This is a bread family product. If a large volume is eaten, see pgs 483-492.

Date Snack Bar	☞ [pg 405]	☞ [pg 356]	Made from pressed dates, and other ingredients (such as nuts, raisins, granola) which are usually identifiable and recognizable (pg 405), therefore if majority is *hoetz;* make *hoetz;* if majority is *hoadoma* (e.g., rolled oats, peanuts) make *hoadoma.* If a *k'zayis* of the dates and raisins is eaten within *k'dei achilas praas,* make an *al hoetz.* If not, make a *borei nefoshos,* provided that between all the ingredients at least one *k'zayis* is eaten within *k'dei achilas praas.* pg 255, 353.
Dill	☞ [pg 58]	☞	Dill is either sprinkled on foods, cooked with foods to add flavor, or used to garnish foods, and is thus exempted by the brocha of the other foods; pg 58. Note: Fresh dill needs inspection for insects, however, dehydrated dill may be used without inspection; pg 435. To use fresh dill without inspection: before cooking, wrap in cloth or paper (e.g., coffee filter paper); keep wrapped during cooking.
Doughnut	*mezonos* [pg 482, 497]	*al hamichya* [pg 353]	Doughnuts are not bread family products (because they are made from dough which is deep fried, rather than baked); pg 497.
Doughnut Dipped in Coffee	☞ [pg 73]	☞ [pg 353, 379]	It is preferable to first make a *mezonos* and eat some of the doughnut, then make a *shehakol* on some other food or drink (not water; pg 201). If making a *shehakol* on another food or drink is not possible or difficult, make a *shehakol* on the coffee (in the cup - not on coffee absorbed in the doughnut). *brocha achrona*: for doughnut make *al hamichya;* hot coffee generally exempt from *brocha achrona;* pg 379.
Doughnut, Jelly or Custard Filled	*mezonos* [pg 504]	*al hamichya* [pg 257, 505]	The *mezonos* made on the doughnut covers the filling as well (since the filling is eaten to enhance the doughnut). *Brocha achrona:* If a *k'zayis* of the *mezonos* is eaten within *k'dei achilas praas,* make *al hamichya.* If not, make *borei nefoshos,* provided that between the filling and *mezonos* at least one *k'zayis* is eaten within *k'dei achilas praas.* Not a bread family product.

Dried Banana Chips	*hoadoma* [pg 396]	*borei nefoshos* [pg 378]	The banana plant is not a tree, therefore the brocha for bananas is *hoadoma;* pg 393.
Dried Fruit (e.g., Dried: Apple, Mango, Peach, etc.)	*hoetz* [pg 396]	*borei nefoshos* [pg 378]	If he also ate a *k'zayis* of raisins or fruit of the seven species, the *al hoetz* will exempt the mango from *borei nefoshos;* pg 357. Other dried fruit listings: dried carob, see Carob; dried dates see Date; dried figs see Fig; dried grapes, see Raisin.
Dried Papaya	*hoadoma* [pg 395]	*borei nefoshos* [pg 378]	The papaya plant, a botanical anomaly, is not a tree; pg 395.
Dried Pineapple	*hoadoma* [pg 396]	*borei nefoshos* [pg 378]	
Duck	*shehakol* [pg 454]	*borei nefoshos* [pg 377]	
Dumpling	☞	☞	see Kreplach

E....

Eclair	*mezonos* [pg 505]	*al hamichya* [pg 256]	The *mezonos* made on the cake covers the custard filling as well (since the filling is eaten to enhance the cake). *Brocha acrona:* If a *k'zayis* of the *mezonos* is eaten within *k'dei achilas praas,* make *al hamichya.* If not, make *borei nefoshos,* provided that between the filling and *mezonos* at least one *k'zayis* is eaten within *k'dei achilas praas.* This is a bread family product. If a large volume is eaten - see pgs 483-492.
Egg	*shehakol* [pg 454]	*borei nefoshos* [pg 378]	Regarding *shiur brocha achrona* for raw eggs, see pg 378 note 12.1.
Egg Barley	☞	☞	see Farfel

Egg Matzoh	*mezonos* [pg 466, 501]	*al hamichya* [pg 353, 501]	This is a bread family product. If a large volume is eaten, see pgs 483-492. Regarding egg matzoh on *erev Pessach*, see pg 501.
Egg Omelet	*shehakol* [pg 454]	*borei nefoshos* [pg 377]	The vegetables are generally added to enhance the egg, therefore the brocha on the egg covers them; pg 58.
Egg Rolls	*mezonos* [pg 495]	*al hamichya* [pg 353]	Egg roll is made from cabbage and other vegetables rolled in dough which is deep fried - it is not a bread family product; pg 495. If a *k'zayis* of the *mezonos* is eaten within *k'dei achilas praas*, make *al hamichya*. If not, make *borei nefoshos*, provided that between the filling and *mezonos* at least one *k'zayis* is eaten within *k'dei achilas praas*. Note: Cabbage requires inspection for insects prior to using.
Egg Salad	*shehakol* [pg 454]	*borei nefoshos* [pg 377]	Diced celery or other vegetables mixed into the salad are exempted by the *shehakol*; pg 58.
Eggnog	*shehakol* [pg 454]	*borei nefoshos* [pg 377]	
Eggplant	*hoadoma* [pg 396]	*borei nefoshos* [pg 378]	
Eggplant, Batter Dipped or Breaded	☞	☞	If made with thick coating, *mezonos*; with thin coating, *shehakol*; pg 79. *brocha achrona*: with thick coating and a *k'zayis* of *mezonos* ingredient eaten within *k'dei achilas praas*, *al hamichya*. Otherwise, *borei nefoshos* (provided that between coating and eggplant at least one *k'zayis* was eaten; pg 255, 353).
Eggplant, Parmigiana	*hoadoma* [pg 396]	*borei nefoshos* [pg 378]	Eggplant fried without coating or with thin coating, then baked with cheese. The hoadoma made on the eggplant exempts the other ingredients; pg 68. *Mezonos* brocha for eggplant coating not required; pg 78.

Eggplant Salad	*hoadoma* [pg 406]	*borei nefoshos* [pg 378]	Eggplant is commonly mashed for salads and can be recognized by its distinctive texture, therefore make *hoadoma*; pg 406. If eaten on a cracker, generally exempted by brocha of cracker; pg 74.
Enchilada	*shehakol* [pg 405]	*borei nefoshos* [pg 378]	Crust made from corn flour (with no grain flour added) and filled with meat or cheese; pg 405.
Endive	*hoadoma* [pg 396]	*borei nefoshos* [pg 378]	Endive is a type of lettuce similar to Romaine lettuce, but curly. Also see Endive, Belgian. Note: Requires inspection for insects prior to using.
Endive, Belgian	*hoadoma* [pg 396]	*borei nefoshos* [pg 378]	Belgian Endive is a small oblong head with tightly packed very pale green leaves. Belgian Endives are generally grown in the ground, (in a dark indoor enclosure), therefore make *hoadoma*. If grown hydroponically - see Hydroponically Grown Vegetables. Belgian Endives generally do not requires inspection for insects.
English Muffin	☞	☞	English Muffins can vary according to product and locale. If a particular type is used by most people of a specific locale as the mainstay of a meal, that type requires *hamotzi* and bentching. If it is mostly used as a between meal snack, the brochos are *mezonos* and *al hamichya*; (how to classify "bread" is discussed in detail on pgs 464-468).
Escarole Lettuce	*hoadoma* [pg 396]	*borei nefoshos* [pg 378]	Note: Requires inspection for insects prior to using.

F....

Farfel	*mezonos* [pg 482]	*al hamichya* [pg 353, 481]	Not a bread family product. Also see Couscous.

Farina	*mezonos* [pg 482, 532]	*al hamichya* [pg 353]	The farina is considered a solid with regard to the *shiur* for *brocha achrona*, therefore, if one *k'zayis* was eaten within *k'dei achilas praas*, make an *al hamichya*. Not a bread family product; pg 482. In the uncommon instance where it was made loose enough to be a drink, (even though it was eaten with a spoon as farina is normally eaten, nevertheless,) the brocha is *shehakol* and *borei nefoshos* (in this case the farina is considered a liquid with regard to the *shiur*); pg 523.
Fig	*hoetz* [pg 396]	*al hoetz* [pg 356]	For figs from Eretz Yisroel, the *brocha achrona* ends with the phrase *v'al peirose'ho*, (pg 350). Note: requires inspection for insects prior to using. Before eating fruit from Eretz Yisroel, verify that it is not subject to the prohibitions of *orloh* and *shviis*, and that *terumos* and *maasros* were taken.
Filbert	*hoetz* [pg 396]	*borei nefoshos* [pg 378]	If he also ate a *k'zayis* of grapes or other fruit of the seven species, the *al hoetz* will exempt the filberts from *borei nefoshos*; pg 357.
Fish	*shehakol* [pg 454]	*borei nefoshos* [pg 378]	
Fish Almandine	*shehakol* [pg 454]	*borei nefoshos* [pg 377]	Almonds are exempted by brocha on fish, pg 58.
Fish Balls	*shehakol* [pg 454]	*borei nefoshos* [pg 377]	Even if flour, challah, matzoh meal, or oatmeal was added to the fish batter, nevertheless, since it is added as a binding or softening agent, it is exempted by the brocha of the fish; pg. 67.
Fish Cakes	☞	☞	see Fish Balls
Fish, Fried	☞	☞	see Fried Fish or Batter Dipped Fish
Fish Sticks, Breaded	☞	☞	see Fried Fish or Batter Dipped Fish

Frankfurter	*shehakol* [pg 454]	*borei nefoshos* [pg 377]	
Franks in Blankets	*mezonos* [pg 494]	☞ [pg 255, 495]	If a *k'zayis* of the *mezonos* is eaten within *k'dei achilas praas,* make *al hamichya*. If not, make *borei nefoshos,* provided that between the franks and crust at least one *k'zayis* is eaten within *k'dei achilas praas*. This is a bread family product. If a large volume is eaten - see pgs 483-492.
Franks, Vegetarian	☞	☞	see Vegetarian Soya Products
French Fried Potatoes	*hoadoma* [pg 396]	*borei nefoshos* [pg 378]	Ketchup eaten with the french fries are exempted by the brocha on the potatoes.
Fried Fish (thin coating)	*shehakol* [pg 78]	*borei nefoshos* [pg 78]	Fried fish (e.g., fried flounder, fried fish sticks) are generaly made with a thin coating, therefore, make *shehakol.* If made with thick coating see Batter Dipped Fish.
Fried Chicken (thin coating)	*shehakol* [pg 78]	*borei nefoshos* [pg 78]	Fried chicken (e.g., schnitzel) is generally made with a thin coating, therefore, make *shehakol.* If made with a thick coating see Batter Dipped Chicken.
French Toast	☞ [476-477]	☞	Either *hamotzi* or *mezonos* depending on how it is made: made from whole slice of bread - *hamotzi* and bentching; made with pieces smaller than a *k'zayis,* but deep fried in oil - *mezonos* and *al hamichya;* pan fried with some oil but not deep fried - subject to halachic uncertainty. Suggestion: can be made in a way that will exempt it from *hamotzi* and *bircas hamozon,* by using a simple procedure outlined on pg 473.
Fried Onions	☞	☞	see Onions, Fried

Fruit Cobbler	☞ [pg 505]	☞ [pg 256]	Generally made like a cake with flour added for taste and satiation in which case: make *mezonos*. Make *al hamichya* if a *k'zayis* of *mezonos* is eaten within *k'dei achilas praas*. If not, make a *borei nefoshos*, provided that between the *mezonos* and fruit at least one *k'zayis* is eaten within *k'dei achilas praas*; pg 255, 353. Can be made like fruit dessert with flour added as binder; in which case make *hoetz* and *borei nefoshos*; pg 67.
Fruit Cocktail	☞ [pg 62]	*borei nefoshos* [pg 378]	Considered a single entity (because the different fruits are mixed together and eaten together on a single spoonful), thus only one brocha required - that of the majority ingredient: if mostly *hoetz* ingredients, make *hoetz*; if mostly *hoadoma*, make *hoadoma*; pg 68. Fruit salads made with large slices of fruit, not eaten together on a single spoonful, require separate brochos for *hoetz* and for *hoadoma*; pg 64. (Which to make first, see pg 177).
Fruit Compote	☞	☞	see Compote
Fruit Juice	*shehakol* [pg 426-431]	*borei nefoshos* [pg 378]	Applies to all juices except grape juice.
Fruit Leather	*shehakol* [pg 403]	*borei nefoshos* [pg 378]	Fruit ingredient is pureed and unrecognizable, therefore make *shehakol*; pg 403.
Fruit Jam, Jelly	*shehakol* [pg 404]	☞ [pg 247]	In the vast majority of cases, jam and jelly is eaten to enhance bread, crackers or other foods, and thus covered by the brocha of those foods. However, in the unlikely event that one wishes to eat jam or jelly plain, the brocha is *shehakol*; pg 404. Generally, an amount required for *brocha achrona* not eaten; pg 247.

Fruit, Mashed	☞ [pg 403]	*borei nefoshos* [pg 378]	If mashed, ground, or cooked to the extent that it no longer retains either its original form or appearance - make *shehakol* rather than *hoetz.* Guideline: the mashed food should be shown to other members of the household or friends. If they can identify the fruit, it retains its original brocha. If they can not identify it, or they are not sure, a *shehakol* should be made; pg 403. Also see Banana, Mashed. *Brocha* achrona: both in cases where the fruit is recognizable and in cases where it is not recognizable, if `at least one *k'zayis* is eaten within *k'dei achilas praas;* make a *borei nefoshos*. pg 255, 353. Exception: the *brocha achrona* requirements for fruits of the seven species (e.g., grapes, figs, etc.,) which were mashed and are no longer recognizable, are subject to a halachic uncertainty. Therefore, try to bypass the uncertainty (see pg 369), however, if a *k'zayis* was eaten within *k'dei achilas praas,* make *al hoetz* (M.B. 202:42)
Fruit Soup	☞ [pg 437]	☞ [pg 382]	If the soup contains pieces of fruit (from tree), make *hoetz*. If ingredients include both *hoetz* (e.g., cherries) and *hoadoma* (e.g., rhubarb) make one brocha - for majority type (*hoetz or hoadoma*). In either case, brocha for fruit will exempt liquid as well. If one wishes to eat the liquid without the fruit, make a *shehakol*. *brocha achrona* is *borei nefoshos;* pg 382. If the soup is made with solid pieces - the liquid counts (with the solids) towards the minimum of one *k'zayis;* pg 382. If major ingredient is grapes, and a *k'zayis* of grapes are eaten within *k'dei achilas praas*, make *al hoetz* (see pg 354).
Fruit, Pureed	*shehakol* [pg 403]	*borei nefoshos* [pg 378]	Fruit which is strained or pureed to the extent that it no longer retains its original form or appearance is no longer subject to *hoetz,* therefore, make *shehakol;* pg 403.
Fruit, Strained	☞	☞	see Baby Food, Strained
Fruit Wrinkles	*shehakol* [pg 403]	*borei nefoshos* [pg 378]	Fruit ingredient is pureed and unrecognizable, therefore make *shehakol;* pg 403.

Fruity Pebbles	☞	☞	see Crisp Rice Cereals
Fudge	*shehakol* [pg 415]	*borei nefoshos* [pg 378]	If used as a topping to enhance other foods, it is exempted by the brocha of the other food; pg 58.

G....

Garlic Bread	*hamotzi* [pg 467]	*bircas hamozon* [pg 306-315]	(See procedure for making *hamotzi;* pg 460). Bentching required only if a *k'zayis* of bread is eaten within *k'dei achilas praas;* pg 283. (For halachos of reciting *bircas hamozon,* see pgs 306-315).
Gefilte Fish	*shehakol* [pg 454]	*borei nefoshos* [pg 377]	Also see Fish Balls.
Gooseberry	*hoetz* [pg 396]	*borei nefoshos* [pg 378]	If he also ate a *k'zayis* of grapes or other fruit of the seven species, the *al hoetz* will exempt the berries from *borei nefoshos;* pg 357. Regarding the *brocha achrona* requirement for natural items which are whole (e.g., a whole berry) see pg. 245.
Goulash	☞	☞	see Beef Stew
Graham Crackers	*mezonos* [pg 502]	*al hamichya* [pg 256]	The *minhag haolom* is to make an *al hamichya* on a *k'zayis* of cracker (even though less than one *k'zayis* of flour is eaten). Some poskim rule that the other ingredients do not count towards the *k'zayis* - see pg 256 . This is a bread family product. If a large volume is eaten, see pgs 483-492.
Granola Cereal	*hoadoma* [pg 531]	*borei nefoshos* [pg 532]	Made from toasted rolled oats and other ingredients (the brocha for grains which are roasted or toasted, but not cooked is *hoadoma;* pg 505). The milk eaten to enhance the cereal is covered by the brocha of the cereal; pg 58. The *brocha achrona* is, technically, *borei nefoshos,* however see pg 532.

Grape	*hoetz* [pg 394]	*al hoetz* [pg 356]	For grapes from Eretz Yisroel, the *brocha achrona* ends with the phrase *v'al peirose'ho;* pg 350. Note: before eating fruit from Eretz Yisroel, verify that it is not subject to the prohibitions of *orloh* and *shviis,* and that *terumos* and *maasros* were taken. Regarding the *brocha achrona* requirement for natural items which are whole (e.g., a whole grape) see pg. 245.
Grape Juice	*borei pri hagofen* [pg 444]	*al hagefen* [pg 355]	According to some Poskim, a *borei pri hagofen* may not be made on grape juices made from concentrate, however kosher grape juices currently available in the U.S. are not made from concentrate; pg 445. For grape juice from Eretz Yisroel, the *brocha achrona* ends with the phrase *v'al pri gafnoh;* pg 350.
Grape Juice and Seltzer	☞ [pg 447]	☞ [pg 448]	One should not make a *borei pri hagofen* on diluted grape juice, even if only a small percentage of water or beverage has been added. It is suggested that if one wishes to drink diluted grape juice, he should make the *borei pri hagofen* and drink a *reviis* of (undiluted) grape juice or wine, (when making the *borei pri hagofen* - the diluted grape juice, or any other beverage he wishes to drink, should be in front of him or he should have intention to exempt it); pg 448. The *al hagefen* made on the grape juice will cover the other beverages as well; pg 100-103.
Grape Soda	*shehakol* [pg 451]	*borei nefoshos* [pg 379]	
Grapefruit	*hoetz* [pg 396]	*borei nefoshos* [pg 378]	If used as an appetizer see pg. 92. If he also ate a *k'zayis* of grapes or other fruit of the seven species, the *al hoetz* will exempt the grapefruit from *borei nefoshos;* pg 357.
Grapefruit Juice	*shehakol* [pg 428]	*borei nefoshos* [pg 378]	
Green Beans	*hoadoma* [pg 396]	*borei nefoshos* [pg 378]	Regarding the *brocha achrona* requirement for natural items which are whole (e.g., a whole bean) see pg. 245.

Green Peas	*hoadoma* [pg 396]	*borei nefoshos* [pg 378]	Regarding the *brocha achrona* requirement for natural items which are whole (e.g., a whole pea) see pg. 245.
Green Pepper	*hoadoma* [pg 396]	*borei nefoshos* [pg 378]	
Griddle Cake	☞	☞	see Pancake
Grilled Cheese Sandwich	*hamotzi* [pg 467]	*bircas hamozon* [pg 306-315]	(See procedure for making *hamotzi*; pg 460). Bentching required only if a *k'zayis* of bread is eaten within *k'dei achilas praas*; 283. (For halachos of reciting *bircas hamozon* see 306-315).
Guava	*hoetz* [pg 396]	*borei nefoshos* [pg 378]	If he also ate a *k'zayis* of grapes or other fruit of the seven species, the *al hoetz* will exempt the guava from *borei nefoshos*; pg 357.
Guava Nectar	*shehakol* [pg 429]	*borei nefoshos* [pg 378]	
Gum, Chewing	☞	☞	see Chewing Gum

H....

Halapcha	☞	☞	see Stuffed Cabbage
Halavah	*shehakol* [pg 415]	*borei nefoshos* [pg 378]	Sesame seeds processed into confections such as halvah are significantly altered from their original form, therefore, *shehakol*.
Haman-tashen	*mezonos* [pg 504]	*al hamichya* [pg 505]	If a *k'zayis* of the *mezonos* is eaten within *k'dei achilas praas*, make *al hamichya*. If not, make *borei nefoshos*, provided that between the filling and *mezonos* at least one *k'zayis* is eaten within *k'dei achilas praas*. This is a bread family product. If a large volume is eaten; see pgs 483-492.

Hamburger, (without bun)	*shehakol* [pg 454]	*borei nefoshos* [pg 377]	Even if flour, challah, matzoh meal, or oatmeal was added to the mixture, nevertheless, since it is added as a binding or softening agent, it is exempted by the brocha of the meat; pg 67.
Hamin	☞	☞	see Cholent
Hash	☞	☞	see Cholent
Hazelnut	*hoetz* [pg 396]	*borei nefoshos* [pg 378]	If he also ate a *k'zayis* of grapes or other fruit of the seven species, the *al hoetz* will exempt the nuts from *borei nefoshos;* pg 357.
Herbs, Dehydrated	☞	☞	See Spices Herb, Dehydrated.
Herring	*shehakol* [pg 454]	*borei nefoshos* [pg 377]	If eaten on a cracker, generally, exempted by brocha of cracker; see pg 74. Also see Chopped Herring. If one eats something with the herring only to offset the taste of the herring - see pg 55.
Herring, Breaded	☞	☞	see Fried Fish
Honey	*shehakol* [pg 456]	☞	Usually used to sweeten foods or beverages: in which case it is covered by the brocha made on the other foods; pg 58. However when eating honey (from dates or from bees) straight, *shehakol;* pg 456. No *brocha achrona,* since less than a *shiur* is eaten; pg 245.
Honey Cake	*mezonos* [pg 502]	*al hamichya* [pg 256]	The major ingredient of this cake is flour. The *minhag haolom* is to make an *al hamichya* on a *k'zayis* of cake (even though less than one *k'zayis* of flour is eaten). Some poskim rule that the other ingredients do not count towards the *k'zayis* - see pg 256 .
Honey Wine (Mead)	*shehakol* [pg 446]	*borei nefoshos* [pg 379]	Not made from grapes, therefore not classified as wine, pg 446.

Honeydew	*hoadoma* [pg 396]	*borei nefoshos* [pg 378]	If used as an appetizer for a bread meal; see pg 62.
Hors D'oeuvres	*hamotzi* [pg 463]	☞ [pg 283, 463]	Hors d'oeuvres are usually made with small pieces of bread which are less than a *k'zayis*. To eat one hors d'oeuvre first wash, do not recite *n'tilas yodahyim*, make *hamotzi*, but do not bentch. If half *k'zayis* of bread, and half *k'zayis* of *borei nefoshos* food eaten - make *borei nefoshos*; pg 463.
Horseradish	☞	☞	Almost always eaten to enhance fish, meat or other foods; in which case it is covered by the brocha of the other foods. The Poskim suggest not to eat horseradish straight (IG"M 62) since there is halachic uncertainty as to the brocha; M"B 203.14.
Hot Beverages	☞	☞	see Cocoa, Coffee, Tea
Hot Dog	☞	☞	see Frankfurter
Hot Dogs wrapped in dough	☞	☞	see Franks in Blankets
Hydro-ponically Grown Vegetables	*shehakol,* [pg 419, 456]	*borei nefoshos* [pg 378]	From some hydroponic systems, the brocha is *hoadoma*; see pg 419.

I....

Ice Cream	*shehakol* [pg 454]	*borei nefoshos* [pg 381]	Ice cream, being thicker than a beverage, is considered a solid rather than a liquid with regard to the *shiur*; therefore, if *k'zayis* was eaten within *k'dei achilas praas* make *borei nefoshos*; pg 381.

Ice Cream Cake	*mezonos* [pg 504]	*al hamichya* [pg 256]	Generally, made with flour; therefore brocha of cake is *mezonos*. The ice cream is generally eaten as an enhancer to the cake, therefore the brocha of the cake covers it. If he does not regard the ice cream as an enhancer to the cake (e.g., he primarily wishes to eat the ice cream - follow procedure for Ice Cream Sandwich. *brocha achrona*: *al hamichya*, provided that a *k'zayis* of cake (not counting the ice cream) is eaten within *k'dei achilas praas*; half *k'zayis* cake and half *k'zayis* ice cream, make *borei nefoshos*. Some ice cream cakes made without flour; in which case make *shehakol* and *borei nefoshos*; pg 504.
Ice Cream Cone	☞ [pg 61]	☞	Most people eat ice cream cones to enhance the taste of the ice cream. Therefore, the ice cream requires a *shehakol*. The cone (even though it is *tofel*) requires a *mezonos*; pg 60. If wafer cone is used in place of a cup (i.e., to hold the ice cream and keep his hands from becoming soiled) rather than to enjoy its flavor - no brocha for cone; pg 61. If less than a *k'zayis* eaten within *k'dei achilas praas* (e.g., ice cream is licked, cone is nibbled) - no *brocha achrona*.
Ice Cream Sandwich	☞ [pg 72]	☞ [pg 257, 505]	First, break off a piece of cookie, make a *mezonos* and eat it, next make *shehakol* and eat some of the ice cream by itself; pg 72. *brocha achrona*: if a *k'zayis* of the *mezonos* is eaten within *k'dei achilas praas*, make *al hamichya*. If a *k'zayis* of the ice cream is eaten within *k'dei achilas praas*, make a *borei nefoshos*. Half a *k'zayis* cookie and half a *k'zayis* ice cream, make *borei nefoshos*; pg 505.
Ice Cream Sundae	*shehakol* [pg 58]	*borei nefoshos* [pg 381]	The fruit, nuts, whipped cream, and toppings of a sundae are eaten to enhance the ice cream, thus covered by the brocha of the ice cream; pg 58. If less than a *k'zayis* eaten within *k'dei achilas praas* (e.g., ice cream is licked) - no *brocha achrona*.

Ices	*shehakol* [pg 454]	☞ [pg 381]	*Brocha achrona* requirement is subject to a halachic uncertainty. According to many Poskim, ices are considered liquids. Since it is not possible to consume a *reviis* of frozen ices within the short span required for *brocha achrona* on liquids, they are, according to this view, exempt from *borei nefoshos*; pg 380.
Icing	*shehakol* [pg 455]	*borei nefoshos*	When eaten on cake is exempted by brocha of cake; pg 78. When eaten alone, make *shehakol*. Half *k'zayis* of icing and half *k'zayis* of cake; make *borei nefoshos*; pg 382.

J....

Jam	☞	☞	see Fruit Jam, Jelly
Jelly Doughnut	☞	☞	see Doughnut, Jelly Filled
Jelly Roll	*mezonos* [pg 505]	*al hamichya* [pg 257, 505]	If a *k'zayis* of the *mezonos* is eaten within *k'dei achilas praas*, make *al hamichya*. If not, make *borei nefoshos*, provided that between the filling and *mezonos* at least one *k'zayis* is eaten within *k'dei achilas praas*. This is a bread family product. If a large volume is eaten - see pgs 483-492.

K....

Ka'ak	☞	☞	see Bagelach
Kale	*hoadoma* [pg 396]	*borei nefoshos* [pg 378]	Note: Requires inspection for insects prior to using.
Kasha	*hoadoma* [pg 251, 420]	*borei nefoshos* [pg 354, 378]	Buckwheat kernels (kasha) despite its name, is not a grain.

Kasha Varnishkes	*mezonos* [pg 65]	☞ [pg 353, 383]	The *mezonos* made on varnishkes (bow tie noodles) exempts the kasha as well; pg 65. If a *k'zayis* of the bow tie noodles is eaten within *k'dei achilas praas*, make an *al hamichya*. If not, make a *borei nefoshos*, provided that between the noodles and the kasha at least one *k'zayis* is eaten within *k'dei achilas praas*; pg 255, 353.
Kelsone	☞	☞	see Kreplach
Keskasoon	☞	☞	see Couscous
Kibbe	*mezonos* [pg 65]	☞ [pg 353, 382]	If a *k'zayis* of the *mezonos* crust is eaten within *k'dei achilas praas*, make an *al hamichya*. If not, make a *borei nefoshos*, provided that between the *mezonos* and the meat stuffing at least one *k'zayis* is eaten within *k'dei achilas praas*. pg 255, 353.
Kibbe Hamda Balls	*shehakol* [pg 67]	*borei nefoshos* [pg 378]	A type of meat ball with rice added. Meat is the primary ingredient, the brocha of the meat exempts the rice (usually more meat than rice); pg 67. Also see Meatballs.
Kishke	*mezonos* [pg 502]	*al hamichya* [pg 256]	The major ingredient of kishka is flour. The *minhag haolom* is to make an *al hamichya* on a *k'zayis* (even though less than one *k'zayis* of flour is eaten). Some poskim rule that the other ingredients do not count towards the *k'zayis* - see pg 256 .
Kiwi	*hoetz* [pg 396]	*borei nefoshos* [pg 378]	If he also ate a *k'zayis* of grapes or other fruit of the seven species, the *al hoetz* will exempt the kiwi from *borei nefoshos*; pg 357.
Kix (cereal)	*shehakol* [pg 528]	*borei nefoshos* [pg 528]	Kix is made primarily from a batter of corn flour which is extruded and gun puffed. It may contain a small percentage of oat flour, however, the oat flour can not be tasted (see pg 529). It also contains wheat starch - however the wheat starch is added as a binder - therefore the brocha is *shehakol*; pg 528, 67. The milk eaten to enhance the cereal is covered by the brocha of the cereal; pg 58.

Kneidel	☞	☞	see Matzoh Ball
Knish	*mezonos* [pg 494]	☞ [pg 255, 495]	If a *k'zayis* of the *mezonos* is eaten within *k'dei achilas praas*, make *al hamichya*. If not, make *borei nefoshos*, provided that between the filling and crust at least one *k'zayis* is eaten within *k'dei achilas praas*. This is a bread family product. If a large volume is eaten - see pgs 483-492.
Knob Celery	*hoadoma* [pg 396]	*borei nefoshos* [pg 378]	Note: Does not need inspection for insects.
Kohlrabi Coleslaw	*hoadoma* [pg 396]	*borei nefoshos* [pg 378]	Kohlrabi, a substitute for cabbage, needs no inspection for insects.
Kreplach	*mezonos* [pg 496]	*al hamichya* [pg 496, 255]	If a *k'zayis* of the dough eaten within *k'dei achilas praas*, make *al hamichya*. If not, make *borei nefoshos*, provided that between the filling and *mezonos* at least one *k'zayis* is eaten within *k'dei achilas praas*. Dough is boiled, therefore (even if subsequently baked in an oven) not a bread family product; see pg 496 (and footnote ii). Also see Chicken Soup with Kreplach.
Kugels	☞	☞	see individual listings - e.g., Apple Kugel, Broccoli Kugel, Noodle Kugel, Potato Kugel, Rice Kugel, Spinach Kugel, Vegetable Kugel
Kumquat	*hoetz* [pg 396]	*borei nefoshos* [pg 378]	If he also ate a *k'zayis* of grapes or other fruit of the seven species, the *al hoetz* will exempt the kumquat from *borei nefoshos*; pg 357.

L....

Lachmajene	*mezonos* [pg 502]	*al hamichya* [pg 256]	This is a bread family product. If a large volume is eaten, see pgs 483-492.
Lady Fingers	*shehakol* [pg 406]	*borei nefoshos* [pg 378]	Lady fingers are generally made for Passover use, and contain no flour. For non-Passover lady fingers made with flour see cookies.

Lasagna	*mezonos* [pg 496]	*al hamichya* [pg 496]	Dough is boiled, therefore (even if subsequently baked in an oven) not a bread family product; pg 496.
Latke	☞	☞	see individual listings - e.g., Matzoh Meal Latke, Potato Latke, Vegetable Latke.
Leben	*shehakol* [pg 454]	*borei nefoshos* [pg 381]	Leben, being thicker than a beverage, is considered a solid with regard to *brocha achrona*. Therefore, if a *k'zayis* is eaten within *k'dei achilas praas* make a *borei nefoshos*; pg 381.
Leek	*hoadoma* [pg 396]	*borei nefoshos* [pg 378]	Note: Requires inspection for insects prior to using.
Lemon	*shehakol*	☞	Usually used to flavor foods or beverages: in which case it is covered by the brocha made on the other foods. If eaten straight, make *shehakol*; see *Ketzos Hashulchan* 49:16. Generally, one does not eat a *k'zayis* within *k'dei achilas praas*, in which case a *brocha achrona* is not required; pg 247.
Lemonade	*shehakol* [pg 451]	*borei nefoshos* [pg 378]	
Lemon Meringue Pie	*mezonos*	☞	If a *k'zayis* of *mezonos* is eaten within *k'dei achilas praas*, make *al hamichya*. If less than *k'zayis* of *mezonos* eaten, make *borei nefoshos* (provided that between filling and *mezonos* one *k'zayis* was eaten); pg 255, 495.
Lentils	*hoadoma* [pg 396]	*borei nefoshos* [pg 378]	
Lettuce	*hoadoma* [pg 396]	*borei nefoshos* [pg 378]	Note: All types of lettuce, both closed heads (e.g., Iceberg) and open heads (e.g. Romaine) require careful inspection for insects prior to using.
Licorice (candy)	*shehakol* [pg 67]	*borei nefoshos* [pg 378]	Although licorice candy contains flour, the flour (according to a number of leading licorice manufacturers) is used as a thickener and binder, therefore make *shehakol*; pg 67.

Lima Beans	*hoadoma* [pg 396]	*borei nefoshos* [pg 378]	Regarding the *brocha achrona* requirement for natural items which are whole (e.g., a whole bean) see pg. 245.
Lollipop	*shehakol* [pg 454]	☞	Amount required for *brocha achrona* not eaten; pg 247.
Loquat	*hoetz* [pg 396]	*borei nefoshos* [pg 378]	If he also ate a *k'zayis* of grapes or other fruit of the seven species, the *al hoetz* will exempt the loquat from *borei nefoshos*; pg 357.
Lox	*shehakol* [pg 454]	*borei nefoshos* [pg 377]	
Luckshon	☞	☞	see Noodle
Lychee Nuts	*hoetz* [pg 396]	*borei nefoshos* [pg 378]	If he also ate a *k'zayis* of grapes or other fruit of the seven species, the *al hoetz* will exempt the nuts from *borei nefoshos*; pg 357. Regarding the *brocha achrona* requirement for natural items which are whole (e.g., a whole nut) see pg. 245.

M....

Macadamia Nut	*hoetz* [pg 396]	*borei nefoshos* [pg 378]	If he also ate a *k'zayis* of grapes or other fruit of the seven species, the *al hoetz* will exempt the nuts from *borei nefoshos*; pg 357. Regarding the *brocha achrona* requirement for natural items which are whole (e.g., a whole nut) see pg. 245.
Macaroni	*mezonos* [pg 482, 496]	*al hamichya* [pg 354, 496]	Not a bread family product; pg 496.
Macaroni and Vegetable Casserole	*mezonos* [pg 65]	*al hamichya* [pg 354]	If a *k'zayis* of the macaroni is eaten within *k'dei achilas praas*, make an *al hamichya*. If not, make a *borei nefoshos*, provided that between the macaroni and the other ingredients at least one *k'zayis* is eaten within *k'dei achilas praas*. pg 255, 353.

Macaroon	*shehakol*	*borei nefoshos*	The primary ingredient in macaroons is almond paste, ground nuts, or ground coconut (plus sugar and eggs). Generally, the nut or coconut pieces are not clearly recognizable, and flour (or matzoh meal) is usually not an ingredient, therefore, the brochos are *shehakol* and *borei nefoshos;* Rav S.Z.Auerbach, *shlita*. If made with strands of coconut which are clearly recognizable - make *hoetz*. (For guideline in judging if pieces are recognizable - see pg 405).
Maize	☞	☞	See Corn. (Maize is the proper name for corn).
Malted Milk	*shehakol* [pg 454]	*borei nefoshos* [pg 377]	
Mandarin Orange	*hoetz* [pg 396]	*borei nefoshos* [pg 378]	If he also ate a *k'zayis* of grapes or other fruit of the seven species, the *al hoetz* will exempt the orange from *borei nefoshos;* pg 357.
Mandelbread (Mandelbrot)	*mezonos* [pg 502]	*al hamichya* [pg 256]	The *minhag haolom* is to make an *al hamichya* on a *k'zayis* of cake (even though less than one *k'zayis* of flour is eaten). Some poskim rule that the other ingredients do not count towards the *k'zayis* - see pg 256 .
Mango	*hoetz* [pg 396]	*borei nefoshos* [pg 378]	If he also ate a *k'zayis* of grapes or other fruit of the seven species, the *al hoetz* will exempt the mango from *borei nefoshos;* pg 357.
Mango Nectar	*shehakol* [pg 429]	*borei nefoshos* [pg 378]	
Marsh-mallow	*shehakol* [pg 454]	*borei nefoshos* [pg 377]	
Marsh-mallow Topping	*shehakol* [pg 455]	*borei nefoshos* [pg 378]	Generally used to enhance other food, in which case it is covered by the brocha of food it is enhancing; pg 58.

Martini	*shehakol* [pg 449]	☞ [pg 379]	A *reviis* is usually not consumed in short minimum time span required for *brocha achrona*. Therefore, (according to most Poskim) usually exempt from *brocha achrona*; pg 379.
Marzipan	*shehakol* [pg 454]	*borei nefoshos* [pg 377]	Although the major ingredient is ground almonds, since the almonds in the marzipan paste are unrecognizable, the brocha is *shehakol*, pg 403.
Mashed Banana	*hoadoma* [pg 406]	*borei nefoshos* [pg 378]	Bananas retain their distinctive texture and appearance, and remain recognizable even after they are mashed, therefore make *hoadoma*, pg 406.
Mashed Potatoes	*hoadoma* [pg 406]	*borei nefoshos*	The minhag is to make a *borei pri hoadoma* on mashed potatoes, no matter how finely they are mashed; pg 406. Also see Potatoes, Instant.
Mashed Vegetables	☞	☞	see Vegetables, Mashed
Matzoh	*hamotzi* [pg 467]	*bircas hamozon* [pg 306-315]	The minhag for S'fardim is to make *mezonos* and *al hamichya* on matzoh (except on Pesach). The Poskim advise that S'fardim should, preferably, make *hamotzi* on regular bread, then eat the matzoh during the course of the meal. Also see Bread.
Matzoh, Egg	*mezonos* [pg 501]	*al hamichya* [pg 256, 501]	This is a bread family product. If a large volume is eaten, see pgs 483-492.
Matzoh Brei	☞ [pg 470]	☞ [pg 470]	If made with pieces smaller than a *k'zayis*, but deep fried in oil - *mezonos* and *al hamichya*; pan fried with some oil but not deep fried - subject to halachic uncertainty. Suggestion: can be made in a way that will exempt it from *hamotzi* and *bircas hamozon*, by using a simple procedure outlined on pg 473.
Matzoh Meal Latka	*mezonos* [pg 471]	*al hamichya* [pg 471, 253]	Not a bread family product; pg 471.

Matzoh Crackers	*mezonos* [pg 466]	*al hamichya* [pg 466]	(Also called Matzoh Squares). Most people eat them as a snack, rather than as the mainstay of a meal, therefore make *mezonos* and *al hamichya*. This is a bread family product. If a large volume is eaten, see pgs 483-492.
Matzoh Ball	*mezonos* [pg 473]	*al hamichya* [pg 496]	Not a bread family product. Also see Chicken Soup with Matzoh Ball.
Meat	*shehakol* [pg 454]	*borei nefoshos* [pg 377]	
Meat Balls	*shehakol* [pg 454]	*borei nefoshos* [pg 377]	Even if flour, challah, matzoh meal, or oatmeal was added to the mixture, nevertheless, since it is added as a binding or softening agent, it is exempted by the brocha of the meat; pg 67.
Meatballs and Spaghetti	☞ [pg 64, 65]	☞ [pg 383]	If meatballs are small and eaten on same forkful with spaghetti, make one brocha, *mezonos*, and one *brocha achrona* - if a *k'zayis* of the spaghetti is eaten within *k'dei achilas praas*, make an *al hamichya*; if not, make a *borei nefoshos* (provided that between the meatballs and the spaghetti at least one *k'zayis* was eaten within *k'dei achilas praas*; pg 255, 383). If meatballs are eaten separately, make two brochos: *mezonos* first (pg 173) on spaghetti, then *shehakol* on meatballs; pg 64, and two *brochos achrona* (provided that a *shiur* of each was eaten).
Meat Knish	☞	☞	see Knish
Meat Loaf	*shehakol* [pg 454]	*borei nefoshos* [pg 377]	Even if flour, challah, matzoh meal, or oatmeal was added to the mixture, nevertheless, since it is added as a binding or softening agent, it is exempted by the brocha of the meat; pg. 67.
Meat Pie	☞	☞	see Chicken Pie
Mechshe	☞	☞	see Stuffed Cabbage, Stuffed Pepper

Medler	*hoetz* [pg 396]	*borei nefoshos* [pg 378]	If he also ate a *k'zayis* of grapes or other fruit of the seven species, the *al hoetz* will exempt the medler from *borei nefoshos*; pg 357.
Majendra	☞ [pg 68]	*borei nefoshos* [pg 378]	A mixture of rice and lentils, make one brocha: if mostly rice make *mezonos*, if mostly lentils make *hoadoma*; pg 68.
Medicines	no brocha [pg 200]	☞	Unpleasant tasting medicines, and unpleasant tasting foods which are eaten for medicinal purposes (e.g., mineral oil), do not require a brocha; pg 200. Also see Medicines, Flavored; Cough Drops.
Medicines, Flavored	☞ [pg 200]	☞	Medicines, such as cough preparations that are pleasantly flavored with a sweet syrup, are subject to a halachic uncertainty. It is advisable, therefore, to make a *shehakol* on a food or drink (other than water) and have intention to exempt the pleasant tasting medicine; pg 201. Also see Cough Drops.
Melba Toast	*mezonos* [pg 467]	*al hamichya* [pg 353]	Most people eat them as a snack, rather than as the mainstay of a meal, therefore make *mezonos* and *al hamichya*; pg 467. This is a bread family product. If a large volume is eaten, see pgs 483-492. Also see Toasted Bread Thins.
Melon	*hoadoma* [pg 396]	*borei nefoshos* [pg 378]	If used as an appetizer for a bread meal; see pg 62.
"Mezonos Bread"	☞ [pg 498]	☞ [pg 499]	The brocha for bread made from dough which was kneaded with (mostly) fruit juice is, technically, *borei menei mezonos* - subject to one very important condition: that people in that country use that "bread" primarily for snacks, rather than for meals. In the U.S. today, many types of "mezonos bread" are almost identical to genuine bread in taste and appearance, and are primarily used for meals, e.g., for sandwiches or as dinner rolls. The brochos for such types of "mezonos bread" is *hamotzi* and *bircas hamozon*; pg 498. If a large volume is eaten, see pgs 483-492.

Milk	*shehakol* [pg 454]	*borei nefoshos* [pg 377]	
Millet	*hoadoma* [pg 354, 420]	*borei nefoshos* [pg 378]	Millet is not a grain plant, pg 420.
Mint (Leaves)	☞ [pg 58]	☞	Fresh mint leaves are either added to foods or beverages to add flavor, or used to garnish foods, and are thus exempted by the brocha of the other foods; pg 58. (For tea made from mint leaves; make *shehakol*. *Brocha achrona* - see Tea). Note: Fresh mint leaves need inspection for insects, however, dehydrated leaves may be used without inspection; pg 435. To use fresh mint leaves without inspection: before cooking, wrap in cloth or paper (e.g., coffee filter paper); keep wrapped during cooking.
Mint Candy	*shehakol* [pg 455]	*borei nefoshos* [pg 378]	Often one does not eat a *k'zayis* within *k'dei achilas praas*, in which case a *brocha achrona* is not required; pg 247.
Muenster Cheese	*shehakol* [pg 454]	*borei nefoshos* [pg 377]	If eaten with crackers - see Crackers with Cheese.
Muffins	☞	☞	See Bran Muffins; Cake; Corn Muffins
Mulberries	*hoetz* [pg 396]	*borei nefoshos* [pg 378]	If he also ate a *k'zayis* of grapes or other fruit of the seven species, the *al hoetz* will exempt the berries from *borei nefoshos*; pg 357. Regarding the *brocha achrona* requirement for natural items which are whole (e.g., a whole berry) see pg. 245.
Multi-Grain Bread	*hamotzi* [pg 467]	*bircas hamozon* [pg 306-315]	Multi-grain bread is made primarily from wheat flour. (See procedure for making *hamotzi*; pg 460). Bentching required only if a *k'zayis* of bread is eaten within *k'dei achilas praas*; 283. (For halachos of reciting *bircas hamozon* see 306-315).
Mushrooms	*shehakol* [pg 454]	*borei nefoshos* [pg 378]	

Mushroom - Barley Soup	☞ [pg 436]	☞ [pg 255, 353]	Generally contains a substantial amount of barley, in which case make *mezonos*, which will exempt all the other ingredients. *Brocha achrona*: if a *k'zayis* of the barley is eaten within *k'dei achilas praas*, make *al hamichya*. If not, make *borei nefoshos*, provided that between the other ingredients and the barley at least one *k'zayis* is eaten within *k'dei achilas praas*. pg 255, 353. The liquid counts (with the solids) towards the minimum *shiur* of one *k'zayis*; pg 382. Small amount of barley: If soup contains only a small amount of barley, the following procedure should be followed: first make *mezonos* on some of the barley. Next take some other food or drink (except water) whose brocha is *shehakol* and make a *shehakol* on it while having intention to exempt the soup. *Brocha achrona:* if a *k'zayis* of soup is eaten within *k'dei achilas praas* make *borei nefoshos*.
Mushroom Souffle	*shehakol* [pg 454]	*borei nefoshos* [pg 377]	
Mushroom Soup	*shehakol* [pg 436]	*borei nefoshos* [pg 382]	The liquid counts (with the solids) toward the minimum of one *k'zayis*; pg 382. If the soup contains barley - see Mushroom-Barley Soup.
Mushroom Turnover	*mezonos* [pg 494]	*al hamichya* [pg 255, 495]	If a *k'zayis* of the *mezonos* is eaten within *k'dei achilas praas*, make *al hamichya*. If not, make *borei nefoshos*, provided that between the filling and crust at least one *k'zayis* is eaten within *k'dei achilas praas*. This is a bread family product. If a large volume is eaten - see pgs 483-492.
Muskmelon	*hoadoma* [pg 396]	*borei nefoshos* [pg 378]	If used as an appetizer for a bread meal; see pg 62.

N....

Napoleon	*mezonos* [pg 505]	*al hamichya* [pg 257, 505]	If a *k'zayis* of the *mezonos* is eaten within *k'dei achilas praas*, make *al hamichya*. If not, make *borei nefoshos*, provided that between the filling and *mezonos* at least one *k'zayis* is eaten within *k'dei achilas praas*. This is a bread family product. If a large volume is eaten - see pgs 483-492.
Nectarine	*hoetz* [pg 396]	*borei nefoshos* [pg 378]	If he also ate a *k'zayis* of grapes or other fruit of the seven species, the *al hoetz* will exempt the nectarine from *borei nefoshos*; pg 357.
Noodle Kugel	*mezonos* [pg 502]	*al hamichya* [pg 353, 502]	Not a bread family product; pg 502.
Noodles	*mezonos* [pg 482]	*al hamichya* [pg 353, 496]	Not a bread family product; pg 496.
Noodles and Cabbage	*mezonos* [pg 65]	*al hamichya* [pg 256]	The cabbage is exempted by the *mezonos* made on the noodles. *Brocha achrona:* If a *k'zayis* of the noodles is eaten within *k'dei achilas praas*, make an *al hamichya*. If not, make a *borei nefoshos*, provided that between the noodles and the other ingredients at least one *k'zayis* is eaten within *k'dei achilas praas*. pg 255, 353. Note: Cabbage requires inspection for insects prior to using.
Noodles and Cheese	*mezonos* [pg 65]	*al hamichya* [pg 256]	The cheese is exempted by the *mezonos* made on the noodles. *brocha achrona*: if a *k'zayis* of the noodles is eaten within *k'dei achilas praas*, make an *al hamichya*. If not, make a *borei nefoshos*, provided that between the noodles and the other ingredients at least one *k'zayis* is eaten within *k'dei achilas praas*. pg 255, 353. Not a bread family product; pg 496.
Nougat Candy	*shehakol* [pg 455]	*borei nefoshos* [pg 378]	

Nut, Sugar Covered	☞	☞	see Almond, Sugar Covered; Peanut, Sugar Covered.
Nut Cake	*mezonos* [pg 502]	*al hamichya* [pg 256]	The major ingredient of this cake is flour. The *minhag haolom* is to make an *al hamichya* on a *k'zayis* of cake (even though less than one *k'zayis* of flour is eaten). Some poskim rule that the other ingredients do not count towards the *k'zayis* - see pg 256 ., If the cake is made with potato starch instead of flour, make *shehakol* and *borei nefoshos*; pg 405, 474.

O....

Oatmeal	*mezonos* [pg 532]	*al hamichya* [pg 353, 480]	Oatmeal is considered a solid with regard to the *shiur* for *brocha achrona*, therefore, if one *k'zayis* was eaten within *k'dei achilas praas*, make an *al hamichya*. Not a bread family product; pg 482. In the uncommon instance where it was made loose enough to be a drink, (even though it was eaten with a spoon as oatmeal is normally eaten, nevertheless,) the brocha is *shehakol* and *borei nefoshos* (in this case the oatmeal is considered a liquid with regard to the *shiur*); pg 523.
Oatmeal Cookies	*mezonos* [pg 502]	*al hamichya* [pg 256]	Although cooked oatmeal is not a bread family product , baked oatmeal products are bread family products. If a large volume is eaten, see pgs 483-492.
Okra	*hoadoma* [pg 396]	*borei nefoshos* [pg 378]	
Olive	*hoetz* [pg 396]	*al hoetz* [pg 356]	For olives from Eretz Yisroel, the *brocha achrona* ends with the phrase *v'al peirose'ho*, (pg 350). Regarding the *brocha achrona* requirement for natural items which are whole (e.g., a whole olive) see pg. 245. Olive oil; see pg 426 note 1.1. Note: before eating fruit from Eretz Yisroel, verify that it is not subject to the prohibitions of *orloh* and *shviis*, and that *terumos* and *maasros* were taken.

Onions, Raw	*shehakol* [pg 399]	*borei nefoshos* [pg 378]	Onions are not normally eaten raw (except when eaten with bread or mixed into a salad), therefore the brocha is *shehakol;* pg 399 - also see Onions, Fried. If used to enhance other foods it is covered by the brocha of the other food; pg 58.
Onions, Fried	*hoadoma* [pg 399]	*borei nefoshos* [pg 378]	Also see Onions, Raw. If eaten to enhance meat or other food, the onions will be exempted by brocha of food being enhanced; pg 58.
Onion Rings	*mezonos* [pg 79]	☞ [pg 79, 353]	Generally, made with a substantial batter coating made from grain flour, therefore make *mezonos;* pg 79. If a *k'zayis* of the coating is eaten within *k'dei achilas praas,* make an *al hamichya*. If not, make a *borei nefoshos,* provided that between the onion and the coating at least one *k'zayis* is eaten within *k'dei achilas praas*. pg 255, 353.
Onion Roll	*hamotzi* [pg 467]	*bircas hamozon* [pg 306-315]	Make the *hamotzi* on a whole roll rather than on a piece (see procedure for making *hamotzi;* pg 460). Bentching required only if a *k'zayis* of bread is eaten within *k'dei achilas praas;* 283. (For halachos of reciting *bircas hamozon* see 306-315).
Onion Soup (from sauted onions)	*hoadoma* [pg 441]	*borei nefoshos* [pg 382]	
Onion Soup (from flavoring)	*shehakol* [pg 441]	☞ [pg 381]	Clear soup is considered a liquid with regard to the *shiur* for *brocha achrona*. Generally, when eaten hot, one does not consume a *reviis* within the short span required for a *brocha achrona* for liquids; pg 381.
Orange	*hoetz* [pg 396]	*borei nefoshos* [pg 378]	If he also ate a *k'zayis* of grapes or other fruit of the seven species, the *al hoetz* will exempt the orange from *borei nefoshos;* pg 357.
Orange Juice	*shehakol* [pg 427]	*borei nefoshos* [pg 378]	

Orange Peel, Candied or Chocolate Covered	*shehakol* [pg 416]	*borei nefoshos* [pg 378]	Also see Chocolate Covered Fruit.

P....

Pancakes	*mezonos* [pg 492]	*al hamichya* [pg 354]	Pancakes are generally made with flour, therefore make *mezonos*. If made without flour, or with a little flour added as binder; make *shehakol* and *borei nefoshos*. There is a halachic uncertainty as to whether or not pancakes which are fried in oil (less oil than deep fried but more than the amount used just to prevent scorching) are classified as bread family products; see pgs 492-494.
Papaya	*hoadoma* [pg 395]	*borei nefoshos* [pg 378]	The papaya plant, a botanical anomaly, is not a tree; see pg 395.
Parsnip (bulb)	*hoadoma* [pg 396]	*borei nefoshos* [pg 378]	Note: Parsnip greens need inspection for insects, but the parsnip (bulb) does not. The greens may be used without inspection by wrapping them in cloth or paper (e.g., coffee filter paper) before cooking.
Parsley	☞	☞	Parsley is generally used to season other foods, in which case it is covered by the brocha of the other food; pg 68. Fresh parsley has a high probability of being infested with insects, and should not be eaten, unless certain that it was properly inspected for insects. Fresh parsley may be used without inspection by wrapping it in cloth or paper (e.g., coffee filter paper), before cooking. Dehydrated parsley may be used without inspection; pg 435. (Chopped parsley is often added to such foods as soups and stuffings, or sprinkled on meat or fish dishes, care should be taken that the parsley used is insect free).

Passion Fruit	*hoetz* [pg 396]	*borei nefoshos* [pg 378]	If he also ate a *k'zayis* of grapes or other fruit of the seven species, the *al hoetz* will exempt the passion fruit from *borei nefoshos;* pg 357.
Passover Cake	☞ [pg 474]	☞ [pg 353, 378]	For Passover cakes made from matzoh flour - make *mezonos*. The *minhag haolom* is to make an *al hamichya* on a *k'zayis* of cake (even though less than one *k'zayis* of flour is eaten). This applies to cakes made from matzoh flour as well. (Even if potato starch is added, nevertheless , the matzoh flour is almost always the majority flour, therefore all the ingredients count towards the *k'zayis*). Some poskim rule that the other ingredients do not count towards the *k'zayis* - see pg 256 . For Passover cakes made from potato starch (with no matzoh flour added) - the brochos are *shehakol* and *borei nefoshos;* pg 474.
Passover Macaroons	☞	☞	see Macaroons
Pasta	*mezonos* [pg 496]	*al hamichya* [pg 353]	Not a bread family product; pg 496.
Pasta, Spinach or Broccoli	*mezonos* [pg 496]	*al hamichya* [pg 353]	Made from flour with powdered spinach or broccoli added. The ground broccoli or spinach is exempted by the *mezonos*. Note: Does not require inspection for insects.
Peach	*hoetz* [pg 396]	*borei nefoshos* [pg 378]	If he also ate a *k'zayis* of grapes or other fruit of the seven species, the *al hoetz* will exempt the peach from *borei nefoshos;* pg 357. When eating canned peaches, the *hoetz* made on the peaches exempts the juice in the dish as well; pg 431.
Peach Nectar	*shehakol* [pg 429]	*borei nefoshos* [pg 378]	
Peaches And Cream	*hoetz* [pg 396]	*borei nefoshos* [pg 398]	The cream is eaten to enhance the peaches, therefore covered by its brocha; pg 58. Sour cream is considered a solid with regard to *shiur* for *brocha achrona;* pg 381.

Peanuts, Roasted	*hoadoma* [pg 396]	*borei nefoshos* [pg 378]	Regarding the *brocha achrona* requirement for natural items which are whole (e.g., a whole peanut) see pg. 245.
Peanuts, Raw	*shehakol* [398]	*borei nefoshos* [378]	Peanuts (before being sold to the consumer) are either roasted in the shell, or shelled and roasted. In the event that peanuts are eaten raw, the brocha is *shehakol*; 398. Regarding the *brocha achrona* requirement for natural items which are whole (e.g., a whole peanut) see pg. 245.
Peanut Brittle Candy	*hoadoma* [pg 418]	*borei nefoshos* [pg 378]	The primary ingredient is peanuts. Also see Peanut, Sugar Covered.
Peanut Butter	*shehakol* [pg 410]	*borei nefoshos*	In the vast majority of cases, peanut butter is eaten to enhance bread, crackers, or other foods. As such, it is covered by the brocha of the other food. If one wishes to eat peanut butter plain, he should make a *shehakol*; pg 410.
Peanut Chew	☞ [pg 67-68]	*borei nefoshos* [pg 378]	This is a candy made from chocolate, caramel, and peanuts. If one regards the chocolate and caramel as an enhancer to the peanuts, make *hoadoma*. If he regards the peanuts as an enhancer to the chocolate and caramel, make a *shehakol*. If neither food is regarded as an enhancer to the other: make brocha of the majority ingredient; see pg 417. Also see Peanut, Chocolate Covered.
Peanut, Chocolate Covered	☞	*borei nefoshos* [pg 378]	If one regards the chocolate coating as an enhancer to the peanut, make *hoadoma*. If he regards the peanut as an enhancer to the chocolate, make a *shehakol*. If neither food is regarded as an enhancer to the other: according to some Poskim make one brocha - on the majority ingredient. Other Poskim rule that one should make two brochos; see pg 412. Regarding the *brocha achrona* requirement for natural items which are whole (e.g., a whole peanut) see pg. 245.

Peanut Raisin Mix (majority peanuts)	☞	☞	If the peanuts and raisins are eaten separately, make two *brochos rishona - hoetz* and *hoadoma* - and two *brochos achrona*: if a *k'zayis* of raisins was eaten within *k'dei achilas praas* make *al hoetz* and if a *k'zayis* of peanuts (or half *k'zayis* of peanuts and half *k'zayis* of raisins) was eaten within *k'dei achilas praas* make *borei nefoshos* In cases where peanuts and raisins are eaten together as a distinct snack, make one *brocha rishona - hoadoma*; and one *brocha achrona - borei nefoshos* (provided that at least one *k'zayis* was eaten within *k'dei achilas praas*). Regarding the *brocha achrona* requirement for natural items which are whole (e.g., a whole peanut) see pg. 245. Also see Raisin Peanut Mix.
Peanut, Sugar Covered	☞ [pg 418]	*borei nefoshos* [pg 378]	If coating is hard, and eaten before the nut, make *shehakol* - then , before eating the nut, make *hoadoma* for the nut. If mostly sugar with little bits of nut, no separate brocha for nut; see pg 418. If candy is too hard and *k'zayis* not eaten within *k'dei achilas praas* - no *brocha achrona*, see pg 247.
Pear	*hoetz* [pg 396]	*borei nefoshos* [pg 378]	If he also ate a *k'zayis* of grapes or other fruit of the seven species, the *al hoetz* will exempt the pear from *borei nefoshos*; pg 357. When eating canned pears, the *hoetz* made on the pears exempts the juice in the dish as well; pg 431.
Pear Nectar	*shehakol* [pg 429]	*borei nefoshos* [pg 378]	
Peas	*hoadoma* [pg 396]	*borei nefoshos* [pg 378]	Regarding the *brocha achrona* requirement for natural items which are whole (e.g., a whole pea) see pg. 245.
Pecan Bars	*mezonos* [pg 502]	*al hamichya* [pg 256]	Pecan bars, which are similar to brownies, are made with flour, therefore make *mezonos*. The *minhag haolom* is to make an *al hamichya* on a *k'zayis* of cake (even though less than one *k'zayis* of flour is eaten). Some poskim rule that the other ingredients do not count towards the *k'zayis* - see pg 256 .

Pecan Nut	*hoetz* [pg 396]	*borei nefoshos* [pg 378]	If he also ate a *k'zayis* of grapes or other fruit of the seven species, the *al hoetz* will exempt the nuts from *borei nefoshos*; pg 357. Regarding the *brocha achrona* requirement for natural items which are whole (e.g., a whole nut) see pg. 245.
Peppered Steak	*shehakol* [pg 78]	*borei nefoshos* [pg 378]	The diced onions and peppers are generally added to enhance the small pieces of meat; therefore the brocha of the meat covers the vegetables; pg 78.
Peppers, Stuffed	☞	☞	See Stuffed Pepper
Persian Melon	*hoadoma* [pg 396]	*borei nefoshos* [pg 378]	If used as an appetizer for a bread meal; see pg 62.
Persimmon	*hoetz* [pg 396]	*borei nefoshos* [pg 378]	If he also ate a *k'zayis* of grapes or other fruit of the seven species, the *al hoetz* will exempt the persimmon from *borei nefoshos*; pg 357.
Petcha	*shehakol* [pg 454]	*borei nefoshos* [pg 378]	Considered a solid with regard to the *shiur* for *brocha achrona*.
Pickle	*hoadoma* [pg 396]	*borei nefoshos* [pg 378]	If eaten to enhance another food, it is covered by the brocha of the other food; see pg 58.
Pie	*mezonos* [pg 504]	*al hamichya* [pg 505]	Since the fruit filling and crust are baked together, the fruit is exempted by the *mezonos* made on the crust. *brocha achrona*: if a *k'zayis* of the *mezonos* is eaten within *k'dei achilas praas*, make *al hamichya*. If not, make *borei nefoshos*, provided that between the filling and crust at least one *k'zayis* is eaten within *k'dei achilas praas*. This is a bread family product. If a large volume is eaten - see pgs 483-492. If the crust is baked separately then filled, the filling may require a separate brocha - see Chocolate Cream Pie, and Whipped Cream Pie.
Pineapple	*hoadoma* [pg 396]	*borei nefoshos* [pg 378]	When eating stewed or canned pineapple, the *hoadoma* made on the pineapple exempts the juice or syrup in the dish as well; pg 431.

Pineapple Juice	*shehakol* [pg 430]	*borei nefoshos* [pg 378]	
Pirogen	*mezonos* [pg 496]	*al hamichya* [pg 496, 255]	*brocha achrona*: if a *k'zayis* of the dough eaten within *k'dei achilas praas*, make *al hamichya*. If not, make *borei nefoshos*, provided that between the filling and *mezonos* at least one *k'zayis* is eaten within *k'dei achilas praas*. Pirogen are generally, boiled in water, therefore they are not a bread family product (even if subsequently baked); pg 482, 492. Also see Kreplach.
Pistachio Nut	*hoetz* [pg 396]	*borei nefoshos* [pg 378]	If he also ate a *k'zayis* of grapes or other fruit of the seven species, the *al hoetz* will exempt the nuts from *borei nefoshos*; pg 357. Regarding the *brocha achrona* requirement for natural items which are whole (e.g., a whole nut) see pg. 245.
Pita Bread	*hamotzi* [pg 467]	*bircas hamozon* [pg 306-315]	Make the *hamotzi* on a whole pita rather than on a piece (see procedure for making *hamotzi*; pg 460). Bentching required only if a *k'zayis* of bread is eaten within *k'dei achilas praas*; 283. (For halachos of reciting *bircas hamozon* see pgs 306-315).
Pita Chips	*mezonos* [pg 468]	*al hamichya* [pg 353, 468]	Generally, made from pita which was made especially for the production of toasted chips, which are used primarily as a snack, therefore, not classified as bread. If a particular product is made from left over pita bread, *hamotzi* and bentching is required; pg 468. Also see Toasted Bread Thins.
Pizza (dough made with fruit juice)	☞ [pg 499]	☞	Some establishments knead their pizza dough with fruit juice, in order to insure that its brocha be *borei menei mezonos* (rather than *hamotzi*). This approach is technically acceptable, subject to some very important conditions: a. that people in that country use such pizza primarily for snacks, rather than for meals; b. that the fruit juice used is not made from concentrate; c. that more juice than water is kneaded into the dough. Even for such pizza, if one intends to eat a *shiur seuda* - wash, make *hamotzi* and bentch; pg 499.

Pizza (dough made with water)	☞ [pg 500]	☞	Brocha requirement can vary from countr, country - where most people eat pizza for meal, *hamotzi* and bentching required; where most people eat it as a snack, *mezonos* and *al hamichya* required. In the U.S. (or other country where difficult to determine if eaten as a snack or as a meal), the Poskim advise to do as follows: If the individual eating the pizza is doing so for a snack, (and he plans to eat less than a *shiur seuda*) he should make a *borei menei mezonos* and *al hamichya*. If he is eating the pizza as a meal, he should wash, make *hamotzi*, and bentch (even when eating less than a *shiur seuda*); pg 500.
Plum	*hoetz* [pg 396]	*borei nefoshos* [pg 378]	If he also ate a *k'zayis* of grapes or other fruit of the seven species, the *al hoetz* will exempt the plums from *borei nefoshos*; pg 357.
Plum Royale Wine	☞	☞	see Wine, Fruit Flavored
Pomegranate	*hoetz* [pg 394]	*al hoetz* [pg 356]	For pomegranates from Eretz Yisroel, the *brocha achrona* ends with the phrase *v'al peirose'ho*; pg 350. Note: before eating fruit from Eretz Yisroel, verify that it is not subject to the prohibitions of *orloh* and *shviis*, and that *terumos* and *maasros* were taken.
Popcorn	*hoadoma* *[pg* 409]	*borei nefoshos*	The kernels of corn in popped corn, being intact, are considered recognizable, therefore make *hoadoma*; pg 409.
Postum	*shehakol* [pg 450]	☞ [pg 379]	Although Postum (a hot breakfast drink) is made from grain, nevertheless, make *shehakol* since it is a liquid; pg 450. *brocha achrona*: see Coffee.
Potato (cooked or baked)	*hoadoma* [pg 406]	*borei nefoshos* [pg 378]	See various Potato listings, e.g., Potato, Mashed; Potatoes Instant, etc.
Potato Blintz	☞	☞	see Blintz

Potato Chips	*hoadoma* [pg 407]	*borei nefoshos* [pg 378]	Made from pieces of potato which are thinly sliced and fried. The brocha is the same as for sliced potatoes - *hoadoma*. According to some Poskim, the brocha for potato chips made from dehydrated potato granules ("Pringles") is also *hoadoma*, since the end product is recognizably a potato chip; pg 407.
Potato Knish	☞	☞	see Knish
Potato Kugel, Latkes	☞ [pg 407]	*borei nefoshos* [pg 378]	If made from shredded potatoes which (usually) are recognizable; make *hoadoma*. Ground or blended potatoes in kugels and latkes are sometimes unrecognizable, in which case make *shehakol*. One can determine the brocha by showing the kugel to others (see guideline pg 405). If they are able to recognize the potatoes, the brocha is *borei pri hoadoma*. If they are unable to recognize the potatoes, or are unsure, the brocha is *shehakol*.
Potato, Mashed	☞	☞	see Mashed Potatoes
Potato Pirogen	☞	☞	see Pirogen
Potato Roll	*hoadoma* [pg 406]	*borei nefoshos* [pg 378]	Made from mashed potatoes rolled in crushed corn flakes, therefore make *hoadoma*.; pg 406. Another variety is made from potatoes wrapped in dough - see Blintz
Potato Salad	*hoadoma* [pg 406]	*borei nefoshos* [pg 378]	
Potato Soup (with pieces of potato)	*hoadoma* [pg 434]	*borei nefoshos* [pg 382]	The brocha on the potatoes exempts the liquid broth as well. The liquid is classified as a solid with regard to *brocha achrona*; therefore if a *k'zayis* of soup was eaten within *k'dei achilas praas* make *borei nefoshos*; pg 381. Also see Vegetable Soup .

Potato Soup (Cream of)	☞	☞	see Vichyssoise Soup
Potatoes, Instant	☞ [pg 407]	*borei nefoshos* [pg 378]	Many Poskim are of the opinion that the brocha for dehydrated potatoes which are reconstituted by adding water is *hoadoma*, since the finished product looks exactly like mashed potatoes it is considered recognizable; pg 407.
Potatoes, Raw	no brocha [pg 200, 420]	no brocha [pg 200, 420]	A brocha is not required for something which is considered inedible to most people.
Preserves	☞	☞	see Fruit Preserves
Pretzels	*mezonos* [pg 484]	*al hamichya* [pg 353]	This is a bread family product. If a large volume is eaten, see pgs 483-492.
Pretzels, Soft	*mezonos* [pg 468]	*al hamichya* [pg 353]	This is a bread family product. If a large volume is eaten, see pgs 483-492.
Prickly Pear	*hoetz* [pg 396]	*borei nefoshos* [pg 378]	If he also ate a *k'zayis* of grapes or other fruit of the seven species, the *al hoetz* will exempt the pears from *borei nefoshos*; pg 357.
Pringles	☞	☞	see Potato Chips; also Potatoes, Instant
Prune, (fresh or stewed)	*hoetz* [pg 396]	*borei nefoshos* [pg 378]	The juice in the plate served with the stewed prunes is exempt by the brocha on the prunes, pg 431.
Prune Juice	*shehakol* [pg 429]	*borei nefoshos* [pg 378]	also see Prune, (stewed)
Pudding	☞	☞	see Kugel; Chocolate Pudding; Tapioca Pudding; Vanilla Pudding.
Puffed Rice Cereal	*hoadoma* [pg 527]	*borei nefoshos* [pg 518]	According to some Poskim, either *mezonos* or *shehakol* is appropriate, however, *hoadoma* is preferable; pg 518 note 9, pg 520 note 17. (In Volume 2, on pg 527, *shehakol* was printed in error, it should read *hoadoma*).

Puffed Wheat Cereals (e.g., Sugar Crisp)	*hoadoma* [pg 527]	*borei nefoshos* [pg 505, 527]	According to many Poskim *mezonos* is also appropriate. The *brocha achrona* is, technically, *borei nefoshos* - however, see pg 527. The milk eaten to enhance the cereal is covered by the brocha of the cereal; pg 58.
Pumper-nickel Bread	*hamotzi* [pg 467]	*bircas hamozon* [pg 306-315]	"Pumpernickel" bread is made primarily from wheat flour. (See procedure for making *hamotzi*; pg 460). Bentching required only if a *k'zayis* of bread is eaten within *k'dei achilas praas*; 283. (For halachos of reciting *bircas hamozon* see pgs 306-315).
Pumpkin	*hoadoma* [pg 396]	*borei nefoshos* [pg 378]	
Pumpkin Seeds	*hoadoma* [pg 413]	☞ [pg 378]	Generally, one does not consume a *k'zayis* (not counting the shells) of seeds within *k'dei achilas praas*, therefore generally, exempt from *brocha achrona* (a *shiur* of shelled seeds are sometimes eaten, in which case make *borei nefoshos*). Pumpkin seeds are not subject to the *brocha achrona* requirement for natural items which are whole (discussed on pg. 245); Rav S. Z. Auerbach *shllia*.

Q....

Quiche, Broccoli, Spinach or Mushroom	*mezonos* [pg 504]	☞ [pg 257, 505]	The *mezonos* exempts the filling from a separate brocha; pg 79, 504. *brocha achrona:* If a *k'zayis* of the *crust* is eaten within *k'dei achilas praas*, make *al hamichya*. If not, make *borei nefoshos*, provided that between the filling and crust at least one *k'zayis* is eaten within *k'dei achilas praas*. This is a bread family product. Note: Fresh or frozen broccoli and spinach require inspection for insects. Broccoli or spinach which was washed and pureed, may be used without inspection for insects, pg 409.
Quince	☞ [pg 398]	*borei nefoshos* [pg 378]	If eaten cooked (e.g., in compote), *hoetz*; if eaten raw, *shehakol*- see pg 398.

R....

Raisin	*hoetz* [pg 394]	*al hoetz* [pg 356]	For raisins from Eretz Yisroel, the *brocha achrona* ends with the phrase *v'al peirose'ho;* pg 350. Raisins are not subject to the *brocha achrona* requirement for natural items which are whole (discussed on pg. 245); Rav S. Z. Auerbach *shlita*. Note: before eating fruit from Eretz Yisroel, verify that it is not subject to the prohibitions of *orloh* and *shviis,* and that *terumos* and *maasros* were taken.
Raisin Bran (cereal)	☞	☞	see Bran Flakes
Raisin Peanut Mix (majority raisins)	☞	☞	If the raisins and peanuts are eaten separately, make two *brochos rishona* - *hoetz* and *hoadoma* - and two *brochos achrona*: if a *k'zayis* of raisins was eaten within *k'dei achilas praas* make *al hoetz* and if a *k'zayis* of peanuts (or half *k'zayis* of peanuts and half *k'zayis* of raisins) was eaten within *k'dei achilas praas* make *borei nefoshos* In cases where they are eaten together as a distinct snack, make one *brocha rishona* - *hoetz* and one *brocha achrona* - *al hoetz* (provided that a *k'zayis* of raisins was eaten within *k'dei achilas praas; k'zayis* of mix, but not of raisins, make *borei nefoshos*). Regarding the *brocha achrona* requirement for natural items which are whole (e.g., a whole peanut) see pg. 245.
Raisin Wine	*borei pri hagofen* [pg 446]	*al hagefen* [pg 355]	

Raspberry	*hoadoma* [pg 395]	*borei nefoshos* [pg 378]	The raspberry plant is a botanical anomaly, whose classification is questionable. The Poskim rule, therefore, to make *hoadoma*; pg 395. Note: raspberries may be infested with insects (immature thrips, in the hollow and crevices of the berry). Raspberries which are washed and pureed may be used without inspection. Products made from ground or crushed raspberries (e.g., raspberry ice cream) may be used.
Ratatouille	*hoadoma* [pg 396]	*borei nefoshos* [pg 378]	
Ravioli	*mezonos* [pg 496]	*al hamichya* [pg 496, 255]	If a *k'zayis* of the dough eaten within *k'dei achilas praas*, make *al hamichya*. If not, make *borei nefoshos*, provided that between the filling and *mezonos* at least one *k'zayis* is eaten within *k'dei achilas praas*. Dough is boiled, therefore (even if subsequently baked in an oven) not a bread family product; pg 496.
Red Cabbage	*hoadoma* [pg 396]	*borei nefoshos* [pg 378]	Note: Requires inspection for insects prior to using.
Rhubarb	*hoadoma* [pg 396]	*borei nefoshos* [pg 378]	
Rice (both white rice and brown rice)	*mezonos* [pg 518]	*borei nefoshos* [pg 519]	Although *al hamichya* is the *brocha achrona* for mezonos products, it is **not** the *brocha achrona* for rice. Rice and rice products are subject to the *brocha achrona* designated for all foods which are not of the "seven species" - *borei nefoshos*; pg 519.
Rice Cakes	*hoadoma* [pg 520]	*borei nefoshos* [pg 519]	Produced by applying hot air, steam, and pressure to rice grains, therefore, according to many poskim, make *hoadoma* (rather than *mezonos* which is designated only for cooked rice). According to some Poskim, brocha is *mezonos*. According to all views, *brocha achrona* is *borei nefoshos*; pg 520.
Rice Chex	*mezonos* [pg 528]	*borei nefoshos* [pg 528, 519]	The milk eaten to enhance the cereal is covered by the brocha of the cereal; pg 58.

Rice Krispies	☞	☞	see Crisp Rice Cereals
Rice Kugel	*mezonos* [pg 518]	*borei nefoshos* [pg 519]	Also see Rice
Rock Candy	*shehakol* [pg 414]	☞	Since candy is too hard to eat a *k'zayis* within *k'dei achilas praas* - no *brocha achrona;* pg 247.
Romaine Lettuce	*hoadoma* [pg 396]	*borei nefoshos* [pg 378]	Note: Requires inspection for insects prior to using.
Rum	*shehakol* [pg 450]	☞ [pg 379]	A *reviis* usually not consumed in short minimum time span required for *brocha achrona.* Therefore, (according to most Poskim) usually exempt from *brocha achrona;* pg 379.
Rum Balls	*mezonos* [pg 502]	*al hamichya* [pg 256, 505]	Made primarily from crushed cake (which is mixed with shortening and flavoring and formed into balls) therefore make *mezonos.* If a *k'zayis* of the *mezonos* is eaten within *k'dei achilas praas,* make *al hamichya.* If not, make *borei nefoshos,* provided that at least one *k'zayis* of rum ball is eaten.
Rutabagas	*hoadoma* [pg 396]	*borei nefoshos* [pg 378]	also called Yellow Turnip
Rye Bread	*hamotzi* [pg 467]	*bircas hamozon* [pg 306-315]	(See procedure for making *hamotzi;* pg 460). Bentching required only if a *k'zayis* of bread is eaten within *k'dei achilas praas;* 283. (For halachos of reciting *bircas hamozon* see pgs 306-315).
Rye Krisp	☞	☞	see Melba Toast

S....

Sabra	*hoetz* [pg 394]	*borei nefoshos* [pg 378]	Sabras grow on cactus plants which are classified as trees, therefore make *hoetz; pg 394.* If he also ate a *k'zayis* of grapes or other fruit of the seven species, the *al hoetz* will exempt the sabra from *borei nefoshos;* pg 357. Note: before eating sabras from Eretz Yisroel, verify that it is not subject to the prohibitions of *orloh* and *shviis,* and that *terumos* and *maasros* were taken.
Salsify (thin parsnip bulb)	*hoadoma* [pg 396]	*borei nefoshos* [pg 378]	Parsnip greens, when used to flavor cooked foods, may be used without inspection by wrapping in cloth or paper (e.g., coffee filter paper) before cooking.
Salt	*shehakol* [pg 455]	☞	Since a *k'zayis* can not be eaten within *k'dei achilas praas* - no *brocha achrona;* pg 247.
Sangria	☞	☞	see Wine, Fruit Flavored
Sardines	*shehakol* [pg 454]	*borei nefoshos* [pg 377]	
Sauerkraut	*hoadoma* [pg 396]	*borei nefoshos* [pg 378]	Cabbage requires inspection for insects prior to use.
Scallion	*hoadoma* [pg 396]	☞	Scallions are generally used to enhance other foods thus covered by the brocha of the other food; see pg 58. Note: Requires inspection for insects prior to using (immature thrips can often be found in the hollow green parts of the scallion). The green part may be used if sliced open along the entire length, and the inside is washed under high pressure, or brushed., The bulb (the white solid part) may be used without inspection. (Fresh scallion greens are often added to such foods as Chinese fried rice, tuna salad, cream cheese, etc., care should be taken that the scallions used are free from thrips).
Schnitzel	*shehakol* [pg 78, 79]	*borei nefoshos*	If made with a thick coating, see Batter Dipped Chicken.

Sembussak	*mezonos*	*al hamichya* [pg 257, 505]	If a *k'zayis* of the *mezonos* is eaten within *k'dei achilas praas*, make *al hamichya*. If not, make *borei nefoshos*, provided that between the filling and mezonos at least one *k'zayis* is eaten within *k'dei achilas praas*. This is a bread family product. If a large volume is eaten - see pgs 483-492.
Sesame Seed Bar	*hoadoma* [*pg* 413]	*borei nefoshos* [pg 378]	The brocha for sesame seeds (not crushed) is *hoadoma*, therefore, for candy bars made primarily from whole sesame seeds make *hoadoma*; pg 413. Also see Halvah.
Sesame Seeds	*hoadoma* [pg 413]	*borei nefoshos* [pg 378]	Generally used to enhance other foods, thus covered by the brocha of the other foods; see pg 58.
Shallot	☞	☞	see Onion (shallot is in the onion family)
Sherbet	☞	☞	see Ices
Shishkabob	*hoadoma* and *shehakol* [pg 64]	*borei nefoshos* [pg 378]	The cubes of meat and vegetables are generally, eaten separately, therefore make two brochos: first make *hoadoma* on vegetables (pg 178) then make *shehakol* for meat and mushrooms; pg 64.
Shredded Wheat (cereal)	*mezonos* [pg 531]	*al hamichya* [pg 531, 353]	Made from wheat kernels which are cooked whole, then shredded and baked. Since the shreds are full of moisture when baked the brocha is *mezonos;* Rav S. Z. Auerbach *shlita*. The milk eaten to enhance the cereal is covered by the brocha of the cereal; pg 58.
Snow Peas	*hoadoma* [pg 396]	*borei nefoshos* [pg 378]	Regarding the *brocha achrona* requirement for natural items which are whole (e.g., a whole pea) see pg. 245.
Soda	*shehakol* [pg 451]	*borei nefoshos* [pg 378]	
Soup	☞	☞	see various listings e.g., Chicken Soup

Soup, Instant	☞ [pg 435]	☞	Many instant mixes consist mostly of flavoring (and starch) with little bits of dried vegetables, in which case make *shehakol* (the *shehakol* exempts the dehydrated vegetable bits which are enhancers). This type of soup is considered a liquid with regard to the *shiur* for *brocha achrona*. Generally, when eaten hot, one does not consume a *reviis* within the short span required for *brocha achrona* on liquids; pg 381. For instant mixes which contain ample amounts of vegetables - see Vegetable Soup. For mixes which contain ample amounts of noodles see Vegetable Soup with Barley or Noodles.
Sour Cream	*shehakol* [pg 454]	*borei nefoshos* [pg 381]	Sour cream, being thicker than a beverage (e.g., milk, sweet cream), is considered a solid with regard to the *shiur* for *brocha achrona*. Therefore, make a *borei nefoshos* if a *k'zayis* is eaten within *k'dei achilas praas*; pg 381. Also see Ice Cream, Leben, Yogurt.
Southern Fried Chicken	☞	☞	see Breaded Chicken or Batter Dipped Chicken
Soya Beans, Whole	*hoadoma* [pg 415]	*borei nefoshos* [pg 378]	Although the brocha for whole cooked soya beans is *hoadoma*, the brocha for ground soya products is *shehakol* - see Vegetarian Soya Products.
Spaghetti	*mezonos* [pg 482]	*al hamichya* [pg 354]	Not a bread family product; pg 482.
Spaghetti and Meatballs	☞	☞	see Meatballs and Spaghetti
Spaghetti Squash	*hoadoma* [pg 396]	*borei nefoshos* [pg 378]	
Spanish Omelet	☞	☞	see Vegetable Omelet

Spanish Rice	*mezonos* [pg 518]	*borei nefoshos* [pg 519]	The rice is the majority ingredient (also the ingredient which is being enhanced). The slivers of vegetables mixed in with the rice are, therefore, covered by the *mezonos*. also see Rice.
Spareribs and Rice	*mezonos* and *shehakol* [64]	*borei nefoshos* [378]	Since each food is eaten separately, two brochos are required, first *mezonos* on the rice (pg 178) then *shehakol* on the meat; pg 64.
Spices, Herbs Dehydrated	☞ [pg 58]	☞	Dehydrated spices and herbs are either sprinkled on foods, cooked with foods to add flavor, or used to garnish foods, and is thus exempted by the brocha of the other foods; pg 58. Note: Some fresh herbs need inspection for insects, however, dehydrated herbs may be used without inspection; pg 435. To use fresh herbs without inspection: before cooking, wrap in cloth or paper (e.g., coffee filter paper); keep wrapped during cooking.
Spinach	*hoadoma* [pg 396]	*borei nefoshos* [pg 378]	Note: Fresh or frozen spinach requires inspection for insects. Also see various spinach listings, e.g., Spinach, Creamed; Quiche, Spinach
Spinach, Creamed	*hoadoma* [pg 408]	*borei nefoshos* [pg 378]	Usually made from chopped spinach which, although creamed and seasoned, is recognizable; make *hoadoma*. Also see Spinach Latka; Quiche, Spinach. Note: Spinach which is washed and pureed, may be used without inspection for insects, pg 409.
Spinach Kugel, Latke, Loaf	☞ [pg 409]	*borei nefoshos* [pg 378]	If spinach is recognizable - make *hoadoma*. If made from mashed or pureed spinach (which is not recognizable) - make *shehakol*; pg 405, 408. Note: Spinach which is washed and pureed, may be used without inspection for insects, pg 409. Also see Spinach, Creamed.

Split Pea Soup	☞ [pg 441]	*borei nefoshos* [pg 382]	If there are pieces of vegetable in the soup - make *hoadoma;* if the peas are cooked till dissolved and no vegetable solids - make *shehakol;* pg 441. In either case, the *brocha achrona* is *borei nefoshos* (pgs 441, 382). The soup is considered a solid rather than a liquid with regard to the *shiur;* therefore, if *k'zayis* was eaten within *k'dei achilas praas* make *borei nefoshos;* pg 382.
Spring Salad	☞ [pg 59]	*borei nefoshos* [pg 378]	Made by mixing diced salad vegetables with cottage cheese, make one brocha: if mostly cheese, make *shehakol;* if mostly vegetables, make *hoadoma;* pg 59. Note; if adding chives or scallions make sure they have been inspected for insects. Dehydrated chives may be used without inspection; pg 435.
Squash	*hoadoma* [pg 396]	*borei nefoshos* [pg 378]	
Squash, Raw	☞ [pg 400]	*borei nefoshos* [pg 378]	Although normally eaten cooked, nevertheless, in many American cities, people will, on occasion, also eat raw squash (either plain, or with a dip, or added to a salad), therefore, in America, make *hoadoma.* In countries such as Eretz Yisroel, where squash is not eaten raw, if eaten raw the brocha is *shehakol;* pg 400.
Star Fruit	*hoetz* [pg 396]	*borei nefoshos* [pg 378]	If he also ate a *k'zayis* of grapes or other fruit of the seven species, the *al hoetz* will exempt the star fruit from *borei nefoshos;* pg 357.
Stew	☞	☞	see Beef Stew
Strawberry	*hoadoma* [pg 392]	*borei nefoshos* [pg 378]	The strawberry plant is not classified as a tree, pg 392. Regarding the *brocha achrona* requirement for natural items which are whole (e.g., a whole strawberry) see pg. 245. Note: Strawberries from certain locales (e.g., from Mexico) may require inspection for insects.
Strawberry Preserves	☞	☞	see Fruit Preserves

Strawberry Short Cake	*mezonos* [pg 504]	*al hamichya* [pg 256, 505]	The brocha on the cake exempts the strawberries and the cream (which enhance the cake). If a *k'zayis* of the *mezonos* is eaten within *k'dei achilas praas*, make *al hamichya*. If not, make *borei nefoshos*, provided that between the strawberries, cream, and cake at least one *k'zayis* is eaten within *k'dei achilas praas*. This is a bread family product. If a large volume is eaten - see pgs 483-492.
Strained Fruit or Vegetables	☞	☞	see Baby Food, Strained
String Beans (cooked)	*hoadoma* [pg 396]	*borei nefoshos* [pg 378]	Regarding the *brocha achrona* requirement for natural items which are whole (e.g., a whole bean) see pg. 245.
String Beans (raw)	☞ [pg 400]	*borei nefoshos* [pg 378]	Although normally eaten cooked, nevertheless, in many American cities people will, on occasion, also eat raw string beans (either plain, or with a dip, or added to a salad), therefore, in America, make *hoadoma*. In countries such as Eretz Yisroel, where string beans are not eaten raw, if eaten raw the brocha is *shehakol*; pg 400.
String Beans Almondine	*hoadoma* [68]	*borei nefoshos* [378]	The almonds are an enhancing ingredient, therefore, exempted by the *hoadoma* of the string beans.
Strudel	☞	☞	see Apple Strudel or Cabbage Strudel
Stuffed Cabbage	☞ [pg 68]	*borei nefoshos* [pg 378]	The meat and rice filling and the cabbage are generally eaten together, therefore make one brocha - if it consists mostly of meat make *shehakol*, if mostly rice, make *mezonos*, if mostly cabbage, make *hoadoma*; pg 68. Note: cabbage requires inspection for insects prior to use.

Stuffed Chicken or Veal	☞ [pg 475]	☞ [pg 255, 353]	The brocha for bread or matzoh meal stuffing is *mezonos*; pg 475. First make a *mezonos* and eat some of the stuffing, then make a *shehakol* and eat some meat without stuffing. If a *k'zayis* of stuffing was eaten within *k'dei achilas praas*, make *al hamichya*. If a *k'zayis* of meat was eaten within *achilas praas* make a *borei nefoshos*; pg 255. If half *k'zayis* of meat and half *k'zayis* of stuffing was eaten, make *borei nefoshos*; pg 382.
Stuffed Pepper	☞ [pg 68]	*borei nefoshos* [pg 378]	Pepper filled with rice. If eaten separately, make two brochos *mezonos* and *hoadoma* (according to some Poskim the *mezonos* should be made first; pg 175). If eaten together (most forkfuls) make one brocha, that of the majority ingredient; pg 64.
Stuffed Zucchini	☞	☞	see Stuffed Cabbage
Stuffing (made from bread, flour, or matzoh meal)	*mezonos* [pg 474]	*al hamichya* [pg 353]	Also see Stuffing, Made From Rice; Stuffed Chicken.
Stuffing, Made From Rice	*mezonos* [pg 518]	*borei nefoshos* [pg 519]	Also see Stuffing Made From Bread, Stuffed Chicken.
Sufganiyot	☞	☞	see Doughnuts
Sugar	*shehakol* [pg 414]	☞	Often one does not eat a *k'zayis* within *k'dei achilas praas*, in which case a *brocha achrona* is not required; pg 247.
Sugar-Coated Almonds	☞	☞	see Almond, Sugar Covered

Sugar-Coated Peanuts	☞	☞	see Peanut, Sugar Covered
Sugar Crisp	☞	☞	see Puffed Wheat Cereals
Sukiyaki	☞	☞	see Beef Stew
Sunflower Seeds	*hoadoma* [pg 412]	*borei nefoshos*	Generally, one does not consume a *k'zayis* within *k'dei achilas praas*, in which case a *brocha achrona* is not required; pg 247. However, if a *k'zayis* of shelled sunflower seeds was eaten within *k'dei achilas praas*, make a *borei nefoshos*. Sunflower seeds are not subject to the *brocha achrona* requirement for natural items which are whole (discussed on pg. 245); Rav S. Z. Auerbach *shlita*
Sweet Peas	*hoadoma* [pg 396]	*borei nefoshos* [pg 378]	Regarding the *brocha achrona* requirement for natural items which are whole (e.g., a whole pea) see pg. 245.
Sweet Potato	*hoadoma* [pg 396]	*borei nefoshos* [pg 378]	
Sweet Potato, Mashed	☞	☞	see Vegetables, Mashed
Sweetbreads and Mushrooms	*shehakol* [pg 454, 455]	*borei nefoshos* [pg 378]	
Swiss Chard	*hoadoma* [pg 396]	*borei nefoshos* [pg 378]	Also called Bok Choy. Note: Requires inspection for insects prior to using.

T....

Tachina	☞	☞	see Tehina

Taco Chips or Shells	*shehakol* [pg 410]	*borei nefoshos* [pg 378]	These products are made from milled (ground) corn, therefore make *shehakol*; pg 410.
Taffy	*shehakol* [pg 455]	☞	Generally, one does not eat a *k'zayis* within *k'dei achilas praas*, in which case a *brocha achrona* is not required; pg 247.
Tangerine	*hoetz* [pg 396]	*borei nefoshos* [pg 378]	If he also ate a *k'zayis* of grapes or other fruit of the seven species, the *al hoetz* will exempt the tangerine from *borei nefoshos*; pg 357.
Tapioca Pudding	*shehakol* [pg 455]	*borei nefoshos* [pg 381]	Classified as a solid with regard to *brocha achrona*; therefore if a *k'zayis* was eaten within *k'dei achilas praas* make *borei nefoshos*; pg 381.
Taro	*hoadoma* [pg 396]	*borei nefoshos* [pg 378]	also known as "Hawaiian Potato"
Tarts, Fruit Filled	☞	☞	see Pie
Tea	*shehakol* [pg 450, 456]	☞ [pg 379]	The *minhag haolom* is not to make a *borei nefoshos* on a beverage unless a *reviis* is consumed without interruption within a short minimum time span: therefore hot tea is exempt from *brocha achrona*. When possible, one should preferably allow some of the beverage to cool off in order to drink the last four and a half ounces without interruption, and make *borei nefoshos*; pg 380.
Tea, Herbal	*shehakol* [pg 200]	☞ [pg 379]	Foods which are eaten primarily for medicinal purposes, but are pleasant tasting such as herbal teas are subject to a brocha; pg 200. Also see Medicine, Flavored. Regarding *brocha achrona* - see Tea.

Tehina	☞ [pg 410]	☞	A dressing made from ground sesame seeds which is generally eaten on bread, crackers, or salad, in which case it does not require a separate brocha. There is an uncertainty among the Poskim regarding the brocha requirement of tehina when eaten plain. The Poskim advise, therefore, that one should not eat it plain; pg 410. (However, if it is necessary to eat it plain, make *shehakol*).
Toasted Bagel Thins (Bagel Chips)	*mezonos* [pg 468]	*al hamichya* [pg 353, 468]	Generally, made from bagel which was made especially for the production of toasted thins, which are used primarily as a snack, therefore, not classified as bread. If a particular product is made from left over bagels, *hamotzi* and bentching required; pg 468. Also see Pita Chips, Melba Toast, Toasted Bread. Also see Toasted Bread Thins.
Toasted Bread	*hamotzi* [pg 467]	*bircas hamozon* [pg 306-315]	(Procedure for making *hamotzi;* pg 460). Bentching required only if a *k'zayis* of bread is eaten within *k'dei achilas praas;* 283. (For halachos of reciting *bircas hamozon* see 306-315). Also see Pita Chips, Melba Toast, Toasted Bagel Thins, Toasted Bread Thins.
Toasted Bread Thins	☞ [464]	☞ [464]	Chazal designated that *hamotzi* be made only on products which people use as the mainstay of a meal, rather than as a snack. Therefore, if the particular type of toasted bread thins is used by most people (in that country) for a snack, the brocha is *mezonos*. Alternatively, if used mostly for a meal, *hamotzi* and bentching are required. If a large volume is eaten, see pgs 483-492.
Tofutti Dessert	*shehakol* [pg 454]	*borei nefoshos* [pg 381]	Classified as a solid with regard to *brocha achrona*; therefore if a *k'zayis* was eaten within *k'dei achilas praas* make *borei nefoshos*; pg 381
Tomato	*hoadoma* [pg 396]	*borei nefoshos* [pg 378]	
Tomato Juice	*shehakol* [pg 429]	*borei nefoshos* [pg 378]	

Tomato-Rice Soup	☞ [pg 440]	☞ [pg 382]	One brocha required, that of the *ikar:* Typically, tomato rice soup is eaten primarily for the soup, rice is eaten merely to enhance the soup, in which case make *shehakol*. If one eats it because he likes both ingredients, (i.e., neither ingredient is there to enhance the other) - than the *ikar* is the majority ingredient: if there is more soup than rice make *shehakol;* if there is more rice than soup make *mezonos;* pg 440. Make *borei nefoshos* if a *k'zayis* of rice was eaten within *k'dei achilas praas* (pg 247). (Hot liquid soup generally, exempt unless a *reviis* is consumed without interruption within a short minimum time span. According to some Poskim, if the soup was made with pieces of tomato, or if it was made thick from pureed tomatoes, it is considered a solid with regard to the *shiur* for *brocha achrona;* pg 382.) Also see pg 379.
Torte	☞	☞	see Cake
Tuna	*shehakol* [pg 454]	*borei nefoshos* [pg 377]	Also see Crackers With Cheese or Tuna
Tuna Macaroni Casserole	*mezonos* [pg 63]	*al hamichya* [pg 255]	The *mezonos* made on the macaroni covers the tuna as well. *brocha achrona*: if a *k'zayis* of the macaroni is eaten within *k'dei achilas praas,* make an *al hamichya;* if not, make a *borei nefoshos,* provided that between the macaroni and the other ingredients at least one *k'zayis* is eaten within *k'dei achilas praas;* pg 255, 353.
Turnip	*hoadoma* [pg 396]	*borei nefoshos* [pg 378]	

U....

Ugli Fruit	*hoetz* [pg 396]	*borei nefoshos* [pg 378]	If he also ate a *k'zayis* of grapes or other fruit of the seven species, the *al hoetz* will exempt the ugli fruit from *borei nefoshos;* pg 357.

Uncooked Vegetables	☞ [pg 397]	*borei nefoshos* [pg 378]	*Chazal* stipulated that only vegetables which are eaten in their optimum state - the way in which they are eaten by most people - can be referred to as "pri". Therefore, if a vegetable is normally eaten cooked (i.e., most people do not eat it raw), and one eats it raw - make *shehakol* (providing it is edible); pg 397.

V....

Vanilla Pudding	*shehakol* [pg 455]	*borei nefoshos* [pg 381]	Classified as a solid with regard to *brocha achrona*; therefore if a *k'zayis* was eaten within *k'dei achilas praas* make *borei nefoshos*; pg 381.
Veal Cutlets	☞	☞	see Breaded Chicken or Meat
Vegetable Cutlet, Kugel, Latkes, Loaf	☞ [pg 408]	*borei nefoshos* [pg 378]	Often contains solid recognizable pieces of vegetables; in which case make *hoadoma*. If made from mashed or blended vegetables (not recognizable); make *shehakol*; pg 408. Also see Vegetables, Mashed; Vegetarian Soya Products.
Vegetable Juice	*shehakol* [pg 431]	*borei nefoshos* [pg 378]	
Vegetables, Mashed	☞ [pg 403]	*borei nefoshos* [pg 378]	If mashed, ground, or cooked to the extent that it no longer retains either its original form or appearance - make *shehakol* rather than *hoadoma*. Guideline: The mashed food should be shown to other members of the household or to friends. If they can identify the vegetable, make *hoadoma*. If they can not identify it, or they are not sure, a *shehakol* should be made; pg 403. (See exceptions pg 404).
Vegetable Omelet	☞	*borei nefoshos* [pg 378]	Make one brocha: if mostly eggs, or if vegetables added to enhance the eggs make *shehakol*; if mostly vegetables and they were not added to enhance the eggs, make *hoadoma*; pg 59.

Vegetable Puree	*shehakol* [pg 403]	*borei nefoshos*	Vegetables which are strained or pureed to the extent that they no longer retain their original form or appearance, are no longer subject to *hoadoma*, therefore make *shehakol*; pg 403.
Vegetable Soup	*hoadoma-* [pg 434]	*borei nefoshos* [pg 382]	The brocha on the vegetables exempts the liquid broth as well. The liquid is classified as a solid with regard to *brocha achrona*; therefore if a *k'zayis* of soup was eaten within *k'dei achilas praas* make *borei nefoshos*; pg 381. Also see Vegetable Soup with Barley or Noodles; Soup, Instant.
Vegetable Soup, Instant	☞	☞	see Soup, Instant
Vegetable Soup with Barley or Noodles	*mezonos* [pg 436]	☞ [pg 255, 382]	Usually contains an ample amount of barley or noodles. However, if soup contains only small amount of barley or noodles, two brochos required - first make *mezonos* and eat some barley or noodles, then make *hoadoma* and eat some vegetables, the liquid soup is exempted by the *hoadoma*; pg 436. *brocha achrona:* if enough *mezonos* is present in the combination so that a *k'zayis* of the *mezonos* ingredient is eaten within *k'dei achilas praas*, an *al hamichya* is required; pg 354. If not, make *borei nefoshos*, provided that between the other ingredients and the mezonos at least one *k'zayis* is eaten within *k'dei achilas* praas. The liquid counts (with the solids) towards the minimum of one *k'zayis*; pg 382.
Vegetables, Strained	☞	☞	see Baby Food, Strained
Vegetable Turnover	*mezonos*	☞ [pg 257, 505]	If a *k'zayis* of the dough is eaten within *k'dei achilas praas*, make *al hamichya*. If not, make *borei nefoshos*, provided that between the filling and mezonos at least one *k'zayis* is eaten within *k'dei achilas praas*. This is a bread family product. If a large volume is eaten - see pgs 483-492.
Vegetables, Uncooked	☞	☞	see Uncooked Vegetables

Vegetarian Soya Products	*shehakol* [pg 414]	*borei nefoshos* [pg 378]	Ground soya is used for making vegetarian meat burgers, vegetarian chicken cutlets, vegetarian hot dogs, etc. Soya beans processed into these types of products are significantly altered from their original form. Therefore, make *shehakol*; pg 414. Also see Soya Beans, Whole.
Vermouth	☞ [pg 449]	☞ [pg 379]	Is wine fortified with alcohol and flavoring. Usually mixed in small quantities with whiskey (e.g., martinis), in which case *shehakol*. The Poskim advise, that if one wishes to drink vermouth straight, he should make a *borei pri hagofen* on wine, and have specific intention to exempt the vermouth; pg 449. A *reviis* usually not consumed in short minimum time span required for *brocha achrona*. Therefore, (according to most Poskim) usually exempt from *brocha achrona*; pg 379.
Vichyssoise Soup	☞ [pg 434]	*borei nefoshos* [pg 382]	Made from finely ground or pureed potatoes: if there are solid recognizable bits of potato in the bowl (as is usually the case) make *hoadoma*, if not, make *shehakol*; pg 434. *Brocha achrona:* soup which contains vegetable solids is considered a solid with regard to the *shiur*, therefore, if a *k'zayis* of soup was eaten within *k'dei achilas praas*, make a *borei nefoshos* Soups containing pieces of vegetable Also see Vegetables, Pureed.

W....

Wafer	*mezonos* [pg 484]	☞	If a *k'zayis* of the baked part (not counting the cream filling or coating) is eaten within *k'dei achilas praas*, the *minhag haolom* is to make *al hamichya*. If not, make *borei nefoshos*, provided that between the filling and mezonos at least one *k'zayis* is eaten within *k'dei achilas praas*. Not a bread family product; pg 484.
Waffle	*mezonos* [pg 492]	*al hamichya* [pg 353]	Also see Pancakes. The syrup or fruit topping eaten to enhance the waffles are exempted by the brocha of the waffles; pg 58. Waffles and ice cream, see Ice Cream Sandwich.

Waldorf Salad	*hoetz* [pg 68]	*borei nefoshos* [pg 378]	The apples are, generally, the primary ingredient.
Walnut	*hoetz* [pg 396]	*borei nefoshos* [pg 378]	If he also ate a *k'zayis* of grapes or other fruit of the seven species, the *al hoetz* will exempt the nuts from *borei nefoshos*; pg 357.
Water (to quench thirst)	*shehakol* [pg 201, 405]	*borei nefoshos* [pg 378]	If one drinks water for a purpose other than to quench his thirst (or as an enjoyable drink), a brocha is **not** required, For example, if one drinks a glass of water in order to take a pill, a brocha is not required; pg 201.
Watercress	*hoadoma* [pg 396]	*borei nefoshos* [pg 378]	Note: Requires inspection for insects prior to using.
Watermelon	*hoadoma* [pg 396]	*borei nefoshos* [pg 378]	
Watermelon Seeds	*hoadoma* [pg 412]	*borei nefoshos*	Watermelon seeds sold as snacks, are obtained from a special variety which is grown solely for seed, therefore make *hoadoma*; pg 412. *brocha achrona*: generally, one does not consume a *shiur* of seeds within the short span required for a *brocha achrona*. However, if a *k'zayis* of shelled watermelon seeds was eaten within *k'dei achilas praas*, make a *borei nefoshos*. According to some Poskim, watermelon seeds are not subject to the *brocha achrona* requirement for natural items which are whole (discussed on pg. 245); Rav S. Z. Auerbach *shlita*.
Weight Control Apple Snacks	☞	☞	see Apple Snacks
Wheat Chex	*mezonos* [pg 528]	*al hamichya* [pg 528, 353]	Made from wheat flour dough, therefore, make *mezonos*. The milk eaten to enhance the cereal is covered by the brocha of the cereal; pg 58.

Wheat Flake Cereals (e.g., Almond Clusters)	*mezonos* [pg 525]	*al hamichya* [pg 525, 353]	The milk eaten to enhance the cereal is covered by the brocha of the cereal; pg 58.
Whipped Cream	*shehakol*	*borei nefoshos*	Usually used to enhance another food, in which case it is covered by the brocha for the other food; pg 58.
Whipped Cream Pie	☞	☞	see Chocolate Cream Pie
Whiskey	*shehakol* [pg 450]	☞ [pg 379]	A *reviis* usually not consumed in short minimum time span required for *brocha achrona*. Therefore, (according to most Poskim) usually exempt from *brocha achrona*; pg 379.
Whole Wheat Bread	*hamotzi* [pg 467]	*bircas hamozon* [pg 306-315]	(See procedure for making *hamotzi*; pg 460). Bentching required only if a *k'zayis* of bread is eaten within *k'dei achilas praas*; 283. (For halachos of reciting *bircas hamozon* see pgs 306-315).
Wine	*borei pri hagofen* [pg 444]	*al hagefen* [pg 355]	Same brocha requirements for pasteurized wine; pg 446. For wine from Eretz Yisroel, the *brocha achrona* ends with the phrase *v'al pri gafnoh* ; pg 350.
Wine and Seltzer	☞ [pg 447]	☞	If most people will drink such a mixture in place of wine, *hagofen*; if not, *shehakol*. Since it is often difficult to judge if people would drink a particular mixture in place of wine, it is suggested that if one wishes to drink diluted wine, he should make the *borei pri hagofen* and drink a *reviis* of (undiluted) wine or grape juice (when making the *borei pri hagofen* - the diluted wine, or any other beverage he wishes to drink, should be in front of him or he should have intention to exempt it); pg 448. The *al hagefen* made on the wine or grape juice will cover the other beverages as well; pg 100-103.

Wine, Fruit Flavored	*borei pri hagofen* [pg 446]	*al* hagefen [pg 355]	Fruit flavored wines (e.g., Plum Royale, peach flavored wine, Sangria) are all classified as wine with regard to the brocha requirements; pg 446. (Regarding the *kiddush* requirements, see pg 446 Heb. 8). For wine from Eretz Yisroel, the *brocha achrona* ends with the phrase *v'al pri gafnoh* ; pg 350.

Y....

Yam	*hoadoma* [pg 396]	*borei nefoshos* [pg 378]	
Yogurt	*shehakol* [pg 495]	*borei nefoshos* [pg 381]	Yogurt, being thicker than a beverage, is considered a solid with regard to *brocha achrona*. Therefore, make a *borei nefoshos* if a *k'zayis* is eaten within *k'dei achilas praas*; pg 381.
Yogurt, Fruit Flavored (e.g., Strawberry Yogurt)	*shehakol* [pg 495]	*borei nefoshos* [pg 381]	The *shehakol* made on the yogurt exempts the fruit which is added to enhance the yogurt.

Z....

Zucchini	*hoadoma* [pg 396]	*borei nefoshos* [pg 378]	
Zucchini, Raw	☞	☞	see Squash, Raw
Zucchini Cake	*mezonos* [pg 502]	*al hamichya* [pg 256]	The major ingredient of this cake is flour. The *minhag haolom* is to make an *al hamichya* on a *k'zayis* of cake (even though less than one *k'zayis* of flour is eaten). Some poskim rule that the other ingredients do not count towards the *k'zayis* - see pg 256 .
Zwieback	☞	☞	see Melba Toast, Toasted Bread Thins

* * *

On Studying *Hilchos Brochos*

Says the Talmud: "One who derives benefit from this world without first making a brocha is mo'al (guilty of sinfully embezzling from *Hashem*). What is his remedy? Let him go to someone who can teach him *hilchos brochos*, so that he may avoid embezzling before he starts"!

The *Maharsho* explains that this pronouncement was made specifically with regard to the study of *bircas hanehenin* (the brocha made for food, drink or smell) since there are many intricacies involved in their use. When making a *bircas hanehenin* uncertainties often arise wherein the wrong brocha is made. In these cases it is as if he has not made a brocha at all, or worse yet, his brocha is a *brocha l'vatolah*. Therefore let him study *hilchos brochos*, and review his studies until he becomes proficient in these *halachos*.

ד) על מרק עגבניות או מרק בפ״א או מרק ברוקולי או מרק אפונה שמרסקים כל הפרי ועושים ממנו מרק סמיך, ואין בו חתיכות מורגשות, מברכים שהכל שאין מברכים בפה״א על המים אלא כשהיה הבישול לצורך אכילת הירקות משא״כ בנידון זה שריסקו כל הפרי.

ה) מה שמברכים על מי ירקות כברכת הירק הוא דוקא אם ניכר במים טעם הירק עצמה כגון מי סלק שניכר היטב טעם הסלק בהמים או כגון מי עגבניות שניכר טעם העגבניות בהמים, אבל אם אינו ניכר כ״כ טעם הירק בהמים לא מברכים ברכת הירק עצמה אלא שהכול ולפיכך אם בישל מרק מגזר וסלרי או מתפוחי אדמה ושותה המים לבד אינו מברך אלא שהכול.

סי׳ ר״ח

א) ״גרנולה״ - והוא שיבולת שועל שבבית חרושת מרככים אותו קצת באידים ואח״כ קולים אותו בתנור ומערבים אותו עם דבש ואגוזים, והוא נאכל לא מבושל עם חלב, אינו נחשב כמבושל בגלל מאידים כיון שפעולת האידים אינה מרככת כמו פעולת הבישול, וגם אחר ששורים אותו בקערה עם חלב לזמן קצר אינו חשוב כנתבשל - דינם כקליות (שעל קליות מברכים בפה״א ונכון שלא לאכלו אלא תוך הסעודה כמבואר בסי׳ ר״ח סעי׳ ד׳). (הראתי ״גרנולה״ למרן שליט״א).

ב) עוד בענין הנ״ל, עוגיות גרנולה עשוים מתערובת, גרנולה, סוכר, מרגרינה, וכו׳ ואופים בתנור, נחשבים כקליות וברכתם בפה״א, אם ניכר צורת הפרי, ונכון לאוכלם תוך הסעודה.

ג) בירך בפה״א על תבשיל מקמח של תירס או מקמח של תפוחי אדמה בדיעבד יצא, ואפי׳ אם בירך בפה״א על עוגות שעושים בפסח מקמח תפ״א יצא.

ד) על פריכיות אורז, יש פוסקים לברך במ״מ (כמו על אורז מבושל שנבדבקו ע״י בישול) ויש פוסקי׳ לברד שהכל (כמו על דבר שנשנה) ואני סובר שמברכין עליו בפה״א, אף שנתפותץ ע״י חום ואדים, מ״מ אינו חשוב בישול. ואף אם יש לו מין בפה״א ודאי אינו צריך להטריח עצמו ולברך עליהם כדי לפטור הפריכיות אורז.

ה) על אורז שלם מבושל, אם נעשה האורז גוש אחד כגון ״קוגל״ מברך במ״מ, אכן בשלמים שאינם מתדבקים יחד יש נוהגים לברך בפה״א ויש נוהגים לברך במ״מ כהמ״ב - ודעביד כמר עביד, ודעביד כמר עביד.

יד) יש להורות לברך שהכל על ירקות של עציץ שאינו נקוב כהח״א (כלל נ״א סעי׳ י״ז) וגם על גדולי מים שאינו מחובר לקרקע מברכים שהכל. אכן אם המים שבצינור ששם מגדלים הירק מחובר בכל עת להמים שבחריץ חשוב כאילו מגדל במים שבחריץ, והמים שבחריץ דינו כקרקע, ובכה״ג מברכים בפה״א.

סי׳ ר״ג

א) על פרי ״חמוצית״ מאילן שגבהתו פחות מג׳ טפחים מעל הקרקע אבל ארוכים הרבה יותר מג״ט יש לברך עליהם בפה״א כיון שגבהתו פחות מג״ט, דאזלינן בתר גובהו ולא בתר ארכו, דסדנא דארעא חד הוא. (דבסי׳ ר״ג כתב המ״ב מנהג לברך בפה״א על אילנות פחות מג״ט).

ב) על מאלינעס (פטל) כיון שנסתפקו הפוסקים בזה ויש מהם הרבה שהכריעו שעץ הוא ואין בידינו להכריע, לכן מספק מברכים בפה״א. ולענין ערלה בחו״ל שספק ערלה מותר אפשר להקל אבל בא״י שספק ערלה אסור צ״ע ואין לנו הכרעה לא לקולא ולא לחומרא.

סי׳ ר״ד

תבשיל שנשרף קצת ועדיין ראוי לאכילה רק שאינו טעים כל כך, או שקלט ריח העשן, מברך ברכה הראוי׳ לו, דמש״כ הפוסקים שמברכים שהכל על תבשיל שנתקלקל ״קצת״ ר״ל שנתקלקל הרבה אלא שעדיין יכול לאוכלו ע״י הדחק דומה לפת שעפשה דמיירי שעפשה ממש אלא שראוי לאכול ע״י הדחק, אמנם אם רק קלט הטעם או הריח, או שרק אינו טעים כ״כ כמו אם נתן בו הרבה מלח או פלפל, לא נחשב נתקלקל ולא אבד ברכתו.

סי׳ ר״ה

א) על מרק ירקות שנתן בו גריסים והירקות הם הרוב, מברך בומ״מ ולא דמי למש״כ במ״ב סי׳ ר״ח ס״ק כ״ג שצריך לברך גם על המרק דהכא אע״פ שנתן בו רק מעט גריסים מ״מ כיון שנתן בו הגריסים לאכילה ולשביעה הו״ל עיקר ומברך במ״מ ופוטר הירקות והמים.

ב) על מרק בצל העשוי מבצלים מטוגנים, מברך בפה״א, אע״פ שיש בו הרבה מים ותבלינים מ״מ כיון שיש בו בצלים מטוגנים הו״ל הבצלים עיקר ומברך על המרק בפה״א.

ג) על מרק עגבניות עם אורז מברך ברכה אחת (אם אוכל האורז ללפת את המרק או יש בו רוב אורז מברך על האורז ופוטר המרק, ואם אוכל המרק ללפת את האורז או יש בו רוב מרק מברך שהכל) שדנין אותו כמאכל אחד ולא דמי לאורז וזופ״א המובא במ״א סי׳ קס״ח ס״ק ל׳ דהכא מיירי שנתבשלו יחד וגם רוצה לאכול האורז והמרק בתורת מאכל אחד.

ז) על צ׳יפס העשוי מפרוסות דקות של תפ״א, פשוט שמברכים בפה״א דהרי הוא חתיכת פרי ממש - וגם על העשוי מאבקת תפ״א מברכים בפה״א כיון שבעת אכילה חזר וניכר שהוא תפ״א. (הראתי למרן שני מינים אלו).

ח) על חמאת בואנים יש להורות לברך עליו שהכל, דלא עדיפא מ״פאווידלא״ שברכתו שהכל, כ״ש חמאת בוטנים שהפרי ניכר עוד פחות, ואף אם רוב בוטנים עומדים לרסוק, וא״כ ברכתו בפה״א כבשמים שחוקים, מ״מ לא דמי לבשמים שחוקים דהתם אינם טובים בלי ריסוק אבל בוטנים אורחייהו לאוכלם שלמים וטובים יותר כשהם שלמים ולפיכך אף אם נטעו לריסוק אין מברכים עליו אלא שהכל.

ט) על שקד מצופה בשוקולד, ספק אם יש בו רוב שוקולד או יש בו רוב פרי, אינו נכון לברך בפה״ע שהרי אנו נוהגים לברך שהכל על שוקולד, ולכן הו״ל ככל תערובות ספק שאם אינו יודע איזה מהם הוא הרוב צריך לברך שהכל, אמנם אם בירך בפה״ע או בפה״א על שוקולד יצא. ושקד מצופה סוכר אם הסוכר רך ובנגיסה ראשונה אוכל גם הסוכר וגם השקד מברך בפה״ע, אכן אם מצופה בסוכר קשה שצריך מקודם לאכול הסוכר ואז לאכול השקד צריך לברך שהכל על הצפוי ובפה״ע על השקד, ויש מינים (שקוראים אותם ״פיצפוצים״) עשוים עם הרבה סוכר ובתוכו חתיכות קטנות של שקדים שהסוכר הוא העיקר ואין מברכים על השקד כלל.

י) על ״חלווה״ (משומשמים) אף אם נאמר שהשומשמים נטעו אדעתא לרסקם מ״מ אינו מברך על החלווה אלא שהכל דהוא דבר חדש ואינו ניכר כלל שזה בא משומשמים והרי לענין שוקולד ידוע שנטעו הקקאו אדעתא דהכי וגם יותר ניכר שהוא בא מהקקאו, ועם כל זה אנו נוהגים לברך שהכל, כל שכן שאין לברך על החלווה אלא שהכל.

יא) על תוצרות מסויה כמו נקניקיות ו״בשר צמחי״, אף שנטעו אדעתה דהכי, מ״מ כל המוצרים של סויה הם דברים חדשים ו״פנים חדשות באו לכאן״ ואף שלא נשתנה שינוי גמור כסוכר מ״מ כיון שאינו ניכר כלל שיצאו מהפרי מברך עליהם שהכל.

יב) מיץ העשוי באופן שסוחטים כל הפרי לתוך הכוס, אם בירך בפה״ע (או בפה״א) יוצא בדיעבד שיש לסמוך על סברת החזו״א, שכיון שסוחטים כל גוף הפרי לתוך הכוס ואינו נשאר רק הפסולת אפשר שיש לו דין פווידל״א, ואין לחזור ולברך.

יג) בדיעבד אם בירך בפה״ע או בפה״א על מיץ תפוזים יכול לסמוך על החזו״א (ססי׳ ל״ג) וא״צ לחזור ולברך. וגם על מיץ אשכליות א״צ לחזור ולברך, דנחשב נטעו אדעתא דהכי - ואף אם נאמר דרובם נטעו לאכילה - עכ״פ דרכייהו לעשות מהם מיץ.

וכל זה נאמר דוקא על מיץ שאינו עשוי מריכוז, דמיץ העשוי מריכוז דינו כמים ממש ואפי׳ בדיעבד אינו יצא בבפה״ע.

ועל מיץ תפוחים צריך לחזור ולברך שהכל, שאין כ״כ הדרך לעשות מהם מיץ להחשיבם נטעו אדעתא דהכי.

סי׳ קצ״ט

א) מנהג העולם ללמד קטנים ברכות מגיל שתים, שלש - מנהג טוב הוא, ומה שכותב המשנה ברורה בסי׳ רס״ט וסי׳ קצ״ש אין ללמוד משם לא לחנך פחות מגיל ו׳ או ז׳ דשם מדובר כדי להציל הגדול מברכה לבטלה מחמירים לא לברך בשביל קטן פחות מגיל ח׳ אבל פשוט שמחנכים אף פחות מגיל זה - והכל לפי הקטן.

ב) יש טוענים לא ללמד ולהרגיל קטנים ביותר ברכות מכיון שאין מבינים המושג ״הקב״ה״ וגם מזכירים שם השם במקומות מבוזים - טענה זו אינו טענה - דהא איסור גמור להזכיר דבר שבקדושה כשיש לאדם צואה בפי טבעתו, וידוע דקטנים אינם יכולים להזהר מזה, ומ״מ אנו לומדים עמהם תורה ואת״ל דאין הכי נמי אין ללמדם עד שיכולים להזהר מזה צריך אתה לסגור כל החדרים, ומה יהיה עם כלל ישראל, אלא ודאי אף שאיסור גמור הוא אצל גדול אין אנו נמנעים מללמד לקטן בשביל זה, והוא הדין שיכולים ללמדם ברכות ושאר דברים שבקדושה ואין חוששים שמא יזכירו שם ה׳ במקומות מבוזים.

סי׳ ר״ב

א) מברכים על גרעיני חמניות, גרעיני דלעת ואבטיח - ״בורא פרי האדמה״ - כיון שמגדלים את הפרח בשביל הגרעים שפיר נקרא פרי - וגרעיני דלעת ואבטיח אם ידוע לנו שלא נטעו אדעתא דגרעינים, מברך ״שהכל״ - ומן הסתם מברך בורא פרי האדמה. ואבטיחים אעפ״י של כל המינים אינו מגדילים בשביל הגרעינים, שפיר נחשבים אלו שנטעו לגרעינים נטעו להכי.

ב) על ירקות חיים כמו שעועית וקישואים באר״הב כיון שנאכלים לפעמים גם חיים מברכים ברכה הראויה להם, ובא״י מברכים שהכל, ובן ארה״ב הדר בא״י כל שדעתו לחזור מברך כבני מקום שיצא משם, וכל שאין דעתו לחזור מברך כבני מקום שבא לשם, ואף שהוא בעצמו רגיל לאכול הירק חיים מ״מ בטלה דעתו לבני מקום שבא לשם.

ג) פירות כגון תות שדה שמרוסק היטב מברך בפה״א אפי׳ ריסקו עד שאין שם חתיכות מורגשות, דהרי לפעמים אוכלים תות שדה כשהיא מרוסק לגמרי וניכר לכל שהוא תות שדה, ולא דמי ל״פאווידלא״ (הובא ברמ״א) דהתם מבשלים את הריסוק ומערבים בו סוכר או שאר תבלינים ונעשה ע״י זה דבר חדש ומש״ה נחשב אינו ניכר.

ה) על תפ״א שעושים מאבקת תפ״א מברכים עליו בפה״א, דכיון שמאחר שמערבים בו מים חוזר לקדמותו נחשב כניכר. (הראתי למרן אבקת תפוחי אדמה ״אינסטנט״ וגם אחר שנתתי בו מים והוא מוכן)

ו) ״לאטקעס״ או ״קוגל״ מת״א טחונים שלא נשאר בה חתיכות מברך בפה״א דניכרים לכל מה היא - אבל אם עשוים מירקות כגזר וכדומה מברך שהכל דהרי אינו ניכר כ״כ מה היא וגם אין הדרך לאוכלם מרוסקים.

ב) לכאורה אין לענות אמן בבהמ״ז אחר ברכה שהוא בעצמו סיימה דדין בהמ״ז כדין שמונה עשרה כמו שאסור להפסיק בין הברכות בשמונה עשרה לענות אמן לברכת חבירו שעומד אצלו, ורק בזימון תקנו חכמים לשמוע מהמברך ולענות אמן, ואפי׳ עכשיו שאנו מזמנים ואין אנו יוצאים מברכת המברך, מ״מ נכלל בתקנת חכמים לענות אמן לברכת המברך, ובלי זימון הי׳ נ״ל דאסור, אבל ראיתי בא״א (מבוטשאטש) שכתב בפשיטות שמותר לענות אמן בכה״ג, ונעשה אצלי ספק, ונכון שלא לענות לברכת חבירו (חוץ מהמזמן).

סי׳ קפ״ד

א) אכל כזית לחם שלא בתוך שיעור של כדי אכילת פרס אבל ביחד עם שאר מאכלים שאכל היה בה כדי שביעה לכאורה חייב לברך ברהמ״ז - ולא כהאגרות משה, ולכאורה גם נגד דברי ערוך השולחן סי׳ קפ״צ ס״ק ו׳.

סי׳ קפ״ה

האכל ואינו יודע אם בירך ברהמ״ז ואינו שבע - אינו צריך לברך מספק ואם אין לו עצה אחרת יכול להרהר הברכה בלבו אכן להלכה אינו יוצא בזה רק שהקב״ה יראה בלבו.

סי׳ קפ״ו

א) אשה שאכלה ומסופקת אם ברכה ברהמ״ז כדאי להורות שתברך שלא תהא ברהמ״ז קל בעיניה שלא יבא קילקול שיסברו שאינו חייבות כל כך.

ב) קטן שאכל כדי שביעה ומסופק אם בירך צריך לחזור ולברך ברהמ״ז כדי לחנכו שיעשה כגדול.

סי׳ קפ״ט

למי שאין לו פנאי מותר לברך עד ״אל יחסרנו״ - אבל לא כדאי להפסיד כל הברכות הלא - וברכת אורחים, חיוב אורח לברך.

סי׳ קצ״ב

אפי׳ לקטנים פחות מגיל ח׳ לא כדי לחנכם בברכות עם נוסח קצר - ויותר נכון לחנך קטנים בנוסח שאנחנו אומרים דהיינו מתחלה ללמדם ברכה ראשונה מתחלתה עד סופה ואח״כ ברכה שניה וכו׳ ואף שמעיקר הדין יוצר ידיד חובת ע״י נוסח קצר שכולל עיקר ענין הברכות ואף שמעיקר הדין יצא בברכה קצרה הכוללת עיקר ענין הברכה מ״מ אין אנו נוהגים להוציא עצמנו בנוסחאות קצרות, דהנה בכל הברכות, כגון יוצר אור אהבה רבה ושמונה עשרה, יש לנו אפשריות כשאין לנו פנאי לאמר נוסח קצרה של עיקר הברכה ולא ראינו שעושים כן. וגם אינו מן הראוי להרגיל הקטנים בנוסח שונה מהנוסח הרגיל.

סי׳ קע״ד

קרטיב (מים קפואים עם טעם) כשאוכלים אותה בסעודה צריך לברך עליה שהכל אפי׳ אם ברך על יין בתחילת הסעודה צריך לברך שהכל, דלא נחשב כמשקה ליפטר ע״י ברכת היין - וכן לגבי שיעור ברכה אחרונה לא נחשב כמשקה.

סי׳ קע״ו

א) כשעושים קידוש בשבת ונותנים מיני מתיקה ושארי דברים ודעתו ליטול ידים לסעודה אח״כ - אין מברכים ברכה אחרונה כיום דצריך קידוש במקום סעודה ואפי׳ אם לא אכל מזונות לאחר שקידש הרי יצא קידוש במקום סעודה ע״י שיאכל אח״כ, הסעודה בזמן קצר - א״כ ע״י שעשה קידש התחיל הסעודה וכל מה שאוכל שייך לסעודה. ומה שהמשנה ברורה כותב דצריך לברך ברכה אחרונה בשבת לאחר קידוש מיירי כנראה במי שאין בדעתו לאכול סעודה בזמן קצר מהקידוש - וכל זה בקידש בבית שיאכל בה הסעודה אבל אם קידש בבית חברו או בביהכנ״ס אע״פ שדעתו לאכול הסעודה בזמן קצר צריך לברך ברכה אחרונה על היין ושאר דברים וגם על ספק פת, בדר״כ דכל זה בודאי לא שייך לסעודה ואינו נפטר עם ברכת המזון של הסעודה.

ב) מה שמביא הביאור הלכה דבספק פת הבד״כ שאכל לפני הסעודה אין לברך עליה ברכה אחרונה ונפטר בברכת המזון, תלוי בכוונתו כשבירך על הפת הבב״כ, דאם היה בדעתו לאכול הסעודה בזמן קצר אפי׳ אם זה יקח רבע או חצי שעה שייך להסעודה ולא יברך ב״א, אדם אם לא היה בדעתו לאכול הסעודה אז לא קשור להסעודה וגם לפי הבה״ל צריך לברך ב״א על הפת הבב״כ. וכן מי שבא לקבלת פנים שעורכים קודם סעודת בר מצוה וכדומה ואכל ספק פת הבב״כ ודעתו לסעוד אח״כ בהסעודה, אין צריך לברך ב״א, אך אם היה בדעתו לצאת לפני הסעודה ונמלך לאכול כגון שהפציר הבעל שמחה שיאכל עמהם, צריך לברך ב״א קודם נט״י.

סי׳ קע״ז

א) האוכל קרטיב (מים קפואים עם טעם) או שרביט בתוך סעודה של פת או שאוכל לקינוח צריך לברך שהכל ובלבד שאוכל לתענוג ולא לשביעה.

ב) צריך לברך על מילון שאוכלים בתחילת סעודה כ״פארשפייז״ דזה שקוראים פירות כאלו בשם ״פארשפייז״ אינו מורה דנאכלים כדי לעורר, והגע בעצמך דאילו יתחדשו ליתן ״פארשפייז״ של גלידה התעלה על הדעת שמפני כך יפטר מברכה.

סי׳ קפ״ג

א) בשעת ברכת המזון עיקר ההקפדה הוא על לבישת הכובע, אבל המנהג ללבש גם מעיל, גם כשברך בהמ״ז בלי כוס, גם בחו״ל.

והבשר שאוכל בלי המילוי צריך לברך עליה שהכל, ולא דמי לעוגה שיש לה מילוי פירות שהבמ״מ פוטרת את הפירות דאינו אוכל מהפרות לבד רק קצת, משא״כ הכא אוכל הרבה מהבשר לבד, לפיכך מה שאוכל לבד אינו טפל להמזונות.

יג) האוכל צנימים ״מלבה טאוסט״ מברך עליהם במ״מ - דזהו ממש הכעבים יבשים המובא בשו״ע - והגם שיש אנשים שאוכלים צנימים אלו לסעודה כתחליף ללחם מ״מ כיון שהם קשים מאד מסתברא שהם נאכלים בעיקר כחטיף בעלמא.

ובמצה עצמה כבר נהגו הספרדים לברך במ״מ, וזה עוד גרוע יותר ממצה, שמצה נוח לאכל ממנו הרבה משא״כ בזה.

ולכן מסתברא שכל זמן שאינו אוכל שיעור קביעות סעודה מברך במ״מ ואפי׳ שבתחילה אופים אותם בתואר לחם גמור ורק אח״כ חותכים אותם לחתיכות דקות ואופים אותם פעם שניה לעשות מהם צנימים מ״מ לא מיקרי פת מחמת אפיה ראשונה דהרי כל אפייתם הוא כדי לעשות מהם כעבים יבשים. אמנם בית חרושת שמשתמשים בלחם ישן ועושה מהם צנימים, וכן אדם פרטי שעושה בבית בטוסטר פשוט שמברכים עליו המוציא ובהמ״ז.

יד) ביגיל (עשוי מבצק לחם רגיל אבל שינוי צורה מיוחד וגם מתוק קצת יותר מלחם רגיל, ואוכלים אותו לחטיף וקינוח) מברכים עליו במ״מ, דכל שהוא פת שאינו מדרך העולם לקבוע עליו יש לו דין פת כיסנין וכמו שכתב הר״י מליסא בהגדה מעשה ניסים.

טו) לאקשין קוגל (קוגל העשוי מאטריות שבישלו וגבלו עם מי ביצים ותבלינים ואח״כ אפו אותו) ברכתו במ״מ ודינו כמעשה קדרה שאין לו תואר לחם כלל. ואינו דומה לעיסה שחולטה במים רותחין ואח״כ אפו בתנור, שהיא פת גמור, כיון דנגמר הלאקשין מקודם האפיה הוי כמו שלוקח תבשיל ואופה אותה.

טז) במ״א סי׳ קס״ח ס״ק י״ג איתא דהאכל פת הבב״כ עם דברים אחרים הנאכלים בסעודה אפי׳ אם לא אכל שיעור פת הבב״כ מספיק לקביעות סעודה של פת הבב״כ מצטרף לחייב בהמ״ז זה דוקא בדברים שאוכלים עם הפת הבב״כ כמו בשר ודגים וכדומה אבל דייסא לא יצטרף אף שהוא מהדברים שאוכלים בתוך הסעודה לשביעה וכן אם אכל הפת כיסנין בתחילה ואח״כ כשכבר אינו אוכל פת הבב״כ אבל דברים אחרים כמו בשר ודגים גם לא יצטרף לשיעור לחייבו בהמ״ז. ועוד דוקא כאלו פת הבב״כ שאוכלים יחד עם דברים כאלו מצטרף יחד אבל עוגות טורט וכדומה לא מצטרפים. (וזה דלא כהאג״מ ח״א סי׳ ל״ב)

יז) האוכל בורקס או קנישס לבד המילוי שלה (גבינה, תפוחי אדמה וכדומה) לשיעור קביעות סעודה של פת הבב״כ לחייב ברהמ״ז משא״כ האוכל עוגת גבינה או עוגה עם מילוי פירות לא מצטרף המילוי שלה לשיעור גבילות סעודה - והחילוק הוא 3 בורקס המילוי שלה היא ליפתן לבצק משא״כ בעוגת גבינה וכדומה שכוונתו על המילוי לשל עצמה משו״ה לא מצטרף.

ה) האוכל פת הבב״כ בין סעודה לסעודה לתענוג בעלמא ולא כסעודה, ואכל כשיעור סעודה מברך המוציא ובהמ״ז, ומש״כ בשמי בשמירת שבת כהלכתה (פרק נ״ד הערה ס״ה) אמרתי זה בלשון יש להסתפק ובדרך לימוד זכות, אבל להלכה ולמעשה אם אכל שיעור סעודה מ״ליקאך״ צריך לברך בהמ״ז דהוי קביעות סעודה אע״פ שאכלו דרך ארעית.

ו) שיעור קביעות סעודה של אכילת נשים הוו כמדת אכילת נשים כמו שהזקנים שיעורם כמדת אכילת זקנים.

ז) המ״א סי׳ קס״ח ס״ק י״ג כותב דבשר ודברים אחרים מצטרפים עם הפת הבב״כ לשיעור קביעות סעודה - זה דוקא אם אכל ד׳ ביצים של פת הבב״כ ושאר הליפתן ובשר וכו׳ מצטרפים לשיעור סעודה, אבל אם לא אכל ד׳ ביצים של פת הבב״כ אין כאן צירוף לחייב בהמ״ז (במ״ב משמע לכאורה דכן יש צירוף אפי׳ אם אכל פחות מד׳ ביצים פת הבב״כ - ובאג״מ כתב כן במפורש).

ח) מותר לכתחילה לאכול פחות מד׳ ביצים ולברך בומ״מ, ובאכילה של ד׳ ביצים קשה להכריע בין הפוסקים הנ״ל ויש לצדד ולומר דשיעור סעודה של ערב ובוקר בימינו הוא גם כשיעור ד׳ ביצים וממילא י״ל דצריך לברך בהמ״ז אפי׳ לפי הגר״א וצ״ע, ולמעשה אם אכל ד׳ ביצים ואינו שבע יברך על המחיה, ואם שבע יברך בהמ״ז.

ט) פחות מכשיעור סעודה מפת הבב״כ בסעודת שלישית לא נחשב קביעות (דאינה סעודה המחוייבת).

י) יש עצה לבטל שם פת מלחם ומצה ע״י בישול חתיכות שהם פחות מכזית - ובישול זו לא צריך שיתמעך אלא מיד שנשתנה טעם וצורת הלחם בטל מלהיות לחם, וזה בתוך דקה או חצי דקה.

ואם עושה קוגל מחלה, שגובל בחלה עם ביצים ושמן, מחמת גיבולו עם ביצים ושמן נחשב כגיבולו ברוב מי פירות שעל זה אמר המ״ב לברך במ״מ. וכן המנהג לברך על קוגל מחלה במ״מ. והמים שנבלעו בתוך החלה לא עולים לחשבון בנוגע לרוב מים או רוב מי פירות דהם נחשבים חלק של החלה, ועוד מסתמא נתלבן המים בשעת השריה.

יא) מצה בריי, פתית מצה שגובלים בביצים ומים או חלב ומטגנין על מחבת, אם מטגנים אותו בצורה שהשמן מכסה המצה הוי כבישול דמה לי בישול במים מה לי בישול בשמן ומברכים במ״מ, וספקו של המ״א (ס״ק ל״ו) בכעין טיגון שלנו שהיא עם קצת שמן ולא בממלא בשמן, אבל אם מטגן עם מעט שמן, רק שלא ישרף, מברכים עליו המוציא ובהמ״ז. ואם מבשל המצה במים אפי׳ רק לדקה או חצי ואח״כ מטגנן מברך במ״מ.

יב) כשאוכלים בשר או עוף ממולא עם מילוי של קמח מצה או של חלה, מברך במ״מ, וצריך לאכול מהמילוי, ואח״כ הבשר שיאכל עם המילוי נפטר ע״י ברכה זו,

תשובות מהגאון ר׳ שלמה זלמן אויערבאך שליט״א

התשובות האלו נאמרו על ידי הגאון ר׳ שלמה זלמן אויערבאך שליט״א ונכתבו בנוסח הכותב והיו לעיני הגאון ר׳ שלמה זלמן אויערבאך שליט״א והסכים לפרסמן

סי׳ צ״א

צריך להתלבש לגמרי כדי לברך בהמ״ז ואינו נכון לברך בהמ״ז לבוש בחלוק. אמנם מי שחולה עד כדי ששוכב במטה מספיק שילבש חלוק מעל בגדי לילה שלו, וכן בחוף הים אין לברך לבוש בבגדי ים, ואם יש לו חלוק מספיק ללבוש חלוקו. ואם אין לו חלוק צריך להתלבש לגמרי, ויזהר לא ליראות כיוהרא כשמתלבש בחוף הים.

סי׳ קס״ח

א) באג״מ או״ח ג׳ סי׳ ל״ג כתוב שמיני ה״קייקס״ שבמדינתנו הם כיסנין ודאי (שחייבים לברך בתוך הסעודה וכמו כן ברכה אחרונה אם אכלם לפני הסעודה) - ואמר מרן שליט״א שאה״נ רוב עוגות שבזמנינו נקראים ודאי פת הבב״כ כמו טורט ועוגת שוקולד, ועוגות שעושים עם הרבה קרם, ועוגיות שנעשה מבלילה רכה מהרבה ביצים וסוכר ושמן וכדומה. ורק עוגות שמרים, ורוגלאך, ועוגיות מבצק קשה אפי׳ שמפזרים עליהם סוכר או מורחים ריבה, וכן בסקוטים וקרקרים וכדומה, נחשבים ספק פת הבב״כ.

ב) האוכל פחות מד׳ ביצים מלחמניות מזונות (לחם שנילוש מרוב מי פירות ודומים ממש בטעמם וצורתם ללחם) כיון דמסתמא מורגש בהם טעם המי פירות מברך עליהם בורא מיני מזונות - וכן מנהג ירושלים ואפי׳ אם אוכלם כתחליף לסעודה כגון לארוחת בוקר אוכל לחמניה עם קפה - מברך במ״מ.

ודוקא אם נילוש במי פירות אבל אם נילוש במי פירות הנעשה ממים שמערכים עם ריכוז נחשב כעיסה הנילוש במים ומברכים המוציא.

ג) פיצה (בצק שנילוש במים וקמח ועל זה מניחים גבינה ורסק עגבניות) כיון שבא״י אוכלים אותה לרוב כסעודה, מברכים המוציא ובהמ״ז.

ובמקומות שבודאי אוכלים אותה לקינוח מברכים בורא מיני מזונות, ובארצות הברית שיש אוכלים אותה לסעודה ויש אוכלים אותה לקינוח תלוי בדעת כל אחד ואחד אם אוכלו כסעודה או כקינוח.

קונטרס התשובות

ברכה על פריכיות אורז הוספה ד׳ 17
ברכה על אורז מבושל הוספה ד׳ 3
תערובת דגנים וא״א להרגיש אם יש בו טעם דגן הוספה ה׳ 10
חיוב על המשגיח כשרות לברר כמה אחוז דגן יש בכל כזית הוספה ה׳ 12.2

מעין שלש

ספק אם מחויב לברך ברכת מעין ג׳- האם יאמר בנוסח ״ויברך דויד״ כ״א 40.3
האם נכון שישים כובע על ראשו ויתעטף בבגד העליון כשמברך מעין ג׳ כ׳ 3.1
על המחיה, הסביר למה לא תקנו בא״י לחתום ״על מחייתה״ כ׳ 11
עצה זו להוציא א״ע מספק מעין ג׳ כ׳ 73
הערה על המ״ב סי׳ ר״ח ס״ק פ״ב, וסי׳ ר״ז ס״ק א׳ כ״א 31
על מש״כ המ״ב שעל כזית עוגה ואין שם כזית דגן מברכים על המחיה הוספה ה׳ 12.1

תוצרת מקמח תירס וקמח דגן אם מברכים על המחיה או בורא נפשות הוספה ה׳ 12.1

סי׳ ר״י

ב״א על שתיית תה חם כ״א 18
ב״א על גלידה או ״קרטיב״ כ״א 20 22
ב״א על יוגורט ולבן כ״א 21 בפנים
ב״א על גלידה כ״א 22
ב״א על מרק כ״א 22, 23, 23.1

יו״ד סי׳ פ״ד (הל׳ תולעים)

ירקות מתולעים לאחר ו׳ חדשים כ״ג 20.1

שקד מצופה בשוקולד וספק אם יש בו רוב שוקולד — כ״ב 62

מי פירות
גדר ״נטעו אדעתא דהכי״ במי פירות — כ״ג 3, 10, 16
בירך בפה״ע או בפה״א על מיץ תפוזים — כ״ג 5, 6
בירך בפה״ע או בפה״א על מיץ אשכליות — כ״ג 6.1
ברכה על מיץ פירות העשוי מריכוז — כ״ג 6.2
ברכה על ״נקטר״ ומיץ עגבניות — כ״ג 7
ברכה על מיץ פלוימי״ן — כ״ג 9
בירך בפה״א על מיץ עגבניות — כ״ג 8

סי׳ ר״ג

פרי ״חמוצית״ מאילן שגובהו פחות מג׳ טפחים אבל ארוכים יותר מג״ט — כ״ב 5.2
מאלינעס, פטל - לענין ברכה ולענין ערלה — כ״ב 7

סי׳ ר״ד

ברכה על תבשיל שנשרף קצת — כ״ה 15.2

סי׳ ר״ה

גדר בדין שלקות — כ״ג 16
ברכה על מרק מירק מרוסק — כ״ג 19, 35
ברכה על מרק עם גריסים — כ״ג 21, 22.1
ברכה על מרק עם אטריות — כ״ג 21
ברכה על ״בארש״ט״ — כ״ג 29
ברכה על מרק עוף עם חתיכות של גזר — כ״ג 31, 32
עוד בענין הנ״ל, ובמש״כ במ״ב סי׳ ר״ה ס״ק ״ג — כ״ג 33
ברכה על מרק עגבניות עם אורז, ומש״כ מ״א סי׳ קס״ח ס״ ל׳ — כ״ג 35 -37 ובפנים
ברכה על מרק אפונים — כ״ג 40
ברכה על מרק בצלים — כ״ג 42

סי׳ ר״ז

הערה על מ״ב ריש סי׳ ר״ז — כ״א 31
עצה להוציא א״ע מספק בורא נפשות — כ״א 40.3

סי׳ ר״ח

ב״א על דייסא מבושלת והיא רכה אלא שאוכלים אותו בכך — הוספה ה׳ 17
ברכה על ״גרנולה״ — כ״ז 63
ברכה על עוגיות ״גרנולה״ — כ״ז 63
ברכה על חיטה תפוחה (פריכיות חיטה, ״שלוה״) — הוספה ה׳ 6

סי׳ קפ״ט

מי שאין לו פנאי, אם מותר לברך בהמ״ז עד ״אל יחסרנו״ י״ח 5

סי׳ קצ״ב

אם ללמד נוסח מקוצר של בהמ״ז לקטן י״ז 23

סי׳ קצ״ט

אם ללמד בן או בת פחות מגיל שש לברך י״ז 22
אם נכון מה שמרגילין קטנים ביותר בברכות י״ז 22

סי׳ ר״ב

גדר ״נטע אדעתא דהכי״ כ״ב 49 49.1 52.2 ובפנים

נאכל חי או מבושל
פירות דתלוי בדרך אכילה לבני אותו מקום, מה דינו למי שבא ממדינה אחרת כ״ב 28.1
ברכה על בטנים כשהם חיים כ״ב 17.1
ברכה על ירקות חיים כמו שעועית וקישואים בארה״ב ובא״י כ״ב 25

מרוסק, ״פאווידלא״
גדר נתרסק הפרי עד שאינו ניכר כ״ב 31 33 37
ברכה על ריבה של תות שדה כ״ב 32
ברכה על תות שדה מרוסק במזלג או בכף כ״ב 32.1
ברכה על תפוחי אדמה מרוסק כ״ב 38
ברכה על גזר מרוסק כ״ב 38.1
ברכה על אבקת תפוחי אדמה (אינסטאנט) כ״ב 39
לאטקעס״ או ״קוגל״ עשוים מת״א טחונים שלא נשאר בהם חתיכות כ״ב 40
ברכה על ״לאטקעס״ או ״קוגל״ עשוים מירקות כגזר וכדומה כ״ב 41
ברכה על חמאת בוטנים כ״ב 45
בדיעבד בירך בפה״א על מאכלים מקמח של תירס או ת״א כ״ב 46.1

הברכה על
ברכה על צ׳יפס מתפוחי אדמה כ״ב 39.1
ברכה על צ׳יפס מאבקת תפוחי אדמה (״פרינגלס״) כ״ב 39.2
ברכה על גרעיני חמניות, דלעת, ואבטיח כ״ב 47, 48.1
ברכה על מוצרים של סויה כ״ב 52.1
ברכה על חלוה כ״ב 52.2
ברכה על שוקולד כ״ב 53
ברכה על שקד מצופה בסוכר כ״ב 62.2
ברכה על מינים הגדלים בעציץ שאינו נקוב כ״ב 63
ברכה על גידולי מים כ״ב 63, 64
בדיעבד בירך בפה״א על שוקולד כ״ב 55

קידוש בשבת בבית חבירו, אם צריך לברך ב״א על שאר דברים שאכל י״ט 39
אכל דבר לפני הסעודה ולא היה בדעתו לאכול הסעודה בזמן קצר י״ט 41 בפנים
ב״א על מאכלים בקבלת פנים שעורכים קודם סעודת בר מצוה וכדומה י״ט 42

סי׳ קע״ז

גלידה שאוכלים בתוך סעודת פת אם צריך לברך שהכל י״ט 36
אוכל קרטיב (מים קפואים עם טעם) או שרביט בתוך סעודה של פת י״ט 36
פירות או מילון שאוכלים בתחילת הסעודה תשובות קע״ז ב׳

סי׳ קפ״ג

לענות אמן בבהמ״ז י״ח 35
לבישת הכובע והמעיל כשמברכים בהמ״ז י״ח 20
אם נכון לדבר בפני חבירו כשהוא מברך בהמ״ז י״ח 26 בפנים
בהמ״ז אם דינו כשמונה עשרה ממש י״ח 27
להפסיק בבהמ״ז משום הפסד ממון י״ח 35
לענות אמן בבהמ״ז אחר ברכה שהוא בעצמו סיימה י״ח 39
אם נכון שישים כובע על ראשו ויתעטף בבגד העליון כשמברך ברכת מעין ג׳ כ׳ 3.2
אם נכון לברך ברכת מעין ג׳ מתוך הספר כ׳ 3.2
אם נכון לברך ברכת מעין ג׳ כשהוא יושב כ׳ 3.2

סי׳ קפ״ד

שהה באכילת כזית פת יותר מכדי אכילת פרס י״ז 15

סי׳ קפ״ה

אם צריך לבדוק חיתולי תינוק קודם שיברך בהמ״ז י״ז 1.1 בפנים
בירך כשהיה צריך לנקביו י״ז 2
אם טוב להרהר הברכה בלבו במקום ספק י״ז 68

סי׳ קפ״ו

אשה שאכלה ומסופקת אם ברכה ברהמ״ז י״ז 54.1
קטן המסופק אם בירך ברהמ״ז י״ז 56 בפנים

סי׳ קפ״ח

נוסח ״ברכת הבעה״ב״ בברכת המזון י״ח 6
ר״ח שחל במוצאי שבת ומשך סעודת שבת עד הלילה י״ח 70
במש״כ המ״ב בסי׳ קפ״ח ס״ק כ״ג בשם הח״א ובבה״ל הקשה על הח״א הוספה ג׳ 18

כמה צריך לבשל פת כדי לבטל ממנה שם פת — כ״ו 38, 39
ברכה על עוגות פסח מקמח מצה — כ״ו 42
ברכה על חלה קוגל — כ״ו 44
בשר או עוף ממולא עם מילוי של קמח מצה או של חלה — כ״ו 45, 46
ברכה על מצה בריי — כ״ו 47, 48

קביעות סעודה על פת הבב״כ
תוצרות מבלילה עבה דקים כנייר, קביעות סעודה עליהם — כ״ז 16.2
דעתו לקבוע סעודה על פת הבב״כ, אלא שאוכל פחות מכשיעור סעודה — כ״ז 22
אכל פהבב״כ כשיעור סעודה, שלא בתורת קביעות סעודה רק לתענוג — כ״ז 22
אכל שיעור סעודה מ״ליקאך״ ועוגות בקידוש אחרי התפילה בשבת — כ״ז 22
שיעור קביעות סעודה — כ״ז 23
אם לברך לכתחלה בומ״מ על פת הבב״כ פחות מד׳ ביצים — כ״ז 24
שיעור קביעות סעודה לנשים — כ״ז 24.1
שיעור קביעות סעודה לפי דעת הגר״א — כ״ז 25
אכל פת הבב״כ יותר מד׳ ביצים אבל פחות מכדי שביעה — כ״ז 26 בפנים
אכל פת הבב״כ כשיעור ד׳ ביצים ושבע ממנו — כ״ז 27
ספיקו של הפמ״ג באוכל שיעור מפת הבב״כ ומסופק אם בירך ברהמ״ז — כ״ז 27.2
אכל פחות מד׳ ביצים פת הבב״כ עם ליפתן — כ״ז 28
אכל פת הבב״כ עם דבר שאין דרך לאכול בתורת ליפתן כגון דייסא — כ״ז 28.1
אכל פת הבב״כ ואח״כ אכל הליפתן — כ״ז 29
״פאנקייק״, אם קבעו עליהן סעודה — כ״ז 32
״קניש״, אם המילוי חשוב כליפתן לבצק ומצטרף לשיעור קביעות סעודה — כ״ז 40.1
קבע על פחות מכשיעור סעודה מפת הבב״כ בשבת בסעודת שלישית — כ״ז 52
קביעות סעודה על טבעות שבולת שועל ״צ׳ריוס״ Cheerios — הוספה ה׳ 7.1
קביעות סעודה על ״לאקשין קוגל״ — כ״ז 53

סי׳ קע״ד

״קרטיב״, אם נחשב כמשקה ליפטר ע״י ברכת היין — תשובות קע״ד

סי׳ קע״ו

אוכל דבר לפני הסעודה ומכוין לפטור דבר כזה שיאכל בתוך הסעודה — י״ט 25.1
ב״א על פת הבב״כ שאכל לפני הסעודה — י״ט 28
פת הבב״כ שאכל לפני הסעודה אם לברך עליה ברכה אחרונה — י״ט 28
אוכל דבר לפני הסעודה ומכוין לפטור דבר שאינו שייך לסעודה — י״ט 35
סוכריה שאכל לפני הסעודה אם לברך עליה ברכה אחרונה — י״ט 35
אם לברך ב״א על המאכלים שאכל עם הקידוש בשבת — י״ט 37
קידוש בשבת, אם צריך לברך ב״א על שאר דברים שאכל — י״ט 37
עוד בענין הנ״ל — י״ט 38 בפנים
ב״א על המאכלים שאכל עם הקידוש שעשה בבית חברו או בביהכנ״ס — י״ט 39

מפתח לתשובות ששמענו מהגאון
ר׳ שלמה זלמן אויערבך שליט״א

הוראת שימוש

המפתח נערך לפי סדר השו״ע
י״ח 28 — הכוונה פרק י״ח הערה 28
י״ז 1.1 בפנים — הכוונה פרק י״ז הערה 1.1 המצויין בפנים הטקסט

סי׳ ע״ו

אם צריך לבדוק חיתולי תינוק (פמפר) קודם שיברך — י״ז 1.1 בפנים

סי׳ צ״א

לברך בהמ״ז לבוש בחלוק — י״ח 28
לברך בהמ״ז לבוש בבגד ים — י״ח 29

סי׳ קמ״ז

בירך בומ״מ על לחם — כ״ו 10

סי׳ קס״ח

גדר מה נחשב פת לברך עליו המוציא — כ״ו 13 וכ״ז 15
ברכה על ״בייגל מתוק״ — כ״ו 13
ברכה על ״מציות״ קראקר — כ״ו 15
ברכה על ״טאוסט״ — כ״ו 17, 19
ברכה על צנימים ״מלבה טאוסט״ — כ״ו 19, 19.1
ברכה על עיסת לחם שעירב בה מי פירות — כ״ז 42, 44.1
ברכה על עיסת לחם שעירב בה מי פירות מריכוז — כ״ז 43.1
ברכה על ״מזונות לחם״ שבארה״ב — כ״ז 45 ובפנים
ברכה על ״פיצה״ בא״י ובארה״ב — כ״ז 47
ב״א על כזית עוגה אף אם אין בו שיעור כזית ממין דגן — כ״ז 54.1
עוגות שבזמנינו אם לברך עליהן תוך סעודת פת — כ״ז 55
עוגות שעושים עם גלידה אם לברך עליהן תוך סעודת פת — כ״ז 56
עוגות שעושים עם גלידה אם המילוי מצטרף לשיעור ב״א — כ״ז 57

פת מבושל או מטגן

לחם מטוגן בהרבה שמן — כ״ו 25
גדר טיגון שכתבו בפוסקים בס׳ קס״ח — כ״ו 25, 27, 29, וכ״ז 13
עצה בעשית מאכלים מלחם להוציא א״ע מספק המוציא — כ״ו 38

ספר ותן ברכה

ליקוטים וביאורים בהלכות ברכת המזון,
ברכה אחרונה וברכה ראשונה

Q's:

Changing locations:

- can you chang rooms? → have in mind *
- kiddush @ shul, then go home for more food? → if you herd kiddush & ate hamotzi.
- lunch at one home, desert at another. > example Sukkot. > you would say each specific bracha, no kiddush for the snacks.

- two foods w/ same before blessing, but gap of a few minutes before. did not have in mind. Do you need to do after blessing twice?

A) → Before Blessing each item, after blessing together if finished at the same time.